RECHERCHE SOCIALE
2e édition

RECHERCHE SOCIALE

2e édition

DE LA PROBLÉMATIQUE
À LA COLLECTE DES DONNÉES

Sous la direction de Benoît GAUTHIER

1993
Presses de l'Université du Québec
2875, boul. Laurier, Sainte-Foy (Québec)   G1V 2M3

Données de catalogage avant publication (Canada)

Vedette principale au titre:

Recherche sociale: de la problématique à la collecte des données

2e éd. –

Comprend des références bibliographiques.

ISBN 2-7605-0636-3

1. Sciences sociales – Recherche – Méthodologie.
I. Gauthier, Benoît, 1956-

H62.R39 1991   300'.72   C92—096071-5

Conception de la couverture: Sylvie BERNARD

3e impression – Juillet 1993

ISBN 2-7605-0636-3

Dépôt légal – 1er trimestre 1992
Bibliothèque nationale du Québec
Bibliothèque nationale du Canada
Imprimé au Canada

Table des matières

QUATRIÈME PARTIE • La critique de la méthodologie

Avant-propos

La première aventure de *Recherche sociale* a commencé en 1982. Après deux années de labeur, notre équipe de rédaction remettait un manuscrit complet de l'ouvrage à l'éditeur. Tout travail d'équipe comporte une certaine somme de compromis et notre livre ne faisait pas exception. En conséquence, on pouvait y relever quelques redites, certaines contradictions et des lacunes évidentes.

Huit ans plus tard, nous nous sommes remis à la tâche, après avoir écouté les commentaires des lecteurs et utilisateurs de *Recherche sociale* et fait notre propre examen des forces et faiblesses de notre texte. Nous avons en outre analysé l'évolution des thèmes abordés dans cet ouvrage au cours des années 80 et le résultat de ce travail est, nous l'espérons, une amélioration réelle par rapport à la première édition.

L'approche générale à la recherche sociale n'a pas changé. Nous partageons toujours la même philosophie de base en regard de l'acquisition des connaissances. Le processus de recherche proposé en 1984 est toujours le plus valable pour une présentation didactique comme celle-ci, croyons-nous. De plus, la réaction générale de nos lecteurs indiquait que le premier *Recherche sociale* répondait fondamentalement à leurs besoins.

Pourquoi alors réparer ce qui n'est pas brisé? D'abord, nous voulions corriger certaines lacunes de la première édition. En conséquence, certaines parties de chapitres, de même que certains chapitres ont été repris en entier. Des changements majeurs ont été apportés aux chapitres traitant de la spécification de la problématique, de la théorie, des structures de preuve et de l'analyse de contenu. D'autres chapitres ont subi des changements de moins grande envergure, mais tout de même notables; il s'agit de textes sur la recherche documentaire, l'échantillonnage et l'évaluation de programme.

Nous avons également voulu ajouter deux nouveaux chapitres dont l'absence dans la première édition était particulièrement déplorable. De nouveaux auteurs ont préparé un texte sur les groupes de discussion, une méthode qualitative de collecte de données très utilisée en recherche industrielle mais pratiquement inconnue dans les milieux universitaires, et un chapitre sur les données secondaires, une approche différente de formation de l'information où la « récupération » l'emporte sur la production de nouvelles données. Avec l'ajout de ces deux chapitres, *Recherche sociale* offre un éventail encore plus grand de choix méthodologiques à ses lecteurs et se rapproche de la pratique actuelle de la recherche sociale. Certes, on pourra critiquer l'absence de traitement de telle ou telle approche; notre sélection est effectivement subjective dans le sens où nous traitons de ce qui nous semble important. Nous espérons que notre jugement reflète celui de la majorité.

Les changements apportés témoignent aussi du fait que l'équipe de rédaction a acquis de l'expérience. Si nous ne sommes plus (peut-être) les « jeunes loups entreprenants » que Nicole Gagnon[1] reconnaissait en nous, nous ne sommes pas encore de « vieux maîtres expérimentés » non plus. Nous avons par contre un bagage mieux étoffé d'expériences en recherche sociale et nous voulons le mettre à profit.

Finalement, c'était là l'occasion de mettre certaines références à jour ou de citer davantage de recherches québécoises et canadiennes lorsque cela était possible.

Je tiens à remercier personnellement les auteurs de chacun des chapitres de cet ouvrage dont l'engagement personnel dans cette entreprise a permis de produire un autre volume utile et intéressant. Je remercie également notre éditeur pour sa patience et son aide au cours de l'année qui s'est écoulée, depuis le début des travaux de révision. Je dis enfin merci à ma compagne et à mes enfants, elles comprennent pourquoi...

Benoît Gauthier
6 novembre 1991

---

1. Nicole GAGNON, « La méthode entre deux chaises », dans *Le Devoir*, 26 janvier 1985.

Chapitre 1
Introduction

Benoît GAUTHIER

La sagesse consiste à mon âge et avec mon expérience à comprendre qu'il existe toujours une règle au-delà de la règle, un pays plus lointain où l'erreur devient vérité et la vérité une erreur. Cela, c'est presque une définition de la tolérance et, comme vous le savez, la tolérance est le seul moyen d'éviter le fanatisme, la folie et la guerre.

Bennington PORTER

Introduction

Cet ouvrage est à la fois une histoire, une philosophie et une référence. Il est lié à une *histoire* parce qu'il a été écrit à un certain moment du développement du monde; il représente cette époque, la reflète et en est le fruit; il ne peut pas être compris hors de son contexte historique; il n'aurait pas pu être écrit à un autre moment historique. Il est donc valable aujourd'hui. Demain, ses idées seront dépassées (mais quand sera demain?). « La science, et toute théorie scientifique, sont des produits historiques. Telle interprétation qui surgit à tel moment et non à tel autre, n'est possible que parce que sont réunies les conditions diverses de son élaboration[1] ».

Ce volume tient aussi d'une philosophie, celle du *doute* et de la *tolérance*. Chaque auteur participant à ce texte doute, à la fois de ce qu'il a écrit et de ce que les autres auteurs ont écrit. Aucune affirmation (pour ne pas dire vérité) n'est tenue pour acquise. Aucun énoncé n'est accepté inconditionnellement. Mais ce doute est soutenu par la tolérance. Tous ces auteurs acceptent que d'autres pensent autrement et reconnaissent le bien-fondé d'autres axiomes que les leurs. Le doute isolé conduit à l'anarchie; la tolérance isolée produit l'incertitude. Nous pensons que la philosophie du doute tolérant est plus fructueuse, socialement et

---

1. Jean ROSMORDUC, *De Thalès à Einstein*, Paris, Études Vivantes, 1979, p. 10.

scientifiquement. « Un grand penseur fore une idée fixe. Un esprit quelconque fait une soupe éclectique d'un peu toutes les idées. Un homme
intelligent n'a pas d'idée fixe et n'est pas éclectique[2] ».

Ce texte se veut enfin une *référence*. Dans la plupart des livres
d'introduction, l'auteur veut faire croire qu'il a tout dit sur la question.
Ce qui est différent ici est que *des* auteurs se sont assis pour tenter
d'établir ce qu'ils croient être les *bases* de la réflexion scientifique en
sciences sociales. Ils ont cherché à cerner les débats en cours autour de
chacune des questions abordées, en même temps qu'ils présentaient les
éléments qui semblaient faire l'unanimité de la communauté des chercheurs. Nous sommes très conscients que des pans entiers de l'univers
de la recherche sociale n'ont pas été abordés dans cet ouvrage. Les
contraintes d'espace et les limites de ce que l'on peut exiger d'un lecteur
dans un seul livre ne sont que des explications partielles de ce que
d'aucuns considéreront comme des lacunes. Nous avons effectivement
procédé à des choix éditoriaux comme la sélection d'une approche structurée à la recherche sociale — alors que des auteurs importants préfèrent
une vision plus ouverte, plus flexible — et le découpage du processus
de recherche en un cheminement linéaire, que certains pourraient qualifier de simplificateur. C'est précisément ce qu'est *Recherche sociale*,
une simplification : c'est une vulgarisation de cette matière complexe
dont les traités accaparent plusieurs étagères de nos bibliothèques de
« spécialistes ».

1. Qu'est-ce que la recherche sociale?

On sait que ce livre porte sur la « recherche sociale ». On ne sait cependant pas ce qu'elle est. Procédons donc de façon systématique et
demandons-nous ce que signifie chacun des termes de cette expression.

1.1. Qu'est-ce que le social?

La délimitation que l'on doit faire du social ne fait pas l'unanimité (et il
en est bien ainsi). Madeleine Grawitz ne peut qu'en donner la définition
suivante : « qui concerne les hommes en société[3] », mais comme il n'y

2. Edgar Morin, *Journal de Californie*, Paris, Seuil, 1970, p. 83.
3. Madeleine Grawitz, *Lexique des sciences sociales*, Paris, Dalloz, 1981, p. 333.

a pas d'homme sans société, ni de société sans homme, la précision est redondante[4].

Jean-William Lapierre s'aventure un peu plus loin en disant que « les éléments d'un système social sont des personnes ou des groupes et les relations sociales sont des interactions entre ces personnes ou ces groupes[5] ». Il précise que le social comprend le sociogénétique, l'écologie, l'économique, le culturel et le politique.

Et nous pourrions allonger indéfiniment cette liste de propositions. Tout ce qu'on peut en ressortir est que *le social traite de l'homme dans ses relations avec les autres hommes.* Cela semble maigre a priori, mais il y a beaucoup de positif dans la faiblesse de cette précision. La pensée sociale tend aujourd'hui à se décompartimenter, à se multidisciplinariser, à s'ouvrir aux tendances parallèles; la sociologie, la criminologie, la science politique, l'anthropologie, les relations industrielles, le travail social, etc. étudient tour à tour l'individu, le groupe et la masse, la paix et la violence, la statique et la dynamique... La bonne fortune de la science sociale naît aujourd'hui d'un attribut qui a pour nom la *collaboration*; une délimitation trop rigide de son champ général et de ses disciplines particulières inhiberait les efforts de renouveau et de régénération provenant soit des sciences de la nature, soit d'autres sciences sociales et humaines. Grawitz a même pu écrire : « La recherche de distinctions et de classifications paraît une assez vaine tentative de justification après coup des découpages arbitraires des enseignements universitaires [...]. Il n'y a pas d'inconvénients à utiliser indifféremment les deux termes de sciences humaines et de sciences sociales[6] ».

1.2. Qu'est-ce que la recherche?

Le concept de recherche recouvre lui aussi un large éventail de significations. Notre acceptation est cependant plus restrictive.

D'abord, nous définissons la recherche comme un processus, une activité : quand on recherche, on fait quelque chose. Cette activité se

---

4. Il est à noter que le terme « homme » utilisé dans cette introduction ne réfère pas au groupe sexuel, mais à l'ensemble des éléments de l'espèce humaine. Par ailleurs, chacun des auteurs ayant participé à ce livre a résolu lui-même (et pour lui-même) le dilemme souvent mentionné du genre (masculin ou féminin) à utiliser dans les textes. En l'absence d'une norme fixe, l'originalité individuelle domine.
5. Jean-William LAPIERRE, *L'analyse des systèmes politiques*, Paris, Presses universitaires de France, 1973, p. 27.
6. Madeleine GRAWITZ, *op. cit.*, p. 326.

précise par certaines caractéristiques qui définissent le concept d'objectivité : la recherche est une activité qui vise l'objectivité. L'*objectivité* n'est pas ici comprise comme cette abstraction inhumaine et hors du temps qu'est l'absence de parti pris; elle est définie comme une *attitude d'appréhension du réel basée sur une acceptation intégrale des faits* (ou l'absence de filtrage des observations autre que celui de la pertinence), *sur le refus de l'absolu préalable* (ou l'obligation du doute quant à toute conception préexistante) *et sur la conscience de ses propres limites.* En fait, ce que l'on nomme traditionnellement objectivité devrait peut-être plutôt être étiqueté « impartialité ». Nous laissons ce débat ouvert.

La fonction de la recherche est une autre dimension qui contribue à sa définition : la recherche est une activité de quête objective de *connaissances.* Le concept de recherche que vous voulons circonscrire ici est en effet relié à l'acquisition de nouvelles connaissances. La raison d'être de cette connaissance ne fait pas partie de cette définition : indifféremment, la recherche peut servir la connaissance théorique ou « pure », la connaissance immédiatement axée sur l'action, la connaissance nécessaire à la prise de décision ou à la gestion sociale, etc. Ces buts ultimes de l'acquisition de connaissance sont tous également bien servis par une approche recherche comme proposée dans cet ouvrage. Cette caractéristique que nous ajoutons à notre définition de la recherche élimine cependant les activités qui visent à convaincre plutôt qu'à comprendre : la recherche n'est pas une opération de propagande et ne peut être utilisée dans le but simplement de justifier un état de fait. La fonction de justification est une antinomie de la fonction d'acquisition objective de connaissance : on ne peut pas produire de nouvelle connaissance dans un *modus operandi* d'ouverture et de transparence tout en visant à soutenir une position prise a priori.

Enfin l'objet de la recherche complète cette description : *la recherche est une activité de quête objective de connaissances sur des questions factuelles.* La recherche sociale ne s'arrête pas aux problématiques du bien et du mal, des préceptes et des règles : elle laisse ce champ normatif aux philosophes et s'en tient aux faits. Nous ne voulons pas nous enliser dans des débats philosophiques sur l'existence d'une réalité unique et sur les limites de la distinction entre faits et valeurs[7]. Nous participons à ce courant de la recherche sociale qui postule qu'il existe une réalité objective; nous visons à construire des modèles de cette réalité qui rendent compte au mieux de son état et de sa dynamique de changement.

---

7. Un des chapitres concluant ce volume s'attarde à ces questions importantes.

Ce concept de recherche est à la fois flou et évident, et en proposer une définition semble superflu mais, une fois celle-ci précisée, force nous est de reconnaître qu'il est impossible de faire le consensus autour d'elle. Nous aimons penser qu'il s'agit là d'un dilemme caractéristique de l'homme et de son esprit tortueux.

2. Qui fait de la recherche sociale?

Ces définitions du social et de la recherche sont assez abstraites pour les rendre générales, mais aussi pour distinguer la « recherche sociale » de l'expérience individuelle et la reconnaître comme étant du ressort des spécialistes. Donc, il est bon de se demander qui fait de la recherche sociale, pour remettre la question en perspective. À cette question, nous pourrions répondre : tous. En effet, tout le monde, à des intervalles plus ou moins réguliers et plus ou moins prolongés, mène une activité d'observation systématique sur les humains qui l'entourent. Mais, plus courante encore est l'activité de recherche non systématique : celle qui fait conclure à l'utilité de l'eau de source recueillie le soir de pleine lune pour le traitement des cors. Il faut donc différencier la recherche sociale de cette observation sélective quotidienne qui nous fait tirer des conclusions sur les événements qui nous concernent, mais sans utiliser le regard objectif dont nous parlions plus tôt et sans s'en tenir à l'utilisation d'outils de mesure calibrables et réutilisables.

Si tous sont des candidats potentiels à la recherche, il reste que certains segments de la population sont plus spécialisés dans sa pratique. Le groupe le plus évident est celui des chercheurs universitaires qui se donnent corps et âme à cette activité. Les fonctions publiques emploient un grand nombre de chercheurs, entre autres, pour vérifier l'efficacité des programmes publics. Le secteur privé requiert également les services de tels experts : les « pages jaunes » contiennent même une rubrique « conseillers en recherche sociale ». De façon générale, le monde du travail engage des personnes démontrant des capacités de réflexion et de recherche systématiques. C'est pourquoi on s'attend à ce que des étudiants qui détiennent un diplôme universitaire ou, de plus en plus, collégial en sciences sociales aient eu et assimilé une introduction à la recherche sociale.

Par ailleurs, en parallèle avec la sophistication des technologies du travail et avec l'augmentation de la part du travail intellectuel dans l'ensemble de l'« effort de travail national », on s'attend de plus en plus à ce que les gestionnaires et les travailleurs soient en mesure d'appliquer une pensée critique et systématique à leur environnement de travail.

On condamnera aujourd'hui un employé qui ne fait que répéter une opération sans chercher à en améliorer la performance; on jugera peu créateur un gestionnaire qui ne remettra pas en question ses procédés de travail et même la raison d'être des activités de son groupe. Or, ce type de réflexion constructive est ni plus ni moins qu'une application particulière de l'approche de recherche prônée dans ce volume. Donc, si certains spécialistes peuvent se targuer de dépenser toute leur énergie à la recherche sociale, il est de moins en moins vrai qu'ils en monopolisent la pratique. La clientèle de la recherche sociale croît de jour en jour à cause des changements dans l'environnement du travail.

En bref, la recherche sociale peut (devrait?) être une activité courante et « populaire » et certains spécialistes s'y arrêtent plus en fonction des exigences de leur travail.

Si tout le monde peut faire de la recherche sociale, on doit cependant se demander quelles sont les qualités particulières exigées d'un individu qui veut devenir spécialiste en recherche sociale[8]. Comme pour toute action humaine, la seule façon d'aimer faire de la recherche sociale est d'avoir le désir d'en faire. L'enthousiasme est aussi requis parce que cette activité est exigeante pour le chercheur, tant sur le plan physique que moral. La persévérance est une nécessité absolue puisque la plupart des recherches sociales s'étendent sur des périodes éprouvantes : de quelques mois à plusieurs années. La vraie recherche sociale doit abattre des murs, d'où l'importance de l'intelligence, de la perspicacité et du courage. L'ouverture d'esprit est essentielle au précepte de la tolérance mentionné plus haut. L'honnêteté va de pair avec les caractéristiques de systématisme et de doute. Un ensemble de qualités sociales sont nécessaires au travail d'équipe qui accompagne inévitablement la recherche sociale : l'habileté technique professionnelle, l'organisation du travail, la précision du jugement et la sociabilité n'en sont que quelques-unes. Évidemment, nous présentons là une espèce de prototype de l'être humain parfait. Nous connaissons des chercheurs irritables, malhonnêtes, amorphes, bornés, désorganisés, etc., mais il reste que le fond de la justification est là. Rémy Chauvin écrivait[9] : « Ni dans leur recrutement, ni dans les critères qui les distinguent et règlent l'avancement, ni dans leur manière de publier, nulle part enfin, on ne trouve beaucoup de traces d'une réflexion vraiment rationnelle sur leur travail de tous les jours ».

---

8. La paternité de ces idées revient à notre collègue et ami François-Pierre Gingras, collaborateur à ce volume.
9. Rémy Chauvin, *Des savants : pour quoi faire?*, Paris, Payot, 1981, p. 171.

3. Pourquoi faire de la recherche sociale?

Nous arrivons maintenant à un point critique de notre réflexion. On sait ce qu'est la recherche sociale, qui en fait et qui peut en faire; on ne sait pas encore pourquoi en faire. Il y a deux argumentations à avancer ici.

D'abord, pourquoi faire de la recherche sociale alors que ce qu'on appelle le sens commun ou le bon sens fournit réponse à presque toutes les questions? En effet, le sens commun peut fournir une réponse, mais est-ce la bonne? L'utilité du bon sens est réduite par de fausses prémisses, normatives ou idéologiquement tiraillées. Il se soucie rarement de logique, de rationalité, de doute et de tolérance. Par exemple, le bon sens veut que la peine capitale soit une façon de réduire la criminalité violente et que les crimes augmentent en période de difficultés économiques nationales; les criminologues ont pourtant démontré le contraire. On peut aussi se rappeler que le bon sens nous dicte que la terre est plate : on n'a qu'à regarder, on le voit... On connaît le reste. Le sens commun n'est donc pas une base assez solide pour élaborer un échafaudage social à la mesure de la complexité de nos sociétés actuelles.

Par rapport au sens commun, la recherche sociale a l'avantage de systématiser l'observation. Elle se permet aussi de remettre en question ses prémisses, ce que le bon sens ne sait faire. Elle étend le champ des connaissances alors que cette évolution est très lente avec le sens commun. Elle permet de généraliser et d'appliquer le savoir parcellaire du sens commun alors que celui-ci ne peut s'en tenir qu'au cas par cas. Par une utilisation planifiée et contrôlée d'outils de mesure réutilisables dans d'autres contextes sociaux et par d'autres chercheurs, la recherche sociale acquiert une caractéristique d'intersubjectivité que le sens commun ne connaît pas. Cette même mesure consciente, planifiée, systématique et réfléchie permet l'atteinte, sinon assurée du moins évaluable, d'un degré satisfaisant de validité et de fiabilité dans l'opération d'extraction d'un sens, d'une signification, au corpus social. Voilà donc de bonnes raisons de faire de la recherche sociale plutôt que de se fier au sens commun.

La deuxième argumentation est plus englobante : mais, après tout, pourquoi faire de la recherche? Toute recherche, quelle qu'elle soit, repose sur le besoin de connaître, de comprendre. Le prochain chapitre s'étendra là-dessus. Ce besoin de connaître peut prendre deux formes qui recouvrent deux types de recherche. On peut d'abord chercher à savoir pour le simple plaisir de comprendre les fondements d'un phénomène : c'est la *recherche fondamentale*. On peut aussi chercher à savoir en ayant en tête une application de ces nouvelles connaissances : c'est la *recherche appliquée*. Dans les deux cas, cependant, la recherche vise à *réduire l'incertitude.* Depuis les temps préhistoriques, l'homme a agi sur son environnement pour assurer sa survie et pour la rendre plus confortable. Cette finalité de l'action humaine passe par une meilleure compréhension des conséquences des phénomènes naturels et, aujourd'hui plus que jamais, par une meilleure modélisation de la dynamique des comportements sociaux. En *connaissant* mieux notre environnement, nous réduisons les risques auxquels nous exposent de nouvelles situations; nous réduisons l'incertitude[10]. Il y a là cependant deux inconnues :

– On sait que de mauvaises utilisations peuvent être faites de conclusions scientifiques, quand cela sera-t-il le cas? et

– Les conceptions de l'amélioration du sort de l'homme peuvent varier, y en a-t-il une plus « vraie » que les autres?

La recherche appliquée, ou à tout le moins la recherche utilisable à court terme, a la faveur de la plupart des programmes gouvernementaux de financement de la recherche, des avocats de la rationalisation de l'utilisation des ressources sociales rares, des partisans d'une conception du monde à court terme. Il ne faut cependant pas dénigrer la recherche fondamentale qui doit tenir une place importante : la recherche appliquée trouve réponse aux problèmes d'aujourd'hui, la recherche fondamentale permet de formuler les problèmes de demain (des esprits mal tournés diraient que la recherche fondamentale *cause* les problèmes de demain). Ceci n'empêche pas que la recherche n'existe que dans un environnement social (et non pas dans le vide) et, qu'en l'absence d'autres critères satisfaisants, la pertinence sociale d'une recherche devient une règle à considérer.

4. Qu'est-ce que la méthodologie?

Jusqu'ici, nous avons tenté de cerner le concept de recherche sociale. Place maintenant au sujet de ce livre, la *méthodologie* de la recherche sociale. Nous avons sciemment évité d'utiliser « méthode » ou « méthodes » car ce sont des termes qui portent à confusion. La méthodologie de la recherche englobe à la fois *la structure de l'esprit et de la forme de la*

---

10. La valeur des recherches en sciences sociales, comme en sciences naturelles, peut être mesurée à partir de la réduction de l'incertitude. Dans ce sens, on peut juger de la pertinence d'un investissement en recherche en évaluant son potentiel de réduction de l'incertitude et en posant un jugement sur la valeur de la disparition de cette incertitude.

recherche et les techniques utilisées pour mettre en pratique cet esprit et cette forme (méthode et méthodes).

Nous concevons que le cœur de la méthodologie contemporaine de la recherche sociale est l'acte d'*observation* qui est lié à un cycle de *théorisation*. C'est la confrontation des idées, issues à la fois de l'expérience et de l'imagination, aux données concrètes, dérivées de l'observation, en vue de confirmer, de nuancer ou de rejeter ces idées de départ. La théorie et son processus seront abordés en détail plus loin. L'observation systématique ne tombe pas du ciel : elle doit être préparée, effectuée et analysée (voir tableau 1).

Préalablement à la préparation de l'observation, le chercheur s'interroge sur l'origine de sa connaissance et sur la validité de ses modes d'acquisition de nouvelles connaissances. Cette étape fondamentale sépare le penseur, qui est en mesure de contribuer à faire avancer le savoir, du producteur, qui participe à une connaissance immédiate (chapitre 2, « Sociologie de la connaissance »).

La toute première phase de la recherche sociale est la préparation de l'observation. Cette phase préparatoire comprend deux étapes particulières : l'établissement de l'objet d'étude et la structuration de la recherche; les deux premières parties de ce livre correspondent à ces deux étapes.

L'établissement de l'objet d'étude regroupe plusieurs idées et actions à entreprendre. D'abord, le chercheur se demande ce qu'il veut savoir, sur quel sujet il veut se poser des questions. Il doit d'abord apprendre à restreindre ses élans et à limiter son champ d'intérêt; cette détermination du champ d'enquête aura un impact profond sur tout le reste du déroulement de la recherche (chapitre 3, « La spécification de la problématique »). Comme personne n'est intéressé à réinventer la roue à chaque utilisation de sa bicyclette, une autre phase importante de l'établissement de l'objet de recherche est l'analyse de sources bibliographiques relatives à la problématique retenue. Nous avons tous l'impression de savoir utiliser une bibliothèque mais, en fait, rares sont ceux qui y sont vraiment efficaces (chapitre 4, « La recherche documentaire »). Ces prémices permettent d'arriver au cœur de l'établissement de l'objet de recherche : la théorisation. La théorie est l'ensemble des énoncés qui permet l'interprétation des données, la généralisation des résultats et l'encadrement de la recherche. L'incorporation d'une théorie à la problématique est un moment crucial de la recherche sociale. De toute cette préparation ressort l'objet de recherche lui-même : l'hypothèse. L'hypothèse est le résumé des intentions, des présupposés et des attentes. C'est le matériel de base de la suite de la recherche (chapitre 5, « La théorie et le sens de la recherche »).

TABLEAU 1
Étapes de la recherche sociale

**Observation-théorisation
(Sociologie de la connaissance)**

Préparation de la recherche		Observation-théorisation	
Établissement de l'objet d'étude	Structuration de la recherche	Formation de l'information	Analyse de l'observation
Spécification de la problématique	Structure de la preuve	Observation directe	Traitement des données
Recherche documentaire	Mesure	Entretien non directif	Analyse des données
Théorie et le sens de la recherche	Échantillonnage	Histoire de vie	Diffusion des données
	Éthique	Groupe de discussion	
		Analyse de contenu	
		Sondage	
		Mesure des attitudes	
		Évaluation des programmes	
		Données secondaires	
		Simulation sur ordinateur	

La structuration de la recherche s'éloigne du raisonnement épistémologique et problématique de l'établissement de l'objet de recherche pour entrer dans des considérations plus terre à terre. La structure de preuve adoptée est le premier point. Il faut se demander quel type de recherche on doit faire, quelle structure on doit donner à la comparaison effectuée; autrement dit, on doit déterminer quelle logique permettra de confirmer ou d'infirmer les hypothèses (chapitre 6, « La structure de la preuve »). On se demande ensuite comment faire le passage entre l'énoncé verbal de la théorie et de la problématique à l'énoncé factuel, observable et mesurable de la phase de la collecte des données (chapitre 7, « La mesure »). La question suivante est de savoir si l'on veut étudier tous les cas disponibles ou seulement une sélection de ceux-ci. Dans le deuxième cas, il faut prévoir une façon de choisir ces sujets (chapitre 8, « L'échantillonnage »). Les questions éthiques retiennent enfin l'attention. On s'assure que la recherche n'enfreint pas les règles de déontologie professionnelle, on s'interroge sur la position du chercheur rémunéré, on s'intéresse à la place de la diffusion des résultats, etc. (chapitre 9, « L'éthique en recherche sociale »).

Une fois établis l'objet de recherche et la structuration de la recherche, ceci constituant la phase préparatoire à l'observation, la seconde phase de la recherche sociale est la formation de l'information ou la collecte des données. Cette étape correspond à la troisième partie de ce livre, et peut faire appel à plusieurs façons de faire, mais dans chaque cas le principe reste le même : effectuer une observation *systématique* — le terrain, le terrain et le genre d'observation variant d'une forme de collecte à l'autre.

La méthode la plus ancienne, mais aussi celle qui suscite de plus en plus d'intérêt, est l'observation directe des sujets de recherche (chapitre 10, « L'observation directe »). Une des sources les plus utilisées dans la collecte d'informations — si l'on inclut les activités quotidiennes, les actes journalistiques, etc. —, soit l'entretien non directif, est quelque peu boudée par les méthodologues des sciences sociales. C'est pourtant un moyen comme nul autre d'approfondir la compréhension d'un individu (chapitre 11, « L'entretien non directif »). En réaction aux techniques englobantes et globalisantes, certains veulent revenir à plus de compréhension de l'homme et à une acceptation de la complexité de la relation entre l'homme et son environnement. Les histoires de vie s'arrêtent à peu de cas, mais approfondissent au maximum leur compréhension (chapitre 12, « L'histoire de vie »). L'observation peut être plus structurée, voire organisée, et elle peut s'appliquer à des contextes artificiellement créés par le chercheur. La convocation de groupes de discussion est une des techniques disponibles à cet égard (chapitre 13, « Le groupe de discussion »). Appliquée aux sources non réactives (celles qui ne peuvent pas changer à cause de la présence du chercheur), l'observation devient l'analyse de contenu : on ne parle pas d'observation directe de documents, comme on ne parle pas d'analyse de contenu du comportement d'un groupe, mais la même philosophie sous-tend les deux méthodes de collecte; malgré tout, les auteurs des deux chapitres présentent des approches totalement différentes à l'observation : c'est une des choses qui rendent fascinante la comparaison de ces deux chapitres (chapitre 14, « L'analyse de contenu »). Mais il reste que nombre de concepts ne peuvent être mesurés par simple observation; il faut provoquer souvent l'expression d'opinions, d'attitudes et de comportements. Le sondage est alors utile (chapitre 15, « Le sondage »). Au centre de ce problème de l'expression de certains paramètres se trouve celui de la mesure des attitudes. La question est à la fois de trouver des façons de capter ces attitudes, mais aussi, et plus fondamentalement, de les définir (chapitre 16, « La mesure des attitudes »). Objective et factuelle, la recherche sociale ne peut le rester indéfiniment. Elle devient parfois évaluative et active : comment assume-t-elle alors sa nouvelle vocation (chapitre 17, « La recherche évaluative »)? Toutes les méthodes présentées dans la section sur la formation de l'information ont recours à des données mises en forme spécifiquement pour les fins de l'étude en cours. Pourtant, bon nombre de recherches ne requiert pas ce type d'exercice de collecte ou ne peuvent pas compter sur des ressources suffisantes. Les données déjà existantes viennent alors à la rescousse (chapitre 18, « Les données secondaires »). Enfin, il est courant d'entendre dire qu'on ne peut pas faire d'expérimentation en sciences sociales. Pourtant, elles ont développé au cours des ans des méthodes et une approche qui sont très proches de cette préoccupation et qui répondent aux critiques des scientifiques de la nature : la simulation, la révolution humaniste de demain (chapitre 19, « La simulation »).

La troisième phase de la recherche sociale est l'analyse des observations ainsi rassemblées. Cette phase comprend le traitement et l'analyse de ces données et la diffusion des résultats. Mais, comme la somme de matériel contenue dans cette troisième phase requerrait un autre volume, comme les cours découpent généralement cet apprentissage en deux parties et comme l'esprit de la troisième phase est sensiblement différent de celui des deux premières, nous avons préféré ne pas aborder ces questions ici.

Par contre, même si la philosophie du doute est appliquée par chacun des auteurs, il nous a paru approprié de conclure ce volume par un retour sur une critique systématique de la recherche sociale. La quatrième partie s'y attarde. Elle le fait d'abord en présentant un nouveau concept de recherche qui est peu et mal défini, mais qui retient quand même l'attention : la recherche-action (chapitre 20, « La recherche-action »). Elle le fait aussi en articulant une critique plus fondamentale sur la recherche sociale, à partir de ses axiomes (chapitre 21, « Une science objective? »).

Voilà notre vision du processus méthodologique de recherche appliqué aux sciences sociales.

Finalement, il est bien prétentieux de vouloir se situer soi-même par rapport à cette grande dame qu'est la littérature. Malgré tout, nous insistons sur un dernier point avant de nous engager définitivement dans notre étude de la méthodologie : le motif qui a présidé à la rédaction de cet ouvrage de recherche sociale. Il ne s'agit pas de nous justifier, mais de fournir une clarification qui fasse mieux comprendre la philosophie qui l'a inspiré et en permette une lecture plus intéressante.

La première raison relève évidemment des lacunes des introductions existantes : s'il s'était trouvé déjà des références répondant à nos propres critères, nous n'aurions pas entrepris cette aventure. Nous ne méprisons pas les ouvrages existants; au contraire, nous les avons utilisés et cités abondamment.

Parmi les lacunes les plus importantes que nous avons cherché à combler se trouve le peu d'accent mis sur l'importance de l'esprit critique systématique. Cette attitude fondamentale découlant de la philosophie du doute tolérant n'est pas innée : on naît au contraire avec une tendance au fétichisme, à l'égocentrisme, à l'absolu et à la croyance. La logique, la rationalité instrumentale, le systématisme et l'esprit critique s'apprennent, et il ne faudrait pas faire l'erreur de les croire inhérents à l'espèce humaine. Dans le même esprit, on oublie souvent d'insister sur le fait qu'il n'y a pas qu'une seule vérité et que plusieurs ont droit de cité. Cette ouverture est le leitmotiv de notre ouvrage.

Nous avons cherché à refléter le fait que la recherche sociale est fondamentalement multidisciplinaire (presque « œcuménique »). La plupart des livres récents présentent une méthodologie de la recherche soit en éducation, soit en sociologie, soit en science politique, etc.; ils la réduisent ainsi à une optique disciplinaire et ils se justifient de le faire pour en faciliter l'approche par les étudiants. Nous croyons au contraire que les étudiants doivent apprendre à communiquer de science à science et que les barrières disciplinaires sont en quelque sorte le transfert de l'esprit corporatiste moyenâgeux dans les sciences sociales, sans ses connotations péjoratives. Que l'on doive se spécialiser pour des fins d'approfondissement, soit. Mais il faut se rappeler que l'originalité de l'espèce humaine est son aptitude au mélange et à la synthèse[11]. Par ailleurs, nous croyons fermement que, de nos jours, nul ne peut maîtriser entièrement, seul, l'appareillage de la recherche en sciences sociales. Au départ de l'entreprise que constitue cet ouvrage, nous étions convaincu que la réunion de spécialistes de chaque question sous le chapeau du doute tolérant produirait un traité plus vaste quant à l'éventail des sujets traités, et aussi plus honnête dans sa représentation de l'état actuel de la méthodologie en sciences sociales : il ferait davantage ressortir la variété des approches que le terme singulier de « méthodologie » ne peut suggérer et qu'une équipe restreinte de rédacteurs ne pouvait rendre. Une analyse de ce livre lui-même dans l'esprit de la recherche des divergences au sein de la méthodologie réussirait à découvrir moult preuves de l'hétérogénéité relative des courants de pensée. Il nous a donc semblé qu'une introduction à la méthodologie de la recherche devait représenter ce souci de multidisciplinarité; nous avons réuni plusieurs disciplines et plusieurs institutions : nous aurions pu faire mieux, mais ce départ est quand même prometteur.

Enfin, cette entreprise a aussi pour but de diffuser dans une certaine mesure la recherche québécoise et canadienne. Les ouvrages français et américains ne s'y intéressent évidemment pas et peuvent laisser l'impression que nous ne faisons rien qui vaille en recherche sociale. Ce n'est pas le cas. Nous avons cherché à le démontrer grâce à des exemples puisés dans les expériences d'ici.

Entreprise louable, personne n'en doute. Entreprise difficile, le contraire eût été surprenant. Entreprise intéressante, les auteurs le croient. Entreprise réussie, au lecteur d'en juger.

Bibliographie annotée

Quelques références sur les fondements de la pensée scientifique et sur l'activité scientifique :

ARON, Raymond, *Les étapes de la pensée sociologique*, Paris, Gallimard, 1967.

Livre obligatoire si l'on veut comprendre l'évolution de la pensée sociologique moderne. L'auteur aborde les écrits de Montesquieu, Comte, Marx, Tocqueville, Durkheim, Pareto et Weber. Même s'il

---

11. La lecture des deux ouvrages d'Albert JACQUARD est très importante : *Éloge de la différence*, Paris, Seuil, 1978 et *Au péril de la science?*, Paris, Seuil, 1982.

ne s'agit pas là d'un traité de méthodologie, les sujets abordés ici sont fondamentaux dans une réflexion méthodologique.

CHAUVIN, Rémy, *Des savants : pour quoi faire?*, Paris, Payot, 1981.

Plein de courage, l'auteur débute ici la remise en question de l'organisation scientifique moderne en la qualifiant d'inefficace. Tout passe à l'analyse : des modes de sélection des textes dans les revues aux motivations profondes des scientifiques.

JACQUARD, Albert, *Au péril de la science? Interrogations d'un généticien*, Paris, Seuil, 1982.

Dans ce livre important, Jacquard présente un plaidoyer en faveur d'une révision de l'image publique de la science. Alors qu'on la présente comme le roc composé de certitudes démontrées, elle est plutôt construite sur des doutes et sur une remise en question constante des acquis. Continuer à présenter la science comme on le fait actuellement ne pourra mener qu'à l'incompréhension et au rejet.

MILLS, C. Wright, *L'imagination sociologique*, Paris, Maspero, 1967.

Mills fut probablement le savant le plus tiraillé par le doute durant son époque. Alors que les États-Unis ne juraient que par les sciences exactes et que les sciences sociales tentaient de s'artificialiser, Mills invoquait un retour au contact entre la science et l'homme et à une compréhension plus profonde de la relation entre la science et la réalité humaine.

NOÉ, Pierre, *Socialisme et recherche*, Paris, Club du livre socialiste, 1981.

Si les penseurs marxistes rejettent généralement la recherche « néo-positiviste » traditionnelle, les activistes français du socialisme ne semblent pas de cet avis. Cet énoncé de politique se prononce en faveur d'un rôle accru de la recherche et des chercheurs dans une société française socialiste.

Quelques références récentes à d'autres manuels d'introduction générale :

AKTOUF, Omar, *Méthodologie des sciences sociales et approche qualitative des organisations*, Québec, Presses de l'Université du Québec, 1990, 213 pages.

Sous-titré « Une introduction à la démarche classique et une critique », ce livre passe en revue les éléments fondamentaux du modèle classique de recherche (dont *Recherche sociale* s'inspire largement) et en propose une critique constructive. Dans sa deuxième partie, Aktouf décrit un modèle de recherche plus qualitatif et « clinique ». Il s'agit d'une lecture intéressante pour obtenir un éclairage différent sur le processus d'acquisition de connaissance.

CONTANDRIOPOULOS, André-Pierre, François CHAMPAGNE, Louise POTVIN, Jean-Louis DENIS et Pierre BOYLE, *Savoir préparer une recherche, la définir, la structurer, la financer*, Montréal, Presses de l'Université de Montréal, 1990, 196 pages.

Voici un court traité sur les aspects pratiques du déroulement d'une recherche sociale. L'aspect formation de l'information y est presque complètement escamoté, mais d'autres sujets sont analysés en assez grande profondeur. La facture de cet ouvrage est très pratique et plaira à l'étudiant en manque de conseils immédiatement applicables.

LESCARBEAU, Robert, Maurice PAYETTE et Yves ST-ARNAUD, *Profession : consultant*, Montréal, Presses de l'Université de Montréal, 1990, 341 pages.

Le chercheur situe souvent son action au sein d'une organisation. Il doit alors se voir comme un agent de changement placé dans une dynamique et comme un détenteur de pouvoir à l'intérieur d'une structure de pouvoir. Le livre de Lescarbeau, Payette et St-Arnaud aide à comprendre la place du consultant dans le processus de changement. Ce n'est pas un livre sur la recherche sociale, mais c'est une lecture intéressante pour le chercheur qui vise à participer au changement.

LÉTOURNEAU, Jocelyn, *Le coffre à outils du chercheur débutant : guide d'initiation au travail intellectuel*, Toronto, Oxford University Press, 1989, 227 pages

Beaucoup plus axé sur le savoir-faire ou la technologie de la recherche que sur la compréhension des enjeux méthodologiques, ce livre regroupe des textes de plusieurs auteurs sur la recherche documentaire, l'analyse d'objets physiques, la lecture de tableaux, etc. Plus encore que dans le livre de Contandriopoulos *et alii*, les auteurs visent à donner des points de repère pratiques et à donner aux lecteurs des outils utiles. Par contre, la discussion critique des outillages manque.

Chapitre 2

Sociologie de la connaissance

François-Pierre GINGRAS

*Il ne faut point juger des hommes par ce qu'ils
ignorent, mais par ce qu'ils savent
et par la manière dont ils le savent.*

VAUVENARGUES

Introduction

Tout le monde fait de la recherche, souvent sans le savoir : l'enfant qui scrute les placards pour découvrir où se cachent les étrennes de Noël, l'adolescente qui « cherche des idées » dans une revue de décoration, la sociologue qui se penche sur l'acculturation des immigrants, le vieillard qui occupe ses soirées avec des documentaires télévisés.

La recherche vise à mieux connaître la réalité, à mieux comprendre cet univers dont nous faisons partie. On fait de la recherche par curiosité ou par intérêt, pour être plus heureux aujourd'hui ou pour prédire nos lendemains, afin de s'adapter à un milieu humain stressant et à un environnement menacé ou plutôt en vue de les transformer en profondeur. Le savoir n'est pas inné : *toute connaissance s'acquiert.* La première section de ce chapitre constitue un examen des modes d'acquisition des connaissances.

Tous et toutes, nous possédons un bagage plus ou moins vaste, plus ou moins spécialisé, plus ou moins juste de « connaissances ». Depuis le XVIIe siècle, l'Occident distingue cependant les connaissances « scientifiques » des autres connaissances. Une deuxième section tente de cerner ce qu'on entend par « science », par opposition à savoir « ordinaire », tout en évitant la confusion qui s'établit souvent entre la science et ses applications technologiques. Cela fournit l'occasion de considérer certains écueils de la recherche scientifique.

En traitant des principes méthodologiques de la recherche sociale, nous supposons le caractère scientifique d'une telle démarche. Il n'est donc pas superflu d'examiner, dans une troisième section, la prétention des sciences sociales au titre de « vraies sciences ». C'est d'ailleurs l'occasion de poser les fameuses questions concernant la place de la subjectivité dans la connaissance des phénomènes sociaux et celles relatives à l'existence de lois du comportement humain.

La recherche sociale, pour avoir une valeur scientifique, doit s'inspirer d'une pensée cohérente, d'une façon de voir le réel qui préside à l'ensemble de la démarche entreprise. Une quatrième section passe en revue quatre grandes approches susceptibles d'orienter les recherches, d'inspirer les problématiques, d'encadrer les théories, de conditionner le choix des instruments.

1. Les sources de connaissance

Nos connaissances ne sont le plus souvent que des *représentations* (ou images) imparfaites de la réalité. Nous nous fabriquons ces représentations à partir de ce que les psychologues appellent des *stimuli* sociaux, c'est-à-dire toute information disponible dans notre entourage : médias, conversations, expériences personnelles, etc. Comme le nombre de ces stimuli dépasse largement notre capacité de discernement, nous construisons un écran perceptuel qui filtre les informations et exerce, inconsciemment pour nous, un choix parmi tous les renseignements intelligibles. Cet écran élimine non seulement les données qui ne présentent guère d'intérêt, mais il peut aussi refouler les informations qui contredisent nos convictions. Qui n'a déjà assisté à un « dialogue de sourds » entre deux interlocuteurs qui, l'un comme l'autre, ne semblent ni entendre ni comprendre ce qu'ils se disent[1]?

Nos façons d'« apprendre » dépendent donc de notre personnalité et correspondent aux types de rapports que nous entretenons avec la réalité. À l'échelle sociale, l'espace occupé par chacune des sources de connaissance permet de caractériser une collectivité. Postulons dès le départ qu'aucune de ces sources n'est « meilleure » qu'une autre puisque chacune permet de connaître une partie de la réalité, ne serait-ce qu'imparfaitement.

---

1. La guerre du Golfe arabo-persique a offert de multiples exemples de dialogues de sourds, depuis les présidents américain George Bush et irakien Saddam Hussein, jusqu'aux partisans et adversaires de l'intervention militaire contre l'Irak. On consultera avec profit les journaux de l'hiver 1991 à ce sujet.

1.1. La pratique, l'expérience et l'observation

[La connaissance acquise par la pratique est sûrement la plus ancienne façon d'apprendre,] historiquement. Elle demeure pour l'être humain, dès sa naissance, la première à laquelle il a recours. [Bon nombre de nos connaissances proviennent des sensations que nous éprouvons, des observations que nous effectuons, par hasard ou de façon systématique.] Par exemple, les journalistes qui couvrent une campagne électorale cherchent à prendre le pouls de la population en assistant aux assemblées politiques et en interrogeant des électeurs. Ils en dégagent des connaissances qu'ils transmettent au public par leurs reportages. L'importance ou la complexité de certains événements peuvent amener les chercheurs à étoffer leur expérience personnelle au moyen de documents pertinents et de résultats de recherches réalisées par d'autres. C'est le cas du journaliste Jean-Claude Trait dont on consulte encore avec profit le dossier sur les événements d'octobre 1970[2].

> Bien que Jean-Claude Trait se soit permis une courte rétrospective des faits et gestes du Front de libération du Québec de 1963 à 1970, son ouvrage constitue principalement un récit des événements liés directement ou indirectement à l'offensive du F.L.Q. entre le 5 octobre et le 5 décembre 1970. Grâce à son emploi à *La Presse* et à ses contacts dans le milieu du journalisme, Jean-Claude Trait a pu retracer le cours de tous les événements en se référant aux principaux médias (stations radiophoniques, réseaux de télévision, journaux). Bien que cet ouvrage ne soit pas une analyse des événements, comme l'explique l'auteur dans son avant-propos, il peut être très utile à une analyse ultérieure de thèmes spécifiques (État, terrorisme, etc.) grâce à tous les détails qu'il met en lumière.

[Le recours à la pratique, à l'expérience et à l'observation comme mode d'appréhension du réel se situe dans un grand courant que l'on nomme *empirisme* et que l'on peut faire remonter aux sophistes de la Grèce antique.] Ces derniers cherchaient à rassembler le plus de connaissances possible sur l'évolution de la civilisation, notamment du langage, et sur l'insertion harmonieuse des gens dans la société : à leurs yeux, le savoir, fondé sur l'expérience et l'observation, devait naturellement déboucher sur l'action; ainsi, « les études » avaient nécessairement une fonction utilitaire.

[L'empirisme repose sur la perception que l'on a de la réalité.] Il importe donc de distinguer l'objet réel (celui dont on recherche la con-

---

2. Jean-Claude TRAIT, *FLQ 70 : offensive d'automne*, Montréal, Les Éditions de l'Homme, 1970.

naissance) de l'objet perçu par nos sens, qui semble bien réel mais qui n'est qu'une partie de la réalité.]

> Le felquiste Pierre Vallières a cité ses expériences chez les franciscains à l'appui de sa dénonciation de l'obscurantisme et de l'exploitation incessante des masses québécoises par l'Église catholique depuis trois siècles[3]. De son côté, l'abbé Gérard Dion a plutôt fait ressortir le caractère progressiste de nombreuses interventions de l'Église, dont une à laquelle il a lui-même participé, lors d'un conflit syndical qui ébranla le Québec tout entier[4]. Les expériences de chacun conditionnent son interprétation de la réalité.

Au-delà de l'expérience immédiate d'un phénomène, l'engagement intellectuel pour une cause stimule et limite à la fois la connaissance qu'on peut acquérir de la réalité. [S'appuyant sur l'expérience et l'observation, l'empirisme souligne de façon particulièrement aiguë la nécessité de prendre du recul face à ce que nous cherchons à comprendre et face à notre perception de la réalité.]C'est ce qu'on appelle aussi la[*rupture épistémologique.*]Le sophiste Protagoras a été le premier à voir l'importance du fait que la connaissance dépend à la fois de l'objet connu et du sujet connaissant :[en d'autres mots] que[la perception peut amener une personne à « connaître » une chose d'une « certaine manière » et une autre personne à « connaître » la même chose d'une « manière différente », possiblement contradictoire mais tout aussi vraie.]D'où, selon Protagoras et Pyrrhon, la nécessité de toujours faire preuve de scepticisme face à la réalité perçue, à celle des choses comme à celle des événements. C'est l'attitude adoptée dans ce manuel, comme l'introduction l'expose clairement.

1.2. L'intuition

[Bon nombre de découvertes seraient, dit-on, le fruit du hasard, de l'imagination, de l'intuition.] Les exemples les plus souvent cités proviennent de la physique : à la fin du XVIIe siècle, Denis Papin, voyant bouger le couvercle d'une marmite chauffant dans l'âtre domestique, en aurait tiré sa loi sur l'expansion des gaz; de son côté, Isaac Newton, voyant tomber une pomme d'un pommier, en aurait conçu la loi de l'attraction universelle, l'appliquant même à la gravitation de la Lune

---

3. Pierre Vallières, *Nègres blancs d'Amérique*, éd. revue et corrigée, Montréal, Parti Pris, 1969, ch. 4 (réédité en 1979 par Québec-Amérique).
4. Gérard Dion, « L'Église et le conflit de l'amiante », p. 258 dans Pierre Elliott Trudeau, *La grève de l'amiante*, Montréal, Jour, 1970 (réédition de l'ouvrage de 1956).

autour de la Terre. [Dans notre quotidien, il nous arrive aussi de faire de petites découvertes sous le coup d'une intuition.]

[En sciences sociales, on parle d'intuition comme source non systématique de connaissance de nous-mêmes, d'autrui, des choses, des processus, des vérités fondamentales.][L'intuition porte nécessairement sur certaines perceptions qu'on a de la réalité et ne saurait totalement exclure l'exercice d'un certain jugement combiné à une bonne dose d'imagination.][Sans prendre la forme d'une analyse fondée sur un raisonnement rigoureux, l'intuition dépasse la simple connaissance acquise par les sens.]

> Dans un texte remarquable rédigé au moment où la Révolution tranquille commençait à s'essoufler, Claude Ryan, alors directeur du quotidien *Le Devoir*, cherchait à faire le point sur le pouvoir religieux et la sécularisation au Québec[5]. Sans suivre de « démarche sociologique rigoureuse », il rappelait d'abord les rôles de chefs religieux et de chefs sociaux joués par les prêtres, puis constatait le glissement du pouvoir de l'Église vers l'État. Opinant à contre-courant des universitaires, Ryan considérait que ces changements structurels du pouvoir s'effectuaient de « manière plutôt paisible » et il rejetait intuitivement l'hypothèse que les changements résultaient d'une lutte de pouvoir entre l'Église et l'État. Selon Ryan, la médiation de l'opinion publique jouait un rôle déterminant (encore que non vérifiable) dans un tel transfert possible du pouvoir. Par ailleurs, sentant que le pouvoir de l'idée religieuse demeurait considérable parmi la population malgré la perte du pouvoir temporel de l'Église, Ryan avait l'intuition que les idées et la mentalité de la société québécoise allaient encore longtemps porter la marque d'un certain conservatisme. Il n'avait pas tort.

[Si l'intuition et l'imagination permettent une meilleure compréhension de la réalité, c'est en général parce qu'elles s'accompagnent d'un intérêt pour un objet de connaissance.]Des millions de personnes ont vu s'agiter des couvercles de marmites et tomber des pommes. Seuls Papin et Newton en ont tiré des lois physiques!

[Toutes les intuitions ne sont pas corroborées par les faits observables.]Au contraire, [c'est]là [un mode de connaissance fort fragile.][Il faut particulièrement se méfier des intuitions populaires au sujet de questions complexes.]En vérité, indépendamment de la validité des solutions envisagées, « imaginer » les causes d'un problème social « personnalisé »] comme le viol, la délinquance ou la pauvreté, [impose nécessairement des limites sérieuses à la compréhension globale de ce

---

5. Claude RYAN, « Pouvoir religieux et sécularisation » dans *Recherches sociographiques*, vol. VIII, nᵒˢ 1-2, janvier-août 1966, pp. 101-109.

phénomène. C'est d'ailleurs là où le raisonnement rigoureux entre en jeu pour chasser les préjugés.

1.3. Le raisonnement

Le raisonnement est une source de connaissance fondée sur la faculté proprement humaine de saisir les rapports entre les choses et notamment les causes et conséquences des phénomènes observables. C'est une source de connaissance indirecte, contrairement à la pratique, l'expérience ou l'observation. C'est une source de connaissance systématique, contrairement à l'intuition. Enfin, c'est une source de connaissance qui n'implique pas la révélation surnaturelle de connaissances invérifiables. En sciences sociales, deux types de raisonnement doivent particulièrement retenir notre attention : le raisonnement inductif et le raisonnement déductif.

S'il nous est possible d'accroître nos connaissances sur nous-mêmes et notre environnement grâce à des sources directes comme l'expérience et l'observation ou grâce à une source non systématique comme l'intuition, il faut néanmoins reconnaître le caractère limité d'acquisitions nouvelles que toute personne peut faire par ces moyens. Il est intéressant et économique de tirer des conclusions au-delà des observations, pour les appliquer à des ensembles de phénomènes analogues. Le principe de l'*induction* repose précisément sur le raisonnement que si deux choses, faits ou caractéristiques se trouvent sans cesse associés lorsqu'on les observe, ils sont probablement toujours associés (qu'on les observe ou non) si les mêmes conditions prévalent. Et plus grand est le nombre de cas observés où les deux choses, faits ou caractéristiques se trouvent associés, plus grande est la probabilité de leur association en d'autres occasions où l'on sait que l'un des deux se manifeste. À la limite, un nombre considérable d'associations entraîne une probabilité très élevée (une quasi-certitude) de la généralisation qu'on effectue. On appelle couramment cette conclusion une *généralisation empirique* : en principe, elle ne doit pas souffrir d'exception mais, paradoxalement, il est impossible de la prouver définitivement en faisant appel à l'expérience. En effet, le raisonnement inductif repose sur des probabilités et, au mieux, propose des quasi-certitudes. Dans la mesure où il n'y a pas, à strictement parler, de certitude absolue dans une généralisation empirique, on qualifiera d'« opinion vraisemblable » notre croyance en cette généralisation empirique si aucun fait porté à notre connaissance ne parvient à en montrer la fausseté. Notre opinion est évidemment d'autant plus vraisemblable que la généralisation empirique fait l'objet de tests nombreux et différents qui tendent tous à la confirmer. La constance des rapports entre religion et politique au Québec en constitue un exemple frappant : les électeurs qui ont remis en question leurs valeurs et leurs pratiques religieuses ont davantage tendance à appuyer « le parti du changement » et la souveraineté du Québec[6].

Si le raisonnement inductif prend racine dans les cas particuliers et aboutit à des généralisations dont on peut évaluer la vraisemblance (mais non la certitude) par la confrontation à d'autres cas particuliers, le *raisonnement déductif* trouve sa source dans des formulations générales abstraites et universelles (parfois appelées « lois générales ») dont on tire des hypothèses pour des cas particuliers. Tout raisonnement déductif part d'une expression ou loi générale établissant un rapport entre des concepts universels.

Le raisonnement déductif, comme Emmanuel Kant l'a montré clairement, permet de partir de principes généraux (ou *axiomes*) et d'en tirer des connaissances tout à fait nouvelles (les *conclusions*). La recherche (sociale) entre en jeu pour vérifier les implications particulières de nouvelles connaissances, en établissant d'abord une *hypothèse* générale dont il s'agit ensuite d'opérationnaliser chacun des *concepts*. D'autres sections de ce manuel éclairciront cette démarche. Il importe à ce moment-ci de réaliser que le raisonnement déductif ne fait pas nécessairement appel au principe de la causalité. Le raisonnement permet en effet des explications causales ou non causales (mais associatives), selon qu'on émet l'hypothèse qu'un phénomène en entraîne un autre ou l'hypothèse que plusieurs phénomènes sont associés, sans que l'un ne soit la cause ni l'autre, l'effet.

Dans la mesure où le raisonnement qui porte sur les phénomènes humains et sociaux implique un niveau d'analyse plus abstrait que le simple recours à la perception de nos sensations, il ne faut pas se surprendre de voir certains scientifiques élaborer des modèles très abstraits de la réalité en vue d'enrichir sans cesse les connaissances. Nous en discuterons au chapitre sur la théorie.

Les diverses approches rationalistes possèdent comme constante un double objectif d'explication et d'orientation vers l'action : d'une part, les rationalistes cherchent à expliquer un univers cohérent par des

---

6. Voir François-Pierre GINGRAS et Neil NEVITTE, « La Révolution en plan et le paradigme en cause », *Revue canadienne de science politique*, vol. XVI, n° 4, décembre 1983, pp. 691-716, ainsi que deux textes recueillis par Jean Crête, *Comportement électoral au Québec*, Chicoutimi, Gaëtan Morin, 1984 : André BLAIS et Richard NADEAU, « L'appui au Parti québécois : évolution de la clientèle de 1970 à 1981 » (pp. 279-318) et Maurice PINARD et Richard HAMILTON, « Les Québécois votent NON : le sens et la portée du vote » (pp. 335-385).

concepts et des rapports logiques entre ceux-ci; d'autre part, ils aspirent à ordonner la vie individuelle et sociale en se basant sur des principes universels et purement rationnels. Emmanuel Kant va jusqu'à soutenir qu'il est irrationnel d'imaginer des objets (et donc des causes) situés en dehors du temps et de l'espace. Il limite par conséquent le pouvoir de la raison (donc de la science) à connaître le monde matériel (ce qui rejoint les préoccupations des empiristes) et à guider nos actions.

Quant aux choses qui échappent à l'expérience humaine, Kant affirme qu'il faut toujours les aborder d'un œil critique et se méfier de la prétendue connaissance que d'aucuns croient en avoir, car pour chaque proposition (ou « thèse ») qu'on puisse établir au sujet de leur nature, la raison pure permet d'affirmer avec autant d'assurance une proposition contradictoire (ou « antithèse »). On retrouve donc chez Kant une charnière dans l'évolution de la *méthode dialectique*.

Dans la même veine et paradoxalement sans doute aux yeux de certains, on discerne aussi chez Kant une charnière dans l'évolution de la *méthode positiviste*. Le positivisme du père de la sociologie, Auguste Comte, n'admet en effet comme valables que les affirmations fondées sur l'expérience des sens, soit directe, soit résultant d'un test empirique des conséquences déduites logiquement des faits d'expérience. Dans leur recherche de connaissances nouvelles, les positivistes s'appuient sur le postulat que les données de la science sont les expériences des organismes (individus, groupes, structures sociales) ou les réactions (ou « réponses ») de ces organismes aux stimulations ou expériences de leur environnement. Pour les connaître de façon objective, la mesure systématique et la quantification se sont donc imposées assez tôt comme offrant un gage de validité. Notons que le genre de raisonnement poursuivi par les positivistes peut facilement dégénérer en un découpage excessif d'un phénomène en d'innombrables composantes puis sa reconstitution artificielle par la somme des diverses observations qu'on en a faites : dans ce processus, on peut facilement oublier la signification essentielle des phénomènes.

1.4. La tradition, l'autorité et la mode

Nous faisons tous et toutes partie d'une société, d'une culture. Nous sommes naturellement exposés dès notre tendre enfance à des explications concernant les origines de la vie, le fonctionnement de l'univers, le comportement des humains entre eux. Nous avons de bonnes raisons de croire ces interprétations : d'une part, nous ne sommes généralement pas en mesure de prouver qu'elles sont fausses et d'autre part, nous

avons de toute façon confiance en ceux et celles qui nous les transmettent : parents, professeurs, curés, journalistes — en somme, tous
ceux et celles qui « savent ». Et puis, il y a ces traditions immémoriales
qui font que personne (ou presque) ne songe même à remettre en question un certain « savoir » relayé par chaque nouvelle génération. Ainsi,
quel étudiant en histoire douterait des friponneries de l'intendant Bigot
ou des intérêts économiques et politiques ayant entraîné la déportation
des Acadiens? Quelle étudiante en sociologie remettrait en question le
rôle de la famille ou de la paroisse dans la société canadienne-française
traditionnelle?

L'avantage de la tradition comme source de connaissances est évidemment son caractère cumulatif : il n'est pas nécessaire de toujours
recommencer les recherches à zéro; il suffit d'élargir le savoir. Mais le
grand désavantage de la tradition est son caractère conservateur qui, en
réalité, freine la remise en question du savoir acquis.

> Par exemple, la plupart des auteurs s'entendent pour affirmer que
> le nationalisme, sous l'une ou l'autre de ses formes, a toujours été
> l'un des principaux courants idéologiques à mobiliser les Canadiens
> français en général et les Québécois en particulier. Certains le regret-
> tent et d'autres s'en enorgueillissent. Mais bien peu ont essayé de
> vérifier s'il en a été vraiment ainsi. Auteur des premières recherches
> empiriques sur la question, le sociologue Maurice Pinard a très tôt
> acquis la conviction que ce fut longtemps une élite, non la masse
> des Québécois, qui souscrivait au nationalisme[7]. Mais cela a évi-
> demment irrité bien des nationalistes...

Malgré la force de la tradition, tout au long de notre vie, nous
profitons de nouvelles connaissances souvent appelées « découvertes ».
Comme presque chaque jour quelqu'un, quelque part, allègue qu'il vient
d'effectuer une « découverte », il ne faut pas s'étonner si l'acceptation
ou le rejet de cette « découverte » par la société dépende souvent du
statut du « découvreur ».

> Ainsi, au cours des années 50, on pouvait compter des milliers de
> catholiques québécois et québécoises, les oreilles quotidiennement
> collées à leur poste de radio pour écouter *La Clinique du cœur*; le
> père dominicain Marcel-Marie Desmarais leur apprenait comment
> ordonner leur vie quotidienne selon les préceptes de l'Église : citant
> des « autorités » médicales et religieuses, il enseignait entre autres
> et avec force exemples comment le recours à des moyens, autres que
> la continence, « d'empêcher la famille » lésait « dans leur âme et

---

7. Voir en particulier Maurice PINARD, « La rationalité de l'électorat : le cas de 1962 »
dans le recueil de Vincent LEMIEUX, *Quatre élections provinciales au Québec, 1956-1966*,
Québec, Presses de l'Université Laval, 1969, pp. 179-196.

dans leur corps » tous « les malheureux » qui s'y adonnaient[8]. On remarquera que les premiers à ridiculiser aujourd'hui une telle béate soumission à des enseignements dépassés sont parfois les plus naïfs gobeurs des propos de gourous de passage.

Si la tradition et l'autorité, comme moyens d'acquisition des connaissances, ont leurs avantages et leurs inconvénients, on peut dire la même chose de l'engouement pour certaines « nouvelles » façons d'aborder le réel. Le behaviorisme, les sondages, la biosociologie, la prospective, le néomarxisme, la cybernétique en sont des exemples anciens ou actuels. Si ce n'est déjà fait, on découvrira leurs limites et leurs partisans devront nuancer un enthousiasme au début sans borne. Un tel enthousiasme initial, par ailleurs, contribue grandement à favoriser l'exploration de pistes de recherche inédites ou sous-exploitées et donc, à l'avancement des connaissances, comme le suggère Nicos Poulantzas dans sa préface au livre d'Anne Legaré, *Les classes sociales au Québec*[9]. La mode intellectuelle prend le contrepied de la tradition en prévenant la sclérose du savoir. Mais elle risque aussi de chercher à imposer ses nouveaux dogmes.

2. La connaissance scientifique

C'est un besoin naturel des humains que de savoir le pourquoi et le comment des choses, de vouloir prédire certaines caractéristiques de l'avenir. On connaît la panique qui s'est emparée des populations civiles lors des bombardements de Bagdad et des alertes aux missiles à Ryad et Tel-Aviv dès le déclenchement de la guerre du Golfe arabo-persique en 1991. Faute de comprendre notre milieu (facteur d'ordre humain) et notre environnement (facteur d'ordre écologique), faute d'un minimum d'assurance face à ce que nous réserve le futur, faute enfin de pouvoir exercer quelque action éclairée sur nous-mêmes et ce qui nous entoure, nous devenons des étrangers, des aliénés.

2.1. Qu'est-ce que la science?

Dans toutes les sociétés, le savoir procure à ses détenteurs un avantage sur les « ignorants ». Qu'on pense au chasseur qui a découvert la cache

---

8. Cette expression est tirée de Marcel-Marie DESMARAIS, *L'amour à l'âge atomique*, Montréal, Le Lévrier, 1950, p. 67. On retrouve les mêmes idées dans les multiples volumes de la série *La clinique du cœur*, Montréal, Le Lévrier, 1957-1958.
9. Anne LEGARÉ, *Les classes sociales au Québec*, Montréal, Presses de l'Université du Québec, 1977, p. VII, pp. 5-32.

de son gibier, au médecin qui a appris à soigner les malades, au mécanicien qui sait remettre les voitures en état de marche. La communication des connaissances parmi les membres d'une société représente naturellement un progrès de la civilisation. Nous avons déjà mentionné comment le statut de la personne qui dit posséder une connaissance influence l'accueil fait par la société à la connaissance en question. Dans une société simple, il est beaucoup plus facile que dans une société complexe d'obtenir un consensus sur le statut des « personnes connaissantes » et donc aussi sur la valeur des connaissances qu'elles transmettent : on apprend vite qui est bon chasseur et il est facile de vérifier ses dires. Dans les sociétés simples, la population est généralement restreinte et de culture homogène : on partage une mentalité, une langue, des croyances, des conventions[10].

Dans les sociétés complexes, les consensus sont plus difficiles à obtenir. Non seulement chacun ne peut-il connaître tout le monde, mais la culture tend à se fragmenter : les mythes eux-mêmes ne font plus consensus, ils se font concurrence! À qui, par exemple, doit revenir le pouvoir de gouverner? Au plus fort ou au plus riche? Au fils aîné du roi ou à l'élu du peuple? Au choix de l'oracle ou de la junte militaire? Qui croire et... que croire? Certaines interrogations (notamment sur le rôle de l'État dans nos sociétés) se font si pressantes qu'André Vachet n'hésite pas à parler du « désarroi [...] de l'ensemble de la pensée sociale et politique de notre temps »[11].

Si l'on estime désirables, d'une part, la connaissance qui permet de minimiser certaines incertitudes et, d'autre part, la diffusion de cette connaissance, alors un terrain d'entente s'établit. En d'autres termes, une démarche universellement acceptable et universellement reconnue comme valide constitue un préalable à la communication universelle des connaissances ; ce qu'on appelle la science est un savoir qui repose sur des conventions. Le chapitre écrit par Koula Mellos dans ce livre en témoigne.

La convention première qui confère à une connaissance son caractère scientifique, c'est qu'on puisse, en quelque sorte, répéter la découverte : refaire l'observation, reprendre le raisonnement, confronter de nouveau l'hypothèse et les faits. C'est ce que l'on appelle la reproductibilité. Le phénomène unique observé par une unique personne ne peut donc être l'objet d'une connaissance scientifique : les expériences

---

10. Il en va de même chez certains groupes très homogènes où le contrôle social s'exerce avec intransigeance, comme la communauté juive hassidim montréalaise ou les Hell's Angels.
11. L'idéologie libérale : l'individu et sa propriété, 2ᵉ éd., Ottawa, Presses de l'Université d'Ottawa, 1988, p. 13.

mystiques individuelles en sont un exemple. Les phénomènes présentant un caractère répétitif ou, du moins, une certaine durée, et qui sont observables par plusieurs, offrent à la recherche scientifique un menu de choix, mais se prêtent aussi davantage au savoir « ordinaire » que les phénomènes rares, obscurs et complexes.

Principalement à cause de leur intérêt pour des phénomènes moins facilement compréhensibles par un grand public, les personnes ayant une formation poussée dans l'une ou l'autre branche du savoir ont, au cours des siècles, fixé des conventions et établi des critères d'acceptation ou de rejet des nouvelles connaissances. Dans la mesure où ces conventions et ces critères font l'objet d'un consensus parmi les « savants », *la science n'est que ce que les savants s'entendent pour croire qu'ils savent.*

L'histoire des progrès de la science et de l'accumulation du savoir est si abondamment chargée de rejets d'interprétations autrefois tenues pour vérités que les gens de science en sont venus assez tôt à faire preuve de scepticisme face à leur propre savoir, c'est pourquoi ils pratiquent le « doute méthodique », cher à Descartes : douter de ce qui paraît douteux et s'interroger sur les prétendues certitudes.

La satisfaction des scientifiques dépend souvent de leur capacité à prédire des phénomènes d'après l'observation de la régularité d'autres phénomènes, tout en s'accordant une marge de manœuvre pour tenir compte des impondérables : selon qu'on est optimiste ou pessimiste, on parle alors de « degré de confiance » ou de « marge d'erreur ». La science est à la fois probabiliste et déterministe.

Le déterminisme de la science implique que tout phénomène est susceptible d'être expliqué de façon rationnelle, mais il ne prétend jamais que toutes les explications soient effectivement connues : le déterminisme amène donc à prédire des comportements probables, mais il n'exclut pas la possibilité que des personnes ne se comportent pas tel que prédit. La *prédiction* consiste à faire l'hypothèse d'un événement futur en se fiant aux données observables du passé ou du présent, tandis que la *prédestination* constitue une doctrine fataliste qui suppose que certains événements se produiront inévitablement parce qu'une volonté surnaturelle en a décidé ainsi.

Quant à l'utilisation pratique et concrète des connaissances scientifiques, elle relève de la technologie et non de la recherche scientifique. Nous reviendrons plus loin sur la pertinence de la science. Qu'il suffise pour l'instant de dissiper une équivoque fréquente entre *science* et *technologie*. C'est la technologie ou la maîtrise des applications des résultats de recherches qui préside aux lancements fructueux de navettes spatiales ou au déroulement idoine des sondages d'opinion. Les « réalisations de la science » les plus remarquées du grand public sont en général des produits de la technologie. Un chercheur scientifique devrait idéalement être en mesure d'utiliser toute la technologie à sa disposition en vue de poursuivre des recherches plus poussées. Mais la technologie progresse si rapidement qu'il est difficile de suivre son rythme : bien des chercheurs en sciences sociales, par exemple, ne réalisent pas encore les ressources inouïes mises à leur portée par les micro-ordinateurs. Quant aux technologues, il faut parfois déplorer leur manque de formation en recherche fondamentale : le sondage le mieux orchestré peut passer à côté de l'essentiel d'un phénomène et un usage inconsidéré des « tests d'intelligence » peut mener à des méprises regrettables sur les capacités mentales des personnes.

2.2. Les contraintes de la recherche scientifique

Quiconque aspire à s'adonner à la recherche scientifique doit réaliser qu'il s'agit d'une pratique sociale sujette à une gamme étendue de contraintes, comme toute activité humaine. La science n'existe pas indépendamment de la société où elle s'élabore; la recherche scientifique est une production humaine inscrite dans un environnement social qui, à la fois, détermine l'éventail des options s'offrant aux chercheurs et impose des contraintes quant aux choix entre ces diverses options. On peut regrouper sous quatre types ces sources d'influence manifeste[12].

L'état présent des connaissances constitue évidemment la première contrainte de la recherche scientifique, dans la mesure où l'on accepte que la science procède en grande partie d'un raffinement, d'une amélioration du savoir organisé, d'une accumulation de connaissances allant à tour de rôle au-delà des précédentes.

> À propos des mérites et limites des instruments de recherche en sciences sociales, les manuels (comme celui-ci) ont en principe la mission de mettre en garde contre une confiance aveugle. On trouve parfois des rapports de recherche qui consacrent quelques lignes aux contraintes liées aux outils utilisés. On peut citer comme modèle de réflexion critique les notes méthodologiques des politologues Caroline Andrew, André Blais et Rachel DesRosiers sur leur usage de diverses techniques dans une recherche sur les politiques de logement s'adressant aux bas-salariés[13] : tout en soulignant « le rôle de

---

12. Voir aussi Paul DE BRUYNE, Jacques HERMAN, Marc DE SCHOUTHEETE, *Dynamique de la recherche en sciences sociales*, Paris, Presses universitaires de France (collection SUP), 1974, pp. 29-33.
13. Caroline ANDREW, André BLAIS, Rachel DESROSIERS, *Les élites politiques, les bas-salariés et la politique du logement à Hull*, Ottawa, Ed. de l'Université d'Ottawa, 1976, voir pp. 177-200.

l'imprévu » dans l'expérience de recherche, les auteurs évaluent longuement la pertinence du sondage, des entrevues d'élites, de l'analyse documentaire et de l'observation directe. Ils en concluent que, précisément à cause des limites de chaque instrument, « on devrait toujours viser à utiliser la plus grande variété de techniques possible »[14].

Au-delà des limites imposées par l'état du savoir systématisé, qu'on appelle la science, le chercheur doit encore rompre avec les prétendues « évidences » ou « *certitudes* » *du sens commun* et de la vie quotidienne. Les jugements qu'on porte sur les causes des phénomènes reposent fréquemment sur des suppositions *a priori* dont on n'a même pas conscience, et il n'est pas toujours facile pour les chercheurs de s'en dégager.

S'il importe de se méfier du sens commun, il faut tout autant réaliser combien les valeurs conditionnent la recherche scientifique. Les valeurs dont il est question ici sont autant *les valeurs personnelles du chercheur que les valeurs collectives de la société*. De telles valeurs, collectives ou personnelles, ne constituent pas nécessairement des entraves à la recherche, mais elles conditionnent le choix des thèmes abordés, des problématiques, des orientations, des instruments, des données et donc des conclusions, c'est-à-dire des nouvelles connaissances qu'on en tirera. Une des premières marques d'intégrité à exiger d'un chercheur est qu'il fasse état de son subjectivisme, de son idéologie, de ses intérêts.

Cette confession étant faite, le chercheur doit encore affronter une gamme de contraintes que de Bruyne, Herman et de Schoutheete nomment la *demande sociale*, c'est-à-dire ces façons qu'a chaque société particulière de créer des conditions plus ou moins favorables à l'exploration de diverses pistes de recherche scientifique : on distingue arbitrairement le théoricien du chercheur sur le terrain « alors que leurs démarches sont inséparables »[15]; on découpe tout aussi arbitrairement les champs de compétence de l'économiste, du politologue ou du psychologue social; on subventionne certaines recherches, on en commande d'autres par contrat, on refuse des fonds à d'autres encore; on coopte certains chercheurs sur des jurys de sélection de projets, tandis que d'autres chercheurs n'y participeront jamais; on doit utiliser des données tronquées ou suspectes, faute de mieux[16]; on ignore ou on dénigre les résultats qui ne cadrent pas avec les théories à la mode ou les intérêts

---

14. *Ibid.*, p. 200.
15. DE BRUYNE *et al.*, *op. cit.*, p. 30.
16. Sur cet aspect particulier, voir le commentaire de Nicos POULANTZAS au sujet des sources officielles utilisées par Anne LEGARÉ dans son étude des classes sociales, *op. cit.*, p. VII, pp. 5-32.

dominants, etc. Il faut une bonne dose de courage, de confiance et de persévérance à ceux et celles qui, incompris ou marginaux au départ, décident de faire valoir leurs idées malgré tout[17].

Ainsi, la recherche scientifique est donc une activité de production du savoir exposée à des contrariétés comme toute activité sociale. Dans une société où les ressources sont limitées se dresse aussi inévitablement l'exigence de plus en plus forte de la pertinence de la recherche.

2.3. La pertinence de la recherche scientifique

Il est facile de voir comment les connaissances acquises par la recherche scientifique peuvent être utiles : une meilleure compréhension du fonctionnement, des sources d'échec ou de succès des organismes populaires peut mener à des ajustements susceptibles de favoriser la poursuite de leurs objectifs (amélioration du milieu de vie des secteurs défavorisés, défense des assistés sociaux et des locataires, mise sur pied de garderies populaires, etc.); un juste diagnostic de l'impact des politiques gouvernementales sur les taux de chômage dans chaque région peut entraîner des changements de stratégie favorable à la création d'emplois, tout particulièrement dans les régions les plus touchées.

L'utilité de certaines recherches dites scientifiques ne saute toutefois pas aux yeux. Quel intérêt actuel y a-t-il, par exemple, à scruter les manuels d'histoire du Canada au Québec et en Ontario, de 1867 à 1914[18]? À quoi peut bien servir une analyse des idéologies véhiculées par quelques publications et quelques groupements de 1934 à 1936, a fortiori quand l'auteur prévient qu'« aucun rapprochement avec les temps actuels ne se chargera de joindre le passé au présent »[19]? Les auteurs ont, bien sûr, des réponses à de telles questions et les universitaires manifestent, en général, beaucoup d'ouverture aux recherches qui font avancer les connaissances, même si elles n'ont pas d'application immédiate.

Cependant, comme la production du savoir se trouve en majeure partie financée directement (par des subventions aux chercheurs) ou

---

17. « J'ai eu de grandes difficultés du fait que je n'étais pas dans la ligne », a confié le célèbre biologiste et homme de lettres Jean Rostand dans *Le sel de la semaine : Fernand Seguin rencontre Jean Rostand*, Montréal, Homme et Radio-Canada, 1969, p. 39. L'entretien fait aussi ressortir l'importance de l'« émotion scientifique » ressentie par le chercheur comme facteur de motivation.
18. Geneviève LALOUX-JAIN, *Les manuels d'histoire du Canada au Québec et en Ontario (de 1867 à 1914)*, Québec, Presses de l'Université Laval, 1974.
19. André-J. BÉLANGER, *L'apolitisme des idéologies québécoises. Le grand tournant de 1934-1936*, Québec, Presses de l'Université Laval, 1974, p. IX.

indirectement (par des subventions aux établissements) à même les fonds publics et comme la demande de fonds s'accroît à un rythme auquel les gouvernements ne peuvent (ni ne veulent?) s'accorder, des priorités surgissent, des orientations se dégagent, des critères s'imposent. La recherche dite fondamentale (c'est-à-dire détachée des préoccupations quotidiennes) doit céder le pas à la recherche plus « pertinente », voire à la recherche qui s'applique à résoudre des problèmes précis[20].

3. Les objets des sciences sociales

La recherche scientifique repose sur la prémisse qu'il existe une explication rationnelle à tout phénomène. Les phénomènes humains et les phénomènes sociaux n'échappent pas à la règle. La recherche scientifique devrait, du moins en principe, permettre de révéler causes et effets. Peut-on cependant utiliser pour les analyser les mêmes méthodes que celles qui ont été mises au point par les chimistes et les physiciens? On reconnaît généralement que l'analyse des phénomènes sociaux a acquis un caractère scientifique bien plus tard que l'analyse des phénomènes physiques et la question est de savoir où sont actuellement rendues les sciences sociales dans le développement de leur scientificité. Cela nous amènera à souligner la vigilance qui s'impose à toute personne engagée dans la recherche sociale.

3.1. Phénomènes sociaux, phénomènes humains

Une représentation typique de la recherche scientifique en trace un schéma cyclique : l'examen de certains faits mène à l'élaboration d'une théorie dont on tire des hypothèses susceptibles d'être confrontées à d'autres faits en vue de juger de la vraisemblance de cette théorie[21].

---

20. Dans *Une orientation de la recherche politique dans le contexte canadien* (Montréal, Institut de recherches politiques, 1977), Raymond BRETON fournit une excellente illustration des exigences de pertinence que l'on adresse de plus en plus à la recherche sociale. L'auteur y mentionne les principaux objectifs de gestion sociale de l'époque, les principaux phénomènes caractérisant alors la condition canadienne, les cibles que la recherche sociale devait (selon lui) privilégier et les stratégies de recherche qui y correspondaient.
21. Cette représentation idéalisée ne se traduit pas toujours dans les faits par un cheminement simple : « Science seldom proceeds in the straightforward logical manner imagined by outsiders », affirme l'un des auteurs de l'une des plus grandes découvertes du XXe siècle (la structure de l'ADN), le généticien James D. WATSON, *The Double Helix*, New York, New American Library (collection Signet), 1968, p. IX.

Admettons que l'examen de n'importe quel ensemble de faits sociaux (ayant au moins quelque caractère commun) puisse amener une personne ordinaire, possédant un minimum d'imagination et douée de la faculté de raisonner, à réfléchir sur ce que ces faits ont en commun et à accoucher d'une généralisation empirique. On peut sans aucun doute en tirer des hypothèses concernant des faits particuliers autres que ceux qui ont déjà été observés; mais tous les faits sociaux se prêtent-ils au test de telles hypothèses? Qui plus est, le test d'hypothèse permet-il seulement de saisir pleinement l'essentiel des phénomènes sociaux humains?

Ces questions se posent avec pertinence puisqu'on admet habituellement que les phénomènes humains impliquent des valeurs, des buts, des motivations, des choix tout à fait étrangers aux planètes ou aux atomes. On peut concevoir l'intelligence, mais peut-on opérationnaliser ce concept sans le trahir? On peut soupçonner que les conseils municipaux exercent une influence prépondérante sur leurs services de police[22], mais comment le vérifier? Si les chercheurs d'Hydro-Québec peuvent faire des expériences dans leurs laboratoires pour vérifier de nouvelles théories, on ne peut dénombrer les « unités d'influence » d'un conseil municipal sur son service de police, encore moins les recréer en laboratoire! Et comme les sciences sociales s'intéressent souvent au déroulement historique des phénomènes sociaux, on ne peut pas retourner demander aux curés de campagne de 1837 s'ils appuyaient ou non l'insurrection des Patriotes[23]! On pourrait croire, en somme, que certains phénomènes sociaux ne se prêtent pas, en principe, à la recherche scientifique, surtout quand ils ne peuvent se mesurer exactement (telle une influence) ni être observés directement ou en laboratoire (tels les curés de 1837).

Pourtant, les sciences de la nature[24] possèdent aussi des objets difficilement mesurables ou observables. La lumière ou la chaleur, par exemple, sont des concepts aussi abstraits que l'intelligence et l'influence : ils ne peuvent non plus être mesurés directement. Et s'il y a une discipline où la vérification empirique pose d'immenses problèmes parce que toute expérimentation est impossible, c'est bien l'astronomie, une science de la nature. Il n'y a donc pas que les phénomènes humains qui lancent des défis à la recherche scientifique!

---

22. Voir Guy TARDIF, *Police et politique au Québec*, Montréal, L'Aurore, 1974.
23. Voir Richard CHABOT, *Le curé de campagne et la contestation locale au Québec de 1791 aux troubles de 1837-1838*, Montréal, Hurtubise HMH, 1975.
24. L'expression « sciences de la nature », est consacrée par l'usage, mais ne doit pas faire oublier que nous faisons partie de la nature et n'existons pas en marge d'elle.

Il ne faut pas non plus exagérer les difficultés que posent les faits sociaux. Un grand nombre de ceux-ci offrent la caractéristique de quantification et d'exactitude dont rêvent les mathématiciens : les résultats électoraux, les recensements quinquennaux et une foule de statistiques diverses rendent compte d'autant de facettes de la réalité sociale et permettent la vérification empirique d'une multitude d'hypothèses. De nombreuses techniques utilisant des groupes témoins, des panels, des jeux de rôles, etc., permettent de saisir des aspects changeants et dynamiques de cette même réalité sociale où les acteurs exercent leur liberté. Quant au retour en arrière, l'imagination (et l'application) des chercheurs a souvent fait preuve de fécondité pour explorer le passé[25].

Ceci dit, l'action humaine ne peut se réduire à des principes mécaniques et le sens de cette action va au-delà des effets observables. L'objet des sciences sociales est aussi le sujet des phénomènes humains. À ce titre, il impose une méthodologie qui va au-delà de la méthodologie objective des sciences de la nature, sans nécessairement la renier.

3.2. Deux grandes méthodologies

Le renommé médecin et biologiste Jean Hamburger a écrit : « Je crois que la science d'aujourd'hui [...] ne ressemble en rien à ce que, durant des siècles, on appela la Science[26] ». Cette sentence dramatise l'évolution de l'entreprise scientifique, dont les critères (ou normes) et les contenus (ou savoirs) n'ont cessé de cheminer, de s'élaborer avec des reculs et des bonds en avant, prenant tantôt des tangentes, portant tantôt des œillères, au point que l'idée même que les savants se font de la science s'écarte considérablement de celle que les Anciens s'en faisaient.

Ce qu'il faut retenir, comme le souligne Jean Ladrière[27], c'est que la science et les normes de scientificité ne peuvent « s'élaborer que grâce à une interaction constante entre des méthodes et des objets » : la nature des objets de recherche impose certains types de cheminement, et donc des méthodes, tandis que l'adoption de certaines méthodes conditionne

---

25. Ainsi, Manon TREMBLAY a procédé à l'analyse du contenu d'environ 19 300 pages du *Journal des débats* pour faire ressortir les attitudes des députées à l'Assemblée nationale de 1976 à 1981; voir « Les élues du 31e Parlement du Québec et les mouvements féministes : quelques affinités idéologiques », *Politique*, no 16, automne 1989, pp. 87-109. Pour leur part, Stephen CLARKSON et Christina MCCALL se sont appuyés sur une impressionnante documentation et plus de 800 entrevues pour leur analyse des relations entre Pierre Elliott Trudeau, la politique et les électeurs; voir *Trudeau l'homme, l'utopie, l'histoire*, Montréal, Boréal, 1990.

26. Jean HAMBURGER, *L'homme et les hommes*, Paris, Flammarion, 1976, p. 8.

27. Jean LADRIÈRE, « Préface » à l'ouvrage déjà cité DE BRUYNE *et al*, pp. 10-11.

le choix des objets de recherche et la nature des connaissances que l'on en tire. De ce processus émergent progressivement des idées différentes de scientificité : « l'idée de scientificité comporte à la fois un pôle d'unité et un pôle de diversité ». On peut ainsi distinguer dans la recherche sociale deux grandes méthodologies pertinentes.

La méthodologie *objectiviste* envisage les faits humains comme des faits de la nature et accepte, à l'instar d'Émile Durkheim, que « la première règle et la plus fondamentale est de considérer les faits sociaux comme des choses[28] ». Cette règle implique trois corollaires, à savoir qu'il faut:

- écarter tout jugement préconçu des faits, toute *prénotion*;

- grouper les faits d'après leurs caractères extérieurs communs;

- appréhender les faits par le côté où ils se présentent, isolés de leurs manifestations individuelles.

Ces fondements étant posés, l'explication des phénomènes sociaux repose avant tout sur la recherche séparée des causes efficientes qui les produisent (faits sociaux antécédents) et des fonctions qu'ils remplissent (fins sociales), laissant de côté les états de la conscience individuelle des acteurs ou agents. La preuve qu'une explication est vraisemblable s'effectue en comparant les cas où deux types de phénomènes sont simultanément présents ou absents et en cherchant si les variations présentées dans ces différentes combinaisons de circonstances témoignent de leur interdépendance. Advenant qu'on observe une association entre les deux types de phénomènes sans parvenir à établir entre eux un lien de causalité unidirectionnelle, on parle alors de corrélation, ce qui caractérise bien des systèmes sociaux où les liens complexes de solidarité qui unissent les phénomènes ont un caractère tantôt de réciprocité, tantôt d'interconnexion.

La méthodologie *subjectiviste* recherche le sens de la réalité sociale dans l'action même où elle se produit, au-delà des causes et des effets observables, mais sans toutefois oublier ceux-ci. Une action humaine n'est pas un phénomène que l'on peut isoler, figer et encadrer sans tenir compte du sens qui l'anime, de son dynamisme proprement humain, de l'intention (même inconsciente) des acteurs, de la société. L'intérêt du chercheur doit donc se porter sur la personne ou la collectivité comme

---

28. Émile DURKHEIM, *Les règles de la méthode sociologique*, 15e éd, Paris, Presses universitaires de France, 1963, p. 15. Dans sa préface de la seconde édition, il précise : « Nous ne disons pas que les faits sociaux sont des choses matérielles, mais sont des choses au même titre que les choses matérielles » (p. XII).

sujet de l'action, « sujet historique », écrit Alain Touraine[29], puisqu'il s'inscrit dans le temps et l'espace.

La méthode subjectiviste en sciences sociales insiste sur le caractère unique de chaque action, de chaque conjoncture où se produisent les phénomènes sociaux. À l'instar de Max Weber, elle « sélectionne, dans l'infini des événements humains, ce qui se rapporte aux valeurs [...] et élabore soit l'histoire, si le savant fixe son attention sur la suite unique des faits ou des sociétés, soit les diverses sciences sociales qui considèrent les consécutions régulières ou les ensembles relativement stables[30] ».

Pour que le chercheur parvienne à saisir le sens de l'action sociale, il lui faut ou bien la vivre lui-même avec d'autres sujets, ou bien la reconstituer à partir d'entrevues ou de documents.

> Guy Tardif, chargé d'un bagage de douze ans dans la chose policière, a trouvé dans son expérience personnelle un moyen de se rapprocher des 64 chefs de police qu'il a rencontrés pour sa recherche, en évitant de les « objectiver[31] ».

On comprend que les deux méthodologies dont les grandes lignes viennent d'être tracées ne s'excluent pas mutuellement : elles représentent des façons différentes de concevoir les sciences sociales et donc, d'aborder la réalité. Les objets d'étude eux-mêmes contribuent grandement au choix de l'une ou l'autre méthode. Il en va de même des instruments disponibles, des ressources matérielles et de la personnalité des chercheurs. À ce dernier égard, le travail en équipe offre des perspectives intéressantes parce qu'il permet à chacun de contribuer par ses talents, ses intuitions et ses connaissances propres à l'effort commun. Le progrès des sciences sociales repose en grande partie sur l'ingéniosité, l'ouverture d'esprit, la persévérance et la collaboration des chercheurs.

3.3. Quelques pièges de la recherche sociale

Quelle que soit la méthodologie adoptée, la recherche sociale exige du chercheur vigilance et modestie. En effet, de nombreuses embûches se dressent sur la route qui mène à la connaissance : il faut sans cesse prendre garde d'y trébucher. Qui plus est, il faut reconnaître les limites inévitables de toute recherche susceptible d'être entreprise. On pourrait

---

29. Alain TOURAINE, *Sociologie de l'action*, Paris, Seuil, 1965, pp. 38-40.
30. Raymond ARON, « Introduction » à Max WEBER, *Le savant et le politique*, Paris, Plon, 1963, p. 9.
31. TARDIF, *op. cit.*, pp. 18, 24 et *passim*.

en dresser un répertoire détaillé et, somme toute, assez déprimant. Il suffit, pour les fins de ce chapitre, de relever quelques pièges typiques dans lesquels chacun et chacune tombent un jour.

Le premier type de piège se caractérise par *l'excès de confiance* qu'a le chercheur en lui-même et en son appareillage théorique ou technique. Les meilleurs instruments de recherche demeurent imparfaits et la plus superbe théorie n'est qu'une approximation acceptable pour un temps.

À la modestie du chercheur doit se joindre sa vigilance, car un second piège le guette : celui de rester *en deçà de la totalité du phénomène* ou de l'action qui l'intéresse. Comme la réalité humaine n'est pas un système fermé, il est toujours nécessaire de procéder à un découpage quelconque de cette réalité. Aucune équation causale ni aucune compréhension ne peut rendre compte de toute la réalité dès qu'on la découpe. Tout découpage est nécessairement sélectif. Au cours d'une recherche, il est bon de noter que la sélection de ce qui est et de ce qui n'est pas pertinent reflète parfois de façon plus ou moins consciente ce que le chercheur désire « savoir » ou, au contraire, « ignorer », en d'autres mots le genre d'informations ou de sensations qui correspondent à ses prédispositions, voire à ses préjugés. On conçoit donc comme absolument essentiel qu'un chercheur établisse clairement les critères qui président aux choix qu'il effectue, quitte à s'exposer à la critique : il ne fait qu'ainsi preuve d'honnêteté intellectuelle.

Si les matériaux dont on dispose restent souvent, tant aux plans de la qualité que de la quantité, en deçà de ce qu'on souhaiterait, il y a aussi un risque de tomber dans un troisième piège : celui d'aller *au-delà de ce que les données permettent d'affirmer*. Il faut d'abord distinguer les prévisions scientifiques des extrapolations fumistes. Malgré tout, il arrive même aux mieux intentionnés de succomber à la généralisation excessive, à l'apport de faits non vérifiés, aux conclusions prématurées, etc.[32].

Somme toute, la recherche scientifique exige le recours à une logique explicite gouvernée par des lois reconnues, à défaut de quoi la vérité n'y trouve pas son compte. La recherche scientifique est non seulement exigeante, elle tend même des pièges! Heureusement, ce ne sont pas les sources d'inspirations qui manquent. Encore faut-il savoir traduire l'inspiration par une organisation appropriée de sa pensée. C'est l'aspect auquel nous allons maintenant nous attarder.

---

32. Pierre BERTHIAUME rappelle avec le sourire ce récit de voyage d'un marin qui écrivit dans son journal « qu'il avoit passé à quatre lieues de Ténériffe, dont les habitans lui parurent fort affables » (*sic*); voir *L'aventure américaine au XVIIIe siècle : du voyage à l'écriture*, Ottawa, Presses de l'Université d'Ottawa (Cahiers du Centre de recherches en civilisation canadienne-française), 1990, p. 1.

4. L'organisation de la pensée scientifique en recherche sociale

Les deux grandes méthodologies discutées plus haut inspirent divers modes d'organisation et d'exposition d'une pensée qui se veut scientifique et susceptible de guider la recherche sociale. Pas plus que les deux grandes méthodologies, l'une par rapport à l'autre, les modes d'organisation qui en découlent ne sont-ils incompatibles. En principe, ils ne font qu'accorder une priorité de recherche à des façons différentes de saisir la réalité. Ces approches sont autant de processus dynamiques qui conditionnent les résultats auxquels on peut s'attendre au terme de la recherche. Elles doivent relever le même défi : rester fidèle à la vérité.

4.1. La recherche de la cohérence logique

Il est naturel de croire que la réalité, c'est avant tout le monde perceptible dans lequel nous vivons. Grâce à nos sens, nous savons que ce monde est cohérent et que ses éléments constituants sont, en bonne partie, prévisibles en prenant appui sur notre expérience et notre faculté de raisonner. Il va donc de soi que les sciences sociales visent notamment à accumuler et à organiser les connaissances acquises par les chercheurs. Un principe d'organisation de ces connaissances est leur *cohérence logique*. Le chercheur y joue un rôle d'architecte dès l'élaboration de son plan de recherche et par la suite dans l'agencement, avec les connaissances antérieures, des résultats obtenus. L'harmonie plus ou moins réussie de cette composition suscite alors de nouvelles questions et d'autres recherches.

La recherche de la cohérence logique constitue un processus dynamique, un va-et-vient incessant entre les faits et les cadres de l'explication. Son ambition sans borne nous entraîne à recueillir toujours plus de données et à proposer des explications encore plus cohérentes, plus complètes, plus englobantes. Cette méthode est impitoyable pour les anciennes explications qui ne rendent plus compte des nouvelles données : elles doivent être corrigées ou rejetées.

> En cherchant une vision globale et cohérente de la réalité, les sciences sociales en viennent souvent à représenter la société comme un système totalement intégré où s'imbriquent, dans une action réciproque, facteurs et conséquences, sources d'équilibre (fonctions) et sources de tensions (dysfonctions). Qu'il s'agisse d'un comportement individuel (comme le vote), d'une structure sociale (comme un parti politique), d'une situation (comme le chômage), d'une idéologie (comme le nationalisme), chaque élément y occupe une place et joue

un rôle qui contribue à maintenir ou à ébranler n'importe quel système.

La recherche d'une vue d'ensemble cohérente tend à accorder parfois plus d'importance aux relations entre les phénomènes sociaux qu'aux faits ou éléments du système pris individuellement. Par exemple, on peut trouver plus intéressant d'analyser les forces respectives d'un parti d'opposition traditionnel et d'un tiers parti radical que d'étudier séparément les votes que chacun recueille ; la recherche peut alors se fixer pour objectif de dégager les rapports dynamiques qui structurent le système de partis. À partir des règles d'association observables entre divers éléments d'un système social, on peut construire des modèles plus ou moins abstraits en regard desquels le chercheur analyse les variations et les constantes des rapports sociaux.

La recherche de la cohérence logique accorde une importance considérable à la description aussi objective que possible de la réalité et aux comparaisons de phénomènes semblables ou différents. Elle amène aussi à explorer les influences réciproques et les rapports de causalité. Pour ce faire, elle utilise fréquemment une démarche circulaire appelée *méthode hypothético-déductive*. Il s'agit essentiellement d'un processus méthodologique où s'enchaînent les approches inductives et déductives : le chercheur tente de vérifier la vraisemblance (c'est-à-dire la correspondance dans la réalité) d'hypothèses logiquement déduites de propositions de portée plus générale. C'est une méthode où il n'y a de place que pour le raisonnement et les faits observables de façon systématique (observation étant ici pris au sens large). Il n'y a aucune place pour « ce qui devrait être ». *Cette méthode prétend pouvoir expliquer rationnellement toute association objective entre des phénomènes apparents.* Mais c'est là aussi une limite qui va de pair avec ses exigences de rigueur. Néanmoins, ses réussites constituent autant de pas franchis vers la connaissance de la vérité.

4.2. La recherche de la mesure précise

Quand on s'intéresse à la vérité, il est bien important de distinguer l'*exactitude scientifique* qui repose sur des conventions universellement admises de la *conviction personnelle*, opinion que nous tenons aussi pour vérité mais dont nous n'avons pas le droit d'exiger qu'elle soit admise par tous. La *rigueur* dont dépend l'exactitude scientifique tient en bonne partie à sa capacité d'assurer une perception fiable, discriminante et valide de la réalité, tout en permettant une certaine clarté dans l'exposition. Or, dès l'Antiquité, on a perçu que les mathématiques offraient ces qualités : les Égyptiens firent des recensements plusieurs millénaires avant l'invention de l'écriture; les Grecs, inspirés par Pythagore, estimaient que le nombre rendait intelligible la cohérence de l'univers; les Phéniciens inventèrent le système de numération pour satisfaire aux exigences de leur commerce. Le nombre permet non seulement l'appariement (qui est un procédé assez simple), mais fournit aussi une échelle « naturelle » de comparaison et de mise en ordre. La quantification rend, en outre, possible la généralisation sous forme de formules, de modèles ou de lois.

Au départ, la répétition des phénomènes sociaux suggère de mesurer la fréquence des phénomènes semblables et de comparer les fréquences respectives de phénomènes distincts, simultanés ou successifs. Émile Durkheim et Ferdinand Tönnies firent figure de pionniers quand ils utilisèrent de façon rigoureuse des données statistiques pour analyser diverses questions sociales, notamment le suicide. Le recours à la quantification comme méthode de recherche permet l'usage d'instruments « neutres » susceptibles de minimiser (mais non d'éliminer complètement) la subjectivité et les préjugés des personnes s'adonnant à l'observation scientifique des phénomènes sociaux. Utilisés avec discernement, ce sont des outils dont la constance à mesurer toujours les mêmes choses de la même façon doit être un gage de *fiabilité*, dont la précision doit faire ressortir les différences, les ressemblances, les corrélations pertinentes ou significatives, dont enfin la *validité externe* (c'est-à-dire la capacité de généralisation au-delà des faits observés) est elle-même mesurable mathématiquement.

Parmi les bénéfices considérables qu'apporte une quantification rigoureuse à l'analyse des phénomènes sociaux, il faut d'abord remarquer la prudence qu'elle impose aux interprétations : il n'y a plus de cause mais seulement des *facteurs*; les corrélations ne sont que des *probabilités* connues d'association; la généralisation s'effectue seulement à l'intérieur de *limites de confiance* mesurables. Tout aussi importante est la possibilité que la quantification offre à d'autres personnes de réutiliser, à des fins différentes, les données ainsi accumulées, qu'il s'agisse de vérifier de nouvelles hypothèses ou de conférer davantage d'objectivité à des interprétations plus subjectives du sens profond des phénomènes sociaux. Toutefois la quantification ne permet pas d'accéder à ce sens profond.

4.3. La recherche de l'essentiel

Les apparences sont parfois trompeuses. Aussi, la recherche scientifique se doit-elle d'aller au-delà de la façade pour découvrir ce qui est vraiment

« essentiel » dans l'action sociale et les phénomènes humains. La recherche de l'essentiel suppose donc au départ une rupture avec les certitudes quotidiennes fondées sur les apparences des choses, un doute méthodique face aux interprétations spontanées et superficielles de la réalité, une volonté de saisir ce qui est fondamental dans une action sociale et ne varie pas malgré des manifestations diverses ou changeantes. L'essence, disait Maurice Merleau-Ponty, c'est ce qui ne peut varier sans que l'objet même ne disparaisse.

Pour arriver à saisir l'essence des choses, il faut réaliser, avec le théoricien de la phénoménologie Edmund Husserl, que les phénomènes n'*apparaissent* pas aux acteurs des phénomènes sociaux, ils *sont vécus* par eux. Par conséquent, rien ne vaut l'expérience vécue des phénomènes sur lesquels on porte en même temps une observation rigoureuse en vue d'en extraire les caractères les plus significatifs. Cette extraction exige à la fois intuition et réflexion, dans un constant effort d'imagination : en effet, il faut découvrir ce qui, dans un phénomène, demeure essentiel et constant malgré les diverses formes qu'il peut prendre. Par exemple, Guy Tardif, qui s'intéresse à l'ingérence politique dans les services de police, croit bon de distinguer les « éléments structuraux [...] relativement stables du métier de chef de police » des « éléments mobiles qui tiennent à la carrière des individus[33] ».

La construction d'un *type idéal* permet de synthétiser les traits caractéristiques d'un phénomène au-delà des variations observables dans ses manifestations particulières et de relever de nouvelles variantes du même phénomène. Dans la poursuite de la compréhension, la rigueur de l'interprétation joue un rôle capital : les types idéaux, modèles et autres constructions théoriques s'affirment comme autant de guides révélateurs de l'essentiel.

On appelle *herméneutique* la méthode fondée sur l'interprétation. La personne qui néglige d'acquérir une forme d'expérience (directement vécue ou indirectement appréhendée par empathie) des phénomènes qu'elle prétend interpréter peut certes « analyser » mais risque de ne pas « comprendre » le sens profond des constantes structurelles de l'action humaine en général et des rapports sociaux en particulier.

4.4. La recherche des contradictions

La recherche du sens profond des phénomènes sociaux mène souvent à la découverte de contradictions. Ces contradictions peuvent se trouver

---

33. TARDIF, *op. cit.*, p. 19.

dans les faits eux-mêmes[34], mais les contradictions peuvent également se manifester dans nos interprétations des phénomènes.

> Les importants changements structurels qui se sont produits au Québec pendant la Révolution tranquille notamment, la diminution du rôle de l'Église et la réforme de l'Éducation reflétaient-ils une évolution correspondante des mentalités populaires ou bien l'ont-ils plutôt précédée et entraînée dans leur sillage[35]? Comment Fernand Dumont peut-il écrire du même souffle que les réformes scolaires des années 60 sont « l'illustration la plus évidente » de valeurs nouvelles, mais que « les valeurs d'autrefois sont toujours là[36] »?

Le chercheur doit réaliser que de telles contradictions (dans les faits, dans les interprétations) ne sont absolument pas absurdes, mais plutôt caractéristiques de la réalité humaine. Dans la recherche des contradictions, on procède sans cesse par recoupements et on alterne d'un élément du phénomène à l'autre. Le chercheur s'engage en quelque sorte dans l'action sociale qu'il analyse, d'où, souvent, une analyse « engagée », à l'enseigne du parti pris conscient. Ce parti pris est celui du chercheur, non de la science : la science ne peut formuler des jugements de valeur, mais, comme le dit Karl Jaspers, « quiconque veut vivre dans la liberté doit mettre de la clarté dans la lutte des puissances existentielles qui s'opposent[37] ». Les affrontements ainsi mis à jour permettent au chercheur (et à chacun) de devenir plus libre, en ce sens que ses choix sont plus éclairés.

4.5. La recherche de la connaissance : un défi

Chacune des méthodes de recherche sociale esquissées dans cette section représente, nous l'avons dit, un défi : celui de rester fidèle à la vérité. La nature de ce défi, c'est en même temps d'assurer aux sciences sociales un fondement en leur donnant pour objet ultime la liberté humaine :

> Les faits ne nous fournissent pas de normes obligatoires. Aucune science empirique ne nous apprendra ce que nous devons faire; elle nous apprend ce que nous pouvons obtenir par tel ou tel moyen, si nous nous proposons tel ou tel but. La science ne me montrera pas le sens de la vie, mais elle peut développer pour moi la signification

---

34. Au sujet de la rénovation urbaine, l'équipe d'Andrew et Blais a décelé d'importantes « incohérences, ambivalences ou contradictions de la population, lesquelles "font l'affaire" des élites politiques locales et leur confèrent une plus grande marge de manœuvre ». Voir ANDREW, BLAIS et DESROSIERS, op. cit., p. 168.
35. Voir GINGRAS et NEVITTE, op. cit.
36. La réponse à cette question exige évidemment une lecture attentive du texte de Fernand DUMONT, La vigile du Québec, Montréal, Hurtubise HMH, 1971, pp. 91-99.
37. Karl JASPERS, Initiation à la méthode philosophique, Paris, Payot, 1966, p. 81.

de ce que je veux, et peut-être m'amener ainsi à changer d'intention. Elle peut me rendre conscient de ce que toute action (y compris l'inaction) a des conséquences, et me montrer lesquelles. Elle peut me montrer que, si je veux vivre, je ne peux éviter de prendre réellement parti dans l'affrontement des forces, si je ne veux pas être entraîné au néant et au désordre[38].

La liberté humaine passe par la connaissance et la connaissance exige la recherche de la vérité. C'est un programme ambitieux pour une aventure exaltante dont chacun des chapitres de ce livre se veut un modeste point de repère.

Bibliographie annotée

Quelques ouvrages classiques pour réfléchir sur les voies de la connaissance :

DESCARTES, René, *Discours de la méthode*, Paris, Vrin, 1964, 146 pages. (Il y a de nombreuses autres éditions disponibles.)

Le rôle historique joué par cet ouvrage justifie une relecture. C'est le berceau de la pensée moderne où l'auteur expose dans une langue claire la place de la raison et du doute méthodique dans la recherche de la sagesse. L'introduction et les notes d'Étienne Gilson situent admirablement les réflexions de Descartes dans leur contexte historique.

DURKHEIM, Émile, *Les règles de la méthode sociologique*, précédé de « L'instauration du raisonnement expérimental en sociologie », par Jean-Michel Berthelot, Flammarion, 1988, 254 pages.

C'est le premier ouvrage qui porte de façon systématique sur la méthodologie des sciences sociales. Durkheim y expose clairement pourquoi et comment on peut traiter les faits sociaux comme des choses si l'on veut faire œuvre scientifique. Lire les préfaces : elles évoquent la polémique à laquelle le point de vue de l'auteur a donné naissance. L'article de Berthelot constitue un heureux complément.

JASPERS, Karl, *Initiation à la méthode philosophique*, Paris, Payot, 1968, 158 pages.

L'auteur s'intéresse à la poursuite des connaissances, à la recherche de la vérité qui doit permettre aux humains d'exercer leur liberté en

---

38. *Ibid.*, p. 76.

effectuant des choix éclairés. Jaspers s'appuie sur des réalités de la vie et contraste les rôles de la science et du jugement.

PIAGET, Jean, *Épistémologie des sciences de l'homme*, Paris, Gallimard (collection Idées), 1972.

Psychologue et généticien, Piaget réunit dans cet ouvrage ses réflexions sur les contributions, les stratégies et les limites des sciences humaines en général et des sciences sociales en particulier. D'une lecture parfois ardue, ce livre propose un approfondissement de quelques thèmes majeurs abordés dans ce chapitre.

RUSSELL, Bertrand, *Problèmes de philosophie*, Paris, Payot, 1965, 189 pages.

Mathématicien et philosophe, Russell commence cet ouvrage en se demandant s'il existe au monde une connaissance dont la certitude soit telle qu'aucune personne raisonnable ne puisse la mettre en doute. Les chapitres qui suivent entraînent le lecteur à explorer avec une implacable logique les nombreuses facettes de cette question.

WATSON, James D., *The Double Helix*, New York, New American Library (collection Signet), 1968, 143 pages.

Ce livre raconte le cheminement d'un chercheur sur les voies tortueuses de la connaissance, dans le cas précis de la découverte de la structure de l'ADN, pour laquelle l'auteur a reçu un prix Nobel (l'acide désoxyribonucléique joue en génétique un rôle primordial). L'ouvrage, plein de suspense, se lit comme un roman. Il contribue à démystifier les conditions de la pratique scientifique.

WEBER, Max, *Le savant et le politique*, Paris, Union générale d'éditions (Plon, 10/18), 1963, 186 pages.

Cet ouvrage dramatise les divergences qui caractérisent les personnes à la recherche de nouvelles connaissances et les personnes engagées dans l'action. L'introduction par Raymond Aron est un magistral essai sur la pensée de Weber en général et surtout sur le rôle des valeurs dans la poursuite du savoir.

Deux séries de réflexions contemporaines pour faire le point :

ACTION LOCALE Bellevue, *Sens et place des connaissances dans la société*, 3 vol. Paris, CNRS (Centre régional de publication de Meudon-Bellevue), 1986-1987.

Il s'agit des actes de trois « confrontations » sur un même thème : une société qui veut survivre et se développer et qui, de surcroît, veut prendre conscience d'elle-même et maîtriser ses propres fonctionnements, ne peut éviter de se poser la question du rapport qu'elle entretient avec (1) la connaissance à l'égard de laquelle elle se justifie elle-même, (2) les savoirs qu'elle produit, (3) les sciences auxquelles elle voudrait accéder. Parmi les 21 intervenants, on retrouve des penseurs aussi connus que Cornélius Castoriadis, Albert Jacquard, Edgar Morin, Alain Touraine.

DE BRUYNE, Paul, Jacques HERMAN, et Marc DE SCHOUTHEETE, *Dynamique de la recherche en sciences sociales*, Paris, Presses universitaires de France (collection Sup), 1974, 240 pages.

Cet ouvrage, d'une lecture parfois difficile, sera surtout utile à ceux qui ont une certaine expérience de recherche sociale : il leur permettra de remettre en question les méthodologies exposées dans ce chapitre et dont De Bruyne et ses collègues font ressortir les fondements épistémologiques de façon un peu plus approfondie. La préface de Jean Ladrière traite de l'intérêt d'une méthodologie propre aux sciences sociales. Les deux derniers chapitres sur les techniques de recherche sont cependant faibles.

Des articles de chez nous qui donnent à réfléchir sur notre situation :

FALARDEAU, Guy, « La sociologie des générations depuis les années soixante : synthèse, bilan et perspective », *Politique*, 17 (hiver 1990), pp. 59-89.

Une synthèse bibliographique qui fait ressortir comment l'importance numérique d'une génération (celle de l'après-guerre) explique probablement la grande influence qu'elle a exercé sur la recherche dans un domaine du savoir qui la concernait directement : la sociologie des générations. Exemple intéressant des motivations inconscientes de toute une génération de chercheurs.

LANDRY, Réjean, « La nouvelle analyse institutionnelle », *Politique*, 6 (automne 1984), pp. 5-32.

L'auteur y étudie le contexte épistémologique de l'évolution récente de la science politique en fonction de deux traditions, l'une « postulant que les choix individuels dépendent des caractéristiques des institutions », l'autre affirmant que « les goûts et les valeurs individuelles déterminent les choix des individus ».

SALÉE, Daniel, « Reposer la question du Québec? Notes critiques sur l'imagination sociologique », *Politique*, 18 (automne 1990), pp. 83-106.

Cet article examine comment un objet d'étude (ici, le Québec) peut stimuler l'intérêt des chercheurs. L'auteur se demande comment l'imagination sociologique répond aux questions actuelles.

« La sociologie au Québec », *Recherches sociographiques*, vol. XV, n°s 2-3, mai-août 1974, 243 pages.

Un numéro-jalon où des bâtisseurs des sciences sociales québécoises parlent d'eux-mêmes et des conditions de la production scientifique. Il faut lire l'aperçu historique de Jean-Charles Falardeau et le bilan dressé par Marcel Fournier, ainsi que les témoignages de 17 pionniers de la recherche sociale. La note critique de Nicole Gagnon à propos d'une recherche collective fait le procès du système dominant de production intellectuelle.

Première
partie

**L'établissement
de l'objet de recherche**

Chapitre 3

La spécification de la problématique

Jacques CHEVRIER

Quis, quid, ubi, quibus auxiliis, cur, quomodo,
quando?
(Qui, quoi, où, par quels moyens,
pourquoi, comment, quand?)

QUINTILIEN

Introduction

L'élaboration de la problématique, face généralement cachée du processus de recherche, s'avère peut-être l'étape la plus difficile à saisir pour celui qui ne réalise pas encore que l'analyse d'une situation concrète, la construction d'un questionnaire ou la réalisation d'entrevues s'inscrivent dans le prolongement d'une question bien mûrie. Il n'a peut-être pas encore pris conscience qu'il existe des études ou des théories auxquelles il peut et doit rattacher cette question. Cette étape s'avère très importante parce que c'est elle qui donne à la recherche ses assises, son sens et sa portée.

Présenter la problématique de recherche dans un projet, un rapport ou un article de recherche, c'est fondamentalement répondre à la question : « Pourquoi avons-nous besoin de réaliser cette recherche et de connaître les résultats qu'elle propose? » En définissant le problème auquel on s'attaque et en montrant pourquoi il faut le faire, la problématique fournit au lecteur les éléments nécessaires pour justifier la recherche. En cela, elle constitue essentiellement un texte argumentatif présentant le thème de recherche, un problème spécifique se rattachant à une question générale, et les informations nécessaires pour soutenir l'argumentation servant à justifier la recherche elle-même. La nature, l'organisation et l'importance relative de ces éléments diffèrent selon l'approche quantitative ou qualitative adoptée par le chercheur.

1. Qu'est-ce qu'un problème de recherche?

Comme l'indique si justement De Landsheere[1], « entre la résolution de problèmes dans la vie courante et la recherche, il n'y a pas d'opposition absolue : seuls diffèrent réellement le niveau de prise de conscience, l'effort de systématisation et la rigueur des généralisations ». Chaque recherche renouvelle, pour le chercheur, le défi de faire avancer les connaissances. Chaque nouveau projet de recherche, loin d'être l'occasion d'une application aveugle de techniques spécifiques, exige du chercheur une démarche réfléchie où chaque décision doit être justifiée en vue de produire les connaissances les plus valides et les plus utiles possibles. Dans cette optique, la démarche de recherche peut être considérée comme un cas particulier du processus, plus fondamental, de résolution de problème où la détermination du problème de recherche en constitue tout naturellement la première étape.

Il y a *problème* lorsqu'on ressent la *nécessité de combler l'écart existant entre une situation de départ insatisfaisante et une situation d'arrivée désirable* (situation satisfaisante considérée comme but). Résoudre un problème, c'est trouver les moyens pour annuler cet écart[2]. Dans ce contexte, *un problème de recherche se conçoit comme un écart conscient que l'on veut combler entre ce que nous savons, jugé insatisfaisant, et ce que nous devrions savoir, jugé désirable.* Ainsi, les chercheurs en éducation s'interrogent sur la nature de l'apprentissage scolaire, les types de méthodes pédagogiques à utiliser dans nos écoles, les relations entre l'enseignement et l'apprentissage, les causes de l'abandon scolaire, les politiques à adopter dans le système éducatif, autant de sujets pour lesquels nous jugeons nos

FIGURE 1
Problème de recherche

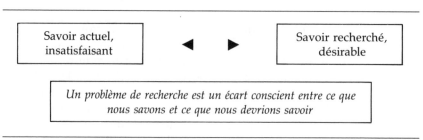

1. G. DE LANDSHEERE, *Introduction à la recherche en éducation*, Paris, Colin-Bourrelier, 1976, p. 18.
2. Voir à cet effet P. GOGUELIN, *Le penser efficace. Tome II, La problémation*, Paris, Société d'édition d'enseignement supérieur, 1967 ainsi que E. GAGNÉ, *The Psychology of School Learning*, Boston, Little, Brown, 1985, chap. 6.

connaissances insatisfaisantes, soit parce qu'elles ne nous permettent pas de comprendre la réalité, soit parce qu'elles ne nous fournissent pas les informations nécessaires pour prendre des décisions adaptées et agir efficacement. Pour tous ces sujets, nous désirons des connaissances qui soient à la fois les plus complètes, les plus valides et les plus utiles possibles.

2. La pertinence d'un problème de recherche

Cette définition de problème de recherche adoptée soulève la question du « savoir désirable ». Après tout, pourquoi étudier une question plutôt qu'une autre? De manière générale, un thème de recherche trouve sa pertinence lorsqu'il s'inscrit dans les valeurs de la société. Le choix d'un thème de recherche ne peut, en effet, échapper à l'*influence des valeurs personnelles du chercheur ni à celles, explicites et implicites, de la société* dans laquelle il œuvre (plus grand bien-être personnel, meilleures relations humaines, meilleure vie de groupe, travail plus efficace, niveau socio-économique plus élevé, etc.). Le fait de choisir « l'intégration des handicapés en classe régulière » comme thème de recherche peut répondre non seulement à des préoccupations personnelles du chercheur (celui-ci veut améliorer la qualité de vie d'un handicapé qu'il connaît bien), mais aussi à celles de la société nord-américaine (comme ce fut le cas au début des années 1980, au moment fort de la valorisation de l'individu et de la qualité de vie au sein de la société).

Plus précisément, *la pertinence sociale d'une recherche s'établit en montrant comment elle apporte réponse à certains problèmes des praticiens et des décideurs sociaux.* Ainsi en éducation, le thème d'une recherche est d'autant plus pertinent qu'il s'insère dans les préoccupations des praticiens (parents, enseignants, etc.) et des décideurs (directeurs d'écoles, politiciens, etc.) concernés par l'éducation.

> Par exemple, depuis l'arrivée massive des micro-ordinateurs dans le milieu scolaire, les enseignants et les enseignantes ont clairement signifié leur besoin de connaître les façons d'utiliser efficacement ces appareils pour faciliter l'apprentissage scolaire de leurs élèves. Du côté politique, le gouvernement du Canada fait connaître les domaines et les thèmes de recherche auxquels il accordera priorité pendant cinq ans. En 1991, ce gouvernement privilégie, à travers son « programme de subventions stratégiques » du C.R.S.H. (Conseil de recherches en sciences humaines), les thèmes suivants : « L'éducation et le travail dans une société en évolution », « Les femmes et le travail », « La politique scientifique et technologique du Canada », « La mondialisation de l'économie : défi de gestion »

et « L'éthique appliquée ». De plus il exige, afin d'assurer encore davantage la pertinence sociale des projets, que la recherche soit effectuée en partenariat avec des organisations des secteurs public et privé. La pertinence sociale sera donc établie en montrant comment la recherche peut répondre aux préoccupations des praticiens et/ou des décideurs concernés par le sujet de recherche. Cela pourra être fait en se référant à des textes citant des témoignages de praticiens ou à des écrits produits par des groupes de pression, des associations professionnelles ou des organismes politiques, en montrant comment l'étude de ce sujet a aidé les praticiens ou les décideurs jusqu'à ce jour et comment la présente recherche pourrait leur apporter des informations pertinentes.

La pertinence scientifique d'une recherche s'établit en montrant comment elle s'inscrit dans les préoccupations des chercheurs. Cela peut être fait en soulignant l'intérêt des chercheurs pour le sujet (nombre de recherches, livres, conférences), en montrant comment l'étude de ce sujet a contribué à l'avancement des connaissances jusqu'ici et en insistant sur l'apport nouveau de la recherche aux connaissances (par rapport à un courant théorique ou un modèle conceptuel). Elle sera jugée pertinente dans la mesure où l'on réussira à « établir un rapport solide entre le déjà connu et ce qui était jusqu'alors inconnu[3] », que ce soit pour le prolonger ou pour s'y opposer. Il est important de situer la recherche par rapport au savoir collectif. En général, par l'expression « ce qui est connu », les chercheurs désignent uniquement l'ensemble des informations relativement organisées (théories, modèles, concepts, etc.) résultant des recherches où ont été utilisées des méthodes reconnues. Il est important que la question spécifique étudiée s'insère dans ce contexte plus global. Pour cela, le chercheur doit pouvoir faire référence à des écrits dans un domaine de recherche. Nous verrons plus loin que les modalités de ce lien varieront selon que l'on se placera dans un paradigme quantitatif ou qualitatif de la recherche.

Pour trouver un problème de recherche, on peut, 1) à partir des écrits des chercheurs dans un domaine, relever des lacunes très précises dans l'organisation conceptuelle et essayer de les combler grâce à une méthodologie planifiée à l'avance qui fournira des observations particulières ou 2) à partir de notre expérience ou de celle des autres, relever des situations typiques d'un phénomène à étudier, les analyser afin de mieux les comprendre, en tirer les concepts constitutifs et formuler une théorie enracinée. La première approche, basée sur une démarche

---

3. H. Selye, *Du rêve à la découverte*, Montréal, Les Éditions La Presse, 1973, p. 106. Le Dr Selye va encore plus loin en affirmant qu'« une chose vue mais non reconnue en ce qui concerne son importance et ses rapports avec d'autres choses n'est pas une chose connue » (p. 107).

hypothético-déductive, relève d'un *paradigme quantitatif*, alors que la seconde approche, basée sur une démarche empirico-inductive, procède davantage d'un *paradigme qualitatif*[4]. Dans les deux sections suivantes, nous allons approfondir la notion de problématique dans l'optique de ces deux paradigmes.

3. La problématique dans une recherche quantitative

La conceptualisation d'une problématique de recherche peut s'étudier tant du point de vue de son *processus*, c'est-à-dire les étapes de son élaboration, que du point de vue de son *produit*, c'est-à-dire, la manière de la présenter dans les écrits de recherche tels que les projets, rapports ou articles de recherche. Dans le contexte d'une recherche s'inscrivant dans un paradigme quantitatif, l'élaboration de la problématique se réalise dans la spécification d'un problème de recherche. Ce sera le premier objet de cette section. Ensuite, nous verrons comment structurer une problématique quantitative dans un écrit de recherche et nous en donnerons un exemple détaillé.

3.1. L'élaboration de la problématique

Dans le cadre d'une approche *quantitative*, les grandes étapes de la spécification de la problématique de recherche sont (1) le choix d'un *thème général* de recherche, (2) la détermination d'un *problème général* de recherche et le choix d'une *question générale* et (3) la détermination d'un *problème* et d'une *question spécifiques* de recherche[5]. En résumé, il s'agit d'abord de choisir un thème de recherche, ensuite il faut, par une lecture attentive des ouvrages généraux sur ce thème, relever un problème général et en tirer une question générale de recherche (question encore trop vaste pour constituer la matière d'une recherche); enfin il faut, cette fois par une lecture critique des écrits plus particuliers reliés à la question générale, relever un problème spécifique et en tirer une question spécifique de recherche (voir figure 2).

---

4. J. H. McMILLAN et S. SCHUMACHER, *Research in Education, a Conceptual Introduction*, Glenview, Illinois, Scott, Foresman, 1989. Voir également B. G. GLASER, A. L. STRAUSS, *The Discovery of Grounded Theory : Strategies for Qualitative Research*, New York, Aldine, 1967 ainsi que Y. S. LINCOLN, E. G. GUBA, *Naturalistic Inquiry*, Beverly Hill, Sage, 1985 (ces auteurs préfèrent les termes « rationalistic » et « naturalistic » pour désigner ces deux paradigmes).
5. Nous reprenons ici les étapes proposées dans le chapitre « Formuler le problème » de G. MACE, *Guide d'élaboration d'un projet de recherche*, Québec, Presses de l'Université Laval, 1988.

Élaboration de la problématique en recherche quantitative

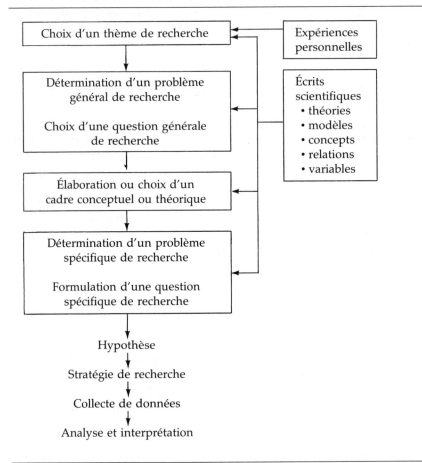

Le choix d'un thème de recherche

À partir de ses expériences personnelles (vie courante et vie professionnelle) et de la lecture des écrits à l'intérieur de son domaine d'étude, le
chercheur trouve un thème susceptible de l'intéresser suffisamment pour
entretenir sa motivation tout le long de sa recherche. Pour cela, il doit
d'abord se donner une vue d'ensemble des différents thèmes parmi
lesquels il pourra choisir. Un premier moyen d'obtenir cette vue d'ensemble est la consultation de livres d'introduction générale, relatifs à ce
domaine. Il peut en effet s'avérer frustrant, voire même inutile, pour

qui ne connaît rien d'un sujet donné, de lire dès le début des articles de recherche portant sur des questions très spécifiques. Un second moyen pour obtenir une vue d'ensemble est de trouver des modèles[6] ou des classifications qui présentent les grands thèmes du domaine étudié. En se familiarisant avec les divers thèmes, le chercheur sera mis en contact avec les sujets plus spécifiques qui composent ces thèmes.

> Ainsi, la Société canadienne pour l'étude de l'éducation utilise une classification en onze secteurs des thèmes de recherche courants dans le domaine de l'éducation. Mentionnons, à titre d'exemples, quelques thèmes regroupés dans le secteur « Enseignants » : Attitude des enseignants, Comportement des enseignants, Formation des maîtres, Évaluation des enseignants.

La détermination d'un problème général de recherche

Lorsque le thème de recherche est choisi, il faut relever un problème général et en dégager une question générale qui pourra orienter la démarche de recherche. La lecture d'ouvrages généraux (recensions d'écrits, articles d'encyclopédies spécialisées ou de *handbook*[7]) sur le thème de recherche permet alors d'inventorier les problèmes généraux contemporains dans un domaine donné et de prendre connaissance des questions générales qui s'y rattachent.

Un problème général de recherche provient soit de *difficultés de compréhension* d'un phénomène, soit de *difficultés d'action sur le réel* ou de prise de décision concernant une action. Le problème général d'une recherche se rattache à l'une ou l'autre de ces deux grandes catégories selon que la situation insatisfaisante est de nature théorique ou de nature pratique.

> Ainsi, on peut chercher à comprendre l'apprentissage de la lecture en tant que phénomène à décrire et à expliquer, comme on peut tenter d'intervenir dans cet apprentissage pour modifier des méthodes connues ou pour en créer ou en évaluer des nouvelles. Dans le premier cas, les résultats des recherches servent davantage à fournir les observations et les conclusions nécessaires à l'élaboration de notre conception du monde, alors que dans le second cas, ils fournissent des informations nécessaires à la création et à la modification de moyens d'action plus efficaces et à la sélection de stratégies d'intervention plus adaptées.

---

6. D.B. Van Dalen, *Understanding Educational Research : An Introduction*, New York, McGraw-Hill, 1973. Voir à l'appendice I, un modèle du processus éducatif et de ses principales composantes.
7. Voir par exemple les *Handbook of Research on Teaching*.

Même si ces deux rapports au savoir se distinguent clairement, il n'y a pas de cloison étanche entre les deux. Une action adaptée à la réalité se fonde généralement sur une connaissance de celle-ci et, par ailleurs, notre compréhension du monde réel se trouve souvent remise en question par les conséquences de nos interventions sur celui-ci.

Le choix d'une question générale de recherche

Du problème général découlent des questions, encore très générales, qui traduisent notre besoin d'informations en rapport avec ce problème. Prenons le cas, par exemple, de deux chercheurs qui choisissent le thème de l'abandon scolaire. Pour celui que la compréhension du phénomène intéresse, la question retenue pourrait être : « Qui abandonne l'école et quand ? » ou bien « Pourquoi ces étudiants ont-ils abandonné? » Pour l'autre que l'intervention motive davantage, la question choisie pourrait être : « Y a-t-il des moyens (instruments, procédures) pour repérer ceux ou celles qui sont susceptibles d'abandonner? » ou « Quel est le meilleur moyen de diminuer le nombre de décrocheurs? » Selon la nature du problème, il y a des questions qui traduisent un besoin de *décrire la réalité* ou un besoin de *l'expliquer*. Il y a aussi des questions qui expriment des besoins relatifs à la création d'un moyen nouveau (outil, méthode, etc.), à la modification d'un moyen existant ou à la sélection, parmi un ensemble, de moyens adaptés à ses objectifs. Ces questions seront utiles pour orienter les lectures subséquentes.

L'élaboration ou le choix d'un cadre conceptuel ou théorique

Pour celui qui aborde un nouveau sujet de recherche, la détermination d'un problème général ainsi que le choix d'une question générale ne peuvent se faire sans l'analyse des connaissances générales sur le sujet choisi. Déjà à ce stade, il faut pouvoir préciser les *concepts généraux*, les *principes importants*, les *modèles théoriques* ainsi que les *grandes approches théoriques*, et parfois même méthodologiques, privilégiées pour aborder les problèmes relatifs au thème choisi. La situation sera différente pour le chercheur qui, travaillant sur le même problème général depuis plusieurs années, possède un bagage de connaissances déjà structurées ainsi qu'une vision d'ensemble de son sujet de recherche et n'a pas à reprendre cette étape pour chaque nouveau projet.

Dans le but de spécifier une problématique, l'étape suivante consistera à relever un problème spécifique de recherche et à formuler une question spécifique s'y rapportant. Pour cela, le chercheur doit acquérir une bonne vue d'ensemble des connaissances reliées à la question générale et des méthodes utilisées pour y répondre. Dans un paradigme quantitatif, le chercheur spécifie la problématique en procédant à une analyse critique en profondeur des écrits de recherche plus spécifiques (articles de recherche, rapports de recherche, conférences scientifiques, etc.) reliés à la question générale, et de toutes nouvelles recherches qui s'y rattachent. Pour découvrir un problème spécifique, il est essentiel d'adopter une *attitude active et critique* à l'égard des énoncés rencontrés au cours de ses lectures. Cette attitude consiste à garder constamment à l'esprit des questions aussi fondamentales que : « Ces affirmations sont-elles vraies? »; « Quelles sont les preuves concrètes à l'appui de ces affirmations? »; « Ces preuves sont-elles valables? »; « Ces affirmations sont-elles compatibles entre elles? » Plus le chercheur adoptera, à l'égard des informations qu'il recueille, une attitude active de remise en question, d'organisation et de réorganisation des informations, plus il favorisera la prise de conscience de problèmes spécifiques.

Cette démarche a pour axe la question générale et les questions spécifiques qui en découlent. Il ne s'agit donc pas d'un glanage d'informations mais bien d'une quête spécifique, dirigée par ces questions spécifiques. Il peut s'avérer avantageux d'écrire, avant même d'avoir lu plus à fond, les questions précises qui semblent reliées à la question principale.

> Par exemple, dans le cas de la question portant sur la description du phénomène de l'abandon scolaire : « Qui sont les décrocheurs? », on pourrait penser aux questions suivantes : Quel âge ont-ils? Y a-t-il autant de garçons que de filles? Quelle est leur origine sociale? Quel est leur rendement scolaire? etc.

Ce questionnement continu est important, car il sert à construire la structure mentale organisatrice des informations recueillies, à juger de la pertinence des informations et à faciliter la découverte d'un problème spécifique de recherche. Le chercheur trouvera probablement des réponses, complètes ou partielles, à plusieurs de ses questions. Cela lui permettra d'éliminer certains secteurs où les connaissances sont assez avancées ou au contraire, de s'inspirer de recherches antérieures pour élaborer la sienne.

Cette analyse critique repose sur des opérations fondamentales telles que *l'établissement des concepts importants, l'établissement des variables pertinentes et des relations entre ces variables, l'organisation des variables et des relations en un réseau conceptuel.* Organiser les variables et les relations en une structure cohérente exige non seulement la mise en relation des variables mais aussi la mise en relation des relations. Les modèles et les théories ont justement cette fonction de proposer un ensemble intégré de concepts et de relations. Ce faisant, le chercheur élabore ou, le cas échéant, choisit le cadre conceptuel ou théorique de sa recherche. Le chapitre 5 du présent ouvrage est consacré au rôle de la théorie dans la démarche de recherche. Dans certains articles de revue ou certains livres, on pourra trouver des modèles ou schémas qui illustrent les relations dont on suppose l'existence.

> Par exemple, Jean Roy[8] propose, dans un article sur l'enseignement des sciences au primaire, un modèle hiérarchique causal reliant, directement ou indirectement, la prestation d'enseignement des sciences au primaire à neuf variables indépendantes. La séquence présentée ici est extraite de ce modèle :

Cette façon de « visualiser » les informations est très profitable. D'une part, elle facilite dans bien des cas la compréhension des textes et, d'autre part, elle permet d'établir rapidement des relations peu documentées ou même ignorées. Nous ne pouvons qu'encourager l'utilisation des résumés sous forme de schéma ou de modèle. La représentation graphique des variables et de leurs relations constitue une technique efficace pour trouver des problèmes spécifiques de recherche[9]. Quant aux théories, souvent les chercheurs mentionnent celles qui ont servi de cadre de référence à leur recherche dans la section où ils présentent leur problématique. On y retrouve habituellement un résumé succinct et les références pertinentes, qui peuvent constituer de bonnes pistes pour qui veut pousser plus loin la recherche.

La délimitation d'un problème spécifique de recherche

Dans une approche hypothético-déductive, les problèmes spécifiques de recherche prennent leur source dans les écrits proprement dits où une

---

8. J. ROY, « Enseigner les sciences de la nature au primaire : perspective de l'enseignant », *Revue des sciences de l'éducation*, vol. XVI, n° 2, 1990, pp. 185-205.
9. On trouvera des indications détaillées sur la façon de faire de telles représentations graphiques dans l'article de D.F. DANSEREAU, « The development of a learning strategies curriculum », dans H.F. O'NEIL (dir.), *Learning Strategies*, New York, Academic Press, 1978, pp. 1-29 ainsi que dans le livre de J.N. NOVAK et D. GOWIN, *Learning How to Learn*, New York, Cambridge University Press, 1984.

lacune ou une difficulté très particulière est relevée dans l'organisation ou la cohérence de nos connaissances scientifiques. Dans les paragraphes qui suivent, nous donnerons quelques exemples, tirés de la littérature francophone, de problèmes spécifiques de recherche.

Un premier type de problème spécifique de recherche réside dans *l'absence totale ou partielle de connaissances* concernant un élément de réponse à la question générale.

> Par exemple, Sainte-Marie et Winsberg[10], dans le cadre de la question générale des causes de l'abandon scolaire, réalisèrent qu'on possède peu d'informations sur l'attitude des élèves envers leurs études comme cause possible de l'abandon scolaire, bien qu'on ait des raisons de croire à cette influence. La question spécifique de leur recherche devint alors : l'attitude des élèves à l'égard de leurs cours de mathématiques et de leurs études collégiales est-elle une cause de l'abandon des cours de mathématiques au C.E.G.E.P.? De leur côté, Goupil et Comeau[11], relativement à la question générale de l'efficacité de l'intégration des élèves handicapés, constatèrent que l'on possède peu d'informations sur ce sujet et qu'il serait temps d'évaluer cette expérience. Ils décidèrent donc de répondre à la question spécifique suivante : comment s'est effectuée l'intégration des handicapés visuels dans les classes régulières et quels en ont été les résultats?

Un deuxième type de problème spécifique de recherche apparaît lorsque le chercheur a des raisons de croire qu'*on ne peut généraliser des conclusions de recherches antérieures à une situation particulière.*

> Ainsi, Blondin[12] considéra qu'il était impossible d'affirmer que les étudiants de milieux universitaires francophones avaient une perception d'un « bon professeur d'université » équivalant à celle des étudiants universitaires des milieux anglo-saxons qui, elle, était vastement documentée. Pour cette raison, il décida de répondre à la question spécifique suivante : « Quelles sont les caractéristiques d'un bon professeur d'université selon les étudiants de premier cycle de l'Université de Montréal? » Dans le cadre d'un problème général d'intervention, Proulx, Couture et Gingras[13] décidèrent qu'il était

---

10. M. Sainte-Marie et S. Winsberg, « Recherche d'une explication aux abandons de cours en mathématiques au C.E.G.E.P. » dans la *Revue des sciences de l'éducation*, vol. VII, n° 1, hiver 1981, pp. 23-35.
11. G. Goupil et M. Comeau, « L'intégration des élèves handicapés de la vue » dans la *Revue des sciences de l'éducation*, vol. VIII, n° 1, hiver 1982, pp. 103-113.
12. D. Blondin, « Le bon professeur d'université tel que perçu par les étudiants de premier cycle de l'Université de Montréal » dans la *Revue des sciences de l'éducation*, vol. VI, n° 3, automne 1980, pp. 499-509.
13. M. Proulx, A. Couture, C. Gingras, « Étude exploratoire des effets du programme Parents efficaces » dans la *Revue des sciences de l'éducation*, vol. VIII, n° 1, hiver 1982, pp. 80-90.

impossible de conclure, comme on l'a montré aux États-Unis, à l'efficacité du programme « Parents efficaces » en milieu québécois puisque sa conception et son application relèvent d'un contexte culturel différent. Comme l'un des objectifs de ce programme est de développer chez les parents les attitudes indispensables à une relation aidante avec leurs enfants, les chercheurs se demandèrent si des parents québécois soumis à ce programme manifesteraient des changements positifs dans ces attitudes envers leurs enfants.

Un troisième type de problème spécifique rencontré au cours d'une recension des recherches antérieures apparaît lorsque le chercheur ressent une *incertitude à l'égard des conclusions d'une recherche à cause de problèmes méthodologiques*. Le chercheur considère qu'il serait prématuré de conclure avant d'apporter à cette recherche certains changements de nature méthodologique.

Par exemple, Bartin[14] considéra que les conclusions des recherches comparant le stade cognitif atteint par des enfants sourds et des enfants entendants, dans le cadre de la théorie de Piaget, étaient incertaines étant donné que les conditions qui prévalaient lors des tests n'avaient pas été réellement identiques. Il décida donc de reprendre ces recherches en apportant les changements nécessaires afin de voir si la différence entre les enfants sourds et entendants subsisterait.

Un quatrième type de problème spécifique de recherche apparaît lorsque le chercheur constate l'existence de *contradictions entre les conclusions de recherches* portant sur un même sujet.

Par exemple, Ruel[15] fonda la question spécifique de sa recherche sur le fait que les recherches visant à vérifier la relation entre la capacité rythmique et l'apprentissage de la lecture concluaient tantôt à son existence, tantôt à son absence.

Un cinquième type de problème spécifique de recherche peut se trouver dans l'*absence de vérification d'une interprétation, d'un modèle ou d'une théorie*.

Ainsi, Bédard[16] constata que la théorie de Kurt Lewin sur le développement de l'adolescent comme être marginal n'avait jamais fait

14. M. BARTIN, « Étude génétique de la constitution de l'invariant de substance chez le sourd et l'entendant » dans le *Bulletin de psychologie*, vol. XXXI, n° 334, 1977-1978, pp. 403-411.
15. P. H. RUEL, « Fonction rythmique et décodage phonétique en lecture chez les enfants de 7 à 12 ans » dans la *Revue des sciences de l'éducation*, vol. VI, n° 1, hiver 1980, pp. 61-84.
16. R. BÉDARD, « Justesse et actualité de la théorie de Kurt Lewin sur le développement de l'adolescence » dans la *Revue des sciences de l'éducation*, vol. VII, n° 1, hiver 1981, pp. 115-134.

l'objet d'une vérification empirique et décida de la mettre à l'épreuve. Sa question spécifique pouvait se lire ainsi : « Existe-t-il une relation entre le profil de la personnalité adolescente et les caractéristiques de la personnalité marginale ? »

On peut penser à d'autres types de difficultés rencontrées au cours de l'analyse critique des écrits. Ainsi, on peut réaliser que *deux théories prédisent dans les faits des observations différentes* ou contraires et qu'il serait alors opportun de clarifier cette opposition par une recherche. On peut aussi faire le *constat d'une impasse dans le progrès des connaissances* sur un sujet donné, plusieurs faits et observations étant impossibles à expliquer ou à interpréter au moyen des théories existantes. C'est l'ingéniosité d'un chercheur qui permettra de progresser à nouveau. Le *processus de recherche lui-même* peut faire l'objet de recherches spécifiques lorsque, pour pallier l'absence d'outils de recherche adaptés, la réflexion du chercheur se porte sur l'activité même d'élaboration d'un questionnaire ou sur la conception de nouvelles méthodes d'analyses quantitatives (statistiques ou autres) de données.

La formulation d'une question spécifique de recherche

L'établissement d'un problème particulier engendre des besoins particuliers de connaissances qui se traduisent par des questions précises, plus spécifiques qui servent de point de départ à la mise en œuvre d'une stratégie pour y répondre. Si le chercheur n'est pas toujours en mesure d'émettre une ou des hypothèses précises, c'est-à-dire de donner une réponse provisoire à la question spécifique de recherche, il doit, par ailleurs, utiliser des méthodes qui assureront aux conclusions de sa recherche le maximum de *validité*. Les conclusions, qui sont les réponses à la question de la recherche, devraient résoudre, en tout ou en partie, le problème.

Ainsi, Pronovost et Leblanc[17] constatent qu'on n'a jamais vérifié l'une des théories de base concernant la délinquance à savoir que le fait de travailler prévient la délinquance chez ceux qui abandonnent leurs études. Les chercheurs se demandent alors si l'accès au travail fait régresser le taux de délinquance chez les décrocheurs. La question spécifique de recherche découle donc directement de la prise de conscience du problème et tente d'y apporter des éléments de solution.

---

17. L. PRONOVOST et M. LEBLANC, « Le passage de l'école au travail et la délinquance » dans *Apprentissage et socialisation*, vol. 11, n° 2, 1979, pp. 69-73.

On doit apporter beaucoup de soin à la formulation de cette question spécifique puisqu'elle servira de guide tout au long de la recherche. Elle doit être formulée de façon précise et chaque terme doit être clairement défini, particulièrement de façon opérationnelle. Chaque élément de la question doit pouvoir être observable ou mesurable. Le fait qu'une question soit spécifique n'en fait pas pour autant une question de recherche. Le chercheur ne doit pas croire qu'il peut faire l'économie de la recension des écrits parce qu'il a déjà en sa possession une question spécifique à laquelle il voudrait répondre par une recherche. La question spécifique de recherche doit s'inscrire logiquement dans une problématique spécifique. Une recherche rapporte d'autant plus si elle répond à une question précise dont les possibilités et les limites sont clairement perçues par le chercheur.

Le choix d'un problème et d'une question spécifique de recherche nécessite la prise en considération des critères de *faisabilité*, c'est-à-dire l'ampleur de la question, le temps disponible pour faire la recherche, l'argent disponible, la collaboration d'autres personnes comme assistants ou comme sujets, la possibilité de faire la recherche dans le milieu désiré, l'accessibilité aux instruments de mesure, etc. Nonobstant l'importance de la faisabilité, la *pertinence* de la question spécifique de recherche par rapport à l'ensemble de la problématique demeure un critère central de l'intérêt du problème choisi.

3.2. La présentation de la problématique

Éléments d'une problématique

Dans les écrits basés sur un paradigme quantitatif, la problématique doit démontrer, par une argumentation serrée, qu'il est utile et nécessaire pour l'avancement des connaissances sur un phénomène particulier (la pertinence scientifique) d'explorer empiriquement une question spécifique ou de vérifier une idée spécifique (hypothèse) découlant d'un raisonnement basé sur des informations issues des écrits scientifiques. Il s'agira donc de construire, dans une démarche de spécification allant d'un problème général à une question spécifique, une *argumentation cohérente, complète et parcimonieuse*.

Que ce soit dans un projet ou dans un article de recherche, la problématique quantitative doit comporter un ensemble d'éléments correspondant généralement aux suivants. Autrement dit, dans une problématique quantitative, on s'attend à ce que...

– le thème de recherche soit précisé;

- la pertinence de la recherche soit soulignée, c'est-à-dire que le thème, le problème ou la question générale constitue (ou doive constituer) une préoccupation actuelle de chercheurs, de praticiens ou de décideurs;

- le problème général de recherche, ou la question générale, soit établi en rapport avec le thème de recherche et qu'au besoin, des informations pertinentes reliées au problème soient présentées;

- dans le cadre de cette question générale, des informations pertinentes soient présentées (résultats de recherches empiriques et théoriques : faits, concepts, relations, modèles, théories), soit pour démontrer l'existence du problème spécifique de recherche, soit pour fournir des éléments de solution au traitement du problème spécifique de recherche. Ces informations procurent un cadre conceptuel ou un cadre théorique à la recherche;

- un problème spécifique soit déterminé dans la connaissance;

- une question spécifique de recherche soit formulée pour orienter la collecte des données, et dont la réponse devrait permettre de résoudre le problème spécifique.

Exemple de problématique d'une recherche quantitative

Pour illustrer, dans une approche quantitative, une problématique liée à la compréhension, nous avons choisi d'analyser la problématique présentée dans la recherche de Manuel Crespo[17] et ayant pour thème « l'effet Pygmalion ». L'auteur s'attache essentiellement à comprendre le phénomène des effets des perceptions des enseignants sur les attitudes et les comportements de leurs élèves. D'emblée, l'auteur établit la pertinence de la recherche en soulignant comment l'étude de ce problème général s'inscrit dans les préoccupations des chercheurs depuis 1968 (« un grand nombre d'études empiriques » ont porté sur ce problème). Il donne ensuite la définition du concept d'effet Pygmalion tout en y référant plus loin dans la question centrale de l'article qu'on pourrait énoncer comme suit : Quel est l'impact des évaluations positives des enseignants sur le rendement de leurs élèves?

Dans le cadre de cette question, l'auteur présente une série d'informations pour établir l'existence d'un problème spécifique. L'auteur

---

18. M. CRESPO, « Analyse longitudinale de l'effet Pygmalion » dans la *Revue des sciences de l'éducation*, vol. XIV, n° 1, 1988, pp. 3-23.

montre d'abord que les conclusions des recherches ne sont pas toutes convergentes. Bien que l'on puisse soutenir l'existence d'une influence des attentes des enseignants sur la performance de leurs élèves, certains affirment que l'effet inverse est de beaucoup plus important, qu'il faut faire une distinction entre maintenir des différences et les accentuer et que l'effet d'augmentation des différences ne serait pas aussi évident qu'on le croit. L'auteur signale tout de même qu'un bon nombre de recherches concluent à l'existence d'effets prophétiques des attentes des enseignants mais que ceux-ci n'expliqueraient, à toute fin pratique, qu'un faible pourcentage de la variance dans la performance scolaire (entre 3 % 10 %). Ces résultats semblent généralisables puisqu'ils ont été obtenus dans d'autres pays que les États-Unis où la plupart des recherches ont été effectuées.

Problématique de la recherche de Crespo

THÈME DE RECHERCHE	L'EFFET PYGMALION
PROBLÈME GÉNÉRAL DE RECHERCHE	Améliorer notre compréhension des effets des perceptions des enseignants sur les attitudes et les comportements de leurs élèves.
QUESTION GÉNÉRALE DE RECHERCHE	Quel est l'impact des évaluations positives des enseignants sur le rendement de leurs élèves?
PROBLÈME SPÉCIFIQUE DE RECHERCHE	Il y a contradiction entre les résultats de recherches, les unes affirmant l'existence d'un impact des perceptions des enseignants sur la performance de leurs élèves, les autres ne trouvant pas trace d'influence.
QUESTION SPÉCIFIQUE DE RECHERCHE	Quel est l'impact des perceptions des enseignants sur le rendement scolaire lorsque l'on considère la perception des enseignants comme variable intermédiaire dans un modèle réduit, c'est-à-dire avec moins de variables?

Pour approfondir la recherche sur cette question, on doit délaisser les expérimentations en laboratoire pour passer à l'analyse de situations réelles. Les perceptions des enseignants se rapportent alors à l'ensemble de la classe plutôt qu'à des élèves particuliers, mais les effets prophétiques demeurent comparables. Or, dans ce contexte, une recherche du CRDE a conclu à « l'absence d'effets congruents des perceptions des enseignants sur les rendements des élèves en français et en mathématiques ». On a donc ici des résultats qui sont en contradiction avec ceux d'un « corpus de recherches bien établi sur ce sujet ». Le problème spécifique de recherche est maintenant évident.

Pour régler ce problème, l'auteur apporte une explication possible à cette situation insatisfaisante et propose une solution qu'il tentera de vérifier dans sa recherche. L'auteur impute cette divergence entre les résultats des recherches à des différences au plan des caractéristiques méthodologiques. Dans la recherche du CRDE, l'échantillon de sujets était grand (comparativement à de petits ensembles), le nombre de variables considérable (120 à 150 variables comparativement à quelques-unes) et l'analyse était longitudinale (comparativement à instantanée, habituellement). Dans de telles circonstances, le coefficient de l'impact des perceptions subit le sort de beaucoup de variables, il devient non significatif. Or, il se pourrait que l'effet devienne significatif, si dans le modèle d'analyse, on considérait la variable « perception des enseignants » comme intermédiaire plutôt que confondue. La question spécifique de recherche devient celle-ci : Quel est l'impact des perceptions des enseignants sur le rendement scolaire lorsqu'elles sont considérées comme variable intermédiaire dans le cadre d'un modèle analytique de cheminement de la causalité, avec un nombre réduit de variables?

4. La problématique dans une recherche qualitative

Comme dans la section précédente, nous aborderons la conceptualisation d'une problématique de recherche tant du point de vue de son élaboration que de sa présentation. Dans le contexte d'une recherche s'inscrivant dans un paradigme *qualitatif*, l'élaboration de la problématique se réalise dans la formulation itérative d'un problème de recherche. Nous verrons ensuite comment structurer une problématique dans un écrit de recherche qualitative et nous en donnerons un exemple détaillé.

4.1. L'élaboration de la problématique

Dans le cadre d'une approche *qualitative*, les grandes étapes de la spécification de la problématique sont 1) la formulation d'un problème de recherche provisoire à partir d'une situation comportant un phénomène particulier intéressant, 2) la formulation d'une question de recherche permettant le choix d'une méthodologie adaptée, 3) l'élaboration d'interprétations basées sur la collecte de données et l'analyse inductive de ces dernières, et 4) la reformulation itérative du problème et/ou de la question de recherche en fonction des prises de conscience effectuées au cours de la collecte et de l'analyse préliminaire des données[19] (voir figure 3). Nous verrons maintenant plus en détail chacune de ces étapes que nous illustrerons à l'aide d'un exemple tiré d'un article de recherche[20] sur le thème de « l'enseignement de la langue maternelle

FIGURE 3
Élaboration de la problématique en recherche qualitative

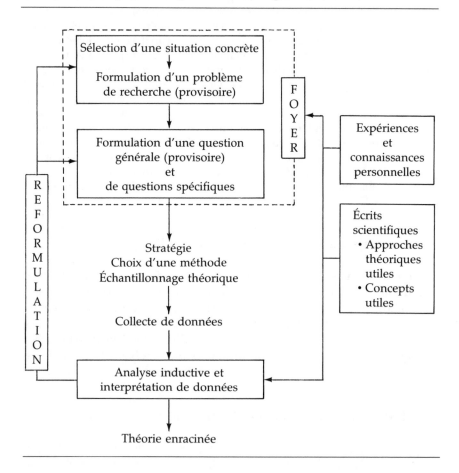

19. L'accent porte ici sur les opérations relatives à la spécification de la problématique. Les autres opérations ne sont mentionnées que pour situer le lecteur. Nous le renvoyons aux autres chapitres du livre pour compléter les informations.
20. C. EDELSKY, K. DRAPER, K. SMITH, « Hookin' 'em in at the start of the school in a "whole language" classroom » dans *Anthropology & Education Quaterly*, vol. 14, n° 4, pp. 257-281. Un extrait du texte est présenté dans le chapitre 3 de MCMILLAN et SCHUMACHER, *op.cit.*

selon une approche globale ». Dans cet article les chercheuses, Edelsky, Draper et Smith, rapportent les faits saillants de leur démarche de questionnement et de reformulation du problème.

La formulation d'un problème de recherche provisoire

Dans le cadre d'une approche qualitative de la recherche, les problèmes spécifiques de recherche émanent du vécu personnel du chercheur et plus particulièrement de son expérience personnelle de situations comportant un phénomène particulier, curieux ou étonnant relié à ses intérêts de recherche. Une situation concrète est sélectionnée par le chercheur parce qu'elle comporte « un phénomène qui peut être décrit et compris à partir des significations que les participants donnent aux événements[21] ». Elle offre donc des caractéristiques assez riches pour définir un contexte particulier, comporter un phénomène intéressant (qui fait déjà l'objet de recherches ou non) et fournir l'espoir de faire avancer les connaissances et ainsi justifier une recherche. Le chercheur partira de cette situation particulière pour formuler, provisoirement, un problème de recherche, articuler au moins une question générale de recherche et sélectionner une méthodologie appropriée. Nous présentons ici quelques exemples de situations singulières qui peuvent servir à définir un problème de recherche.

Un type de situation qui peut donner naissance à un phénomène intéressant est celui de *changements qui sont introduits dans le fonctionnement habituel* d'un groupe de personnes, modifications susceptibles d'entraîner des réactions significativement différentes chez les personnes.

> Des modifications légales, un changement de programme scolaire, une innovation technologique, le remplacement d'une institutrice, en sont des exemples. Ainsi, Chomienne et Vásquez-Abad[22] considérèrent l'implantation de la micro-informatique scolaire au Québec comme un phénomène suffisamment riche et intéressant pour justifier l'analyse des facteurs qui ont influencé son évolution.

Un type de situation particulièrement singulier est celui des *pratiques originales ou des événements insolites*.

> Une enseignante qui utilise une méthode spéciale, une école qui se distingue par son approche pédagogique alternative ou un enfant

---

21. J. H. MCMILLAN et S. SCHUMACHER, *op.cit.*, p. 93.
22. M. CHOMIENNE, J. VÁSQUEZ-ABAD, « L'émergence du concept d'enracinement des applications pédagogiques de l'ordinateur » dans la *Revue des sciences de l'éducation*, vol. XVI, n° 1, 1990, pp. 91-104.

> qui se blesse gravement en sortant de l'école provoquent une situa-
> tion sociale qui s'écarte suffisamment de la « norme » ou de « l'ha-
> bitude » pour éveiller la curiosité et se demander comment cette
> personne ou cette école fonctionnent et chercher à comprendre la
> signification donnée aux événements vécus. Des événements inso-
> lites passés peuvent aussi être étudiés lorsqu'on peut avoir accès à
> des documents écrits par les acteurs concernés.

Un type de situation où un phénomène particulier peut s'avérer
curieux est celui *des événements problématiques récurrents ou des pratiques
qui échouent ou qui s'établissent difficilement*. L'analyse de ces situations
peut donner lieu à une meilleure compréhension du vécu des acteurs
dans ces situations et, de là, contribuer à l'amélioration des situations
ou des interventions.

> Par exemple, la recherche de Chamberland[23] fut déclenchée par « un
> groupe de professeurs de français qui déploraient un certain malaise
> chez les étudiants inscrits à leurs cours ainsi qu'une situation con-
> flictuelle à l'intérieur du corps professoral ».

En contrepartie, il y a aussi la situation *des événements heureux et
des pratiques qui réussissent*. Ainsi, les enseignantes et les écoles particulièrement efficaces, qui ont des histoires à succès, sont des sources
de questionnement. On cherche à comprendre comment les situations
sont vécues, à connaître la perception collective des principaux acteurs.

Un autre type de situation qui peut présenter un phénomène intéressant est celui *des événements qui ont des composantes inattendues ou des
interventions qui ont des conséquences imprévues*. Sans nécessairement comporter de connotation heureuse ou malheureuse, ni même être en soi
originaux, certains événements, qui dans l'ensemble paraissent être
habituels, peuvent présenter certaines caractéristiques inattendues qui
remettent en question notre vision du monde.

> Par exemple, la facilité des enfants à s'approprier certains logiciels
> peut surprendre, compte tenu de la difficulté qu'éprouvent plusieurs
> adultes dans la même situation. Comprendre pourquoi une telle
> situation se produit peut être très pertinent.

Il n'est pas toujours nécessaire que la situation ait un caractère
singulier. L'intérêt peut être suscité par *des événements habituels ou des
pratiques courantes non documentés*. Il y a encore beaucoup de pratiques
courantes, tenues pour acquises, pour lesquelles on n'a pas vraiment
d'informations systématiques concernant les personnes qui les vivent.

---

23. C. CHAMBERLAND, « L'étudiant conformiste et l'enseignement du français au
CEGEP : une étude de rôles », *Recherches sociographiques*, vol. XXI, n° 3, pp. 283-316.

Cette liste n'est évidemment pas exhaustive et présente, à titre indicatif des situations à surveiller pour leur potentiel à produire des résultats de recherche intéressants.

La définition du problème est déjà commencée avec la découverte d'une situation contenant un phénomène curieux ou étonnant. Le problème, pressenti par le chercheur, devra être formulé clairement. Cette formulation, qui demeure assez générale, consiste à expliciter l'aspect curieux du phénomène. La *formulation du problème*, en recherche qualitative, est considérée *provisoire* compte tenu de la connaissance limitée que le chercheur a de la situation. En d'autres mots, *le problème central pourra être reformulé pendant la recherche s'il ne correspond plus à la réalité observée.*

La formulation du problème doit se faire avant tout à partir des connaissances du chercheur. Généralement, le chercheur débute avec un cadre descriptif et interprétatif très partiel, basé sur ce que Glaser et Strauss appellent des « concepts locaux[24] », concepts se rapportant à des éléments évidents de la structure et des processus propres à la situation (l'enseignante, les élèves, la relation maître-élève, les programmes, les consignes, l'horaire, etc.). Pour formuler le problème de recherche, le chercheur peut aussi faire appel à ses connaissances personnelles ainsi qu'à des connnaissances tirées des écrits scientifiques, généralement ceux de tradition qualitative ayant rapport avec le phénomène. Même si le chercheur peut utiliser des concepts reconnus de la littérature scientifique, il est clair toutefois que *le problème ne se définit pas par la découverte d'une difficulté spécifique dans les écrits scientifiques mais bien par l'explicitation d'éléments de la situation.*

> Dans la recherche sur « l'enseignement de la langue maternelle selon une approche globale », les chercheuses choisissent comme situation de départ, le cas d'une enseignante de 6e année au primaire qui utilise une approche globale pour l'enseignement de l'anglais (langue maternelle) écrit et parlé. Il s'agit d'une enseignante qui utilise une pratique originale et qui, par surcroît, réussit très bien. Les auteurs savent qu'il y a plusieurs approches pour enseigner la langue maternelle mais sont intéressés plus particulièrement par l'approche globale de l'enseignement du langage qui diffère des autres approches plus courantes qui sont linéaires et très graduées. Lors de plusieurs visites préalables dans la classe de cette enseignante, les chercheuses purent observer cette approche de l'enseignement de la langue appliquée avec beaucoup de succès. Phénomène étonnant, cette enseignante réussissait, sans l'aide de manuels ni de livres d'exercices, à

---

24. B. G. GLASER et A. L. STRAUSS, *The Discovery of Grounded Theory : Strategies for Qualitative Research*, New York, Aldine, 1967, p. 45.

développer chez les élèves un niveau d'habileté à lire et à écrire plus élevé que celui auquel on aurait pu s'attendre dans ce type d'école. Comme ce succès ne semblait pas se prêter à une interprétation facile, les chercheuses décidèrent de l'analyser plus à fond à l'aide d'une approche de recherche qualitative.

La formulation d'une question générale provisoire

Dans le prolongement du problème de recherche, la question est un outil important du chercheur. La question de départ, elle aussi considérée provisoire, doit être à la fois assez générale pour permettre de susciter des questions plus spécifiques et faciliter la découverte des aspects importants du phénomène, et assez spécifique pour focaliser la recherche. Le foyer (*focus*) de la recherche a deux fonctions[25] : a) établir les limites et le territoire de la recherche et b) déterminer la pertinence des informations recueillies en fournissant des balises pour décider d'inclure ou d'exclure une information de la collecte ou de l'analyse des données.

La question générale s'accompagne habituellement de questions spécifiques qui visent à explorer *les éléments structuraux, les interactions et les processus* (socioculturels et organisationnels) afin de déterminer et de décrire les dimensions importantes du phénomène. Le défi pour le chercheur est justement de découvrir les questions les plus pénétrantes et les plus perspicaces pour comprendre le phénomène. Pour formuler ces premières questions, le chercheur se base sur ses connaissances et ses interprétations personnelles[26]. Ensuite, le chercheur choisit la ou les méthodes qu'il compte utiliser (observation, entrevues, documents) et détermine, par échantillonnage théorique, les personnes à contacter et/ou les documents à consulter. Le plan de la recherche sera lui aussi émergent, puisqu'il dépend des questions subséquentes. Dans les deux approches, qualitative comme quantitative, la collecte de données est axée sur un centre d'intérêt. Toutefois, dans l'approche qualitative, le foyer peut changer en cours de route, ce qui n'est pas le cas avec l'approche quantitative où la question spécifique ne change plus.

Dans la recherche sur « l'enseignement de la langue maternelle selon une approche globale de l'écriture et de la lecture », les chercheuses posèrent comme question générale de départ : « Comment cette

---

25. Y. S. Lincoln et E. G. Guba, *Naturalistic Inquiry*, Beverly Hills, Sage, 1985, pp. 227-228.
26. Lincoln et Guba (*op.cit.*) parlent de connaissances tacites, et Marshall et Rossman de théories personnelles (*Designing Qualitative Research*, Newbury Park, Sage, 1989).

enseignante, avec sa théorie de l'enseignement global de l'écriture et de la lecture, parvient-elle à faire en sorte que les élèves répondent à ses attentes peu habituelles? » Subsidiairement à la question générale, elles posèrent les questions spécifiques suivantes : « Quelles sont, dans cette classe, les normes pour la lecture et l'écriture? », « Comment l'enseignante réussit-elle à faire en sorte que les élèves s'attendent à écrire? », « Comment certaines procédures sont-elles établies (p.ex. : écriture d'un journal ou d'un livre)? », « Quelles sont les relations maître-élève les plus évidentes? » Compte tenu des questions, les méthodes principales de collecte de données prévue furent l'observation participante avec prise de notes et l'observation différée à l'aide d'enregistrement vidéo. Des entrevues avec les élèves étaient prévues après la première semaine d'école et avec l'enseignante, avant le début des classes et au cours de la quatrième semaine d'école. Il est clair que la formulation de ces questions se fonde sur la connaissance qu'ont les chercheuses du fonctionnement de l'enseignante et sur deux postulats : a) le changement prend un certain temps à s'opérer et b) le temps d'adaptation et la manière de le faire varient selon les élèves (acceptation rapide, hésitation, ajustement lent).

L'analyse inductive et l'interprétation des données

Après une première collecte de données, le chercheur analyse les données et en tire une description riche et détaillée des événements tels qu'ils ont été vécus et perçus par les personnes impliquées dans la situation. À partir de cette description, le chercheur élabore des hypothèses interprétatives (au sens large d'énoncés hypothétiques et non d'hypothèses avec variables opérationnalisées) visant à expliquer, en tout ou en partie, le phénomène. Il s'agit ici de donner un sens à une situation et non pas d'établir un lien causal linéaire à sens unique[27].

Cette élaboration d'hypothèses, comme par ailleurs la collecte et l'analyse inductive des données, ne peuvent se réaliser en demandant au chercheur de faire totalement abstraction de ce qu'il connaît. Pour élaborer sa théorie enracinée du phénomène, le chercheur utilise principalement des concepts et des hypothèses qui ont émergé des données recueillies. Cela n'empêche pas le chercheur de faire appel à des écrits scientifiques pertinents, particulièrement ceux de tradition qualitative, pour lui fournir des concepts utiles et l'assister dans sa compréhension

---

27. Dans une partie de la coupe Stanley, en prolongation, une rondelle qui traverse la ligne rouge des buts est incapable physiquement de faire lever et crier 30 000 personnes si ces dernières ne lui donnent pas une signification!

du phénomène. Comme le soulignent Glaser et Strauss[28], il s'agit surtout d'éviter de s'emprisonner dans une théorie. Le chercheur doit posséder les habiletés (avoir des *insights* théoriques) et les attitudes (l'ouverture théorique) nécessaires pour lui permettre de conceptualiser et d'élaborer une théorie à partir des données plutôt que de forcer une théorie sur les données.

> Dans la recherche sur « l'enseignement de la langue maternelle selon une approche globale de l'écriture et de la lecture », l'observation montra que, dès la première journée d'école, tous les élèves répondaient déjà aux attentes de l'enseignante. Déjà au cours de l'après-midi, les élèves nettoyaient la classe sans qu'on leur demande, s'entraidaient et prenaient des décisions eux-mêmes. La surprise fut grande pour les chercheuses qui s'attendaient à étudier le processus sur au moins deux semaines. Voilà qu'en quelques heures seulement, les élèves agissaient de manière « naturelle » dans un environnement relativement nouveau. Les postulats des chercheuses s'avéraient non fondés. Pour recueillir les données, il fallait devancer les entrevues avec les élèves à la deuxième journée d'école. Les entrevues montrèrent que les élèves avaient vite réalisé que cette classe était différente. Cependant, bien qu'ils eussent remarqué l'absence des exercices pratiques traditionnels et des livres d'épellation, ils demeuraient incapables de verbaliser les attentes de l'enseignante et comment ils avaient su quoi faire. Ils affirmaient qu'ils « avaient su dès le début » que cette nouvelle année serait difficile mais remplie de projets intéressants (p.ex. : monter des pièces pour l'école). Ils n'avaient pas l'impression d'avoir travaillé, bien qu'ils eussent fait déjà quelques expériences scientifiques, participé à des discussions, etc. Les chercheuses conclurent que les élèves savaient distinguer entre les moments où ils devaient agir exactement comme l'enseignante le demandait et ceux où ils pouvaient suivre l'idée générale de ses affirmations. Pour expliquer ces comportements, les chercheuses émirent l'hypothèse de la présence « d'ententes tacites ».

Reformulation itérative du problème ou de la question

Cet effort de donner un sens aux données permet au chercheur de prendre conscience de certains problèmes particuliers (lacunes, incohérences, etc.) dans sa connaissance du phénomène, problèmes qui l'empêchent de comprendre le phénomène dans sa « totalité » ou dans

---

28. B. G. Glaser et A. L. Strauss, *The Discovery of Grounded Theory : Strategies for Qualitative Research*, New York, Aldine, 1967, p. 46.

sa « globalité ». [Ces problèmes spécifiques donnent naissance à des questions spécifiques qui servent à orienter la collecte des informations pertinentes et permettent d'étudier plus en profondeur certains aspects particuliers du phénomène et d'élaborer une théorie enracinée (concept émergent[29], relations émergentes, modèle émergent) la plus complète et la plus valide (crédible) possible.]

Le problème général de recherche peut lui-même être reformulé au cours de la recherche. Il peut arriver, surtout au début de la recherche, que la formulation initiale du problème s'avère incomplète ou tout à fait inadéquate à la lumière des constatations issues des premières analyses inductives des données. La formulation elle-même du problème de recherche peut donc évoluer au cours de la recherche. La formulation synthétisée et définitive du problème, qu'il y ait eu ou non changements, sera effectuée vers la fin de la recherche. Il faut donc s'attendre à ce que la formulation du problème telle que présentée dans les écrits de recherche ne corresponde pas nécessairement à la formulation initiale du problème, en début de recherche.

Les questions spécifiques elles aussi changent (pour s'adapter aux changements observés), s'ajoutent (quand il manque des informations), disparaissent (quand on leur a répondu) au fur et à mesure qu'avance l'analyse inductive des données et que le portrait prend forme et commence à prendre un sens. Il en est de même pour la question générale. Contrairement au paradigme quantitatif où la question générale de recherche demeure inchangée au cours de la collecte des données, la question de recherche, dans le paradigme qualitatif, étant intimement liée au problème, peut elle-même être appelée à changer en cours de route.

> Dans la recherche sur « l'enseignement de la langue maternelle selon une approche globale de l'écriture et de la lecture », les chercheuses ont été amenées à reformuler leur problème initial. Le phénomène devient encore plus curieux, plus incompréhensible et, par le fait même, plus problématique. D'une part, on a une enseignante qui réussit à obtenir très rapidement ce qu'elle veut des élèves, et, d'autre part, elle a des attentes peu habituelles à l'égard des élèves et une pratique qui ne correspond pas à celle que l'on présente pour une enseignante efficace en début d'année. Il manque les connaissances pour expliquer cette situation. Pour résoudre le problème, les chercheuses ajoutèrent à leur question initiale la question suivante : « Que se passe-t-il? » en référant aux « règles non formulées » à

---

29. Voir l'article de CHOMIENNE et VÁZQUEZ-ABAD (*loc.cit.*) pour un exemple de concept émergent.

> surveiller dans l'observation des bandes vidéo. La nouvelle hypo-
> thèse a donc forcé les chercheuses à reformuler en partie le problème
> initial et à ajouter une nouvelle question de recherche. De manière
> succincte, la question définitive de la recherche fut : « Comment,
> dès le début de l'année, une enseignante efficace, avec une approche
> globale de l'enseignement de la langue parlée et écrite, "contraint-
> elle" les élèves de manière à obtenir la vie de classe qu'elle désire? »

4.2. La présentation de la problématique

Éléments d'une problématique

Dans les écrits basés sur une approche qualitative, la problématique doit
démontrer qu'il est utile et nécessaire d'analyser empiriquement une
situation particulière (événement, organisation, etc.) pour faire avancer
nos connaissances sur un phénomène donné. Encore ici, *l'argumentation
devra être cohérente, complète et parcimonieuse.*

Dans un projet ou un article de recherche, la problématique qualitative doit comporter un ensemble d'éléments correspondant généralement aux suivants. Autrement dit, dans une problématique qualitative,
on s'attend généralement à ce que...

- une situation concrète (sociale), comportant un phénomène particulier, soit relevée;
- un problème de recherche soit posé relativement à cette situation
  intriguante;
- une question de recherche soit formulée;
- la pertinence de la recherche soit démontrée, c'est-à-dire que
  ce problème (ou cette question) constitue (ou doive constituer)
  une préoccupation actuelle de praticiens, de décideurs ou de
  chercheurs;
- ce problème de recherche s'inscrive dans des préoccupations
  théoriques (construits, approches, etc.) et que des informations
  connues sur ce problème soient présentées (recherches, modèles
  et/ou théories);
- le cas échéant, la théorie, le modèle, le concept qui ont été
  empruntés ou qui ont émergé, soient mentionnés;
- l'on montre en quoi la recherche permet de faire avancer les
  connaissances relativement au problème de recherche.

Exemple de problématique d'une recherche qualitative

Pour illustrer la présentation d'une problématique dans le cadre d'une approche qualitative, nous avons choisi d'examiner la problématique présentée dans la recherche de Martine Chomienne et Jesús Vázquez-Abad[30] sur le phénomène particulier de l'« implantation de la micro-informatique scolaire au Québec ». Le problème de recherche est déterminé : l'implantation de la micro-informatique scolaire est située dans la cadre des innovations technologiques; l'idée d'applications pédagogiques de l'ordinateur date du début des années 1960 et pourtant les technologies qui y correspondent ont souvent été implantées (imposées) sans être adaptées; les applications pédagogiques de l'ordinateur sont d'actualité, elles font l'objet de publicité et d'investissements considérables et pourtant, « l'informatique à l'école demeure un phénomène encore mal connu ».

Problématique de la recherche de Chomienne et Vázquez-Abad

SITUATION CONCRÈTE	L'implantation de la micro-informatique scolaire au Québec
PHÉNOMÈNE PARTICULIER	Le processus d'implantation de l'informatique à l'école
PROBLÈME DE RECHERCHE	Il est nécessaire de mieux comprendre ce phénomène. L'implantation de la micro-informatique scolaire au Québec ne s'est pas faite sans difficultés, elle est d'actualité, elle fait l'objet de publicité et d'investissements considérables et pourtant « l'informatique à l'école demeure un phénomène encore mal connu ».
QUESTION DE RECHERCHE	Comment se déroule le processus d'implantation de la micro-informatique scolaire au Québec et quels en sont les facteurs d'évolution?

Pour résoudre en partie ce problème et focaliser la recherche (définir le foyer de la recherche), les auteurs se proposent d'« analyser en profondeur le processus d'implantation en tant que tel » et se demandent quelles sont les étapes de son déroulement et les facteurs d'évolution propres à chacune d'elles. Cette interrogation constitue essentiellement leur question de recherche.

---

30. M. CHOMIENNE et J. VÁZQUEZ-ABAD, *loc. cit.*, pp. 91-104.

La pertinence sociale de la recherche est démontrée en soulignant comment le problème s'inscrit dans les préoccupations des décideurs et des praticiens. L'historique du début montre que l'implantation informatique scolaire qui a commencé dans les années 1960 n'est pas prête de s'arrêter, qu'elle a fait l'objet de décisions discutables et que les enseignants n'ont pas toujours la tâche facile quand ils doivent adapter des technologies la plupart du temps conçues à d'autres fins. Mention est aussi faite des préoccupations des chercheurs sur la question, en référant aux « nombreuses recherches qui se sont intéressées à l'étude de l'implantation de l'ordinateur dans le milieu scolaire ». Ce faisant, les auteurs situent leur recherche dans un contexte scientifique plus global.

Dans cette problématique, les auteurs ont tenté de rattacher leur problème de recherche à des préoccupations théoriques. On y présente différents modèles de diffusion des innovations. Tous ces modèles ont en commun d'être prescriptifs; aucun n'est descriptif. C'est ici que les auteurs montrent comment leur recherche fera avancer les connaissances sur l'implantation informatique scolaire en tentant « d'établir un modèle descriptif de l'implantation d'une innovation en éducation ». En ce qui concerne le cadre théorique, dans cette recherche, aucun modèle théorique n'a été retenu au départ pour analyser les données. Pour comprendre le processus d'implantation informatique scolaire au Québec et donner un sens aux données, le concept émergent d'« enracinement des applications pédagogiques de l'ordinateur » a semblé le plus approprié.

Bibliographie annotée

ACKERMAN, Winona B. et Paul R. LOHNES, *Research Methods for Nurses*, New York, McGraw Hill, 1981.

Dans le chapitre 1, on trouve la relation entre recherche et résolution de problème. Les auteurs présentent une bonne description des problèmes liés à la connaissance et des problèmes liés à l'intervention, d'une façon générale dans le chapitre 2 et d'une façon spécifique dans le chapitre 3.

ENGELHART, Max D., *Methods of Educational Research*, Chicago, Rand McNally, 1972.

Le chapitre 3 analyse les deux opérations de sélection et de définition d'un problème de recherche du point de vue de l'étudiant qui en est à ses premières armes en recherche.

KERLINGER, Fred, *Foundations of Behavioral Research*, New York, Holt, Rinehart and Winston, 1973.

Dans les chapitres 2, 3, 4 et 5, Kerlinger analyse en profondeur divers thèmes liés à la spécification de la problématique : les valeurs, les variables et les relations entre les variables et la définition des concepts.

LÉON, Antoine, Jacqueline CAMBON, Max LUMBROSO et Fajda WINNY-KAMEN, *Manuel de psychopédagogie expérimentale*, Paris, Presses universitaires de France, 1977.

Dans les chapitres 1, 2, 3 et 4, on trouve une analyse de la notion de recherche ainsi que la mise en relation entre le problème, la recherche documentaire et les hypothèses.

LINCOLN, Yvonne S. et Egon G. GUBA, *Naturalistic Inquiry*, Beverly Hills, Sage, 1985.

Présente le paradigme qualitatif, dans ses phases de planification, réalisation et publication. La notion de foyer de recherche y est développée.

MACE, Gordon, *Guide d'élaboration d'un projet de recherche*, Québec, Les Presses de l'Université Laval, 1988.

Ce petit livre constitue un excellent guide pour les étudiants dans le contexte du paradigme quantitatif. La section sur la problématique est très bien illustrée.

MARSHALL, Catherine et Gretchen B. ROSSMAN, *Designing Qualitative Research*, Newbury Park, Californie, Sage, 1989.

Dans le contexte du paradigme qualitatif, le chapitre 2 porte sur le contenu et l'organisation de la problématique dans le cadre de la rédaction d'un projet de recherche.

McMILLAN, James H. et Sally SCHUMACHER, *Research in Education, a Conceptual Introduction*, Glenview, Illinois, Scott, Foresman, 1989.

Excellente introduction générale à la recherche en éducation. Le chapitre 3 porte spécifiquement sur la problématique, en présentant les points essentiels des paradigmes qualitatif et quantitatif.

VAN DALEN, Deobold B., *Understanding Educational Research : An Intro-duction*, New York, McGraw-Hill, 1973.

Les chapitres 4, 5 et 6 traitent essentiellement du problème de recherche, de son analyse, des sources documentaires et de l'hypothèse comme solution. Les appendices C, D, E, F, G et I donnent des exemples concrets de déductions, de présentation d'un problème, d'un modèle utilisable pour la recherche en éducation.

Chapitre 4

La recherche documentaire

Danielle BOISVERT

> *Il est étrange de constater combien les*
> *scientifiques prennent peu de soin de cet outil*
> *essentiel de leur atelier : le mot.*
>
> Albert JACQUART

Introduction

La recherche, par son essence même, vise à faire avancer une discipline en ébauchant de nouvelles théories ou de nouvelles pratiques. Pour ce faire, il est essentiel que le chercheur prenne connaissance de ce qui, avant lui, a fait l'objet d'une attention particulière et a mené à des conclusions bien établies. C'est pourquoi une des étapes primordiales de l'exploration d'un sujet implique une recension de ce qui a été écrit précédemment. C'est ici que s'inscrit la recherche bibliographique ou documentaire et toute la méthodologie qu'elle sous-tend.

Plus particulièrement, la *recherche documentaire* est utile à toutes les étapes de l'élaboration d'une recherche sociale. À l'abord d'une question de recherche, on se sent quelque peu démuni, on voudrait approfondir tel sujet, tel comportement ou telle situation, mais ces pensées sont encore floues à ce stade. L'utilisation des *dictionnaires* et *encyclopédies* permet déjà de préciser ses attentes et ses réflexions. Ensuite, on passera aux *bibliographies* et aux *répertoires* pour cerner un premier corpus bibliographique. Les *index de périodiques* et les *banques de données* font état des études récentes et on pourra consulter des *annuaires* pour avoir une première idée en chiffres du sujet étudié. La dynamique de la documentation sera la même lorsqu'on cherchera une théorie pour encadrer la problématique. L'opérationnalisation des concepts et la création de mesures opératoires sont aussi des moments critiques où le recours à la littérature joue un rôle important, et cette liste pourrait encore s'allonger.

[Il est donc évident que la recherche documentaire est au centre de l'ensemble du processus de la recherche.]

Les pages qui suivent mettrons en évidence une démarche structurée de recherche documentaire et présenteront quelques ouvrages généraux qui pourront soutenir le chercheur.

Parler de « sciences sociales », c'est aussi poser le problème de la délimitation des disciplines qu'elles regroupent. Claude Lévi-Strauss indique que

> [...] sous le manteau des sciences sociales, on trouve toutes celles qui acceptent sans réticence de s'établir au cœur même de leur société avec tout ce que cela implique en fait de préparation des élèves à une activité professionnelle et en considération des problèmes sous l'angle de l'intervention pratique[1].

La prise de conscience de cette difficulté nous a amené à faire un choix parmi les disciplines existantes. Notre attention s'est portée particulièrement sur les sciences qui sont fondamentalement sociales, soit l'anthropologie, la psychologie, la science politique et la sociologie. Toutefois, une place de choix a été faite à d'autres matières qui, bien qu'étant aussi importantes, sont quelquefois ignorées dans les ouvrages traditionnels, c'est-à-dire la criminologie, les relations industrielles et le service social ou travail social.

Nous poursuivons ici un double but. D'abord, nous expliquerons succinctement, par une section générale sur les sciences sociales, quelles sont les étapes à franchir pour effectuer une recherche documentaire bien orchestrée. Notre objectif sera alors de présenter des notions fonctionnelles applicables à toute recherche ultérieure et qui visent à réduire le temps passé à recueillir des informations pertinentes et à orienter vers les éléments essentiels à repérer pour effectuer une recherche de qualité.

Dans la partie suivante, nous signalerons pour chacune des disciplines retenues quelques ouvrages de référence qui regroupent une somme considérable d'informations de tout ordre. L'analyse qui en sera faite se veut une description de leur contenu et de leur agencement plutôt qu'une critique. Notre inventaire n'est évidemment pas exhaustif et il vise surtout à faire connaître quelques ouvrages susceptibles d'être consultés par le chercheur au début de sa recherche.

---

1. Claude LÉVI-STRAUSS, « Problèmes posés par une étude des sciences sociales et humaines » dans *Revue internationale des sciences sociales*, vol. 16, n° 4, 1964, p. 578-596.

1. Ouvrages généraux de référence

[Pour qu'une recherche documentaire soit vraiment efficace, il est nécessaire que le chercheur suive un ordre précis dans la consultation des références générales.]Une étape escamotée peut nécessiter par la suite un retour en arrière avec perte de temps. Il peut aussi arriver que certaines informations non repérées entraînent une déficience dans les conclusions. C'est pourquoi il nous apparaît important de mettre l'accent sur une démarche logique de recherche et d'en expliquer les différentes composantes. Toutefois, en ce qui concerne le choix des outils de référence, nous ne nous en sommes pas tenue au domaine exclusif des sciences sociales; nous avons opté pour une présentation d'ouvrages spécialisés et généraux. Ces derniers, à cause de la quantité importante d'informations qu'ils contiennent, ne peuvent pas être ignorés, car ils sont essentiels au processus de collecte de données complémentaires ou connexes.

1.1. Guides bibliographiques ou méthodologiques

Il faut d'abord souligner que la connaissance d'une discipline peut varier d'une personne à l'autre. En conséquence, il existe des ouvrages qui répondent tant aux besoins du spécialiste qu'à ceux du néophyte. Celui-ci doit, lors d'une première approche de familiarisation avec une science en particulier, consulter des *guides documentaires ou bibliographiques* qui lui permettront de cerner les éléments qui doivent être retenus pour une bonne compréhension de la discipline choisie. Le contenu de ces volumes est assez variable; quelques-uns présentent un bilan des grandes découvertes de la science à ce jour, d'autres font un inventaire critique ou signalétique des livres de référence à consulter, tout ceci accompagné parfois de notes sur des éléments du travail scientifique (présentation d'une recherche, organismes importants, etc.). En voici quelques-uns :

David R. KRATHWOHL, *How to Prepare a Research Proposal: Guidelines for Funding and Dissertations in the Social Sciences*, Syracuse, Syracuse University Press, 1988, 302 pages.

Divisé en cinq sections, cet ouvrage présente les concepts de base concernant le développement d'une thématique de recherche, il fournit des informations pouvant aider à la rédiger, des suggestions pour trouver des sources de financement et enfin des « conseils » pour chercheurs débutants et étudiants(es) au doctorat.

Nancy L. HERRON, *The Social Sciences : a Cross-Disciplinary Guide to Selected Sources*, Englewood, Libraries Unlimited, 1989, 287 pages.

Ce livre divisé en 12 chapitres donne de l'information sur quelque 790 ouvrages dans le domaine des sciences sociales et des disciplines connexes telles que science politique, anthropologie, sociologie et psychologie.

Tze-Chung LI, *Social Science Reference Sources : a Practical Guide*, Wesport, Greenwood Press, 1980.

Ce livre constitue un guide des principales sources d'information en sciences sociales. La plupart des ouvrages qu'il mentionne sont suivis d'annotations critiques.

William WEBB, *Sources of Information in the Social Sciences : a Guide to the Literature*, Chicago, American Library Association, 3ᵉ éd., 1986, 777 pages.

Guide classique compilé à l'origine par Carl White où sont signalées quelque 8 000 sources principales d'information dans le domaine des sciences sociales qu'il s'agisse de livres de référence, de revues ou de banques de données. Ces différents éléments sont classés par discipline et un index à la fin du volume permet de retrouver des détails précis.

1.2. Encyclopédies et dictionnaires

Il peut s'avérer important pour aborder un sujet de recherche peu connu ou dont l'investigation semble difficile de consulter des ouvrages de synthèse qui en donnent un aperçu général. Ce sont les *encyclopédies* et les *dictionnaires* qui sont consultés à cette fin. L'encyclopédie est

> [...] un inventaire de la civilisation à une époque déterminée. Elle fait le point des connaissances humaines à cette époque. Ainsi demeure-t-elle le témoin, car elle en reflète les courants d'idées et d'opinions, les aspirations, les tendances et elle en traduit les réalisations[2].

Elle permet donc de connaître les différentes théories et écoles de pensée d'une discipline et souvent les informations qu'elle présente

---

2. Louise-Noëlle MALCLÈS, *Les sources du travail bibliographique*, Genève, Librairie Droz, 1950, p. 213.

sont accompagnées d'une bibliographie d'ouvrages importants dans le domaine. Nous avons choisi ici de faire une place particulière à une encyclopédie générale en langue française à cause de ses grandes qualités reconnues de tous et toutes; il s'agit de :

Encyclopædia Universalis, Paris, Encyclopædia Universalis, 1984-1985, 22 volumes.

Cette somme de connaissances en plusieurs volumes contient des articles plus ou moins longs écrits par des spécialistes, et qui sont classés par ordre alphabétique de thèmes. On renvoie à la fin de chacun des articles à d'autres termes apparentés (corrélats) qui peuvent être consultés. De plus, une courte bibliographie accompagne chaque sujet. Un volume annuel *Universalia* met à jour les informations déjà consignées dans les documents précédents.

International Encyclopedia of the Social Sciences, New York, MacMillan and Free Press, 1968-1979, 18 volumes.

Cette encyclopédie en dix-huit volumes contient des articles de longueur variable signés par des spécialistes dans les domaines de l'anthropologie, l'économie, l'histoire, la science politique, la psychologie, la sociologie, etc.). Des bibliographies complètent l'information. L'encyclopédie est classée par ordre alphabétique de sujets et un index général (volume 17) des mots clés facilite le repérage. Elle inclut aussi quelque 600 biographies.

Le dictionnaire fournit lui aussi des informations de base pour se familiariser avec un nouveau sujet de recherche. Il constitue un recueil de mots ou d'une catégorie de mots d'une langue, généralement classés par ordre alphabétique (mais parfois aussi par ordre de matière ou par analogie) et expliqués dans la même langue ou traduits dans une autre[3].

Janine BRÉMOND et Alain GÉLÉDAN, *Dictionnaire économique et social*, 4ᵉ éd. augmentée, Paris, Hatier, 1990, 416 pages.

Ce dictionnaire classé par ordre alphabétique de familles de mots donne aussi accès à des graphiques et à des tableaux intégrés dans les quelque 100 articles et 1 500 définitions qu'il contient. À la fin du volume, un index de mots clés facilite son utilisation.

---

3. *Grand Larousse encyclopédique*, Paris, Librairie Larousse, 1961, volume 4.

Madeleine Grawitz, *Lexique des sciences sociales*, Paris, Dalloz, 1991, 399 pages.

Il s'agit d'une liste alphabétique de concepts reliés aux sciences sociales. Chacun d'eux est défini selon le sens qu'il a dans l'une ou l'autre discipline, ou historiquement.

1.3. Stratégie de recherche

Après avoir consulté ces différents ouvrages, le chercheur connaît le vocabulaire relié à son sujet et est en mesure de faire des choix de concepts. D'abord, il importe qu'il puisse résumer sa problématique de recherche en une seule phrase contenant des termes précis. Il lui faut ensuite faire ressortir les différents aspects de son sujet et établir la relation entre ceux-ci. Pour chacun des concepts retenus, il doit dresser une liste de synonymes et les traduire dans une autre langue, le cas échéant.

À cette étape de la recherche, le chercheur doit aussi s'interroger sur ce dont il a vraiment besoin. Il y a une grande différence entre la recherche reliée à une thèse de doctorat et celle que l'on effectue pour un cours. La première se doit d'être exhaustive tandis que la seconde peut être limitée quant aux sources de références. Le chercheur doit alors faire des choix quant à la période à couvrir : retenir seulement la documentation récente et courante ou faire une recension rétrospective s'échelonnant sur plusieurs années. Il devra aussi choisir la langue des documents recherchés ainsi que leur origine (québécoise ou internationale). Est-il intéressé seulement à des livres ou manuels, des articles de périodiques ou veut-il étendre sa recherche à d'autres sources comme des rapports de recherche, des thèses, des publications gouvernementales, des articles de journaux, etc.? Il devra s'interroger sur le temps dont il dispose pour recueillir et analyser cette documentation.

1.4. Monographies

Après avoir défini l'orientation d'une recherche, il est nécessaire de déterminer la documentation qui devra être consultée pour mener à bien cette étape. Vous avez peut-être déjà en main une liste sommaire de *monographies* (volumes) que vous avez notées au cours de vos lectures précédentes. Où est-il possible de trouver ces documents? Y a-t-il une institution qui les possède (bibliothèque, centre de documentation, etc.)? Pour répondre à ces questions, vous devrez vous rendre sur place et consulter le catalogue de votre bibliothèque. Il est divisé la plupart du temps en trois parties : auteurs, titres et vedettes-matières, classés par ordre alphabétique. Il peut se présenter sur fiches cartonnées, micro-fiches ou banque de données informatisée (par exemple : BADADUQ pour BAnque de Données à Accès Direct de l'Université du Québec).

La cote qui suit la description bibliographique du volume vous permettra de le localiser sur les rayons de la bibliothèque. Deux grandes classifications de portée internationale sont utilisées dans la plupart des institutions : « Library of Congress » (composée de lettres et de chiffres — voir tableau 1) et « Dewey » (composée de chiffres seulement — voir tableau 2). Ces classifications visent à faciliter la recherche de documents relative à un même thème, en disposant les ouvrages selon un ordre préétabli de connexité des sujets.

TABLEAU 1
Abrégé des tables de la classification de la Bibliothèque du Congrès

A	Ouvrages généraux
B-BJ	Philosophie
BL-BX	Religion
C	Sciences auxiliaires de l'histoire
D	Histoire (Amérique exceptée)
E-F	Histoire de l'Amérique
G	Géographie, anthropologie, etc.
H	Sciences sociales
J	Politique
K	Droit
L	Éducation
M	Musique
N	Beaux-arts
P	Linguistique et littérature
Q	Sciences
R	Médecine
S	Agriculture, industrie animale, etc.
T	Technologie
U	Science militaire
V	Science navale
Z	Bibliothéconomie et bibliographies

Le repérage au catalogue ou fichier d'une vedette-matière pertinente ou la consultation de la banque de données utilisant des mots clés ou descripteurs vous permet de dresser une liste de volumes à repérer sur les rayons. Donc, grâce à ces différents outils conçus pour faciliter votre recherche et vous orienter, vous procéderez à un inventaire de la documentation disponible à court terme.

TABLEAU 2
Abrégé des tables de la classification décimale universelle de Dewey

000	Généralités
100	Philosophie
200	Religion
300	Sciences sociales
400	Langues
500	Sciences pures
600	Technologie et sciences appliquées
700	Art
800	Littérature
900	Géographie et histoire

1.5. Index

Toutefois, il arrive que les éléments contenus dans les volumes ne répondent pas exactement aux besoins immédiats du chercheur ou doivent être complétés. Il faut donc penser à une autre source d'information : les *périodiques* (revues). La qualité des données que l'on peut trouver dans ces outils tient à l'actualité et à la précision des sujets qu'ils traitent. Cependant, il peut s'avérer assez ardu de feuilleter chaque périodique pour en extraire l'article vraiment pertinent. Aussi, la consultation d'*index* pourra-t-elle accélérer cette démarche et permettre en un temps réduit de faire le tour de plusieurs périodiques sur un sujet.

Ces index donnent accès à une documentation variée classée par ordre alphabétique de sujets ou d'auteurs; un résumé de l'article accompagne quelquefois la référence signalée. Il existe à la fois des index généraux et spécialisés qui dépouillent selon leur orientation les ouvrages de langue française seulement, d'un pays en particulier, d'une discipline donnée, etc. Les index font occasionnellement référence à des livres, à des publications gouvernementales, à des rapports de congrès, etc.

À cause principalement de la quantité énorme d'informations qu'ils contiennent, certains de ces index sont à l'origine de la création de banques de données bibliographiques. De fait, avec le temps, cette masse de documentation s'avérant difficile d'accès, on a cru bon de mettre en place des outils pouvant, grâce à l'informatique, combiner plusieurs aspects d'une recherche en une même opération. On a donc accéléré cette étape et permis au chercheur, par le repérage automatisé ou la téléréférence, d'avoir accès à une documentation spécialisée pouvant s'étendre à l'échelle mondiale. Pour chacun des index qui suivront, nous indiquerons par un astérisque (*) ceux qui sont automatisés et par le signe plus (+) ceux qui sont sur CD-ROM.

Index généraux

Canadian Periodical Index / Index des périodiques canadiens, Toronto, Info Globe, 1938- , mensuel.

Cet index regroupe la documentation canadienne de langue anglaise et de langue française de quelque 375 périodiques d'intérêt général dont 70 dans le monde des affaires et 17 revues américaines totalisant 50 000 références par an. Il est exhaustif et classé par ordre alphabétique d'auteurs, de sujets et de noms de sociétés.

[+*] *Dissertation Abstracts International*, Ann Arbor, University Micro-films, 1861- , mensuel.

On retrouve dépouillées dans cet ouvrage les thèses de doctorat de nombreuses institutions situées tant au Canada, aux États-Unis que dans les pays européens. Chacune de ces thèses fait l'objet d'une brève description et est classée par ordre alphabétique des grands thèmes traités. L'index se divise en trois parties : a) sciences humaines et sociales, b) sciences et génie et c) thèses européennes. Des index *Sujets* et *Auteurs* en accélèrent la consultation.

[+*] *Index de l'actualité à travers la presse écrite*, Wesmount, Inform II-Microform, janvier 1972- , mensuel avec refonte annuelle.

Existant depuis 1972, il dépouille 3 000 articles par mois sélectionnés dans quatre journaux québécois : *Le Devoir* (Montréal), *La Presse* (Montréal) et *Le Soleil* (Québec) et *Le Journal de Montréal* et donne un résumé analytique des articles qu'il a retenus. Il est classé par ordre alphabétique de sujets.

[*] *Point de repère*, Montréal, Centrale des bibliothèques, Bibliothèque nationale du Québec, 1984- .

Cet index multidisciplinaire donne accès à environ 250 périodiques québécois et étrangers en langue française principalement. Avant 1984, il était possible de retrouver ces informations dans *Radar* et *Périodex*.

Index spécialisés

Applied Social Sciences Index and Abstracts (ASSIA), London, Library Association, 1987- , trimestriel avec cumulation annuelle.

Cet index dépouille 500 périodiques de langue anglaise issus de seize pays différents, quoique la majorité (80 %) provienne des États-Unis et de la Grande-Bretagne. Il est classé par sujets et donne accès à des résumés.

[*] *Social Sciences Citation Index*, Philadelphia, Institute for Scientific Information, 1972- , trimestriel avec refonte annuelle.

Il dépouille de façon exhaustive quelque 1 400 périodiques internationaux et 3 100 autres de façon sélective. Trois index facilitent le repérage de l'information : un index alphabétique d'auteurs, un index des références et un index permuté des sujets.

[+*] *Social Science Index*, New York, H.W. Wilson, 1974- , trimestriel avec refonte annuelle.

Il donne accès à la documentation de langue anglaise de 353 revues dans le domaine des sciences sociales. Il est classé par ordre alphabétique d'auteurs et de sujets. À la fin, on retrouve des critiques de livres.

Enfin, après avoir établi la liste des articles de périodiques, il importe de vérifier si ces ressources sont accessibles; la liste des périodiques de la bibliothèque fournit cette information. Si votre bibliothèque n'est pas en possession d'un document donné, le service de prêts entre bibliothèques fera pour vous le repérage de ce document tant monographique que périodique dans une autre institution. Un prêt temporaire pourra alors satisfaire dans des délais relativement courts le besoin exprimé par le chercheur qui verra ainsi s'ouvrir un éventail quasi illimité de ressources documentaires.

1.6. Autres ouvrages généraux de référence

Il existe de nombreux autres ouvrages de référence susceptibles d'être consultés. Nous avons choisi de vous en présenter une sélection : les bibliographies, les répertoires et les annuaires.

Bibliographies

Les bibliographies visent à compiler, pour un laps de temps déterminé, de façon exhaustive ou sélective, des références bibliographiques qui peuvent faire l'objet d'annotations quant à leur contenu ou leur valeur. Elles se présentent sous des formes très diverses, car elles peuvent faire l'objet

> [...] d'un ouvrage indépendant, [d'un] article dans une revue, [d'un] appendice à un texte, [d'un] supplément à un article de dictionnaire, [d'un] fascicule, [d'un] périodique indépendant ou annexé à une revue[4].

Par leur nature rétrospective, elles permettent au chercheur de faire le bilan des autres études effectuées sur un même thème à un moment donné. Elles lui facilitent donc la tâche en regroupant dans une même source les données essentielles à un inventaire assez large de ce qui a été écrit.

A London Bibliography of the Social Sciences, London, Mansell, 1929- , annuel depuis 1974.

Cette bibliographie de portée internationale signale des monographies écrites en plusieurs langues. Elle est classée par ordre alphabétique de vedettes-matières et est accompagnée d'un index *Auteurs*.

Répertoires

Les répertoires incluent tous les ouvrages qui ne peuvent être classés dans une catégorie particulière à cause de la grande variété d'informations qu'ils contiennent. Chaque discipline peut être amenée à en créer de nouveaux selon les besoins exprimés par les chercheurs. Il est possible à la fois d'y retrouver la liste des membres d'une association, les organismes œuvrant dans un domaine, un inventaire des tests utilisés par une discipline, des biographies, etc.

---

4. Louise-Noëlle MALCLÈS, *op. cit.*, p. 6.

Répertoire des centres et instituts de recherche en sciences sociales dans les universités canadiennes / Directory of Social Science Research Centres and Institutes at Canadian Universities, Ottawa, Presses de l'Université d'Ottawa, 1987, 196 pages.

Ce répertoire fait le point sur les centres et instituts de recherche dans le domaine des sciences sociales au Canada. Son classement est alphabétique par noms d'organismes et de centres dont on donne l'adresse, le nom du directeur, l'année de création, les objectifs, le mode de financement, les activités et les publications. À la fin, l'ouvrage présente un index par université et par sujet.

World Directory of Social Science Institutions Research, Advanced Training, Professional Bodies / Répertoire mondial des institutions de sciences sociales, recherche, formation supérieure, organismes professionnels / Repertorio mundial de instituciones de ciencias sociales, investigacion, capacitacion superior, organismos profesionales, Paris, Unesco, 1990, 1 211 pages.

Il transmet de l'information sur la recherche, la formation supérieure, la documentation et les organismes professionnels en sciences sociales. Les informations sont classées en quatre sections : une section est par ordre alphabétique de noms et de sigles, une autre contient la description détaillée puis suivent des index de noms par domaines de compétences et zones géographiques, et par matières.

World Meetings : Social and Behavioral Sciences, Human Services and Management, Chesnut, World Meeting Information Center 1971- , trimestriel.

Ce répertoire permet d'établir un lien entre les diverses associations qui, dans les domaines des sciences du comportement, du service social et de la gestion, organisent des congrès ou des réunions sur différents thèmes. On nous communique le titre, le lieu, la date, l'organisme responsable et une brève description des activités. Des index *Sujets*, *Dates*, *Lieux* et *Organismes* facilitent la consultation de la section principale qui est classée par numéros et par tranches de trois mois. L'information est contenue dans la base de données FAIRBASE sur BRS.

Annuaires

Les annuaires fournissent eux aussi une somme assez importante d'éléments d'information mais plus brièvement. Pour la plupart, ils paraissent une fois l'an et font un bilan des événements et des faits survenus au cours de l'année écoulée. Certains autres, plus statistiques, sont constitués de données chiffrées présentées sous forme de tableaux ou de graphiques.

Annuaire du Canada, Ottawa, Bureau fédéral de la statistique / Statistique Canada, 1905- , paraît tous les deux ans.

Il contient des informations statistiques et analytiques couvrant de nombreuses facettes de l'activité canadienne : politique, gouvernement, économie, constitution, société, etc. Il comprend 23 chapitres constitués d'articles de fond sur le Canada, suivis de cartes et de diagrammes. Un index *Sujets* facilite la consultation.

BUREAU DE LA STATISTIQUE DU QUÉBEC, *Le Québec statistique*, Québec, Bureau de la statistique du Québec, 1985- .

Cet ouvrage fait suite à l'*Annuaire du Québec* qui était publié depuis 1914. Il donne une multitude de données statistiques relatives aux aspects physiques, démographiques, économiques, sociaux et culturels du Québec. La table des matières du début permet de retrouver les chapitres pertinents.

Statistical Yearbook / Annuaire statistique, New York, Nations Unies, 1948- , annuel.

Cet annuaire international présente des données statistiques relatives au développement socio-économique mondial, régional et national. Les tableaux qu'il présente se divisent en trois grandes parties, soit aperçu mondial, statistiques socio-économiques générales, statistiques des activités économiques fondamentales.

CD-ROM

L'apparition du nouveau support d'information qu'est le disque numérique sur micro-ordinateur a provoqué une révolution dans le monde des bibliothèques. Le chercheur est touché directement, puisque ce nouvel outil exige le développement d'une méthodologie de recherche plus stricte et un apprentissage informatique de base.

Ce disque au laser peut stocker l'équivalent de 297 000 pages dactylographiées ou 70 millions de mots. Il peut contenir autant des données textuelles extraites d'encyclopédies, de dictionnaires, de catalogues de bibliothèques, de répertoires, que du texte complet d'articles de revues ou de banques de données bibliographiques ou des données numériques (statistiques du recensement, d'enquêtes particulières, etc.). Il est également possible de présenter l'information en intégrant au texte du son et de l'image (fixe ou animée). Ainsi le chercheur habitué à consulter son encyclopédie ou dictionnaire sur format papier, devra passer par cette nouvelle technologie pour accéder à l'information. Certes, actuellement ce nouveau support n'existe pas dans toutes les bibliothèques mais, à moyen terme, il fera partie de l'univers de la recherche compte tenu du volume croissant de la documentation.

C'est pourquoi le chercheur doit dès maintenant faire les apprentissages qui lui permettront de maîtriser tous les aspects de ses recherches et de devenir autonome par rapport à ce nouveau support. Avec l'ordinateur, sa démarche de recherche doit être très bien documentée et logique. Pour ce faire, l'étape d'exploration du vocabulaire de sa recherche et d'établissement des différents aspects du sujet devient primordiale.

Le monde des sciences sociales étant souvent interdisciplinaire ou multidisciplinaire, l'exploration d'un thème de recherche peut s'avérer complexe, de même que le choix des banques de données les plus pertinentes. Toutefois, le chercheur n'est pas laissé seul devant ces choix à faire et cette nouvelle technologie. Il peut compter sur le savoir-faire des professionnels(elles) de la documentation qui travaillent dans les bibliothèques ou dans les centres de documentation.

2. Ouvrages de référence par discipline

Après avoir présenté quelques outils généraux de recherche en sciences sociales, nous vous soumettons maintenant des ouvrages qui touchent des disciplines particulières. Étant donné le nombre considérable d'ouvrages qui auraient pu être retenus, cette présentation n'est pas exhaustive, toutefois ces quelques titres sauront certes vous informer des possibilités de la recherche documentaire dans certaines matières.

2.1. Anthropologie

L'anthropologie est une science sociale qui étudie l'homme de façon globale sous un éclairage particulier. Elle se divise en deux grandes catégories, soit l'anthropologie biologique et l'anthropologie mentale. La première englobe l'anthropologie physique, biologique, physiologique, zoologique et la paléanthropologie. La seconde inclut l'anthropologie psychologique, sociale et culturelle. La composition des ouvrages qui sont directement reliés à cette discipline rend bien compte de cette complexité.

Guide bibliographique ou méthodologique

Anthropology in Use, a Bibliographic Chronology of the Development of Applied Anthropology, s.l., Redgrave Publications, 1980.

L'anthropologie appliquée, sa nature et son histoire font l'objet de ce livre qui présente aussi les éléments pouvant intervenir dans le choix d'une carrière en ce domaine. Une bibliographie chronologique complète l'information, de même que des index *Sujets*, *Auteurs* et *Lieux*.

Encyclopédies et dictionnaires

André LEROI-GOURGHAN, *Dictionnaire de la préhistoire*, Paris, Presses universitaires de France, 1988, 1 222 pages.

Ce dictionnaire contient quelque 5 000 définitions accompagnées d'une bibliographie.

Charlotte SEYMOUR-SMITH, *Macmillan Dictionary of Anthropology*, London, Macmillan Press Ltd., 1986, 305 pages.

Les concepts réunis dans ce dictionnaire portent sur la théorie et les aspects techniques de la discipline. On y retrouve aussi la biographie de certains auteurs importants nés avant 1920.

Ian TATTERSALL et John VAN COUVERING, *Encyclopedia of Human Evolution and Prehistory*, New York, Garland Publications, 1988, 603 pages.

Cette encyclopédie est classée par ordre alphabétique; chaque définition a été rédigée par un expert dans le domaine. On y traite des théories de l'évolution, de la génétique, de la primatologie, de la paléontologie et de l'archéologie.

Index

Abstracts in Anthropology, Farmingale, Baywood Publications, 1970- , trimestriel.

Cet index, paraissant huit fois l'an, dépouille quelque 100 périodiques (1 500 références par an) de façon sélective. Il est classé par ordre alphabétique de grands thèmes et par continent. Une liste des périodiques dépouillés et un index détaillé des sujets et des auteurs l'accompagnent.

Anthropological Index to Current Periodicals in the Museum of Manking, London, Royal Anthropological Institute, 1963- , trimestriel.

Quatre fois par année, cet index donne accès à un nombre assez important de références sur les sujets suivants : archéologie, ethnomusicologie, anthropologie physique, ethnographie, linguistique, biologie humaine. Il est classé par continents puis par sujets et est suivi d'un index des auteurs.

Bibliographies

International Bibliography of the Social and Cultural Anthropology / Bibliographie internationale d'anthropologie sociale et culturelle, London, Tavistock, 1955- , annuel.

Cet ouvrage bibliographique est composé d'études scientifiques et d'articles de grandes revues. Il signale les références intéressantes sur les thèmes suivants : bases morphologiques, ethnographie, structures et relations sociales, religion, magie et sorcellerie, anthropologie appliquée.

Répertoire

Annual Review of Anthropology, Palo Alto, California Annual Reviews Inc., 1972- , annuel.

Ce répertoire est la clef de voûte en anthropologie. Il est composé de chapitres écrits par des spécialistes sur la recherche interdisciplinaire dans les domaines de l'anthropologie culturelle, physique et sociale. Ses articles sont suivis de bibliographies et complétés par des index *Auteurs* et *Sujets.*

2.2. Criminologie

La criminologie bien qu'étant une science jeune possède déjà un éventail assez large d'outils pouvant faciliter la recherche documentaire.

Guide bibliographique ou méthodologique

Victor JUPP, *Methods of Criminological Research*, London, Unwin Hyman, 1989, 192 pages.

Il donne des informations sur les méthodes de recherche reliées à cette discipline, par exemple comment mesurer et expliquer le crime, comment faire une étude du système judicaire, observer, recueillir des données, etc.

Encyclopédies et dictionnaires

John J. FAY, *The Police Dictionary and Encyclopedia*, Springfield, Charles C. Thomas Publications, 1988, 370 pages.

On y trouve de courtes définitions classées par ordre alphabétique. En annexe, on mentionne les variations de sens de certains mots d'un état à l'autre aux États-Unis.

Jay Robert NASH, *Encyclopedia of World Crime, Criminal Justice, Criminology and Law Enforcement*, Wilmette, Crimebooks, 1989, 468 pages.

La définition des concepts de cet ouvrage est accompagnée des références aux documents desquels elle est extraite. En annexe, on retrouve des listes d'acronymes internationaux, des organismes traitant de criminalité ainsi qu'un bref aperçu du système correctionnel américain et certaines décisions judiciaires importantes.

George RUSH, *The Dictionary of Criminal Justice*, 2ᵉ éd., Guilford, Duskin Publications, 1986, 314 pages.

Ce dictionnaire présente de courtes définitions de termes classés par ordre alphabétique avec des renvois à d'autres concepts.

Index

Criminology and Penology Abstracts. Abstracts on Criminology and Penology : an international abstracting service covering the etiology of crime and juvenile delinquency, the control and treatment of offenders ; criminal procedure and the administration of justice, Amstelveen, Kugler Publ., 1961- , bimensuel.

Cinq cents périodiques en anglais, français, allemand, espagnol et italien sont dépouillés dans cet index. On y aborde en 13 chapitres les thèmes de la délinquance juvénile, du traitement des criminels, de l'administration de la justice, de la procédure criminelle, etc. Des index *Auteurs* et *Sujets* en facilitent la consultation.

Criminal Justice Abstracts, Hackensack, National Council on Crime and Delinquency, 1968- , paraît quatre fois l'an.

Cet index est classé par thèmes. Il répertorie des livres, des articles de revues, des thèses et des rapports provenant de divers pays. Des index *Auteurs* et *Sujets* permettent de trouver l'information rapidement.

Police Science Abstracts: an International Abstracting Service Covering Police Science the Forensic Sciences and Forensic Medicine, Kugler Publications, 1973- , six numéros par an.

Divisé en 14 chapitres classés par grands thèmes, cet index possède des listes alphabétiques de sujets et d'auteurs à la fin de chaque volume.

Répertoire

CANADIAN ASSOCIATION FOR THE PREVENTION OF CRIME / SOCIÉTÉ CANA-DIENNE POUR LA PRÉVENTION DU CRIME, *Justice : Directory of Services / Répertoire des services*, s.l., Canadian Association for the Prevention of Crimes, 1981, 60 pages.

Il donne une liste des services reliés au domaine judiciaire au Canada. Il est classé par ordre alphabétique de provinces ou par types de services.

2.3. Psychologie

Au départ, la psychologie a été influencée par des courants théoriques et philosophiques qui se caractérisaient plus par la réflexion et l'intuition que par la rigueur. Au fil des années, cette science s'est dotée d'outils méthodologiques de plus en plus sophistiqués et rigoureux. Les outils documentaires qu'elle a développés ont suivi aussi cette tendance. Ils se sont spécialisés afin de répondre à des besoins sans cesse croissants.

Guides bibliographiques

Paul R. SOLOMON, *La rédaction d'un rapport de recherche en psychologie : guide à l'intention de l'étudiant et de l'étudiante*, Sainte-Foy, Saint-Yves, 1988, 76 pages.

Ce guide s'inspirant des normes, conventions et règles de l'American Psychological Association veut les simplifier pour le chercheur débutant. Il donne des indications pour la rédaction d'un rapport de recherche, il aborde les aspects techniques et stylistiques, la revue de documentation, la bibliographie et donne un exemple de rapport.

R. M. YAREMKO, *Handbook of Research and Quantitative Methods in Psychology : for Students and Professionals*, Hillsdale, L. Erlbaum, 1986, 355 pages.

Cet ouvrage définit les grands concepts de la discipline. Il donne des explications sur les méthodes de recherche, le design expérimental, les tests et évaluations en psychologie et l'utilisation des statistiques.

Encyclopédie et dictionnaires

Raymond J. CORSINI, *Encyclopedia of Psychology*, New York, Wiley, 1984, 4 volumes.

Cette encyclopédie en quatre volumes contient quelque 2 150 définitions et biographies de personnes importantes du domaine de la psychologie, ainsi qu'une bibliographie de base réunissant 15 000 références. Un index *Sujets* à la toute fin du dernier volume permet de trouver rapidement ce que l'on cherche.

Jessica KUPER, *A Lexicon of Psychology, Psychiatry and Psychoanalysis*, London, Routledge, 1988, 471 pages.

Les définitions sont classées par ordre alphabétique et chacun des 180 concepts fait l'objet d'un article assez élaboré.

John A. POPPLESTON et Marion White McPHERSON, *Dictionary of Concepts in General Psychology*, New York, 1988, 380 pages.

Les différents concepts définis dans ce dictionnaire le sont selon l'usage courant et l'historique de cet usage. Chacun d'eux est accompagné d'une bibliographie annotée. À la fin de l'ouvrage, on retrouve un index de mots clés et un index *Auteurs*.

Norbert SILLAMY, *Dictionnaire de psychologie*, Paris, Larousse, 1989, 289 pages.

Nous retrouvons ici 1 535 termes utilisés en psychologie ainsi que dans les disciplines connexes ou nouvelles telles que la bioénergie, l'analyse transactionnelle, la neuropsychologie, l'éthiologie et la statistique.

Pour chaque définition, on retrouve les corrélats pertinents et une courte bibliographie. De plus, l'ouvrage contient 110 biographies d'auteurs importants dans le domaine.

Stuart SUTHERLAND, *The International Dictionary of Psychology*, New York, Continuum, 1989, 491 pages.

Les courtes définitions des termes en psychologie incluent des renvois à d'autres concepts et à des tableaux ou graphiques explicatifs pertinents.

Index

[*] INSTITUT DE L'INFORMATION SCIENTIFIQUE ET TECHNIQUE (France), *Pascal E 65. Psychologie, psychopathologie, psychiatrie / Pascal E 65. Psychology, Psychopathology, Psychiatry*. Vandœuvre-Les-Nancy, C.N.R.S., 1990- , paraît à tous les mois avec tables annuelles.

Auparavant intitulé *Pascal explore* de 1984 à 1988, cet index analytique (avec résumés) d'envergure internationale dépouille des périodiques, comptes rendus de congrès, brevets, thèses et rapports. Il est classé par grands thèmes et possède des index *matières* ou *thématiques* et *auteurs* qui permettent d'accélérer la consultation.

[+*] *Psychological Abstracts*, Washington, American Psychological Association, 1927- , mensuel avec index annuel.

Depuis 1927, cet index donne accès aux articles de périodiques (900 revues par année), livres, brochures, documents officiels, rapports (1 500 par année), comptes rendus de conférences, thèses dans le domaine de la psychologie, etc. Il se veut exhaustif et utilise un vocabulaire contrôlé qu'on peut vérifier dans le thésaurus (liste alphabétique des mots clés utilisés dans l'index). Il est divisé en 17 grandes catégories et des index alphabétiques *Sujets* et *Auteurs* nous permettent de faire une recherche sur un thème précis.

Répertoires

Annual Review of Psychology, Palo Alto, California Annual Reviews, 1950- , annuel.

Cet ouvrage dresse un inventaire de la recherche en psychologie à l'aide d'articles scientifiques. Chacun des articles est accompagné d'une bibliographie signalant les principales sources dont on fait état. Un index *Auteurs* et un index *Sujets* le complètent.

Hubert CHÉNÉ, *Index des variables mesurées par les tests de la personnalité*, 2e éd., Québec, Presses de l'Université Laval, 1986, 900 pages.

Cet ouvrage est divisé en cinq parties : une liste des éditeurs de tests, une description sommaire de chacun des tests, un index alphabétique des variables, un index alphabétique des noms de tests et un index des noms d'auteurs. Il inclut les tests utilisés en psychologie clinique et les tests de motivation et d'intérêts en relation avec l'évaluation de la personnalité. Pour chaque test, on donne le titre, l'éditeur, les caractéristiques (destinataires, formes parallèles, administration, temps, correction), les références et les variables mesurées.

Mental Mesurements Yearbook, Highland Park, Gryphon, 1938- .

Il regroupe les tests utilisés en éducation, en psychologie et dans l'industrie. Chacun d'eux est décrit sommairement et des index *Auteurs*, *Éditeurs*, *Titres des livres* et *Titres des tests* réfèrent à la première partie classée par discipline.

Ernest R. HILGARD, *Psychology in America : a Historical Survey*, San Diego, Harcourt Brace Jovanovich, 1987, 1 009 pages.

Cet ouvrage très élaboré établit un historique des écoles et tendances qui ont émergé à partir du XIXe siècle dans le domaine de la psychologie aux États-Unis.

Michael L. STOLOFF et James V. COUCH, *Computer Use in Psychology a Directory of Software*, 2e éd., Washington, American Psychological Association, 1988, 194 pages.

Ce livre présente 83 logiciels utilisés en psychologie clinique et en enseignement. Il est divisé en quatre sections à l'intérieur desquelles les logiciels sont classés par ordre alphabétique.

2.4. Relations industrielles

Les relations industrielles sont caractérisées par la multidisciplinarité. Elles empruntent des techniques de plusieurs disciplines des sciences humaines et sociales telles que le droit, l'économie, l'histoire, la psychologie, la science politique ou la sociologie. Souvent, on les a associées aux relations patronales-ouvrières au sein de l'entreprise, mais elles englobent toutes les questions touchant le monde du travail aux niveaux individuel et collectif (gestion des ressources humaines, négociations collectives, syndicalisme, législation du travail, etc.). La documentation que nous avons choisie porte principalement sur l'information canadienne et québécoise. Toutefois, nous n'avons pas négligé la production internationale étant donné son influence sur ce qui se passe chez nous et l'intérêt des comparaisons qu'elle suscite.

Encyclopédies et dictionnaires

Gérard DION, *Dictionnaire canadien des relations du travail*, Québec, Presses de l'Université du Laval, 1986, 993 pages.

Dans un contexte canadien, on donne ici des définitions des termes des relations de travail et de ceux des disciplines connexes et on ajoute aussi ceux qui ont une signification particulière dans ce contexte. Pour chacun des mots, on fournit le genre, la traduction anglaise, les corrélats, les synonymes et le vocabulaire apparenté. En complément d'information, on ajoute une liste des sigles utilisés en relations de travail, une chronologie des principaux événements survenus dans le monde et au Canada, la législation du travail au Canada et des tableaux des effectifs syndicaux.

Ulla VON KUNDARDT, *Elsevier's Dictionary of the Labour Market in Five Languages : English, German, Swedish, Spanish and French*, Amsterdam, Elsevier, 1988, 366 pages.

Ce dictionnaire traduit le vocabulaire relatif au marché du travail en plusieurs langues soit en anglais, en allemand, en suédois, en espagnol et en français.

Harold SELIG ROBERTS, *Robert's Dictionary of Industrial Relations*, 3ᵉ éd., Washington, Bureau of National Affairs, 1986, 811 pages.

On y trouve une liste alphabétique des termes importants. Les définitions sont accompagnées de renvois et d'une bibliographie d'ouvrages importants.

Jean MAITRON et Georges HAUPT (dir.), *Dictionnaire biographique international*, Paris, Éditions ouvrières, 3 volumes.

Les trois premiers volumes de ce dictionnaire se rapportent à l'Autriche, au Japon et à la Grande-Bretagne. À mesure que le dictionnaire se développera, on ajoutera les biographies des militants d'autres pays. On retrouve dans chaque volume en plus des biographies, un historique du mouvement ouvrier et une chronologie de ses origines à nos jours.

Index

[+*] *Bulletin signalétique 528 : bibliographie internationale de science administrative*, Paris, Centre national de la recherche scientifique, 1961- , trimestriel avec tables annuelles.

On dépouille ici, en incluant un court résumé, des articles de périodiques, des actes de congrès et de colloques, des rapports et des ouvrages de portée internationale. Ce bulletin est classé en huit sections. Un plan de classement et un index *Sujets* à la fin facilite le repérage des références pertinentes.

[+*] *Canadian Business Index*, Toronto, Micromedia, 1975- , mensuel avec refonte annuelle.

Cet index dépouille les périodiques canadiens (200) et certains rapports reliés à l'administration, à l'industrie, à l'économie, aux affaires et à des sujets connexes. Il est classé par ordre alphabétique de mots clés (*industrial relations*, *trade unions*, etc.). Dans une seconde partie, on retrouve des articles sur des entreprises classées par noms de compagnies. À la toute fin, on retrouve un section classée par noms de personnes.

[+] *Index des affaires*, Wesmount, Inform II-Microfor, mensuel avec refonte annuelle.

Cet index classé par ordre alphabétique de sujets réunit des références bibliographiques issues des sections économiques des principaux journaux québécois et des revues importantes dans le monde des affaires.

Personnel Management Abstracts, Ann Arbor, University of Michigan, 1955- , trimestriel.

Quatre fois par année, cet index spécialisé en gestion du personnel et en comportement organisationnel réfère à des articles pertinents et en donne un bref résumé. Il est classé par grands thèmes et complété par un index *Auteurs*. De plus, il donne de brefs résumés de nouveaux livres reliés au domaine.

[+*] *Public Affairs Information Service P.A.I.S.*, New York, P.A.I.S., 1915- , trimestriel avec refonte annuelle.

Les 1 400 périodiques de cet index touchent des sujets reliés au domaine des sciences sociales, de l'économie, de la science politique, de l'administration publique, des relations internationales, de la socio-logie, de la démographie, etc. Il signale aussi des livres et des publica-tions gouvernementales et est classé par ordre alphabétique de sujets (voir *Labor unions, Collective agreement*, etc.). *Foreign Language Index* donne accès à la documentation en français, en allemand, en italien, en por-tugais et en espagnol.

Work Related Abstracts, Warren, Harmonie Park Press, 1972- , mensuel.

Cet index, qui a remplacé *Employment Relations Abstracts*, est divisé en 20 grands chapitres. Il dépouille 250 périodiques ayant trait au travail et aux disciplines s'y rattachant et donne un résumé des articles. Un index *Sujets* permet de retrouver l'information qui y est consignée.

Annuaires

BUREAU INTERNATIONAL DU TRAVAIL, *Yearbook of Labour Statistics / Annuaire des statistiques du travail*, Genève, Bureau international du travail, 1930- , annuel.

Cet annuaire établit des statistiques du travail pour 180 pays et territoires. Il est divisé en neuf chapitres : population totale et population active, emploi, chômage, durée du travail, salaires, coût de la main-d'œuvre, prix à la consommation, lésions professionnelles, grèves et lock-out. Il existe aussi une édition rétrospective couvrant les années 1945 à 1989 pour les recensements de population.

Répertoires

BUREAU DE RENSEIGNEMENTS SUR LE TRAVAIL, *Directory of Labour Organisations in Canada / Répertoire des organisations de travailleurs et travailleuses au Canada*. Ottawa, ministère du Travail, 1987.

Cet ouvrage contient des données sur les syndicats et leurs mem-bres, les centrales syndicales et autres organisations de travailleurs. Les informations sont classées en cinq parties : une liste des syndicats natio-naux et internationaux de 50 membres ou plus; les organisations de travailleurs non affiliés, centrales syndicales, corps intermédiaires; les groupes de syndicats de chemins de fer, de l'imprimerie et autres groupes; les organisations mondiales et groupes associés.

Canadian Industrial Relations and Personnel Developments, CCH Canadian Ltd.

Mises à jour régulièrement, les données de cet ouvrage nous informent sur l'administration des salaires, les conditions de travail, les bénéfices marginaux, la législation, les activités syndicales, les cas types d'arbitrage, le perfectionnement des employés, la santé et la sécurité au travail, la planification de la main-d'œuvre, le recrutement et la communication du personnel, le tout dans le contexte canadien. Un index *Sujets* et le classement par grands thèmes en facilitent la consultation.

Canadian Labour Law Reporter, CCH Canadian Ltd.

On retrouve ici les législations fédérales et provinciales ayant trait à la juridiction du travail, les conditions de travail (salaires, heures, syndicats, négociations collectives, pensions, bénéfices marginaux) et l'assurance chômage. Il est classé par grands thèmes et par provinces et est complété par des index *Sujets* et *Cas*. Les données sont mises à jour régulièrement.

The Current Industrial Scene in Canada, Kingston, Industrial Relations Centre, Queen's University, annuel.

Les différents ouvrages qui composent l'ensemble de cette publication (*Glossary of Common Industrial Relations Terms; Industrial Relations Trends and Emerging Issues; Labour Legislation and Public Policy, Reference Tables; Wages, Productivity and Labour Costs, Reference Tables; The Economic and Labour Markets, Reference Tables; The Labour Movement and Trade Unionism, Reference Tables; Collective Bargaining, Reference Tables*) font un inventaire complet de l'état des relations de travail au Canada.

Trade Unions of the World, Chicago, St James Press.

Classé par ordre alphabétique de pays, cet ouvrage donne une brève description du pays suivie de la liste alphabétique des principaux regroupements de syndicats. À cela s'ajoute une liste des principales organisations internationales syndicales.

2.5. Science politique

La science politique s'intéresse, entre autres, aux relations entre État et société, au pouvoir en général et à ses manifestations au sein de diverses organisations ainsi qu'à une multitude d'autres questions connexes. Elle a dû élaborer des outils documentaires facilitant le maniement d'éléments souvent complexes et disparates.

Guides bibliographiques

Mohamed Laghzali et Evelyne Tardy, *Guide de recherche en science politique*, Montréal, Université du Québec à Montréal, 1986, 120 pages.

Ce document traite des notions de base de la recherche en science politique.

Joele Duy-Tan Nguyen, *Méthodes de la science politique*, Nanterre, Erasme, 1989, 263 pages.

Ce livre décrit la démarche scientifique en faisant référence aux objets d'étude de la science politique. Il aborde les principaux éléments conceptuels de la recherche (p. ex., hypothèses et analyses comparées) et termine par l'observation directe (incluant les sondages, les tests, etc.), l'observation indirecte (dont fait partie la recherche documentaire) et la systématisation pour l'établissement d'une théorie.

Encyclopédies et dictionnaires

Aziz Al-Azmeh, *Dictionnaire de la pensée politique : hommes et idées*, Paris, Hatier, 1989, 853 pages.

Ce dictionnaire vise à regrouper alphabétiquement les doctrines et idées qui ont influencé les théories politiques au fil du temps. On y retrouve aussi les auteurs importants dans le domaine.

Vernon Bogdanor, *The Blackwell Encyclopedia of Political Institutions*, Oxford, B. Blackwell, 1987, 667 pages.

Cet ouvrage étudie les concepts utilisés au sein des institutions politiques des sociétés industrialisées, des organisations politiques importantes et des mouvements politiques qui ont eu une influence sur les communautés. Chaque article est accompagné d'une bibliographie et, à la fin du livre, on retrouve un index qui en facilite l'utilisation.

Charles Debbasch *et al.*, *Lexique de politique : états, vie politique, relations internationales*, 5e éd., Paris, Dalloz, 1988, 439 pages.

On retrouve ici quelque 2 000 courtes définitions ayant trait aux phénomènes politiques, à la vie des États et aux relations internationales.

Geoge E. Delury, *World Encyclopedia of Political Systems and Parties*, 2e éd., New York, Facts on File, 1987, 2 volumes.

Cet ouvrage classé par ordre alphabétique de pays donne des informations sur le système de gouvernement, les pouvoirs exécutifs, législatifs et judiciaires. On y donne également des indications sur le parti au pouvoir, ceux de l'opposition et les autres forces politiques en présence.

Jack PLANO et Roy OLTON, *The International Relations Dictionary*, Santa Barbara, ABC-Clio, 1988, 446 pages.

Les douze grands chapitres thématiques de ce livre portent sur le rôle de la politique étrangère, le nationalisme, l'impérialisme, le colonialisme, les idéologies, la géographie, l'économie internationale, la guerre et la politique militaire, le désarmement, la diplomatie, les organisations et la législation internationale, et les partis politiques. À l'intérieur de chacune des sections, on retrouve les concepts classés par ordre alphabétique et un index *Sujets* à la fin facilite la consultation.

Index

International Political Abstracts / Documentation politique internationale, Paris, Association internationale de science politique, 1951- , bimensuel.

Les résumés des articles de quelque 700 périodiques sont classés sous six grands thèmes. On aborde à la fois les méthodes et les théories en science politique, de même que les penseurs, le gouvernement et l'administration des institutions, le processus politique, les relations internationales et les études d'envergure nationale. Des index *Auteurs* et *Sujets* facilitent la recherche.

Bibliographies

ABC Pol Sci : a Bibliography of Contents, Political Science and Government, cinq numéros par année avec refonte annuelle.

Cet index dépouille 300 périodiques internationaux de science politique et de disciplines connexes telles que la sociologie, l'anthropologie culturelle, la législation et le gouvernement. Il est classé par ordre alphabétique de titres de périodiques suivi d'index *Auteurs, Sujets, Législation* et *Jurisprudence*.

International Bibliography of Political Science / Bibliographie internationale de science politique. Paris, Unesco, 1952- , annuel.

Cette bibliographie sélective compile des études scientifiques et des articles de 2 000 revues. Les thèmes qu'elle aborde sont reliés à la pensée politique, aux institutions politiques et administratives, aux relations internationales et aux études nationales et régionales. Elle est classée par ordre alphabétique d'auteurs et un index *Sujets* réfère à la section principale.

Répertoire

Arthur S. BANKS, *Political Handbook of the World, Governments and Inter-governmental Organizations*, New York, McGraw Hill, 1990, 956 pages.

Cet ouvrage donne de l'information sur les gouvernements des pays du monde. On y fait une brève description du pays, puis on donne des détails sur ses partis politiques ainsi que ses journaux principaux.

2.6. Service social et travail social

De par la nature des activités qu'il englobe, le service social est une discipline polyvalente. Son but principal est d'assurer à chaque personne, groupe et collectivité un développement optimal assuré par le biais d'une qualité de vie élevée et d'un bien-être à tous les niveaux. Les personnes qui travaillent dans ce domaine ont donc affaire à des populations très diverses et dans des secteurs variés tels que milieux hospitalier, scolaire, carcéral, familial, communautaire, etc. Elles visent à résoudre les problèmes immédiats de même qu'à les prévenir. On a donc vu se développer assez rapidement, à cause de la variété des interventions qui caractérise les actions des travailleurs sociaux, une documentation adaptée aux problématiques posées.

Guides bibliographiques et méthodologiques

Raymond Mark BERGER et Michael A. PATCHNER, *Planning for Research : a Guide for the Helping Professions*, Newbury, Californie, Sage Publications, 1988, 160 pages.

Ce livre aborde les éléments essentiels de la méthodologie de recherche en service social principalement. Il en définit le vocabulaire et donne les méthodes de présentation d'une problématique de recherche. Des mêmes auteurs, le livre *Implementing the Research Plan* chez Sage Publications présente les techniques de la recherche scientifique.

Henry Neil MENDELSOHN, *A Guide to Information Sources for Social Work and the Human Services*, Phoenix, Oryx, 1987, 136 pages.

Ce guide présente la documentation pertinente au domaine en ajoutant des commentaires sur ces différentes sources d'information.

Ces dernières sont regroupées par chapitres sous les titres suivants : livres, périodiques, banques de données, publications gouvernementales, statistiques, législation et documents historiques.

Encyclopédie et dictionnaire

Robert L. BARKER, *The Social Work Dictionary*, Silver Spring, Maryland, National Association of Social Workers, 1987, 207 pages.

Ce dictionnaire donne des définitions de concepts reliés au domaine du service social et dresse un bref historique de cette discipline.

Anne MINAHAN (dir.), *Encyclopedia of Social Work*, 18ᵉ éd., Silver Spring, Maryland, National Association of Social Workers, 1987, deux volumes et un supplément.

Les 225 articles écrits par des spécialistes et présentés dans cette encyclopédie en deux volumes portent sur tous les aspects du service social et du bien-être dans un contexte surtout américain. Ce document donne aussi accès aux notes biographiques de personnalités reliées à cette discipline. Le supplément fait le bilan de l'utilisation des statistiques en service social et fournit quelques tableaux statistiques généraux.

Index

[+] *Index de la santé et des services sociaux*, Wesmount, Inform II-Microfor, refonte annuelle.

Cet index couvre un ensemble d'articles de grands quotidiens (*Le Devoir, La Presse, Le Soleil, Le Droit*) et de 40 périodiques spécialisés; s'y ajoutent des publications gouvernementales et de la documentation dite alternative ou « grise ». Ces documents sont classés par thèmes. À la fin du volume, un index alphabétique de mots clés facilite la recherche.

[+*] *Social Work Research and Abstracts*, Silver Spring, National Association of Social Workers, 1965- , trimestriel.

Précédemment appelé *Abstracts for Social Workers (1965-1970)*, cet index spécialisé fournit des références issues d'articles de périodiques (100) et de travaux de recherche. Il contient aussi des articles de fond reliés au service social et se divise en cinq grandes parties et 27 sous-sections. Il est classé par grands thèmes et muni d'un index *Mots clés* et d'un index *Auteurs*.

Répertoires

Vijayo RAO *et al.*, *Guide mondial de la formation en service social : structures, programmes des écoles de service social*, Toulouse, Erès, 1985, 221 pages.

Cet ouvrage donne de l'information sur 64 écoles provenant de 61 pays et 24 associations nationales et régionales. Il permet de comparer les systèmes éducatifs pour en établir les particularités de façon objective. Il est classé par ordre alphabétique de pays et mentionne le nom, l'adresse des écoles ou associations, fait un historique, donne les objectifs de la formation ainsi que la durée des études, les conditions d'admission, le programme et l'état des ressources documentaires sur place, les diplômes décernés et quelques statistiques.

Walter I. TRATTNER (dir), *Biographical Dictionary of Social Welfare in America*, New York, Greenwood Press, 1986, 897 pages.

Les 300 biographies sont classées par ordre alphabétique. En annexe, on retrouve une chronologie d'événements qui ont marqué les États-Unis en ce domaine. On fournit une liste des personnes citées par date de naissance et par endroit de naissance. L'ouvrage s'étend de la période coloniale à aujourd'hui.

2.7. Sociologie

La sociologie se veut une science de synthèse au sein même des sciences sociales. Elle étudie principalement les faits sociaux et développe des méthodes qualitatives et quantitatives d'observation qui lui permettent de dégager des théories caractérisant le comportement de l'homme en société. Elle est traversée par différentes avenues telles que le fonctionalisme, le structuralisme, le marxisme, le modèle systémique, la théorie de la stratégie, etc. Son vaste champ d'étude peut traiter de l'interaction entre deux individus jusqu'aux grands ensembles sociaux en passant par les petites collectivités et les groupements primaires. La sociologie comporte divers embranchements tels que la sociologie de la famille, de l'éducation, du travail, des changements sociaux, etc.

Guides bibliographiques ou méthodologiques

Stephen H. ABY, *Sociology, a Guide to Reference and Information Sources*, Littleton, Libraries Unlimited Inc., 1987, 231 pages.

Cet ouvrage est divisé en trois sections, l'une parle des sources générales de référence en sciences sociales, la seconde des disciplines connexes et la dernière de la sociologie et de ses différents champs d'étude. On retrouve à la fin un index *Auteurs-Titres* et un index *Sujets*.

Pauline BART et Linda FRANKEL, *The Student Sociologist's Handbook*, Glenview, Scott Foresman and Co., 1986, 291 pages.

Ce volume, véritable guide de l'étudiant, donne une vision globale de la discipline, présente la méthode de recherche en bibliothèque et indique les règles à suivre lors de la rédaction de textes. Il mentionne aussi les guides, ouvrages de référence, périodiques et publications gouvernementales qui peuvent être utilisés à l'occasion d'une recherche. Il traite de données, gouvernementales ou non, et de l'impact de l'informatique en sociologie. En annexe, on retrouve les principaux éléments qui composent deux des classifications dont se servent les bibliothèques : le classement de la Bibliothèque du Congrès et le classement Dewey.

Encyclopédie et dictionnaires

The Encyclopedic Dictionary of Sociology, 3ᵉ éd., Guilford, The Dushkin Publications Group Inc., 1986, 316 pages.

Les définitions consignées sont classées par ordre alphabétique. Elles visent à faire connaître les institutions, les auteurs, les tendances et les mouvements en sociologie. Elles incluent des renvois à d'autres concepts et sont accompagnées de tableaux et de graphiques pertinents.

Raymond BOUDON et François BOURRICAUD, *Dictionnaire critique de la sociologie*, 2ᵉ éd., Paris, Presses universitaires de France, 1986, 714 pages.

Ce dictionnaire classé par ordre alphabétique de grands concepts en sociologie donne des définitions assez élaborées et fait une analyse critique de la tradition dans cette discipline. Chaque mot est suivi d'une bibliographie et de renvois à d'autres termes.

Index

[+ *] *Bulletin signalétique 521 : sociologie*, Paris, Conseil national de la recherche scientifique, 1986- , trimestriel avec tables annuelles.

Ce bulletin paraît depuis 1969 en langue française. Il couvre la documentation périodique internationale, les actes de congrès, les volumes et les rapports de recherche dans plusieurs langues (français, anglais, espagnol, allemand, etc.). Il donne des résumés des documents

qu'il signale. Il est classé par grandes catégories avec des index alphabétiques *Concepts, Auteurs* et *Revues dépouillées* et un plan de classement.

[+*] *Sociological Abstracts*, New York, American Sociological Association,
1952- .

Cette publication contient de la documentation reliée aux sciences
sociales et à la sociologie. Elle donne accès de façon sélective à des articles
de périodiques, des monographies, des comptes rendus de congrès, des
rapports de conférence. Les 33 grandes catégories qui le composent sont
suivies d'index alphabétiques *Auteurs* et *Sujets*.

Bibliographies

*International Bibliography of the Sociology / Bibliographie internationale de
sociologie*, London, Tavistock, 1951- , annuel.

Cette bibliographie internationale en sociologie aborde des thèmes
comme la psychologie sociale, la démographie, etc. Elle dépouille des
études scientifiques extraites d'articles de revues, monographies,
comptes rendus de congrès, et publications officielles et thèses en plusieurs langues. Les index *Auteurs* et *Sujets* facilitent le repérage de l'information .

Répertoire

Annual Review of Sociology, Palo Alto, California Annual Reviews,
1969- , annuel.

Depuis une quinzaine d'années, les articles de fond de cette publication annuelle visent à faire un bilan de la progression et du développement de la sociologie. On mentionne aussi, sous forme de
bibliographies, certains documents pertinents. Les thèmes abordés sont
la théorie, les méthodes, le progrès social, les institutions, les organisations, la sociologie politique et économique, etc.

Bibliographie annotée

DESCHÂTELETS, Gilles et Marcel SIMONEAU, « Technologies optiques, CD-
ROM et bibliothèques. Partie 1 : caractéristiques, marché, applica-
tions » in *Documentation et bibliothèques*, avril-juin 1988, p. 43-71;
« Partie 2 : Enquête sur l'utilisation du CD-ROM dans les bibliothè-

ques du Québec », in *Documentation et bibliothèques*, juillet-septembre 1988, p. 79-98 et « Partie 3 : Stratégies d'implantation » in *Documentation et bibliothèques*, avril-juin 1990, p. 45-68.

Ces articles donnent un bon aperçu de l'impact de la technologie du CD-ROM.

FREIDES, Thelma, *Literature and Bibliography of the Social Sciences*, Los Angeles, Melville Publ., 1973, 284 pages.

L'auteur explique la stratégie de recherche documentaire et oriente le chercheur en lui donnant les bases du travail scientifique. Il donne aussi une liste d'ouvrages bibliographiques et de référence.

HÉRON, Nancy L., *The Social Sciences, a Cross-Disciplinary Guide to Selected Sources*, Englewood, Libraries Unlimited Inc., 1989, 287 pages.

Ce volume présente les principales sources de référence dans les sciences sociales.

LÉTOURNEAU, Jocelyn, *Le coffre à outils du chercheur débutant : guide d'initiation au travail intellectuel*, Toronto, Oxford University Press, 1989, 227 pages.

Ce guide pratique aide l'étudiant dans sa démarche de recherche.

LI, Tze-Chung, *Social Science Reference Sources : A Practical Guide*, Wesport, Greenwood Press, 1990.

Ce guide présente les principaux ouvrages de référence en sciences sociales et les commente.

MALCLÈS, Louise-Noëlle, *Les sources du travail bibliographique*, Genève, Librairie Droz, 1950, trois volumes.

De portée internationale, les trois tomes de cet ouvrage font un inventaire de la documentation pouvant faciliter la recherche d'information dans tous les domaines.

WEBB, William, *Sources of Information in the Social Sciences : a Guide to the Literature*, Chicago, American Library Association, 1986, 777 pages.

L'auteur nous présente chaque discipline des sciences sociales dans l'optique de la recherche d'ouvrages à consulter.

Chapitre 5
La théorie et le sens de la recherche

François-Pierre GINGRAS

Apprendre sans penser est inutile, mais penser sans apprendre est dangereux.

CONFUCIUS

Introduction

La théorie n'est ni une chimère, ni une panacée. Ce n'est surtout pas quelque chose de transcendant qui s'oppose au réel, au concret, à l'empirique. *La théorie guide le chercheur ou la chercheuse comme le chien guide l'aveugle.* Les résultats de la recherche confirment ou non la validité de la théorie, comme l'arrivée à destination de l'aveugle témoigne de la valeur de son fidèle compagnon.

Ce chapitre tente essentiellement de montrer comment la théorie englobe deux cheminements complémentaires du processus de recherche : le cheminement de la *découverte* et le cheminement de la *preuve*. Il faut donc d'abord dissiper certaines idées fausses au sujet de la théorie et lui réserver une place centrale dans le processus de recherche. Pour bien en saisir les caractères, on se penche ensuite sur la manière dont on construit une théorie et sur les différents niveaux de généralité sous lesquels elle peut se manifester. Ceci nous amène tout naturellement à traiter de la validité des théories et de la vérification des hypothèses qui en découlent. Le chapitre se termine en examinant de quelle façon les cadres théoriques influencent l'analyse des phénomènes sociaux.

1. Qu'est-ce que la théorie?

Un dictionnaire[1] donne par recoupements 64 synonymes au mot « théorie ». Il faut s'en méfier et clarifier ce que les sciences sociales entendent par théorie.

1.1. Ce qu'elle n'est pas

Le langage courant nomme parfois « théorie » diverses constructions de la pensée qui ne correspondent pas à l'acception retenue par les sciences sociales[2]. Par conséquent, établissons tout de suite que la théorie *n'est pas...*

Ce que la théorie n'est pas	
SPÉCULATION	Une spéculation ou une recherche abstraite, une intuition détachée du réel, une illumination quelquefois mystique et parfois créatrice : au contraire, la théorie adopte une démarche systématique reliant entre eux de façon logique plusieurs phénomènes sociaux observables.
PHILOSOPHIE	Une philosophie socio-politique où la réflexion porte sur l'origine, la nature, la raison et le sens de la vie humaine, la légitimité des institutions, la morale socio politique : la théorie ne porte pas de jugement et ne distingue pas dans les comportements humains le bon, le mauvais et l'indifférent.
IDÉOLOGIE	Une idéologie, c'est-à-dire un modèle d'action dominant, un système cohérent de valeurs qui justifie l'ordre établi, comme le firent le libéralisme en Amérique du Nord ou le communisme en Union soviétique : la théorie cherche à expliquer sans justifier.

---

1. Henri BERTAUD DU CHAZAUD, *Dictionnaire des synonymes*, Paris, Robert (collection Les usuels), 1983, pp. 478 et 312 (renvoi au vocable « méthode »).
2. Pour une discussion classique de la notion de théorie et une dénonciation de sa pol sémie à l'intérieur même des sciences sociales, voir Robert K. MERTON, *Éléments de héorie et de méthode sociologique*, 2ᵉ éd., Paris, Plon, 1965, pp. 27-44.

UTOPIE	Une utopie, c'est-à-dire une vision du monde en changement, un projet de société établi autour d'un système de valeurs qui n'est pas partagé par les détenteurs du pouvoir, tel le socialisme au Québec ou l'anarchisme en Allemagne : la théorie n'est pas un programme révolutionnaire.
CONSTRUCTION ÉSOTÉRIQUE	Une construction ésotérique qui complique tout à l'extrême, jusqu'aux banalités, dans un jargon accessible à une minorité d'initiés.
FORMALISATION	Une formalisation excessive qui schématise à outrance les rapports des phénomènes sociaux entre eux et donne lieu à des modèles très éloignés du réel : en sciences sociales, aucune théorie ne loge en entier dans une équation différentielle ou dans un diagramme de Venn.
ACCUMULATION	Une accumulation monumentale de descriptions et de données dont on peut faire ressortir des constantes, des tendances et des corrélations, mais non des explications : un recueil de statistiques ne constitue pas une théorie.
CONNAISSANCE UNIVERSELLE	La connaissance universelle, une somme qui résume tous les savoirs des sciences sociales, qui prétend tout expliquer et ne rien laisser de côté.

La théorie a des visées bien différentes.

1.2. Ce qu'elle est

La théorie est avant tout un moyen de donner un sens à nos connaissances. On peut la définir comme *un ensemble de propositions logiquement reliées, encadrant un plus ou moins grand nombre de faits observés et formant un réseau de généralisations dont on peut dériver des explications pour un certain nombre de phénomènes sociaux.*

En sciences sociales, toute théorie part d'un intérêt pour certains phénomènes sociaux et de la reconnaissance de « problèmes » qui demandent une explication. Aspirant à devenir cette explication, la théorie considère les informations disponibles qu'elle *filtre et organise* dans une problématique. À partir des problèmes, elle élabore un corps d'hypothèses qui forme la base de toute théorisation.

Partie prenante du cheminement de la découverte, la théorie *crée la capacité d'imaginer des explications* pour tout phénomène social, au-delà des prénotions du sens commun : la théorie ne tient pas pour acquises nos explications courantes. Au contraire, la théorie implique une certaine confrontation avec les objets perçus : c'est à partir d'une théorie que l'on formule des hypothèses, définit des concepts et choisit des indicateurs.

La théorie n'est pas seulement une formulation en des termes plus exacts du savoir déjà acquis, mais encore une *stimulation à poser de nouvelles questions* pour améliorer notre savoir. Ces questions peuvent se poser en des termes plus généraux ou inciter à de nouvelles orientations de recherche. La théorie devient alors un *paradigme*, c'est-à-dire un ensemble de règles implicites ou explicites orientant la recherche scientifique, pour un certain temps, en fournissant, à partir de connaissances généralement reconnues, des façons de poser des problèmes, d'effectuer des recherches et de trouver des solutions.

2. La construction des théories

Le grand défi de la théorie, c'est sa *pertinence*, à savoir sa *capacité de refléter la réalité*. On peut en effet construire des théories inconséquentes mais parfaitement logiques. L'aspect conceptuel de la théorie prend toute son importance au moment de sa formulation : la clarification des mots clés répond au besoin de compréhension qui donne aux théories leur pertinence. La conceptualisation aide à organiser la pensée dans un système de termes significatifs auquel on peut se référer de façon rigoureuse et non équivoque.

2.1. La conceptualisation et les liens avec la problématique

La théorie est un outil de recherche. Elle utilise son langage propre, donnant une signification précise et particulière à plusieurs mots également utilisés dans le langage courant. Ainsi, pour la plupart des gens, le « hasard » fait référence à un ensemble de circonstances imprévues, favorables (la « chance ») ou défavorables (la « malchance »); en revanche, les sociologues et tous ceux qui utilisent les statistiques définissent le hasard d'après un calcul des probabilités mathématiques qu'un événement se produise. D'autres termes font l'objet de plusieurs définitions plus ou moins contradictoires, même chez les spécialistes : la « nation » en est un superbe exemple, car on la définit tantôt par des critères objectifs (la langue, le territoire, etc.), tantôt par des critères subjectifs (le vouloir-vivre collectif), quand on ne l'utilise pas pour désigner la population d'un État[3].

Pour éviter les malentendus, toute théorie doit donc définir avec précision ses *concepts*. Cette définition peut s'effectuer au plan plutôt abstrait des *concepts universels* (comme les traits culturels fondamentaux d'une nation) ou, si l'on s'engage dans l'opérationnalisation, au plan plutôt empirique des *concepts particuliers* (par exemple, les réponses d'un échantillon représentatif de la population adulte québécoise à une série de sondages portant sur les valeurs[4]).

En soumettant la problématique à une théorie, on se retrouve inévitablement à réduire le thème de la recherche dans un processus de spécification[5]. Il ne faut alors pas perdre de vue les limites de la théorie pour évaluer le plus exactement possible ce qu'elle prétend vraiment expliquer.

La formulation de la théorie permet la manipulation des concepts et leur agencement en vue de l'explication. Les *propositions synthétiques* sont des constructions rigoureuses d'un ensemble d'idées qui tentent d'expliquer un aspect de la réalité sociale : elles se situent au niveau de la *problématique d'ensemble*. Les *propositions analytiques* découlent des précédentes et remplissent une fonction opératoire : elles représentent la force démonstrative des théories et se situent au niveau de la *question spécifique de la recherche* et des hypothèses qui en découlent.

La plupart des hypothèses des sciences sociales considèrent deux principaux types de concepts : des causes ou *facteurs* qui ont des conséquences ou *effets*. Dans les propositions analytiques, les facteurs se nomment aussi *variables indépendantes* (habituellement représentées par la lettre X) tandis que les effets prennent le nom de *variables dépendantes* (représentées par Y). Un même facteur X peut produire plusieurs effets

---

3. Les critères culturels objectifs permettent de parler du « tournoi des cinq nations » au football européen (soccer) auquel participent l'Angleterre, l'Écosse, la France, l'Irlande et le Pays de Galles. Il faut s'en remettre à des critères culturels principalement subjectifs pour parler de « nation juive » englobant les Juifs d'Israël et de la diaspora (en se rappelant que des millions de « Juifs » ne pratiquent pas la foi judaïque). La troisième acception, fréquente en droit international (pensons aux « Nations-Unies »), correspond au sens qu'on lui donne couramment en anglais comme synonyme de *nation-state* (État-nation).
4. Plusieurs de ces termes possèdent des variantes définies au lexique en fin de volume. Pour *concept analytique, concept générique, concept opératoire, concept pur, définition opératoire* et *indicateur*, voir les vocables « concept », « concept particulier », « concept universel » et « opérationnalisation ».
5. Voir le chapitre sur la spécification de la problématique.

différents (Y_1, Y_2, ... Y_n). Un même phénomène social Y peut également avoir plusieurs causes distinctes (X_1, X_2, ... X_n). Enfin, des *variables intermédiaires* peuvent modifier l'action de X sur Y selon le contexte ou la conjoncture (voir figure 1).

FIGURE 1
Facteurs, effets et variables

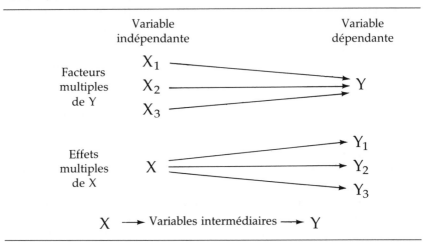

2.2. La formalisation

Deux sortes d'hypothèses servent de piliers à la construction d'une théorie :

- les *axiomes* : des propositions de portée universelle que l'on renonce à démontrer (souvent parce qu'on les estime évidentes) et qui servent de fondement à la réflexion théorique;

- les *hypothèses générales* : des propositions synthétiques visant à accorder les axiomes aux données disponibles dans des contextes empiriques particuliers.

Cette démarche, appelée *axiomatisation*, exige un ensemble de règles de transformation (règles syntaxiques) qui permettent de construire la théorie, un peu comme les règles de grammaire permettent d'assembler des mots pour en faire des phrases compréhensibles. Le but ultime de l'axiomatisation est de structurer une explication d'un phénomène social complexe de la manière la plus claire et la plus valide possible.

Pour visualiser en quelque sorte l'essentiel d'une théorie, on a souvent recours à la *formalisation*, c'est-à-dire l'élaboration de représentations abstraites, idéales, symboliques et souvent mathématiques de la réalité[6]. Ces représentations fournissent une vision simplifiée mais caractéristique des phénomènes sociaux; elles prennent parfois la forme de *modèles*, c'est-à-dire des images épurées du système social qui cherchent d'abord à expliciter les conséquences des comportements des individus et des groupes, puis à comprendre les causes des conflits, enfin à étudier les procédures de prise de décision collective.

2.3. Les divers niveaux de généralité des théories

Toutes les théories sociales constituent des essais d'explication des phénomènes sociaux. Comme la théorie comprend aussi bien des axiomes fondamentaux que des propositions analytiques, le discours théorique peut se situer à l'un ou l'autre de ces deux pôles ou à n'importe quel degré intermédiaire. Bien des controverses stériles proviennent d'interlocuteurs s'exprimant à des niveaux différents.

Voici un exemple de différents niveaux de généralité d'une même théorie[7] :

– Le monde matériel existe vraiment et tous les phénomènes observables ont des causes matérielles *(axiome)*.

– Les rapports sociaux sont des phénomènes observables; ils ont donc des causes matérielles *(proposition synthétique)*.

– L'organisation de la production des biens et services crée des rapports sociaux dans le domaine économique *(axiome)*.

– Les rapports sociaux entretenus dans le cadre des activités de production des biens et services créent des intérêts et motivations que les gens transposent dans les autres domaines de l'activité humaine *(axiome)*.

– Chaque niveau de développement de l'économie d'une société détermine un type de rapports sociaux prédominants dans le domaine économique *(axiome)* et donc aussi dans les autres domaines de l'activité humaine : politique, éducation, santé, etc. *(proposition synthétique)*.

---

6. Voir le chapitre sur la simulation sur ordinateur pour d'autres développements.
7. L'idée originale de cette section vient de Arthur STINCHCOMBE, *Constructing Social Theories*, New York, Harcourt, Brace & World, 1968, chapitre 2.

– Lorsqu'une économie atteint un niveau de développement où les rapports sociaux prédominants reposent sur la propriété des moyens de production (et l'exercice de l'autorité qui en découle), alors les rapports sociaux prédominants reposent aussi sur des relations de propriété et d'autorité *(proposition synthétique)*.

– Différents types prédominants de propriété de moyens de production et d'exercice de l'autorité dans le domaine économique déterminent différents types dominants de relations de propriété et d'autorité dans les autres domaines : politique, éducation, santé, etc. *(proposition synthétique)*.

– Le passage de la société québécoise d'une phase de développement économique à une autre a entraîné un changement dans les types de rapports sociaux prédominants, tant dans la politique et le gouvernement que dans l'éducation et les services de santé *(proposition analytique constituant l'hypothèse générale de la recherche)*.

– Le passage de la société québécoise de la domination d'un mode de production petit-bourgeois (avec une prédominance des petites entreprises agricoles, commerciales et industrielles qui ne favorisent pas le développement de la conscience de classe) à un mode de production capitaliste axé sur les grandes entreprises (où le pouvoir réside souvent davantage chez les gestionnaires que chez les propriétaires) a entraîné le passage d'un paternalisme politique populiste « à la Duplessis » vers une technocratie accompagnée d'une dépersonnalisation des rapports entre le gouvernement et le public *(proposition analytique constituant une hypothèse spécifique de recherche)*.

L'étape suivante implique le choix d'indicateurs et ne sera donc pas traitée ici[8].

3. L'acceptation ou le rejet des théories

Une théorie qui ne peut pas être soumise à une vérification empirique ressemble à un prototype de l'avenir lors d'un salon de l'automobile : elle peut impressionner, mais elle ne mène nulle part pour l'instant. Le meilleur test d'une voiture, c'est d'abord l'essai routier dans des conditions défavorables, puis l'épreuve du temps qui déterminera sa fiabilité. Il n'en va pas autrement des théories, dont il faut pouvoir évaluer la *vraisemblance*. Une théorie est dite *falsifiable* si on peut en évaluer empiriquement la vraisemblance.

---

8. Voir le chapitre sur les indicateurs.

3.1. La confirmation et l'infirmation d'une théorie

On accepte ou rejette rarement une théorie en bloc. Les visées ambitieuses des propositions synthétiques et des hypothèses générales rendent habituellement impossible de prouver hors de tout doute l'exactitude de leurs prétentions. Il est vrai que la confrontation avec les données observables peut infirmer une théorie, c'est-à-dire *affirmer sa fausseté*. Dans le cas contraire, elle ne peut, au mieux, que *confirmer sa vraisemblance* (non pas son exactitude), à savoir témoigner qu'on n'a pas réussi à faire la preuve de son manque de fondement. *En somme, une théorie garde son statut scientifique tant et aussi longtemps qu'on n'a pas démontré l'inexactitude des hypothèses de recherche qui en découlent.* Mais on ne peut jamais dire qu'elle est « vraie ».

Quant aux hypothèses de recherche, formulées en propositions analytiques, on les contrôle de quatre façons :

1) par un examen de la logique qui les fait dériver de la théorie;

2) par un test de consistance interne, en comparant la cohérence de plusieurs hypothèses différentes dérivées d'une même théorie;

3) par comparaison avec d'autres hypothèses semblables qui pourraient être dérivées de théories différentes;

4) par test d'hypothèse, c'est-à-dire la vérification empirique des conclusions.

3.2. Le test d'hypothèse et la vraisemblance de la théorie

Parmi les conventions du test d'hypothèse figure l'entente de ne pas tout remettre en question à chaque nouveau test : même s'il faut pratiquer le doute méthodique, la science doit quand même conserver un certain caractère cumulatif[9].

À la base, le test d'hypothèse comprend cinq étapes, schématisées dans la figure 2.

---

9. Voir le chapitre sur la sociologie de la connaissance.

ÉNONCÉ	Un énoncé clair et concis des propositions synthétiques de la théorie
DÉRIVATION LOGIQUE	La dérivation logique d'une ou plusieurs propositions analytiques qui constituent les hypothèses de recherche à vérifier (cette étape comprend le passage des concepts aux indicateurs)
VÉRIFICATION EMPIRIQUE	La vérification empirique où l'on confronte les prédictions de chaque hypothèse avec les données disponibles
TEST D'HYPOTHÈSE	Le rejet ou la confirmation de l'hypothèse de recherche
TEST DE VRAISEMBLANCE	Le rejet ou la confirmation de la vraisemblance de la théorie

FIGURE 2
La théorie et le test d'hypothèse : stratégie élémentaire

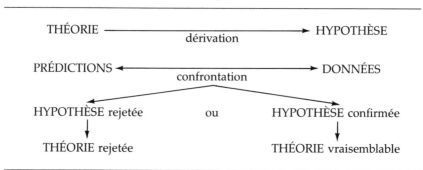

La confirmation de l'hypothèse accroît la vraisemblance de la théorie, mais ne la prouve pas. En effet, bien des éléments sans lien avec la théorie peuvent faire en sorte que l'hypothèse soit juste. Pour établir le niveau de vraisemblance d'une théorie qui a déjà quelque crédibilité, il faut raffiner la stratégie de vérification d'hypothèse. Une première façon consiste à dériver plusieurs hypothèses (H_1, H_2, H_3) de la théorie, comme à la figure 3. La théorie qui passe avec succès un test d'hypothèses multiples est plus vraisemblable, plus valide qu'une théorie peu testée. La vraisemblance est encore plus grande si les hypothèses vérifiées l'ont été dans des conditions différentes, dans des milieux différents, avec des stratégies de vérification différentes.

FIGURE 3
La théorie et le test d'hypothèses multiples

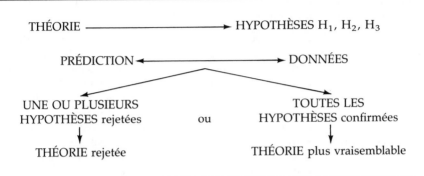

Il arrive souvent que plusieurs théories distinctes prétendent expliquer un même type de phénomènes sociaux. On parle alors de théories concurrentes (T_1, T_2, ... T_n). Il y a un intérêt à trouver quelques hypothèses (H_1, H_2, ... H_n) qui soient compatibles avec certaines théories (par exemple, T_1 et T_2), mais incompatibles avec d'autres (par exemple, T_3 et T_4). Un tel test permet d'éliminer plusieurs théories et donne encore plus de vraisemblance à celles qui subsistent (voir figure 4).

FIGURE 4
Le test de théories concurrentes

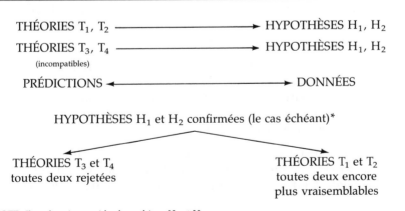

* NOTE : Il va de soi que, si les hypothèses H_1 et H_2
sont rejetées, les théories T_1 et T_2 le sont aussi,
sans que le statut des théories T_3 et T_4 ne soit affecté.

Le processus d'élimination des théories concurrentes peut durer longtemps. Il prend (temporairement) fin lors d'un *test critique* où l'on confronte deux théories qui, chacune de son côté, ont déjà résisté à plusieurs vérifications empiriques.

> L'analyse des causes du suicide par Émile Durkheim fournit un exemple classique de test critique. À la fin du XIXe siècle, on estimait couramment que le suicide était dû à des maladies mentales ou aux mêmes facteurs qui causaient les maladies mentales. Durkheim prédit que, si tel était le cas, les mêmes populations manifesteraient des taux élevés de suicide et de maladies mentales. Or, les recherches antérieures de Durkheim avaient déjà fait ressortir comme causes probables du suicide des facteurs bien différents, comme l'individualisme des membres d'une collectivité (par opposition à leur solidarité). Il adopta donc comme stratégie de comparer les taux de suicide et de maladies mentales de plusieurs populations différentes; selon lui, au terme de l'épreuve, une corrélation élevée appuierait le lien entre suicide et maladies mentales tandis qu'une corrélation minime appuierait plutôt sa propre théorie des facteurs sociaux du suicide. Les observations qu'il fit lui donnèrent raison[10].

Une version particulièrement intéressante du test critique consiste à opposer la théorie « statistique » à une théorie « substantielle » (comme celles dont ce chapitre traite). En effet, il y a toujours au moins deux explications « inattendues » qui pourraient contredire une théorie prétendant rendre compte des phénomènes sociaux; ce sont les suivantes :

– c'est peut-être par « hasard » que les données empiriques confirment les hypothèses dérivées de la théorie, car les observations effectuées ne reflètent peut-être pas la réalité : ces observations pourraient différer de façon importante de la totalité des observations qu'on aurait pu faire;

– les phénomènes sociaux analysés sont peut-être le résultat d'un grand nombre de « petites causes » dont l'impact respectif ne peut pas être isolé; par conséquent, les facteurs relevés par la théorie et confirmés par la vérification empirique ne sont peut-être pas réellement « significatifs ».

La théorie statistique des distributions aléatoires (qu'on symbolisera par S) est très raffinée au plan mathématique; on en dérive une *hypothèse nulle* (H_0), c'est-à-dire une hypothèse selon laquelle, ou bien

---

10. Voir Émile DURKHEIM, *Le suicide*, Paris, Presses universitaires de France (collection Quadrige), 1981. On notera qu'à l'époque, on entendait par « maladie mentale » surtout ce qu'on nomme aujourd'hui schizophrénie.

il n'y a pas de lien significatif entre les phénomènes décrits par une théorie substantielle (T) ou bien les données recueillies ne sont pas représentatives de l'ensemble des données pertinentes. Un test critique peut donc opposer l'hypothèse nulle à l'hypothèse de recherche (H_1) et se solder soit par le rejet de l'explication statistique ou par le rejet de la théorie[11].

FIGURE 5
Le test critique d'une théorie avec une hypothèse nulle

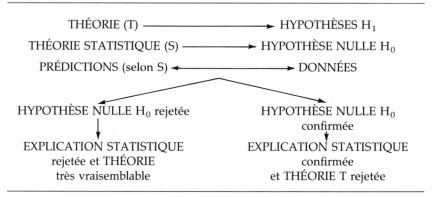

THÉORIE (T) ──────────────▶ HYPOTHÈSES H_1

THÉORIE STATISTIQUE (S) ──────────▶ HYPOTHÈSE NULLE H_0

PRÉDICTIONS (selon S) ◀──────────▶ DONNÉES

HYPOTHÈSE NULLE H_0 rejetée   HYPOTHÈSE NULLE H_0 confirmée

EXPLICATION STATISTIQUE rejetée et THÉORIE très vraisemblable   EXPLICATION STATISTIQUE confirmée et THÉORIE T rejetée

Revenons à la théorie des causes du suicide chez Durkheim. Il montra sans difficulté que l'urbanisation, l'instruction et les activités commerciales favorisaient le développement de valeurs individualistes et s'accompagnaient de taux de suicide plus élevés que la vie rurale, le peu de scolarité et l'activité économique dans les secteurs primaire (mines, agriculture, pêche, forêt) ou secondaire (industries de transformation). Durkheim admit qu'il pouvait théoriquement y avoir bien d'autres facteurs (encore inconnus) que l'individualisme pour expliquer les liens entre le suicide et l'urbanisation, l'instruction et le commerce. Si tel était le cas, estima-t-il, de tels liens devraient se manifester peu importe le niveau de solidarité interne des groupes; par ailleurs, si tel n'était pas le cas et que l'urbanisation, l'instruction et le commerce n'étaient que des indicateurs de l'individualisme (par opposition à la solidarité), les groupes urbains, instruits et commerçants mais très solidaires devraient avoir un faible taux de suicide. Les Juifs de France constituaient, à la fin du siècle dernier, une communauté commerçante, instruite et très urbanisée qui se caractérisait aussi par le respect de nombreuses normes strictes

---

11. Il faut se rappeler qu'on ne soumet à un test critique que des hypothèses dérivées de théories qui ont déjà subi l'épreuve de plusieurs vérifications empiriques.

dont plusieurs exigeaient la participation solidaire des individus à des activités collectives. Quand Durkheim prouva que les Juifs de France avaient un très faible taux de suicide, sa théorie en sortit encore plus vraisemblable. Non seulement avait-il éliminé dans un premier temps toutes les théories concurrentes, mais encore avait-il rejeté l'explication par des causes encore inconnues (avec comme hypothèse nulle que la solidarité des groupes n'affectait pas les liens entre suicide et urbanisation, instruction et commerce).

3.3. L'interprétation des résultats et la diffusion des théories

L'acceptation ou le rejet des théories se situent dans le cheminement de la preuve. S'il y a plusieurs conventions qui régissent le test d'hypothèse, le choix des stratégies de vérification et des données qui servent à vérifier empiriquement les théories est lui-même subordonné à l'appréciation des chercheurs et des chercheuses, donc à leur maîtrise des techniques de recherche, à leur connaissance des données, à leur compréhension des données, à leur jugement pas toujours neutre.

Enfin, l'interprétation des résultats s'effectue souvent en fonction des attentes des scientifiques et de leur milieu : on perçoit parfois comme un échec la conclusion qu'une hypothèse doit être rejetée. On passe rarement à la postérité pour un échec et il n'est pas rare que des théories soient choisies ou rejetées « pour des raisons étrangères à toute logique de la preuve[12] ». Même avec la meilleure volonté, cette logique est rarement à toute épreuve et les revues spécialisées font régulièrement état de querelles d'interprétation.

Les réunions savantes et les publications spécialisées constituent les principaux véhicules de communication des résultats de recherches en sciences sociales. Comme il se tient annuellement des dizaines de colloques et conférences et qu'on publie chaque année des centaines de revues qui rendent compte de milliers de recherches, il est difficile de se tenir au courant de tous les progrès pertinents dans un même domaine du savoir. Bien souvent, les résultats des travaux semblent contradictoires. Comment s'étonner alors que la persuasion soit le principal mode de diffusion des théories[13]? Les organismes qui subventionnent la

---

12. Paul DE BRUYNE, Jacques HERMAN et Marc DE SCHOUTEETE, *Dynamique de la recherche en sciences sociales*, Paris, Presses universitaires de France, 1979, p. 104.
13. Thomas S. KUHN, *La structure des révolutions scientifiques*, Paris, Flammarion, 1972, p. 234.

recherche et les comités qui se penchent sur le statut des universitaires accordent plus de crédibilité aux chercheurs déjà reconnus qui publient dans les plus prestigieuses revues. Mais la science n'est pas immunisée contre le virus du lustre. On a même vu le département de sociologie d'une université québécoise soumettre ses étudiants de second et troisième cycles à un examen de synthèse en méthodologie qui exigeait notamment l'interprétation de données recueillies par un sociologue très en vue; les candidats ignoraient que, pour répondre convenablement, il leur fallait en réalité conclure *le contraire* de ce que l'auteur avait prétendu « démontrer » dans une revue de tout premier ordre : l'erreur (on n'ose écrire l'imposture) était devenue un classique du genre.

4. Les grands paradigmes de la recherche sociale

Le coffre à outils d'un ouvrier ou d'une ouvrière renferme une variété d'instruments parmi lesquels son propriétaire choisit selon la tâche à accomplir. Les scientifiques disposent, de leur côté, d'un éventail de paradigmes pour analyser les phénomènes sociaux. L'épreuve du temps élimine les paradigmes moins utiles et les vagues intellectuelles en font valoir périodiquement de nouveaux.

Les paradigmes étant des guides logiques et pratiques pour éviter les hypothèses *ad hoc*, on peut les regrouper sous quatre rubriques correspondant aux quatre modalités d'organisation de la pensée scientifique en recherche sociale[14]. Ces modalités, rappelons-le, constituent des approches différentes, mais non incompatibles, à la compréhension des phénomènes sociaux. L'espace manque pour présenter en détail tous les paradigmes utilisés à notre époque dans toutes les disciplines des sciences sociales. Sous chaque rubrique, nous nous contenterons d'exposer très (et sans doute trop) brièvement les caractéristiques essentielles de quelques-uns parmi les plus courants.

4.1. La recherche de la cohérence logique

La recherche de la cohérence logique privilégie l'accumulation et l'organisation des connaissances en un ensemble cohérent coiffé par une théorie générale. Quatre grands paradigmes (dont plusieurs autres découlent) participent à cette approche méthodologique.

---

14. Voir le chapitre sur la sociologie de la connaissance, section 4. On appelle parfois les paradigmes des « cadres de référence » ou des « cadres d'analyse ».

Le *fonctionnalisme* cherche à expliquer les phénomènes sociaux par les « fonctions » que remplissent les institutions sociales, les structures des organisations et les comportements individuels ou collectifs. On parle du caractère « fonctionnel » ou « dysfonctionnel » d'une institution, d'une structure ou d'un comportement selon qu'ils favorisent ou non l'atteinte d'un « objectif » habituellement caractérisé par l'ordre, la stabilité, l'équilibre. On appelle « tension » tout ce qui constitue un obstacle au maintien de l'équilibre social. La « rétroaction » constitue le réglage de la cause par les effets : il y a un « renforcement » quand une cause permet d'atteindre un objectif malgré l'existence de tensions. Les fonctions (c'est-à-dire les conséquences) prévisibles et désirées sont dites « manifestes » tandis qu'on nomme « latentes » les fonctions non évidentes ou inattendues. Les fonctions ont un caractère « instrumental » quand elles débouchent sur des conséquences pratiques et un caractère « symbolique » quand elles procurent une satisfaction intangible ou émotive. Ce paradigme permet d'étudier l'adaptation de la politique étrangère d'un État face à l'émergence de nouvelles menaces à l'équilibre international ou encore de montrer que, malgré ses côtés dysfonctionnels en regard des valeurs démocratiques, le patronage politique peut néanmoins exercer une fonction instrumentale (redistributive de biens et services) au bénéfice de certains groupes défavorisés[15].

Le *structuralisme* se fixe pour objectif de dégager les règles d'association qui lient les phénomènes sociaux les uns aux autres : c'est une méthode qui n'invoque pas seulement les éléments d'un phénomène, mais surtout ses structures. Une structure est un ensemble de rapports qui fait l'unité d'un groupe social : on parle de la structure économique d'un pays, de la structure interne d'un parti politique, de la structure des communications entre les partis et les électeurs[16]. Une modification quelconque d'un rapport entraîne une modification de tous les autres. Dans la mesure où une société comprend plusieurs structures de différents niveaux, on parle d'« infrastructures » qui agissent comme bases supportant et commandant une diversité de « superstructures ». L'infrastructure économique d'un pays conditionne plus ou moins directement diverses superstructures de caractère social, comme la structure des services sociaux et celle de l'enseignement supérieur.

---

15. Voir Philippe LE PRESTRE, « Les États-Unis: vers un nouvel isolationnisme? », *Politique*, n° 16 (automne 1989), pp. 5-33; Vincent LEMIEUX et Raymond HUDON, *Patronage et politique au Québec : 1944-1972*, Sillery, Boréal-Express, 1975.
16. Vincent LEMIEUX, « Réseaux et pratiques de communication dans les masses », pp. 143-164, dans l'ouvrage collectif sous la direction de Jacques ZYLBERBERG, *Masses et postmodernité*, Québec, Presses de l'Université Laval et Paris, Méridiens Klincksieck, 1986.

L'*analyse systémique* examine systématiquement la gestion de situations sociales caractérisées par un ensemble de rapports relativement stables où des acteurs doivent prendre des décisions. Un système possède des objectifs, un environnement fait de contraintes, des ressources à sa disposition pour atteindre les objectifs, des composantes (les « sous-systèmes ») et un mode de gestion pour mettre en œuvre des plans. Chaque sous-système se voit attribuer une « mission » propre qui concourt à l'atteinte des objectifs généraux. Le bon fonctionnement d'un système dépend en partie du nombre de liaisons qu'il faut établir entre ses composantes et l'on privilégie habituellement les liaisons hiérarchiques, mais on peut aussi étudier les liaisons entre des minorités et un État. La population, les partis et les groupes de pression, le gouvernement, l'Assemblée nationale et l'Administration constituent les principales (mais non les seules) composantes du système politique québécois, où elles exercent respectivement des fonctions d'initiative, de médiation, de décision, de légitimation et de rétroaction[17].

À partir du postulat que « l'information, c'est du pouvoir », la *cybernétique* fait l'étude formelle des communications et des informations à l'intérieur des systèmes sociaux[18]. Les personnes ou organismes qui détiennent plus d'informations que d'autres possèdent naturellement un avantage. On appelle « variété » la quantité d'informations disponibles dans un système cybernétique et « contrainte » la relation qui s'établit entre deux systèmes lorsque la variété de l'un est moindre que la variété de l'autre (par exemple, il y a contrainte entre les informations dont dispose le gouvernement et celles qui sont accessibles au public). La « régulation » s'opère par des mécanismes qui limitent la variété d'un système contrôlé en restreignant la quantité et la qualité d'informations qui circulent. Les lois sur l'accès à l'information gouvernementale sont des outils de régulation.

4.2. La recherche de la mesure précise

La recherche de la mesure précise cherche à quantifier la réalité pour en assurer une perception fiable et discriminante. Elle s'inspire souvent des mêmes

---

17. Pour une description classique et concise des systèmes politiques canadien et québécois, voir le manuel d'André BERNARD, *La politique au Canada et au Québec*, 2ᵉ éd., Montréal, Presses de l'Université du Québec, 1977.
18. Voir par exemple Simon LAFLAMME, *Contribution à la critique de la persuasion politique*, Québec, Presses de l'Université du Québec et Sudbury, Université Laurentienne, 1987; Janine KRIEBER, « La démocratie du secret : le contrôle des activités de renseignement au Canada », *Politique*, n° 13 (printemps 1988), pp. 37-62.

postulats que la recherche de la cohérence interne, mais elle a davantage poussé son degré de formalisation et utilise plus abondamment la quantification. Plusieurs des paradigmes qui en découlent portent, de façon un peu abusive, l'appellation « théorie ».

Le *behaviorisme* tente de mesurer avec exactitude les facteurs sociopsychologiques et les effets des « attitudes[19] ». On assume qu'il y a un « univers » de l'attitude, c'est-à-dire des références par rapport auxquelles les individus précisent leur idéologie et leur système de valeur. On construit des « échelles d'attitudes » en fonction d'un grand nombre d'individus et diverses techniques permettent de définir la position de chaque individu sur un « continuum » en fonction des opinions exprimées[20].

En ayant systématiquement recours aux mathématiques, l'*axiomatique* (à ne pas confondre avec l'axiomatisation) construit des modèles qui tentent d'expliquer les conséquences des comportements des individus et des groupes, de comprendre les causes de rupture du consensus social, d'analyser les procédures de prise de décision collective. On peut ainsi, par exemple, repérer les déterminants économiques et politiques de la popularité d'un gouvernement ou encore les rapports de force entre l'État et le secteur privé en matière d'intervention gouvernementale dans l'économie[21]. Les modèles axiomatiques présument que les individus (ou les groupes ou les classes) sont « rationnels », en ce sens qu'ils sont supposés avoir des objectifs et agir pour les atteindre.

Poussant plus loin la démarche axiomatique, la *théorie des choix* suppose que, lorsqu'un individu (ou un groupe) est confronté à plusieurs possibilités mutuellement exclusives, il en choisit habituellement une et une seule, étant capable de classer toutes les possibilités selon un ordre de préférence. Le classement se fait en fonction d'un ou de plusieurs « critères » et la connaissance des critères permet de prédire le classement et donc le choix. On utilise souvent la théorie des choix en marketing et dans l'analyse du vote. On peut par exemple vérifier si les électeurs « jugent » leurs gouvernements en se basant sur des perfor-

---

19. Plusieurs chapitres de l'ouvrage collectif sous la direction de Jean CRÊTE, *Comportement électoral au Québec* (Chicoutimi, Gaëtan Morin Éditeur, 1984) s'inspirent du behaviorisme.
20. Voir le chapitre sur la mesure des attitudes.
21. Voir Richard NADEAU et Guy LACHAPELLE, « Facteurs explicatifs des fluctuations de la popularité du président Reagan », *Politique*, n° 16 (automne 1989), pp. 35-58; André BLAIS, Philippe FAUCHER et Robert YOUNG, « La dynamique de l'aide financière directe du gouvernement fédéral à l'industrie manufacturière au Canada », *Revue canadienne de science politique*, XIX:1 (mars 1986), pp. 29-52.

mances mesurables et comment les partis définissent leurs enjeux pour attirer l'électorat[22].

La *théorie de la décision* creuse encore davantage en postulant que toute décision résulte du classement des conséquences anticipées des diverses actions possibles. Au moment de prendre une décision, les individus (ou les groupes) considèrent d'abord l'« environnement » : celui-ci peut être absolument « certain » (prévisible), plus ou moins « risqué » (avec des degrés de probabilité variable) ou totalement « incertain » (imprévisible). On n'étudie pas la décision comme une fin en soi, car elle n'a d'intérêt qu'en fonction des conséquences mesurables. La théorie de la décision s'intéresse notamment à des modèles de choix politiques qui permettent de trouver les procédures qui respecteront un certain nombre de conditions que le bon sens impose à toute règle démocratique, par exemple dans l'établissement de politiques gouvernementales ou dans la décision d'appuyer un parti ou un autre[23].

La *théorie des jeux* est un outil mathématique utilisé pour étudier les situations où plusieurs acteurs ont à prendre une décision dont dépend un résultat qui les concerne tous. On a recours à la théorie des jeux quand on se pose des questions reliées à la concurrence économique et aux conflits politiques, militaires, sociaux; les négociations constitutionnelles en sont un excellent exemple. Un « jeu » comprend des « joueurs » (chacun cherchant à prendre des avantages dans un débat où les règles sont établies), une « procédure » (les règles du jeu), un « environnement » (dont le caractère est soit « certain », « risqué » ou « incertain », le risque s'exprimant sous forme de probabilités), des « tactiques » (les décisions des joueurs), des « gains » et « pertes » (les résultats quantifiables pour chaque joueur). La théorie des jeux considère toujours les procédures de recherche d'équilibre lorsqu'il y a conflit, c'est-à-dire une situation finale qui serait acceptable à tous les joueurs, y compris les perdants, qu'il s'agisse de participants à un conflit international ou de partis se livrant une lutte électorale[24].

---

22. Voir Jean CRÊTE et Johanne SIMARD, « Conjoncture économique et élections : une étude des élections au Québec », pp. 165-197 dans l'ouvrage collectif sous la direction de Jean CRÊTE, *op. cit.*; Réjean LANDRY, « L'orientation interventionniste des idéologies des partis politiques québécois depuis 1970 », *Politique*, n° 13 (printemps 1988), pp. 63-85.
23. Voir par exemple Bruno PERRON, « Les contraintes dans les relations entre le Québec et les États-Unis », *Politique*, n° 7 (hiver 1985), pp. 9-31; Réjean LANDRY, « La simulation de la rationalité économique du comportement électoral des Québécois : 1970-1981 », pp. 121-163 dans l'ouvrage collectif sous la direction de Jean CRÊTE, *op. cit.*
24. Voir Julien BAUER, « Résolution des conflits et crise de décision », *Politique*, n° 13 (printemps 1988), p. 5-36; Réjean LANDRY et Paule DUCHESNEAU, « L'offre d'interventions gouvernementales aux groupes : une théorie et une application », *Revue canadienne de science politique*, XX:3 (septembre 1987), pp. 525-552.

L'*analyse démographique* repose sur le postulat que certaines forces causales sont directement proportionnelles au nombre de personnes possédant une certaine caractéristique sociale. L'explication de certains phénomènes sociaux peut donc se faire d'abord en déterminant combien de personnes possèdent une caractéristique donnée, puis en expliquant en quoi la cause du phénomène est proportionnelle à ce nombre, ce qui peut parfois donner lieu à un effet d'entraînement. Les modèles démographiques peuvent incorporer plusieurs variables pour tenir compte du taux de mortalité, du taux de fécondité, de l'immigration et de l'émigration, des résultats électoraux, des sondages d'opinion, etc. On mesure ainsi l'importance des forces assimilatrices hors du Québec par le nombre de Canadiens français qui, d'une génération à l'autre, abandonnent le français pour l'anglais comme langue d'usage au foyer; on peut également vérifier dans quelle mesure les gouvernements nouvellement élus bénéficient systématiquement d'une « lune de miel » avec leur électorat[25].

4.3. La recherche de l'essentiel

Rechercher l'essentiel, c'est aller au-delà des apparences pour saisir ce qui ne varie pas malgré des manifestations diverses ou changeantes.

La *phénoménologie* distingue les « phénomènes », les données de l'expérience sensible et vécue, des « noumènes », les choses en soi révélées par la raison. Seuls les phénomènes ainsi définis situent la compréhension du point de vue des sujets de l'action sociale (les acteurs et actrices, par opposition aux spécialistes qui les observent). La phénoménologie privilégie donc l'interprétation que le sujet donne des événements qu'il vit. La phénoménologie se poste ainsi à l'opposé de la méthode hypothético-déductive : la phénoménologie favorise l'intuition « synthétique » (ou « reconstituante ») et l'expérience vécue tandis que la méthode hypothético-déductive procède à un raisonnement fondé sur la constatation de coïncidences constantes ou sur une loi générale. Pour comprendre ce qui se passe du point de vue des sujets, il faut donc idéalement « aller vivre » soi-même les phénomènes. C'est ce que font régulièrement les anthropologues. À défaut de ne pouvoir les vivre

---

25. Voir Réjean LACHAPELLE, *L'avenir démographique du Canada et les groupes linguistiques*, Ottawa, Institut de recherches politiques, 1987; Richard NADEAU, « L'effet lune de miel dans un contexte parlementaire : le cas canadien », *Revue canadienne de science politique*, XXIII:3 (septembre 1990), pp. 483-497.

personnellement, on doit « laisser la parole » aux acteurs et actrices et intérioriser par « empathie » leur vécu, qu'il s'agisse de paysannes mexicaines, d'intellectuels, de pauvres ou de chefs de police québécois[26]. On nomme *Verstehen* la réalité ainsi interprétée par une personne empathique; on la retrouve notamment dans les histoires de vie, les comptes rendus d'entretiens non directifs et d'observation participante[27].

L'*herméneutique* remonte au Moyen Âge et consistait en l'interprétation des textes sacrés : on recherchait le sens de la proclamation de la parole de Dieu. Aujourd'hui, sous le nom de *sémiologie*, elle est devenue la science de l'interprétation des signes comme éléments symboliques d'une culture. En d'autres mots, les sémiologues et herméneutes modernes cherchent à découvrir le « sens profond » et souvent caché des phénomènes, à partir d'un examen attentif des « façons de dire » ou des « façons de faire ». L'herméneutique guide donc l'analyse des intentions des acteurs et actrices, de même que la signification symbolique des comportements sociaux. Ainsi, on peut analyser l'argumentation dans les débats électoraux ou encore étudier des documents historiques pour comprendre les enjeux idéologiques d'une époque[28].

Toute *typologie* regroupe un ensemble de « types » qui sont des modèles réunissant les traits caractéristiques d'une certaine catégorie de personnes ou de choses. On parle de types « idéaux » parce qu'il s'agit de modèles abstraits et « parfaits » dont on ne retrouve habituellement, dans la réalité, que des approximations. Pour construire une typologie, il faut d'abord déterminer les quelques traits essentiels d'un phénomène. Pour qu'il y ait vraiment une typologie, il doit y avoir plusieurs « dimensions » et non un continuum unique. Les exemples les plus classiques

---

26. Pour une illustration dans un contexte international, voir Marie-France LABRECQUE, « Femmes et développement : la double domination masculine », pp. 44-52 dans l'ouvrage collectif sous la direction de Victor M. P. DA ROSA et Joseph Yvon THÉRIAULT, *Développement, coopération et intervention sociale : discours et pratiques*, Ottawa, Presses de l'Université d'Ottawa (collection Développement international), 1988; pour des témoignages personnels de « sujets » d'un phénomène social, voir les Actes du colloque « *Liberté*, l'écriture et le politique », sous la direction de Sylvain SIMARD, dans *Cultures du Canada français*, n° 7 (1990); pour deux exemples exceptionnels de *Verstehen*, voir les ouvrages de Marie LETELLIER, *On n'est pas des trous-de-cul*, Montréal, Parti-Pris, 1971 et Guy TARDIF, *Police et politique au Québec*, Montréal, L'Aurore, 1974.
27. Voir les chapitres pertinents de ce manuel.
28. Pour une analyse intéressante des rapports entre enjeux idéologiques et choix des thèmes de récits de voyages, voir Pierre BERTHIAUME, *L'aventure américaine au XVIIIe siècle : du voyage à l'écriture*, Ottawa, Presses de l'Université d'Ottawa, 1990. Pour un exemple d'analyse d'un débat électoral, voir Gilles GAUTHIER, « L'argumentation stratégique dans la communication politique: le débat télévisé L'Allier-Bertrand », *Politique*, n° 17 (hiver 1990), pp. 113-141.

viennent de Max Weber (l'éthique protestante et l'esprit du capitalisme, la bureaucratie) et on utilise encore aujourd'hui la distinction qu'a faite Maurice Duverger entre partis de cadres et partis de masse[29].

L'*historicisme* part du principe que « l'histoire se répète » et que maints phénomènes sociaux se « régénèrent » d'année en année, de génération en génération. On peut relever des « boucles de causalité » qui se succèdent sans cesse et tendent à perpétuer dans l'avenir (par inertie, tradition et socialisation des générations montantes) les causes historiques qui les ont d'abord créées. Ainsi, telle vague d'immigrants tendra à se faire une certaine idée de son pays d'adoption et à transmettre cette vision aux générations suivantes. On peut aussi relever des forces causales spécifiques à certaines « cohortes » ou générations d'individus possédant des caractéristiques distinctives et déterminantes qui continuent à influencer indéfiniment leurs valeurs, attitudes et comportements. Le paradigme historiciste peut aider à mieux comprendre les enjeux des débats où l'on dénonce des « erreurs de parcours », ceux où l'on fait appel à un « retour aux sources », ceux où la modernisation se heurte à des modes d'organisation politique, économique et sociale hérités d'une période antérieure[30].

4.4 La recherche des contradictions

En donnant priorité à la recherche des contradictions, on peut *faire ressortir les incohérences apparentes, les ambivalences et les oppositions qui constituent souvent l'essence même de la réalité.*

La *dialectique* est une méthode consistant à saisir les faits d'abord dans leur devenir, c'est-à-dire dans leur mouvement dynamique (et historique) plutôt que dans leur état statique; ensuite dans le complexe global dont ils font partie plutôt qu'en faisant abstraction de cette totalité; enfin dans leurs contradictions apparentes, qui seules peuvent révéler la réalité concrète. La méthode dialectique privilégie l'analyse des rap-

---

29. Voir le résumé et la critique de cette typologie par Denis MONIÈRE et Jean H. GUAY, *Introduction aux théories politiques*, Montréal, Québec/Amérique, 1987, chapitre 4.
30. Pour un examen minutieux de la création et de la perpétuation de « malentendus historiques », voir Roger GUINDON, *Coexistence difficile: la dualité linguistique à l'Université d'Ottawa, I: 1848-1898*, Ottawa, Presses de l'Université d'Ottawa, 1989. Voir aussi l'analyse comparative de Bernard BERNIER, *Capitalisme, société et culture au Japon*, Montréal, Presses de l'Université de Montréal, 1989.

ports sociaux sous leurs multiples angles et cherche à démêler ces angles les uns des autres sous l'éclairage de leurs contradictions[31].

L'*analyse archéologique* recherche les mécanismes du pouvoir dans leurs formes primitives et spécifiques, avant même de se muer en rapports d'oppression, d'exploitation et de domination. Il s'agit donc de retrouver l'origine des phénomènes sociaux en remettant systématiquement en question les explications traditionnelles. Comme on estime indissociables pouvoir et connaissance, il faut remettre en question les prétendues vérités dans des domaines aussi divers que la santé, l'économie, la justice, la sexualité, le langage, etc. Ce paradigme permet, par exemple, de retracer les étapes de la pensée politique occidentale à l'endroit de l'Orient ou encore d'analyser les conditions d'apparition de la prison et de percevoir celle-ci comme produit de l'ordre social mais aussi comme le produisant[32].

En recherchant les contradictions, on s'engage d'une certaine façon dans l'action sociale, passant successivement d'un élément à l'autre des phénomènes sous analyse. Vue sous cet angle, l'*analyse engagée* se caractérise par un parti pris conscient de la part de la personne effectuant la recherche. Lorsqu'elle porte sur une « totalité », cette recherche-action[33] vise à transformer la société en mobilisant acteurs et actrices grâce à la « conscientisation » permise par la diffusion de nouvelles informations sur la situation vécue et ressentie[34]. La recherche agit alors comme « détonateur » susceptible de faire « exploser » une situation caractérisée par des oppositions profondes, mais dont les manifestations ont parfois été longtemps réprimées[35]. La recherche engagée apparaît donc souvent comme « subversive », surtout si elle est financée, directement ou indirectement, par les deniers publics, comme c'est le cas pour plusieurs programmes d'aide au développement communautaire ou international.

---

31. Voir Hélène DAVID et Louis MAHEU, « D'Asbestos à Montréal », pp. 107-115 dans l'ouvrage collectif sous la direction de Claude Ryan, *Le Québec qui se fait*, Montréal, Hurtubise HMH, 1971; Anne LÉGARÉ, *Les classes sociales au Québec*, Montréal, Presses de l'Université du Québec, 1977; Pierrette BOUCHARD, « Féminisme et marxisme : un dilemme pour la Ligue communiste canadienne », *Revue canadienne de science politique*, XX:1 (mars 1987), pp. 57-77.
32. Voir Thierry HENTSCH, *L'Orient imaginaire: la vision politique occidentale de l'Est méditerranéen*, Paris, Minuit, 1988; Jacques LAPLANTE, *Prison et ordre social au Québec*, Ottawa, Presses de l'Université d'Ottawa (collection Sciences sociales), 1989.
33. Voir le chapitre sur la recherche-action.
34. Gisèle AMPLEMAN, Gérald DORÉ, Lorraine GAUDREAU, Claude LAROSE, Louise LEBŒUF et Denise VENTELOU, *Pratiques de conscientisation; expériences d'éducation populaire au Québec*, Montréal, Nouvelle optique, 1983.
35. Voir par exemple le n° 5 de *Politique* consacré au thème « Femmes et pouvoir », en particulier l'article de Claire DUGUAY et Micheline DE SÈVE, « Tant d'amarres à larguer: une analyse des pratiques du mouvement des femmes », pp. 51-73.

4.5. Théorie, idéologie et pratique

Lénine disait qu'il ne saurait y avoir de pratique révolutionnaire sans théorie révolutionnaire. En réalité, l'importance des faits et celle des théories dépendent l'une de l'autre : *la théorie est un lien entre les faits et leur donne un sens*, comme un fil qui retient les perles d'un collier.

D'une certaine façon, toutes les méthodes se prêtent à une utilisation idéologique. La dialectique postule que le changement est inévitable, tandis que le paradigme systémique adopte les valeurs du mode de production dominant et élabore une explication des conditions nécessaires pour maintenir le système en place[36]. On a même soutenu avec passablement de force persuasive qu'en analysant le vote comme moyen pour la population d'exercer sa souveraineté, les spécialistes des sciences sociales jouent depuis longtemps un important rôle de soutien de l'idéologie politique du néo-libéralisme[37].

Non, les théories sociales ne sont jamais totalement « neutres ». Mais cela n'enlève rien à leur nécessité pour donner un sens à la recherche.

Bibliographie annotée

BOUDON, Raymond, *La crise de la sociologie : questions d'épistémologie sociologique*, Genève, Droz, 1971.

Dans plusieurs des onze essais qui composent ce volume, les réflexions sur la nature et le rôle de la théorie occupent une place de choix. Boudon voit les sciences sociales écartelées entre deux extrêmes : le prophétisme et le savoir-faire. Il critique l'un et l'autre et propose le recours à la « raison sociologique » pour éliminer de l'enquête les éléments de subjectivité et pour vérifier les théories. La lecture de cet ouvrage est parfois ardue.

BOURDIEU, Pierre, J.-C. CHAMBOREDON et J.-C. PASSERON, *Le métier de sociologue : préalables épistémologiques*, 2e éd., Paris, Mouton, 1973.

Deux livres en un. D'abord, dans une centaine de pages, un exposé des rapports entre épistémologie et méthodologie; on y met l'accent

---

36. Denis MONIÈRE, *Critique épistémologique de l'analyse systémique de David Easton : essai sur le rapport entre théorie et idéologie*, Ottawa, Éditions de l'Université d'Ottawa (collection Sciences sociales), 1976.
37. Voir Koula MELLOS, « Les élections, les études électorales et la théorie politique », pp. 421-442 dans l'ouvrage collectif sous la direction de Jean CRÊTE, *op. cit.*

sur la rupture épistémologique, le rôle des hypothèses, le caractère systématique de la théorie. Ensuite, 45 extraits d'ouvrages illustrant les propos de la première partie, avec au programme des auteurs classiques comme Bachelard, Durkheim, Kaplan, Katz, Lévi-Strauss, Malinowski, Marx, Mauss, Mills, Polanyi, Weber, Wittgenstein.

DE BRUYNE, Paul, Jacques HERMAN et Marc DE SCHOUTHEETE, *Dynamique de la recherche en sciences sociales*, Paris, Presses universitaires de France (collection Sup), 1974.

Les auteurs discutent d'un « espace méthodologique quadripolaire » : à côté du pôle théorique se trouvent les pôles épistémologique, morphologique et technique. Cet ouvrage, d'une lecture parfois difficile, sera surtout utile aux personnes qui ont une certaine expérience de recherche sociale : il leur permettra de réfléchir sur les fondements épistémologiques de la théorie. La préface de Jean Ladrière traite de l'opportunité d'une méthodologie propre aux sciences sociales. Les deux derniers chapitres sur les techniques de recherche sont cependant faibles.

DURKHEIM, Émile, *Les règles de la méthode sociologique*, précédé de « L'instauration du raisonnement expérimental en sociologie », par Jean-Michel Berthelot, Paris, Flammarion, 1988.

C'est le premier ouvrage qui porte de façon systématique sur la méthodologie des sciences sociales. Durkheim y expose clairement pourquoi et comment on peut traiter les faits sociaux comme des choses si l'on veut faire œuvre scientifique. Lire les préfaces : elles évoquent la polémique à laquelle le point de vue de l'auteur a donné lieu. L'article de Berthelot constitue un heureux complément.

KUHN, Thomas S., *La structure des révolutions scientifiques*, Paris, Flammarion, 1972.

Avec des illustrations tirées de diverses disciplines, l'auteur étudie les moments de crise que traverse la science au cours de son évolution. Selon Kuhn, il y a révolution scientifique lorsqu'une théorie scientifique consacrée par le temps est rejetée au profit d'une nouvelle théorie. Cette substitution amène généralement un déplacement des problèmes offerts à la recherche et des critères selon lesquels les spécialistes décident de ce qui doit compter comme problème ou solution. Toute révolution scientifique est facteur de progrès.

MONIÈRE, Denis, *Critique épistémologique de l'analyse systémique de David Easton : essai sur le rapport entre théorie et idéologie*, Ottawa, Éditions de l'Université d'Ottawa (collection Sciences sociales), 1976.

L'auteur cherche à montrer que, dans les sciences sociales, on ne peut tracer de ligne de démarcation entre la science et l'idéologie : il y a un lien entre l'idéologie et la théorie qui fournit les concepts de la pratique scientifique. Pour illustrer sa thèse, Monière critique le paradigme de l'analyse systémique.

MONIÈRE, Denis et Jean H. GUAY, *Introduction aux théories politiques*, Montréal, Québec/Amérique, 1987.

D'une lecture facile évitant tout jargon inutile, il s'agit véritablement d'une introduction s'adressant « aux esprits curieux qui en sont à leurs premiers pas dans la compréhension du phénomène politique », comme l'écrivent les auteurs. Moins de 200 pages, à lire absolument en complément à ce chapitre.

STINCHCOMBE, Arthur, *Constructing Social Theories*, New York, Harcourt, Brace & World, 1968.

Cet auteur attribue aux théories la tâche de créer la capacité d'imaginer des explications des phénomènes sociaux. L'ouvrage propose diverses façons de construire des théories favorisant la compréhension de notre milieu et de notre environnement. On y retrouve plusieurs exemples tirés d'ouvrages classiques en sciences sociales (en particulier Durkheim, Freud, Marx et Weber).

Deuxième
partie

**La structuration
de la recherche**

Chapitre 6
La structure de la preuve

Benoît GAUTHIER

L'analyse ne peut réparer ce qui a été gâché par une mauvaise conception.

R. J. LIGHT, J. SIGNER et J. WILLET

Introduction

Vous avez eu beaucoup à faire à partir du moment où vous vous êtes intéressé à un sujet de recherche. Vous avez d'abord dû en spécifier la nature, en préciser la problématique et en délimiter les thèmes importants. Vous vous êtes ensuite penché sur ce que *d'autres* chercheurs avaient dit du même sujet, sur les conclusions qu'ils avaient tirées et sur les leçons que vous deviez en retenir. Puis est venue l'incorporation à une *théorie* qui vous a permis de replacer cette problématique spécifique dans un cadre plus général, de suggérer des raisons aux attentes que vous aviez forgées et d'envisager de généraliser la portée de vos conclusions empiriques. Enfin, vous avez combiné ces divers ingrédients préalables pour cuisiner des *hypothèses* qui font la synthèse de vos efforts de recherche, traduisent les énoncés théoriques en affirmations vérifiables et dirigeront le reste de votre recherche.

On ne saurait trop insister sur le fait que sans un contenu solide (une bonne problématique, une bonne théorie et de bonnes hypothèses), tout effort de vérification, quel qu'il soit, sera vain. De la même façon, le meilleur contenu préalable ne mènera à aucune conclusion solide s'il n'est pas couplé à une approche adaptée de démonstration, de preuve.

1. Discussion générale

Une fois les hypothèses posées, le chercheur doit déterminer comment il entend confirmer ou infirmer ces hypothèses. Le chercheur devra proposer une logique de démonstration ou de preuve, c'est-à-dire une approche de recherche qui permettra de monter un dossier favorable ou défavorable à ses hypothèses. Pour continuer l'analogie à la situation du procès, le chercheur doit réunir des faits pour appuyer ses hypothèses. Une des caractéristiques principales de la recherche dite scientifique est que le chercheur ne bornera pas son observation aux seuls faits qui confirment ses a priori; il prendra en considération toutes les observations disponibles, qu'elles soutiennent ses hypothèses ou non. Plutôt que de sélectionner la réalité qui confirme ses idées préconçues, le chercheur devra ajuster ses positions théoriques pour tenir compte des observations empiriques.

> Imaginons qu'un chercheur veuille déterminer si un programme québécois d'accession à la propriété, par exemple, la réduction du taux d'emprunt hypothécaire, a un impact sur la construction résidentielle. Il pourrait structurer sa preuve d'au moins deux façons. D'abord, il pourrait demander aux participants si leur décision d'acheter une maison a été influencée par l'existence de ce programme; la preuve de l'existence d'un impact du programme serait alors la constatation que les participants lui accordent une place prépondérante dans leur décision d'achat. Le chercheur pourrait aussi comparer les taux d'achat de maisons pour des ménages de revenus équivalents au cours des années antérieures et les comparer aux taux d'achat depuis l'entrée en vigueur du programme; le critère du chercheur (son élément de preuve) serait alors que les taux d'achat sont supérieurs depuis que le programme a été mis en place. Il s'agit de deux structures de preuve légitimes qui ont chacune leurs forces et leurs faiblesses.

Plus spécifiquement, la structure de la preuve[1] dans une recherche sociale est *l'arrangement des modes de comparaison adopté pour vérifier des hypothèses, assurer les liens entre les variables retenues et éliminer les influences d'autres variables.* C'est essentiellement le choix entre la vérification d'un cas unique ou la vérification comparative de plusieurs cas; dans ce dernier cas, c'est aussi le choix entre la comparaison d'un seul groupe dans le temps ou de plusieurs, simultanément.

---

1. Dans l'édition précédente de ce manuel, nous étiquetions « stratégie de recherche » le concept que nous appelons maintenant « structure de la preuve ». Nous croyons que le concept de « preuve » est particulièrement important en recherche sociale et que la seconde expression rend mieux l'idée de constitution du dossier de démonstration que l'ancienne appellation.

1.1. Deux exemples

Prenons un premier exemple. En 1981, Chantalle Tremblay effectua une recherche pour le compte du Comité de protection de la jeunesse de Hull sur l'incidence de l'inceste[2]. Elle choisit trois groupes d'étudiants en dernière année du secondaire en fonction de la possibilité de les rencontrer trois fois chacun. La première rencontre servait à faire parler les adolescents sur leur vécu familial. La deuxième visait à démystifier l'inceste, à le définir et à informer sur ses conséquences. La dernière rencontre permettait d'obtenir, par questionnaire écrit, des informations sur le vécu des jeunes par rapport à l'inceste.

La structure de preuve employée ici était d'appliquer un stimulus uniforme (les deux premières rencontres) à l'ensemble des sujets choisis et de recueillir ensuite des informations personnelles sur chaque cas. Dans la mesure où le but de l'étude était de « cerner le taux de prévalence de l'inceste chez un groupe de jeunes étudiant(es) », madame Tremblay a bien choisi sa structure de preuve : elle a en effet établi les conditions requises (information et conscientisation) pour espérer faire une mesure valable de l'incidence d'un phénomène et elle a pris une mesure postérieure de la perception que ses sujets avaient de leur situation.

Par contre, si madame Tremblay avait cherché à démontrer que les rencontres d'information permettaient la conscientisation des adolescents à la situation d'opprimés des victimes d'inceste, elle n'aurait pas bien choisi sa structure de preuve puisque pour démontrer que le facteur déclenchant (les rencontres) a eu un effet sur les attitudes des jeunes, il aurait fallu à tout le moins mesurer leur niveau de conscientisation avant les rencontres pour le comparer à celui qui aurait prévalu après celles-ci. À la limite, il aurait fallu éliminer l'influence possible des discussions entre élèves en dehors du cadre des rencontres en constituant des groupes provenant de classes ou d'écoles différentes. On voit donc que la structure de preuve doit s'adapter au sujet analysé.

Un autre exemple. Dans un article du journal *Le Devoir*[3], André Larocque voulait démontrer que « c'est le mode de scrutin actuel qui bloque la représentation des femmes à l'Assemblée ». Pour ce faire, il avançait des chiffres à l'effet que « ce n'est pas la population qui ne veut pas élire des femmes », que les partis en présentent très peu

---

2. Chantalle TREMBLAY, *Description d'une intervention par rapport à l'inceste dans un groupe d'étudiants(es) en secondaire V de l'Outaouais*, Hull, Comité de protection de la jeunesse de Hull, 1981, 65 pages.
3. André LAROCQUE, « C'est le mode de scrutin actuel qui bloque la représentation des femmes à l'Assemblée » dans *Le Devoir*, 7 juillet 1982, p. 13.

en candidature et qu'ils leur donnent des circonscriptions imprenables. Il en concluait que cette situation est due aux impératifs techniques du mode de scrutin. Malheureusement, cette conclusion n'était pas autorisée par ses constatations précédentes.

Quelle structure de preuve aurait permis de tirer une conclusion à propos de l'incidence du mode de scrutin uninominal à un tour sur la représentation féminine? Il aurait fallu recueillir des informations sur la proportion d'élus chez les candidats masculins et féminins dans plusieurs pays ayant des systèmes électoraux différents[4] : est-ce que la Suisse, Israël ou la Belgique, qui utilisent le scrutin proportionnel, élisent plus de femmes que le Canada, le Québec, l'Angleterre ou les États-Unis, où le scrutin uninominal à un tour est en vigueur? La bonne structure de preuve aurait donc été de *comparer* plusieurs cas différents (par rapport au facteur déclenchant, le mode de scrutin) plutôt que de *décrire* le seul cas du Québec.

1.2. Considérations générales

La structure de la preuve poursuit essentiellement trois buts :

- fournir une réponse de recherche aussi valide, objective, précise et économique que possible en établissant clairement les potentialités et limites de la méthode de recherche choisie;

- produire un cadre où l'on sera en mesure de rejeter les explications de rechange, après avoir démontré la justesse des hypothèses de recherche; savoir que le niveau technologique et l'urbanisation sont reliés ne permet pas de conclure que l'un engendre l'autre, il faut aussi éliminer les influences des autres variables (l'industrialisation, par exemple) et leurs influences réciproques; et

- préciser les observations à faire; la structure de preuve dicte, par exemple, s'il faut étudier un seul sujet ou plusieurs, quelles variables semblent pertinentes, quelles comparaisons effectuer, etc.

Cette phase de structuration de la recherche est donc très importante. Par contre, elle peut se résumer à un nombre très restreint de décisions à prendre. La première porte sur le nombre de cas à retenir.

---

4. Benoît GAUTHIER, « Le mode de scrutin : une fausse justification », *Le Devoir*, 25 août 1982, p. 11; Benoît GAUTHIER, « Les femmes à l'Assemblée nationale », *Le Devoir*, 16 juillet 1982, p. 13.

2. Première branche : description ou comparaison

En 1980, Michel Pratt publiait *La grève de la United Aircraft*[5]. Dans ce texte, l'auteur cherche à décrire de façon concrète les mécanismes dont dispose l'État capitaliste pour maintenir l'exploitation de la force de travail. Il campe les acteurs : les actionnaires de la United Aircraft, les travailleurs du local 510 des TUA, les managers patronaux et l'élite d'État. Il décrit ensuite le rapport de force qui lie les deux premiers acteurs et qui évolue au cours du conflit : la puissance décroissante des travailleurs et les pertes aussi décroissantes de la compagnie. Pratt discerne trois étapes dans sa description du conflit (déclenchement, déroulement et issue) et conclut à l'inutilité de la grève et à l'importance du rôle de protecteur des capitalistes que l'État a joué.

Un deuxième exemple. Le gouvernement du Canada a la responsabilité de s'assurer que les individus traversant les frontières du pays respectent certaines règles relatives à l'immigration. Par exemple, toutes les personnes de citoyenneté autre que canadienne et américaine doivent remplir quelques formalités à leur arrivée au Canada; les résidents canadiens qui ne détiennent pas la citoyenneté canadienne empruntent une autre voie d'entrée; les criminels et autres individus jugés indésirables ne sont simplement pas admis; etc. Face à ces responsabilités, le gouvernement a mis en place un système d'examen primaire géré par les agents de douane : à l'entrée au pays, tout arrivant doit répondre à des questions visant l'immigration, les douanes et certaines autres contraintes. À partir des réponses obtenues, l'agent de douane décidera si l'arrivant doit être soumis à une entrevue plus approfondie (un examen secondaire). En 1991, Emploi et Immigration Canada voulut évaluer l'efficacité de l'examen primaire dans la sélection des individus à envoyer à l'examen secondaire. Le ministère mit en place une structure de recherche selon laquelle des données étaient recueillies sur les caractéristiques des arrivants normalement assujettis à un examen secondaire et sur les caractéristiques d'un échantillon d'arrivants sélectionnés aléatoirement pour les fins de recherche. La preuve de l'efficacité de la procédure normale d'examen devait être que la proportion de cas requérant un examen secondaire était équivalente dans le groupe sélectionné aléatoirement et dans la population normale. De plus, le ministère était en mesure d'analyser les causes d'un manque d'efficacité en comparant les résultats obtenus selon l'intensité de la circulation à la frontière, selon les types de douaniers en place, selon le moment de la journée, etc.

---

5. Michel PRATT, *La grève de la United Aircraft*, Sillery, Presses de l'Université du Québec, 1980, 115 pages.

Quelle leçon peut-on tirer de la présentation de ces deux exemples? Disons d'abord qu'il s'agit de deux recherches bien faites, selon leur mode respectif. Ce qui les différencie fondamentalement, c'est que la première a pour objectif et structure la description d'un cas unique; la seconde utilise plutôt une approche et une structure basées sur la comparaison de plusieurs cas. Voilà la première alternative à laquelle fait face le chercheur qui doit décider quelle sera la structure de preuve qu'il emploiera pour arriver à ses fins; les buts, les objectifs, les finalités en question doivent donc être clairement établis avant de s'interroger à propos de la structure.

Si la problématique étudiée et l'angle choisi pour l'analyser conditionnent grandement le choix de la structure de la preuve, il reste que le chercheur peut avoir le loisir de choisir l'une ou l'autre. Même forcé dans une voie, le chercheur devrait connaître les capacités et limites de la structure de preuve qu'il devra employer. Voyons donc plus en détails ce que comporte chaque branche de la première division, ses applications, ses exigences et ses limites.

2.1. La structure descriptive

La première branche, que nous avons appelée *descriptive*, est caractérisée par son approche générale de recherche : l'intérêt du chercheur y est de présenter l'état d'une situation, de décrire, de présenter des circonstances, d'ajuster les éléments d'un casse-tête. Ce paradigme s'oppose à la seconde approche que nous qualifierons de *comparative*. La structure descriptive est associée aux hypothèses de recherche statiques, c'est-à-dire celles qui posent des questions sur les *états* plutôt que sur les *changements d'états*. La structure descriptive est aussi une réponse aux situations de recherche où le chercheur ne pense pas pouvoir trouver de cas suffisamment semblables pour permettre des comparaisons.

Il ne faut pas négliger l'importance de la place de l'étude descriptive dans la recherche sociale. Elle est un moyen privilégié d'approfondir des problématiques. Bien qu'elle ne permette pas de démontrer irréfutablement une dynamique, elle fournit les éléments descriptifs nécessaires à la conduite de l'étude comparative. Elle est génératrice de nouvelles hypothèses grâce à l'approfondissement qu'elle permet d'une situation.

Comme toute autre structure de preuve, la structure descriptive doit respecter deux critères fondamentaux pour être considérée comme scientifique : 1) elle doit être systématique, dans le sens où la description doit être exhaustive et retenir tous les éléments pertinents du sujet d'observation; 2) la description doit aussi être basée sur une théorie. Nombreux sont les apprentis chercheurs qui considèrent que le recours à la théorie est superflu dans le cas de structures purement descriptives. Pourquoi s'encombrer de théories compliquées quand la question de recherche est simplement de décrire une situation ? En fait, la théorie est aussi importante dans la structure de preuve descriptive que dans la structure comparative, puisque c'est grâce à la théorie que le chercheur saura *quelles observations* faire et comment *interpréter* ses observations. Encore une fois : les données ne parlent pas d'elles-mêmes; il faut leur *donner un sens* grâce à la théorie.

La structure descriptive a donc ses applications particulières, mais traiter de l'attribution de causes et d'effets est habituellement hors de sa portée; cela relève plutôt des études comparatives.

2.2. La structure comparative

La seule structure de preuve disponible pour arriver à la démonstration de l'influence d'une situation sur une autre et pour être en mesure de généraliser ses conclusions est la structure *comparative*. Elle se caractérise par l'observation de plusieurs cas dont elle relève à la fois les ressemblances et les différences. Le but ultime est de mettre au jour les constances qu'on peut retrouver d'un cas à l'autre tout en observant les similitudes et les dissemblances.

Dans le cas de l'étude sur l'examen primaire d'immigration mentionnée plus haut, on pouvait observer la proportion d'individus nécessitant un examen secondaire dans le groupe constitué pour les fins de l'enquête et la proportion équivalente dans la population normale, et ainsi établir un écart qui devenait la mesure d'inefficacité du programme. Le chercheur pouvait comparer cet écart pour différents groupes : les arrivées de jour et de nuit, les arrivées contrôlées par les agents réguliers ou les surnuméraires, etc. La comparaison de plusieurs cas permet d'établir des liens de covariation à partir de différences entre des groupes constitués analytiquement; par l'utilisation de la théorie, on peut passer de ces observations de concomitances à des conclusions sur les relations de cause à effet.

Pour montrer qu'une situation *A* entraîne une situation *B*, l'analyse comparative observe plusieurs contextes où elle cherche à découvrir si 1) *A* et *B* sont présents simultanément, 2) *A* et *B* sont absents simultanément, etc. Sans entrer dans le détail des problèmes de causalité[6],

---

6. L'introduction du livre de Hubert M. BLALOCK Jr. est très utile à cet égard : *Causal Inferences in Nonexperimental Research*, Chapel Hill, University of North Carolina Press, 1964, pp. 3-26.

disons que la comparaison de plusieurs cas permet de faire ressortir des situations présentant certaines différences et certaines ressemblances et que le travail du chercheur est d'en tirer des constances.

La comparaison peut être axée sur deux pôles différents. Elle peut reposer sur plusieurs cas observés en même temps : c'est la comparaison *synchronique* qui est bien représentée par le sondage dit ponctuel d'André Blais (voir le chapitre sur le sondage). Elle peut aussi considérer le même cas à plusieurs reprises dans le temps : c'est la comparaison *diachronique ou polychronique* qu'on rencontre dans les séries chronologiques comme celles qui représentent l'évolution du chômage, des cotes de la bourse ou des précipitations mensuelles. L'une et l'autre sont légitimes et nous verrons plus loin leurs applications particulières.

Pour être utile et scientifique, la structure comparative doit obéir aux deux mêmes exigences que la structure descriptive : 1) elle doit être systématique et utiliser toutes les observations pertinentes [des dérogations à cette règle ont été à la source des critiques suscitées par *Les partis politiques* de Maurice Duverger[7] : l'auteur analyse et catégorise une vingtaine de pays, mais sans systématisation (il ne reprend pas *tous* les éléments d'analyse pour *tous* les cas retenus)]; et 2) elle doit être appuyée par une théorie qui encadre l'observation et suggère des explications aux constances observées; en effet, l'observation ne peut révéler que des covariations, les relations de cause à effet doivent être inférées théoriquement à partir de ces constatations : ainsi on peut constater que le rougissement des feuilles à l'automne suit le refroidissement de la température, mais cela ne veut pas dire que ceci entraîne cela (ce qui n'est d'ailleurs pas le cas); on peut aussi constater que la majorité des Britanniques sortent leur parapluie *avant* qu'il ne pleuve, mais on ne peut conclure à la causalité du premier sur le second que si l'on dispose d'une théorie pour l'expliquer.

La comparaison est la seule façon de démontrer une relation, soit. Mais elle n'est pas sans écueil. La première difficulté vient du problème du niveau de conceptualisation. On ne peut percevoir les faits et les choses qu'en leur donnant une forme, une vie, une explication à travers le langage et la théorie; c'est ce qui explique que deux observateurs peuvent décrire différemment la même situation et que les conceptions scientifiques du monde ont évolué dans l'histoire[8]. Les faits ne sont donc pas comparables par eux-mêmes, ils doivent d'abord être conceptualisés (ajustés à des catégories conceptuelles connues) avant de pou-

---

7. Maurice DUVERGER, *Les partis politiques*, Paris, Colin, 1976, 476 pages.
8. On lira à profit Jean ROSMORDUC, *De Thalès à Einstein*, Paris, Études Vivantes, 1980, 205 pages.

voir être intégrés à une théorie qui permette de les comparer. L'écueil de la comparaison vient de ce que, à la limite, on pourrait faire des catégories tellement lâches et ouvertes que toutes les observations montreraient que les faits se ressemblent (toutes les tables seraient des meubles); ou alors on pourrait créer des catégories tellement précises et spécifiques que chaque fait semblerait unique (votre table serait de style Louis XVI avec une égratignure au coin gauche). Où se situe donc le niveau de précision des concepts qui permette à la fois de distinguer les situations différentes et de faire ressortir les constances (ressemblances) pertinentes? C'est là que réside la grande difficulté de la comparaison[9]. La structure comparative comporte aussi d'autres interrogations qui requièrent au préalable d'examiner en détail son application.

3. Deuxième branche : comparaison avec et sans groupe contrôle

En 1986, Communications Canada, Tourisme Canada et le Secrétariat d'État s'intéressaient à la possibilité d'augmenter la fréquentation touristique en utilisant différents « ingrédients » culturels comme attraits. Ces partenaires commanditèrent des groupes locaux dans quatre villes canadiennes pour mettre sur pied et gérer des projets pilotes analysant cette question.

À Winnipeg, les organisateurs mirent sur pied un système de réservation à guichet unique et proposèrent des forfaits comprenant les couchers, certains repas et des événements variés allant du *Royal Winnipeg Ballet* aux parties de hockey professionnel des *Jets*. L'hypothèse des organisateurs était que la publicité sur ces forfaits (radio, journaux) augmenterait la visibilité de la ville et son attrait pour les résidents du Dakota du Nord. Pour vérifier cette hypothèse, les promoteurs structurèrent leur preuve de la façon suivante : ils menèrent un premier sondage au Dakota du Nord avant toute campagne publicitaire et comparèrent ces premiers résultats avec les observations d'un second sondage visant la même population effectué quelque temps après. La comparaison des résultats avant et après la campagne publicitaire constituait le critère de succès de l'activité.

À Toronto, les groupes culturels constituèrent un organisme *ad hoc* pour agencer des forfaits mettant l'accent sur la culture classique. Opéra, ballet, théâtre et musique symphonique étaient à l'honneur.

---

9. L'article de Jane JENSON, « The Filling of Wine Bottles is Not Easy », dans *Canadian Journal of Political Science*, vol. 11, n° 2, juin 1978, pp. 437-446, est très intéressant à cet égard.

Ces forfaits étaient vendus par un seul organisme, ce qui simplifiait les choses pour le visiteur. La promotion de ces produits était faite par les journaux et la radio ainsi que par une campagne de promotion postale. L'effet de la campagne par la poste a été mesuré en comparant la proportion des individus ayant visité Toronto et participé à des activités culturelles classiques au cours d'une période donnée parmi ceux qui avait reçu la promotion postale, et dans un échantillon aléatoire de la population visée. La différence entre ces deux proportions était considérée comme attribuable aux impacts de la campagne de promotion.

Voilà donc deux exemples de recherches ayant eu recours à des structures comparatives. Dans chacun des cas, on a choisi plus d'un sujet d'observation et le fond de l'enquête a consisté à *comparer* des situations.

Mais ces deux structures de preuve ne sont pas équivalentes. Comment diffèrent-elles? Dans le cas de la campagne de Winnipeg, un seul groupe de cas est comparé à deux périodes dans le temps. Dans le cas de Toronto, deux groupes d'individus sont comparés à un seul moment dans le temps. *La première distinction à l'intérieur de la catégorie des structures comparatives est fondée sur l'existence ou l'inexistence de groupes contrôles ou de groupes témoins.*

Avant d'aller plus loin, il faut clarifier le concept d'*événement déclencheur*. Toute structure de preuve comparative correspond à une hypothèse portant sur un changement d'état : on émet l'hypothèse qu'un état est modifié par une situation ou un événement particuliers. Cet événement ou cette situation sont ici appelés « facteurs déclenchants » puisqu'ils sont supposés responsables du changement dans l'état de l'objet d'observation[10]. Voici quelques exemples (nous ne suggérons pas que ces hypothèses sont réalistes) :

- Les modifications des relations de pouvoir entre hommes et femmes (le facteur déclenchant) expliquent l'augmentation du taux de participation des femmes au marché du travail (le changement dans l'état).

- Les variations dans le taux de chômage (le changement dans l'état) sont causés par les fluctuations de la demande internationale pour les produits locaux (le facteur déclenchant).

---

10. Le vocabulaire traditionnel étiquette « variable dépendante » l'état de l'objet d'observation et « variable indépendante » le facteur déclenchant. Ces expressions, outre le fait qu'elles n'ont pas une très grande valeur pédagogique auprès des non-initiés, laissent entendre que les variables « indépendantes » sont elles-mêmes libres de détermination, ce qui est faux.

- Les investissements publics en infrastructures routières (le facteur déclenchant) sont responsables de l'augmentation des coûts structurels des municipalités (un changement dans l'état) et de l'effritement du tissu urbain (un autre changement dans l'état).

- Les affiliations aux partis politiques (l'état) sont aujourd'hui plus fluides qu'autrefois (le changement dans l'état) à cause de la grande ressemblance des offres des différents partis (le facteur déclenchant).

3.1. La structure comparative sans groupe contrôle

La structure comparative sans groupe contrôle fait porter ses observations sur un seul groupe, que ce soient les étudiants d'un cégep, les électeurs d'un territoire, les participants à une thérapie, les municipalités d'une province, les syndicats d'une industrie ou les membres d'une tribu. Si les observations sur ce groupe unique n'étaient faites qu'une seule fois, on serait en présence d'une structure de preuve descriptive. En effet, si une seule mesure est prise sur un seul groupe, il ne reste rien à comparer! Dans l'optique d'une hypothèse reliant un facteur déclenchant à un état, la structure descriptive serait schématisée comme au tableau 1.

On peut voir immédiatement les faiblesses de la structure descriptive comme approche à la démonstration d'une relation de cause à effet entre un facteur déclenchant et un changement d'état : comme on ne fait que décrire la situation après que le facteur déclenchant ait fait son œuvre, on ne peut inférer la relation de cause à effet qu'à partir du jugement des acteurs. On ne peut pas apporter de démonstration factuelle de l'effet du facteur déclenchant par la description pure et simple d'un seul groupe.

> Par exemple, il n'est pas possible de déterminer directement si un programme de diète alimentaire modifie le poids des participants en mesurant simplement le poids collectif d'un groupe de personnes ayant suivi une diète. En effet, tout ce que l'on saurait alors est que le groupe pèse X livres, sans pouvoir dire si cela correspond à une perte de poids. Bien sûr, on pourrait, au cours d'une mesure unique et postérieure à la participation à cette diète collective, demander aux participants s'ils ont perdu du poids. Cependant, d'une part, il ne s'agirait pas d'une démonstration directe de l'effet et, d'autre part, cette procédure nécessiterait une comparaison implicite de la part des participants. La structure descriptive n'est pas appropriée dans ce cas parce que l'hypothèse inclut l'idée de changement.

TABLEAU 1
Schématisation des structures de preuve

Structure	Mesure antérieure au facteur déclenchant	Facteur déclenchant	Mesure postérieure au facteur déclenchant
STRUCTURES DESCRIPTIVES			
Sans facteur déclenchant	(Aucune)		Op
Avec facteur déclenchant	(Aucune)	▶	Op
STRUCTURES COMPARATIVES SANS GROUPE TÉMOIN			
À plusieurs mesures postérieures	(Aucune)	▶	Op_1 Op_2 Op_3 Op_4...
À mesures uniques antérieures et postérieures	Oa_1	▶	Op_1
À mesures multiples antérieures et postérieures	Oa_1 Oa_2 Oa_3 Oa_4...	▶	Op_1 Op_2 Op_3 Op_4...
STRUCTURES COMPARATIVES AVEC GROUPE TÉMOIN			
À une mesure postérieure avec constitution aléatoire	(Aucune)	▶	Op_1
	(Aucune)		Op_1
À une mesure postérieure avec constitution non aléatoire	(Aucune)	▶	Op_1
	(Aucune)		Op_2
À mesures antérieures et postérieures avec constitution aléatoire	Oa_1	▶	Op_1
	Oa_2		Op_2
À mesures antérieures et postérieures avec constitution non aléatoire	Oa_1	▶	Op_1
	Oa_2		Op_2

La structure comparative sans groupe contrôle requiert donc plus d'une mesure. Ces mesures peuvent être prises avant ou après l'événement déclencheur qui intéresse l'étude comparative. On reconnaît trois situations de structures de preuves comparatives sans groupe contrôle, selon le nombre d'observations et selon leur position dans le temps.

Plusieurs comparaisons après le facteur déclenchant

Une première structure très simple de comparaison sans groupe contrôle est caractérisée par la prise de plusieurs mesures uniquement après le facteur déclenchant. Cette structure est schématisée au tableau 1.

> Imaginons, par exemple, qu'une entreprise met en place un programme de satisfaction au travail. Les gestionnaires de la compagnie décident d'instituer un programme d'évaluation du rendement, de former les chefs de service à la communication interpersonnelle, de fournir des occasions aux employés de faire connaître leurs doléances, etc. La présidente de la firme voudrait connaître les effets réels de ces efforts de gestion. Cependant, nul n'a jugé bon de mesurer empiriquement la satisfaction des employés avant la mise en place du programme. Les responsables sont donc réduits à mesurer régulièrement la satisfaction *après* la mise en place des mesures correctrices. Il s'agit 1) d'une structure de preuve comparative puisqu'elle est basée sur la comparaison de mesures, 2) mais à un seul groupe puisque seuls les employés seront questionnés, et 3) avec plusieurs mesures postérieures au programme.

L'*avantage* principal de cette structure de preuve est la simplicité. On peut implanter une telle structure à tout moment, même après le facteur déclenchant. On peut mesurer la faveur de l'opinion publique face au gouvernement à tout moment après son élection. Les *faiblesses* de cette structure sont aussi évidentes. L'attribution, au facteur déclenchant, des changements dans l'état de l'objet mesuré doit être fondée sur le postulat que l'état n'évoluait pas déjà dans la direction observée avant le facteur déclenchant. C'est là un postulat très faible. Pourtant, beaucoup d'évaluations de programmes gouvernementaux doivent se contenter de ce type de structure de preuve à défaut de mesures de l'état de la cible de l'intervention antérieures à la mise en place du programme public.

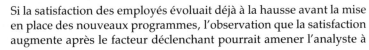

> Si la satisfaction des employés évoluait déjà à la hausse avant la mise en place des nouveaux programmes, l'observation que la satisfaction augmente après le facteur déclenchant pourrait amener l'analyste à

conclure, faussement, que les nouvelles mesures ont eu un effet positif. Dans les faits, la tendance à la hausse pourrait être causée par d'autres sources ou être le résultat d'une évolution naturelle. Cette structure de preuve ne permet pas de décortiquer ces effets.

L'utilisation de ce type de structure requiert un encadrement théorique particulièrement solide. En effet, l'analyste ne peut pas compter que le hasard éliminera les différences entre les groupes comparés puisqu'un seul groupe est analysé. Les autres raisons qui pourraient expliquer les changements de l'état de l'objet d'étude doivent être déterminées, inclues dans le modèle de mesure et contrôlées statistiquement pour en éliminer les influences parasitaires. Cette procédure est un pis aller, cependant. D'autres structures de preuve permettent de mieux éliminer ces explications de rechanges.

Comparaison unique avant et après le facteur déclenchant

En 1988, le gouvernement du Québec annonçait que, pour augmenter le taux de fertilité des femmes québécoises en vue de limiter le problème prévisible du déclin de la population, il offrait des montants forfaitaires aux mères lors de l'accouchement. Le « bébé-boni », comme on vint à l'appeler, augmentait en importance selon le rang de l'enfant nouveau-né et était versé mensuellement sur une période de quelques années. En 1989, ces bébés-bonis ont coûté 110 millions de dollars aux Québécois. Dès 1989, le ministre des Finances annonçait fièrement que le programme portait ses fruits. Il fondait sa conclusion sur une comparaison du taux de fertilité des femmes en âge de procréer pour 1988 et 1989. On pouvait observer une augmentation significative du taux de fertilité au cours de ces deux années.

Dans l'exemple ci-dessus, un seul groupe fait l'objet d'observation : les femmes québécoises. Cette observation se fait en deux temps et le critère décisif de l'analyse est la comparaison d'une valeur donnée (le taux de fertilité) entre deux moments séparés par le facteur déclenchant (le programme Bébés-bonis). Cette structure comporte un *avantage* certain par rapport à la comparaison uniquement ultérieure : l'analyste peut au moins documenter un changement.

Cette structure soulève cependant plusieurs *problèmes* : L'évolution entre les deux mesures était-elle déjà en cours avant la mesure antérieure? L'évolution entre les deux mesures persistera-t-elle après la mesure ultérieure? La différence entre les deux mesures est-elle réellement due aux effets du facteur déclenchant ou s'il est possible que les changements observés soient reliés à d'autres modifications dans l'environnement ou à des effets de vieillissement ou de maturation? Toutes ces questions sont valables. Le principal outil de l'analyste, utilisant une structure de preuve à comparaison unique avant et après le facteur déclenchant ou voulant réduire les possibilités que ces problèmes ne hantent ses conclusions, est la théorie. Encore une fois, c'est le support théorique qui fournira au chercheur les munitions logiques permettant d'établir le lien de causalité entre les différents changements et qui lui permettra de prévoir les autres modifications de l'environnement qui pourraient expliquer les changements dans l'état de l'objet d'observation.

> Dans l'exemple des bébés-bonis, l'analyste devra tenir compte de l'évolution des attitudes sociales face à la famille, des changements dans le climat économique, de l'évolution du chômage et du revenu disponible, de l'existence d'infrastructures favorables à la famille, de la structure d'âge de la population en âge de procréer et de tout autre facteur qui pourrait avoir un impact sur le taux de fertilité. S'il néglige ces aspects, l'analyste s'en tiendra à la réaction du ministre qui attribue l'ensemble de l'évolution du taux de fertilité au programme gouvernemental alors que d'autres facteurs ont sans doute contribué à la situation.

Comparaisons multiples avant et après le facteur déclenchant

> En 1982-1983, sous le Programme canadien d'encouragement à l'accession à la propriété, la Société canadienne d'hypothèques et de logement (SCHL) fournissait des subventions de 3 000 $ aux acheteurs de maisons neuves. On se souviendra que ces années correspondaient au creux de la récession du début de la décennie 80. Les taux d'intérêts sur prêts hypothécaires avaient grimpé au-delà de 20 p. 100 et l'industrie de la construction travaillait au ralenti. Pour stimuler l'activité économique, le gouvernement du Canada avait mis ce programme sur pied. L'objectif était d'augmenter le nombre de mises en chantier. Effectivement, au cours des onze mois d'activité du programme les mises en chantier ont augmenté, mais il n'est pas clair que ce changement ait été dû au programme puisque, durant la même période, les taux d'intérêts ont chuté de moitié. Afin de déterminer la contribution du programme à la reprise de la construction domiciliaire, les évaluateurs de la SCHL mirent en parallèle l'évolution mensuelle des mises en chantier depuis quelques décennies, le niveau moyen des taux d'intérêts hypothécaires au cours de la même période, l'activité du programme et d'autres variables significatives. Ils considérèrent aussi les dix-huit mois qui suivirent la fin du programme.

Dans cet exemple, les chercheurs n'ont observé l'évolution que d'un seul groupe, soit l'ensemble du parc domiciliaire canadien. Par contre, ils ont utilisé plusieurs dizaines de mesures antérieures au facteur déclenchant (le programme) et dix-huit mesures qui lui sont postérieures. Nous nous trouvons donc devant le troisième type de structure comparative sans groupe témoin : la structure à mesures multiples antérieures et postérieures au facteur déclenchant (voir tableau 1). On appelle aussi cette structure *série chronologique*.

Cette structure a l'*avantage* certain de répondre aux préoccupations relevées plus tôt à l'égard de la continuité de l'effet après une première mesure postérieure et quant à l'existence possible d'une tendance antérieure au facteur déclenchant et donc indépendante de celui-ci. La série chronologique constitue donc une preuve plus solide que la structure à mesure antérieure et postérieure unique.

Cependant, elle n'écarte pas les *problèmes* d'attribution du changement observé au facteur déclenchant. Il n'est pas possible de démontrer irréfutablement que le changement dans l'objet d'observation (le nombre de mises en chantier dans l'exemple ci-dessus) est dû au facteur déclenchant puisque d'autres changements ont pu se produire de façon concomitante. Bien que des outils économétriques existent pour permettre de réduire l'incertitude face à cette situation possible, ils ne sont pas sans faille et la preuve est rarement parfaite.

> Deux ans après la première annonce de l'efficacité inattendue du programme de bébés-bonis, les ministres québécois concernés devaient ajuster leur discours : on avait documenté que la hausse du taux de fertilité avait précédé l'instauration du programme et que la hausse mesurée à la suite du programme avait fléchi en 1990. L'allongement de la période d'observation permettait donc de remettre en question l'efficacité du programme Bébés-bonis.

Forces et faiblesses de la structure comparative sans groupe contrôle

La structure comparative sans groupe témoin présente l'avantage de la *simplicité*. Il n'est pas nécessaire de constituer un groupe contrôle, de démontrer sa comparabilité, de contrôler statistiquement les différences possibles entre les deux groupes, de prévenir les effets reliés à l'exposition d'un seul des deux groupes au facteur déclenchant, etc. C'est une structure de preuve simple, compréhensible et qui peut être mise en place même après que le facteur déclenchant ait fait son œuvre comme dans tous les exemples présentés dans cette section.

Par contre, la structure comparative sans groupe témoin ne permet pas de contrôler que les changements observés sont *causés par le facteur déclenchant* lui-même plutôt que par une autre source, extérieure à l'hypothèse analysée. Pour pouvoir effectuer ce contrôle, le chercheur devra comparer les résultats obtenus auprès du groupe soumis au facteur déclenchant avec les résultats obtenus d'un groupe équivalent, mais qui n'y a pas été soumis. Il mettra donc en place une structure de preuve comparative avec groupe contrôle.

3.2. La structure comparative avec groupe contrôle

La meilleure façon de s'assurer que le changement observé dans l'état intéressant le chercheur est relié directement au facteur déclenchant est donc la comparaison de situations où le facteur déclenchant a pris effet avec d'autres situations caractérisées par l'absence du facteur déclenchant. Ces dernières situations sont appelées *groupe contrôle* ou *groupe témoin*. Dans l'étude de ces structures, il y a deux dimensions particulièrement importantes à mettre en lumière : d'abord le moment et le nombre des mesures, ensuite la procédure de constitution des groupes témoins et expérimentaux.

Mesure après seulement

Dans le cadre de ses activités de formation de la main-d'œuvre, Emploi et Immigration Canada subventionne la formation offerte aux individus dont les emplois sont en danger par suite de changements technologiques ou concurrentiels. Il s'agit du Programme d'acquisition de compétences. Ce programme a été soumis à une évaluation en 1991. Cette étude devait déterminer si le programme contribuait à la réduction des pertes d'emploi et à l'amélioration de la performance des entreprises. La firme d'évaluation chargée de mener l'étude évaluative fonda sa preuve sur la comparaison de nombreux critères d'impacts possibles du programme (amélioration des compétences, incidence du chômage, longueur de la période sans emploi, type d'emploi acquis, utilisation de technologie informatique, salaire, etc.) pour un échantillon de participants et un échantillon de la population générale active sur le marché du travail. Les évaluateurs tirèrent un échantillon de participants et les interviewèrent par téléphone; ils firent de même pour un échantillon de la population canadienne en s'assurant d'abord qu'il s'agissait de personnes actives sur le marché du travail. Les indicateurs de performance ne furent mesurés qu'après la participation au programme puisqu'aucune mesure n'avait été prise par le ministère avant l'accès au programme et parce qu'il n'était pas possible d'attendre les quelques années nécessaires à la mise en place d'une mesure antérieure suivie d'une mesure ultérieure distante de deux à trois ans de la période de formation. Une seule mesure a également été prise auprès de la population en général, qui constituait le groupe témoin.

Dans la structure comparative avec un seul groupe, la logique de la preuve était basée sur la comparaison de divers états d'un même groupe d'individus. Dans la structure comparative avec groupe témoin, la démonstration de l'impact d'un facteur déclenchant prend sa source dans la mesure de la différence entre les états des deux groupes. On émet l'hypothèse que les deux groupes sont équivalents avant l'intervention du facteur déclenchant et que les différences mesurées après sont dues à ce facteur.

La *force* de la structure comparative avec groupe témoin par rapport à la structure à un seul groupe tient à ce que l'on utilise le groupe témoin comme critère d'effet plutôt que le groupe expérimental[11] lui-même. En conséquence, on peut conclure que le facteur déclenchant semble créer un écart entre les deux groupes. Dans les structures sans groupe témoin, cette conclusion était plus difficile à tirer parce que les comparaisons étaient toutes faites sur le même groupe qui pouvait être « corrompu » par l'effet de l'expérimentation ou par d'autres effets circonstantiels.

Le *problème* que la structure comparative avec groupe témoin à une seule mesure ultérieure ne règle pas, c'est la question de l'équivalence des groupes. En effet, il est possible que les deux groupes comparés ne soient pas réellement comparables avant l'intervention du facteur déclenchant. Par exemple, les participants à un programme de formation pourraient être systématiquement plus motivés à l'acquisition de connaissances ou être systématiquement dans une situation d'emploi plus précaire. La structure comparative avec groupe témoin et mesure antérieure peut régler cette question.

Mesure avant et après

Chaque année, Saint-Boniface (Manitoba) est le lieu d'un festival d'envergure qui met en vedette la culture canadienne-française. C'est le Festival des Voyageurs, ainsi nommé en l'honneur des grands découvreurs français qui ont repoussé les limites de l'Ouest. Le

---

11. On nomme « groupe expérimental » le groupe d'individus soumis au facteur déclenchant et « groupe témoin » le groupe qui est libre de l'intervention du facteur déclenchant.

gouvernement du Canada subventionne annuellement le Festival des Voyageurs et justifie son geste par la supposition que le Festival contribue à favoriser une meilleure compréhension de la situation des francophones au Manitoba et une plus grande tolérance face au fait français dans cette province. Pour vérifier ce postulat du financement fédéral, une firme d'experts-conseil a mis au point la structure de recherche suivante. Quelques semaines avant la tenue du Festival, un échantillon de 1 000 Manitobains a été interviewé par téléphone. Au cours de cette entrevue, on mesurait les connaissances, opinions et attitudes des sujets envers les francophones et le fait français. Deux semaines après le Festival, les mêmes individus ont été contactés à nouveau et resoumis au même questionnaire. Les chercheurs comptaient démontrer que les attitudes des sujets de l'enquête qui s'étaient rendus au Festival s'étaient améliorées davantage que celles des sujets qui ne s'y étaient pas rendus.

La dernière phrase de cet exemple clarifie la distinction la plus importante entre cette structure de preuve et toutes les autres structures comparatives : dans la structure comparative avec groupe témoin et mesures antérieures et postérieures, l'analyse porte sur la comparaison de *changements* et non d'états, comme dans les autres structures comparatives. Ici, on met l'accent sur la mesure de l'état de l'objet d'étude avant et après le facteur déclenchant et sur la comparaison des différences entre les changements observés dans les groupes expérimental et contrôle.

Dans le cas ci-dessus, on s'intéressera à l'amélioration des attitudes vis-à-vis des francophones entre les deux mesures et on comparera l'amélioration intervenue dans le groupe ayant participé au Festival et celle observée dans le groupe qui n'y a pas participé.

L'immense *avantage* de cette approche est que l'on peut tenir compte des différences entre les deux groupes avant le facteur déclenchant et on peut contrôler les biais causés par l'autosélection des individus face au facteur déclenchant. En effet, il est très possible que les individus qui se rendent au Festival des Voyageurs soient systématiquement différents de ceux qui ne le font pas : par exemple, ils pourraient être plus tolérants face aux francophones. En effectuant une mesure antérieure, on peut se concentrer sur les changements intervenus plutôt que sur les états ultérieurs.

La mesure antérieure soulève cependant des *problèmes* dont l'un des plus importants est que la mesure antérieure sensibilise les sujets de l'étude à la problématique et peut, en conséquence, modifier leur comportement par rapport à ce qu'il aurait été sans mesure antérieure. Interroger un individu sur ses habitudes de lecture peut l'amener à les modifier; l'auteur a observé cet effet alors qu'un questionnaire auto-administré demandait aux sujets d'indiquer le nombre de livres qu'ils avaient lus dans les derniers douze mois à l'intérieur de catégories de types de livres; lors d'une entrevue subséquente, certains sujets ont mentionné avoir pris conscience de lacunes (par leur propre définition) de leurs habitudes de lecture. Il est toujours possible de complexifier la structure de recherche et d'avoir quatre groupes stratégiques[12] dont deux ne seront interrogés qu'après l'application du facteur déclenchant, mais ces structures deviennent très complexes et leur description déborde le cadre de ce chapitre.

Il reste un problème sérieux dans cette structure : est-il possible que la dynamique reliant le facteur déclenchant au changement d'état soit particulière au groupe sélectionné pour subir le facteur déclenchant? Par exemple, est-il possible que l'effet de la participation au Festival des Voyageurs soit spécifique à la clientèle du Festival et que cet effet ne soit pas reproductible pour les non-participants? Est-il possible que, chez les non-participants, une visite au Festival réduise plutôt que d'augmenter la tolérance vis-à-vis des francophones? Cette faiblesse de la structure de preuve ne peut être évitée que par la constitution aléatoire des groupes stratégiques.

Groupes contrôles aléatoires ou non

En 1966, Jean Laponce[13] mit au point une structure de preuve très originale pour analyser l'incidence de la publication des résultats de sondages sur les intentions électorales des voteurs. Il voulait démontrer que plus l'écart en pourcentage est grand entre deux candidats, au premier tour de scrutin, plus est grande la tendance des voteurs à aller à la rescousse de l'opprimé (the underdog) au scrutin suivant. Pour ce faire, il demanda à des sujets réunis en plusieurs groupes disparates de choisir individuellement entre deux candidats désignés uniquement par leur nom. On annonça ensuite des résultats truqués à chacun des groupes : dans un groupe choisi aléatoirement, on annonça la répartition 51 p. 100 — 49 p. 100, dans un autre, 61 p. 100 — 39 p. 100 et ainsi de suite jusqu'à 91 p. 100 — 9 p. 100. On demanda ensuite à chacun des sujets de revoter en considération de ce premier résultat. Les décisions individuelles furent ensuite analysées. Il ressortit clairement que les étudiants universitaires choisirent d'aller à la rescousse de l'opprimé (underdog effect) alors que

---

12. L'expression « groupes stratégiques » désigne les groupes expérimentaux et témoins.
13. Jean LAPONCE, « An Experimental Method to Measure the Tendency to Equibalance in a Political System », dans *American Political Science Review*, 1966, pp. 982-993.

les étudiants de niveau primaire furent influencés par le désir de l'emporter (*bandwagon effect*). L'auteur conclut que si l'élection est prise comme un jeu, la rescousse à l'opprimé est plus forte, alors que si l'élection est prise comme un combat, la volonté de gagner prime.

En quoi la situation de recherche décrite ci-dessus diffère-t-elle de celle devant laquelle se trouvait l'analyste du Festival des Voyageurs? Dans ce dernier cas, le chercheur assigne aléatoirement les différents groupes qu'il observe à des valeurs différentes du facteur déclenchant (la distribution des votes présentée avant le deuxième scrutin). En procédant ainsi, le chercheur peut ramener les différences entre les groupes stratégiques à des niveaux analysables grâce aux techniques de la statistique inférentielle. Autrement dit, si suffisamment d'individus et de groupes sont analysés et soumis à une attribution aléatoire des valeurs du facteur déclenchant, les autres différences reliées aux autres caractéristiques des groupes analysés devraient s'annuler respectivement de sorte que les différences observées dans l'état de l'objet mesuré seront attribuables directement au facteur déclenchant.

Dans l'exemple du Festival des Voyageurs, si l'analyste avait pu désigner aléatoirement quels individus se rendraient au Festival et lesquels resteraient chez eux, il aurait pu éliminer les autres différences caractérisant les groupes expérimental et contrôle. Par exemple, les attitudes des participants vis-à-vis les francophones auraient été similaires d'une groupe à l'autre (puisque les individus auraient été distribués également entre les deux groupes suivant le hasard pur) et cette variable n'aurait pas pu contribuer à expliquer les différences observées ultérieurement entre les groupes stratégiques.

La détermination aléatoire de l'appartenance des objets d'observation aux groupes expérimental ou témoin présente donc des *avantages* certains du point de vue de la preuve : le chercheur n'a pas à se préoccuper autant de l'équivalence antérieure des deux groupes stratégiques; les explications de rechange de l'état ultérieur des objets d'observation sont mises en échec puisque, en théorie, seule l'exposition au facteur déclenchant diffère d'un groupe à l'autre; l'impact du processus de sélection lui-même est contrôlé puisque les deux groupes l'ont subi; etc.

Par contre, la sélection aléatoire des cas dans l'un ou l'autre groupe stratégique comporte des *faiblesses* certaines. D'abord, il s'agit généralement d'une procédure artificielle qui ne trouvera pas d'équivalent dans la vraie vie. Par exemple, personne ne sera obligé de participer au Festival des Voyageurs; en conséquence, celui qui serait sélectionné pour y participer comme membre du groupe expérimental alors que ses attitudes sont extrêmement défavorables aux francophones pourrait certes avoir des réactions beaucoup plus négatives que tout individu qui s'y rendrait de son propre gré. Dans un tel cas, l'analyste conclurait que le Festival des Voyageurs a un impact négatif (sur le membre du groupe expérimental) alors qu'il n'aurait pas un tel impact sur un participant « normal » ou « typique ».

Cet exemple nous amène à la seconde faiblesse de la sélection aléatoire des cas, soit la difficulté de généraliser les résultats obtenus dans un contexte aussi lointain de la réalité. C'est notamment à cause de ces difficultés que nombre de grandes (et coûteuses) évaluations américaines de programmes de soutien du revenu n'ont donné aucun résultat tangible sur le plan des politiques publiques puisque leurs conclusions n'étaient pas vraisemblables[14].

Finalement, l'attribution aléatoire des individus aux groupes expérimental et contrôle soulève souvent de sérieux problèmes d'éthique. Certains d'entre eux seront examinés à l'intérieur du chapitre traitant spécifiquement de cette question. Mentionnons dès maintenant qu'il est pratiquement impossible de refuser une intervention gouvernementale sous prétexte de constitution de groupes de traitement; par exemple, on peut imaginer la réaction du public si un administrateur décidait de n'offrir ses subventions qu'à la moitié des municipalités sous prétexte que l'autre moitié servira de groupe témoin dans le cadre d'une recherche sur la performance d'un programme! Il est possible de constituer les groupes stratégiques de façon aléatoire lorsque la recherche est menée sur une petite échelle et qu'elle n'implique pas de décision gouvernementale. La recherche universitaire tombe souvent dans cette catégorie. C'est plus rarement (mais cela arrive) le cas de la recherche appliquée effectuée hors de l'université. Du point de vue de la qualité de la preuve, cependant, c'est une structure plus rigoureuse que les autres, dans la mesure où l'analyste parvient à réduire les risques inhérents à la détermination aléatoire de l'appartenance des objets d'observation aux groupes stratégiques.

Une dernière note. Devant les difficultés rencontrées dans la mise en place de structures de preuve comparatives avec constitution aléatoire des groupes stratégiques, certains chercheur ont développé une nouvelle méthode de recherche : la *simulation*. Sans empiéter sur le chapitre qui en traite directement, disons simplement que la simulation est l'élaboration d'un modèle mathématique représentant une simplification de la

---

14. Frank L. GRAVES, « The Changing Role of Non-Randomized Research Designs in the Assessment of Program Effectiveness », à paraître.

réalité et qui permet d'analyser la dynamique d'un système. Comme les relations sont formelles et quantifiées, le chercheur contrôle parfaitement toutes les conditions de sa simulation et peut modifier certains paramètres expérimentaux pour analyser leurs impacts.

> Ainsi, en utilisant une simulation mathématique du comportement d'un parc de logement soumis à diverses politiques gouvernementales, Gauthier[15] a démontré que la construction, la démolition et la rénovation de logements aussi bien que la création d'emplois ou qu'une politique d'information ne réussissaient ni l'une ni l'autre isolément à améliorer le bien-être d'une municipalité. Il conclut que c'est la conjonction de l'aide à l'entreprise, de l'augmentation des services publics et d'une meilleure information qui est la meilleure garantie d'une ville en santé.

4. Validité interne et validité externe

Dans la section précédente, nous avons jugé de la valeur des différentes structures de preuve en considérant les forces et faiblesses principales de chacune. Il est maintenant temps de cataloguer ces différents critères plus systématiquement. Dans la littérature sur le sujet, on regroupe généralement les menaces à la solidité des conclusions de recherche sous deux en-têtes : les menaces à la validité interne et à la validité externe. *La validité interne est la caractéristique d'une structure de preuve dont les conclusions sur la relation de cause à effet reliant le facteur déclenchant au changement d'état de la cible sont solides et qui assure que les changements ne sont pas causés par la modification d'autres variables.* En comparaison, *la validité externe est la caractéristique d'une structure de preuve dont les résultats obtenus sont généralisables au-delà des cas observés pour les fins de l'étude.* Une recherche peut donc présenter une bonne validité interne sans que sa validité externe ne soit très forte : c'est le cas d'une expérience très réduite et extrêmement contrôlée où quelques sujets sont assignés aléatoirement à des traitements différents et où les conditions dans lesquelles se déroule l'étude sont strictement équivalentes pour tous les groupes. À l'inverse, une étude peut avoir une bonne validité externe sans être très recommandable sur le plan de la validité interne : les sondages ponctuels prennent une mesure large chez un grand nombre d'individus et sont facilement généralisables, mais ils sont faibles concernant l'assurance que les changements observés sont reliés uniquement au facteur déclenchant.

---

15. Benoît GAUTHIER, *Logement et politiques gouvernementales : le cas de Donnacona*, Québec, Université Laval, Laboratoire d'études politiques et administratives, Notes et travaux de recherche n° 2, mars 1982, 265 pages.

On reconnaît un nombre restreint de menaces aux validités interne et externe[16]. Les figures 1 et 2 les schématisent. La validité interne est surtout menacée par :

- *l'état de la cible avant le facteur déclenchant* : l'équivalence des groupes stratégiques est en cause ici. S'ils ne sont pas comparables, quant à l'état de la cible avant l'intervention du facteur déclenchant, les conclusions sur l'effet du facteur déclenchant peuvent être faussées;

- *les autres caractéristiques de la cible* : ce facteur est lui aussi relié à l'équivalence des groupes, mais porte sur des caractéristiques autres que l'état de l'objet d'observation. Des groupes non équivalents dans d'autres aspects de leur nature peuvent rendre difficile l'établissement du lien de causalité;

- *les changements dans l'environnement* : des modifications peuvent intervenir au cours de la période d'observation et affecter l'état de la cible. Ces changements pourraient être faussement attribués au facteur déclenchant;

- *le passage du temps* : aussi appelée effet de maturation, cette menace est reliée à la maturation des groupes stratégiques, à l'évolution de leurs expériences et de leurs connaissances par rapport à des sujets reliés à l'objet d'observation;

- *les méthodes de mesure* : au cours de la recherche, les instruments de mesure peuvent changer ou encore la façon de les utiliser peut dévier. Ces modifications pourraient avoir un effet sur la mesure de l'état de la cible et être confondues avec des changements réels dans la cible elle-même.

La validité externe est soumise aux conditions problématiques suivantes (voir figure 2) :

- *l'autosélection* : lorsque la sélection des individus à l'intérieur des groupes stratégiques est non aléatoire, les caractéristiques des individus sélectionnés peuvent être la cause de l'état ultérieur

---

16. Voir par exemple André OUELLET, *Processus de recherche. Une approche systémique*, Québec, Presses de l'Université du Québec, 1981, pp. 147-152 ou André-Pierre CONTANDRIOPOULOS *et al.*, *Savoir préparer une recherche*, Montréal, Presses de l'Université de Montréal, 1990, pp. 40-47.

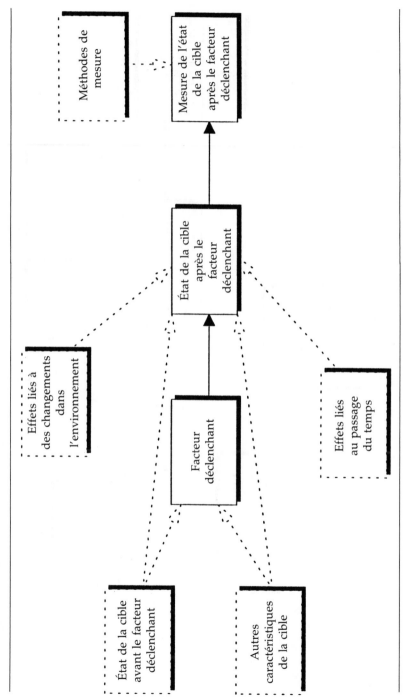

FIGURE 1
Menaces à la validité interne

FIGURE 2
Menaces à la validité externe

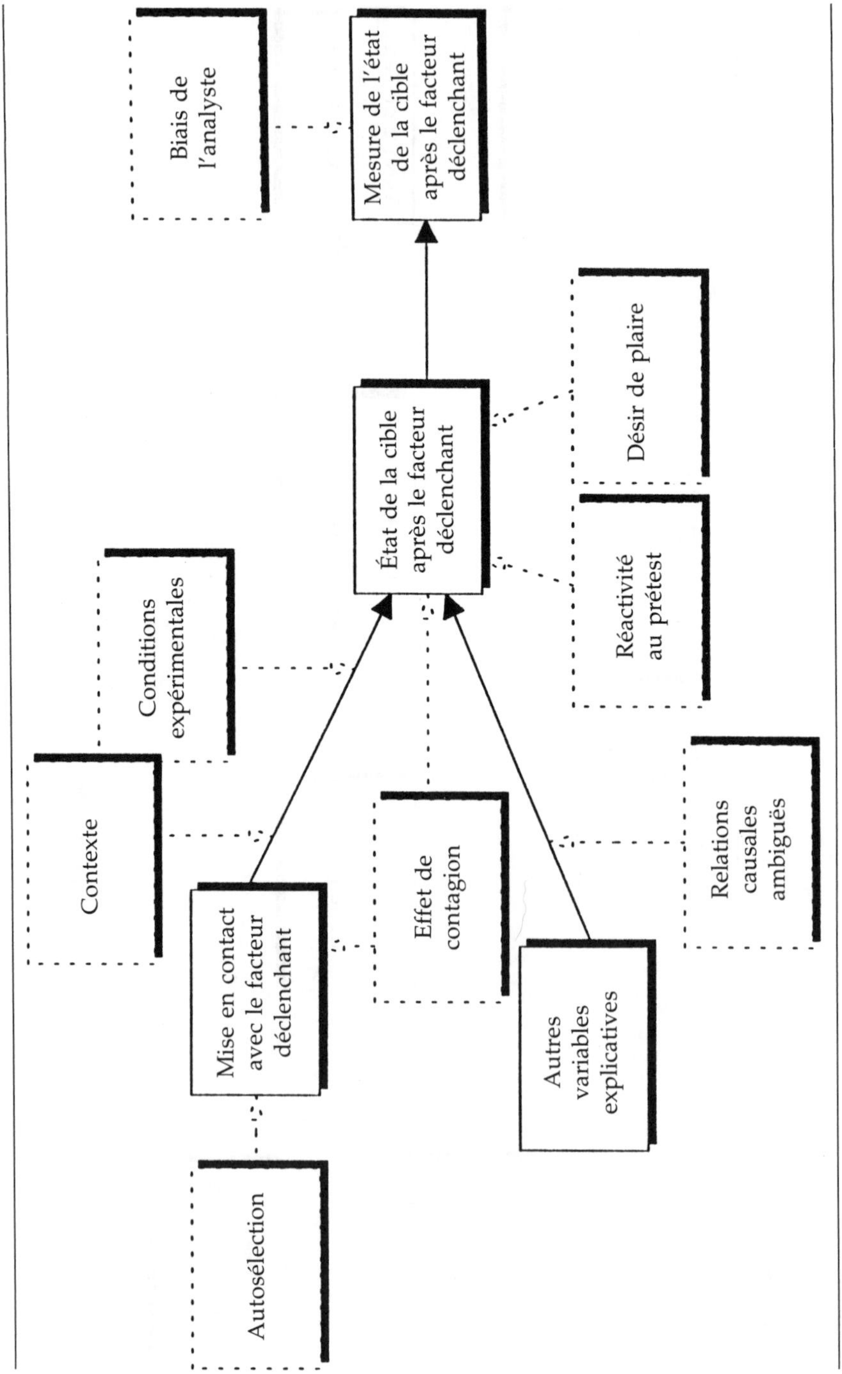

de la cible plutôt que le facteur déclenchant. Parfois, la sélection aléatoire peut induire des effets artificiels non représentatifs;

- *l'effet de contagion* : il arrive que les groupes stratégiques ne soient pas étanches les uns par rapport aux autres. On assiste alors à des phénomènes de contagion des effets d'un groupe à l'autre, ce qui rend difficile la généralisation des résultats;

- *le contexte* : lorsque plusieurs traitements sont appliqués simultanément aux mêmes sujets d'observation, il est difficile de déterminer quelles généralisations tirer;

- *les conditions expérimentales* : la situation expérimentale est souvent très différente des conditions que rencontreront les sujets dans les situations réelles;

- *les relations causales ambiguës* : il est courant que les résultats d'une recherche ne soient pas représentatifs de la situation réelle parce que le modèle théorique a omis de reconnaître l'importance de certains facteurs explicatifs. Les conclusions de l'analyse ne sont alors pas facilement généralisables.

- *la réactivité aux prétests* : la mesure antérieure caractéristique de la structure comparative à mesures antérieures et postérieures peut modifier le comportement des sujets de recherche et limiter la représentativité des résultats à une population qui ne serait pas soumise à une telle mesure;

- *le désir de plaire* : lorsqu'ils se savent observés, les sujets de recherche tendent naturellement à adopter le comportement recherché par l'analyste. Cet état des cibles d'observation n'est cependant pas généralisable aux circonstances non expérimentales;

- *le biais de l'analyste* : l'analyste s'attend à tel ou tel résultat. Il est possible que les résultats obtenus soient plus représentatifs des attentes du chercheur que de la réalité objective, sans que le chercheur n'ait cherché consciemment à biaiser les conclusions.

Le choix de la structure de preuve optimale cherche à mettre ces menaces en échec. Non seulement la sélection de la structure de preuve doit-elle tenir compte des menaces potentielles, mais aussi des problèmes éthiques reliés au contexte de recherche, des ressources du chercheur, du temps disponible, de la flexibilité de la situation de recherche, etc.

5. Troisième branche : études de cas unique et multiples

Jean Crête fit paraître en 1973 un article portant sur la sélection d'un candidat dans une circonscription électorale urbaine[17]. Il analyse en profondeur le cas d'une circonscription grâce à l'appareillage conceptuel de l'analyse stratégique. Le jeu qu'il décrit est joué par des agents activistes de l'association partisane. L'étude débute alors qu'il n'y a qu'un candidat en lice. Certains agents rejettent ce candidat pour diverses raisons et forment une coalition pour présenter un autre candidat. Les deux organisations ainsi formées font campagne auprès des membres de l'association de comté. C'est au cours de cette campagne que diverses situations se développent. Elles sont documentées par l'auteur à l'aide de son approche stratégique.

Plusieurs auteurs se réunirent, en 1979, pour développer une enquête sur les besoins des personnes âgées vivant à domicile dans l'Est du Québec[18]. Cette étude cherchait à vérifier « les besoins réels de la population âgée de l'Est du Québec ». Elle fut essentiellement constituée d'un questionnaire administré à 672 personnes de plus de 64 ans. Ce questionnaire s'arrêtait aux caractéristiques sociodémographiques, à l'autonomie physique, sociale, émotionnelle et économique, à la situation du logement, de l'alimentation, du travail, de la santé, de la famille, des loisirs, etc. Les analystes décrivirent en détail la situation de ces personnes âgées, leurs besoins ressentis et les solutions qu'elles envisageaient. Ils en tirèrent des recommandations sur ce qui devrait être entrepris pour améliorer le sort de ces personnes âgées.

Nous avons déjà fait la distinction entre l'étude descriptive et l'étude comparative : la première s'en tient à la description et la seconde effectue des comparaisons. Nous pouvons cependant relever deux types de description à partir des deux exemples donnés ci-dessus.

Il y a d'abord *l'étude de cas* : c'est l'archétype de la description. Crête en donnait plus haut un parfait exemple. Il y a aussi les *études descriptives à cas multiples* que représente l'étude sur les besoins des personnes âgées. Ces deux structures de preuve se différencient par le nombre de cas soumis à la description. Dans le premier cas, le champ d'observation est vaste, mais le nombre de cas très réduit. Dans la seconde structure, le nombre de cas augmente, mais la finesse de la

17. Jean CRÊTE, « Analyse stratégique du choix d'un candidat dans une circonscription urbaine », dans *Revue canadienne de science politique*, vol. 6, n° 2, juin 1973, pp. 254-270.
18. Maurice ARSENAULT et al., *Étude sur les besoins des personnes âgées vivant à domicile et résidant dans l'Est du Québec*, Rimouski, CRSSS-01, mai 1979, 254 pages.

description est moindre. En fait, on peut lier étroitement, mais inversement, le nombre de cas utilisés dans une analyse et la profondeur de cette analyse, comme le montre la figure 3.

Relation entre le nombre de sujets et la profondeur de l'analyse

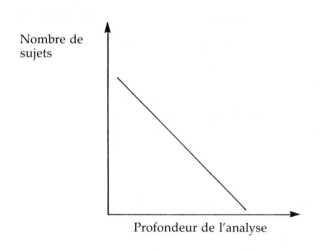

5.1. L'étude de cas

Quand on analyse seulement une situation, un seul individu, un seul groupe, une seule campagne électorale, un seul pays, etc., et à un seul moment dans le temps, on dit qu'on effectue une étude de cas.

Cette structure est à la fois forte et faible justement en raison de cette caractéristique. Le fait qu'elle n'utilise qu'un cas lui permet de l'approfondir beaucoup plus que ne peut le faire l'analyse comparative : il n'y a pas de contraintes liées aux ressources et à l'équivalence des concepts à comparer. Cet approfondissement permet d'effectuer des spécifications, de préciser des détails, d'expliquer des particularités, comme c'est impossible avec la structure comparative.

La structure descriptive à cas unique a souvent été décriée parce qu'elle ne permet pas de généralisation, parce qu'elle peut porter à confusion si le cas s'avère déviant, parce qu'elle présente souvent des lacunes sur le plan théorique, parce qu'elle s'arrête souvent à la description, sans chercher d'explication, etc. Ces critiques sont souvent valables et, pour les contrecarrer, l'étude descriptive devra toujours respecter deux exigences, comme mentionné plus haut : 1) d'abord, elle doit être systématique, c'est-à-dire qu'elle doit retenir *tous* les faits significatifs et non seulement ceux qui correspondent aux attentes du chercheur; cette caractéristique fait la différence entre l'œuvre sérieuse ou objective et le pamphlet démagogique, et 2) l'étude descriptive doit être profondément théorique, ce qui veut dire qu'elle doit s'appuyer sur une théorie, des hypothèses et des concepts qui servent de principe directeur à la collecte des observations et de guide pour leur interprétation.

À l'utilisation du cas unique correspond aussi des possibilité théoriques importantes. L'étude de cas peut se permettre d'être plus imaginative que l'étude comparative et de fouiller davantage le support théorique à la recherche du fait inexplicable ou du cas déviant qui force le raffinement ou la révision de cette théorie. L'étude de cas n'est donc pas sans attrait, surtout si on considère la proposition de nouveaux énoncés théoriques.

En ce qui a trait à la vérification de ces théories ou hypothèses, par contre, l'utilisation du cas unique devient un handicap. Autant par le manque de contrôle sur les conditions de la situation observée que par l'absence de comparaison avec un autre cas semblable ou différent ou encore par la possible non-représentativité du cas retenu, l'étude de cas ne peut se permettre de faire des généralisations. Elle a donc ses domaines d'application et ses champs interdits.

5.2. La structure descriptive à cas multiples

Comme l'étude de cas, la structure descriptive à cas multiples a pour but essentiel de décrire une situation. Elle diffère de la structure précédente par l'utilisation non plus d'un seul cas, mais de plusieurs. L'enquête du CRSSS-01 sur les personnes âgées a touché 672 personnes, mais ne cherchait qu'à faire une description de leur situation. Cette structure a l'avantage, par rapport à l'étude de cas, de ne pas se fier à un seul sujet qui peut être non représentatif. Elle s'arrête plutôt à de nombreuses situations pour s'assurer de bien dépeindre l'ensemble de l'objet de recherche, mais ne va pas au-delà de la description de l'agrégation des données recueillies. Par contre, comme elle requiert plus d'efforts distribués sur plusieurs individus, la structure descriptive à cas multiples ne peut décrire en profondeur chaque situation. Le support théorique est encore ici important pour diriger la collecte des données.

Conclusion

Dans ce chapitre, nous n'avons présenté que les structures de preuve les plus simples, pour faciliter la compréhension. De nombreuses structures plus complexes ont été mises au point pour faire face à des défis particuliers et pour limiter les menaces à la validité interne et à la validité externe et on en traite dans des ouvrages plus avancés.

Le tableau 2 résume notre typologie des différents types de structures de preuve. Il fait ressortir l'agencement des différents critères de différenciation et les rapprochements entre les structures utilisant des approches divergentes en apparence. Nous disons bien en apparence, car il ne faut pas croire qu'il est toujours facile de situer une recherche particulière dans cet arbre. Les distinctions entre les types de recherches comparatives ne sont pas toujours évidentes. La comparaison de peu de cas peut devenir simplement descriptive et l'utilisation de nombreux

TABLEAU 2
Typologie des structures de preuve

	Types	Groupes	Nombre de cas	Constitution des groupes
		Descriptives	Cas unique	
			Cas multiples	
		Sans groupe témoin	Plusieurs mesures postérieures	
			Mesures uniques antérieures et postérieures	
Structures	Comparatives		Mesures multiples antérieures et postérieures	
		Avec groupe témoin	Mesure unique postérieure	Aléatoire
				Non aléatoire
			Mesures antérieures et postérieures	Aléatoire
				Non aléatoire

cas n'implique pas nécessairement la comparaison. Nous avons volontairement cherché à simplifier les différences afin que l'introduction à ces considérations ne soit pas trop ardue.

En dernier lieu, on doit faire ressortir encore une fois le rôle central de la théorisation dans le processus de recherche sociale. On a vu que certaines structures sont plus aptes à vérifier des théories, d'autres à les contester ou à les modifier. On a cependant conclu, dans tous les cas, que la théorie a une place de choix dans la sélection des observations et leur arrangement analytique. Nous espérons qu'il est révolu le temps où l'on trouvait plus important de faire une bonne mesure que de bien comprendre ce que l'on mesurait. *L'explication est cent fois plus importante que l'observation.*

Bibliographie annotée

BORDELEAU, Yvan *et al.*, *Comprendre l'organisation : approches de recherche*, Montréal, Éditions Agence d'Arc, 1982, 198 pages.

BORDELEAU, Yvan, *Comprendre et développer les organisations*, Montréal, Éditions Agence d'Arc, 1987, 297 pages.

Le premier de ces livres porte sur la recherche exploratoire, descriptive ou explicative ainsi que sur la recherche évaluative et à la recherche-action. Son originalité tient au traitement des terrains : le laboratoire ou l'organisation. Il intéressera particulièrement le chercheur qui se place dans le contexte de l'action. Le second livre est à la fois une extension et une systématisation du premier.

BROWN, Steven R., *Experimental Design and Analysis*, Newbury Park, Sage Publications, 1990, 86 pages.

Ce petit livre approfondit les aspects plus techniques des structures de preuve comparatives avec groupe témoin et constitution aléatoire des groupes stratégiques. Parfois indûment ésotérique, souvent assez peu critique des limites de cette structure de preuve, ce texte est quand même important pour l'analyste engagé dans ce type de recherche.

DE BRUYNE, Paul *et al.*, *Dynamique de la recherche en sciences sociales*, Paris, Presses universitaires de France, 1974, chap. 8.

Ce chapitre passe en revue les études de cas, les études comparatives, les expérimentations et la simulation. Il constitue une bonne synthèse française sur ces sujets. Son langage le rend peut-être difficile d'accès.

KERLINGER, Fred, *Foundations of Behavioral Research*, 2e éd., New York, Holt, Rinehart and Winston, 1973, chap. 17, 18 et 19.

Cet auteur n'a jamais été reconnu pour être concis. Dans ces cinquante pages, il présente les principes de la logique de la preuve et les critères permettant de bien sélectionner la structure la plus utile. C'est une bonne introduction.

LADOUCEUR, Robert et Guy BÉGIN, *Protocoles de recherche en sciences appliquées et fondamentales*, Saint-Hyacinthe, Edisem, 1980, 135 pages.

Écrit par deux psychologues, ce livre reflète leurs préoccupations particulières. En conséquence, il présente extensivement les protocoles expérimentaux et porte une attention particulière aux protocoles à cas uniques qui sont de plus en plus utilisés en psychologie.

LAPONCE, Jean A. et Paul SMOKER (dir.), *Experimentation and Simulation in Political Science*, Toronto, University of Toronto Press, 1972, 465 pages.

Il s'agit ici d'une collection d'articles assez avancés présentant les possibilités d'expérimentation et de simulation dans une discipline traditionnellement non expérimentale : la science politique. Se situant hors des sentiers battus, cette collection de textes stimule l'imagination en proposant des avenues souvent laissées inexplorées et des approches novatrices.

ROBERT, Michèle (dir.), *Fondements et étapes de la recherche scientifique en psychologie*, Montréal, Chenelière et Stanké, 1982, chap. 5, 6 et 7.

Autre introduction générale mettant l'accent sur les mêmes thèmes que Ladouceur et Bégin, mais plus brièvement. Le chapitre 6 sur les structures quasi expérimentales est particulièrement intéressant.

SPECTOR, Paul E., *Research Designs*, Newbury Park, Sage Publications, 1981, 80 pages.

Dans ce livre, l'auteur discute plus en profondeur des thèmes qui sont présentés dans ce chapitre. Même si la typologie des structures de preuve diffère de celle privilégiée ici, le lecteur y trouvera une compilation très intéressante des enjeux entourant l'utilisation des différentes approches. Hautement recommandé.

YIN, Robert K., *Case Study Research : Design and Methods*, Newbury Park, Sage Publications, 1989, 166 pages.

Il est rare de trouver des discussions traitant directement et exhaustivement de l'approche par étude de cas. Yin a écrit un livre d'une rare richesse à cet égard. Le texte s'arrête aux questions de planification des études de cas uniques et multiples, de la préparation de la collecte des données, de la collecte elle-même, de l'analyse des informations et de la rédaction du rapport d'étude de cas. L'introduction compare l'étude descriptive aux autres structures de preuve.

Chapitre 7
La mesure
André BLAIS

> *Nous semblons utiliser deux langages différents,*
> *l'un étant plus complet que l'autre dans un certain*
> *sens. Le premier est un langage théorique, celui*
> *avec lequel nous pensons. Le second est un*
> *langage opérationnel qui comprend des instructions*
> *explicites servant à classer et à mesurer. Aucune*
> *logique stricte ne lie ces deux langages. La*
> *correspondance entre deux concepts, un de chaque*
> *langage, se fait par commun accord ou par postulat.*
>
> Hubert M. BLALOCK

Introduction

L'action de mesure se situe à la jonction des deux grandes étapes de la recherche, la *formulation des hypothèses* d'une part, et leur *vérification* d'autre part. Ces deux étapes possèdent leur langage propre. Le langage utilisé à l'étape de la formulation des hypothèses est essentiellement *abstrait*. Un certain nombre de propositions sont avancées, qui établissent des relations entre des concepts : on affirme, par exemple, que « c'est lorsqu'il y a domination d'un parti qu'un tiers parti est plus susceptible d'émerger[1] ». Le langage de la vérification est *concret* et se fonde sur l'observation empirique des phénomènes : on examine, par exemple, les résultats des différentes élections provinciales tenues au Canada depuis 1900, pour déterminer si les tiers partis obtiennent plus de 20 % des votes dans les cas où le principal parti d'opposition avait obtenu, en moyenne (pendant qu'il était dans l'opposition), moins de 33 % des votes. Les deux langages sont indispensables à l'ensemble de l'opération. La recherche n'est possible que si l'on a des « idées » sur la réalité, idées qu'on confronte avec l'information que nos sens nous fournissent. La difficulté provient du fait que les deux langages ont des logiques différentes, qui rendent fort délicate leur articulation l'un dans l'autre.

---

1. Maurice PINARD, *The Rise of a Third Party: A Study in Crisis Politics*, Englewood Cliffs, Prentice-Hall, 1971.

Le problème de départ est celui du passage du langage de l'abstraction, qui prévaut dans la formulation de l'hypothèse, à celui de l'observation ou de la mesure, qui s'impose à l'étape de la vérification. Ce problème est analogue à celui qu'on retrouve en traduction. Chaque langue a une logique qui lui est propre. Il est difficile de rendre parfaitement l'idée qu'un mot exprime en français dans la langue anglaise et vice versa, les connotations n'étant jamais identiques. Les traducteurs ont depuis longtemps renoncé à chercher des mots qui dans une langue correspondraient exactement à ceux d'une autre langue. Ils visent plutôt à proposer une formulation qui donne une bonne approximation de l'idée véhiculée par l'autre langue. Ainsi en est-il dans le domaine de la recherche. Il s'agit, tout en sachant qu'il n'existe pas de solution parfaite, de trouver pour chacun des principaux concepts retenus, un ou plusieurs équivalents empiriques, qui constituent en quelque sorte la traduction, dans le langage de l'observation, des constructions abstraites de l'esprit.

> Prenons, par exemple, le concept de participation politique. Un chercheur peut s'intéresser aux facteurs qui influencent (positivement ou négativement) la participation et énoncer un certain nombre d'hypothèses à cet égard. La participation (ou non-participation) est une construction de l'esprit, à laquelle on fait appel pour comprendre le réel. Elle est une abstraction : elle ne se voit pas, ne s'entend pas, ne se sent pas, ne se touche pas. Le chercheur a, par contre, accès à des phénomènes qu'il peut interpréter comme étant des signes, des équivalents empiriques de la participation, telle qu'il la conçoit et la définit. Un tel individu vote (ou ne vote pas), assiste (ou non) à une assemblée publique, prend part (ou non) à une manifestation. Ce seront là autant d'*indicateurs* possibles du concept de participation.

Le passage de la théorie à la vérification, ou des hypothèses à la mesure empirique, implique la conversion de *concepts* en *indicateurs*. Le choix des indicateurs montre bien l'interdépendance des différentes étapes de la recherche. Celle-ci doit être guidée, au départ, par des questions qui lui donnent son orientation de base. Le but de l'exercice est de confirmer ou d'infirmer une ou des hypothèses à propos d'une ou plusieurs de ces questions, ce qui suppose une confrontation avec des données empiriques[2]. Cette confrontation n'est possible que si l'on a démontré que les données sont pertinentes, ce qui suppose d'avoir établi un pont entre l'univers de l'abstraction et l'univers de l'observation et de la mesure.

---

2. Le chapitre sur la théorie développe une explication de la logique de la preuve dans le cadre de la vérification des hypothèses.

Les conclusions d'une recherche dépendent étroitement des décisions qui ont été prises à l'étape du choix des indicateurs. Ces conclusions viennent généralement confirmer ou infirmer des propositions (hypothèses) à partir de l'analyse de données empiriques. Ces conclusions ne tiennent que si ces données empiriques (les indicateurs) reflètent adéquatement les constructions théoriques avancées (les concepts). L'absence d'une telle adéquation remettrait en question l'ensemble des conclusions. La sélection des indicateurs est donc une opération lourde de conséquences.

> Un exemple peut illustrer ce point. Lorsqu'il a voulu vérifier l'hypothèse selon laquelle un tiers parti est plus susceptible d'émerger lorsqu'il y a domination d'un parti, Maurice Pinard a retenu comme indicateur de domination le fait que (d'après les rapports du directeur général des élections) le principal parti d'opposition avait obtenu moins du tiers des votes au cours des élections précédentes. Son rapport présente alors des données qui appuient son hypothèse[3]. Par la suite, André Blais[4] a montré qu'en ayant recours à d'autres indicateurs de domination (p. ex., la proportion de sièges détenus par le principal parti d'opposition, l'écart entre les pourcentages de votes obtenus par les deux premiers partis), les résultats étaient fort différents et tendaient plutôt à infirmer l'hypothèse. Dans ce cas, la conclusion de la recherche dépendait directement de l'indicateur choisi.

1. Du concept à l'indicateur

L'indicateur ne peut être envisagé par lui-même, de façon isolée. Il se définit par rapport à un concept. Ce concept, on le retrouve dans l'hypothèse, ce qui confirme bien le rôle central de l'hypothèse dans le processus de la recherche. L'hypothèse peut être centrée sur un seul concept. Il en est ainsi des études qui tentent de vérifier si la criminalité, la participation politique, la consommation des médias augmentent ou diminuent dans le temps ou si elles sont plus fortes dans une société que dans une autre. L'hypothèse peut aussi porter sur des liens pouvant exister entre un certain nombre de dimensions de la réalité. La recherche se veut alors explicative. On tentera de démontrer, par exemple, que le chômage a tendance à faire diminuer la popularité du gouvernement, que la concentration industrielle fait augmenter les profits des entreprises, que la syndicalisation augmente la rémunération des employés.

---

3. *Ibid.*, ch. 3.
4. André BLAIS, « Third Parties in Canadian Provincial Politics » dans *Revue canadienne de science politique*, vol. 7, septembre 1973, pp. 422-439.

Dans chacun de ces exemples, on retrouve deux concepts centraux. Toutefois, certaines hypothèses peuvent être plus complexes. Ce qu'il importe de retenir, c'est que l'hypothèse contient un ou plusieurs concepts, que ces concepts sont abstraits (p. ex., la criminalité, la concentration, la rémunération ne peuvent être vues, senties, touchées) et qu'on a besoin de signes concrets de ces concepts pour confirmer l'hypothèse.

L'indicateur correspond à la façon dont le chercheur choisit de traduire, à l'étape de l'observation, les concepts élaborés à l'étape de l'hypothèse. On peut proposer une définition plus formelle, définition qui permet de donner des précisions supplémentaires. L'indicateur est *l'ensemble des opérations empiriques, effectuées à l'aide d'un ou de plusieurs instruments de mise en forme de l'information, qui permet de classer un objet dans une catégorie pour une caractéristique donnée.*

1.1. L'objectif : la classification

La fin de la définition renvoie à l'objectif poursuivi. Il s'agit de classer des objets. Il peut s'agir d'individus, de groupes sociaux, d'entreprises ou de pays. Les commentaires suivants sont importants.

- La classification est effectuée en fonction d'un aspect (d'une dimension), qui est déterminé par le concept. On retrouve ici l'idée déjà exprimée, à savoir que l'indicateur se définit par rapport à un concept. S'il s'agit de classifier, par exemple, des individus selon leur pratique religieuse, des entreprises selon leur niveau de profit, des municipalités selon le taux de criminalité, dans chaque cas, le concept fournit la caractéristique qui sera mesurée. L'indicateur ne peut donc être compris que dans sa relation avec cette caractéristique, qui est en quelque sorte le critère de référence.

- La question qu'on doit se poser est fort simple : l'indicateur reflète-t-il adéquatement la caractéristique abstraite à laquelle renvoie le concept? La tâche de l'indicateur est de traduire, dans l'univers empirique, cette caractéristique, et seulement celle-ci. À ce stade, on a établi qu'on ne veut mesurer, par exemple, que la syndicalisation, que la popularité des gouvernements, que la consommation des médias.

- Finalement, parce que le concept est le critère de référence de l'indicateur, il est essentiel qu'il ait été préalablement défini. Il ne sert à rien de tenter de mesurer la participation politique si l'on n'a pas déjà une conception précise de ce qu'elle comprend et ne comprend pas. La mesure n'intervient qu'une fois le concept clairement circonscrit.

On vient de mentionner que l'indicateur vise à ne mesurer qu'une dimension de la réalité, la dimension dénotée par le concept auquel elle se rapporte. L'inverse n'est pas vrai. À un concept donné, ne correspond pas nécessairement un seul indicateur. Bien au contraire, la traduction de l'abstrait au concret n'étant jamais parfaite, on peut souvent imaginer plusieurs signes différents qui constituent autant d'approximations du concept de départ. La notion de profit, par exemple, peut être mesurée de plusieurs façons : on peut considérer les bénéfices avant ou après impôt, on peut les diviser par l'équité, le total de l'actif, le capital investi, les ventes[5], etc., chaque mesure comportant certains avantages et désavantages.

Par ailleurs, l'indicateur vise à classer les différents objets d'étude par catégories. Les catégories correspondent aux différentes situations où peuvent se retrouver les objets par rapport à la caractéristique retenue. Si l'on s'intéresse à la pratique religieuse, par exemple, on pourra distinguer des niveaux de pratique : pratique forte, pratique modérée, pratique faible. Ce qu'il faut comprendre ici, c'est que l'exercice de la classification impose l'établissement de catégories qui constituent autant de possibilités logiques où les objets d'étude peuvent se situer. L'objectif est d'entrer chaque individu dans l'une des « boîtes » ainsi constituées, de déterminer que tel individu, par rapport à tel critère (la pratique religieuse), doit être placé dans la catégorie « forte ». La logique est la même lorsque l'unité d'analyse n'est pas individuelle.

On distingue généralement trois types de catégorisation :

1) *La catégorisation nominale,* où les catégories sont simplement juxtaposées. Un exemple est la langue maternelle qui peut être le français, l'anglais, l'italien, le portugais, le grec ou une autre langue. Cette catégorisation permet de distinguer les individus les uns par rapport aux autres, sans plus. C'est le niveau minimal de mesure, un niveau plus limité que les autres puisqu'il ne se prête à aucun ordonnancement. Un bon nombre de concepts utilisés en sciences sociales font appel à ce type de classification minimale.

2) *La catégorisation ordinale,* où les catégories possèdent également la propriété d'être hiérarchisées les unes par rapport aux autres, ce qui permet de ranger les objets étudiés selon un continuum

---

5. Curtis W. SYMONDS, *Profit Dollars and Earnings Sense*, New York, Amacom, 1975.

allant du plus grand au plus petit (ou vice versa). L'exemple donné précédemment (le niveau de pratique religieuse) appartient à ce type. L'information est ici plus riche. Non seulement peut-on distinguer les individus (ou les groupes) les uns par rapport aux autres, mais on peut aussi les ranger, des plus pratiquants aux moins pratiquants. Un grand nombre de recherches sociales (probablement la majorité) ont recours à ce type de classification.

3) *La catégorisation numérique* (à l'intérieur de laquelle on pourrait distinguer les niveaux *intervalle* et *proportionnel*), est encore plus précise. Comme le nom l'indique, les catégories correspondent alors à des nombres. Le revenu, exprimé en dollars, et le taux de chômage, exprimé en proportion « nombre de chômeurs/ population active », en sont des exemples. Dans ces cas, non seulement peut-on ranger les objets d'étude les uns par rapport aux autres, mais on peut apprécier avec exactitude les distances qui les séparent les uns des autres. On pourra dire d'un individu que son revenu est deux fois plus élevé que celui d'un autre, ou d'un pays, que son taux de chômage est de deux points de pourcentage inférieur à celui d'un autre pays. Ce type de catégorisation requiert une unité standardisée de mesure (le dollar, par exemple), qui constitue le principe même de la classification. C'est le niveau de mesure le plus riche, celui qui donne les informations les plus détaillées. Un certain nombre de disciplines (la science économique en particulier) en font un très grand usage.

Ces trois types de classification font partie d'un continuum, la catégorisation nominale donnant l'information la plus limitée, la catégorisation numérique étant la plus intéressante, et la catégorisation ordinale présentant, de ce point de vue, un intérêt moyen. Le chercheur a intérêt à faire appel à la catégorisation la plus riche, qui se prête à des traitements statistiques plus raffinés. C'est ainsi que lorsqu'on veut connaître l'âge des individus dans une enquête donnée, il est préférable de poser une question sur l'année de naissance (de façon à ce que l'âge soit établi en nombre d'années), plutôt que de se fier à de grandes catégories (34 ans et moins, 35 ans et plus), beaucoup moins précises. Il faut par contre reconnaître que c'est souvent la nature même des concepts retenus qui dicte le niveau de classification. Certains concepts sont nécessairement qualitatifs et ne se prêtent pas à la catégorisation numérique ou même ordinale. Ce type de contrainte doit être admis dès le départ. Il s'agit en somme de choisir le type de catégorisation qui convient au concept que l'on veut mesurer.

Toutes les classifications ont cependant en commun que les catégories qui les constituent doivent être *exhaustives* et *exclusives*. Cela signifie d'abord que tout objet d'étude doit pouvoir être placé dans une catégorie et que la liste des possibilités est complète. Si l'on s'intéresse au comportement électoral, par exemple, les catégories doivent référer aux différents partis (ou candidats) en liste, mais aussi aux autres possibilités qui sont l'abstention et l'annulation. Il faut de plus que tout objet ne puisse être assigné qu'à *une seule* catégorie et qu'il n'y ait donc aucun recoupement possible entre les catégories. Ce principe n'est pas respecté lorsqu'on tente de mesurer deux dimensions en même temps. Prenons l'emploi : un certain nombre d'individus peuvent occuper plus d'un emploi, de sorte qu'ils pourraient théoriquement être classés dans plus d'une catégorie. Pour contourner cette difficulté, on utilisera plutôt le concept d'emploi principal, ce qui permet de classer chaque individu dans une seule catégorie.

1.2. Le moyen : les instruments et les opérations

La fonction de l'indicateur étant de placer chaque objet étudié dans une catégorie, s'impose dès lors la nécessité de règles précises d'assignation aux catégories. Par exemple, à partir de quel critère désignera-t-on un syndicat donné comme étant d'un militantisme « fort » et tel autre d'un militantisme « faible »? À partir de quel critère dira-t-on que le taux d'inflation dans un pays en telle année est de 9,8 p. 100, ni plus, ni moins? La classification procède à partir de règles qui sont actualisées dans un ensemble d'opérations empiriques concrètes.

> Prenons un exemple bien connu. Le chômage est un concept fort utilisé, tant au niveau de la recherche que dans les médias. Comme tout concept, il demande à être mesuré par des indicateurs. Statistique Canada cherche depuis plusieurs années à le mesurer le plus correctement possible. À quoi peut-on reconnaître qu'un individu est (ou n'est pas) chômeur? Statistique Canada suit la procédure suivante : est considéré comme chômeur un individu qui, dans le cadre de son enquête mensuelle, répond qu'il est présentement sans travail et affirme (en réponse à d'autres questions), qu'il est prêt à travailler et qu'il a cherché du travail au cours des quatre dernières semaines[6]. En somme, Statistique Canada mesure le chômage à partir d'un ensemble de réponses données à un questionnaire administré à un échantillon de Canadiens. Il y a là toute une série d'opérations concrètes qui se finalisent dans un ensemble de questions et

---

6. Pour une description plus précise de la procédure voir Statistique Canada, *La population active*, act. 71-001.

de réponses. Chaque individu est classé dans une catégorie (chômeur, ayant un emploi, inactif) selon les réponses qu'il a fournies.
Ces opérations sont empiriques, puisqu'elles sont fondées sur l'observation des sens. Un interviewer écoute les réponses données à
ses questions et les inscrit sur un formulaire. On voit ici tout l'écart
qui peut exister entre la notion de chômage, telle qu'on peut se la
représenter dans l'abstrait, et sa mesure empirique, qui elle se fonde
sur des opérations bien concrètes. Mais en même temps, il faut
rappeler que l'ensemble de ces opérations découle directement de
la conception que l'on se fait du chômage. On ne se contente pas
de savoir, par exemple, si une personne travaille ou non. On veut
aussi déterminer si elle « veut » travailler ou non, ce qui amène à
établir des signes de « bonne volonté ». C'est à l'aide de telles opérations qu'on classifie chacun des objets d'étude dans l'une ou l'autre
des catégories. Sans de telles opérations, la catégorisation serait
tout simplement impossible. C'est pourquoi on présente souvent
l'indicateur comme l'opérationnalisation du concept ou encore la
« mesure ».

La définition proposée plus haut fait référence à l'utilisation d'instruments de mise en forme de l'information. Cette référence précise
davantage le sens des opérations effectuées. Plus globalement, il nous
apparaît fructueux de concevoir l'ensemble de la recherche comme un
processus d'information à travers lequel le chercheur encode et décode
certains messages (verbaux et non verbaux) émis par les objets d'étude.
La théorie de l'information a le mérite de souligner les bruits qui peuvent
embrouiller un message et les distorsions qui peuvent intervenir entre
son émission et sa réception. Elle met ainsi en lumière la précarité du
processus d'information, précarité qui atteint son point culminant, nous
semble-t-il, à l'étape du passage des concepts aux indicateurs. La théorie
de l'information insiste avec beaucoup d'à-propos sur le caractère essentiellement actif du processus d'information. L'information n'existe pas
à l'état pur, attendant d'être cueillie. Au contraire, l'information suppose
l'existence d'un code qui doit être établi par les participants. Dans le cas
de la recherche, ce code, ce sont les règles d'assignation aux catégories,
concrétisées dans un ensemble d'opérations, à partir desquelles le chercheur place les objets dans différentes « boîtes ». C'est pourquoi on doit
parler de la *construction* des indicateurs et donc de mise en forme de
l'information. Le chômage n'existe pas en lui-même. Il existe des individus que le chercheur définit comme chômeurs (ou non-chômeurs) à
partir de critères qu'il a lui-même fixés.

L'établissement des indicateurs fait appel à des instruments de mise
en forme de cette information. Ces instruments, ce sont essentiellement
l'observation directe, l'analyse de contenu et le questionnaire. Ces trois
instruments sont fondés sur l'observation, soit de comportements, soit

de documents, soit de réponses à des questions. Le choix des indicateurs exige dans un premier temps de retenir l'un ou l'autre de ces instruments ou une combinaison d'entre eux. Mais cela n'est pas suffisant. L'indicateur renvoie également au mode d'emploi de l'instrument, à la grille d'observation ou d'analyse, à la formulation même des questions ainsi qu'au code d'interprétation des résultats obtenus.

1.3. L'indicateur et la variable

Nous avons parlé jusqu'ici exclusivement de concept et d'indicateur. Il est un autre terme connexe couramment utilisé en recherche, celui de *variable*. Malheureusement, le sens prêté à ce terme diffère selon les auteurs. Certains parlent de « variable mesurée » et de « variable non mesurée »[7], qui seraient les équivalents respectifs de l'indicateur et du concept. D'autres[8] situent la variable à mi-chemin entre le concept et l'indicateur, le concept étant plutôt associé à une théorie et la variable à une hypothèse. Cette dernière perspective paraît plus heureuse, quoique la distinction entre théorie et hypothèse ne soit pas toujours facile à faire. Ce qu'il faut retenir ici, c'est que la variable appartient au langage de l'abstraction, même si elle paraît « moins abstraite » que le concept. Ce que nous avons dit à propos du passage du concept à l'indicateur s'inspirait d'une conception large du terme « concept », qui englobe ces concepts que sont les variables.

2. Les critères d'appréciation

L'indicateur vise à représenter, au niveau empirique, un concept. On a déjà souligné que cette traduction ne connaît pas de solution parfaite. Le chercheur tente de construire l'indicateur le moins mauvais possible, celui qui semble correspondre le mieux à ce qu'il veut mesurer. Cette opération se fait par approximation, de sorte qu'on peut difficilement se prononcer de façon définitive sur la qualité d'un indicateur. Une telle indétermination ne signifie pas toutefois que la sélection des indicateurs relève de l'arbitraire. La communauté scientifique a en effet développé un certain nombre de critères d'évaluation. Certains de ces critères sont

---

7. Hubert M. BLALOCK, « The Measurement Problem : A Gap Between the Language of Theory and Research » dans Hubert M. BLALOCK et Ann B. BLALOCK (dir.), *Methodology in Social Research*, New York, McGraw-Hill, 1968.
8. Dickinson McGAW et George WATSON, *Political and Social Inquiry*, New York, Wiley, 1976, ch. 10 ; Jarol B. MANHEIM et Richard C. RICH, *Empirical Political Analysis : Research Methods in Political Science*, Englewood Cliffs, Prentice-Hall, 1981, ch. 4.

relativement précis, d'autres sont plus vagues. Chacun peut être considéré comme une condition nécessaire mais non suffisante. C'est seulement si chacun d'entre eux semble respecté que l'on pourra conclure que l'indicateur apparaît satisfaisant.

Les deux critères d'appréciation habituellement invoqués sont ceux de la *fidélité* et de la *validité*. Nous traiterons de deux autres qui nous semblent pertinents même s'ils sont moins souvent mentionnés : la *précision* et la *non-contamination*. Soulignons que ces critères n'ont pas tous le même statut. Le critère de validité, en effet, est beaucoup plus englobant (et aussi plus vague) que les autres. Il vient en quelque sorte chapeauter les trois autres.

2.1. La précision

Puisqu'il a pour fonction de classer des objets dans des catégories, l'indicateur doit décrire l'instrument (ou les instruments) utilisé pour procéder à la classification et à l'ensemble des opérations qui sont effectuées. Il ne suffit pas de dire que la participation politique est mesurée par un sondage, il faut aussi indiquer la procédure d'échantillonnage, le format, le mode d'administration et enfin les questions retenues pour rendre compte de cette participation. Tous ces éléments font partie intégrante de l'indicateur. Il s'agit en somme de renseigner le lecteur, avec le plus de détails possible, sur toutes les opérations faites pour passer du concept à l'indicateur. Ces renseignements doivent être suffisamment précis pour que tout autre chercheur soit en mesure de reproduire la procédure et donc de répéter l'étude .

Cette exigence découle de la conception que la communauté scientifique se fait de la connaissance. Toute recherche procède par découpage et ne peut éclairer, dans le meilleur des cas, qu'une face de la réalité. De plus, les risques d'erreur sont tellement considérables que les chercheurs ne se fient vraiment à leurs résultats que s'ils sont corroborés par d'autres études. D'où la nécessité de répéter une recherche pour en vérifier les conclusions. Tout cela suppose un échange optimal d'informations entre les chercheurs, de façon à distinguer les résultats moins sûrs des plus sûrs et à contribuer ainsi à l'accumulation des connaissances.

Le premier critère d'appréciation d'un indicateur est donc son degré de précision. La procédure employée par le chercheur est-elle suffisamment bien rapportée pour qu'on puisse la reproduire avec exactitude? Si la réponse est négative, il y a là une lacune sérieuse, qui peut amener à mettre en doute les conclusions de la recherche.

2.2. La fidélité

Pour satisfaire au deuxième critère, l'indicateur doit être fidèle, c'est-à-dire qu'il doit donner des résultats constants. Le principe est simple : l'indicateur est supposé ne mesurer qu'une caractéristique particulière d'un objet et rien d'autre. Si tel est le cas, chaque mesure faite à partir des mêmes opérations devrait donner un résultat identique, pour autant que l'objet demeure inchangé.

> Le poids d'un objet est généralement mesuré à l'aide d'une balance. L'ensemble des opérations effectuées à l'aide d'une balance constitue l'indicateur de ce concept abstrait qu'est le poids. On dira de cet indicateur qu'il est fidèle si le poids indiqué, pour un objet donné, est toujours le même. Cette constance s'applique d'abord dans le temps : on parlera alors de *stabilité*. Si l'on répète l'opération, le résultat doit être identique. En d'autres termes, la balance ne doit pas être affectée par d'autres facteurs, comme les variations de température ou de pression atmosphérique. La constance doit aussi s'appliquer dans l'espace : on parlera alors d'*équivalence*. Pour le cas qui nous concerne, deux balances différentes, mais qui sont censées mesurer le même concept, doivent indiquer le même poids (pour un objet donné). En somme, des instruments qui ont une même fonction doivent donner des résultats identiques, sinon on ne peut vraiment s'y fier (d'où la notion de fidélité).

Ce critère de fidélité est fondamental. Si un indicateur n'est pas fidèle, c'est qu'il mesure plusieurs choses à la fois et qu'en conséquence on ne sait plus trop ce qu'il mesure. Par ailleurs, il est rare qu'un indicateur donne des résultats parfaitement constants, ce qui oblige à accepter une certaine « dose d'infidélité ». Il n'en demeure pas moins que, lorsqu'un minimum de constance et d'équivalence ne peut être atteint, il est préférable de rejeter l'indicateur. C'est pourquoi une étape importante de la structuration de la recherche consiste dans la vérification préliminaire de la fidélité des indicateurs.

Cette fidélité s'évalue de deux façons : par rapport à la stabilité dans le temps et à l'équivalence dans l'espace. La technique d'évaluation classique de la stabilité dans le temps est celle qui est connue sous le nom de « test-retest ». Les mêmes objets sont soumis à la même mesure à des moments différents et les résultats sont comparés. On comprendra facilement que cette procédure pose des problèmes particuliers en sciences sociales. Prenons le cas d'un questionnaire qui porterait sur la consommation des médias. On pourrait vérifier sa fidélité en administrant le même questionnaire après un intervalle d'un an. Un certain nombre de difficultés surgissent toutefois. On ne peut, par exemple, affirmer que les individus interviewés n'ont pas modifié leur comportement entre les deux mesures. Il est possible évidemment de remédier à ce problème en réduisant l'intervalle entre les deux mesures. Mais ce faisant, on crée un autre problème. Si l'intervalle est court, les individus se rappelleront les réponses données la première fois et risquent de répéter les réponses qu'ils croient avoir alors fournies. Il semble y avoir là un cercle vicieux qui n'a pas de solution vraiment satisfaisante. En conséquence, il est très rare dans la recherche sociale que la stabilité des indicateurs soit rigoureusement testée, sauf pour des caractéristiques dont on a des raisons de croire qu'elles changent peu dans le temps (les attitudes en particulier).

Une plus grande attention doit donc être accordée au critère de l'équivalence. La procédure habituelle consiste à faire effectuer les mêmes opérations par des chercheurs différents et à comparer les résultats.

- Dans le cas d'un questionnaire, on compare les réponses obtenues par différents interviewers. Bien sûr, ces interviewers n'ont pas interrogé les mêmes personnes. Mais pour autant que l'échantillon ait été réparti aléatoirement entre eux, on peut considérer les différents sous-groupes comme à peu près similaires et on peut comparer les réponses. Si des écarts importants émergent dans les distributions de réponses, on devra conclure à l'infidélité de l'instrument, associé ici à l'effet de l'interviewer.

- La même procédure peut s'appliquer à l'observation directe et à l'analyse de contenu. S'il s'agit, par exemple, d'estimer la proportion de nouvelles internationales dans la presse écrite, on soumettra un échantillon du matériel à analyser à deux ou trois codeurs et on comparera systématiquement leurs résultats. Si des écarts significatifs se manifestent, il faudra conclure que les règles d'interprétation de ce qui constitue (et ne constitue pas) une nouvelle internationale ne sont pas suffisamment précises.

- Il en est de même pour l'observation directe. Si l'on veut connaître la proportion des gens qui sourient dans le métro, on a intérêt à confier la tâche à plusieurs observateurs et à comparer leurs compilations (pour des moments et lieux équivalents). Si les compilations divergent sensiblement, c'est que la grille d'observation n'est pas suffisamment détaillée, soit dans la description de ce qui constitue un sourire, soit dans les consignes sur l'échantillonnage ou la durée de l'observation.

Ces différents exemples montrent bien l'avantage que cela représente pour le chercheur d'avoir recours à plusieurs observateurs pour obtenir de l'information. C'est souvent la seule façon de vérifier la fidélité des indicateurs. Généralement, cette vérification se fait avant la collecte proprement dite des données, dans un prétest ou une pré-enquête. Elle permet de détecter certains problèmes et de les corriger avant d'amorcer l'observation proprement dite.

On ne saurait trop insister sur l'importance de la fidélité des indicateurs. Lorsqu'un indicateur donne des résultats inconstants, on ne peut tout simplement plus s'y fier, parce qu'on ne sait plus ce qu'il mesure. Un chercheur qui réussit à établir la fidélité de ses indicateurs se place dès le départ en terrain ferme.

2.3. La non-contamination

L'indicateur a pour fonction de refléter l'état où se trouvent les objets d'étude par rapport à une caractéristique donnée, à l'aide d'instruments de mesure. Or, ces instruments, qui sont une partie intégrante de l'activité scientifique, introduisent une dimension nouvelle, du point de vue des hommes et des femmes qui sont les sujets de la recherche. L'interviewer et son questionnaire, l'observateur et sa grille d'observation ne font pas partie de la vie quotidienne. Leur seule présence peut exercer des effets spécifiques, qui sont tout à fait distincts de ceux qu'on veut mesurer. On réfère alors à l'*effet de contamination de l'instrument*. Ce qui est observé est alors différent de ce qui se serait produit sans la présence de l'instrument, celui-ci amenant les sujets à modifier leurs comportements.

> Le cas classique de contamination est démontré par une étude effectuée dans les années 30 qui voulait mesurer l'effet des conditions de travail sur la productivité des employés d'une usine[9]. Pendant plus d'un an, les chercheurs ont modifié l'horaire, les pauses, l'éclairage et le système de rémunération chez un petit groupe d'employés et analysé leur productivité. Or, quelles qu'aient été les conditions de travail, ce petit groupe s'est avéré plus productif que les autres employés de l'usine. Les chercheurs ont ainsi constaté que leur productivité était surtout influencée par le fait qu'ils se savaient observés. L'observation créait un milieu artificiel dans lequel les employés se comportaient de façon « anormale ».

Les risques de contamination constituent un problème sérieux pour le chercheur. Les effets de contamination sont malheureusement très

---

9. F.J. ROETHLISBERGER et W.J. DICKSON, *Management and the Worker*, Cambridge, Harvard University Press, 1939.

difficiles à mesurer, de sorte qu'on ne peut guère en brosser un tableau complet ni construire des tests précis (sauf dans des cas particuliers, comme la contamination d'une première mesure sur une deuxième dans certains devis expérimentaux), semblables aux tests de fidélité. Cela n'est pas une raison pour ne pas s'en préoccuper. Deux stratégies s'offrent au chercheur qui veut minimiser l'effet de contamination :

- La première stratégie consiste à choisir l'instrument le moins contaminant possible. Sur ce plan, l'analyse de contenu, par exemple, présente un grand intérêt, le document étudié n'est pas affecté par la présence de l'analyste. Il en est ainsi de certaines formes d'observation « non visible[10] ». Cette stratégie, si elle n'est pas à rejeter, est cependant d'une application limitée. La sélection d'un instrument est d'abord dictée par d'autres considérations, la plus fondamentale étant la nature même des concepts à mesurer.

- La deuxième stratégie est celle de limiter au minimum les effets au niveau de l'opérationnalisation proprement dite. Si l'on adopte le questionnaire, on entraînera les interviewers pour qu'ils influencent le moins possible les réponses. Si le chercheur participe à la vie d'un groupe, il ne procédera à la collecte de données qu'après une bonne période d'intégration au groupe, au moment où sa présence est moins perceptible.

Si la non-contamination était érigée en absolu, le chercheur serait amené à jouer le rôle du détective[11] qui observe ses sujets dans l'incognito. Nous n'en sommes heureusement pas là! Il n'en demeure pas moins que le chercheur doit sans cesse se soucier d'élaborer les instruments les moins réactifs possible, ceux qui interfèrent le moins avec la dynamique sociale telle qu'elle se déroule quand elle ne fait pas l'objet d'une recherche scientifique.

2.4. La validité

Un indicateur est valide lorsqu'il *représente adéquatement* un concept. Cette adéquation correspond à la fonction même de l'indicateur, celui-ci devant être un équivalent empirique du concept. Ce dernier critère est donc le plus général, mais aussi le plus fondamental. La question posée

---

10.. E.J. WEBB et al., *Non-Reactive Measures in the Social Sciences*, Chicago, Rand McNally, 1981.
11. William B. SANDERS, *The Sociologist as Detective*, New York, Praeger, 1974.

est simple : l'indicateur mesure-t-il vraiment ce qu'il est supposé mesurer? Les critères précédents doivent être considérés comme des préalables. Un indicateur n'est valide que s'il est précis, fidèle et non contaminant. Mais ces trois premières conditions ne sont pas suffisantes. D'autres distorsions peuvent également se produire. Ces distorsions interviennent dans le contenu même de la traduction du concept.

> Supposons qu'un chercheur veut mesurer le niveau de bonheur des gens et qu'il choisit comme indicateur la fréquence du sourire dans une population donnée à l'aide d'observation directe. Il pourrait élaborer une grille d'observation précise, tester la fidélité et même s'assurer que les observateurs seront pratiquement invisibles. Même si toutes ces conditions étaient satisfaites, il ne pourrait prétendre hors de tout doute que son indicateur est valide. Reste la question fondamentale à savoir si le sourire est vraiment un signe de bonheur. S'il choisit plutôt de demander aux gens s'ils se sentent heureux, il doit aussi présumer que leurs réponses reflètent véritablement leur sentiment. Tout indicateur contient en effet une part d'inférence, parce que l'abstrait ne peut être réduit au concret et vice versa.

Le passage du concept à l'indicateur repose ainsi sur certains postulats (de traduction) qui ne peuvent malheureusement pas être vérifiés directement. C'est à ces postulats que renvoie le critère de validité. À l'aide des autres critères, le chercheur peut neutraliser les sources les plus facilement repérables de distorsion. Ceci fait, il peut s'attaquer à la question la plus substantielle de la validité. Malheureusement, il n'est pas possible d'apporter de réponse définitive à cette question. Tout ce que le chercheur peut espérer faire, c'est de donner un certain nombre de justifications qui rendent plausible la validité d'un indicateur. La procédure d'appréciation de la validité ne peut en effet qu'être indirecte et approximative. Elle est axée soit sur la valeur *prédictive* de l'indicateur, soit sur le *contenu* même des opérations effectuées.

– Une première stratégie consiste à justifier un indicateur par son *pouvoir de prédiction*. La démarche est relativement simple. Black et Champion[12] donnent l'exemple d'une batterie de questions qui pourraient être posées à des directeurs de personnel pour mesurer leur « chauvinisme mâle ». On pourrait déterminer la validité de cet indicateur en le comparant avec les pratiques d'embauche de ces directeurs. La procédure est intéressante. Elle comporte cependant des limites. Il s'agit en fait de comparer un indicateur (les réponses données à une batterie de questions)

---

12. James A. BLACK et Dean J. CHAMPION, *Methods and Issues in Social Research*, New York, Wiley, 1976, p. 229.

avec un autre indicateur (le nombre d'hommes et de femmes embauchés par tel directeur, d'après telle liste, entre telle et telle période). Le deuxième indicateur (le questionnaire) se trouve à être évalué, en prenant le premier (les listes) comme norme. Mais comment déterminer si ce premier est vraiment valide? L'approche prédictive ne peut en effet être utilisée que de façon complémentaire. Lorsqu'un chercheur dispose déjà d'un indicateur « satisfaisant », il peut l'utiliser comme critère de référence pour apprécier la validité d'autres indicateurs.

– En dernier ressort, la validité d'un indicateur doit être établie en fonction du contenu des opérations effectuées. Il revient au chercheur de démontrer que ses opérations permettent de traduire adéquatement le concept qu'il a à l'esprit. Par exemple, au plan conceptuel, le chômeur est défini comme quelqu'un qui veut travailler et qui n'a pas d'emploi. L'indicateur est fourni par les réponses à un ensemble de questions. Deux postulats sont nécessaires ici. On doit d'abord supposer que les réponses sont sincères, qu'un répondant qui dit ne pas avoir d'emploi n'en a effectivement pas. Il faut également que les questions soient pertinentes, que par exemple le fait d'avoir (ou de ne pas avoir) cherché du travail au cours des quatre dernières semaines reflète véritablement une « volonté » (ou une « non-volonté ») de travailler. Ces deux postulats mettent bien en évidence les points de référence offerts au chercheur. Une bonne connaissance des possibilités et limites des différents instruments de recherche est absolument indispensable. C'est par cette connaissance que le chercheur peut estimer les risques de distorsion du questionnaire. Si l'expérience démontre qu'en général les réponses données sont sincères, il aura davantage confiance en son instrument. Mais une bonne connaissance du phénomène étudié est tout aussi précieuse. Si le chercheur veut formuler des questions appropriées, il doit avoir des informations sur la façon dont le chômage est vécu par les gens, et sur les stratégies qui sont à leur disposition pour l'éviter ou en sortir, de façon à déterminer les démarches qui seront considérées comme signes d'une volonté de travailler.

L'appréciation de la validité d'un indicateur ne peut donc être que qualitative et en partie subjective; il subsiste une part d'arbitraire que l'on ne peut éliminer. La tâche du chercheur consiste à la réduire au minimum, à partir de ses connaissances des instruments et du phénomène étudié. Comme l'élément subjectif demeure, il y a souvent désaccord sur la validité de tel ou tel indicateur. Les débats sont en effet nombreux et parfois virulents, mais ils sont rarement tranchés de façon définitive. Dans la plupart des cas, toutefois, une opérationnalisation donnée est retenue par la majorité des chercheurs, parce qu'elle semble mieux traduire le concept de départ... jusqu'à ce que de nouvelles informations remettent en question ce choix.

3. La construction des indicateurs

3.1. La logique

Nous venons de voir les critères dont s'inspire le chercheur dans le choix de ses indicateurs. Nous allons maintenant brièvement considérer le processus par lequel ce choix se fait : comment, concrètement, le chercheur sélectionne-t-il les indicateurs ? Il convient, dès le départ, de rappeler

- qu'on ne connaît pas d'indicateur parfait : il s'agit de choisir celui qui présente le moins de lacunes par rapport aux quatre critères d'appréciation;

- qu'à tout concept peuvent correspondre un grand nombre d'indicateurs. Puisqu'il n'y a pas d'équivalence exacte entre le langage de l'abstraction et celui de l'observation, on doit se rabattre sur une approximation et il est rare qu'une approximation donnée s'impose d'emblée. On peut généralement concevoir plusieurs « traductions », chacune ayant ses avantages et ses désavantages. Le but de l'exercice est donc de retenir le ou les indicateurs les moins insatisfaisants.

3.2. Les étapes

Vu sous cet angle, le processus peut être décomposé en étapes bien démarquées. La première consiste à *recenser l'ensemble des indicateurs possibles*. Ce recensement s'appuie sur les recherches antérieures. On peut ainsi relever les mesures utilisées dans les recherches précédentes qui ont porté sur le même sujet. Le chercheur doit aussi faire appel à son imagination et se demander s'il serait possible d'élaborer de nouvelles mesures. L'objectif est d'établir une liste à peu près exhaustive des possibilités. Ces indicateurs peuvent renvoyer à différents instruments de recherche. Le degré d'intérêt pour un cours magistral, par exemple, peut se mesurer par l'observation directe ou par un questionnaire. Chaque instrument peut aussi se prêter à un certain nombre d'opérations, donnant lieu à autant d'indicateurs. Comme signes d'intérêt (ou de non-intérêt) pour un cours magistral, on peut observer la fréquence des questions, des conversations entre étudiants, la convergence des regards vers le professeur, etc.

La deuxième étape est *l'évaluation de chacun des indicateurs recensés* selon les quatre critères déjà énoncés. Cette évaluation se fait à partir des connaissances méthodologiques acquises sur les mérites et limites des différents instruments de recherche, des bilans qui ont déjà été faits dans les recherches antérieures, soit de la part des chercheurs eux-mêmes, soit de la part de critiques, et aussi d'une certaine familiarité avec le sujet étudié. Cette évaluation tient également compte des coûts associés à chaque indicateur. Tel indicateur peut apparaître très satisfaisant par rapport à chacun des critères mentionnés, mais nécessiter des opérations trop coûteuses ou trop longues. L'opération vise aussi à éliminer les indicateurs qui apparaissent les moins appropriés. Cela amène parfois le chercheur à ne retenir qu'un indicateur, qui apparaît nettement plus valable que tous les autres. Souvent, cependant, il y a plus d'un « élu ». On mesurera, par exemple, l'intérêt pour un cours à l'aide de plusieurs questions. La dernière étape consiste alors à construire un indice global, qui rassemble les informations fournies par plusieurs indicateurs. C'est le cas en particulier des attitudes qui sont généralement mesurées à l'aide de questions multiples et où les données sont regroupées sous forme d'échelle[13].

Conclusion

Les données empiriques n'existent pas à l'état pur. Elles sont formées par le chercheur en fonction de ses intérêts théoriques. C'est pourquoi il convient de parler de la *construction des indicateurs,* ce qui amène à reconnaître le rôle actif qui est dévolu au chercheur dans la structuration de la recherche. Cette construction consiste en un ensemble d'opérations qui permettent de *traduire un concept,* exprimé dans un langage abstrait, dans le langage de l'observation. Cette traduction, qui n'est jamais tout à fait satisfaisante, procède par approximation. Elle vise à *classer des objets* à l'aide d'un certain nombre d'opérations effectuées à partir d'un ou de plusieurs instruments de mise en forme de l'information.

Pour que la traduction soit la plus adéquate possible, il importe d'abord de faire preuve d'imagination de façon à considérer tout l'éven-

---

13. Voir le chapitre sur la mesure des attitudes.

tail des possibilités offertes, et ensuite d'être rigoureux afin d'écarter les indicateurs qui présentent trop de lacunes. Un indicateur n'est satisfaisant que s'il est *précis*, c'est-à-dire si la procédure est suffisamment explicitée pour qu'elle puisse être reproduite par un autre chercheur; *fidèle*, c'est-à-dire qu'il donne des résultats constants dans le temps et l'espace; *non contaminant*, c'est-à-dire qu'il ne modifie pas l'objet d'étude. Ces conditions ne sont cependant pas suffisantes. La *validité* d'un indicateur repose aussi sur la correspondance entre le contenu des opérations effectuées et la représentation que l'on se fait du concept de départ. Cette correspondance ne peut être évaluée que qualitativement, à partir d'un examen global de l'ensemble de la procédure. C'est pourquoi l'appréciation de la validité d'un indicateur contient une part d'arbitraire, que l'on ne peut éliminer complètement, mais que l'on tente de réduire au minimum.

Bibliographie annotée

BLALOCK, Hubert M., « The Measurement Problem: A Gap Between the Language of Theory and Research » dans Hubert M. BLALOCK et Ann B. BLALOCK (dir.), *Methodology in Social Research*, New York, McGraw-Hill, 1968.

Un petit article, de lecture quelque peu ardue, qui résume fort bien les problèmes inhérents à la mesure, problèmes associés au passage du langage de l'abstraction au langage de l'observation.

BLALOCK, Hubert M., *Social Statistics*, New York, McGraw-Hill, 1972. Voir chap. 2 : « Theory, Measurement, and Mathematics ».

Ce chapitre permet de saisir la logique de la mesure du point de vue de la mathématique et de la statistique. Il contient une présentation claire et simple des types de catégorisation (ou niveaux de mesure).

MANHEIM, Jarol B., et Richard C. RICH, *Empirical Political Analysis: Research Methods in Political Science*, Englewood Cliffs, Prentice-Hall, 1986. Voir chap. 4 : « From Abstract to Concrete : Operationalization and Measurement ».

Ce chapitre présente une vue d'ensemble du passage du concept à l'indicateur et illustre les principaux problèmes à l'aide d'exemples concrets.

SHIVELY, W. Phillips, *The Craft of Political Research : A Primer*, Englewood Cliffs, Prentice-Hall, 1980. Voir chap. 5 : « Problems of Measurement : Precision ».

Ce chapitre montre, à l'aide de plusieurs exemples, comment il est possible d'augmenter la précision des indicateurs.

WEBB, E. *et al.*, *Non-Reactive Measures in the Social Sciences*, Chicago, Rand McNally, 1981.

Ce livre explore les nombreuses possibilités qui sont offertes au chercheur qui vise à construire les indicateurs les moins contaminants possible.

Chapitre 8

L'échantillonnage

Jean-Pierre BEAUD

*Combien faut-il goûter de nouilles pour savoir
si le plat est bien cuit?*

Introduction

L'échantillonnage n'est pas seulement le fait des sondeurs et chercheurs universitaires ou professionnels. Comme bien d'autres outils utilisés en sciences sociales, les techniques d'échantillonnage s'appuient sur des principes que nous mettons en œuvre, de façon presque spontanée, dans la vie de tous les jours. Pour des raisons d'ordre pédagogique, il semble bon de partir précisément de cette pratique presque instinctive, de l'évaluation de sa richesse et bien sûr de ses limites, pour dégager des règles rigoureuses concernant le choix et la constitution des échantillons. Il convient toutefois, dès le départ, de mettre en garde le lecteur contre une vision « techniciste » des méthodes et techniques de recherche et donc des procédures d'échantillonnage. Il ne suffit pas, en effet, de savoir comment on construit un échantillon pour être quitte des problèmes reliés à l'échantillonnage. Le choix de la technique de sélection de l'échantillon, en particulier, ne saurait être dissocié du questionnement qui est à l'origine de la recherche, de la population étudiée et des diverses contraintes (p. ex., financières, humaines) avec lesquelles le chercheur doit composer : il doit donc être le résultat d'une réflexion qui fait largement appel à des connaissances non techniques, à la formation générale du chercheur.

Ainsi, des procédures non probabilistes, que bon nombre d'auteurs de manuels de méthodes considèrent comme méprisables, peuvent dans certains cas être plus adaptées aux conditions de la recherche que des techniques probabilistes, considérées généralement comme plus fiables : un bon chercheur saura reconnaître ces cas et, malgré les injonctions de certains méthodologues, faire le choix qui s'impose. Il est clair que, dans le domaine de l'échantillonnage comme dans n'importe quel autre domaine, la recherche de la perfection méthodologique constitue souvent plus un frein à la recherche qu'un véritable moteur, et qu'il vaut mieux faire de la recherche avec un outil imparfait (un échantillon de volontaires, par exemple) que de ne pas faire de recherche du tout, faute d'avoir trouvé l'outil parfait.

Encore faut-il, et le texte qui suit vise à introduire à une telle attitude, prendre conscience des limites imposées par les différentes techniques et ce, afin de pouvoir en tenir compte au moment de l'analyse des données. On peut parfois même tirer profit des « impuretés » d'un échantillon.

> C'est ce que font, par exemple, Daniel Gaxie et Patrick Lehingue dans leur étude sur la constitution des enjeux politiques dans une élection municipale[1]. Après avoir recensé les différents biais introduits par un échantillon spontané (constitué de lecteurs d'un quotidien régional français), évalué les écarts relativement à certaines variables entre l'échantillon obtenu et la population de référence, les auteurs prennent justement comme objet d'étude, au moins dans un premier temps, ces mêmes distorsions. Ils s'interrogent ainsi sur la sous-représentation dans leur échantillon des femmes, des classes populaires, des non-diplômés, des ruraux, et posent que « ce qu'apporte [...] un échantillon spontané, c'est la possibilité de repérer les intérêts qui ont porté tel groupe d'agents (et pas, ou moins, tel autre) à répondre, intérêt à mettre en relation avec le type de questions posées, la forme de celles-ci, le support utilisé, l'institution productrice de l'enquête[2]... ». Aussi, « à la condition qu'elles soient connues et reconnues, "les impuretés" de l'échantillon collecté n'oblitèrent pas d'emblée l'analyse, mais au contraire l'enrichissent[3] ».

Loin de nous l'idée d'insinuer que l'outil choisi importe finalement peu et que tout exposé sur les valeurs intrinsèques des techniques d'échantillonnage est à écarter ou, pire, que plus une technique est « impure », plus l'analyse à laquelle elle peut conduire est potentiellement riche. Nous voulons simplement insister sur la nécessaire relation entre les données et l'appareil qui les a générées et, plus globalement,

---

1. Daniel GAXIE et Patrick LEHINGUE, *Enjeux municipaux ; la constitution des enjeux politiques dans une élection municipale*, Paris, PUF, 1984.
2. *Ibid.*, p. 89.
3. *Ibid.*

les conditions dans lesquelles elles ont été produites. C'est bien cette posture qui a conduit les politologues et les sociologues à s'interroger sur la signification des non-réponses, sur les « ratés » de la communication entre sondeurs et sondés. C'est elle qui se dégage de certaines des recommandations du Comité des sondages de la Société canadienne de science politique et de l'Association canadienne des sociologues et anthropologues de langue française[4] et du Comité des sondages du Regroupement québécois des sciences sociales[5]. C'est elle aussi qui devrait être intériorisée par tout chercheur.

Pratiques spontanée et « professionnelle » de l'échantillonnage

Prenons une première expérience banale, certes, mais instructive : la préparation d'un plat. Avant de servir un plat, il est un geste que nous faisons généralement : nous le goûtons. Le principe même du sondage et des techniques qu'il implique (dont celles de l'échantillonnage) se trouve ainsi posé : nous recueillons de l'information sur une fraction (*échantillon*) de l'ensemble (*population*) que nous voulons étudier, puis nous généralisons, parfois à tort il est vrai, à cet ensemble ce que nous avons mesuré sur le sous-ensemble. Dans l'exemple précédent, la cuillerée que nous avalons constitue l'échantillon et le plat, la population. Tout comme il n'est point besoin de manger tout le plat pour savoir si nous pouvons le servir (heureusement!), il n'est point nécessaire, ni souhaitable, ni possible parfois, d'étudier toute la population (que ce soient les électeurs canadiens, les ampoules électriques sortant d'une usine, etc.), c'est-à-dire de recourir à un *recensement*, pour la bien connaître.

Cependant, l'échantillon ne peut être choisi sans précaution! Ainsi, dans le cas d'un potage, par exemple, ce n'est que lorsque les ingrédients sont bien mélangés, lorsque la préparation est homogène, que l'on goûte le plat. Dans le cas d'un mets plus complexe, constitué d'éléments différents et qui ne peuvent être mélangés, ce n'est qu'après avoir testé

---

4. « L'art consiste sans doute [...] autant à permettre au répondant de se taire qu'à l'amener à s'exprimer; le chercheur, lui, se doit d'expliquer certaines régularités aussi bien dans l'expression formelle d'attitudes et d'opinions que dans les non-réponses. Les non-réponses aussi sont l'expression de certaines attitudes et opinions et doivent être analysées comme telles. » *Sondages politiques et politique des sondages au Québec*, Montréal, Société canadienne de science politique et Association canadienne des sociologues et anthropologues de langue française, 1979, p. 18.
5. Voir à ce sujet Jean-Pierre BEAUD, « Médias et sondages politiques : le cas de la campagne électorale fédérale de 1988 », *Revue québécoise de science politique*, n° 20, automne 1991, p. 131-151.

chacun de ces éléments (la viande, les légumes, la sauce, etc.) que l'on peut porter un jugement sur l'ensemble. En théorie de l'échantillonnage, en fait, les choses se présentent un peu de la même façon : on sait, par exemple, que plus la population est *homogène*, moins l'échantillon aura besoin, à précision constante, d'être de taille importante; on sait aussi que lorsqu'on a affaire à une population composée d'éléments bien distincts, il est préférable de la découper en sous-ensembles relativement homogènes, de la *stratifier*. Le lecteur aura sans doute compris que ce qui est recherché, aussi bien dans la pratique spontanée que dans la pratique plus méthodique de l'échantillonnage, c'est la *représentativité* : l'échantillon, dont la taille variera en fonction de l'homogénéité de la population, devra être représentatif de cette dernière[6]. Ce que nous apprendrons concernant l'échantillon, nous devrons pouvoir le généraliser à l'ensemble de la population.

La notion de représentativité

L'analogie entre la pratique instinctive et la pratique réfléchie de l'échantillonnage pourrait être poussée plus loin : il serait possible, par exemple, de montrer qu'une technique aussi raffinée que la stratification non proportionnelle a sa contrepartie dans la vie de tous les jours. Mais il est à craindre qu'alors, elle conduise à un contresens historique, à penser que, la notion de représentativité relevant du simple bon sens, il s'est bien trouvé, très tôt, quelque scientifique pour l'imposer comme critère dans le domaine des études de populations (humaines ou non). Or, ce n'est que récemment que le problème de la représentativité[7] a été formulé par les « statisticiens d'état » (pour reprendre l'expression d'Alain Desrosières[8]) et les spécialistes des études sociales. Il faudra en effet attendre les travaux du Norvégien Kiaer à la toute fin du XIXe siècle pour voir s'amorcer, dans le cadre des réunions de l'Institut International de Statistique, un débat sur l'utilisation de la méthode représentative. Qu'un tel débat ait eu lieu si « tardivement » peut paraître étonnant puisque, d'une part, les bases théoriques (le calcul des probabilités) de la méthode représentative étaient connues depuis fort longtemps et que,

---

6. Ce qui ne veut pas dire, comme nous l'avons montré plus haut, que des données recueillies à l'aide d'un échantillon non représentatif ne sont d'aucune utilité pour le chercheur.
7. Au sens où les statisticiens, les sondeurs, les chercheurs en sciences sociales entendent aujourd'hui ce terme.
8. Alain DESROSIÈRES, « La partie pour le tout : comment généraliser? La préhistoire de la contrainte de représentativité », *Journal de la Société de statistique de Paris*, tome 129, n°s 1-2, 1988, pp. 96-115.

d'autre part, la pratique même des enquêtes auprès de petits groupes d'individus avait été chose courante durant tout le XIXᵉ siècle[9]. Mais, comme le montre Alain Desrosières, « l'invention et la mise en œuvre d'une technologie supposent des conditions inséparablement cognitives et sociales[10] ». La mise en place, en Europe, à la fin du XIXᵉ siècle, des premières mesures étatiques d'aide sociale, puis le développement, essentiellement aux États-Unis, des études de marché et des prévisions électorales, qui traduisent le « passage de modes de gestion *locaux* centrés sur des relations personnelles (bienfaisance, petit commerce, artisanat, marchés ruraux, clientélisme électoral) à d'autres modes, *nationaux* [ont] nécessité une uniformisation du territoire et une standardisation des modes de description des personnes, lesquelles constituent les préalables indispensables à la mise en œuvre[11] » et au perfectionnement des méthodes représentatives et en particulier des méthodes d'échantillonnage probabilistes. Le principe de base des méthodes représentatives, à savoir que la partie peut remplacer le tout, ne sera véritablement adopté qu'à la fin du premier quart du XXᵉ siècle et la « supériorité » des techniques aléatoires sur les techniques par choix judicieux ne sera « démontrée » que dans les années 1930. Comme le mentionne Philippe Tassi, « toutes les bases de la statistique des sondages sont alors posées[12] ». Les développements théoriques ultérieurs concerneront essentiellement les techniques probabilistes et ce, malgré une pratique qui, au moins dans certains milieux, restera encore profondément marquée par l'utilisation des techniques par choix raisonné.

Le champ d'application des techniques d'échantillonnage

Depuis la fin du XIXᵉ siècle, la méthode représentative a vu son champ d'application s'élargir de façon telle qu'aujourd'hui elle se confond pratiquement avec l'ensemble des activités humaines : tout ou presque se prête en effet à l'échantillonnage. En recherche appliquée, dès que des contraintes de temps ou de moyens surgissent, toute population d'une certaine ampleur est plus aisément étudiée par sondage, c'est-à-dire en

---

9. Ces enquêtes prenaient alors la forme de monographies et faisaient appel à une idée de représentativité bien différente de celle qui est à l'origine de la plupart des techniques d'échantillonnage.
10. *Loc. cit.*, p. 97.
11. *Ibid.*, pp. 104, 96.
12. « De l'exhaustif au partiel : un peu d'histoire sur le développement des sondages », *Journal de la Société de statistique de Paris*, tome 129, nᵒˢ 1-2, 1988, p. 126; voir aussi du même auteur (en collaboration avec Jean-Jacques Droesbeke), *Histoire de la statistique*, Paris, PUF, coll. Que sais-je?, 1990, nᵒ 2 527.

ayant recours à un échantillon, que par recensement. Ce que l'on perd
en certitude (idéal théoriquement accessible par recensement), on le
gagne en rapidité, en coût et même, paradoxalement, en qualité. À partir
du moment où l'on a affaire à un échantillon probabiliste et où les
principes commandant le tirage des individus ont été respectés, les conditions sont réunies pour qu'on puisse généraliser (par inférence statistique) à la population ce qui a été mesuré sur l'échantillon.

Dans l'industrie, par exemple, le contrôle de la qualité des produits
ne peut être réalisé que sur un échantillon de la population totale. S'il
fallait tester la durée de vie de toutes les lampes, de tous les circuits
sortant d'un atelier, il est sûr que l'on connaîtrait avec précision la qualité
du travail réalisé. Il est sûr également qu'on ne pourrait plus rien vendre.
L'échantillonnage est donc, là, pratique courante.

En sociologie, en science politique, et, d'une façon générale, dans
toutes les sciences sociales, les populations étudiées peuvent être de
tailles très diverses : du petit groupe (p. ex., l'association de comté d'un
parti politique, le « gang ») aux communautés nationales et parfois
même internationales en passant par les populations de taille moyenne
(un syndicat, une municipalité, une tribu, un village, etc.). On comprendra aisément qu'à des populations de tailles différentes correspondent des outils différents : dès qu'une certaine taille est atteinte, le
sondage se révèle être en fait le seul outil utilisable.

1. Concepts généraux

Nous avons déjà rencontré, dans l'introduction, un certain nombre de
termes comme ceux d'échantillon, de population, de représentativité,
qu'il va falloir définir précisément avant d'aborder la distinction, essentielle, entre les échantillons probabilistes (ou aléatoires) et les échantillons non probabilistes.

D'une *population*, nous dirons qu'il s'agit d'une collection d'individus, d'objets, c'est-à-dire, pour reprendre la définition de Christian
Gourieroux, d'*un ensemble d'«unités élémentaires sur lesquelles porte l'analyse*[13]». Ces individus peuvent être humains ou non : l'unité élémentaire, c'est souvent, en sciences sociales, une personne (un être humain);
c'est parfois un groupe, une ville, un syndicat, un pays. La population
est alors un ensemble de personnes, de groupes, de villes, de syndicats,
de pays. Une ville, par exemple, peut être dans certains cas considérée

---

13. Christian GOURIEROUX, *Théorie des sondages*, Paris, Economica, 1981, p. 35.

comme une population, dans d'autres cas comme un élément constitutif d'une population plus large. Tout dépend alors de l'objet même de la recherche. En conséquence, tout travail d'échantillonnage implique une définition précise de la population à étudier et donc de ses éléments constitutifs. L'unité élémentaire peut être aussi un mot, un paragraphe, un article, un numéro de journal, ou une lampe, un circuit électronique, une parcelle de terrain, etc.

Le chercheur devra donc, et ce n'est pas aussi simple qu'il y paraît, définir la population pertinente pour l'étude qu'il se propose de réaliser. Veut-il analyser le comportement électoral au Québec? Il lui faudra alors sans doute prendre comme population l'électorat québécois, à savoir l'ensemble des personnes qui ont 18 ans et plus, qui sont de citoyenneté canadienne et qui résident au Québec depuis au moins six mois. Comme on le voit, dans ce cas, le problème de la définition de la population ne se pose pas vraiment puisqu'il existe des critères officiels, non ambigus et peu contestables (on cherche à mesurer un geste réglementé!) permettant de distinguer électeurs et non-électeurs. Le problème aurait été quelque peu différent s'il s'était agi d'étudier les opinions politiques au Québec, la distinction légale entre électorat et « non-électorat » n'étant plus alors nécessairement pertinente. Le problème est également plus complexe lorsqu'on cherche à analyser une population comme celle des chômeurs. Doit-on, pour la cerner, reprendre la définition officielle du chômage, au risque d'écarter des « sans emploi » auxquels l'administration refuse le statut de chômeur (depuis 1976, par exemple, le statut de chômeur n'est plus accordé qu'à ceux qui cherchent activement un emploi[14]), ou doit-on plutôt forger sa propre définition, au risque de ne pouvoir l'opérationnaliser?

On voit donc qu'à ce niveau déjà plusieurs problèmes se posent :

– Celui de la définition de la population mère (ou *univers de l'enquête*), étape théorique comme le souligne Simon Langlois dans son texte sur les techniques d'échantillonnage[15].

– Celui de l'explicitation de cette définition : qui fait partie de cette population? qui n'en fait pas partie? On doit fixer clairement les critères permettant d'affecter ou non, sans qu'il y ait possibilité de contestation, les individus à la population. Nous obtenons alors la population visée par la recherche.

---

14. Gilles GUÉRIN, *Des séries chronologiques au système statistique canadien*, Chicoutimi, Gaëtan Morin éditeur, 1983, p. 391.

15. Simon LANGLOIS, *Techniques d'échantillonnage*, Université Laval, s.d.

– Celui de la constitution de la liste des individus composant la population; il s'agit là d'une étape concrète. Comme il est bien souvent difficile de construire cette liste et qu'un tel travail long et coûteux mènerait en toute logique à la réalisation d'un recensement plutôt que d'un sondage, les chercheurs utilisent généralement des listes déjà constituées (annuaires téléphoniques, listes de personnel, etc.) avec tous les inconvénients que cela suppose : les populations ainsi obtenues ne coïncident plus nécessairement avec les populations visées. Ainsi, lorsqu'on utilise les annuaires téléphoniques pour pallier l'absence d'une liste électorale à jour, on inclut dans la population des individus qui ne devraient pas en faire partie (non-électeurs), et, surtout, ce qui a des conséquences encore plus graves, on écarte des électeurs qui, pour diverses raisons, n'ont pas de téléphone ou de numéro inscrit dans l'annuaire. Cela importe peu au Québec, et de façon générale en Amérique du Nord, le taux de pénétration du téléphone dans les ménages y étant très élevé. Par contre, dans de nombreux pays, l'utilisation d'une telle liste entraînerait des distorsions considérables[16].

Cette dernière étape n'est toutefois pas toujours nécessaire. Un des atouts de la méthode des quotas, et plus généralement des méthodes non probabilistes présentées plus loin, est justement de ne pas requérir de liste des éléments constitutifs de la population (ce que l'on appelle aussi une *base de sondage*). Notons que certains types d'échantillonnage probabiliste ne nécessitent pas non plus de liste, au sens strict, des individus formant une population : c'est le cas de la méthode aréolaire[17]. Notons enfin qu'une technique comme la génération aléatoire des numéros de téléphone, maintenant couramment utilisée, permet de faire un tirage aléatoire sans base de sondage. En partant de la série de trois premiers chiffres en usage dans la région étudiée, le chercheur génère au hasard (au sens probabiliste du terme) les derniers chiffres. Bien sûr, si par cette technique on obtient des numéros de téléphone attribués mais non inscrits dans les annuaires, on obtient aussi (parfois très souvent) des numéros de téléphone auxquels ne correspondent pas d'abonnés : le coût d'un sondage effectué au moyen de cette technique s'en trouve ainsi augmenté.

---

16. Comme pour cette chercheuse en marketing polonaise rencontrée par le directeur de publication qui aurait aimé adopter les méthodes nord-américaines de sondage téléphonique alors que seulement un ménage sur dix possède le téléphone en Pologne.
17. En fait, cette méthode requiert bien l'utilisation d'une liste; cependant il s'agit d'une liste de zones géographiques découpées à partir d'une carte.

Nous avons jusqu'ici, à plusieurs reprises, distingué deux techniques de collecte des données : le recensement et le sondage. Lorsqu'on fait un *recensement*, à ne pas confondre avec le simple dénombrement (c'est-à-dire le comptage d'une population), *on recueille l'information auprès de l'ensemble de la population*. Lorsqu'on fait un *sondage, c'est auprès d'un sous-ensemble de cette population, appelé échantillon, que les données sont recueillies*. En fait, certains considèrent même le recensement comme un type particulier de sondage, le sous-ensemble étudié se confondant dans ce cas avec l'ensemble de la population.

On comprend alors — l'échantillon pouvant être n'importe quel sous-ensemble de la population — que la question cruciale est de savoir si les conclusions d'un sondage peuvent être légitimement étendues à l'ensemble de la population. Pour que cette généralisation soit possible, acceptable, il faut que l'échantillon soit *représentatif* de cette population, *c'est-à-dire que les caractéristiques mêmes de la population soient présentes dans l'échantillon ou puissent y être retrouvées moyennant certaines modifications*. Mais comment être sûr que les caractéristiques de la population sont bien présentes dans l'échantillon si, par définition, on ne les connaît pas toutes? Disons tout de suite que dans la théorie de l'échantillonnage, la notion de certitude est écartée. Même un recensement, d'ailleurs, ne nous permet que théoriquement d'atteindre cette certitude. L'erreur d'échantillonnage, c'est-à-dire celle reliée au fait de n'analyser qu'une partie de la population pour connaître cette dernière, disparaît alors, quoique la population d'un pays ne soit jamais rejointe dans sa totalité lors d'un recensement; cependant, l'erreur de mesure, ou d'observation, indépendante de la première, demeure. Pour Leslie Kish, « [les erreurs indépendantes de l'échantillonnage] se produisent parce que des observations doivent être faites pour obtenir les résultats dont on a besoin et que les méthodes physiques d'observation sont sujettes à imperfections[18] ».

On a trouvé jusqu'à présent deux solutions pour minimiser l'erreur d'échantillonnage (à distinguer donc de l'erreur de mesure[19]) :

– reproduire le plus fidèlement possible la population globale, en tenant compte des caractéristiques connues de cette dernière (application du principe de la *maquette*, du modèle réduit);

– tirer de façon aléatoire les individus qui feront partie de l'échantillon (application du principe du *hasard*).

18. Leslie KISH, « Le choix de l'échantillon » dans Leon FESTINGER et Daniel KATZ, *Les méthodes de recherche dans les sciences sociales*, tome I, Paris, PUF, 1963, p. 255.
19. Par exemple, les erreurs faites pendant la collecte des données, les erreurs de compilation, etc.

La première solution relève de techniques qu'on a appelées *non probabilistes*, la seconde, de techniques *probabilistes*. Cette distinction est essentielle, car seuls les échantillons se réclamant du hasard peuvent, par définition, donner lieu à une généralisation s'appuyant sur les principes du calcul des probabilités.

2. Les échantillons non probabilistes

S'en remettre au hasard pour fixer le choix des individus qui feront partie de l'échantillon apparaît à première vue comme la preuve d'une démission de l'esprit humain. C'est pourquoi les techniques non probabilistes, ou du moins certaines d'entre elles, semblent souvent plus satisfaisantes, plus « scientifiques » même que les techniques probabilistes : comment le hasard pourrait-il faire mieux que nous, avec nos connaissances, notre esprit méthodique, rationnel? Les techniques non probabilistes offrent l'avantage de ne pas heurter le bon sens, d'être souvent faciles à comprendre et à appliquer. Elles sont de qualité inégale, certaines ayant été particulièrement raffinées, d'autres pas. En Europe, elles demeurent les méthodes les plus fréquemment utilisées, et, il faut bien le dire, la plus connue d'entre elles, la méthode des quotas, ne semble pas avoir donné de mauvais résultats, ce qui porte certains auteurs et praticiens à en recommander l'utilisation, même si les généralisations auxquelles les méthodes non probabilistes conduisent sont en fait purement hypothétiques. Nous présenterons plusieurs de ces techniques, insisterons sur la plus utilisée et, semble-t-il, la plus fiable d'entre elles, la méthode des quotas, et nous verrons quelles en sont les applications possibles.

Les techniques non probabilistes sont souvent presque absentes des présentations que font les spécialistes américains des procédures d'échantillonnage. On n'en recommande pas l'utilisation car, comme le soulignent Loether et McTavish, « même si les techniques d'échantillonnage non probabilistes sont souvent plus économiques et commodes que les techniques probabilistes, l'impossibilité d'évaluer les erreurs d'échantillonnage représente un inconvénient majeur. Donc, on devrait déconseiller l'utilisation de techniques non probabilistes par les sociologues[20] ». Les auteurs européens, et particulièrement les auteurs français, consacrent souvent, quant à eux, de longs développements à ces techniques. *Répétons ce qu'on dit généralement à leur sujet, à savoir qu'elles*

---

20. Herman J. LOETHER et Donald G. MCTAVISH, *Descriptive and Inferential Statistics. An Introduction*, Boston, Allyn and Bacon Inc., 1980, p. 424.

sont peu coûteuses, rapides, faciles à appliquer, mais qu'on ne peut préciser l'erreur d'échantillonnage. Mentionnons ici qu'on emploie concurremment, dans la littérature *ad hoc*, les termes de méthodes, de techniques et de procédures pour parler de la constitution des échantillons, alors qu'il faudrait, ces termes ayant des significations différentes[21], ne parler que de techniques. Ajoutons aussi que, plus précisément dans le domaine des échantillons non probabilistes, le champ sémantique est loin d'être fixé : ainsi l'expression « par choix raisonné » fait parfois référence à une technique non probabiliste, parfois à un ensemble de techniques non probabilistes, etc.

Nous parlerons successivement des échantillons « accidentels », des échantillons constitués de volontaires, des échantillons systématiques, par choix raisonné et par quotas, qui sont tous non probabilistes.

2.1. Les échantillons « accidentels »

Les échantillons « accidentels » (*haphazard samples, accidental samples*) sont sans doute de tous les échantillons non probabilistes ceux qui offrent le moins de garantie. Et pourtant, les « techniques » correspondantes sont celles qui apparemment semblent laisser la plus grande place au hasard. Lorsqu'on interroge les cent premières personnes rencontrées au coin de telle et telle rue, c'est le hasard, dit-on, qui nous les fait rencontrer. Notons que le sens ainsi donné au terme de hasard est bien celui que le langage commun lui attribue. Bien des enquêtes réalisées pour la télévision ou la radio après un événement relèvent de ces « techniques ». L'enquêteur pense n'introduire d'autre critère que le hasard pour le choix des individus qui feront partie de l'échantillon : il les prend, ces passants, comme ils se présentent. En fait, et nous anticipons sur ce qui sera dit plus loin, si l'on entend par tirage au hasard tout tirage que l'on peut assimiler à celui des loteries et qui attribue à chaque individu une chance connue et non nulle (souvent égale) d'être choisi, on voit que le hasard du sens commun est bien différent du hasard probabiliste. Dans ces sondages réalisés « pour tâter le pouls de l'électorat » (c'est ainsi qu'on les présente maintenant pour prévenir toute critique), de très nombreux individus n'ont aucune chance d'être choisis, leurs occupations les retenant loin du lieu de l'entrevue, alors que d'autres, travaillant ou habitant près de ce lieu, ont de fortes chances d'être inclus dans l'échantillon.

21. Voir, pour une définition de ces termes, Madeleine GRAWITZ, *Méthodes des sciences sociales*, Paris, Dalloz, 1972, pp. 291-294. Notons que de notre côté, pour éviter des répétitions ou pour faire référence à une expression établie (la *méthode* des quotas), nous utiliserons malgré tout les trois termes.

Or, rien n'indique que ces derniers soient représentatifs de la population, et rien n'indique non plus que ceux qui auront été effectivement choisis soient même représentatifs du sous-groupe de ceux qui habitent le quartier ou y travaillent. En fait, on pourrait dire que la représentativité des échantillons ainsi constitués ne peut être qu'accidentelle.

Certes, les journalistes faisant un tel sondage peuvent toujours multiplier les lieux, heures et jours d'enquête et même, consciemment ou non, introduire des quotas (autant d'hommes que de femmes alors qu'il y a, par exemple, plus de femmes que d'hommes dans la rue à ce moment-là); cependant, quoique moins imparfaite, la technique n'en demeure pas moins fort critiquable. Supposons, par exemple, que pour « tâter le pouls de l'électorat » à propos des politiques du gouvernement Bourassa, un sondeur se poste, malencontreusement, près d'une salle où sont réunis des militants péquistes et qu'il choisisse de faire ses entrevues alors même que ces derniers terminent leur réunion : on imagine la suite! L'événement n'est malheureusement pas totalement improbable. Ne pensons pas non plus que cette technique soit réservée aux seuls journalistes qui, d'ailleurs, l'utilisent avec de plus en plus de prudence, semble-t-il. Chaque fois qu'un chercheur accepte une sélection, faite par d'autres, des individus qui pourront être analysés, il court le risque de travailler avec des échantillons accidentels. Par exemple, lorsque, pour des fins d'analyse de contenu, on tire, même aléatoirement[22], des articles, éditoriaux, paragraphes, nouvelles, à partir des seuls quotidiens que reçoit une université ou un centre de recherche, qu'on ne prend pas en considération l'écart entre cette population (quotidiens reçus) et la population visée (ensemble des quotidiens), et qu'on étend les conclusions de l'analyse à l'ensemble des quotidiens, on se trouve, toutes proportions gardées, dans le même cas que précédemment. Pour conclure, disons que les échantillons accidentels sont en fait bien souvent des échantillons construits « au petit bonheur » (*haphazardly*).

2.2. Les échantillons de volontaires

La technique des échantillons constitués de volontaires (*voluntary samples*) est fréquemment utilisée dans les domaines de la psychologie, de la recherche médicale, des sciences sociales appliquées, en fait dans tous les cas où il semblerait difficile d'interroger des individus sur des thèmes

---

22. C'est-à-dire en donnant à chaque individu une chance connue et non nulle d'appartenir à l'échantillon.

qui, pour des raisons culturelles, sont considérés comme tabous, intimes (comportement sexuel, par exemple), de leur imposer une expérimentation (de médicaments, de thérapies) potentiellement douloureuse, gênante, voire dangereuse, ou, à l'inverse, de leur refuser le bénéfice d'un programme (de réhabilitation, par exemple)[23]. Comme son nom l'indique, la technique consiste à faire appel à des volontaires pour constituer l'échantillon. Éventuellement, dans le but d'obtenir une meilleure représentativité, on procédera à une sélection, en fonction de quotas, parmi ces volontaires, ou à un redressement a posteriori de l'échantillon. Il reste que l'utilisation de cette technique suscite des débats particulièrement vifs. On invoquera ainsi le fait que les volontaires ont généralement des caractéristiques psychologiques particulières (volonté de plaire, désir de connaître, besoin de régler des problèmes, etc.) et que, par conséquent, toute généralisation est hasardeuse.

> C'est bien, par exemple, ce qui a été reproché au fameux « rapport Kinsey ». Cette enquête sur les comportements sexuels a été réalisée aux États-Unis auprès d'un échantillon de 5 300 volontaires. Comme le font remarquer Herman J. Loether et Donald G. McTavish, reprenant les critiques faites par un groupe de chercheurs[24] : « L'assertion selon laquelle les résultats de l'étude étaient généralisables au-delà des 5 300 hommes interviewés était particulièrement exposée à la critique. Un commentateur mentionna qu'il y avait des preuves que plusieurs hommes s'étaient portés volontaires parce qu'ils avaient besoin d'aide pour résoudre leurs propres problèmes sexuels ou parce qu'ils avaient des questions à poser sur la sexualité[25]... »

Faut-il alors déconseiller l'utilisation de cette technique? Pas nécessairement. Comme d'autres techniques non probabilistes, moyennant prudence, connaissance des limites de l'outil et certaines précautions, elle peut donner d'intéressants résultats : encore faut-il, par exemple, faire un choix parmi ces volontaires (en utilisant des quotas), contrôler

---

23. Cette dernière question a fait l'objet de réflexions de la part de spécialistes en évaluation de programme. Voir à ce sujet, Roland LECOMTE et Leonard RUTMAN, dir., *Introduction aux méthodes de recherche évaluative*, Ottawa, Université Carleton, 1982 (en particulier le chapitre 6). La question est également abordée sous l'angle plus général de la démarche expérimentale. Voir à ce sujet, Benjamin MATALON, *Décrire, expliquer, prévoir; démarches expérimentales et terrain*, Paris, Armand Colin, 1988. Dans ce livre, d'ailleurs, l'auteur fait une distinction importante entre la randomisation qui consiste à affecter de façon aléatoire les sujets aux différentes conditions expérimentales (p. 16, 41) et qui « a pour but d'assurer la comparabilité des groupes et, de ce fait, la validité interne de leur comparaison » (p. 48), et « la constitution d'un échantillon aléatoire [qui] vise à permettre la généralisation à la population parente » (*Ibid.*) et qui a donc pour objectif la validité externe.
24. William G. COCHRAN *et al.*, *Statistical Problems of the Kinsey Report on Sexual Behavior in the Human Male*, Washington, American Statistical Association, 1954.
25. *Op. cit.*, p. 423.

leurs caractéristiques, s'abstenir de toute généralisation hâtive. Dans certains domaines ou pour des études exploratoires, c'est souvent la technique la plus économique. Elle est, de plus, très utilisée; en témoignent les nombreuses demandes de volontaires dans les colonnes des journaux universitaires : « Étudiants(es) intéressés(es) à collaborer, à titre volontaire, à une recherche de maîtrise en sexologie ayant pour sujet « la séduction hétérosexuelle » (en anglais : *dating*), peuvent communiquer[26] ... »

On peut assimiler à ces techniques celles que les médias appliquent lorsqu'ils sollicitent l'avis de leur public. Mais ceux-ci, contrairement aux chercheurs, n'ont guère la possibilité ou la volonté de contrôler, de sélectionner les volontaires et de réserver les conclusions de l'enquête[27]. Aussi les lignes ouvertes, les sondages maisons sont-ils au mieux des moyens pour les médias de connaître leur public, au pire des outils pour l'influencer[28]. Notons donc que les échantillons les moins fiables sont ceux qui sont construits à partir de la double technique « accidentelle-volontaire ».

2.3. Les échantillons systématiques

Les échantillons systématiques (*systematic samples*) sont constitués d'individus pris à intervalle fixe dans une liste (par exemple, un individu tous les dix, tous les cent). Cette procédure a l'avantage d'être facile à utiliser, mais comme toutes les techniques présentées jusqu'ici, elle ne peut être considérée comme probabiliste, puisque, au sein d'une même population, certains individus n'ont aucune chance d'être choisis alors que pour d'autres, la probabilité de l'être est égale à 1. On verra plus loin que si le point de départ (premier individu à être tiré) est choisi aléatoirement, ce qui généralement se fait sans difficulté et n'est guère

---

26. *L'UQAM hebdo*, vol. IX, n° 14, p. 2.
27. Ou, comme le font Daniel Gaxie· et Patrick Lehingue dans l'étude citée au début du texte, de prendre la faible représentativité comme objet même d'étude.
28. Ainsi, cet extrait du *Chicago Tribune* du 20 juillet 1990 reproduit dans *Imprints* de mai 1991 : « On June 8-10, "the nation's newspaper" — USA Today — ran a Trump Hot Line asking readers to phone in and vote on whether "Donald Trump symbolizes what makes the USA a great country" or "Donald Trump symbolizes the things that are wrong with this country". USA Today declared a "landslide" for Trump, with 81 percent of the calls agreeing with the first statement and 19 percent with the second. But an embarrassed USA Today reported Thursday that an analysis of the results showed that 5,640 calls came from two phone numbers at Great American Insurance Co., a subsidiary of Cincinnati financier Carl Lindner Jr.'s American Financial Corp. A spokeswoman for Lindner said the vote-stuffing calls were made because Lindner admires Trump's "entrepreneurial spirit". »

coûteux, alors ce type de technique peut être considéré comme probabiliste. Nous renvoyons donc à ce qui sera dit ultérieurement à ce sujet.

2.4. Les échantillons typiques et les échantillons en boule de neige

Alors que les techniques dont nous avons parlé jusqu'ici se caractérisent souvent par la recherche d'un tirage s'apparentant au tirage aléatoire, celles que nous analyserons dans cette section et dans la suivante tournent délibérément le dos à cette quête illusoire. Les premières méthodes se voulaient essentiellement fondées sur le bon sens et l'expérience commune; les secondes se veulent plus rationnelles. Un échantillon représentatif, c'est en quelque sorte une maquette de la population à étudier : pourquoi alors ne pas sciemment construire cette maquette? C'est là le raisonnement qui est à l'origine de la méthode des quotas. Et si ce qui importe ce n'est pas la précision des résultats, mais la découverte d'une logique, d'un mécanisme, si la recherche se veut exploratoire, si ce qui intéresse le chercheur ce ne sont pas les variations mêmes à l'intérieur de la population, mais plutôt quelques particularités de celle-ci, pourquoi alors rechercher une représentativité qui n'aura qu'un intérêt limité? Voilà le raisonnement qui est à la base d'une technique comme celle de l'échantillonnage typique. Comme on le voit ces diverses techniques sont non probabilistes par choix plutôt que par défaut.

L'échantillonnage en boule de neige (*snowball sampling*) est une technique qui consiste à ajouter à un noyau d'individus (des personnes considérées comme influentes, par exemple) tous ceux qui sont en relation (d'affaires, de travail, d'amitié, etc.) avec eux, et ainsi de suite. Il est alors possible de dégager le système de relations existant dans un groupe, qu'un échantillon probabiliste classique n'aurait pas permis de découvrir. Cette technique permet de réaliser ce que Raymond Boudon appelle des sondages contextuels, par opposition à des sondages de type atomique. On peut avec les premiers « [...] analyser le comportement individuel en le replaçant dans une "structure sociale", alors que les sondages atomiques [...] considèrent des individus détachés de leur contexte et placés, pour ainsi dire, dans un espace social amorphe[29] ». Il est possible enfin de combiner cette technique de « boule de neige » avec une technique probabiliste pour obtenir un sondage probabiliste contextuel.

---

29. Raymond BOUDON, *Les méthodes en sociologie*, Paris, PUF, coll. Que sais-je?, 1973, p. 44.

Lorsque, explique également Raymond Boudon, l'enquête vise « à répondre à certaines questions théoriques ou à vérifier certaines hypothèses », que, par exemple, « [...] on se demande *pourquoi* certains médecins ont adopté [un] nouveau médicament et d'autres non[30] », il peut être inutile de construire un échantillon représentatif de la population des médecins de l'ensemble du pays. « On pourra supposer que les médecins dont les contacts professionnels sont limités à une clientèle privée seront moins prompts à adopter une nouveauté que les médecins des hôpitaux, qui sont stimulés par des mécanismes d'influence interpersonnelle[31]. » Il est possible alors de ne retenir par exemple que les médecins (ou une partie de ceux-ci) d'une ville donnée, la relation ainsi mise en lumière ayant de bonnes chances d'être également vérifiée ailleurs. L'échantillon, en l'occurrence une certaine ville, aura été choisi non pas en fonction de sa représentativité statistique, mais du fait de son *caractère typique*, parce que l'on pense qu'il « ne présente aucun trait particulier, exceptionnel, susceptible d'affecter fortement le phénomène étudié, et donc que ce qu'on y a observé est suffisamment semblable à ce qu'on aurait trouvé [ailleurs][32] ». L'échantillonnage typique, fort courant en sciences sociales, fait, comme la plupart des techniques non probabilistes, l'objet de très vifs débats. Pour certains, il s'agit d'une technique qui, lorsque ses limites sont clairement reconnues (possibilité de généraliser les relations mais non les mesures), est tout à fait appropriée à certains types de recherche. En fait, « presque toutes les recherches de sociologie ou de psychosociologie empiriques, quand elles ne se bornent pas à exploiter des statistiques publiques, procède[raient] ainsi [par échantillonnage typique][33] ». Pour d'autres, les relations entre variables, tout comme les mesures, étant sujettes à des erreurs d'échantillonnage, il ne saurait être justifié de procéder à une généralisation de ces relations dans le cas des échantillons non probabilistes[34].

2.5. Les échantillons par quotas

La méthode des quotas est la méthode non probabiliste à laquelle les ouvrages traitant d'échantillonnage consacrent les plus longs développements. Les spécialistes sont cependant loin d'être d'accord quant au jugement d'ensemble que l'on peut porter sur cette technique : pour

---

30. *Ibid.*, p. 47.
31. *Ibid.*, p. 47.
32. Benjamin MATALON, *Op. cit.*, pp. 80-81.
33. *Ibid.*, p. 81.
34. Voir par exemple C. SELLTIZ *et al.*, *Les méthodes de recherche en sciences sociales*, Montréal, Les Éditions HRW, 1977, pp. 525-531.

certains, les plans d'échantillonnage ainsi construits peuvent, sous condition, « rivaliser » avec ceux qu'on élabore à partir de techniques probabilistes; pour d'autres, le caractère non probabiliste de la méthode est une raison suffisante pour la « disqualifier » aux yeux des chercheurs soucieux de rigueur. L'échantillonnage par quotas (*quota sampling*) repose sur un principe simple : celui de la reproduction la plus fidèle possible de la population à étudier. C'est ce principe que, voilà presque soixante ans, George Gallup, le père des fameux sondages Gallup et, pour certains, des sondages tout court, dégagea et mit peu à peu en application[35].

Pour reproduire parfaitement une population, il faudrait en connaître toutes les caractéristiques. Mais si on les connaissait toutes, on ne ressentirait pas le besoin de réaliser un sondage. L'absence d'informations concernant certaines caractéristiques de la population à étudier n'est toutefois pas un obstacle à la construction d'un modèle réduit, d'une maquette de celle-ci. En effet, les caractéristiques d'une population ne sont pas toutes de même niveau. Certaines, comme le sexe, l'âge, le revenu, la classe sociale, la religion, jouent généralement, dans la recherche en sciences sociales, le rôle de variables indépendantes, alors que d'autres, telles que les comportements, les opinions, sont plutôt considérées comme des variables dépendantes : en bref, les premières rendraient compte des variations des secondes. Un échantillon construit de telle façon qu'il reproduise fidèlement la distribution de la population selon le sexe, l'âge, l'origine ethnique ou d'autres variables du même type (que l'on appellera variables contrôlées), devrait donc également reproduire la distribution de la population selon les autres caractéristiques (qui sont liées aux premières) et donc selon celles que l'on veut étudier. C'est ce raisonnement qui est à la base de la méthode des quotas. On voit cependant tout de suite un des problèmes que pose cette technique. S'il est vrai que les sous-groupes construits à partir des variables contrôlées sont relativement homogènes, ils ne le sont toutefois pas totalement. Les individus choisis (de façon non aléatoire) à l'intérieur de chaque strate, de chaque sous-groupe, ne sont donc pas nécessairement représentatifs de la strate, du sous-groupe.

De façon pratique, voici comment la méthode est mise en application : on dégage un certain nombre de caractéristiques, préférablement des variables dont on peut supposer qu'elles sont en relation avec ce que l'on cherche à mesurer; à l'aide d'un recensement récent, on détermine comment la population se répartit suivant ces caractéristiques; on

---

35. Voir, par exemple, Alfred Max, *La république des sondages*, Paris, Gallimard, 1981, pp. 67-75.

construit alors l'échantillon en respectant cette répartition. Si par exemple, il y a 50 p. 100 de femmes dans la population, on construira un échantillon comprenant 50 p. 100 de femmes, ce qui, si l'échantillon comprend 1 000 individus, donnera un quota de femmes de 500 et un quota d'hommes de 500 également. L'enquêteur devra respecter ces quotas et donc interroger 500 femmes et 500 hommes. Plus on introduira de variables (sexe, âge, origine ethnique, religion, etc.), plus on obtiendra une réplique fidèle de la population et plus les strates, les sous-groupes (du moins on en fait l'hypothèse) seront homogènes; mais plus il sera difficile aussi pour le chercheur de « remplir ses quotas ». Notons toutefois qu'il est possible de donner à l'échantillon une structure différente de celle de la population à étudier, à partir du moment où cela est fait consciemment, et de « réparer » certaines erreurs faites par les enquêteurs comme la sur-représentation (ou la sous-représentation) de strates. Il est aussi possible, pour remédier à la difficulté de travailler avec de trop nombreuses caractéristiques, de ne stratifier que selon les caractéristiques les plus évidentes (âge, sexe, etc.) et de recueillir par ailleurs l'information sur les autres. Il suffira par la suite, lors de l'analyse des données, de rétablir la structure désirée en pondérant différemment les strates ou en créant de nouvelles strates.

Le défaut majeur de la technique, c'est qu'elle est non proba-biliste : l'enquêteur choisit qui il veut pour « remplir ses quotas ». En fait, à l'intérieur de chacune des strates, le tirage se fait accidentellement et non aléatoirement. L'enquêteur ne sera-t-il pas alors tenté d'interroger d'abord les membres de son entourage (qui lui ressemblent, mais qui ne sont pas nécessairement représentatifs de la population), de privilé-gier les lieux très fréquentés, etc.?

Des techniques ont cependant été proposées dans le but de donner un caractère moins accidentel au tirage des individus qui feront partie d'un échantillon. On peut, par exemple, fixer un parcours le long duquel l'enquêteur fera ses entrevues, cette technique étant connue sous le nom de méthode des itinéraires. Il est fréquent, également, que l'on déter-mine les heures des rencontres. Le choix d'enquêteurs provenant de milieux sociaux différents, habitant des régions différentes tend, de plus, à réduire la gravité des effets d'un tirage accidentel.

Le lecteur aura sans doute compris que l'expression « techniques non probabilistes » (ou « techniques empiriques ») recouvre un large champ de pratiques. Si l'on peut sans crainte rejeter comme très peu fiables les techniques accidentelles, on ne saurait catégoriquement déconseiller l'utilisation d'autres techniques non probabilistes telles que la méthode des quotas, l'échantillonnage en boule de neige, l'échantil-lonnage typique. Dans certains cas, par exemple en l'absence de base de sondage ou lorsque les objectifs sont moins de mesurer que de découvrir une logique, les méthodes non probabilistes sont souvent les seules utilisables, ou en tout cas, les plus adaptées. Il reste que, pour des raisons qui seront précisées plus loin, les techniques aléatoires sont celles qui, dans les autres cas, offrent le plus de garanties aux chercheurs.

3. Les échantillons probabilistes

Les techniques probabilistes (ou aléatoires) sont les seules qui offrent au chercheur une certaine garantie lors du processus de généralisation. À la différence des techniques dont on a parlé précédemment, elles lui donnent la possibilité, en s'appuyant sur les lois du calcul des probabilités, de préciser les risques qu'il prend en généralisant à l'ensemble de la population les mesures effectuées auprès d'un échantillon. S'il peut ainsi estimer l'erreur d'échantillonnage, le chercheur, en revanche, ne peut faire la même estimation pour les erreurs de mesure. L'*erreur totale*, celle qui a priori intéresse le plus le chercheur et qui est la somme de l'erreur d'échantillonnage et des erreurs de mesure (ou d'observation), reste donc pour lui une inconnue. Nous verrons qu'il existe des principes simples permettant de diminuer, dans le cas d'un échantillon aléatoire, l'erreur d'échantillonnage (par exemple, en augmentant la taille de l'échantillon). Il faut également savoir que le chercheur n'est pas totalement démuni face aux erreurs de mesure. Comme le montre bien Christian Gourieroux, il existe une série de « traitements empiriques » des causes de ces erreurs[36] : on se reportera pour toutes ces questions aux chapitres 7 et 8 de son ouvrage, *Théorie des sondages*.

Par *techniques d'échantillonnage probabilistes*, on entend *toutes celles qui impliquent un véritable tirage au hasard, c'est-à-dire qui donnent à chaque élément de la population une chance connue et non nulle d'être choisi*[37]. Il peut y avoir, de plus, mais cela n'est pas toujours souhaitable, équiprobabilité de tirage. Dans ce cas, le choix des individus qui feront partie de l'échantillon s'apparente à celui des numéros dans une loterie. Nous avons alors affaire à la technique probabiliste de base, celle de l'échantillon aléatoire simple (*simple random sample*), à laquelle il est parfois proposé

---

36. *Op. cit.*, p. 209.
37. Comme on l'a vu, il y a généralement un écart entre la population visée et la population réellement atteinte lors du sondage. Il faudrait donc dire que chaque élément de la population *réellement atteinte* possède une chance connue et non nulle de faire partie de l'échantillon.

de réserver l'usage de l'expression « échantillonnage au hasard[38] ». C'est cette technique que nous présenterons tout d'abord, même si, dans la pratique, lui sont souvent préférées celles qui en dérivent et dont les caractéristiques seront ensuite exposées.

3.1. L'échantillon aléatoire simple

L'*échantillon aléatoire simple* (on trouve également l'expression « échantillon aléatoire » tout court, ce qui ne manque pas d'entretenir une confusion sémantique déjà trop évidente!) est tiré selon une technique qui accorde à chaque individu une *chance connue, égale et non nulle d'être choisi*. Notons qu'une deuxième condition doit être respectée : toute combinaison possible de n[39] éléments doit avoir la même probabilité de sélection, ce qui revient à dire que *le tirage d'un élément doit être indépendant du tirage de n'importe quel autre élément appartenant à la population*. Pour bien comprendre ce principe, il faut savoir que 1) le choix d'un échantillon probabiliste est en fait une série de choix successifs d'individus pris dans une population, et 2) qu'il existe deux façons d'obtenir cette suite d'individus qui constituera l'échantillon : soit en faisant un tirage exhaustif (dit aussi sans remplacement), soit en faisant un tirage non exhaustif (avec remplacement). Dans le premier cas, chaque individu tiré une fois ne peut l'être une nouvelle fois; dans le second cas, après chaque tirage la population initiale est reconstituée. Alors que la deuxième technique satisfait à la condition d'*indépendance* présentée plus haut, la première conduit à accorder à certaines combinaisons, toutes celles qui incluent plus d'une fois le même élément, une probabilité nulle de sélection. Il n'y a pas alors indépendance des tirages comme le montre l'exemple qui suit.

> Une population est constituée en partie égale d'hommes et de femmes. Au premier tirage, la probabilité de choisir un homme est la même que celle de choisir une femme. Supposons que le premier individu tiré est une femme et que l'on procède à un tirage sans remplacement; la probabilité qu'un homme soit choisi au second tirage est alors plus forte que celle que ce soit une femme. Si le premier individu tiré avait été un homme, les chances pour le second tirage auraient été inversées. Les tirages dépendent donc alors des tirages précédents.

---

38. Voir Leslie Kish, « Le choix de l'échantillon » dans Leon Festinger et Daniel Katz, *op cit.*, p. 216.
39. n : taille de l'échantillon.

On montrera aisément que lorsque la taille de la population croît, les probabilités sont de moins en moins affectées par les résultats de tels tirages et que, lorsque le taux de sondage (c'est-à-dire le rapport entre la taille de l'échantillon et la taille de la population) est faible, on peut assimiler les tirages exhaustifs aux tirages avec remplacement, sans que cela pose de sérieux problèmes. Il faut toutefois noter que seuls les échantillons « avec remise » sont *stricto sensu* des échantillons aléatoires simples et que les développements statistiques concernant le processus d'inférence (de généralisation), que l'on retrouve dans la plupart des ouvrages sur le sujet, ne sont valables que pour ceux-ci. Dans la pratique, comme le font remarquer Loether et McTavish, il semble que l'on éprouve quelque réticence à inclure dans un échantillon plus d'une fois le même individu[40]. Il serait cependant tout à fait logique de procéder ainsi.

Élémentaire en principe, la technique de l'échantillon aléatoire « simple » se révèle en fait être parfois d'utilisation difficile, particulièrement lorsque la liste complète des individus composant la population est longue et non numérotée. En effet, il s'agira, après avoir établi la liste et affecté un numéro à chaque individu, de tirer, à l'aide d'une table de nombres aléatoires, une suite de numéros représentant les individus qui constitueront l'échantillon. Les tables de nombres aléatoires reproduisent les résultats de tirages, généralement faits par ordinateur, s'apparentant à ceux des loteries. Elles épargnent donc au chercheur tout ce travail, jamais totalement satisfaisant, de réunion des conditions d'un tirage aléatoire « manuel » : urne, papiers sur lesquels on inscrit les noms des individus appartenant à la population, mélange des papiers, etc. Le seul problème technique n'est (n'était) donc pas celui du choix des numéros, ces tables étant très faciles à utiliser, mais celui qui est en amont de la confection de la liste et de son numérotage.

Il faut noter toutefois que ce problème tend à disparaître. Dans le cas des sondages téléphoniques, il est en effet maintenant possible de générer aléatoirement, sans base de sondage, des numéros de téléphone. Cette dernière technique est d'ailleurs souvent jumelée à une méthode de sélection permettant de déterminer qui, dans le ménage rejoint, devrait répondre au sondage. On craint donc que les personnes décrochant le téléphone ne possèdent pas les caractéristiques recherchées. Pour éviter des biais, on utilise une série de grilles qui de fait introduisent des quotas pour l'échantillon. Voici comment Vincent Lemieux,

---

40. *Op. cit.*, p. 409.

dans son excellent petit livre sur les sondages, présente la façon de procéder :

> La population visée est celle de 18 ans et plus. L'interviewer commence par demander combien de personnes de cet âge habitent le foyer, puis combien il y a d'hommes (ou de femmes) parmi ces personnes. Supposons qu'au premier appel la réponse est trois personnes, dont un homme. L'interviewer applique alors la grille 1 et demande à parler à la dame la plus âgée. Si à un deuxième appel, on lui répond : quatre personnes dont trois hommes, l'interviewer, passant à la grille 2, demande de parler au monsieur le plus âgé. Et ainsi de suite, jusqu'à la grille 6, après quoi l'interviewer réutilise la grille 1, dans une nouvelle séquence de six[41].

Le problème avec une telle technique de sélection, c'est qu'à la pratique elle peut se révéler coûteuse. Il n'est pas rare en effet que la personne désignée par la grille de sélection ne soit pas libre au moment du premier contact téléphonique. Il faudra donc fixer, si cela est possible, un rendez-vous téléphonique avec la personne choisie, avec tous les risques (elle n'est toujours pas là, elle ne veut pas répondre) que cela comporte. Le taux de collaboration à l'enquête risque donc de baisser. Ce que l'on gagne d'un côté (meilleure représentativité) n'est-il pas perdu de l'autre (coûts plus élevés, délais allongés, baisse du taux de collaboration)? N'est-il pas préférable quand on est en contact avec une personne du ménage choisi de ne pas lui laisser un bon prétexte (elle n'est pas celle que désigne la grille) pour ne pas répondre? Une évaluation sérieuse des avantages et inconvénients de cette méthode, surtout quand elle est jumelée avec celle de la génération aléatoire des numéros de téléphone, devrait être conduite.

3.2. L'échantillon systématique

L'échantillonnage systématique (*systematic sampling*), dont il a déjà été question dans une section précédente, est souvent préféré à l'échantillonnage aléatoire simple, essentiellement du fait de sa simplicité et des conditions plus souples que nécessite sa mise en œuvre. L'échantillon est alors constitué d'individus pris à intervalle fixe dans une liste, seul le premier étant tiré aléatoirement. Cet intervalle correspond au rapport entre la taille de la population et la taille de l'échantillon, soit à l'inverse du taux de sondage. Comme on le voit, cette technique ne satisfait pas

---

41. Vincent LEMIEUX, *Les sondages et la démocratie*, Québec, Institut québécois de recherche sur la culture, 1988, p. 28.

à une des conditions du tirage aléatoire simple, puisque, une fois le premier élément choisi, les chances des autres éléments d'être tirés, d'égales qu'elles étaient avant ce premier choix, ou s'annulent, ou deviennent certaines : il n'y a plus alors indépendance des tirages, le premier conditionnant tous les autres. De plus, même avant ce premier tirage, la grande majorité des combinaisons possibles de n éléments n'ont aucune chance de constituer l'échantillon : il en est ainsi de toutes celles qui sont composées d'éléments non séparés régulièrement sur la liste.

Cette technique peut-elle alors être considérée comme probabiliste? On ne peut en fait donner de réponse absolue, définitive : comme le précise Barbara Leigh Smith, « l'échantillonnage systématique produit un échantillon relativement représentatif si la liste initiale de la population est triée de façon aléatoire[42] ». Leslie Kish ajoute : « Avec l'échantillonnage systématique, on doit avoir des raisons suffisantes pour croire que l'arrangement des unités d'échantillonnage dans chaque strate peut être considéré comme l'effet d'un pur hasard[43] ». Selon Kish, on ne saurait utiliser cette technique lorsque la liste à partir de laquelle se fera le tirage de l'échantillon est ordonnée, ou du moins on devrait tenir compte de cet ordre lors du choix des individus et changer de « point de départ » à plusieurs reprises durant le tirage. Supposons, par exemple, que la liste de la population soit ordonnée selon l'âge et que l'intervalle entre deux tirages soit de cinquante éléments : un échantillon constitué des premier, cinquante et unième, cent unième, ... individus n'aura sans doute pas le même âge moyen qu'un autre constitué des cinquantième, centième, cent cinquantième, ... individus.

Il faut également s'assurer que l'intervalle entre deux tirages ne correspond pas à une fluctuation cyclique de la liste ou de ce qui en fait office. Le danger est particulièrement grand lorsque la technique est utilisée pour tirer, le long d'un parcours, un échantillon de maisons, de logements : il est nécessaire d'éviter qu'il y ait concordance entre l'intervalle et, par exemple, le nombre de logements dans un immeuble, et par suite qu'il y ait surreprésentation d'un certain type d'habitation, de logement. Il demeure que la technique même de l'échantillon systématique est souvent utilisée par les spécialistes. Il est vrai qu'alors la liste utilisée est souvent celle des noms dans un annuaire, qui, heureusement, est exempte des deux biais présentés plus haut. Les maisons de sondages au Québec recourent fréquemment, quoique moins souvent que par le passé, à cette technique : par exemple, pour l'enquête CROP

---

42. Barbara Leigh SMITH et al., *Political Research Methods; Foundations and Techniques*, Boston, Houghton Mifflin, 1976, p. 138.
43. « Le choix de l'échantillon » dans FESTINGER et KATZ, *op. cit.*, p. 235.

– *La Presse* réalisée entre le 11 et le 14 novembre 1988, avant donc les élections fédérales canadiennes, « l'échantillon a été tiré selon la méthode du hasard systématique des listes publiées des abonnés du téléphone de l'ensemble du Québec[44] ».

3.3. L'échantillon aréolaire

Citons également une autre technique, ou plutôt une autre façon d'utiliser les techniques probabilistes. Nous avons vu qu'une des conditions préalables au tirage aléatoire simple et dans une moindre mesure au tirage systématique était (la situation a maintenant un peu changé) l'existence d'une base de sondage, c'est-à-dire d'une liste complète des individus composant la population. Avec la *méthode aréolaire*, il n'est plus nécessaire de disposer d'une liste au sens strict du terme; ce sera plutôt *une carte géographique, une photo ou un plan qui fera office de liste*. Les éléments de cette liste seront alors des zones et selon une technique, par exemple le tirage systématique, on déterminera celles qui constitueront l'échantillon. Cette méthode aréolaire, ou topographique (*area sampling*), est particulièrement indiquée lorsque n'existent ni liste pouvant donner lieu à un tirage probabiliste « traditionnel », ni recensement récent pouvant conduire à l'utilisation de la méthode des quotas. En Afrique, selon Michel Hoffmann :

> Les échantillons sont établis à partir de la méthode par quotas ou, à défaut, de la méthode topographique. [...] L'existence d'une documentation cartographique importante, et souvent d'excellente qualité, facilite le tirage au sort des zones à prospecter pour l'enquête et l'établissement des plans de cheminement. Cette procédure présente l'avantage de pouvoir être suivie aussi bien en milieu urbain — tirage au sort des îlots et plan de cheminement dans les concessions ou immeubles — qu'en zone rurale — tirage au sort des villages et points de peuplement[45].

3.4. L'échantillon en grappes

La méthode aréolaire peut être considérée comme un cas particulier de la méthode d'*échantillonnage en grappes* (*cluster sampling*), dite aussi « par grappes », « par groupes » ou « par faisceaux ». Elle consiste à *tirer au*

---

44. *La Presse*, vendredi 18 novembre 1988, p. A2.
45. Michel HOFFMAN, « Les sondages d'opinion et les études de marché en Afrique » dans Raymond BOUDON *et al.*, *Science et théorie de l'opinion publique : hommage à Jean Stoetzel*, Paris, Retz, 1981, pp. 303-304.

hasard des groupes d'individus et non des individus, au moins dans un premier
temps, puis à soumettre à l'analyse soit l'ensemble de ces grappes, soit une partie
(un échantillon) des individus qui les composent (on parlera alors d'échantillonnage au deuxième degré). Il n'est pas rare, en fait, que le processus
d'échantillonnage se poursuive au-delà du second degré : on parlera
alors d'échantillonnage à plusieurs degrés ou multiphasique (*multi-stage*
sampling). La technique consiste, comme le montre C. Fourgeaud, à faire
des tirages « en cascade », tout d'abord parmi les unités primaires (*pri-
mary sampling units*), par exemple des régions, dont « l'ensemble forme
la population totale[46] », puis parmi les unités secondaires (*secondary*
sampling units) définies à partir des unités primaires choisies, par
exemple des villes; ensuite parmi les unités tertiaires définies à partir
des unités secondaires choisies, par exemple des quartiers; enfin, parmi
les unités de base (*ultimate sampling units*), par exemple des immeubles.
Les avantages d'une telle façon de procéder sont essentiellement de deux
ordres. Tout d'abord cette technique ne réclame qu'une connaissance
relativement limitée de la population globale : il n'est point besoin d'avoir
une liste complète des individus qui la composent. De plus il s'agit d'un
procédé économique, en ce sens que les grappes sont, d'une façon générale, géographiquement concentrées : il n'est point besoin de parcourir
l'ensemble du territoire pour fins d'enquête; les déplacements sont alors
limités, les coûts occasionnés, réduits.

Il faut cependant insister sur les limites de la méthode : quoique
probabiliste, chaque tirage se faisant selon les techniques aléatoire simple
ou systématique, la technique d'échantillonnage par groupes conduit
généralement à des erreurs d'échantillonnage plus importantes que ne
le fait la technique aléatoire simple. En effet, il s'agit souvent, comme
nous l'avons fait remarquer, d'une technique d'échantillonnage à plusieurs degrés : les possibilités d'erreurs s'en trouvent ainsi multipliées.
Notons également que les combinaisons possibles de *n* éléments de base,
les seuls qui en définitive nous intéressent (le groupement, le multi-
phasage n'étant que des procédés destinés à réduire les coûts, à pallier
l'absence de liste), n'ont pas alors une probabilité égale de constituer
l'échantillon final. Ajoutons que, dans le but de réduire la taille de
l'échantillon, on cherchera à construire des grappes constituées d'éléments hétérogènes de telle façon que chacune soit aussi représentative
que possible de la population globale, mais que généralement la confection même de ces grappes (sur une base de proximité) conduit à
une homogénéité interne, des individus « géographiquement » proches

---

46. C. FOURGEAUD, *Statistique, licence ès sciences économiques deuxième année*, Paris, Librairie
    Dey, 1969, p. 154.

ayant malheureusement une certaine tendance à se ressembler. Terminons en disant que cet inconvénient peut parfois se transformer en avantage, l'échantillonnage en grappes pouvant mener à un sondage de type contextuel.

3.5. L'échantillon stratifié

Reste la technique la plus raffinée : celle de l'*échantillon stratifié* (*stratified random sample*). Elle consiste à *diviser la population à étudier en sous-populations appelées strates puis à tirer aléatoirement un échantillon dans chacune des strates, l'ensemble des échantillons ainsi choisis constituant l'échantillon final qui sera soumis à l'analyse.*

On stratifie, comme le montrent Loether et McTavish[47], pour deux types de raisons : des raisons d'ordre théorique et des raisons d'ordre pratique. On peut d'abord stratifier tout simplement dans le but de comparer entre elles diverses sous-populations. Notons que la stratification peut alors aussi bien se faire avant (a priori), qu'après l'enquête (a posteriori). Si l'on stratifie avant, toutefois, c'est en partie pour être sûr de disposer, lors du processus de généralisation, d'un nombre suffisant d'individus dans chaque sous-population. Les groupes faiblement représentés dans la population totale (les Amérindiens au Québec ou au Canada, par exemple) pourront être surreprésentés dans l'échantillon : on parlera alors d'un échantillon stratifié non proportionnel. On peut surtout stratifier dans le but de réduire l'erreur d'échantillonnage ou la taille de l'échantillon (et donc les coûts) ou les deux. Comme le précisent Loether et McTavish,

> Un échantillon aléatoire stratifié constitué adéquatement, c'est-à-dire où les variations intra-strates sont faibles, produira une erreur d'échantillonnage moindre qu'un échantillon aléatoire simple de même taille; ou, autrement dit, un échantillon aléatoire stratifié plus petit qu'un échantillon aléatoire simple mais bien constitué sera caractérisé par une erreur d'échantillonnage équivalente à celle du plus grand échantillon aléatoire simple[48].

Cette relation entre le choix de la technique et l'erreur d'échantillonnage se comprend presque intuitivement : point n'est besoin de faire le détour par la statistique. Rappelons d'abord une banalité, à savoir qu'on échantillonne essentiellement dans le but de confirmer ou d'infirmer au moindre coût une hypothèse. Ce qui nous intéresse donc, ce sont les variables qui sont en relation avec l'objet de notre recherche.

---

47. *Op. cit.*, p. 418.
48. *Ibid.*

S'il est possible de découper la population à étudier, ou plus exactement l'échantillon qui en sera tiré, selon les variables (âge, classe sociale, sexe, scolarité, par exemple) que l'on pense être en relation avec l'objet de la recherche (l'intention de vote, par exemple), on peut espérer obtenir des sous-groupes, des strates, plus homogènes que la population totale, relativement à ces variables (indépendantes et dépendantes). Or, l'erreur d'échantillonnage dépend de l'homogénéité de la population globale : si en fait tous les individus composant une population étaient identiques, il suffirait de tirer un seul élément pour la bien connaître. Stratifier selon la variable la plus « puissante », c'est donc rechercher l'homogénéité maximale à *l'intérieur* de chacune des strates et, conséquemment, une plus grande précision. L'échantillon stratifié étant en fait la somme des échantillons tirés à l'intérieur des strates, l'erreur totale d'échantillonnage sera liée aux erreurs d'échantillonnage de chaque strate et donc à leur homogénéité.

Conclusion

À la question « Quelle technique est la meilleure? », la seule réponse que l'on peut donner est « Cela dépend! »

- Cela dépend des contraintes de temps, des ressources financières et humaines : on sait, par exemple, que les techniques non probabilistes sont généralement peu coûteuses, rapides et faciles à utiliser.

- Cela dépend des objectifs qu'on se fixe : généralisation de mesures, généralisation de relations, analyse de sous-populations, recherche d'hypothèses.

- Cela dépend de la précision souhaitée : on sait, par exemple, que la précision augmente lorsqu'on passe de l'échantillonnage en grappes à l'échantillonnage aléatoire simple, puis à l'échantillonnage stratifié proportionnel, enfin à certaines formes d'échantillonnage stratifié non proportionnel.

- Cela dépend de la population à échantillonner : possède-t-on une liste de cette population? peut-on facilement la subdiviser? est-elle dispersée? est-elle plutôt homogène ou hétérogène? etc.

- Cela dépend de ce qu'on se propose de faire avec l'échantillon tiré : lui soumettre un questionnaire? lui faire subir des tests? etc.

- Cela dépend...

En fait le choix d'une technique d'échantillonnage dépend d'une multitude de facteurs. Il n'y a donc pas de technique, de procédé tout usage. Au contraire, tout ou presque est à recommencer à chaque fois (à moins bien sûr que l'on fasse régulièrement la même enquête auprès de la même population).

À la question « Quelle taille l'échantillon doit-il avoir? », la seule réponse que l'on peut apporter est « Cela dépend! »

– Cela dépend du degré d'homogénéité de la population à analyser : plus la population est homogène, plus l'échantillon, pour une précision constante, peut être de taille réduite. Le seul problème, c'est que généralement nous ne connaissons pas ce degré d'homogénéité.

– Cela dépend de la technique choisie.

– Cela dépend aussi de la précision souhaitée : en fait, à homogénéité constante, plus l'échantillon est de taille importante, plus l'erreur d'échantillonnage diminue. Taille de l'échantillon et erreur d'échantillonnage varient en fait inversement.

Rappelons cependant que tous ces principes sont valables pour les échantillons tirés selon un procédé aléatoire, et que pour les échantillons non probabilistes, il n'existe pas à proprement parler de règles : ce n'est pas, par exemple, en augmentant la taille d'un échantillon « accidentel » que l'on augmente vraiment sa qualité. Toutefois pour certains procédés, tels que ceux de l'échantillon par quotas ou de l'échantillon systématique non aléatoire, on peut sans trop de problèmes adopter certains des principes exposés plus haut.

On considère en fait que pour pouvoir généraliser les mesures effectuées sur un échantillon ou toute partie de celui-ci, il faut généralement un minimum de cent cas dans l'échantillon ou le sous-échantillon considéré[49]. Il s'agit bien sûr d'une règle pratique qu'il convient d'utiliser avec prudence et qui est valable pour les échantillons probabilistes.

Notons également que si la taille de l'échantillon et l'erreur d'échantillonnage varient en sens inverse, à une augmentation de la taille de l'échantillon ne correspond qu'une diminution beaucoup plus faible de l'erreur d'échantillonnage[50]. Très vite, tout gain quant à la précision se paie très cher : c'est pourquoi il est rare que l'on construise un échantillon

49. Même si, statistiquement, le théorème central limite commence à s'appliquer à partir de trente cas.
50. On pourra se reporter au tableau 1, « Intervalle de confiance lorsqu'une proportion est de .5 (50 p. 100), selon la taille de l'échantillon, » du dossier sur *Sondages politiques et politiques des sondages au Québec*, Montréal, SCSP-ACSALF, 1979, p. 21.

dépassant les 2 000 individus, à moins de vouloir représenter adéquatement quelques strates de la population. Comme la précision dépend essentiellement de la taille de l'échantillon et non, dans la plupart des cas, de la taille de la population, il n'est pas étonnant que les spécialistes des sondages s'en tiennent aux États-Unis, au Canada, au Québec, malgré des populations de tailles très différentes, à des échantillons de 1 000 à 2 000 individus.

Reste enfin la délicate question de l'estimation, que nous ne ferons d'ailleurs qu'effleurer ici. Peut-on, à partir des mesures effectuées auprès d'un échantillon (statistiques), connaître exactement les valeurs de la population (paramètres)? La réponse est non. Ou plus exactement, il se peut que les mesures ainsi faites correspondent aux valeurs recherchées; cependant, nous ne pourrions le savoir qu'en procédant à un recensement et en supposant qu'alors il n'y ait pas d'erreurs de mesure. De la même façon, on ne pourra calculer l'écart exact entre la valeur trouvée et la valeur recherchée, à moins que cette dernière valeur ne nous soit connue. Par contre, ce qu'on peut faire lorsqu'on a procédé à un tirage probabiliste, c'est estimer à partir de ces statistiques les paramètres de la population. L'estimation pourra être ponctuelle, l'intention de vote pour le Parti québécois dans l'ensemble de l'électorat québécois étant estimée par l'intention de vote pour le Parti québécois dans l'échantillon. C'est à une « estimation » de ce type que procèdent bien des médias lorsqu'ils rapportent les résultats d'enquêtes par sondage. Notons que, malheureusement, ce passage de l'échantillon à la population totale n'est pas toujours établi comme ayant relevé d'une estimation ponctuelle. L'estimation pourra être faite également par intervalle de confiance et consistera à déterminer un intervalle tel que si nous tirions un nombre important d'échantillons de même taille et provenant de la même population, 95 % (ou 99 %) des intervalles de confiance incluraient le paramètre. Ainsi pour le sondage réalisé en février 1980 par Radio-Canada avec la collaboration de CROP sur « les Québécois et la question référendaire », il est précisé que

> Tout sondage comporte des limites dont il convient de tenir compte au moment de l'interprétation des résultats. Le taux de participation et le degré de représentativité de l'échantillon convoité nous aident à estimer ces limites. D'autre part, dans l'hypothèse où la population non rejointe, ceux qui ont refusé d'y participer et ceux qui se sont abstenus sur certaines questions, a un comportement et des attitudes semblables aux répondants, la méthode empirique du sondage nous permet d'estimer que les résultats basés sur l'ensemble des informateurs sont exacts 19 fois sur 20 à l'intérieur d'un intervalle de

confiance de 1 à 3 unités de pourcentage, en plus ou en moins, dépendamment de la fréquence relative observée[51].

Terminons sur une recommandation que font à peu près tous les spécialistes de l'échantillonnage, à savoir qu'il ne faut pas oublier qu'une partie de l'erreur totale provient des mesures effectuées. Il est donc impératif de travailler également à la diminution des erreurs qui leur sont liées; mais ces problèmes ne relèvent plus strictement de l'échantillonnage.

Bibliographie annotée

BLALOCK, Hubert M., *Social Statistics*, 2e éd., New York, McGraw-Hill, 1972.

Ce livre constitue en quelque sorte la bible de la statistique utilisée par les spécialistes des sciences sociales depuis presque vingt ans. On y trouvera une discussion relativement simple du concept d'échantillon et des conséquences de l'opération d'échantillonnage.

DESABIE, Jean, *Théorie et pratique des sondages*, Paris, Dunod, 1966.

Si ce texte commence à vieillir, les considérations qu'il propose à la réflexion de son lecteur sont loin d'être devenues obsolètes. Cet auteur est plus sensible que les auteurs américains à l'utilité des échantillons non probabilistes.

JAVEAU, Claude, *L'enquête par questionnaire : manuel à l'usage du praticien*, 3e éd., Paris, Éditions d'Organisation, 1982.

Ce livre survole la méthodologie du sondage et s'arrête entre autres aux problèmes de l'échantillonnage au chapitre 9. Comme l'auteur est européen, la présentation des échantillons non probabilistes prend une place plus grande dans cet exposé que dans les textes nord-américains.

KISH, Leslie, *Survey Sampling*, New York, Wiley, 1965.

Ce livre est définitivement le classique dans la présentation des techniques d'échantillonnage. On s'y référera à profit lorsqu'on cherchera une discussion détaillée des problèmes entourant le tirage d'échantillons.

---

51. *Les Québécois et la question référendaire*, Service des recherches de la division des services français, Radio-Canada, 7 mars 1980, annexe B, pp. 4-5.

LAVOIE, Réginald, *Statistique appliquée : auto-apprentissage par objectifs*, Sillery, Presses de l'Université du Québec, 1981.

Ce livre présente les bases statistiques de la théorie de l'échantillonnage. Le langage est simple et clair. Les concepts sont présentés de telle façon que les plus complexes soient compris sans l'aide d'un tuteur. À recommander.

SCHEAFFER, Richard L., William Mendenhall et Lyman Ott, *Elementary Survey Sampling*, North Scituate, Duxbury Press, 1979.

On y présente brièvement des concepts clés liés à l'échantillonnage et une discussion technique des différentes statistiques accompagnant chaque méthode d'échantillonnage. Les méthodes non probabilistes y sont complètement ignorées.

Chapitre 9

L'éthique en recherche sociale

Jean CRÊTE

Le mal que font les hommes vit après eux;
le bien est souvent enseveli avec leurs cendres.

SHAKESPEARE

Introduction

Si les débats sur ce qui constitue une véritable connaissance scientifique dans le domaine des relations sociales tendent à s'atténuer, les controverses sur le jeu des valeurs dans l'enquête scientifique et sur les considérations éthiques qui influencent ou devraient influencer le chercheur se sont accentuées, ces dernières années. Bower et De Gasparis relient ce phénomène à la montée des mouvements pour les droits de la personne et à la croissance de l'activité gouvernementale dans le domaine de la recherche depuis la Deuxième Guerre mondiale[1].

Ces préoccupations proviennent d'abord de l'expérimentation dans les sciences biomédicales, notamment en réponse aux atrocités commises au nom de la science durant l'intervalle nazi en Allemagne. Les normes développées pour les sciences biomédicales ont progressivement été revues et appliquées aux sciences du comportement. Les associations professionnelles (anthropologues, politicologues, psychologues, évaluateurs, etc.) ont peu à peu adopté des règles de conduites professionnelles. En outre, les administrations dispensant des fonds publics pour la recherche ont également établi des règles éthiques que les chercheurs doivent s'engager à suivre pour avoir accès à ces fonds. De plus, un

---

1. Robert T. BOWER et Priscilla DE GASPARIS, *Ethics in Social Research*, New York, Praeger Publishers, 1978, p. 3.

certain nombre de lois, à portée générale comme les lois sur les droits et libertés des personnes, sont venues étayer ces préoccupations.

Dans ce chapitre, nous étudierons quelques problèmes qui surviennent lorsque nous essayons de préciser les obligations et responsabilités du chercheur envers *la société, la communauté scientifique et les participants aux recherches*. Notons dès le départ qu'il n'y a pas de solution simple ou factuelle aux problèmes abordés ici. Il n'y a pas de formule décrivant strictement ce que doit être la conduite du chercheur dans chaque situation[2]. Il existe par ailleurs un ensemble de principes que l'on s'attend de voir respectés par le chercheur en action.

L'objectif des scientifiques c'est, ou du moins ce devrait être, de *contribuer au développement des connaissances scientifiques*. La poursuite de cet objectif passe par un travail ardu et frustrant et c'est le défi de la découverte ou la satisfaction de résoudre un problème qui stimule toute cette activité. Étant donné la formation du scientifique, on ne doit pas s'étonner que la *société* attende de ce dernier des recherches dont les résultats lui soient bénéfiques. Le savant a donc le devoir d'analyser des phénomènes importants. Le chercheur est toutefois limité par les ressources tant intellectuelles que matérielles dont il peut disposer. Envers la *communauté scientifique*, le chercheur a des responsabilités précises : il doit notamment informer ses collègues des procédures suivies pour en arriver aux résultats décrits. Un autre principe éthique que le chercheur est censé suivre, c'est de ne pas empiéter sur les droits des personnes participant aux recherches et de ne pas affecter leur bien-être; les *participants* ne doivent pas être maltraités ou lésés en prenant part à une recherche. Le scientifique a au moins trois bonnes raisons pour ne pas nuire aux participants[3] :

1) d'abord notre société reconnaît aux individus des droits garantis par la loi et par ses valeurs morales;

2) puis, l'un des buts de la science c'est de servir l'humanité; une recherche qui fait du tort aux humains tendrait pour le moins à s'éloigner de cet objectif;

3) enfin, en faisant du tort aux participants, le scientifique suscite la méfiance à l'endroit des savants et de la science.

---

2. B.L. Smith *et al.*, *Political Research Methods*, Boston, Houghton Mifflin Company, 1976, p. 67.
3. Edward Diener et Rick Grandall, *Ethics in Social and Behavioral Research*, Chicago Press, 1978, p. 17.

Au bien-être des participants se greffe le problème de la *distribution des coûts et des bénéfices de la recherche*[4]. C'est un problème que l'on traite généralement du point de vue de la justice distributive. C'est un aspect de l'éthique de la recherche qui a été relancé avec la publication du très fécond essai de Rawls sur la théorie de la justice[5]. L'analyse coûts-bénéfices d'un projet de recherche tente de prendre en considération tous les bénéfices et toutes les pertes qui en résulteront. Une première interprétation de cette analyse met l'accent sur son caractère « social ». Si les bénéfices pour la société sont supérieurs aux coûts, le projet peut être entrepris. Une interprétation plus récente de l'analyse coûts-bénéfices commande de mesurer les bénéfices nets (c'est-à-dire les bénéfices moins les coûts) pour chaque participant au projet de recherche en plus des bénéfices nets pour la société entière. La deuxième interprétation est donc plus restrictive que la première : en plus de bénéficier à la société entière, il faudrait que le projet bénéficie aussi à chacun de ses participants. Dans le présent chapitre, nous nous en tiendrons à l'interprétation traditionnelle utilitariste, c'est-à-dire que *nous considérerons qu'un projet de recherche peut être entrepris si au total ou de façon agrégée les bénéfices résultant de la recherche sont supérieurs à ses coûts.*

Il faut bien reconnaître que les chercheurs sont presque forcément des gens très scolarisés et d'un niveau économique relativement élevé; aussi doit-on se demander s'ils ont tendance à étudier des gens pauvres, malades, délinquants ou des notables, des riches, des patrons ou d'autres catégories privilégiées de notre société[6]? Il faut convenir que c'est souvent commode d'étudier les gens désavantagés; ils sont peu mobiles, moins avares de leur temps et apprécient peut-être davantage le fait d'être l'objet de l'attention de gens savants. Ces sujets étudiés retirent-ils quelques bénéfices, au moins équivalents aux frais encourus[7]? Ce sont là des questions que le chercheur doit se poser tout en poursuivant ses objectifs scientifiques.

1. Le choix d'un sujet de recherche

Lors de la première étape de la recherche — le choix d'un sujet — une règle d'or de la démarche scientifique est de choisir comme objet d'in-

---

4. Paul Davidson REYNOLDS, *Ethical Dilemmas and Social Science Research*, San Francisco, Jossey-Bass, 1979, pp. 47-84.
5. J. A. RAWLS, *Theory of Justice*, Cambridge, Mass., Harvard University Press, 1971.
6. N. CAPLAN et S. D. WELSOLL, « Who's to Blame? », dans *Psychology Today*, vol. 8; 1974, pp. 99-104; G. SJOBERG et P.J. MILLER, « Social Research on Bureaucracy : Limitations and Opportunities », dans *Social Problems*, vol. 21, 1973, pp. 129-143.
7. B. S. VARGUE, « On Sociological Exploitation : Why the Guinea Pig Sometimes Bite? » dans *Social Problems*, vol. 19, 1971, pp. 238-248.

vestigation un phénomène important. Le rôle du chercheur est aussi de mettre en doute ce qu'on tient pour vrai. En poursuivant ces deux objectifs, toutefois, le chercheur risque d'occasionner des bouleversements dans une société. Une société, à un certain moment donné, tend à limiter le champ ouvert à l'investigation, c'est-à-dire que certains phénomènes peuvent être hors d'atteinte pour le chercheur; la personne ou l'organisme qui s'aventure à explorer ces phénomènes s'expose à la critique. Si le chercheur traite d'un sujet socialement important et à propos duquel il y a déjà une « vérité admise et officielle », on remettra en question non seulement ses travaux mais aussi sa compétence professionnelle, voire ses motifs.

> C'est ainsi que Jensen, un auteur américain, fut, à la fin des années 60, début des années 70, le centre d'un débat fort houleux dans le monde anglo-saxon. Jensen avait publié une revue de la littérature centrée sur la relation entre l'intelligence, la race et la classe sociale. Il s'ensuivit un débat au cours duquel certains opinèrent qu'un tel sujet n'aurait jamais dû être étudié; d'autres mirent en doute l'intégrité personnelle de l'auteur et sa compétence professionnelle[8]. En fait, Jensen avait suggéré qu'il y avait une différence innée dans la distribution de l'intelligence entre les races. Le débat s'étendit rapidement à l'Angleterre où le psychologue Eysenck publia également un ouvrage sur la question[9]. À Londres, il devint presque impossible aux auteurs de ces textes de faire des conférences sans que des groupes viennent protester. Ces auteurs furent accusés de racisme, de nazisme, d'imbécillité. Plus tard, une revue des arguments avancés par les tenants des différents points de vue conclut qu'il n'y avait pas de preuves suffisantes pour résoudre la question[10].

> Le célèbre sociologue américain James S. Coleman amorça une autre controverse du même type lorsqu'en 1975, il affirma qu'il pouvait conclure de ses études récentes sur la déségrégation raciale dans les écoles qu'elle engendrait une « fuite des blancs ». On remit en question sa méthodologie, ses données, ses conclusions et ses motifs. Le débat se poursuivit dans des revues scientifiques, de vulgarisation et même dans des quotidiens[11].

---

8. A. R. JENSEN, « How much can be boast IQ and scholastic achievement? » dans *Harvard Educational Review*, hiver 1969, pp. 1-123.
9. H. J. EYSENCK, *Intelligence and Education*, London, Temple Smith, 1971.
10. Martin SHIPMAN, *The limitations of Social Research*, 2e éd., London, Longman, 1981, pp. 35-36.
11. Voir le débat entre Pettigrew et Green contre Coleman dans Marcia GUTTENTAG, *Evaluation Studies Review Annual*, vol. 2, Beverly Hills, Sage Publications, 1977, pp. 364-433 et David J. ARMOR, « White Flight and the Future of School Desegregation » dans H. E. FREEMAN et M. A. SOLOMON, *Evaluation Studies Review Annual*, vol. 6, Beverly Hills, Sage Publications, 1981, pp. 212-251.

Dans ces deux cas, ce qui est remarquable ce n'est pas que le débat ait porté sur des questions de méthodes ou de techniques, mais bien plutôt qu'il ait porté sur la légitimité même de la recherche sociale appliquée à certains objets. Toute société a des sujets tabous qu'on n'aborde pas impunément, que l'on soit scientifique ou non. Le chercheur fait alors face à un premier dilemme : doit-on rechercher la vérité à tout prix? Les découvertes possibles ou même seulement le débat autour des hypothèses de recherche peuvent mener à des bouleversements sociaux. Ces bouleversements ne sont pas nécessairement des progrès comme l'a souvent fait remarquer le physicien nucléaire J. Robert Oppenheimer, « le père de la bombe atomique[12] ». Dans nos sociétés capitalistes, la censure de la recherche libre ne s'exerce plus au nom de la religion, comme au Moyen Âge, ou au nom d'une idéologie comme en Union soviétique à une certaine époque, mais davantage au nom de l'éthique. Certains perçoivent même une croissance du nombre de sujets interdits par l'éthique depuis la Deuxième Guerre mondiale[13]. Le chercheur peut donc être appelé, sinon à choisir, du moins à composer avec les valeurs de la société — qui tend au maintien du statu quo — et celles de la science — qui incitent au savoir, à la remise en question des idées reçues.

2. Stratégie d'étude

Une fois le sujet de recherche trouvé, le chercheur adopte une stratégie d'étude. Quelle que soit la stratégie retenue, le chercheur fera face à certaines questions relevant de l'éthique. Le choix même du devis de recherche influe directement sur le type de problèmes les plus susceptibles de se poser.

2.1. Le devis expérimental

La procédure la plus directe pour étudier les relations causales entre variables, c'est de créer une situation où une ou plusieurs variables indépendantes peuvent être contrôlées. Cependant, tout comme la procédure expérimentale permet d'avoir une grande confiance dans les résultats, elle tient également le chercheur pour responsable des effets attendus et inattendus de la recherche. En d'autres termes, l'avantage

---

12. J. Robert OPPENHEIMER, *La science et le bon sens*, Paris, Gallimard, 1955.
13. Paul KURTZ, « The Ethics of Free Inquiry », dans Sidney HOOK, Paul KURTZ et Miro TODOROVICHT, *The Ethics of Teaching and Scientific Research*, Buffalo, Prometheus Books, 1977, pp. 203-207.

principal de la recherche expérimentale est également le problème crucial du point de vue éthique : la responsabilité du chercheur en ce qui a trait aux effets pour les participants[14]. Certains gardent encore l'impression que la méthode expérimentale est confinée aux sciences biologiques et physiques et qu'elle ne s'applique que très peu en sciences sociales. Comme on l'a vu dans le chapitre sur la structure de la preuve, le devis expérimental s'applique aussi en sciences sociales.

> Une des expériences les plus fécondes dans le domaine du droit fut sans doute le Projet de cautionnement de Manhattan[15]. Le but de l'expérience était de voir si les personnes mises sous arrêt et qui avaient des racines dans la communauté locale viendraient subir leur procès même si on n'exigeait pas d'elles un cautionnement. Après étude des dossiers et après entrevues avec les accusés, les responsables de l'étude choisirent quelques milliers de cas jugés aptes à être recommandés pour libération sans cautionnement. Les personnes accusées d'homicides et d'autres crimes graves furent exclues de l'étude. Les chercheurs divisèrent au hasard les cas éligibles en deux groupes. Pour les individus du premier groupe, les chercheurs firent des recommandations positives au juge pour qu'il libère l'accusé(e) sans cautionnement en attendant son procès. Pour l'autre groupe, le groupe contrôle, les chercheurs ne firent aucune intervention auprès de la cour. La cour libéra 50 p. 100 des individus du premier groupe sans cautionnement et 16 p. 100 du groupe contrôle. Seulement 0,7 p. 100 des gens libérés sans cautionnement ne se présentèrent pas à leur procès. Les résultats de l'étude furent donc des plus probants. Cette étude apporta aussi des résultats supplémentaires quelque peu surprenants. Dans le groupe expérimental, 60 p. 100 des personnes libérées sans caution furent acquittées ou leur cas fut renvoyé, contre seulement 23 p. 100 dans le groupe contrôle. Des personnes reconnues coupables dans le groupe expérimental, 16 p. 100 furent jetées en prison contre 96 p. 100 dans le groupe contrôle.

Effets pour la société

L'effet positif principal, du moins à plus long terme, de telles recherches se perçoit très bien dans le potentiel d'amélioration de nos institutions

14. REYNOLDS, op. cit., p. 113.
15. John P. GILBERT, Richard J. LIGHT et Frederick MOSTELLER, « Assessing Social Innovations : an Empirical Base for Policy » dans Carl A. BENNETT et Arthur A. LUMSDAINE (dir.), Evaluation and Experiments, New York, Academic Press, 1975, pp. 77-80; Henry W. RIECKEN et Robert F. BORUCH (dir.), Social Experimentation, New York, Academic Press, 1974, pp. 291-292.

et pratiques judiciaires. Pour l'appareil judiciaire, l'amélioration potentielle peut se mesurer en allégement de la tâche, à cause des critères
plus expéditifs d'évaluation des cas. L'effet majeur immédiat, quant à
l'objectif, fut d'établir que les citoyens ayant des liens avec leur milieu
et accusés de délits se présentaient à leur procès, même si on n'exigeait
pas de cautionnement en garantie. Le projet permit également d'observer que le comportement de la cour lors du procès et les décisions
ayant précédé le procès proprement dit étaient corrélatifs. Les citoyens
relâchés sans cautionnement avaient beaucoup moins de chance de se
retrouver condamnés et en prison que ceux qui avaient dû déposer une
caution. L'effet négatif majeur d'un tel projet pourrait être une baisse
de confiance dans le système judiciaire.

Effets pour les participants

Dans le Projet de Manhattan, l'effet pour les participants dépend beaucoup de l'échantillonnage. Les sujets du groupe expérimental ont pu
jouir dans une beaucoup plus grande proportion qu'à l'accoutumée de
libérations temporaires sans caution d'une part et de libération tout
court, lors du procès. Lorsqu'ils furent reconnus coupables, leurs sen-
tences furent moins souvent la prison. L'effet négatif, c'est que les personnes membres du groupe contrôle n'ont pu jouir des mêmes avantages
bien qu'elles aient investi autant de temps dans l'expérience que les
membres du groupe expérimental. Tous ces sujets avaient dû participer
à des entrevues avec les chercheurs, ce qui, dans ce contexte judiciaire,
avait causé sans doute un certain stress. Les bienfaits immédiats de la
recherche ne furent donc pas répartis également entre les participants.

D'un point de vue plus large, les bénéficiaires potentiels des résultats de ces recherches furent les citoyens qui, accusés un jour d'un crime
quelconque, pourront profiter d'un système judiciaire moins compliqué
et plus susceptible de leur rendre justice. La catégorie sociale participant
à l'expérience est en somme la même qui est susceptible de profiter des
résultats de la recherche. Les juges par ailleurs subissent, comme catégorie sociale, un certain préjudice. En effet, la recherche, montrant que
les verdicts des juges étaient en bonne partie reliés au traitement que
l'inculpé avait subi avant son procès, laisse croire que les juges sont
peut-être beaucoup moins objectifs qu'on le prétend.

La fréquence d'utilisation du devis expérimental en sciences
sociales a beaucoup augmenté dans les années 70 sous l'impulsion des
professionnels de l'évaluation de programmes sociaux. Que ce soit dans
le domaine judiciaire, comme dans l'exemple ci-dessus, dans le domaine
scolaire, des affaires sociales, des assurances, du revenu minimum, de

la santé, de la gestion de personnel, ou autres, ce sont toujours les mêmes problèmes éthiques qui se posent. Ces questions surgissent non pas lorsqu'il faut choisir entre le bien et le mal, mais plutôt lorsque le choix doit s'opérer entre deux formes de bien.

2.2. Les études descriptives

La plupart des études en sciences sociales n'utilisent pas la méthode expérimentale proprement dite mais mettent plutôt l'accent sur la description de phénomènes naturels. Étant donné que c'est le phénomène lui-même qui est la cause principale des effets positifs ou négatifs ressentis par les sujets, la responsabilité du chercheur en regard du bien-être des sujets est très réduite[16]. Sur les autres aspects de la recherche, les problèmes éthiques sont tout aussi nombreux et variés que dans les études utilisant le devis expérimental. Parmi les types d'études descriptives, nous ne retiendrons ici que les études extensives ou études de cas multiples.

Les sondages d'opinion sont probablement les plus connus des études extensives. On réalise plusieurs milliers d'études de ce type chaque année dans nos sociétés occidentales. Ces études sont si nombreuses et leurs objets si variés qu'on ne peut donner que des indications très générales sur les problèmes éthiques qu'elles soulèvent.

Effets pour la société et la communauté scientifique

Les effets de ces études pour la société varient selon les domaines de recherche. Bon nombre de ces études ont une utilisation sociale immédiate; par exemple, des ministères, des administrations, des fabricants de produits de consommation ou autres fournisseurs de biens ou services peuvent ainsi s'interroger sur le degré de satisfaction de la clientèle. Quelques études ont un intérêt scientifique certain lorsque, par exemple, des chercheurs tentent de falsifier une hypothèse en vérifiant leur théorie. Dans tous ces cas, il y a toujours un thème commun : *le financement de telles études*. Est-ce que l'information recueillie en vaut le prix? Évidemment, c'est une question qui se pose pour toute recherche, mais, dans le cas des études extensives, l'enjeu est mieux défini parce que les coûts peuvent être connus à l'avance avec une grande précision, de même que la nature et la quantité des informations à recueillir. On peut

---

16. REYNOLDS, *op. cit.*, p. 159.

alors évaluer le coût des informations. Il ne faut donc pas s'étonner que les organismes subventionnaires, du moins dans le cas des études scientifiques proprement dites, obligent le plus souvent les chercheurs à rendre accessibles à d'autres chercheurs, qui voudraient procéder à des analyses secondaires, les données recueillies lors de leur enquête.

Les chercheurs n'ont pas toujours une obligation juridique de *partager leurs données*, mais dans la communauté scientifique on considère qu'ils en ont l'obligation morale. Les chercheurs qui ont recueilli des informations procèdent à un nettoyage et à une mise en forme de ces informations pour leur traitement, la plupart du temps informatisé. On attend des chercheurs consciencieux qu'ils transmettent aux autres scientifiques des données prêtes à être utilisées et accompagnées de toutes les informations méthodologiques pertinentes. Le chercheur moins compétent ou aux principes moraux plus « élastiques » remettra peut-être des données brutes plus ou moins documentées et dans un état tel, que l'utilisateur suivant se verra obligé de réinvestir des sommes souvent considérables pour pouvoir les utiliser.

Effets sur les participants

Pour les participants, les effets directs des enquêtes de ce type se limitent à l'expérience, le plus souvent intéressante, de participer à un sondage ou à une enquête quelconque. C'est une occasion de parler de soi, de satisfaire un besoin altruiste en aidant la science et, à l'occasion, de recevoir une petite récompense pour avoir participé à l'enquête. Dans certaines enquêtes reliées aux politiques de la santé, par exemple, les participants pourraient profiter d'un examen médical spécialisé ou, dans le cas de questions scolaires, d'un test d'aptitudes ou d'intelligence.

Les effets négatifs immédiats sont le temps qu'il faut consacrer à l'enquêteur et le stress qui peut résulter de l'entrevue. Ce stress ne se développe pas seulement à partir des questions portant sur des sujets très personnels, tabous ou socialement réprouvés[17]. L'interviewé peut facilement devenir très mal à l'aise, s'il est incapable de répondre à une série de questions d'information que tout le monde est « censé » connaître. Même des questions anodines peuvent créer chez les participants un effet désagréable. On pourrait créer un effet négatif semblable en utilisant un vocabulaire non adapté au public étudié. Un vocabulaire trop sophistiqué peut inférioriser l'interviewé. Heureusement, ces

---

17. Norman M. BRADBURN, Seymour SUDMAN and Associates, *Improving Interview Method and Questionnaire Design*, San Francisco, Jossey-Bass Publishers, 1990, pp. 64-134.

aspects des questionnaires et entrevues susceptibles d'indisposer le
participant sont également des aspects liés à l'efficacité de l'outil de
recherche et, par conséquent, le chercheur compétent s'efforcera tout
naturellement de l'améliorer. En améliorant techniquement le questionnaire ou le schéma d'entrevue, le chercheur évite du même coup des
problèmes éthiques.

Les effets négatifs indirects sont vraisemblablement plus importants que les effets directs. Ils se regroupent sous trois thèmes : le droit
à la vie privée, le consentement éclairé et la confidentialité[18].

La recherche par enquête est une intrusion dans la vie privée du
citoyen qui a été choisi pour participer à l'enquête et pour répondre à
certaines questions. Le *droit à la vie privée*, c'est le droit qu'a l'individu
de définir lui-même quand et selon quelles conditions ses comportements, attitudes ou croyances peuvent être rendus publics[19]. Il découle
de ce principe que l'individu peut révéler ce qu'il veut à son sujet, même
des détails très personnels ou intimes. Il est bien possible que l'interviewé demande à ce que ses révélations ne soient pas communiquées à
d'autres personnes, si ce n'est sous forme de données agrégées. Lorsque
des informations sont révélées sous le sceau de la *confidentialité*, elles
doivent demeurer confidentielles. De nos jours, on peut estimer que les
informations fournies par un interviewé dans un sondage d'opinion sont
protégées par la règle de la confidentialité. Le chercheur qui n'entend
pas respecter cette règle générale a le devoir d'en avertir le sujet.

> Le simple fait d'être associés à un échantillon dans une recherche
> peut causer des problèmes sérieux aux participants. Imaginons que
> vous faites une recherche sur la délinquance et que vous réussissiez
> à établir, grâce à des informateurs ou autrement, une liste de délin-
> quants à interviewer. Cette liste pourrait avoir un certain intérêt pour
> la police. Des chercheurs américains qui faisaient justement ce type
> de recherche se sont aperçus qu'à la suite de leur participation, ces
> délinquants avaient reçu une autre visite, celle de la police. Dans un
> autre cas, des chercheurs ont renoncé à poursuivre une étude portant
> sur les jeunes Américains qui s'étaient réfugiés au Canada pour
> éviter le service militaire dans leur pays[20].

Enfin, on entend par *consentement éclairé* l'idée que le sujet éventuel
doit avoir assez d'information — sur ce qui lui sera demandé et à quelles

---

18. Seymour SUDMAN et Norman M. BRADBURN, *Asking Questions*, San Francisco, Jossey-
    Bass Publishers, 1982, pp. 7-11.
19. A. WESTIN, *Privacy and Freedom*, New York, Atheneum, 1967, p. 373; SUDMAN et
    BRADBURN, *op. cit.*, pp. 7-8.
20. REYNOLDS, *op. cit.*, p. 164.

fins cette information sera utilisée — pour en évaluer les conséquences[21]. La règle générale, c'est de donner autant d'informations qu'il y a de risques pour la personne à interviewer. Dans la plupart des enquêtes, l'enquêté ne court pour ainsi dire aucun risque ; les chercheurs se limitent donc à décrire en quelques mots l'objectif de la recherche et le type d'information recherché. D'ailleurs, les participants à une recherche comprendront d'autant mieux ce dont il s'agit que l'explication sera concise et pertinente. Lorsqu'il s'agit de recherche auprès d'enfants ou d'adolescents, le chercheur devra obtenir le consentement des parents, instituteurs ou autres personnes responsables de la personne mineure.

2.3. L'observation discrète

Même l'observation discrète des phénomènes sociaux dans les endroits publics peut soulever des problèmes d'éthique, entre autres, par des questions qui touchent à la vie privée[22].

> Par exemple, des chercheurs intéressés à analyser les comportements de consommation procédèrent à une étude des vidanges de différents îlots de maisons de la ville de Tucson, Arizona[23]. Ces chercheurs pensaient qu'en étudiant le contenu des sacs de déchets, ils pourraient découvrir ce que les gens achetaient et jetaient ainsi que ce qu'ils gaspillaient. De plus, en mettant en relation les caractéristiques démographiques des îlots avec les données sur les ordures, ils pourraient en arriver à certaines conclusions à propos de la consommation d'alcool, du gaspillage, etc. Les sacs d'ordures n'étaient pas identifiés par foyer mais par îlots de maisons, si bien qu'on pouvait considérer que l'anonymat était respecté. On doit noter cependant que les documents jetés (enveloppes, lettres, etc.) pouvaient révéler l'identité des individus.

Le grand avantage méthodologique de ces procédures, c'est d'éviter les artefacts créés par l'interaction du chercheur avec le sujet, telles les réactions du sujet vis-à-vis l'interviewer, les erreurs dues à l'auto-description et ainsi de suite[24]. Ces procédures permettent aussi

---

21. SUDMAN et BRADBURN, *op. cit.*, p. 8.
22. DIENER et GRANDALL, *op. cit.*, pp. 60-61 ; Lee SECHREST et Melinda PHILLIPS, « Unobtrusive Measures : An Overview » dans Lee SECHREST (dir.), *Unobtrusive Measurement Today : New Directions for Methodology of Behavioral Science*, San Francisco, Jossey-Bass, 1979, pp. 12-15.
23. W.L. RATHYE et W.W. HUGHES, « The garbage project as a non-reactive approach : Garbage in Garbage out » dans H.W. SINAIKO et L.A. BROEDLING (dir.), *Perspectives on attitude assessment : Surveys and their alternatives*, Champaign (Illinois), Pendleton Publications, 1976.
24. SECHREST et PHILLIPS, *op. cit.*, pp. 2-6.

d'éliminer les risques associés à la collecte des données faite à découvert, comme la participation coercitive des sujets, les embarras et le stress causés par des questions délicates lors d'entrevues, l'accaparement du temps du sujet, etc. Les problèmes liés à la confidentialité sont le plus souvent évités également, puisqu'il s'agit en général d'utilisation de données publiques disponibles dans les archives, le *Who's Who*, des articles de journaux, etc.

Les objections principales aux études utilisant des procédures dites « discrètes » sont regroupées sous le titre de l'invasion de la vie privée[25]. Le droit fondamental ici, c'est encore celui de l'individu de dévoiler ce qu'il veut, à qui il veut et dans les circonstances où il le veut.

3. La publication

La principale caractéristique de la connaissance scientifique est sans nul doute le fait qu'elle repose sur l'observation et non seulement sur l'opinion du chercheur. C'est d'ailleurs la raison pour laquelle la communauté scientifique attache tant d'importance au rapport détaillé des observations. La complexité des phénomènes étudiés en sciences sociales est généralement telle qu'un seul scientifique a peu de chances d'aller bien loin s'il ne peut compter sur les recherches faites par les autres. La science est cumulative. Aussi, il existe une panoplie de revues où les scientifiques communiquent les principaux résultats de leurs recherches aux autres scientifiques. L'exposé de ces recherches se retrouve le plus souvent sous forme de rapports ou éventuellement de livres. Les problèmes éthiques liés à cette phase de la recherche concernent davantage la communauté scientifique et les participants.

3.1. La communauté scientifique

La structure de l'entreprise scientifique occidentale exerce sur le chercheur une pression pour qu'il publie des travaux originaux sur des sujets d'importance tel que défini par le paradigme dominant[26]. Le paradigme met l'accent sur certains phénomènes à élucider et les personnes qui peuvent expliquer ces phénomènes sont éligibles à des récompenses, telles qu'un emploi, surtout pour les chercheurs débutants, ou encore la notoriété, des prix, des décorations, etc. La nature humaine étant ce qu'elle est, il ne faut pas s'étonner qu'à l'occasion, pour obtenir ces

---

25. BOWER et DE GASPARIS, *op. cit.*, p. 35.
26. Thomas S. KUHN, *La structure des révolutions scientifiques*, Paris, Flammarion, 1972.

récompenses, des chercheurs introduisent dans leurs publications certains biais.

Ces biais peuvent provenir de plusieurs sources. Un auteur peut ne citer que les références qui concordent avec son point de vue et ignorer les autres observations; on dira alors qu'il s'agit d'un travail mal fait, mais ce n'est pas nécessairement très dommageable pour la science.

Les cas les plus graves sont plutôt ceux où un auteur rapporte des résultats d'expériences ou d'observations qui n'ont pas eu lieu. Des cas de fraude ont été détectés régulièrement en sciences physiques et biologiques. En sciences sociales, c'est surtout en psychologie que les cas semblent les mieux documentés.

> Le cas de Sir Cyril Burt est actuellement plutôt controversé[27]. Ce célèbre psychologue anglais a fait des recherches sur les caractéristiques innées de l'intelligence. Pour analyser cette question, il étudia des jumeaux identiques; il s'attacha surtout à étudier ceux qui avaient été séparés l'un de l'autre très tôt. Des jumeaux identiques élevés dans des contextes différents auraient-ils des scores semblables à des tests d'intelligence? Si oui, il faudrait alors penser que les caractéristiques innées sont déterminantes. C'est ce que Burt trouva et la communauté scientifique reconnut le mérite de ses travaux en lui conférant une grande notoriété. Sa réputation déborda très largement les cercles académiques et il fut fait chevalier par la monarchie anglaise. Depuis sa mort cependant, des chercheurs se sont mis à douter que Sir Burt ait effectivement observé ce qu'il rapporte dans ses articles. Après tout, il n'est pas si simple de dénicher quelques douzaines de paires de jumeaux identiques séparés en bas âge.

De tels cas de fraude réelle ou soupçonnée sont très rares, surtout si la recherche se fait en équipe. La falsification ne peut, à toutes fins utiles, se pratiquer que sur une partie de la recherche. Les cas les plus fréquents semblent être ceux où des étudiants ou des assistants de recherche inventent des résultats pour éviter d'aller sur le terrain ou de faire les expériences.

> Je me souviens d'un cas où des étudiants dans un cours devaient, à titre d'exercice, faire quelques entrevues auprès d'un échantillon d'électeurs. Chaque étudiant avait une liste de personnes à interviewer et devait remettre ses rapports d'entrevues une dizaine de jours plus tard. Une vérification de routine auprès des interviewés devait m'apprendre qu'un certain nombre de questionnaires avaient été complétés sans que la personne dont le nom apparaissait sur la

27. Martin SHIPMAN, *The limitations of social research*, London, Longman, 1981, p. 38; DIENER et GRANDALL, *op. cit.*, p. 154.

liste d'échantillonnage ait été effectivement interviewée. Les étudiants-interviewers pris en faute avouèrent que le travail était trop exigeant pour eux et qu'ils avaient simplement complété les questionnaires eux-mêmes.

La tricherie existe autant dans le monde de la recherche que partout ailleurs. Cependant, dans plusieurs cas, la fraude ou l'erreur de bonne foi peuvent être détectées par les autres chercheurs. Dans les cas d'expériences en laboratoires, si d'autres chercheurs, appliquant les mêmes techniques sont incapables de reproduire les résultats, ils se poseront des questions. Souvent cependant, en sciences sociales, les observations se font dans le monde réel, évanescent; il n'est pas facile pour d'autres chercheurs d'observer plus tard les mêmes phénomènes.

Après avoir fait une série d'observations, un chercheur peut ne rapporter dans ses écrits que les cas qui confirment son point de vue. Une des pratiques, peut-être assez commune en sciences sociales, consiste à procéder à de nombreux tests statistiques et à ne rapporter que ceux qui confirment une théorie en négligeant de mentionner les tests négatifs. Le chercheur est censé, faut-il le rappeler, rendre publiques toutes les données pertinentes à sa recherche. C'est ainsi que les autres chercheurs dans le domaine peuvent évaluer les arguments, les procédures, les données et tirer leurs propres conclusions. Dans le débat sur « la fuite des Blancs », les critiques ont reproché à Coleman d'avoir tiré des conclusions qui n'étaient pas soutenues par les données. Blais, en faisant une revue de littérature sur la relation entre le degré de transparence de la fiscalité et le niveau des dépenses gouvernementales, signale qu'un auteur, Wilensky, affirme qu'il y a relation entre les deux variables alors que les données réelles indiquent le contraire[28]. C'est parce que ces chercheurs avaient présenté toutes les données pertinentes que d'autres chercheurs purent remettre en question leur interprétation de ces données.

Qui est l'auteur[29]?

Dans la communauté scientifique, c'est aux auteurs des recherches publiées qu'on décerne la reconnaissance. Un chercheur n'est reconnu comme tel que s'il publie des résultats de recherche, d'où l'importance de sa signature. Si un article est signé par un seul auteur, la question

---

28. André BLAIS, « Le Public Choice et la croissance de l'État » dans *Revue canadienne de science politique*, vol. 15, 1982, p. 797.
29. Les idées développées dans cette section sont inspirées de DIENER et GRANDALL, *op. cit.*

est résolue. Si l'article est signé par plusieurs personnes, celle dont le nom apparaît en premier reçoit généralement plus de crédits que les autres, sauf si les noms apparaissent en ordre alphabétique. Dans ce dernier cas, cela signifie que les contributions sont équivalentes. Dans une équipe de chercheurs dont les contributions sont équivalentes, on procédera souvent à une rotation des noms de sorte que le nom de chaque chercheur vienne en tête de liste à tour de rôle; au besoin, les auteurs indiquent dans une note infrapaginale la part qui doit être attribuée à chacun.

Le problème de la signature se pose rarement lorsque l'équipe de recherche ne compte que des chercheurs « seniors »; lorsque l'équipe compte un ou des chercheurs « seniors » et des chercheurs « juniors » ou étudiants, le problème est plus délicat. Cependant, quelle que soit la situation, le principe général est le même : la qualité d'auteur est attribuée aux individus selon l'ampleur de leur contribution à l'étude. La contribution scientifique détermine le contenu, l'étendue et l'interprétation de l'étude. Deux participations à une recherche méritent normalement le crédit d'auteur, soit la conceptualisation — ce qui inclut la préparation du devis — et la préparation du rapport. Chacune de ces deux participations détermine le contenu et le caractère de l'étude et de sa publication. Par ailleurs, divers travaux nécessaires à la recherche peuvent être complétés par d'autres personnes sans qualifier ces personnes comme auteures. Par exemple, la dactylographie d'un texte ou d'autres travaux de nature cléricale n'entraînent pas la qualité d'auteur, non plus que le travail de programmation sur ordinateur ou de collecte de données.

Dans le contexte universitaire, la tradition dans les sciences physiques et biologiques veut que ce soit le professeur qui détermine l'ordre des auteurs lorsque des étudiants-chercheurs sont engagés dans une recherche. Dans le domaine des sciences sociales, le travail en équipe est moins fréquent qu'en sciences physiques ou biologiques, mais dans la mesure où il existe — et c'est une situation de plus en plus fréquente — les mêmes problèmes se posent. Que le chercheur « junior » reçoive des crédits scolaires ou soit payé pour faire le travail a peu d'importance; ce qui compte, c'est sa contribution scientifique. S'il a participé de façon importante à conceptualiser l'étude et à écrire le rapport final, il devrait normalement signer la publication. La situation inverse existe également, mais on tend à la passer sous silence. En effet, il arrive fréquemment que l'idée principale d'une thèse de maîtrise ou de doctorat soit celle d'un directeur de thèse; l'étudiant peut même être payé pour réaliser les travaux prévus au devis de recherche. Après discussion entre l'étudiant-chercheur et le directeur de thèse, l'étudiant rédige un brouillon qui sera bonifié par les corrections et ajouts du directeur de thèse. Au total, la contribution scientifique du directeur de thèse peut être fort substantielle, pourtant seul l'étudiant sera reconnu comme auteur de la thèse. Il y a une raison bien pratique à cela : par la thèse, l'étudiant doit démontrer qu'il est capable de faire un travail autonome. Si le professeur était également reconnu comme auteur, il y aurait présomption que l'étudiant-chercheur n'a pas été autonome.

Relations avec les directeurs de publication

En plus de la propriété intellectuelle du rapport de recherche, il y a bien d'autres questions d'éthique reliées à sa publication. Par exemple, on considère comme contraire à l'éthique professionnelle le fait de soumettre le même manuscrit à plusieurs revues en même temps. Les raisons pour lesquelles les auteurs peuvent être tentés de procéder à des soumissions parallèles sont évidentes : les chances qu'un manuscrit soit accepté par une revue prestigieuse sont relativement minces et, lorsque le manuscrit est accepté, il s'écoule plusieurs mois, sinon un an, avant que l'article soit finalement publié. L'auteur peut donc être tenté de soumettre son texte à plusieurs endroits simultanément de sorte que les évaluations se fassent en parallèle plutôt que d'attendre la réponse d'une première revue pour éventuellement s'adresser à une autre. Les raisons pour lesquelles la communauté scientifique tend à imposer des règles de soumission des articles sont aussi d'ordre pratique. Le temps et les coûts d'évaluation des manuscrits sont relativement grands. En effet, chaque manuscrit est généralement évalué bénévolement par plusieurs chercheurs et par les directeurs de revues. De plus, si l'article est publié dans plus d'une revue, la communauté scientifique n'y gagnera rien sur le contenu et se verra privée des résultats des recherches qui autrement auraient pu être publiés dans le même espace.

3.2. Les participants

La garantie d'anonymat va de soi en recherche sociale; c'est maintenant un postulat largement admis qu'en sciences sociales, comme en médecine ou en droit, les gens s'exprimeront plus franchement et seront moins inhibés dans leur comportement s'ils croient que ce qu'ils vont dire ou faire sera traité en toute confidentialité. Cette rationalité alliée au principe du respect de la vie privée des citoyens a créé un consensus chez les chercheurs, à savoir que la confidentialité doit être préservée par tous les moyens possibles.

Il va de soi, lorsqu'on arrive à la publication des résultats, que les sujets s'attendent à ce que la confidentialité de leur participation à l'enquête soit préservée. Les auteurs changent souvent les noms des personnes et des lieux à cet effet. Il arrive par contre que les modifications des noms des personnes et des lieux ne suffisent pas à protéger l'anonymat.

> Le cas de la monographie de Vidich et Bensman intitulée *Small Town in Mass Society* est devenu célèbre dans les annales[30]. Les auteurs firent une étude du pouvoir, notamment par l'observation directe, dans une petite municipalité américaine qu'ils surnomment « Springdale ». Les acteurs dont on décrit les comportements dans l'ouvrage portent également des noms fictifs. Malgré cette précaution, les participants se reconnurent et réagirent à cette publication en organisant, lors de la fête nationale, une parade quelque peu spéciale. Voici d'ailleurs comment le journal local décrivit cette parade[31] :
>
>> Vint d'abord une réplique exacte mais à grande échelle de la jaquette du livre *Small Town in Mass Society*. À la suite du livre vinrent des résidents de « Springdale » masqués et à bord d'automobiles portant les noms fictifs donnés par les auteurs. Le clou du spectacle cependant, c'était le dernier char allégorique — un épandeur à fumier bien rempli de ce riche fertilisant et au-dessus duquel se penchait l'effigie de « L'auteur ».
>
> De toute évidence, les résidents de « Springdale » n'avaient pas apprécié la façon dont les auteurs les avaient traités dans cet ouvrage.

Dans d'autres cas, l'identité des informateurs sera donnée sans que cela ne pose de problème.

> C'est le cas des élites politiques dans le livre d'Andrew, Blais et DesRosiers, *Les élites politiques, les bas salariés et la politique du logement à Hull*[32]. Il eut été très difficile aux auteurs de cacher le fait qu'il s'agissait de la ville de Hull. Une fois la ville connue, l'identité du maire, des conseillers municipaux et autres personnages importants ne peut plus être cachée. Les auteurs n'avaient pas garanti la confidentialité à ces informateurs. Ils l'avaient cependant garantie à

---

30. On lira dans les numéros 17, 18 et 19 de la revue *Human Organization* (1958-1960) une série d'articles portant sur les problèmes éthiques liés à cette recherche.
31. F.W. WHYTE, « Freedom and Responsability in Research : The Springdale Case », dans *Human Organization*, vol. 17, 1958, pp. 1-2.
32. Caroline ANDREW, André BLAIS et Rachel DESROSIERS, *Les élites politiques, les bas salariés et la politique du logement à Hull*, Ottawa, Éditions de l'Université d'Ottawa, 1976.

d'autres catégories d'informateurs, les bas salariés, et seules les données agrégées ont été publiées dans le cas de ces dernières catégories
d'informateurs. Cette étude illustre bien comment respecter les
règles éthiques tout en dévoilant les données pertinentes.

Dans une publication de type scientifique, on s'attend à ce que les
sujets de l'étude soient traités avec respect. Dans la monographie sur
« Springdale », les auteurs employaient à l'occasion un ton condescen-
dant à l'endroit des gens observés et leur attribuaient des motifs douteux.
En anthropologie, on retrouve de multiples exemples où les groupes
étudiés sont présentés dans des termes peu élogieux[33] ou dont on donne
une fausse représentation[34].

Conclusion

Tout au long de ce chapitre, nous avons attiré l'attention du lecteur sur
des lieux et questions où la recherche peut empiéter sur les droits et
affecter le bien-être de la société, des participants à la recherche ou encore
de la communauté scientifique. Nous n'avons en fait mentionné que
quelques-uns des problèmes les plus fréquents. Nous avons omis plusieurs étapes du processus de recherche — demandes de subventions,
financement de la recherche, relations entre chercheur et employeur,
techniques de collecte et d'analyse des données, etc. — et nous n'avons
pas fait le tour complet des questions abordées. Au seul chapitre des
usages douteux qui mettent en cause les sujets de la recherche, Cook
signale dix catégories de cas[35]. En fait, le nombre de problèmes soulevés
par l'éthique ne cesse de croître au fur et à mesure que les sciences
sociales se veulent respectables. Les professions — que ce soit en anthropologie, en psychologie, en sociologie, etc. — s'organisent et imposent
à leurs membres des règles de conduite propres à maintenir leur bonne
réputation.

---

33. Voir par exemple les premières pages de Napoléon A. CHAGNON, *Yanomanö : The Fierce
    People*, New York, Rinehart et Winston, 1968.
34. Voir par exemple Derek FREEMAN, *Margaret Mead and Samoa : The Making and Unmaking
    of an Anthropological Myth*, Boston, Harvard University Press, 1983.
35. Engager les gens dans la recherche à leur insu et sans leur consentement; forcer les
    gens à participer à la recherche; cacher au sujet la vraie nature de la recherche; tromper
    le sujet; amener les sujets à commettre des actes préjudiciables au respect qu'ils se
    portent à eux-mêmes; violer leur droit à l'auto-détermination; exposer le sujet à un
    stress physique ou mental; violer l'intimité du sujet; priver les sujets de groupes de
    contrôle de certains avantages; traiter les sujets de la recherche de façon déloyale et
    leur manquer de déférence et de respect. Stuart W. COOK, « Problèmes d'éthique se
    rapportant à la recherche sur les relations sociales » dans Claire SELLTIZ *et al., Les
    méthodes de recherche en sciences sociales*, Montréal, HRW, 1976, pp. 197-246.

L'éthique, telle qu'on la comprend de nos jours, cherche à garantir à tout le monde droits et bien-être. Ce faisant, elle peut empêcher le développement de la science. L'histoire, on le sait, raconte les efforts incessants pour censurer la pensée libre. Les noms de Galilée, Darwin ou Freud viennent rapidement à l'esprit lorsqu'on évoque la censure des idées nouvelles. Il s'agit pourtant de chercheurs qui ont vaincu les résistances de leur époque. Combien d'autres chercheurs ont été perdus aux mains de l'idéologie de leur temps? Il ne faudrait pas croire que seule la religion a été un obstacle au développement de la science. La censure dans ce domaine s'est aussi exercée au nom de la politique, de l'économique ou d'une idéologie. De nos jours, la censure s'exerce aussi au nom de l'éthique[36].

Ces dernières années, c'est l'idée même de la science qui est remise en question. On tient la science responsable des malheurs de l'humanité. La physique mène à la catastrophe nucléaire, la biologie et la chimie à la guerre bactériologique, sans parler des pluies acides et autres désastres écologiques. La vie devient mécanique, sans chaleur humaine; tout est technique. Les sciences sociales détruisent la poésie : un chercheur propose même d'aller voir ce qui se cache derrière la liberté et la dignité. Certains courants parmi les tenants de l'idéologie féministe soutiennent que l'approche scientifique est une vision mâle du monde qui, en bout de ligne, opprime les femmes[37].

En opposition à la science, s'est développée une contre-culture opposée aux méthodes logico-déductives. La recherche selon les standards rigoureux de la preuve limiterait l'imagination. Le temps est à la fiction, au spiritisme, à l'exorcisme. Il y a longtemps que les astrologues n'avaient eu aussi bonne presse. Tout ce courant culturel tend à contrer le développement de la science notamment en favorisant la codification des comportements admis chez les scientifiques.

Si les scientifiques, comme les autres citoyens, ont le devoir de protéger les participants à la recherche, *ils ont d'abord l'obligation comme chercheur de faire progresser la connaissance*. On pourrait comparer le scientifique à un fidéicommis, c'est-à-dire quelqu'un à qui la société confie la

---

36. Paul KURTZ, « The Ethics of Free Inquiry » dans S. HOOK, P. KURTZ et M. TODORO-VITCH, *The Ethics of Teaching and Scientific Research*, Buffalo, Prometheus Books, 1977, pp. 203-207.
37. Les adeptes des recherches féministes présentent toute une fourchette d'opinions sur les heurs et malheurs de la méthode scientifique. Le débat demeure ouvert comme en font foi les textes réunis par Gloria BOWLES et Renate DUELLI KLEIN dans *Theories of Women's Studies*, Londres et Boston, Routledge et Kegan Paul, 1983 et par Dawn H. CURRIE, *From the Margins to the Centre : Selected Essays in Women's Studies Research*, Saskatoon, Women's Studies Research Unit, University of Saskatchewan, 1988.

connaissance déjà acquise et lui demande de la conserver et de la faire fructifier. On évalue le scientifique par son apport à la connaissance. Le scientifique est aussi un citoyen et on évalue le citoyen par son comportement — la conformité de ce comportement aux valeurs morales de son milieu.

Bibliographie annotée

BOWER, Robert T. et Priscilla DE GASPARIS, *Ethics in Social Research, Protecting the Interest of Human Subjects*, New York, Praeger, 1978, 227 pages.

Cet ouvrage est particulièrement intéressant par sa bibliographie américaine commentée. Les articles ou ouvrages recensés dans cette bibliographie couvrent la période 1965-1976. Excellente source bibliographique.

CHAUVIN, Rémy, *Des savants, pour quoi faire?*, Paris, Payot, 1981, 185 pages.

Cet ouvrage traite de l'organisation du travail scientifique et du droit de la société de demander des comptes aux savants. L'auteur présente succinctement au lecteur francophone des résultats d'études américaines sur la sociologie de la science : particularités psychologiques des hommes et des femmes de science, l'âge et la production scientifique, l'intérêt pour la recherche, les conflits sociaux et familiaux, la religion, la passion, l'enfer des publications, l'évaluation du rendement scientifique. Très critique de l'organisation du travail scientifique, l'auteur met fortement en doute l'idée que les savants remplissent leur tâche : faire avancer la science.

DIENER, Edward et Rick CRANDALL, *Ethics in social and behavioral research*, Chicago, University of Chicago Press, 1978, 266 pages.

Cet ouvrage étudie les enjeux reliés à l'utilisation de sujets humains dans la recherche. Il tient pour acquis que les principes actuels sont corrects et incite les chercheurs à se conformer à ces standards. Le livre se divise en quatre parties : le traitement éthique des participants, l'éthique dans les recherches hors laboratoire, les enjeux professionnels, la science et la société. Les appendices reproduisent les codes d'éthique d'associations professionnelles américaines.

REYNOLDS, Paul Davidson, *Ethical Dilemmas and Social Science Research,* San Francisco, Jossey-Bass, 1979, 505 pages.

L'auteur vise deux objectifs : présenter une vue d'ensemble des principaux dilemmes moraux associés à la recherche en sciences sociales et aider le chercheur à résoudre au besoin ses problèmes d'éthique. L'auteur traite abondamment de la responsabilité du chercheur et des droits des participants, et donne de nombreux exemples suivant différentes stratégies de recherche. Il porte aussi attention au rôle du savant dans la société. Cet ouvrage tente de couvrir tous les aspects qui créent des dilemmes en recherche sociale; il rapporte, souvent en détail, une grande partie de la littérature sur l'éthique appliquée aux sciences sociales et à la biomédecine. Les six appendices reproduisent des codes d'éthique relatifs aux sujets humains dans la recherche. Les références à la littérature y sont très nombreuses.

Troisième
partie

La formation
de l'information

Chapitre 10
L'observation directe
Anne LAPERRIÈRE

Revois deux fois pour voir juste;
ne revois qu'une pour voir beau.

AMIEL

Introduction

Historiquement, la méthode de l'observation directe dans l'étude des situations sociales a été développée par l'anthropologie pour déchiffrer la culture et les routines sociales de communautés sur lesquelles on ne possédait pas de connaissances systématiques. Les premières études de ce genre ont donné lieu à peu de réflexion méthodologique, la « recherche exacte » semblant difficile à développer dans ce contexte, à cause de la complexité de l'objet étudié. Dans les années 1920, l'école de Chicago reprenait cette approche pour l'appliquer, cette fois-ci, non plus à l'étude de communautés lointaines et étrangères, mais à l'observation systématique des modes de vie et d'organisation sociale qui avaient émergé de la nouvelle organisation industrielle aux États-Unis, et dont on voulait analyser l'impact. Les Anderson (1923), Cressey (1932), Lindeman (1924), Lynd (1922), etc. s'attachèrent donc, tour à tour, à s'intégrer dans des milieux urbains divers (petites et grandes villes, milieu des hobos, salles de danse, etc.), à y observer le déroulement de la vie sociale et à en chercher la signification à travers leurs échanges avec les acteurs sociaux concernés, leur participation à la vie de la communauté et une recherche documentaire fouillée. Cette approche donnait lieu ainsi à des enquêtes complexes, d'une durée de quelques mois à quelques années. Leurs rapports d'enquête donnèrent de la réalité sociale une image dense visant à refléter, par une analyse minutieuse des situations et des événements sociaux observés, la complexité du réel et des enjeux sociaux, et à traduire ces enjeux dans la vie des membres des communautés étudiées. L'observation directe tendait donc, à cette époque, à se présenter comme une méthodologie « complète » d'approche du réel, voulant allier à l'appréhension intersubjective des situations sociales étudiées (*verstehen*) une analyse objective de leur dynamique, basée sur la confrontation systématique de données de sources diverses.

La montée de l'empirisme quantitatif en sociologie et les critiques incisives qu'elle provoqua au sujet de la validité des données recueillies à l'aide d'approches peu systématisées, largement tributaires de l'appréciation subjective du chercheur et ne s'appliquant qu'à des ensembles restreints, contribuèrent à mettre au rancart, pour les quelques décennies glorieuses où l'on crut pouvoir parvenir à une science sociale objective, les méthodologies qualitatives et l'approche par observation directe. Ces dernières, cantonnées au vestibule de la science, devinrent les estafettes assurant le lien entre les laboratoires aseptisés de l'analyse sociale et la réalité sociale grouillante dont on extrayait patiemment l'essence.

C'est à la fin des années 1950 seulement que la sociologie reprit, de façon substantielle, sa réflexion sur les modes d'appréhension du réel par l'observation directe. Ce retour émergea, aux États-Unis, du manque criant d'instruments conceptuels appropriés, assez riches et collés à la réalité pour en permettre une lecture substantive et significative. La sociologie empirique quantitative dominante avait en effet donné lieu à l'accumulation d'un ensemble de données, souvent ponctuelles et fragmentaires, auxquelles manquaient des interprétations d'ensemble qui en dégageraient la signification sociale profonde. Les tenants des méthodologies qualitatives prônèrent alors un « retour aux sources » pour alimenter la réflexion sur le social, et l'ajout de l'intersubjectivité à la distanciation, comme instrument d'appréhension « scientifique » du réel. L'*observation participante*, c'est-à-dire l'*immersion totale de la chercheuse*[1] *dans la situation sociale à l'étude*, se présenta comme l'instrument privilégié de ce retour aux sources. Plusieurs analyses, cette fois-ci centrées, pour la plupart, sur les « carrières » des individus et, à travers celles-ci, sur le développement de situations sociales spécifiques, plutôt que sur la description de la dynamique d'une communauté à un moment donné de son histoire, ont alors surgi sous la plume de sociologues tels H.S. Becker, D. Matza, J. Kitsuse, A.L. Strauss, E. Goffman, etc., qui, pour la plupart, appartenaient à la nouvelle école de Chicago. Parallèlement à ces études, plusieurs articles et volumes parurent, tentant de

---

1. Tout au long de ce texte, nous parlerons de « la chercheuse » plutôt que du « chercheur », l'auteure étant lasse de s'identifier à l'autre sexe.

rendre compte de la démarche méthodologique employée dans ces nouvelles études qualitatives et de la systématiser davantage.

Ce bref historique sur le développement de l'observation directe en sociologie nous permet de dégager quelques traits concernant son utilité et son apport dans ce champ, ses limites et ses principaux instruments :

- L'observation directe a été essentiellement employée, en sociologie, lorsqu'il y avait *absence de données et d'analyses empiriques sur la situation sociale étudiée*, ou lorsque les données ou analyses empiriques existantes étaient trop fragmentaires ou trop superficielles pour en permettre une analyse d'ensemble qui soit empiriquement fondée et socialement significative. Dans ces cas, l'observation directe a essentiellement servi d'instrument de collecte de données dans un processus inductif d'élaboration théorique sur une situation sociale peu investiguée, et s'est trouvée rattachée d'emblée aux méthodologies qualitatives[2].

- La collecte de données par observation directe, dans le contexte qualitatif, *vise la compilation de l'information la plus complète possible sur une situation sociale particulière* : il s'agit d'une démarche intensive plutôt qu'extensive de connaissance du réel. Par conséquent, la collecte de données par observation directe est typiquement complétée, dans les recherches où on l'utilise, par une démarche de questionnement des acteurs de telle situation sociale, afin de pouvoir déterminer le sens de leurs actions, et par des démarches documentaires ou toute autre démarche pouvant s'avérer utile à la connaissance de la situation à l'étude.

- L'observation directe, utilisée dans un processus inductif de construction théorique, *ne peut s'appliquer qu'à une situation sociale délimitée dans l'espace et dans le temps*, étant donné l'ouverture et l'exhaustivité de son approche et la présence intensive sur le terrain qu'elle exige de la chercheuse. Les données qu'elle produit donnent donc lieu à des théories, substantives et formelles, qui ne s'appliquent directement qu'aux situations restreintes observées. Ces théories peuvent toutefois servir — et c'est là leur utilité première — à éclairer, par analogie, des situations sociales substantivement ou formellement semblables. *L'observation directe sert ici ultimement d'instrument à l'exploration théorique, à partir d'un quadrillage systématique du réel.*

---

2. De façon moins fréquente, l'observation directe a aussi servi à vérifier systématiquement, sur place, certaines hypothèses préalablement élaborées sur une situation sociale donnée. Nous ne traiterons pas de cet aspect dans cet article.

1. Les définitions de l'observation directe

Les définitions de l'observation directe que nous retrouvons dans la littérature récente sur le sujet sont toutes assez larges. Lofland, par exemple, la définit ainsi : « être là, pour fins d'analyse[3] »; Spradley en présente le but comme « la description d'une culture du point de vue de ses participants[4] »; Friedrichs et Ludtke la définissent comme « l'enregistrement des actions perceptibles dans leur contexte naturel[5] ».

Ces définitions générales recouvrent deux types d'approche, opposés mais complémentaires. Une première approche, que nous désignerons comme « objective », assigne à l'observation directe le seul but de décrire, de façon exhaustive, les composantes objectives d'une situation sociale donnée (lieux, structures, objets, instruments, personnes, groupes, actes, événements, durées, etc.) pour ensuite en extraire des typologies. La démarche a des buts strictement descriptifs. La familiarité de la chercheuse avec la situation sociale à l'étude n'est nécessaire que dans le but d'y rendre sa présence la moins dérangeante possible, afin d'empêcher qu'elle n'altère le déroulement des actions observées. Le mode privilégié d'appréhension du réel est ici la distanciation.

Une deuxième approche, désignée sous le terme « d'observation participante », utilise l'observation directe de façon beaucoup plus large. Ses objectifs dépassent la seule description des composantes d'une situation sociale et insistent sur l'importance d'en repérer le sens, l'orientation et la dynamique et ce, non seulement par l'utilisation de la distanciation, mais aussi par celle de l'intersubjectivité, comme mode d'appréhension du réel. La familiarité que doit développer la chercheuse par rapport à la situation étudiée dépasse de beaucoup, dans ce contexte, le seul avantage négatif de minimisation d'un biais possible : elle est utilisée activement pour permettre une appréhension de la situation se voulant plus complète, plus dense et plus significative. Cette deuxième approche rassemble, sous le vocable « d'observation directe », non seulement la collecte de données par observation « pure », mais aussi une série d'approches complémentaires — collecte documentaire, échanges ou entrevues avec les participants — permettant de mieux décrire le sens

---

3. Traduction libre de « being in or around an ongoing social setting for the purpose of making a qualitative analysis of that setting ». John Lofland, *Analyzing Social Settings*, Belmont (Calif.), Wadsworth, 1971, p. 93.
4. Traduction libre de « describing a culture, from a native's point of view » dans J.P. Spradley, *Participant observation*, New York, Holt, 1980, p. 3.
5. Traduction libre de « Participant observation registers perceptible actions in natural situations » dans J. Friedrichs et H. Ludtke, *Participant Observation : Theory and Practice*, Lexington (Mass.), Lexington Books, 1980, p. 3.

des actes et événements observés. Ici, les significations que les acteurs sociaux attribuent à leurs actes deviennent un élément essentiel de la description adéquate d'une situation. C'est de cette deuxième approche que nous allons traiter ici, étant donné qu'elle est la plus répandue et qu'elle s'inscrit directement dans la tradition de l'école de Chicago. Cependant, nous ne présenterons que les techniques d'observation comme mode de collecte de données, comme les autres techniques utilisées dans l'observation participante sont traitées ailleurs dans cet ouvrage.

2. Les étapes et les instruments de l'observation directe

2.1. L'entrée sur le terrain

Le choix de la situation à étudier

Nous l'avons déjà souligné, l'observation directe, comme instrument de collecte de données, est utilisée pour cerner des situations sociales dont la dynamique, les processus et les composantes sont à découvrir. Le choix de la situation à étudier, comme celui de n'importe quel autre objet d'étude, doit évidemment d'abord se faire en fonction de sa *pertinence sociale et théorique*. L'observation directe qualitative s'appliquant à des situations limitées, vu l'énorme investissement de temps et de ressources personnelles qu'elle exige, la situation choisie doit l'être avec d'autant plus de soin, en terme de signification potentielle dans la problématique qui *intéresse la chercheuse*.

> Si nous considérons, par exemple, qu'un des enjeux significatifs, dans notre société, est la reprise en main, par les citoyens utilisateurs, des institutions dont le contrôle est passé aux mains des bureaucrates, et que nous voulons étudier empiriquement comment se pose ce problème, concrètement, nous pouvons définir la situation des relations entre l'école et le milieu, au niveau de l'école élémentaire où les enfants sont pris en charge par l'État, comme une situation sociale illustrant bien cette problématique, étant donné qu'y sont nés les premiers mouvements de contestation de la légitimité de la centralisation bureaucratique, à la fin des années 60, en Amérique du Nord[6].

---

6. Les exemples qui suivent tout au long de cet article s'inspirent d'une recherche menée par l'auteure à la Commission des écoles catholiques de Montréal, et qui a donné lieu aux rapports suivants : *La culture de l'école face au milieu, en milieux populaires montréalais*, CECM, mars 1975, et *Les mères face à l'école, en milieux populaires montréalais*, CECM, octobre 1976.

Par ailleurs, la situation à l'étude doit être *clairement délimitable*, en ce qui a trait à l'espace physique et social. Évidemment, les situations sociales existantes sont rarement, sinon jamais, étanches et présentent des degrés divers d'ouverture sur d'autres situations. En ce sens, on peut parler d'une situation délimitée lorsqu'elle forme un système dynamique portant sa propre signification, ce qui n'empêche pas son rattachement à d'autres systèmes, qui influencent, eux aussi, les significations centrales de la situation étudiée. Si le découpage d'une situation d'étude ne peut jamais être absolu, il n'en doit pas moins circonscrire un ensemble de lieux, d'événements et de personnes groupés autour d'une action ou d'un objectif communs et clairement indiqués.

Ces situations peuvent être de complexité très diverse, et comprendre un ensemble plus ou moins grand de sous-situations. Mais toujours, elles doivent former une unité significative d'acteurs, de lieux et d'actes.

> Ainsi, les relations entre le personnel d'une école et les membres d'un quartier donné présentent une dynamique assez complète en soi, même si cette dynamique particulière se rattache à celles, plus générales, du système scolaire, dans son ensemble, et de la communauté habitant le quartier. Ce système de relations se rattache, de plus, à un objectif précis, la coopération entre l'école et le milieu, et à des lieux, événements, activités et personnes délimités : cour d'école, locaux de parents, salles de classe; fêtes d'école « mixtes », visites de parents, réunions de comités « mixtes », etc.; enseignantes, professionnels scolaires, direction d'école, enfants, parents, organisateurs communautaires. La situation complexe des relations école-milieu peut enfin se découper en sous-situations nettement différenciées : contacts informels parents-maîtres, visites des parents dans les salles de classe, réunions du comité d'école, etc.

Enfin, les situations observées doivent être *récurrentes*, de préférence, afin de permettre à la chercheuse un approfondissement de ses observations, d'une fois à l'autre.

À ces critères « théoriques » de sélection d'une situation pour observation vient s'ajouter une série de critères d'ordre pratique[7]. La situation choisie doit être *accessible*, ouverte à la présence d'une observatrice, ou d'une nouvelle participante, si l'observation est dissimulée; l'observatrice doit pouvoir s'y *déplacer avec aisance* et sa présence ne doit pas y perturber, à moyen terme du moins, le déroulement « normal » des activités. Évidemment, l'accessibilité d'une situation n'est jamais

---

7. Pour ces critères, nous nous inspirons de Spradley, *op. cit.*, p. 39 et ss.

absolue; elle peut grandement varier selon la perception qu'ont les acteurs sociaux de la recherche et de la chercheuse (« Veut-on nous évaluer? Que nous rapportera cette recherche? Peut-on se fier à cette fille? Comprend-elle ce qui se passe? Saura-t-elle tenir sa langue? »). Typiquement, les groupes ou les collectivités sollicités pour servir de sujets de recherche questionneront la chercheuse non seulement sur l'objet mais aussi sur l'utilité, pour eux, de sa recherche; de plus, ils ne s'ouvriront à elle que s'ils sentent qu'ils peuvent lui faire confiance et qu'elle ne trahira pas leur vécu et leurs actes[8].

> Par exemple, la chercheuse qui veut étudier les relations école-milieu dans une école donnée doit repérer les intérêts en jeu dans cette situation et en tenir compte. La première question à se poser concerne ici les avantages et désavantages que représente, pour chacun des sous-groupes concernés, la promotion des relations école-milieu. Ainsi, rapidement, pourra-t-elle établir que la promotion des relations école-milieu comporte, pour le personnel scolaire et les parents, un désavantage pour tous qui se traduit par un surplus de travail. De plus, pour les enseignantes, elle représente une nette perte d'autonomie et de pouvoir. Alors qu'elle nuit immédiatement aux enseignantes (perte de pouvoir), la promotion des relations école-milieu avantage nettement, sur ce point, les parents, organismes communautaires et travailleuses sociales. Toutefois, elle peut représenter un avantage, à moyen terme, pour les enseignantes, avec l'accroissement de l'intérêt pour leur travail et l'amélioration de leur image publique... là où l'opération réussit.
>
> La deuxième question que doit se poser la chercheuse concerne sa situation politique face aux membres de l'école. Étant rattachée à la commission scolaire, qui prône la promotion des relations école-milieu, elle doit nettement faire comprendre à ses répondants qu'elle n'est pas là pour leur imposer le point de vue de la commission scolaire, mais bien pour y présenter, de la façon la plus exhaustive et la plus juste possible, leur point de vue sur la question.
>
> Enfin, la chercheuse doit souligner aux répondants l'utilité potentielle de son rapport de recherche dans la défense de leur point de vue auprès des responsables des politiques scolaires.

---

8. Il se pose évidemment ici un problème d'éthique : la chercheuse doit-elle écrire toute la vérité sur une situation donnée ou n'écrire que ce qui va dans le sens des intérêts des acteurs observés, qui lui ont fait confiance? Il faut, je crois, savoir ici doser les choses : faire savoir clairement aux acteurs observés qu'on vise un compte rendu exhaustif et non biaisé de la situation, mais qu'on ne révélera pas sans permission ce qui a été explicitement montré ou dit sous confidence ou ce qui peut révéler l'identité d'un répondant.

Le rôle de l'observatrice

Une fois choisie sa situation d'étude, la chercheuse doit définir le rôle qu'elle y jouera. Le meilleur rôle sera celui qui lui permettra d'observer les sous-situations les plus significatives de la façon la plus exhaustive, la plus fiable et la plus conforme à l'éthique possible.

Une première décision à prendre concerne *l'ouverture ou la dissimulation de la recherche*. Lofland synthétise bien les avantages et limitations de l'une ou l'autre option. Les objections qu'il voit à l'observation dissimulée se ramènent à quatre types de problèmes : 1) des problèmes d'éthique, les acteurs de la situation n'étant pas informés que tout ce qu'ils font ou disent est systématiquement relevé à des fins de recherche; 2) des problèmes de contraintes structurelles, liées aux limites spatiales et sociales du rôle choisi; 3) des problèmes d'enregistrement, sur place, des données et enfin, 4) des problèmes affectifs liés à une implication difficilement évitable dans la situation à l'étude. Par contre, l'observation dissimulée amène une information plus riche sur le rôle choisi par l'observatrice, ainsi qu'un partage et une compréhension plus intenses du vécu des participants observés. Enfin, en certaines circonstances, c'est le seul type d'observation possible.

Par contre, les avantages de l'observation ouverte sont la minimisation des tensions éthiques, la plus grande mobilité physique et sociale, et le questionnement plus systématique et exhaustif qu'elle permet à la chercheuse. Ceci amène cependant une série de désavantages autres, quant à la fiabilité des informations obtenues — les acteurs sociaux observés ayant des intérêts à défendre, aux yeux de « l'extérieur » — et quant à l'implication de la chercheuse, qui doit s'efforcer de rester « neutre » dans le jeu des intérêts et des factions en présence.

Si certaines situations s'accommodent d'emblée d'une observation ouverte (par exemple, toutes les situations publiques) et si d'autres y sont d'emblée très fermées (par exemple, les situations « intimes », ou particulièrement délicates, politiquement), la grande majorité des situations se trouvent entre ces deux extrêmes. Dans ces cas, l'observatrice doit rechercher le meilleur dosage entre les critères de significativité, d'exhaustivité, de fiabilité et d'éthique mentionnés plus haut.

> Les relations entre l'école et le milieu présentent un bon ensemble de sous-situations différentes à cet égard. Alors que les réunions générales parents-maîtres sont des événements publics, facilement accessibles à l'observation (ouverte ou dissimulée), qui en affecte relativement peu le déroulement, l'observation directe en salle de classe, le lieu le plus significatif mais aussi le plus privé de l'école, amène une série de dilemmes complexes : une chercheuse n'y est

pas bienvenue, à moins qu'elle ne s'en tienne à une perspective pédagogique classique, non dérangeante; sans un compromis allant du sociologique au pédagogique, la sociologue ne pourra jamais observer ce lieu très significatif, à moins de tromper la bonne foi de ses répondants, qui réagiront fortement à son analyse sociale et claqueront la porte au nez du chercheur suivant. Il s'agit ici soit de négocier ouvertement un compromis entre les points de vue, par exemple : « j'aimerais voir ce que c'est qu'enseigner, avoir votre point de vue sur ce qui se passe, concrètement, dans une salle de classe, pour ensuite le comparer à celui d'autres enseignantes et spécialistes qui cherchent aussi des solutions aux problèmes de l'enseignement, dans les milieux populaires... »; soit d'observer de façon dissimulée — par exemple, en présentant sa démarche comme une enquête sur la pédagogie — et de n'utiliser les données que de façon indirecte et en préservant l'anonymat des personnes observées.

La négociation de l'entrée sur le terrain

Une fois sa situation d'étude délimitée et son rôle défini à l'intérieur de cette situation, la chercheuse qui a opté pour l'observation ouverte doit négocier son entrée sur le terrain. Trois dimensions de la situation doivent être considérées à cet égard : ses dimensions institutionnelle, politique et affective. La chercheuse doit repérer les personnes clés dans chacune de ces structures et le champ qu'elles contrôlent.

Par exemple, pour aller observer, dans une école, les relations parents-maîtres, il est essentiel d'obtenir d'abord l'appui de l'autorité — la direction de l'école ou l'un de ses supérieurs hiérarchiques dans la structure scolaire (structure institutionnelle). Une fois cet appui obtenu et le terrain investi, la chercheuse doit repérer, au sein du personnel scolaire et des parents qui fréquentent l'école, les sous-groupes dont les positions divergent, en rapport avec son objet d'étude, pour ce qui est des intérêts et des idéologies (structure politique) : par exemple, les relations école-milieu n'ont pas, pour les enseignantes, la même centralité que pour les travailleuses sociales ou la direction d'école; elles ne constituent pas un enjeu important pour les parents satisfaits de l'école, par opposition à ceux qui en sont insatisfaits, etc. Enfin, quant aux réseaux affectifs, il est bon de savoir quelles enseignantes ou quels parents se tiennent ensemble, s'il y a un ou des leaders parmi eux ou elles, etc.

Un bon contact entre la chercheuse et ces personnes clés, ainsi qu'une compréhension claire et une adhésion de ces dernières aux objectifs de la recherche, constituent, il va sans dire, un atout précieux sinon indispensable pour éviter le plus possible les biais dans les conduites et les discours des acteurs sociaux observés.

La présentation de la recherche aux acteurs de la situation à l'étude doit comprendre *ses objectifs, son organisation, ses étapes et sa durée prévue, ses commanditaires, les sous-groupes qu'elle touche et la disponibilité qu'elle exigera des répondants.* Cette présentation doit être à la fois *exhaustive, claire, véridique et neutre;* de plus, elle doit tenir compte des *intérêts de ces acteurs* et leur garantir l'*anonymat.* Exhaustive, c'est-à-dire qu'elle ne doit cacher aucun des objectifs généraux ou des volets de la recherche, la confiance mutuelle étant, dans toute entreprise de recherche, essentielle à la minimisation des biais. Claire, c'est-à-dire que la recherche doit être présentée de façon brève et dans un langage accessible aux répondants. Neutre, c'est-à-dire qu'elle doit s'abstenir de prendre partie pour une interprétation ou pour un sous-groupe quelconque. Soucieuse des inté-rêts des répondants, c'est-à-dire que la chercheuse doit souligner en quoi la recherche peut être utile aux répondants, et leur offrir des garan-ties que les résultats de la recherche ne répandront pas des interpréta-tions fausses de leur vécu ou de leur situation, ni ne nuiront à leurs intérêts ou à leur réputation; ceci, tout en répondant aux exigences d'une description exhaustive de la situation et des intérêts et points de vue qui s'y affrontent.

Dans notre exemple, la recherche sur les relations école-milieu en milieux populaires a été présentée ainsi au personnel scolaire :

« Les responsables des mesures de soutien scolaire en milieux popu-laires, à la commission scolaire (commanditaire), aimeraient savoir quelle est, selon vous, l'importance des relations entre l'école et le milieu dans le succès — ou l'insuccès — scolaire (neutralité) des enfants. Ceci, dans le but d'élaborer une politique efficace de soutien dans ce domaine (intérêts des participants et objectifs).

Pour ce faire, il nous a semblé essentiel d'aller observer sur place, dans les écoles comment se déroulent ces relations et ce que les premiers concernés (intérêts des participants), le personnel sco-laire, les parents et les organismes communautaires (exhaustivité) en pensent (il serait trop complexe ici d'interviewer de jeunes enfants). Dans ce but, il nous faudrait pouvoir observer les activités conjointes parents-maîtres qui se déroulent dans l'école, participer quelque peu à la vie générale de l'école (aller dans les classes, participer aux activités parascolaires, aux repas), interviewer le personnel, individuellement ou en groupe (organisation de la recherche, implication des répondants). La durée de mon séjour ici devrait être d'environ « x » jours. Toutes les données recueillies resteront confidentielles : ni l'école, ni les répondants ne pourront être identifiés dans le rapport final, qui ne présentera que des données regroupées, rassemblant des faits et des opinions recueillis dans plusieurs écoles (anonymat). Ce rapport vous sera envoyé : il s'efforcera de décrire la situation et la position des diverses écoles

> et des divers sous-groupes de ces écoles, sur les relations entre l'école et le milieu (objectifs, intérêts, neutralité). Les représentants des diverses écoles seront par la suite consultés sur la fidélité de ce rapport et sur l'usage qu'on devrait en faire (intérêts des participants). »

Il s'agit ici d'une situation complexe. Les situations plus simples commandent évidemment un exposé moins élaboré.

Les relations entre observatrice et observé

Quels que soient ses connaissances ou ses diplômes, face à l'observé, la chercheuse est au départ une apprentie, une étudiante, une observatrice « naïve »; la chercheuse est à la recherche d'informations et d'explications sur une situation connue des observés : elle est donc « en demande » et doit se présenter comme telle. Toutefois, cette position de demandeur doit en être une d'« incompétence acceptable[9] »; les observés doivent pouvoir découvrir en la chercheuse une « étudiante » ouverte, à la fois sensible, documentée, réaliste et nuancée.

> Dans notre exemple, il ne suffit pas d'être attentive aux descriptions que nous donnent les enseignantes de la situation des relations école-milieu : encore faut-il que l'observatrice montre qu'elle est sensible à leur vécu et à leur point de vue, qu'elle est capable d'en considérer les coordonnées matérielles, politiques et autres ainsi que les points critiques et les points faibles, et enfin, qu'elle est capable de relativiser ce point de vue par rapport à ceux des autres groupes concernés.

Cependant, il ne suffit pas pour la chercheuse de démontrer qu'elle est une *bonne étudiante* de la situation choisie. Encore faut-il qu'elle reste *en bons termes* avec tous les sous-groupes et individus observés. Aussi, la chercheuse doit-elle avoir une conscience aiguë de son style personnel, de ses forces et de ses failles, ainsi que de ses sentiments, positifs et négatifs, à l'endroit des divers acteurs et idéologies qu'elle découvre afin de contrôler ces sentiments le plus possible. Dans ce but, les chercheuses engagées dans l'observation directe tiennent un journal de bord, où elles relèvent systématiquement leurs réactions et impressions subjectives sur le déroulement de la recherche, pour fins de distanciation. Par ailleurs, la chercheuse doit être considérée comme une observatrice à la fois neutre et sympathique : aussi, doit-elle éviter d'adhérer à quelque faction que ce soit, tout en faisant sentir aux participants qu'elle est touchée par leur vécu et leur point de vue. Évidemment, les déchirements et les

---

9. L'expression est de J. Lofland.

failles sont ici inévitables : il s'agit de trouver le meilleur équilibre possible entre « l'observatrice » et « la participante » qu'est tout à la fois la chercheuse.

2.2. La collecte des données

De l'observation générale à l'observation centrée et sélective [10]

La première étape sur le terrain consiste, pour l'observatrice, à faire ce que Spradley appelle un « grand tour » de la situation à l'étude : *elle en relève alors systématiquement les grands traits*, relativement aux lieux et aux objets, aux événements, actions et activités visés et à leur durée, et se rapportant aux acteurs, à leurs buts et à leurs sentiments observables, etc. Ces grands traits sont notés en termes strictement descriptifs; cette description doit être la plus large et la plus exhaustive possible.

> Les lieux concernés dans les relations école-milieu, par exemple, sont la cour d'école, les espaces publics dans l'école et, exceptionnellement, les salles de classe et les lieux communautaires; les principaux acteurs sont le personnel scolaire dans son ensemble, les enfants, leurs mères, et parfois, leurs pères; les activités, les comités conjoints parents-maîtres, les visites des parents à l'école, les fêtes d'école communautaires, etc.

Lorsque les éléments à décrire dans une situation sont nombreux et complexes, on les regroupe en types, ce qui facilite la manipulation des données. Ces types doivent présenter des caractéristiques distinctives.

> On regroupera, par exemple, le personnel scolaire en personnel de direction, enseignants réguliers ou spécialisés, personnel de soutien, professionnel ou administratif, etc. De même, on peut distinguer, pour les événements, la routine et les événements spéciaux, ou encore les événements formels ou informels, etc.

Une fois relevées les caractéristiques générales d'une situation, la chercheuse se concentre sur *les interrelations entre ses diverses dimensions*, répondant à des questions comme : « Quels types d'acteurs ont un rôle à jouer dans quels types d'événements? », « Quels types de relations entre acteurs observe-t-on dans divers types de situations (par exemple, formelles ou informelles)? ». C'est ce que Spradley désigne sous le terme de « mini-tours » d'une situation.

---

10. Cette section s'inspire principalement de J. Spradley, *op.cit.*, pp. 73-130.

Ainsi, en faisant un mini-tour d'une réunion du comité d'école (événement), on relève les acteurs qui y participent, leurs activités respectives, les sujets dont ils traitent, etc.

Ces mini-tours de situations multiples nous permettent ensuite de les confronter entre elles et d'aborder l'*analyse comparative systématique des données*, d'où émergent des hypothèses qui serviront à l'interprétation de la situation d'ensemble.

En se concentrant, par exemple, sur l'organisation d'événements spéciaux dans les classes, on observe que les enseignantes qui intègrent les parents à ces activités sont systématiquement assistées des travailleuses sociales. D'où l'hypothèse que l'introduction des parents dans la salle de classe serait considérée par les unes et les autres comme un élément para-pédagogique, sur lequel les professeurs ont peu de connaissances et peu de contrôle.

Ces hypothèses conditionnent par la suite la *définition de situations et d'éléments spécifiques à observer*, en vue de les étayer et de les vérifier : c'est ce qu'on désigne par « observation sélective ».

Il s'agit alors de découvrir, à partir de notre exemple, des situations donnant lieu à des interactions entre les enseignantes et le personnel scolaire non enseignant, au sujet du « milieu » et des familles (événements spéciaux réunissant parents et membres du personnel scolaire, discussions de « cas » d'enfants avec la travailleuse sociale, échanges informels sur le « milieu » lors des pauses café et des dîners, etc.) afin d'y relever systématiquement et de qualifier la part qu'y prennent les enseignantes : mènent-elles l'activité ou la discussion? Amènent-elles leurs propres informations, lors de discussions? Se présentent-elles comme étant proches du milieu? etc.

À partir de ces observations sélectives, la chercheuse ajuste et *raffine ses hypothèses jusqu'à saturation*, c'est-à-dire jusqu'à ce qu'aucune observation nouvelle ne vienne les infirmer.

L'enregistrement des observations

▪ *Les notes descriptives*

L'enregistrement des observations sur le terrain se fait en plusieurs étapes. Une première série de notes est strictement *descriptive* et va du repérage sur le vif au compte rendu exhaustif de la situation observée. La langue dans laquelle est écrite ce premier type de compte rendu doit être *concrète, descriptive et neutre* : la chercheuse doit faire voir la situation et entendre les acteurs observés. Les propos de ces derniers sont rapportés textuellement, entre guillemets : d'abord, parce que c'est la seule façon d'enregistrer l'information de façon neutre et exhaustive; ensuite, parce que les expressions typiquement privilégiées par les acteurs constituent des sources précieuses de dépistage de leur univers symbolique.

> Ainsi, l'expression « sans allure » employée par les enseignantes pour désigner, de façon globale, les carences des parents des quartiers populaires dans l'organisation matérielle et sociale de leur vie, en dit beaucoup sur leur propre chauvinisme de classe : leur propre facon d'organiser leur vie serait la bonne... L'expression une « école de fous » que l'on retrouve chez ces parents « sans allure » renvoie bien la balle, exprimant la même distance culturelle et le même rejet radical du point de vue des « autres ».

Lorsque la chercheuse ne se souvient pas de façon précise de certains éléments de la situation, elle les cite entre parenthèses suivies d'un point d'interrogation — par exemple : (entrée de C?) (découragement, colère?). Les omissions dans l'enregistrement des données doivent être notées, l'événement non enregistré — parce que considéré non pertinent dans la situation à l'étude — étant simplement cité entre crochets, par exemple : [discussion sur meilleur choix du lieu de vacances]. Enfin, notons que chacun des comptes rendus descriptifs doit porter la date, le lieu, l'énumération des acteurs et des activités et enfin, l'heure et la durée de l'observation. Ces comptes rendus doivent être faits dans les plus brefs délais et en cumulant le moins de séances d'observations possible, la mémoire devenant facilement sélective.

> – *Les notes cursives.* Ces notes sont prises sur le vif et parfois à la dérobée lorsqu'elles risquent d'indisposer les participants; elles sont en conséquence nécessairement brèves et ne comprennent que des mots ou des phrases clés, qui servent de repères aux notes plus élaborées qui suivront.

> – *Le compte rendu synthétique.* Les quelques notes précédentes sont complétées jusqu'à exhaustivité des points de repères, dès que la chercheuse trouve un moment libre. Par exemple :

>> Mardi 26/04/74. Début heure du lunch : 11 h 30 — 12 h. 2 profs maternelle, sur activités avec mères le lendemain (habillage-enfants). Entrent C. et L., puis S. (6e, 5e, 5e); sur Louis-le-toffe : toute la famille pareille; comparaison avec Denis, Paul et leurs familles. « On se déprime pas! » (Louise); discussion-popotte. Sur activités classe 6e avant-midi. Vivement les vacances : la paix. Entre psychologue : froid (?) puis reprise sur projets-vacances.

> – *Le compte rendu extensif.* Ce compte rendu détaillé de la situation doit être fait le plus tôt possible après l'observation et doit décrire

le plus fidèlement possible la situation observée dans toutes ses dimensions; même si ces notes peuvent sembler insignifiantes et répétitives à première vue, elles se révèlent, à l'analyse, une source indispensable d'interprétation juste et de compréhension exhaustive de la réalité et servent de garde-fous aux biais de la perception et de la mémoire et aux hypothèses partielles.

> Mardi 26/04/74. Début heure du lunch : 11 h 30 — 11 h 35. Profs maternelle et 2e cycle. Je suis assise à l'extrémité sud-est de la table où les enseignantes prennent leur repas. Je viens d'ouvrir mon sac à lunch quand Y. et A., les deux enseignantes de maternelle, entrent : A. écoute avec sérieux Y. lui expliquer : « Je veux qu'elles voient ce que les enfants ont appris sur l'habillement. » (Y. acquiesce, attentive.) « Ça ne me sert à rien de tout montrer aux enfants à l'école si les mères se précipitent à la maison pour leur attacher leurs souliers! » A. m'apercevant « Tiens! toi ça va t'intéresser : les mères viennent demain, de 9 h à 9 h 40 dans ma classe ». Entrent C. et L. : C. parle fort (semble excédée), les mains en l'air, L. lève les yeux au ciel et les épaules (en signe d'acquiescement et de désespoir) : C. « Il était là, les bras croisés : « J'haïs ça le français! » Son frère était aussi effronté l'an passé! » Y. et A. interrompent leur conversation avec moi pour écouter, sans participer ni acquiescer, celle de C. et L., ceci tout en déballant leur lunch. S. entre; « Devine de qui on parle » lui lance L. (...).

Le compte rendu extensif peut s'accompagner d'un plan des lieux et de la situation spatiale des acteurs concernés, ou de tout autre document éclairant (par exemple, sur les activités parents-maîtres en maternelle).

– *Le compte rendu signalétique.* Il est utile, pour fins de repérage rapide, d'adjoindre à chaque compte rendu descriptif extensif une fiche signalétique mentionnant les principaux thèmes ou événements s'y rapportant.

> De l'exemple précédent, on peut tirer la fiche suivante : (Activités avec parents — maternelle; les cas « toffes » et leur famille; activités-classe — 6e année; les vacances-délivrance).

■ *Les notes analytiques*

Les comptes rendus descriptifs s'accompagnent, de façon systématique, de *comptes rendus analytiques portant sur le cheminement théorique de l'observatrice.* Ces comptes rendus peuvent être insérés dans les comptes rendus descriptifs, mais de façon bien distincte et entre crochets, ou bien produits dans un document séparé, avec indication des notes descriptives auxquelles ils se rapportent.

– *Les mémos.* Ils sont le pendant analytique des « notes cursives » et sont constitués d'*intuitions* ou de *réflexions analytiques* transcrites sur le vif. Il est très important pour la chercheuse de noter ses intuitions et réflexions au fur et à mesure qu'elles émergent, la mémoire étant ce qu'elle est...

– *Les notes théoriques*[11]. Ces notes visent essentiellement la construction d'une *interprétation théorique de la situation à l'étude*, qui soit systématiquement fondée sur les observations. C'est ici que la chercheuse note ses remarques sur les liens observés entre divers éléments de la situation et leurs variations, et compare systématiquement ses observations récentes avec les données précédentes. C'est ici également que la chercheuse définit des pistes nouvelles d'observation et d'analyse, émettant des hypothèses et interprétations potentiellement fructueuses concernant la situation à l'étude, les rapprochements possibles entre ses observations et les observations et analyses faites sur d'autres situations sociales, semblables ou contrastantes. Bref, ces notes résultent de deux démarches complémentaires, l'une de *découverte* d'hypothèses et d'interprétations plausibles, faisant ressortir des dimensions nouvelles de la situation, l'autre de *vérification* systématique des hypothèses et interprétations avancées.

> (De l'exemple précédent.) Les enseignantes de maternelle sont généralement plus ouvertes à la participation des parents à des activités proprement scolaires, dans la salle de classe, que les enseignantes du secteur régulier. Ces dernières soulignent qu'elles ont de la chance, en maternelle, de ne pas avoir de programme à suivre : serait-ce là l'explication? Ou bien, cette différence s'expliquerait-elle par l'âge inférieur, la formation plus récente et plus « sociale » des jardinières, et leur autonomie plus grande face aux contrôles bureaucratiques? Quelle est l'influence relative de ces variables dans la dynamique d'ouverture ou de fermeture des enseignantes au milieu?

– *Le journal de bord.* Le journal de bord contient les *réflexions personnelles* de la chercheuse sur le déroulement quotidien de sa recherche, son intégration sociale dans le milieu observé, ses expériences et ses impressions, ses peurs, ses « bons coups », ses erreurs et ses confusions, ses relations et ses réactions, posi-

---

11. Nous empruntons cette expression à L. SCHATZMAN et A.L. STRAUSS dans *Field Research : Strategies for a Natural Sociology*, Englewood Cliffs (New Jersey), Prentice Hall, 1973, p. 99.

tives ou négatives, aux participants à la situation et à leurs idéologies, etc.

> (De l'exemple précédent.) Les situations ne sont pas simples. Les conversations des heures de lunch (cf. celle du 26-04-74), entre enseignantes, me paraissent terriblement extrémistes (le groupe pousse aux excès ?) : les parents seraient des innocents à instruire (maternelle), ou des spécimens dégénérés de la race humaine (les « toffes »), qu'il faut tenir loin de l'école. Ce genre de propos me déconcerte complètement. Par contre, en entrevue individuelle, lorsque je peux revenir sur ces opinions, en chercher le processus de formation, les expériences et émotions qui en sont à la base, elles se nuancent et se modulent, et je peux sympathiser à nouveau : c'est parce que les enseignantes s'attachent aux enfants qu'elles en veulent tant aux parents de ne pas leur assurer *le* bon environnement familial nécessaire à leur succès scolaire et social; (...). En entrevue individuelle, l'enseignante peut risquer de me dire qu'elle a eu des échecs et que ça l'attriste, mais pas devant ses consœurs. Où est « la vérité » dans tout ça? Face au parent ou à un projet sérieux d'intégration des parents, les enseignantes réagiront-elles comme membres d'un groupe (négativement) ou comme individus (de façon nuancée)? Enfin, il y a le vécu quotidien de l'enseignement qui peut éloigner des « beaux » sentiments : les definisseurs idéalistes d'orientations que nous sommes s'y penchent peu; par exemple, malgré toutes les théories sur la relativité culturelle du sens des mots que je connais, je n'aimerais pas me faire dire, par les plus « toffes » et devant tout le monde, qu'on hait mon cours et que je suis une « grosse vache ».

Ces notes ont pour but d'aider la chercheuse à prendre conscience de ses faiblesses et de ses biais comme de ses points forts, et ne constituent pas un luxe dans une recherche par observation directe, qui requiert d'elle, avant même une compétence théorique ou méthodologique, des ressources et du doigté sur les plans psychologique et social.

– *Les notes de planification*[12]. Faisant suite aux notes théoriques, ces notes consistent en un relevé, par la chercheuse, des *observations, lectures, recherches, analyses, contacts et corrections à faire*, et sont consécutives à ses réflexions théoriques et personnelles.

> (De l'exemple précédent.) 1) Vérifier la relation entre la variable « ouverture aux parents » (concernant les projets « conjoints »,

---

12. Cette catégorie correspond à celle que SCHATZMAN et STRAUSS désignent sous le terme de « notes méthodologiques », *op. cit.*, p. 99.

scolaires ou non, qu'ont effectués les enseignantes avec eux et/ou
d'idéologies face à cette ouverture) et l'âge et la formation (type,
diplôme, date d'obtention du diplôme) des enseignantes; 2) vérifier la marge de manœuvre effective des jardinières dans la
structure scolaire : l'ouverture relative de leurs programmes, les
contrôles hiérarchiques existants, les positions idéologiques des
responsables du préscolaire, à la commission scolaire, face à l'ouverture au milieu, et les moyens qu'ils mettent effectivement aux
mains des jardinières pour y arriver (...); 3) me tenir plus avec les
enseignantes du secteur régulier, dans les jours qui viennent : elles
commencent à m'associer aux seules jardinières, ce qui risque de
me marginaliser.

2.3. Les sources d'information autres que l'observation

Cet exposé s'en est tenu, dans son développement, à la stricte définition
de l'observation directe comme *instrument de collecte de données*. Cependant, nous l'avons vu en introduction, ce mode de collecte s'inscrit, dans
la grande majorité des cas, dans une approche beaucoup plus large
désignée sous le nom d'observation participante. Dans cette approche,
l'observation directe comme mode de collecte des données est utilisée
en conjonction avec d'autres instruments : entrevues, échanges informels ou semi-structurés, sources secondaires de toutes sortes (rapports
officiels, journaux, etc.), ces autres sources de données permettant d'approfondir la signification psychologique, sociale et historique des faits
que nous observons.

L'observation, comme instrument, nous permet, par exemple, de
constater le rejet de la participation scolaire des parents par une large
majorité d'enseignantes, dans les faits, et de connaître les grands
traits des justifications qu'elles en donnent : les parents seraient des
ignorants, en matière pédagogique, etc. Seule l'entrevue peut cependant nous permettre de connaître l'origine et les ramifications de
cette conviction sur l'inaptitude des parents, d'en évaluer la solidité,
de connaître la définition de ce qu'est la pédagogie, pour les enseignantes, etc., toutes choses essentielles à une juste interprétation
des observations faites à ce sujet. De même, la connaissance de
l'histoire des relations école-milieu, dans une école donnée, est
essentielle à la relativisation des propos entendus sur le sujet.
Trouver les relations difficiles avec les parents prend une signification très différente selon l'intensité des expériences qu'ont vécues
une enseignante ou une équipe-école à cet égard.

3. La validité des données recueillies par observation directe[13]

Comme toutes les méthodologies de collecte de données, l'observation directe a ses écueils et ses limites propres, dont il est important d'être conscient, en vue de les minimiser.

L'écueil le plus souvent mentionné, dans la littérature sur la question, est sans aucun doute celui de l'*ethnocentrisme* et de la *subjectivité* de la chercheuse, qui risque de pervertir son choix des situations à observer, sa perception de ces situations et, en conséquence, ses analyses. Des exemples de telles perversions peuvent être relevés dans de nombreuses études ethnologiques, où les éléments « exotiques » obnubilent, en un premier temps, les chercheurs. Les mêmes problèmes se posent, notons-le, dans une approche quantitative, où le choix des dimensions et indicateurs pertinents rencontre les mêmes écueils.

En réponse à ce problème, les méthodologues de l'observation directe ont développé des modes d'approche visant à minimiser ces biais possibles et à maximiser, en conséquence, la validité des données présentées. Nous allons décrire brièvement, dans cette dernière section, les modes d'emploi de la méthode particulièrement importants à cet égard.

Pour faire un bon *choix des situations à observer*, il s'agit, tout au long de la recherche, d'amasser le plus de données topologiques possible sur cette situation : coordonnées historiques, organisationnelles et sociales (sous-groupes appartenant à la situation et leurs caractéristiques, position de cette situation par rapport à d'autres, etc.). L'exhaustivité des connaissances de la chercheuse sur ces coordonnées lui permettra de faire le meilleur choix possible des situations à observer, puis les observations et les analyses les plus justes, étant donné qu'elle connaîtra les variables qui les déterminent. Il va de soi qu'une première recherche sur une situation donnée est plus sujette aux biais de la perception de la chercheuse, étant donné le moindre matériel préalablement accumulé concernant cette situation. Dans ces cas, il est particulièrement important que la chercheuse indique clairement les limites de ce qu'elle connaît, observe et analyse de la situation; aussi, doit-elle indiquer clairement quelles sont les *sources* de ses données empiriques et analytiques (où elle a observé, quand, qui, quoi, comment, combien de temps, etc.; quelles sont ses diverses sources de données documentaires; quelles sont ses diverses sources d'inspiration théorique, hormis ses données

---

13. Cette section s'inspire principalement des remarques de FRIEDRICHS et LUDTKE, *op. cit.* et de LOFLAND *op. cit.* sur le sujet.

empiriques); après une telle mise au point, le lecteur sera en mesure de faire une lecture « scientifique » du rapport de recherche, c'est-à-dire d'en relativiser les données.

Par-delà le choix des observations à faire, la chercheuse « scientifique » doit ensuite faire face à l'inévitable *interdépendance entre observateur et observé*, dont les perceptions, positions, réactions et attentes interagissent et, de plus, varient tout au long du développement de la recherche. Des rôles sociaux se forgent... Pour minimiser ces biais, Friedrichs et Ludtke proposent le choix d'un rôle « neutre », qui soit sujet à peu d'attentes, dans la situation, et qui soit applicable à une multiplicité de sous-situations (par exemple, le rôle d'étudiant); puis, l'immersion complète dans la situation, tendant à rendre la présence de la chercheuse imperceptible (elle fait partie du décor); enfin, la tenue systématique du journal de bord, pour contrôler le plus possible ces effets.

La *sélectivité des perceptions* s'avère un autre problème de taille dont la chercheuse doit tenir compte. Cette dernière doit d'abord tenir ferme aux principes de concrétisation et d'exhaustivité des descriptions qu'elle fait de la situation. Elle doit, dans ses notes analytiques, citer explicitement ses critères d'analyse et de pondération de ses données, se référer à des indicateurs concrets, distinguer entre hypothèses et faits, etc. La chercheuse doit développer une « attitude égalitaire » et « accorder le même intérêt humain et scientifique[14] » à tous les acteurs de la situation étudiée. Enfin, la technique de prise de notes rapide et exhaustive développée par les praticiens de l'observation directe — on devient un bon praticien lorsqu'on devient un maniaque du calepin — vise à éviter le plus possible les effets de la sélectivité à cette étape de la recherche. La présentation de ses données et relevés aux acteurs de la situation, pour complétion et commentaires, peut être aussi un bon antidote à la sélectivité et à l'ethnocentrisme de la chercheuse, quoiqu'il ne faille pas perdre de vue ici que les observés sont, eux aussi, sélectifs et ethnocentriques.

Outre ces notes méthodologiques, certains critères généraux appliqués aux données d'observation peuvent servir à leur garantir la meilleure validité possible. Tout d'abord, le *critère de proximité des sources*, physiquement et socialement parlant; une observation « de proche » et « de première main » vaut toujours mieux; une observation de seconde main doit tenir compte des intérêts, des idéologies et de la personnalité de celui qui la transmet. Un autre critère souvent cité est celui de l'inter-

---

14. J. FRIEDRICHS et H. LUDTKE, *op. cit.*, p. 25.

et l'intra-subjectivité : lorsque plusieurs observateurs s'accordent pour décrire une situation dans les mêmes termes, les chances de validité de cette description s'accroissent. Enfin, à l'étape de l'analyse des données, les critères de saturation des hypothèses (aucune donnée nouvelle ne vient les contredire), d'exhaustivité de la théorie élaborée (elle peut expliquer l'ensemble des faits observés) et de sa consistance interne constituent autant de garanties d'une validité accrue.

En bref, la méthodologie de l'observation directe, pas plus que les autres méthodes de collecte de données en sciences humaines, ne présente de critères absolus de « scientificité » de ses données : les critères, ici comme ailleurs, sont relatifs. Il s'agit de limiter les biais et de donner au lecteur les éléments pour les situer, en lui présentant clairement les instruments de la démarche de collecte et d'analyse des données.

Bibliographie annotée

BECKER, H.S., « Problems of Inference and Proof in Participant Observation » dans *American Sociological Review*, vol. 23, 1958, pp. 652-666.

Un article classique sur la question.

FILSTEAD, W.J., (dir.), *Qualitative Methodology : Firsthand Involvement with the Social World*, Chicago, Markham, 1970.

Ce livre regroupe une série d'articles relativement courts et de lecture facile, se rapportant aux diverses facettes de la méthodologie qualitative et à l'utilisation de ses diverses techniques. En plus de constituer un outil pratique pour la chercheuse, l'auteur présente clairement les problèmes méthodologiques auxquels ont voulu répondre les promoteurs du qualitatif, dans les années 1960.

LOFLAND, John, *Analysing Social Settings : A Guide to Qualitative Observation and Analysis*, Belmont (Calif.), Wadworth, 1971.

Beau, bon, pas cher et pratique, ce livre sait être bref et concret, tout en restant nuancé. Bibliographies très pratiques en fin de chapitre.

SCHATZMAN, L. et A.L. STRAUSS, *Field Research : Strategies for a Natural Sociology*, Englewood Cliffs (New Jersey), Prentice-Hall, 1973.

Ce livre présente les mêmes qualités que le précédent. Il insiste cependant plus sur l'approche analytique que sur l'approche technique.

SPRADLEY, James P., *Participant Observation*, New York, Holt, 1980.

Ce livre, qui traite exclusivement de l'observation participante, est extrêmement bien construit pédagogiquement. Il présente dans une perspective d'objectifs précis à atteindre, les diverses étapes de cette méthodologie d'appréhension du réel, et les illustre abondamment à l'aide de textes tirés d'excellentes recherches.

Chapitre 11

L'entretien non directif
Jean-Paul DAUNAIS

> *Je crois à la vertu du petit nombre; le monde*
> *sera sauvé par quelques-uns.*

André GIDE

Introduction

Les auteurs sont unanimes à admettre qu'en matière d'entrevue les attitudes et la relation expliquent mieux les résultats que les connaissances et la technique. Nul doute que les mêmes facteurs ont un poids particulièrement considérable lorsqu'il s'agit de l'entrevue non directive, dans le contexte particulier de la recherche sociale.

En conséquence, les remarques qui suivent ne constituent pas une étude exhaustive de l'entrevue non directive : de nombreux ouvrages de langue française et américaine en ont traité. Il semble préférable de mettre l'accent uniquement sur quelques axes relatifs au choix de l'entretien comme méthode de recherche; sur certaines caractéristiques de l'entretien non directif; sur l'attitude méthodologique propre à cette approche; sur la relation entre le chercheur et le sujet; enfin, il est opportun d'esquisser quelques éléments techniques appropriés à l'entrevue non directive mitigée qui est souvent utilisée en recherche.

1. Le choix de l'entretien comme méthode de recherche

L'entrevue trouve sa place chaque fois qu'elle est la méthode la plus efficace et la plus économique pour obtenir l'information désirée. Il faut insister parfois auprès des étudiants pour qu'ils élargissent le champ de leurs connaissances méthodologiques et techniques : ils ont tendance à croire que l'entretien peut permettre, à lui seul, de répondre avec certitude aux questions les plus complexes soulevées par le problème à l'étude. Par contre, à d'autres, soucieux d'évaluation et de mesure, il faut rappeler que généralement l'exploration d'un champ d'étude « précède » l'expérimentation et qu'il est souvent nécessaire d'aborder cette tâche à l'aide de quelques entrevues préliminaires.

Dans les études que nous poursuivons sur les crises de type « accidentel[1] » et de type « développemental[2] » dans le cours de la vie, de même que dans nos recherches sur le sain vieillissement, l'entrevue est cruciale. En effet, il serait fort aléatoire de tenter de clarifier des comportements reliés à une crise personnelle sans s'adresser à ceux-là même qui les vivent. Il serait également présomptueux d'essayer de mettre au jour adéquatement les rapports de la personne âgée avec le temps, l'espace... sans l'écouter et sans l'interroger personnellement.

Plusieurs travaux importants n'auraient pu être réalisés sans l'aide de l'entretien. Ainsi, Jean Piaget[3], éminent spécialiste des études sur le développement intellectuel, y a eu recours dans ses premières interrogations sur la pensée de l'enfant. L'entrevue s'est avérée indispensable à Lindemann[4] pour l'étude du processus de deuil à la suite de la perte d'êtres chers. Kubler-Ross[5] ne pouvait s'en dispenser pour établir les étapes du « mourir » chez les patients au terme de leur vie. De nombreux champs de recherche n'autorisent pas une observation directe qui serait d'ailleurs inadéquate ou insuffisante, sinon impossible. Les mises en situation à l'aide de tests, exposant un sujet à des tâches miniatures, où le réel et l'irréel se coudoient, ne seraient guère plus appropriées. Quant aux questionnaires, s'ils sont applicables, ils ont tendance à laisser dans l'ombre des éléments essentiels des réponses que l'on cherche.

En somme, décider de faire usage de l'entretien, c'est primordialement choisir d'entrer en contact direct et personnel avec des sujets pour obtenir des données de recherche. C'est considérer qu'il est plus pertinent de s'adresser aux individus eux-mêmes que d'observer leur conduite et leur rendement à certaines tâches ou d'obtenir une auto-évaluation à l'aide de divers questionnaires. C'est privilégier le médium de la relation interpersonnelle.

1. F. Dumesnil, G. Saint-Germain, J.-P. Daunais, « Le rôle de la perte dans la situation de crise » dans *Psychologie française*, vol. 25, 1980, nᵒˢ 3-4, pp. 256-264.
2. G. Saint-Germain, F. Lemire, et J.-P. Daunais, « La solitude dans la crise ». À paraître dans *Psychologie française*.
3. Voir les premières publications de Piaget et tout spécialement *La représentation du monde chez l'enfant*.
4. E. Lindermann, « Symptomatology and management of acute grief » dans *American Journal of Psychiatry*, vol. 101, 1944, pp. 141-148.
5. Elisabeth Kubler-Ross, *La mort : dernière étape de la croissance*, Montréal, Québec-Amérique, 1975.

Immédiatement se pose la question du choix du type d'entretien qui dépend rarement des seules préférences du chercheur. Il varierait plutôt selon le thème et les objectifs de l'étude, les caractéristiques des sujets et les conditions concrètes de l'expérience : temps disponible, nombre de personnes à rencontrer, etc. À la lumière des divers facteurs en cause, y compris sa propre personnalité, le chercheur est conduit à s'interroger sur la nature des informations à recueillir (comportements, faits, opinions, croyances, états affectifs, etc.) et sur les meilleurs moyens de les obtenir dans une rencontre avec les sujets. En effet, il importe de préciser quel type d'interaction il est préférable d'engager avec les sujets pour réussir cette tâche; il convient aussi de déterminer la nature et la part des responsabilités qui leur seront confiées et celles que le chercheur se réservera personnellement.

Ces interrogations orientent le chercheur vers un style d'entrevue se situant habituellement entre les pôles extrêmes de l'entrevue dirigée et de l'entrevue non directive. Dans le premier cas, l'interviewer prend la responsabilité de diriger l'entretien à l'aide d'une série de questions précises qu'il soumet au sujet et il veille à obtenir le matériel utilisable pour sa recherche; de son côté, la personne interviewée se met à la disposition du chercheur, se laisse guider par lui et répond de son mieux aux questions qui lui sont soumises. Dans le second cas, le chercheur propose au sujet un (des) thème(s) de plus ou moins grande envergure (par exemple : « Parlez-moi de vos loisirs. », « Si vous me parliez de vos occupations entre l'âge de 30 et 50 ans... ») et il lui confie la responsabilité de s'exprimer librement et d'une manière personnelle sur le thème. Il motive son interlocuteur et il le guide pour obtenir des informations qui correspondent aux objectifs de l'entretien et de sa recherche.

2. Quelques caractéristiques de l'entretien non directif

Les ouvrages de Rogers et de ses disciples, de même que les manuels traitant du counseling et de la relation d'aide, procurent des descriptions très complètes du principe de non-directivité. Il suffit ici d'attirer l'attention sur quelques aspects utiles pour mener à bien une entrevue de recherche.

2.1. La non-directivité

C'est l'influence de la méthode de psychothérapie non directive (centrée sur le client) élaborée par Carl Rogers[6] qui se reflète dans l'appellation

---

6. On trouve un exposé assez complet de l'approche initiale de l'auteur dans Carl ROGERS et Marian G. KINGET, *Psychothérapie et relations humaines*, Louvain, Nauwelaerts, 1962.

« entrevue non directive » attribuée à l'entrevue dont il est question ici. Cette désignation est préférable à celle d'« entrevue non dirigée » qui laisserait supposer une entrevue conduite « sans direction ». Dans le présent contexte, la non-directivité réside dans le fait de permettre à un individu la libre expression de sa communication dans l'entretien, sans l'influencer par des interrogations, sans privilégier soi-même un mode d'approche particulier et sans en accentuer les contenus à l'aide de critères extérieurs. Dans l'entretien non directif, l'interviewer s'applique uniquement à écouter son interlocuteur le mieux possible, à le motiver pour qu'il s'exprime et il veille à accorder aux éléments du discours la même importance que le sujet lui-même leur accorde. Aussi, une attention particulière est-elle portée aux perceptions et aux états affectifs de la personne interviewée.

La non-directivité est souvent mitigée et s'applique à la présentation de chacun des sous-thèmes que le chercheur propose successivement au sujet et qui servent à expliciter le thème central. Dans ce cas, il se laisse d'abord diriger par la spontanéité de son interlocuteur sur chaque sous-thème à la suite d'une question ouverte; mais le chercheur sert de guide également pour s'assurer que toutes les composantes importantes du thème soient abordées durant l'entretien.

Puisqu'une forme mitigée de non-directivité peut s'appliquer à de nombreux travaux de recherche, elle est préconisée ici. D'ailleurs, il ne faut pas oublier qu'un usage nuancé de la non-directivité dans l'entretien de recherche peut admettre une très grande souplesse de fonctionnement chez l'interviewer. Ainsi, à certains moments, une même entrevue peut devenir hautement structurée pour recueillir des renseignements très précis et, à d'autres, elle peut être totalement non directive pour explorer des états affectifs, des valeurs, etc. La démarche de Anne-Marie Guillemard[7], dans son étude psychosociologique des conduites du retraité, illustre cette complémentarité. Elle ne doit pas surprendre, car *la non-directivité est plus qu'une simple technique : avant tout, elle est une attitude générale.*

2.2. Le rôle des deux interlocuteurs

Le choix de l'entretien non directif sous-tend le projet d'une relation visant à faire jouer un rôle particulièrement actif à l'interviewé(e) reconnu(e) capable de s'exprimer valablement sur le thème proposé. Non seulement considère-t-on sa capacité de parole, mais aussi sa com-

---

7. Anne-Marie GUILLEMARD, *La retraite, une mort sociale*, Paris, Mouton, 1977.

pétence concernant les diverses facettes du problème qui lui est soumis. Bien plus, le chercheur juge le sujet plus en mesure que toute autre personne de mettre au jour les données importantes requises : les faits, les idées, les opinions, les états affectifs, etc. En un sens, il partage sa tâche d'investigation avec l'interviewé(e) et il lui en confie une large partie. Lui-même, il se donne un rôle de déclencheur des communications, de facilitateur et de soutien de l'expression, grâce au maintien d'un niveau élevé de motivation chez le sujet. On voit déjà que l'efficacité de l'entretien non directif repose autant, sinon davantage, sur les qualités humaines et relationnelles que sur la compétence scientifique de l'interviewer.

C'est donc dire que l'usage de ce type d'entretien auprès de plusieurs sujets n'offre pas le caractère uniforme de l'entrevue dirigée où la communication interpersonnelle est fort contrôlée et est empreinte d'un degré élevé de spécificité. En effet, dans ce dernier type d'entretien, le champ d'exploration est totalement structuré : la personne interviewée doit réagir à des questions prédéterminées, traduisant des objectifs précis; les questions sont introduites selon une séquence pré-établie et elles sont formulées en des termes rigoureusement choisis. Par contre, l'entretien non directif proposé à plusieurs sujets offre chaque fois un caractère original, marqué de la personnalité des deux interlocuteurs. Bien plus, la qualité de l'information recueillie (et souvent la quantité) varie selon la capacité d'expression, chez l'un, et selon la capacité d'inciter à la communication, chez l'autre.

2.3. La préparation de l'entretien

L'entrevue de recherche conduite d'une manière totalement non directive n'exige pas de préparation particulière : il suffit d'adresser au sujet une question générale et ouverte portant sur le thème prévu.

Par contre, s'il s'agit d'une entrevue non directive mitigée, il y a alors nécessité de dresser un plan d'entretien. À partir de l'objectif général et du thème de la recherche, il faut expliciter les buts de l'entretien, préciser les sous-thèmes et leur ordre théorique d'apparition dans l'entrevue, prévoir pour chacun d'eux une question ouverte de présentation, etc. Dans la mesure où ce plan est préparé avec soin et bien mémorisé par le chercheur, il assure une meilleure maîtrise de l'entrevue. En outre, le chercheur, moins préoccupé par le contenu de son investigation (grâce à un plan complet et détaillé), jouira d'une plus grande liberté d'esprit pour porter attention aux attitudes et aux comportements du sujet face à la situation d'entretien, pour mieux veiller aussi à la qualité de la relation, pour le motiver à s'exprimer, etc.

En plus de servir de guide et de régulateur de l'interaction, le plan
de travail doit prévoir rigoureusement la contribution spécifique des
divers éléments qui le composent à la résolution du problème, objet de
la recherche. Par exemple, à quoi bon insister sur certains sentiments
d'un individu, si cela ne sert pas à répondre aux questions scientifiques
qu'on se pose?

3. L'attitude méthodologique

La collecte de données confiée simultanément à plusieurs interviewers
permet souvent d'observer chez eux des différences individuelles dans
leur aptitude à recueillir l'information. Une observation quelque peu
attentive du fonctionnement de chacun fait ressortir généralement ces
différences et met au jour des lacunes importantes. Ainsi, on se rend
compte fréquemment que l'interviewer connaît les techniques non directives, mais qu'il ne possède pas une sensibilité suffisante aux attitudes
qui doivent sous-tendre ce style de rencontre. Le maniement de l'entretien ne suppose pas uniquement la dextérité dans un savoir-faire :
avant tout, il implique un mode d'approche (méthode) qui repose sur
un « état d'esprit » présidant à la mise en œuvre des attitudes requises.
Sur cette base, l'aspect instrumental (la technique) prend son sens et
sert de guide, en apparaissant dans la perspective qui l'éclaire. Alors,
l'apprentissage de la technique devient facile et parfois même le chercheur découvre naturellement plusieurs des techniques de l'approche
non directive.

L'attitude caractéristique de ce type d'entretien tient de la démarche
« clinique ». Faisant abstraction de la connotation médicale de ce concept, on observe primordialement dans la démarche clinique un comportement d'écoute du malade, une écoute qui place au second plan les
connaissances médicales, un souci d'entendre d'abord la plainte du
patient dans son contexte personnel, évolutif et historique.

Le chercheur en sciences sociales pose un problème dont la solution
passe par l'écoute et par la conversation (d'un type particulier) avec des
personnes qui peuvent l'aider à y apporter une solution. Les sujets
mettent de l'avant des données qui orientent le chercheur; celui-ci écoute
et dirige la conversation vers les sentiers les plus susceptibles de fournir
des réponses aux interrogations de la recherche.

En somme, la non-directivité dans l'entrevue n'est pas une simple
technique, elle constitue un mode d'approche : celui de la conversation
où prédomine l'écoute réceptive de l'autre, en vue d'entendre et de

recevoir ce qu'il a à exprimer. Cet échange permet une collecte d'informations personnalisées et contextuées dans des conditions telles qu'on peut souvent en saisir aisément la signification et, parfois même, la structure et la genèse.

4. La relation

L'attitude méthodologique qui vient d'être décrite appelle un commentaire sur le type de relation « interviewer-interviewé » souhaitable dans l'entretien non directif de recherche. En effet, ce style de rencontre conduit souvent la personne interviewée à « s'engager » sur un plan très personnel; conséquemment, le chercheur peut se sentir sollicité à adopter un rôle d'ami ou de confident, de travailleur social, de psychothérapeute ou de médecin. Il peut avoir tendance à étaler ou à laisser soupçonner son savoir et ses compétences (peut-être réels).

4.1. Les relations inappropriées

La relation de type amical, comme toute autre favorisant l'épanchement ou se rapprochant de la relation d'aide, n'est pas appropriée à la collecte de données. Elle peut même faire obstacle à cette collecte, compte tenu de son caractère trompeur. Il est vrai qu'elle dépouille la situation d'entretien de son caractère autoritaire et permet de gagner la confiance du sujet qui peut même « se laisser prendre au jeu » (surtout s'il éprouve un besoin d'amitié ou d'aide); momentanément, la personne interviewée peut donc manifester une collaboration optimale qui satisfasse le chercheur. Néanmoins, ce dernier est appelé à effectuer des « virages » occasionnels, en vue d'accomplir sa tâche. Ce sont des moments où son rôle véritable refait surface et où le sujet est rappelé à la réalité de la situation. En se rendant compte qu'il n'est pas en face du véritable ami, du confident ou de la personne capable de lui offrir l'aide espérée, l'interviewé(e) peut avoir des réactions affectives qui risquent de donner lieu à des attitudes d'agressivité (subtile) ou d'annulation rétroactive, troublantes et déroutantes pour le chercheur. De plus, il faudrait souligner ici l'écart à la déontologie de la recherche scientifique que présente l'établissement d'une relation de travail ainsi faussée.

Certains problèmes de recherche se prêtent davantage au glissement relationnel qui vient d'être souligné. Par exemple, les recherches sur la séparation ou sur le divorce, sur diverses crises personnelles, sur le féminisme, sur le conflit des générations, etc.

Les mêmes problèmes peuvent « éveiller des dons » de psycho-thérapeute chez le chercheur ! Celui-ci résiste mal parfois à pénétrer l'intimité d'autrui, à le soulager de ses secrets, à essayer de catalyser ses états affectifs ou à tenter de devenir l'instrument d'une expérience de correction émotionnelle. Dans nos propres travaux, nous veillons à ce que les interviewers encadrent la liberté d'expression des sujets et ne les suivent pas sur des sentiers s'éloignant des objectifs de la recherche.

Certains thèmes de recherche ont parfois un rapport étroit avec les connaissances réelles ou présumées du chercheur dans le domaine des sciences de la santé, des sciences sociales, etc. D'ailleurs, l'interviewé(e) prête souvent à son interlocuteur(trice) un vaste savoir. Il n'y a pas avantage à donner dans cette direction, à laisser planer l'ambiguïté ou à adopter le rôle de « celui qui sait » en face de « celui (celle) qui ne sait pas ». Au contraire. L'entretien ne constitue pas une relation « maître à élève ». En fait, c'est plutôt le chercheur qui ne sait pas et qui cherche à apprendre, sans pour autant se placer lui-même dans la position d'un écolier en face de son professeur. Par contre, il n'apparaît pas comme un examinateur (autre position d'autorité) qui fait subir un examen ou un test à un candidat à évaluer... après étude du dossier !

Les écueils de la position d'autorité, tout comme ceux de la position aidante ou amicale sont évidents ; ils sont susceptibles d'engendrer des complications sur le plan interactionnel et de perturber la collecte des données ou d'en modifier la valeur. Néanmoins, il ne faut pas nier le fait que l'entretien porte toujours l'empreinte de la personnalité et du style propre de chaque interviewer.

4.2. Vers un type de relation appropriée

Il a toujours été plus facile pour les auteurs d'indiquer les caractéristiques négatives de la relation que de définir celles qui conviennent. Cependant, on peut situer sur un continuum les quelques positions relation-nelles décrites plus haut. Ainsi, à un pôle, la relation dite « amicale » devient la communication « copain à copain » ou l'échange intime et, à l'autre pôle, elle se traduit par un échange froid de type administratif ou d'affaires ; mais elle passe aussi par la relation positive, correcte, aisée, stimulante et chaleureuse soutenant l'accomplissement d'une tâche.

La relation autoritaire, pour sa part, représente l'extrémité d'une ligne où le pouvoir est totalement monopolisé, alors qu'à l'autre extré-mité, on trouve le laisser-aller, l'effacement ou la démission devant la responsabilité : l'interviewer n'assume pas la direction de l'entretien.

Entre ces positions extrêmes, il y a la souplesse d'une relation où les responsabilités sont partagées[8].

Effectivement, on risque moins de se heurter à des difficultés en privilégiant une position axée sur *l'écoute dans une perspective de partage*. L'interviewer interroge et il écoute avec un effort de compréhension empathique[9]. S'il intervient, c'est pour signifier à son interlocuteur qu'il a écouté et qu'il continue à le faire ou pour indiquer son désir d'écouter davantage telle partie du discours du sujet, à moins que ce ne soit pour manifester son désir d'écouter l'expression d'une nouvelle facette de la situation. Ainsi, l'interviewé(e) apprend rapidement que le rôle de l'interviewer, c'est l'écoute et il a l'occasion de le vérifier constamment.

L'attitude de réceptivité de la part du chercheur indique clairement sa position qui implique aussi un aspect de « partage ». L'interviewer demande au sujet de partager avec lui son expérience, ses perceptions, etc. En retour, lui-même partage avec son interlocuteur sa propre perception et sa compréhension de ce qui lui est communiqué : « Je vous rends vous-même à *vous-même* ». De cette manière, il y a véritablement échange entre les partenaires. C'est là une perspective susceptible d'assurer une meilleure qualité de données de recherche. Par exemple, lorsque l'interviewer dit au sujet : « En somme, si j'ai bien saisi ce que vous me dites, vous sortiriez plus souvent de la maison si vous saviez où aller, si vous connaissiez mieux les ressources du quartier..., c'est un peu cela? », il redonne à son interlocuteur son propre dire, sans se l'approprier; de plus, il vérifie auprès de ce dernier si cette information est conforme à sa réalité à lui; en même temps, il se donne aussi la possibilité de corriger, compléter ou nuancer cette première donnée en la vérifiant auprès du sujet et en favorisant d'autres développements. On pourrait ajouter que l'interviewer permet à son interlocuteur de mieux percevoir ses propres communications.

Certes, l'usage de l'entrevue non directive suppose la connaissance de quelques techniques. Mais elles seront utilisées adéquatement, naturellement et avec souplesse, dans la mesure où on aura développé les attitudes générales appropriées et où on sera familier avec le processus d'interaction, sans négliger aussi ses composantes transférentielles et contre-transférentielles toujours présentes. Notre propos n'est pas de développer ces notions ici, mais l'interviewer doit savoir que le transfert est susceptible d'apparaître dans toute relation humaine comportant une

---

8. Un petit ouvrage intéressant qui fournit des indications fort éclairantes sur la relation entre les membres d'un groupe et elles sont applicables à la relation duelle : W.C. SCHUT, *Joie: L'épanouissement des relations humaines*, Paris, EPI, 1974.
9. Voir tout spécialement le chapitre 5 de ROGERS et KINGET, *op. cit.*

part d'inconnu. La relation de recherche n'y échappe pas et l'interviewer a avantage à se poser constamment deux questions : « Comment le sujet essaie-t-il d'utiliser la relation? »; « Comment le sujet essaie-t-il de m'utiliser? ». De son côté, il doit être lui-même à l'affût de ses propres sympathies et de ses propres antipathies dans la relation qu'il établit avec les sujets de la recherche, car elles influencent leur contribution.

5. La technique

La plupart des traités contiennent des conseils pour une collecte d'informations valide et fiable. Mais, en parcourant ces ouvrages, on constate qu'ils visent principalement à guider le travail d'enquête ou l'entrevue dirigée : on insiste sur l'art d'interroger, sur les divers types de questions, etc. Mais on attire peu l'attention sur l'art d'écouter, sur la relation « interviewer-interviewé », etc. Ces composantes, qui constituent des facteurs non négligeables dans toute rencontre humaine (y compris celle de l'enquête), deviennent primordiales dans l'entretien non directif. Le maniement adéquat de l'entretien non directif suppose que le chercheur soit rompu à l'écoute *verbale* et *non verbale* d'autrui, à l'usage des *questions*, à la *reformulation*, à la *confrontation*, au *silence*, au *résumé*, au reflet des états affectifs, etc., en plus d'avoir acquis de l'aisance dans les techniques reliées au *début* et à la *fin* d'un entretien.

Il est difficile de trouver, dans les études méthodologiques et techniques, des jalons relativement concrets, souples et précis pour guider l'entretien non directif de recherche. Notre habitude de cette tâche nous a conduit à élaborer un plan général pour la conduite de l'entrevue de recherche de type non directif. D'approche pratique, il suit la chronologie des quatre principaux moments de l'entretien : le contact préliminaire, le début de l'entretien, l'entrevue proprement dite et sa fin.

5.1. Le contact préliminaire

Une fois fixé sur le choix des sujets, le chercheur s'adresse en général personnellement à eux pour obtenir leur collaboration. Ce contact initial (appel téléphonique ou courte visite) revêt une grande importance. C'est l'occasion de « faire connaissance » et chacun des deux partenaires commence déjà à découvrir l'autre.

- L'interviewer entrevoit la plus ou moins grande facilité de son interlocuteur(trice) à s'acquitter de la tâche, ses possibilités d'expression et de communication, ses réticences, sa culture, etc. Déjà, il peut évaluer le degré d'adaptation requis pour réussir son entrevue.

– Pour sa part, le sujet aussi découvre la personnalité du chercheur, le type d'écoute dont il bénéficiera, la réceptivité du chercheur et même l'importance que celui-ci accorde à son travail d'interviewer.

Malheureusement, il y a des chercheurs qui n'ont pas l'art d'intéresser les sujets à leur recherche. À tort, d'autres considèrent cette prise de contact comme une simple rencontre de type administratif visant à préciser les données concrètes de l'entretien (temps, endroit, etc.) et ils oublient qu'il s'agit du début d'une relation susceptible de déterminer le type de collaboration que le sujet sera disposé à offrir.

Présentation générale de la tâche

Après les salutations d'usage, le chercheur explique brièvement comment il en est arrivé à s'adresser au sujet. Il sollicite sa contribution, tout en soulignant son appréciation pour l'aide qu'il sera en mesure de lui apporter. Il lui explique le type de collaboration qu'il attend de sa part, etc.

Il est utile d'interroger immédiatement le sujet sur son expérience antérieure de tâches semblables à celle qui lui est proposée et de connaître ses réactions personnelles face à ces tâches. Ainsi, le chercheur peut corriger des perceptions erronées que le sujet pourrait véhiculer; il peut atténuer des préjugés et des craintes; il peut situer dans ses véritables perspectives l'entrevue proposée.

Présentation du thème de l'entretien

Selon qu'une plus ou moins grande spontanéité est requise, cette présentation est plus ou moins élaborée. Parfois, on souhaite que le sujet se prépare à l'entretien à venir, en rassemblant des documents, en dressant la liste des membres de sa famille, de ses divers emplois, de ses lieux de résidence, etc. Le moment est tout désigné pour le proposer. Ce procédé permet de réserver plus de temps à l'examen de thèmes plus personnalisés au moment de l'entretien.

Ententes concrètes pour l'entretien

La durée de l'entretien, le choix de l'heure et l'endroit de la rencontre doivent être déterminés. Deux principes peuvent guider l'établissement des ententes concrètes :

- la *durée* d'une entrevue ne doit pas dépasser le temps maximum où chacun des deux participants peut fournir un rendement optimal, en fonction des objectifs;

- l'établissement du *moment* de l'entrevue doit être fixé à la convenance des deux interlocuteurs, de manière à ce qu'au moment de la rencontre, ni l'un ni l'autre n'ait le désir de se trouver ailleurs.

Signalons, enfin, qu'il revient au jugement de l'interviewer d'introduire dans le contact préliminaire les renseignements relatifs à la déontologie (confidentialité, usage du magnétophone, etc.) ou de le faire au début de l'entretien formel.

5.2. Le début de l'entrevue

Lorsque le contact préliminaire a pris la forme d'une conversation téléphonique, les deux interlocuteurs se trouvent face à face pour la première fois au début de l'entretien. Faut-il insister sur les bienfaits d'une prise de contact sans précipitation? Il importe que les deux participants aient le temps de s'habituer l'un à l'autre...

Présentation (rappel) du thème de l'entretien

Il est naturel d'éclairer l'interviewé(e) sur le thème de l'entretien. De plus, le chercheur tire souvent avantage à énumérer les divers sous-thèmes de l'entrevue, ce qui correspond aux principaux éléments du plan d'entretien préalablement établi. Cette présentation des sous-thèmes a pour effet d'assurer la sécurité de l'interviewé qui peut entrevoir le contenu de l'entretien sans crainte d'être conduit contre son gré dans des directions non souhaitables. Cependant, il n'y a pas avantage — et il peut y avoir des inconvénients — à faire l'exposé complet et détaillé du plan de l'entretien.

But de l'entretien

Le sujet est susceptible d'interroger lui-même l'interviewer sur les objectifs de la recherche. S'ils n'ont pas été présentés lors du contact préliminaire, il est possible de les esquisser ici dans la mesure où l'explication ne compromet pas le travail de recherche ou n'influence pas défavorablement la collecte des données. Cette initiative de partager le but de l'entrevue constitue un facteur de motivation à la collaboration du sujet. Il est souvent à propos d'indiquer les avantages que chacun des partenaires peut retirer de l'entrevue. Évidemment, l'interviewer prudent ne fait pas de promesses dont la réalisation ne peut être assurée.

Autorisation à l'enregistrement

Un nombre de plus en plus grand d'interviewers utilisent le magnétophone (et même le magnétoscope) dans leur travail. Il va de soi que l'enregistrement nécessite l'autorisation du sujet. L'éthique professionnelle l'exige. Le ou la candidate peut avoir d'excellentes raisons de refuser et sa décision doit être respectée, quels que soient ses motifs et quels qu'en soient les inconvénients pour le chercheur. Par contre, le refus initial peut simplement exprimer l'hésitation face à l'usage d'une technique inconnue; dans ce cas, le chercheur aura avantage à prendre un moment pour faire quelques expériences d'enregistrement de la voix de son interlocuteur(trice) et lui permettre de se familiariser avec le procédé. Dans nos travaux, il est déjà arrivé de demander à une personne d'accepter l'enregistrement de l'entretien, sous toute réserve, avec l'entente qu'à la fin, la bande serait effacée devant elle, si tel était son désir.

Conditions déontologiques

Le sujet doit savoir dans quelle mesure et de quelle manière la confidentialité et l'anonymat seront respectés. Il doit savoir aussi qui aura accès à l'information et, dans le cas de l'enregistrement, qui pourra écouter la bande, etc.

Réactions de l'interviewé(e)

Au terme de ce moment de l'entretien (et parfois plus tôt), il convient d'explorer les réactions personnelles du sujet, de recueillir ses commentaires et de répondre à ses interrogations. Ainsi, l'interviewer peut éclairer son interlocuteur(trice), le(la) rassurer et faciliter une collaboration plus complète. En outre, cette « enquête » aide le chercheur, au moment de l'analyse, à évaluer la quantité et la qualité de l'information recueillie.

5.3. L'entretien proprement dit

Pour le progrès de son travail, le chercheur jouit maintenant d'un double point d'appui :

- d'une part, il a pu faire la *connaissance de son interlocuteur(trice)* dont il a jaugé les possibilités, les limites, les réticences, etc. L'exploitation du thème de la recherche doit tenir compte de la personnalité et du fonctionnement de la personne interviewée;

- d'autre part (et simultanément), le chercheur se laisse guider par le *plan* qu'il a dressé avant l'entrevue. En effet, le thème et les objectifs de la recherche ont été mûrement médités avant l'entrevue. Ils ont donné lieu à un plan d'entretien décomposant le thème en ses divers éléments et précisant l'information à recueillir.

Démarrage à l'aide d'une question ouverte

Une erreur fréquente, au début de l'entretien proprement dit, consiste à démarrer par une série de questions précises visant à obtenir immédiatement certains renseignements généraux (date de naissance, occupation, etc.). Un tel début s'articule mal au comportement actif qu'on souhaite voir adopter par le sujet. Celui-ci, se voyant proposer d'abord une série de questions « fermées » aura plus de difficultés à passer à une expression plus libre et spontanée par la suite : il continuera à attendre des questions et à répondre brièvement. Mieux vaut reporter cette demande systématique d'informations d'ordre factuel. La *question* « *ouverte* » est toute indiquée pour aborder un thème (« Est-ce que vous pourriez me parler de... ») car elle place l'interviewé(e) immédiatement devant la principale tâche qu'on attend de lui ou d'elle.

Proposer d'abord une question ouverte au sujet introduit souvent une complication : le sujet éprouve un léger embarras ou hésite. Il s'agit alors pour l'interviewer de stimuler le sujet à s'exprimer spontanément : « Vous pouvez y aller tout simplement, en disant ce qui vous vient à l'esprit ». Par le fait même, le sujet est confirmé dans sa capacité d'expression.

Le silence

Parfois, l'interlocuteur ne réagit pas immédiatement à la question ouverte; il demeure silencieux pendant un moment qui semble une éternité (!) à l'interviewer anxieux. Celui-ci, peu tolérant en face du silence, est tenté de reformuler la question autrement. Ici, l'anxiété lui fait oublier que sa question propose une « tâche » à l'interviewé(e); afin de s'en acquitter de son mieux, celui-ci éprouve souvent le besoin d'un moment de réflexion. Si l'interviewer revient à la charge avec une « nouvelle version » de la question, il néglige le besoin du sujet; il lui transmet un message d'incapacité; de plus, très souvent, la seconde question, modifiant le sens de la première, impose une tâche additionnelle à l'interviewé(e). Ces complications qui ont un effet négatif sur le déroulement de l'entretien proviennent de la difficulté pour le chercheur de tolérer les pauses et les moments de silence dans l'entrevue. On oublie souvent que ces arrêts ont leur rôle et leur utilité pour les deux partenaires.

L'écoute

Incontestablement, la meilleure façon de favoriser l'expression de l'interviewé(e), c'est le comportement d'écoute. Il s'agit d'un comportement complexe qui s'exprime *verbalement* par des soutiens vocaux aux propos du sujet (« Oui », « Je vois ») ou par la reprise des derniers mots de sa communication. Mais l'écoute se manifeste aussi *non verbalement* par les attitudes corporelles (regard, position du corps, etc.).

Un moyen particulièrement efficace d'indiquer à la personne interviewée qu'elle a été vraiment écoutée, c'est de lui présenter un résumé de ses propos. Très peu de manuels mettent l'accent sur les bienfaits de cette technique. Pourtant la synthèse des communications du sujet sous la forme d'un résumé assure un déroulement souple des interactions verbales et contribue au maintien de sa volonté de communiquer. De plus, c'est aussi une occasion pour le chercheur de s'assurer de l'exactitude de ses perceptions. Enfin, le résumé constitue une transition harmonieuse d'un thème à l'autre.

Recherche de l'information appropriée

Le chercheur a parfois l'impression de progresser efficacement dans la collecte des données à cause de la verbalisation abondante de la personne interviewée. Mais, lors du dépouillement des données, il s'aperçoit que la masse des informations obtenues ne sert pas les objectifs de sa recherche d'une manière aussi efficace qu'il le croyait. Un retour à la bande d'enregistrement permet de trouver l'explication aux lacunes observées. L'audition révèle que le chercheur a interrogé le sujet sans pousser suffisamment l'investigation en fonction du but à atteindre. Il s'est contenté d'accepter, sans plus, ce que l'interviewé(e) lui a livré spontanément, sans insister pour obtenir une réponse précise et complète à ses questions.

> « Qu'est-ce que vous pensez de ces orientations actuelles des mouvements féministes dont nous venons de parler ? — Je ne participe jamais à ces rencontres ; je me contente de lire ce qui est publié sur ces questions car je n'ai pas le temps de faire plus ; vous comprenez, pour moi comme pour les autres, les journées n'ont que..., etc. »

Ici, l'interviewer, à la recherche des « opinions » du sujet, n'a obtenu qu'une description des « comportements » de ce dernier. Sans un retour pour obtenir l'information désirée, l'interviewer se laissera entraîner tout simplement sur d'autres pistes, au gré du sujet, sans pouvoir connaître de façon explicite les opinions de son interlocuteur(trice) sur les mouvements féministes ; il sera obligé de les inférer à l'aide d'autres données ou des observations relatives au comportement du sujet dans l'entrevue. Dès la préparation du plan de l'entretien, le chercheur doit préciser les éléments d'entrée qui sont requis : les faits, les comportements, les projets, les opinions, les valeurs, les états affectifs, etc. Et, pendant l'entrevue, il doit vérifier constamment si l'expression plus ou moins spontanée du sujet véhicule le(s) type(s) de données requises pour sa recherche. Au besoin, il doit tenter d'obtenir les matériaux nécessaires à l'aide de questions de plus en plus précises. Par contre, attentif au discours de son interlocuteur(trice), il arrive que le chercheur observe chez lui (elle) une attitude d'évitement à la suite d'une question qu'il lui a adressée. Il lui revient alors de décider s'il doit se contenter de prendre note de ce comportement ou de procéder à une confrontation comme celle-ci : « Est-ce que je me trompe si je dis que vous semblez éprouver une hésitation à me donner votre avis sur... ? ».

Au terme de ces suggestions concernant le corps de l'entretien, on peut signaler que la technique s'avère efficace dans la mesure où elle repose sur une stratégie comparable à l'exécution d'une mélodie à deux temps : le premier s'appuie sur le souci de maintenir une relation positive avec la personne interviewée et le second repose sur le souci de réaliser son plan de travail. Cette double préoccupation assure le progrès de l'entrevue et l'atteinte des objectifs.

5.4. La fin de l'entretien

Lorsque le chercheur a terminé la collecte de l'information (ou lorsque la personne interviewée n'est plus en mesure de l'informer), il doit songer à mettre un terme à l'entretien. C'est *progressivement* qu'il s'oriente vers le dernier moment de la rencontre. En effet, l'interviewer doit se souvenir qu'il s'est adressé lui-même à son interlocuteur(trice); qu'il a établi une relation avec lui (elle); qu'il a utilisé cette relation pour atteindre ses objectifs. La tâche étant accomplie, il doit dissoudre harmonieusement cette relation étape par étape.

Indication de la fin de l'entretien

L'interviewer signale assez tôt au sujet qu'il s'apprête à prendre congé de lui, autant par le truchement de son comportement non verbal (changement de position corporelle, modification du ton de la voix, rassemblement des notes, etc.) que par son comportement verbal (« Je vois que nous arrivons bientôt au terme de notre travail; nous avons fait le tour des questions que nous devions aborder... »).

Résumé de l'entretien

Il est souvent fort utile de *résumer* lentement l'entretien au profit du sujet qui peut ensuite compléter, nuancer le résumé proposé. L'occasion est propice aussi de faire clarifier l'un ou l'autre point demeuré obscur. De plus, cet exercice permet de vérifier si tous les aspects prévus ont été abordés. Ensuite, on peut demander au sujet s'il n'a pas *d'autres données* à offrir qui auraient pu avoir été oubliées ou, même, ne pas avoir été prévues. Dans certaines situations de recherche, à ce moment précis, des renseignements fort pertinents se font jour et jettent un éclairage nouveau sur l'information accumulée.

Renseignements factuels d'ordre général

Dans le corps de l'entretien, le chercheur n'a pas toujours interrompu son interlocuteur(trice) pour obtenir certaines informations d'ordre factuel (nombre d'enfants dans la famille, scolarité, etc.); il convient ici de compléter les informations générales, lacunaires et nécessaires à la recherche. Ce « questionnaire » trouve mieux sa place ici qu'au début de l'entretien.

Réactions à l'expérience vécue

Il est toujours fort instructif ici d'obtenir les *réactions* de l'interviewé(e) à l'expérience qu'il vient de vivre; de savoir dans quelle mesure il s'est senti à l'aise durant l'entretien; de connaître les thèmes où il a éprouvé le plus de facilité et de difficulté à s'exprimer; de jauger un peu son état intérieur à la fin de ce travail, etc. Au besoin, l'interviewer rassure et offre le soutien qui convient. Cette exploration finale représente un intérêt humain normal pour les réactions de l'interviewé(e); elle est aussi utile pour l'analyse du matériel recueilli.

Séparation

Finalement, il ne reste qu'à remercier le sujet de sa collaboration et, parfois, à lui demander s'il serait possible éventuellement de prendre contact de nouveau avec lui, si nécessaire, pour compléter quelques informations.

Ce sont là quelques suggestions susceptibles de contribuer à « adoucir » la séparation qui est parfois vécue avec d'autant plus de difficultés que l'entretien a porté sur des thèmes intimes et que le sujet essaie de récupérer au dernier moment (« Est-ce que je pourrais avoir une copie de la bande d'enregistrement ou une copie de votre rapport? »). Par contre, il arrive que la personne soit heureuse de s'être libérée (soulagement) de certains contenus « lourds à porter ». D'autres espèrent voir leur « témoignage » passer à la postérité et ont hâte de lire le rapport du chercheur et de s'y retrouver. De toute manière, il est souhaitable que les interlocuteurs se quittent dans un climat de « bonne relation sociale ».

Conclusion

L'entretien non directif est un mode d'approche complexe de recherche sociale. Il comporte de lourdes exigences et soulève suffisamment de difficultés pour qu'on y ait recours uniquement après une sérieuse réflexion. Cependant, comme le souligne Michelat[10], qui en compare l'objectif à celui visé en ethnologie : son apport est essentiel « chaque fois que l'on cherche à appréhender et à rendre compte des systèmes de valeurs, de normes, de représentations, des symboles propres à une culture ou à une sous-culture ».

La psychologie — et la psychologie clinique, en particulier — entretient un rapport étroit avec la conduite de l'entrevue non directive de

10. G. MICHELAT, « Sur l'utilisation de l'entretien non directif en sociologie » dans *Revue française de Sociologie*, vol. 16, 1975, pp. 229-247.

recherche. En effet, la collecte d'information est d'autant plus féconde que l'interviewer développe des qualités personnelles pour interagir adéquatement avec les sujets et, surtout, pour comprendre la dynamique de l'interaction qui évolue au cours d'un entretien. Dans cette perspective, cette entrevue nécessite une formation plus soignée que celle qui est attendue des enquêteurs et des utilisateurs d'une autre technique de recherche.

On pourrait s'attarder ici à la *complexité* et aux *difficultés* de ce mode de collecte d'information : interférence des facteurs émotionnels, plus nombreuses possibilités de dérive des objectifs précis de la recherche, souci du sujet de projeter une image personnelle positive, problèmes méthodologiques et techniques de l'analyse des contenus et des matériaux particulièrement abondants, etc. Néanmoins, cette méthode présente des avantages susceptibles de neutraliser et de rentabiliser les investissements qu'elle requiert .

Le chercheur peut considérer qu'un nombre fort restreint de méthodes offre une *flexibilité* aussi grande pour obtenir des données. Selon les nécessités, l'interviewer jouit constamment de la possibilité immédiate de motiver le sujet, de l'orienter, de corriger ses écarts, de lui demander des précisions, etc. pour parvenir à une information complète et appropriée. Rares sont les modes d'approche qui permettent d'évaluer la validité des renseignements au moment même où ils sont recueillis. L'entretien offre également à l'interviewer l'occasion de corriger sur-le-champ ses questions mal formulées ou d'en introduire de nouvelles lorsque les réponses ne sont pas satisfaisantes.

Par ailleurs, la *spontanéité du sujet* met en lumière directement les dimensions les plus significatives de son expérience et offre constamment au chercheur l'occasion de donner une orientation féconde à l'entretien. Conduit avec dextérité et dans un climat psychologique approprié, l'entretien permet l'émergence d'une information personnelle généralement peu accessible à l'aide d'autres méthodes. Les opinions et les réactions affectives sont susceptibles d'apparaître davantage, avec leurs diverses nuances, dans le cadre d'une interaction plus personnalisée que dans toute autre approche. Cette méthode procure donc des conditions privilégiées pour la découverte de ce qu'un sujet pense et ressent en tant qu'individu et en tant que représentant du groupe dont il fait partie. Ces conditions avantageuses réunissent les ressources de l'observation directe et même celles du questionnaire.

La souplesse de l'entretien non directif est très grande et cette approche tend à être de plus en plus utilisée. Après une période de recherche scientifique privilégiant l'étude de grands nombres de sujets

Jean-Paul Daunais

avec le souci d'affiner les techniques de mesure quantitative, on observe présentement un intérêt de plus en plus prononcé pour l'étude qualitative des phénomènes; on procède à l'étude en profondeur d'un nombre plutôt restreint de sujets et l'entretien devient le principal mode d'approche. Dans les sciences humaines tout particulièrement, on s'intéresse de plus en plus à l'étude du « cas unique » et on essaie d'appréhender l'individu dans sa singularité.

Bibliographie annotée

Banaka, W.H., *Training in depth interviewing*, New York, Harper & Row, 1971, 196 pages.

La plupart des aspects pratiques de la collecte d'information sont abordés dans ce petit volume axé sur la théorie de la communication interpersonnelle. On y trouve une technique d'analyse du contenu de l'information et du processus d'interaction.

Benjamin, A., *La pratique de la relation d'aide et de la communication*, Paris, E.S.F., 1974, 163 pages.

Traduit de l'américain, ce volume vise à initier à l'entrevue les personnes qui se préparent à la relation d'aide : d'inspiration non directive, l'ouvrage met l'accent sur les attitudes requises pour créer un climat positif de travail.

Gordon, R.L., *Interviewing: Strategy, techniques and tactics*, Homewood, Ill., Dorsey, 1975, 587 pages.

Ouvrage qui traite de la planification des entrevues d'enquête et de recherche : il est destiné principalement aux superviseurs. Les bases théoriques de l'entretien sont présentées et le texte contient des suggestions techniques judicieuses.

Guillaumin, J., *La dynamique de l'examen psychologique*, Paris, P.U.F., 1965, 438 pages.

Destiné aux psychologues qui pratiquent l'examen psychologique, ce texte théorique analyse le phénomène d'interaction selon les principales écoles de pensée; il puise dans une vaste bibliographie pour renseigner le lecteur sur les travaux de recherche réalisés sur la situation d'examen et sur la relation qui la sous-tend.

HALL, E.T., *La dimension cachée*, Paris, Seuil, 1971, 253 pages.

L'espace physique du déroulement de l'entretien, de même que la distance entre les interlocuteurs(trices), sont étudiés en fonction de leurs répercussions sur l'information échangée.

KNAPP, M.L., *Non verbal communication in human interaction*, New York, Holt, Rinehart and Winston, 1978, 439 pages.

Les principaux aspects de la communication non verbale sont abordés dans cet ouvrage qui présente un grand nombre d'expériences dont les résultats s'appliquent à la relation dans l'entretien.

Chapitre 12

L'histoire de vie

Jean-Jacques CHALIFOUX

Transformer l'information en signification.
On le fait trop ou pas assez.

Edgar MORIN

Introduction

La collecte d'« histoires de vie » effectue un retour à la mode parmi les méthodes de recherche sociale contemporaines. En effet, cette perspective qui avait attiré l'attention vers les années 1945[1] fut délaissée par la suite, puis reprise vers 1965[2] et surtout depuis quelques années[3]. La question de fond des débats sur l'étude de l'histoire de vie concerne la nature des relations individus-sociétés : comment tenir compte des cas individuels dans le cadre des sciences sociales dont l'accent porte sur les collectivités? Pendant longtemps les démarches sociologiques ont favorisé presque exclusivement les abstractions théoriques générales et les structures. Elles réduisaient ainsi l'utilité de l'apport des expériences individuelles. Le retour des études d'histoire de vie provient de critiques

---

1. Voir G.W. ALLPORT, « The Use of Personal Documents in Psychological Science » dans *Social Science Research Council Bulletin*, vol. 49, 1942; R. ANGELL, « A Critical Review of the Development of the Personal Document Method in Sociology, 1920-1940 » dans *Social Science Research Council Bulletin*, vol. 53, 1945, pp. 177-232; C. KLUCKHOHN, « The Personal Documents in Anthropological Science » dans *Social Science Research Council Bulletin*, vol. 53, 1945, pp. 79-175.
2. Voir L. ENDENGER, « Political Science and Political Biography : Reflexions » dans *Journal of Politics*, vol. 26, 1964, pp. 423-439 et pp. 648-676; L.L. LANGNESS, *The Life History in Anthropological Science*, New York, Holt, Rinehart and Winston, 1965.
3. D. BERTAUX, *Histoires de vie... ou récits de pratiques? Méthodologie de l'approche biographique en sociologie*, Paris, Rapport C.O.R.D.E.S., mars 1976, 225 pages; P. CRÉPEAU, *Voyage au pays des merveilles: quatre autobiographies d'immigrants*, Ottawa, Musée national de l'Homme, 1970, 120 pages.

à l'endroit d'une certaine approche désincarnée qui dépouille les personnes de leur signification en tant que sujets et acteurs historiques, et en même temps des réactions novatrices aux commentaires sur l'absence de méthode d'analyse de l'histoire de vie.

Ce chapitre présente les points saillants des études d'histoire de vie selon deux dimensions : 1) les fonctions scientifiques de l'histoire de vie et 2) les techniques et méthodes de collecte de l'histoire de vie.

1. Les fonctions scientifiques de l'histoire de vie

L'histoire de vie peut être définie comme *un récit qui raconte l'expérience de vie d'une personne*. Il s'agit d'une œuvre personnelle et autobiographique stimulée par un chercheur de façon à ce que le contenu du récit exprime le point de vue de l'auteur face à ce qu'il se remémore des différentes situations qu'il a vécues. Le contenu d'une histoire de vie est fort complexe, car il est multidimensionnel : il touche à tous les domaines ethnographiques (parenté, économie, technologie, politique, religion, etc.); il comprend à la fois des observations concrètes, des interprétations, des jugements de valeur et des significations symboliques; il concerne les dimensions *biologique, culturelle, sociale* et *psychosociologique* du développement de la personne. L'histoire de vie peut donc être une source de données ethnographiques très riches, susceptible d'usages divers variant selon les intentions des chercheurs. Les sujets d'intérêt pour les sciences sociales, qui sont traités dans le cadre de données autobiographiques, peuvent être classés sous trois rubriques : études culturelles, études sociales et études des processus de socialisation et d'enculturation.

Les *études culturelles* réfèrent ici aux dimensions symboliques de la vie des groupes et des collectivités, telles les conceptions du monde, les idéologies, les connaissances, les catégories mentales. Les *études sociales* concernent par exemple les institutions, les groupes, les rapports sociaux tels ceux du travail, des réseaux (amis, compagnons, etc.). Les *processus de socialisation* concernent les modes d'intégration et de participation au sein d'unités sociales diverses et *l'enculturation* consiste en un processus d'apprentissage de divers aspects de la culture, tant explicites qu'implicites. Nous mentionnons plus loin, pour illustrer le propos, les types de questions qu'il serait possible de poser, au moins partiellement, dans le cadre de l'étude de l'histoire de vie.

L'usage le plus courant des récits autobiographiques est l'illustration d'une situation sociale. Comme ces récits sont fortement impressionnistes, ils renferment plusieurs anecdotes et points de vue révélant avec éloquence la complexité des rapports sociaux : par exemple, les œuvres d'Oscar Lewis[4] qui illustrent ce qu'il nomme la « culture de la pauvreté » en milieu mexicain et au sujet desquelles l'éditeur affirme que la valeur sociologique du discours dépasse ce qu'il pourrait lui-même en dire. En effet, pourrait-on trouver un meilleur moyen qu'un récit autobiographique tel celui de l'esclave Moses Grandy[5] pour créer une empathie envers les Afro-Américains qui vécurent l'esclavage et susciter une prise de conscience des enjeux socio-politiques auxquels eurent à faire face leurs descendants? Ce type d'ouvrage a souvent autant de portée littéraire que sociologique, ce qui les voue souvent à des succès de librairie et amène ainsi le grand public à découvrir certains aspects des sciences sociales.

Types de questions posées dans le cadre de l'histoire de vie

– Quelles sont les relations entre les différentes étapes de la vie d'une personne, sont-elles marquées par des rites de passage, des formes d'initiation?

– Comment sont définis les rôles sociaux et quelles sont les composantes vécues, les contradictions, les variations?

– Comment se développe la personnalité au sein de divers contextes socio-culturels?

– Quelle est l'influence des systèmes de valeurs et des idéaux sur les comportements des individus?

– Comment se développe l'identité personnelle et culturelle?

– Quel est l'impact des expériences personnelles sur les institutions?

– Quel est l'impact des choix individuels sur le changement social? Comment celui-ci est-il interprété? Comment les points de vue personnels se modifient-ils?

Un autre usage consiste à utiliser l'histoire de vie pour documenter l'histoire orale. Celle-ci est fondée sur la collecte et la préservation d'entretiens avec des témoins de périodes et d'événements historiques, et de biographies des acteurs du passé récent. C'est dans cette perspective qu'un groupe de sociologues[6] de l'Université Laval tentèrent de voir

---

4. Voir O. LEWIS, *The Children of Sanchez : Autobiography of a Mexican Family*, New York, Random House, 1961; traduction francaise sous le titre *Les enfants de Sanchez, autobiographie d'une famille mexicaine*, Paris, Gallimard, 1963.

5. Voir J. BENOIST, *Le récit de Moses Grandy, esclave en Caroline du Nord*, Montréal, Université de Montréal, Centre de recherches Caraïbe, 1977, 45 pages.

6. Voir Louis MORIN, « Un cadre de la fonction publique, histoire de vie » dans *Recherches sociographiques*, vol. 14, n° 2, 1973, pp. 239-267; Louis MORIN, *La méthodologie de l'histoire de vie*, Québec, Université Laval, Institut supérieur des sciences humaines, 1975, 2 tomes.

comment les mutations de la société québécoise depuis 1960 ont été vécues par les gens. À cet effet, ils ont recueilli cent cinquante histoires de vie auprès de diverses catégories socio-professionnelles. Certains de ces récits ont montré comment « ... ces Québécois avaient accédé à la société de consommation, renoncé à la « revanche des berceaux », abandonné la pratique religieuse ou troqué l'esprit de soumission pour le goût de la liberté[7] ». Cette recherche visait aussi à traduire concrètement l'évolution de la structure occupationnelle de la société québécoise en analysant la mobilité sociale de façon à compléter les analyses statistiques et l'étude des variations des modes d'insertion dans le travail. De plus, une analyse de contenu des catégories sociales utilisées par les informateurs (riches, pauvres, jeunes, ouvriers, etc.) aurait pu permettre d'étudier comment les groupes et les statuts sociaux sont perçus afin de reconstruire « l'univers sociologique » pensé et vécu par les informateurs.

L'histoire de vie peut aussi être utilisée en tant que discours ayant une certaine autonomie, c'est-à-dire comme une forme folklorique telle que la narration, les contes ou les légendes. Comme le (la) narrateur(trice) raconte une histoire, il est possible de soumettre son récit aux méthodes d'analyse de contenu dont la variété est considérable. Par exemple, P. Crépeau[8] analyse les autobiographies de quatre immigrants et découvre un canevas identique assez voisin de celui d'un conte merveilleux ayant pour thème principal le départ à la recherche d'un trésor. De plus, le contenu de ces récits s'apparente aux principales étapes d'un rite de passage[9].

Finalement, le matériel des autobiographies peut être mis en pièces détachées et utilisé par des disciplines telles que la linguistique, le travail social, la psychologie, la criminologie.

2. Techniques et méthodes de collecte de l'histoire de vie

Si, comme nous venons de le voir, l'histoire de vie est un document dont l'usage scientifique comporte diverses avenues, il est souhaitable de respecter cette propriété au moment crucial du travail sur le terrain.

---

7. N. GAGNON et J. BRUNO, « Les histoires de vie et la transformation du Québec contemporain » dans Sound Heritage, vol. 10, n° 1, 1975.
8. P. CRÉPEAU, op. cit.
9. Voir A. GENNEP, Les rites de passage, Paris, Librairie Critique Emile Nourry, 1909.

La démarche à adopter peut alors comporter trois étapes : la collecte du récit, l'entrevue complémentaire et l'édition.

2.1. La collecte

La collecte et la préservation des autobiographies sont grandement facilitées par l'utilisation du magnétophone. Le récit doit être enregistré dans la langue usuelle de la personne et le type d'intervention du chercheur varie selon divers choix méthodologiques possibles.

- L'intervention méthodologique principale des chercheurs prend place au moment même de la définition de la problématique de la recherche. Doit-elle couvrir toute l'existence de l'intéressé ou se concentrer sur un thème particulier? Qui doit-on privilégier pour l'étude de l'histoire de vie, les membres de l'élite — comme les politiciens, les gens d'affaire — ou les membres des groupes défavorisés — comme les paysans, les ouvriers, les immigrés? Dans quelle mesure ces choix sont-ils déterminés par un engagement social et politique ou par des objectifs de représentativité socioculturelle?

- La biographie peut être recueillie auprès de personnes avec lesquelles le chercheur a une longue familiarité, des membres de sa famille, par exemple. L'intersubjectivité crée un entendement qui favorise la confidence. Il est également possible de penser atteindre une plus grande objectivité si l'auteur enregistre seul les réponses à un questionnaire.

  Ainsi, des chercheurs travaillant avec des cheminots à la retraite obtinrent l'autobiographie d'un informateur qui enregistra lui-même son récit et le livra finalement en trois parties complémentaires dans l'espace de dix jours environ. Comme le note l'éditrice de ce récit, l'auteur a fait preuve de beaucoup d'ingéniosité stylistique en utilisant des bruits de fond sélectionnés de chants d'oiseaux, de murmure d'eau courante et de crépitement de feu de bois. Non seulement s'agit-il de la construction d'une image de soi-même, mais de références pertinentes à des valeurs culturelles significatives.

- L'entretien peut prendre la forme d'une conversation intime entre le chercheur et son sujet, mais il peut également réunir plusieurs personnes. Le contexte idéal est sans doute celui où l'informateur est stimulé par un auditoire composé de parents ou d'amis parmi lesquels le chercheur est inclus. Dans ce cas, le chercheur n'a presque pas à intervenir.

Ainsi, lors de mes recherches sur l'histoire de vie chez les Abisi du Nigéria, un auditoire de jeunes gens fut intéressé à interroger en détail l'histoire matrimoniale de leur grand-père polygame dans le but de découvrir dans quelles familles il pouvait y avoir des cousines éloignées susceptibles d'être courtisées!

– Quel est le degré de latitude que doit avoir le narrateur, doit-il être dirigé pour assurer l'homogénéité de la collecte ou doit-il parler sans contrainte?

La situation la plus fréquente est celle où l'informateur se raconte au seul chercheur qui tente de montrer son intérêt pour la narration tout en étant le plus neutre possible. Cette neutralité est toute idéale et c'est dans cet esprit que le Centre canadien d'études sur la culture tradition-nelle (C.C.E.C.T.)[10] a défini des critères d'intervention recommandés ou à éviter (voir plus loin).

Interventions à éviter

– Toute question portant sur l'interprétation de paroles, de faits ou d'événements. Si l'ethnographe demande « pourquoi? », il entraîne l'explication de motivations et de sentiments qui font dévier la mise en forme du récit par l'autre.

– Toute question ou commentaire ayant l'allure d'un contre-inter-rogatoire. Les questions du genre : « Est-ce que cela est vrai? » ou « Vous croyez vraiment à cela? » entraînent des justifications dérivées.

– Toute question ou commentaire invitant l'informateur à aborder un autre sujet déterminé par l'ethnographe (« Parlez-moi de ceci? »).

– Toute question ou commentaire invitant l'informateur à insister sur un sujet particulier. (« Dites-m'en davantage à ce sujet. »)

– Des commentaires, gestes ou expressions qui indiquent un inté-rêt trop prononcé pour un sujet déterminé (« Cela est très intéressant! »).

– Des commentaires, gestes ou expressions qui traduisent des juge-ments de valeur (« C'est beau! C'est dégoûtant! »).

Les auteurs proposent aussi cinq critères positifs qui risquent moins d'affecter la structure du récit mais dont il ne faut pas abuser, car ces

---

10. P. CRÉPEAU et M. EINARSSON, *Projet de recherche interculturelle sur les biographies*, Ottawa, Musée de l'Homme, Centre canadien d'étude sur la culture traditionnelle, 1976.

questions pourraient amener l'informateur à être plus précis qu'il ne le serait spontanément :

- demandes de date (quand?);

- demandes de noms de lieux (où?);

- demandes de noms de personnes (qui?);

- demandes d'explications techniques simples (comment?);

- questions ou commentaires de simple encouragement (continuez, après cela, que s'est-il passé ensuite?).

Cette méthode vise à neutraliser l'influence du chercheur sur l'informateur et implique de la part du premier une certaine décentralisation sociale et culturelle. Toute personne a tendance à juger les autres en fonction de sa culture (ce qui est *l'ethnocentrisme*) ou de son milieu social (ce qui est le *sociocentrisme*). Ce n'est que par un certain cheminement personnel de l'ethnographe que ces attitudes anti-scientifiques peuvent être contrôlées. Il s'agit d'une exigence fondamentale en science humaine; l'objet de recherche partage cette même qualité humaine avec le chercheur et il est facile de projeter ses schèmes de valeurs sur autrui et de biaiser ainsi la réflexion et la rencontre avec l'autre. Combien de fois des chercheurs néophytes n'ont pu retenir leurs émotions personnelles devant un interlocuteur qui, par exemple, était leur opposé politique et idéologique? Cela arrive à tout le monde et le sachant, la méthode proposée exige un contrôle strict des interventions du chercheur. Cette méthode crée une certaine frustration chez le chercheur qui aimerait bien intervenir pour faire développer des points d'intérêts ou pour discuter avec l'informateur. La deuxième étape de la recherche vient satisfaire ce besoin.

2.2. L'entrevue dirigée

L'entrevue dirigée permet de développer des questions du point de vue de l'ethnographe. Il peut s'agir d'une ou de plusieurs entrevues différentes qui permettent de compléter l'histoire de vie et de développer l'information socioculturelle. Par exemple, l'aide-mémoire suggéré par les auteurs du document du C.C.E.C.T. est présenté plus loin.

Le type et le nombre de ces questions est arbitraire et n'a qu'une valeur indicative. Cependant, une première analyse du document enregistré révèle diverses pistes permettant de construire des schémas d'entrevues adaptés à la problématique. C'est en ce sens qu'il faut dire que la méthode de l'histoire de vie est inductive, car elle peut partir des faits pour remonter vers l'élaboration analytique et théorique.

Aide-mémoire suggéré

1	Nom et adresse actuelle
2	Lieu et date de naissance
3	Membres de la famille
4	Histoire familiale
5	Origine ethnique
6	Éducation
7	Lieux de résidence et de voyage
8	Profession et métier exercés
9	Prix et décorations
10	Maladies dans la famille
11	Biens et propriétés
12	Aptitudes, compétences et intérêts particuliers
13	Allégeance et activités religieuses
14	Allégeance et activités dans d'autres organisations
15	Faits saillants de la vie
16	Aspirations et espoirs
17	Statut de l'informateur en tant que porteur de traditions dans les diverses communautés où il a vécu
18	Esquisse du caractère de l'informateur
19	Description de l'informateur, de son environnement, photographies, etc.
20	Répertoire folklorique de l'informateur (ses collections de recueils et d'objets)

2.3. L'édition

La troisième étape de la collecte de l'histoire de vie est *l'édition*, c'est-à-dire la transcription de l'enregistrement et la préparation du document écrit[11]. La transcription doit être littérale, dans la langue originale, mais elle peut comporter des corrections afin d'éviter le charabia ainsi que des notes permettant à un lecteur différent de l'informateur de comprendre le parler local tout en respectant la parole originale. Ce texte doit être ponctué de façon soignée afin de rendre le récit compréhensible et de lui restituer une partie de son rythme. En particulier par l'usage des points de suspension qui permet de rendre compte des nombreuses hésitations et des énoncés incomplets. Il faut aussi mettre entre crochets les ajouts de l'éditeur, comme par exemple un verbe ayant manqué dans une phrase, ainsi que ce dont on doute ou ne comprend pas en inscrivant : [inaudible].

Le texte doit aussi comporter la description des gestes et des attitudes (rires, coups de poing, pleurs) des participants et de l'informateur. Enfin, des notes doivent indiquer la provenance et la nature des interventions de l'auditoire (si tel fut le cas) et éclairer les passages obscurs par des explications qui, par exemple, traduisent les termes techniques, renvoient au contexte socio-culturel ou à des informations obtenues lors des entrevues complémentaires.

Si le texte ainsi édité est ensuite préparé pour publication, certaines règles d'éthique doivent être respectées[12]. La principale règle est d'assurer l'anonymat aux informateurs qui le désirent en utilisant des pseudonymes et en modifiant les noms de lieux ou d'institutions qui pourraient faciliter le repérage. Il est du devoir de l'ethnographe de discuter avec l'informateur des informations susceptibles de nuire qui, dans certains contextes, peuvent valoir des poursuites légales ou des procès pour diffamation. Dans les petites communautés, par exemple, il est à prévoir que divers conflits personnels, familiaux ou de pouvoir seront dévoilés et accompagnés de jugement de valeur concernant certains individus. Fréquemment, les informateurs hésitent et sont réticents à raconter ce type d'événements et le chercheur doit éviter d'utiliser des pressions pour les convaincre de le faire car cette attitude, non seulement pourrait dépersonnaliser le texte, mais il s'agirait d'un manque d'éthique regrettable.

La meilleure façon de procéder est de faire lire par l'auteur le texte transcrit avec notes et commentaires. Cette relation de recherche peut prendre la forme d'une négociation et c'est au chercheur de faire valoir

---

11. Voir M. JUNEAU, « Remarques sur l'édition des documents d'histoire orale » dans N. GAGNON et J. HAMELIN (dir.), *L'histoire orale*, Saint-Hyacinthe, Edisem, 1978, pp. 55-56.
12. On lira avec profit le chapitre de ce manuel portant sur les problématiques d'éthique.

la valeur de certains éléments que l'auteur voudrait peut-être retrancher. Pour ce faire, il doit expliquer clairement ses buts et ses objectifs. Par exemple, une histoire de vie peut avoir une allure assez décousue et déplaire à son auteur sous forme écrite. Pour le chercheur, la lecture ligne à ligne n'est qu'une façon d'aborder le texte, il peut être aussi intéressant d'étudier l'ordre des thèmes utilisés. Expliquer son point de vue n'est pas sans difficulté quand il s'agit de vulgariser, et il peut être bon de noter cette démarche afin que le lecteur puisse mieux évaluer l'authenticité du texte.

3. Un exemple : l'histoire de vie des retraités du chemin de fer

Présentons maintenant un exemple complet. Il s'agit ici d'un projet de recherche dont l'objectif était la formation de jeunes chercheurs en collaboration avec le Centre canadien d'études sur la culture traditionnelle du Musée national de l'Homme d'Ottawa[13]. Son but était d'étudier la nature et les fonctions des traditions populaires dans une société pluraliste, industrialisée et à faible profondeur historique. Une douzaine d'étudiants ont travaillé pendant deux stages d'été à recueillir une vingtaine d'histoires de vie.

Le choix des retraités des chemins de fer répondait au critère du C.C.E.C.T. mais, en plus, il permettait à des anthropologues formés à l'étude de communautés traditionnelles d'expérimenter leurs approches dans un contexte industriel. Le choix des retraités fut déterminé par la problématique anthropologique de départ : comment des ouvriers insérés dans des rapports techniques avec une machinerie lourde et au sein de rapports de production capitalistes développent leur identité de travailleurs par l'appropriation symbolique. En d'autres termes, on a voulu vérifier comment ces ouvriers concevaient leur univers et, plus particulièrement, comment ils avaient vécu le passage technologique du vapeur au diesel et comment leur identité s'en était trouvée modifiée. Le choix de retraités permettait, d'une part, d'avoir des informateurs assez âgés qui avaient bien connu le changement technologique et, d'autre part, de pouvoir se lier avec des gens susceptibles d'avoir assez de temps libre pour accepter plus d'une rencontre. De plus, comme ils habitaient une petite ville créée en fonction du développement du chemin de fer, on espérait retrouver une communauté riche en relations interpersonnelles.

---

13. Aujourd'hui *Musée des civilisations* situé à Hull.

Il n'est pas possible de reprendre ici l'exemple d'une autobiographie car, en général, ces documents couvrent plusieurs dizaines de pages. La collecte et la transcription ont suivi la méthodologie proposée dans les pages précédentes. Cependant, même si ces entrevues furent réalisées au domicile des informateurs, la présence continue des ethnographes sur le « terrain » a permis l'établissement de réseaux de relations beaucoup plus vastes que le seul rapport direct avec un informateur. En effet, chaque jour l'équipe de chercheurs se réunissait dans un local adjacent à celui où des groupes de retraités se récréaient, en particulier autour d'une partie de pétanque. Cette participation, quoique fluide, et les multiples occasions de conversations en dehors du contexte formel des entrevues, ont beaucoup contribué à établir un climat d'intérêt mutuel et de confiance favorisant l'échange de diverses informations. Élément nouveau, ce groupe de chercheurs fut identifié comme étant relié aux intérêts de la communauté plutôt que comme un élément purement extérieur, ce qui permit plus facilement de « briser la glace » d'une relation de recherche qui, en général, se prête difficilement aux confidences.

En tant que document de tradition orale, quatre des autobiographies furent éditées par Madeleine Lemieux sous le titre « Petit train va loin[14] ». Ces documents ont une valeur illustrative du cycle de vie des cheminots et du type de narration que sont ces histoires de vie sans toutefois qu'il soit possible d'en dégager une trame commune, comme ce fut le cas pour l'exemple des immigrants cité plus haut. Cette analyse de la forme des récits est complétée par des notes concernant les thèmes forts du discours. Cependant, ces thèmes sont développés et analysés pour eux-mêmes dans un autre volet de la recherche, visant à élaborer une anthropologie cognitive nécessaire à la connaissance des modes de pensée et des idéologies particulières au groupe.

Un étudiant en anthropologie de l'Université Laval (Michel Bégin) a analysé plus particulièrement ce genre d'étude. Pour ce faire, il a découpé les thèmes des autobiographies et des entrevues complémentaires afin d'analyser les divers paradigmes. Parmi ceux-ci, mentionnons les distinctions entre le travail sur un train vapeur et le travail sur un train diesel, entre les ouvriers sédentaires et mobiles, entre les trains de marchandises et de passagers, etc. À l'intérieur de ces axes, les formes d'organisation du travail, les innovations technologiques, les circonstances historiques (crise, guerre), les vocabulaires, les visions des rapports de production et des relations ethniques fournissent des clés

---

14. M. Lemieux, *Petit train va loin*, Ottawa, Mercure.

permettant éventuellement de comprendre comment l'identification au travail se transforme selon le développement des forces productives.

Ainsi, le lecteur peut imaginer comment la notion d'espace est particulière pour celui qui voyage sur un grand territoire, mais à l'intérieur du système contraignant du chemin de fer. De même, quelle est la notion du temps chez des gens enrégimentés par un appareil coercitif où les erreurs chronologiques peuvent être mortelles et dévastatrices? Ce n'est pas sans raison que le discours des cheminots fait souvent état du danger et de l'héroïsme des travailleurs. À un autre niveau, on découvre comment se traduit la relation technique à la machine : le train vapeur est conçu comme plus organique et le travailleur y jouant un rôle plus actif, contrôlant un objet en apparence vivant qui contraste avec un appareil informatisé où l'humain n'est plus qu'un rouage secondaire dans un système éventuellement automatisé.

Ce matériel autobiographique pourrait aussi servir d'histoire orale afin d'étudier le développement d'une petite ville de service créée par le chemin de fer et comparable à plusieurs autres agglomérations à industrie unique. De plus, plusieurs éléments conviendraient à une recherche gérontologique qui tenterait de saisir le caractère spécifique de la vie et des systèmes de support des personnes âgées dans le cadre de cette communauté ouvrière.

Afin de donner une idée plus précise de ce type de matériel, les quelques extraits qui suivent illustrent les thèmes des *conditions de travail*, et des *relations inter-ethniques*. L'auteur commence sa biographie en disant « je ne dirai pas "autant que je me souvienne" parce que je ne m'en souviens pas, mais je suis né en... le 4 juillet, 3 juillet 1921 à Charny ». Il raconte comment la maison paternelle fut construite et campe le contexte de son éducation et de son apprentissage technique. Puis, comment il est entré au service du Canadien National par des relations de son père, cheminot lui aussi. Il décrit ensuite comment il a appris son métier et discute de l'organisation du travail. Comme le disent les auteurs du rapport d'enquête, la narration est toute nuancée : « ... les trains déraillent mais ils déraillent soit le jour, soit la nuit, soit l'été, soit l'hiver. Les trains circulent en tous sens et à toute heure mais ils ont aussi un code numérique, un tonnage... ». Toutes ces nuances permettent de saisir la subtilité de ce savoir technique et l'admiration que porte l'auteur au métier de *dispatcher* qui maintient l'ordre dans cet ensemble et qui demande du sang-froid, de la mémoire et de la patience.

> Mais, par contre, il fallait être sur la "job" pour cinq heures, c'était important... parce que le "dispatcher", lui là, pour marcher sur les trains, il se fiait *uniquement* sur les O.S. (rapports) opérateurs. Si un

opérateur y rapportait un train, il... ah! il disait : "Il est réellement passé, là, réellement à cette heure-là". Mais si l'opérateur ne le rapportait pas, le train, là "Où est-ce qu'il est le maudit train. Est-il parti de Saint-Pascal? Est-il passé Sainte-Hélène?" Là, là,... puis là, il ("dispatcher") demandait : "Le quatre (4) est-il passé?"... Là, lui, sa "sonnette" (montrant son crâne) qui travaillait, tu sais, là... Ça fait que il savait plus quoi dire, là... Si tu disais : "Il est passé", là, là, lui il avait ses... ses ordres en conséquence, puis... Rapporter un train qui est pas passé, c'est dangereux en maudit!

Où en étions-nous, là! Ouais, le travail d'un opérateur de nuit, là, c'est... c'était pas facile. Comme j'explique un peu dans mon [inaudible] pour les employés de train [inaudible]... pour les employés de train, la lampe à l'huile, là, ça dégage une senteur, ça... puis, à part ça, la *lueur* d'une lampe à l'huile, as-tu déjà vu... as-tu déjà passé une veillée de lampe à l'huile, là, l'ancienne lampe à l'huile, là... c'est-y assez "dull"? O.K.! ça a un côté romantique pour... pour fumer un joint, je sais bien...

Mais pour travailler, là, là, pour lire ou "bedon" pour travailler, ça tire les yeux, surtout si t'as des... c'est un... voyons, une espèce de tendance à t'endormir, là... "Asteure", il y a le chauffage d'une fournaise, là, ça dégage un certain gaz, ça. Ça fouette pas le conscient bien bien!

C'était rien que ça, tout le temps, tout le temps! Tu sais, on connaissait pas la signification, on le vivait, tu sais, c'était en anglais! Toute la littérature, toute la papeterie, toutes les formules, tout était en anglais. Les ordres de train, le "standard rule", le règlement évidemment, le... les... la rédaction des ordres était en anglais. Ceux qui étaient un peu plus familiers avec l'anglais, ils avaient pas de misère avec ça, ils avaient un peu l'oreille à ça. Mais ceux qui l'avaient pas... il y en avait qui venaient de loin, tu sais, puis que l'anglais, là... ils travaillaient au "speedo" quasiment tous; ça fait qu'ils ont eu de la misère, ils ont eu de la misère...

Conclusion

La question de la signification épistémologique de l'utilisation de l'histoire de vie demeure un sujet controversé.

La méthode de l'histoire de vie réduit-elle les phénomènes socio-culturels aux particularités individuelles et s'éloigne-t-elle des sciences sociales pour tomber dans le psychologisme? En fait, il s'agit là du nœud de la principale critique formulée à l'égard de l'étude de l'histoire de vie, en ce sens qu'elle nous renseigne peut-être plus sur les individus que sur les sociétés. Comme chacun a sa trajectoire unique, il n'est pas possible de tirer quelque généralisation en se basant sur le récit de quelques-uns. Cette critique est d'autant plus pertinente que souvent les histoires de vie ne sont que des illustrations peu ou pas analysées.

La réponse à cette critique exige d'abord de bien situer l'apport possible de la méthode par rapport aux théories sociologiques au sens large. Aucune méthode n'est une panacée expérimentale et chacune doit être calibrée en fonction de sa problématique. Or, il semble évident que la méthode de l'histoire de vie permet de capter un noyau de phénomènes intercalés entre ce que l'on conçoit comme l'organisation socio-culturelle et la psychologie individuelle. En fait, l'expérience vécue est un phénomène psychosocial dont il faut définir les dimensions significatives.

Ce noyau est dynamique; les personnes participent à la fabrication de l'histoire et de la culture autant qu'elles sont modelées par elles. Les autobiographies fournissent du matériel significatif sur l'« appropriation symbolique[15] », c'est-à-dire sur la façon dont les personnes maîtrisent les significations de leur société tant sur le plan abstrait que sur celui des actions, des gestes et des comportements. Ce serait par cette « capacité de conférer du sens aux gestes nécessaires et de matérialiser les significations acquises que l'acteur devient sujet, auteur de ses actes et porteur d'identité ». En fait, c'est la *construction de cette identité* qui est le sujet de recherche sociale le plus significatif abordé par l'histoire de vie. Que ce soit dans les domaines de l'ethnicité, des rôles sexuels, des classes sociales, etc., les processus de construction de l'identité sont fondamentaux, aussi bien pour comprendre la nature des choses que pour saisir leur transformation.

Il n'en demeure pas moins que de nombreuses innovations sociologiques devront être développées pour exploiter à fond les documents d'histoire de vie, non seulement pour eux-mêmes mais aussi pour les informations socioculturelles qu'ils dévoilent.

Certains chercheurs valorisent la notion de « représentativité » qui peut être atteinte en construisant un microcosme idéal, des trajectoires typiques d'un milieu social, un idéal-type collectif au sens webérien. D'autres chercheurs valorisent la dimension « pertinence sociale » de l'histoire de vie qui permet au chercheur de s'insérer en tant qu'auditeur au sein de la culture du narrateur. Cette insertion est toutefois problé-

---

15. Voir Nicole GAGNON, « Données autobiographiques et praxis culturelle », dans *Cahiers internationaux de sociologie*, vol. 69, 1980, pp. 291-304, Nicole GAGNON, « On the Analysis of Life Accounts », dans D. BERTAUX, *Biography and Society*, Beverly Hills, Sage Publications, 1981, pp 47-60.

matique, car l'auditeur peut être amené à interagir de plus en plus avec le narrateur et d'autres intermédiaires. La relation entre le sujet qui prétend connaître l'autre comme un objet est transformée par un jeu de compréhension et de modifications mutuelles. Le résultat final découle d'une relation intersubjective de plusieurs voix qui fusionnent comme dans une chorale.

> Vincent Crapanzano[16] illustre la complexité de cette démarche polyphonique. L'auteur de cette histoire de vie est un marocain membre d'une secte qui communique par la transe avec des esprits. Il traduit son vécu par des métaphores fantasmatiques qui véhiculent et communiquent des expériences autrement innénarrables. Le chercheur ajoute ses commentaires à la transcription fidèle du texte, mais il invite également le lecteur à participer activement à l'interprétation. Cette démarche s'inscrit dans le cadre d'une approche particulièrement populaire en anthropologie actuelle qui se qualifie de postmoderne et qui réfléchit sur la traduction et l'interprétation interculturelle[17].

Cette opposition entre représentativité et pertinence de la méthode apparaît artificielle, car nul ne saurait prétendre arriver à une connaissance socioculturelle significative sans l'utilisation de plusieurs autres approches méthodologiques complémentaires qui permettent chacune de rendre compte de la réalité selon son point de vue particulier.

Enfin, le récit d'une vie peut-il avoir une fonction thérapeutique, un peu comme si l'auteur d'une biographie amorçait une sorte de psychanalyse? Cette idée est peut être juste en ce qui concerne le potentiel d'autocritique que recèle le récit de vie, mais les chercheurs en sciences humaines ne risquent-ils pas d'enfreindre les règles de la déontologie en jouant aux apprentis sorciers?

Bibliographie annotée

BERTAUX, Daniel, *Histoire de vies ou récits de pratiques? Méthodologie de l'approche biographique en sociologie*, Paris, Cordes, 1976, 224 pages.

BERTAUX, Daniel (dir.), « Histoire de vie et vie sociale » dans un numéro spécial des *Cahiers internationaux de sociologie*, vol. 69, 1980.

---

16. Vincent CRAPANZANO, *Tuhami. Portrait of a Moroccan*, Chicago and London, University of Chicago Press, 1980, 187 pages.
17. Voir G.E. MARCUS et Michael M.J. FISHER, *Anthropology as Cultural Critique. An Experimental Moment in the Human Sciences*, Chicago and London, University of Chicago Press, 1986, 205 pages.

BERTAUX, Daniel (dir.), *Biography and society : The Life History Approach in the Social Sciences*, Beverly Hiils, Sage Publications, 1981, 309 pages.

Ces trois ouvrages sont essentiels. On y discute tant de la théorie, de la méthodologie que de plusieurs études de cas. Le second contient une dizaine de contributions et le troisième, dix-sept.

BOURASSA, Jean, *Le travailleur minier, la culture et le savoir ouvrier : quatre analyses de cas*, Québec, Institut québécois de la culture, 1982, 76 pages.

Une courte étude qui indique comment poser le problème de la contribution de l'histoire de vie à l'étude du savoir ouvrier.

DESMARAIS, Danielle et Paul GRELL, *Les récits de vie. Théorie, méthode et trajectoires types*, Montréal, Éditions Saint-Martin, 1986, 180 pages.

POIRIER, Jean, S. CLAPIER-VALLADON et P. RAYBAUT, *Les récits de vie. Théorie et pratique*, Paris, Presses universitaires de France, collection « Le Sociologue », 238 pages.

Une vue d'ensemble de l'approche de l'histoire de vie et une présentation détaillée de l'enquête et de l'analyse.

Chapitre 13
Le groupe de discussion
Paul GEOFFRION

La conversation de gens d'esprit est plus logique que le livre d'aucun d'eux, parce que chacun est entraîné par tous les autres, que chacun est sans cesse ramené à ce qui excite la curiosité de tous, que chacun est appelé à produire ce qu'il sait plutôt que ce qu'il veut montrer.

SISMONDI

Introduction

Le groupe de discussion est une *technique d'entrevue qui réunit de six à douze participants et un animateur, dans le cadre d'une discussion structurée, sur un sujet particulier.*

Le perfectionnement des techniques d'animation de groupe et les nombreux avantages qu'offre le groupe de discussion en ont fait l'une des méthodes de recherche parmi les plus populaires en sciences sociales et en marketing. En fait, le groupe de discussion se prête à l'analyse d'une vaste gamme de problèmes. Il est aujourd'hui utilisé dans l'étude des comportements, des propensions à l'achat de produits, de concepts publicitaires, de l'image d'une organisation ou d'une entreprise, de politiques commerciales et sociales, etc.

1. Évaluation du groupe de discussion

1.1. Les avantages du groupe de discussion

Le groupe de discussion facilite la compréhension du comportement et des attitudes d'un groupe cible. Son efficacité résulte de ses nombreux avantages variés par rapport aux techniques de recherche quantitatives (tels les sondages) ou aux autres techniques de recherche qualitatives (telles les entrevues non directives). Les paragraphes suivants traitent de ces avantages, puis présentent quelques inconvénients de cette méthode de recherche.

Au chapitre des avantages, notons d'abord que *les questions sont ouvertes*. Le rôle de l'animateur est de présenter les sujets de discussion et les questions. Les participants sont ensuite entièrement libres de formuler leurs réponses et commentaires à leur gré. Ils ne sont pas limités à des catégories précises de réponses ou à des échelles progressives qui parfois conviennent mal à leur point de vue. Les participants peuvent donc prendre le temps nécessaire pour nuancer leurs réponses, énoncer les conditions d'un « oui » ou d'un « non », ou expliquer le pourquoi d'un « peut-être ». Ils peuvent présenter de nouveaux sujets et lancer la discussion sur une nouvelle voie. Cette flexibilité, contrôlée par l'animateur, génère une richesse de données qu'il est diffile d'obtenir par l'utilisation d'autres techniques.

Autre avantage : dans une discussion de groupe, l'animateur peut *vérifier si les participants ont une compréhension commune de la question posée*. L'animateur peut donc corriger le tir en reformulant la question. Dans un sondage, l'interviewer n'est souvent pas en mesure de juger du bien-fondé d'une réponse. Cette possibilité est encore plus forte lorsque les choix de réponses sont fournis au répondant.

Le groupe de discussion permet une *compréhension plus approfondie des réponses* fournies. Il est souvent plus important, en recherche, de comprendre les motifs d'une réponse que d'obtenir la réponse elle-même. C'est la différence entre savoir qu'un problème existe et comprendre pourquoi il existe. La solution doit nécessairement passer par ce deuxième niveau. Le groupe de discussion permet à l'animateur de sonder le pourquoi des réponses. Il peut ainsi obtenir des explications au sujet des réponses fournies, relever les expériences vécues qui ont contribué à former les opinions, élucider les émotions et les sentiments sous-jacents à certains énoncés.

Par une *interaction contrôlée entre les participants*, le groupe de discussion recrée un milieu social, c'est-à-dire un milieu où des individus interagissent. Ce contexte crée une dynamique de groupe où les énoncés formulés par un individu peuvent engendrer des réactions et entraîner dans la discussion d'autres participants. Les arguments présentés pour ou contre un point de vue peuvent aider certains participants à se former une opinion sur un sujet pour lequel ils n'avaient possiblement que peu d'intérêt auparavant. Tout comme dans la société, les participants changent parfois d'opinion en entendant les propos tenus par d'autres participants. Une bonne technique d'animation permet de déterminer les causes de changement d'opinions. Dans la même veine, un animateur peut juger du degré de conviction des participants par rapport aux opinions exprimées. Le groupe donne un sentiment de sécurité aux participants. L'ouverture démontrée par les uns invite la participation des autres. Il serait parfois impossible d'obtenir les mêmes confidences dans une entrevue en face à face.

Cette méthode requiert habituellement un *nombre réduit de participants*. Il est fréquent que la même personne planifie le projet de groupe de discussion, anime les groupes, analyse les discussions, prépare le rapport et en fasse la présentation. La personne capable de réaliser toutes ces étapes possède habituellement une vaste expérience. Cette expérience et le rôle de la même personne dans toutes les phases de la recherche assure un contrôle, une harmonie de pensée et, par conséquent, une qualité égale à toutes les étapes. Un sondage typique, par contre, exige la participation d'un chef de projet, d'un recherchiste, d'un responsable de terrain, des interviewers et d'un programmeur qui jouent divers rôles à diverses étapes de la recherche. Cette organisation crée nécessairement une distance entre les répondants et l'analyste. De plus, le maintien de normes de qualité élevées dans un sondage exige de grands efforts de coordination.

Dans le cas d'une recherche commanditée, la technique du groupe de discussion facilite la *participation du commanditaire* aux diverses étapes de la recherche. Le commanditaire est habituellement plus en mesure de comprendre et d'évaluer un guide de discussion qu'un questionnaire élaboré pour un sondage quantitatif. Il peut observer les discussions de groupes, écouter les propos des participants et mieux comprendre les conclusions de l'animateur. De même, il saisira souvent plus facilement l'essence du rapport de style descriptif du groupe de discussion que la présentation des résultats d'un sondage où abondent les colonnes de chiffres, les pourcentages et les mesures statistiques diverses.

Le groupe de discussion représente également une *méthode dont la flexibilité se manifeste à plusieurs niveaux*. La méthode d'entrevue est souple, et l'animateur peut à son gré étendre ou restreindre le cadre des discussions. Il peut spontanément changer l'ordre des sujets à discuter de façon à exploiter une nouvelle idée qui surgit spontanément. Il peut modifier son approche selon les caractéristiques du groupe. Le groupe de discussion permet aussi d'exploiter des situations spéciales. Par exemple, on peut fournir des explications sur un nouveau produit ou présenter un film. Certains sujets délicats tels des problèmes de santé ou de sexualité sont difficilement abordables en entrevue individuelle ou par sondage téléphonique, mais le groupe de discussion permet de traiter de ces sujets parce qu'on peut graduellement établir une atmosphère favorable à ce genre de discussion. Finalement, le groupe de discussion permet d'étudier certains individus que d'autres techniques ne peuvent rejoindre. C'est le cas des personnes illettrées et des enfants. Le groupe de discussion est une des rares techniques qui permettent d'étudier ces individus.

Finalement, cette méthode permet d'*obtenir des résultats rapidement*. Lorsqu'une situation urgente se présente, les groupes de discussion peuvent s'avérer la seule méthodologie pratique à employer.

1.2. Les désavantages du groupe de discussion

Comme toute méthode de recherche, les groupes de discussion comportent aussi certains désavantages dont voici quelques-uns.

La force de la recherche quantitative est que l'on peut extrapoler les résultats de l'échantillon à l'ensemble d'une population. Cette extrapolation est possible grâce au respect des principes d'échantillonnage aléatoire et à la mise en place d'une structure d'entrevue systématisée. Les groupes de discussion ne sont habituellement pas soumis aux mêmes principes en ce qui concerne le recrutement des participants et l'échantillonnage aléatoire. De plus, les groupes ne comptent qu'un nombre restreint de participants soumis à des entrevues foncièrement différentes. Par ailleurs, il est impossible dans une discussion de groupe de demander l'opinion de tous les participants sur toutes les questions posées. Il serait donc risqué de tirer des conclusions à partir de quelques commentaires non représentatifs de l'opinion de la majorité des participants. *Donc, les participants ne sont pas statistiquement représentatifs de l'ensemble de la population étudiée et le chercheur ne peut extrapoler les résultats à cette population.*

Un animateur peut involontairement influencer les résultats des groupes de discussion par ses opinions personnelles. L'animateur a le loisir de poser les questions selon son propre style et dans un ordre qui peut varier d'un groupe à l'autre. La façon de poser les questions et l'ordre de celles-ci peuvent influencer les réponses des participants. Les préjugés personnels de l'animateur peuvent aussi avoir un impact sur l'analyse et sur la rédaction du rapport. Un animateur peut par exemple donner plus de poids aux opinions qui correspondent à ses propres vues et minimiser l'importance des opinions contraires.

La *dynamique de groupe* peut avoir des effets négatifs. Certains participants peuvent être réticents à exprimer ce qu'ils pensent vraiment, surtout si les sujets traités sont délicats. Un participant pourra, volontairement ou non, donner un point de vue qui le valorisera aux yeux des autres participants plutôt que de communiquer sa véritable pensée. Certains participants auront tendance à se rallier à la majorité. Des individus qui ont plus de facilité à s'exprimer peuvent influencer les opinions du groupe de façon indue, s'ils ne sont pas bien contrôlés par l'animateur.

Nous sommes tous influencés par les gens que nous côtoyons. Le groupe de discussion tente de recréer un milieu social mais *ce milieu n'en demeure pas moins artificiel* (comme d'ailleurs la plupart des environnements de recherche quelle que soit la méthodologie). En effet, les participants ne se connaissent habituellement pas et ils sont soumis à un protocole formel. La composition du milieu social recréé ne correspond pas à celle des milieux naturels, ce qui soumet les participants à des influences qu'ils n'auraient pas subies en temps normal. Le groupe de discussion place aussi le participant dans un milieu centré sur une seule question alors que, dans l'environnement naturel, les stimuli sont nombreux.

Finalement, les résultats du groupe de discussion sont davantage ouverts à *l'influence du commanditaire*. Il est facile pour certains commanditaires peu expérimentés en recherche d'attacher une trop grande importance aux résultats de groupe. Cette tendance risque de se produire encore plus fréquemment quand les résultats des groupes coïncident avec l'opinion initiale du commanditaire. On peut en effet trouver dans les groupes de discussion, matière à soutenir plusieurs points de vue. Sans un soutien quantitatif, des décisions importantes risquent d'être prises à partir de données qui sont moins complètes ou moins représentatives.

1.3. La validité des résultats du groupe de discussion

Comme pour toute technique de recherche, la fiabilité des résultats du groupe de discussion peut être remise en question par une foule de facteurs, mais deux aspects sont particulièrement importants : 1) l'à-propos de l'utilisation de la technique pour un problème particulier et 2) la rigueur démontrée dans la réalisation de l'étude.

Il existe une règle fondamentale : *les recherches qualitatives donnent des directions tandis que les recherches quantitatives donnent des dimensions.* La méthode de recherche employée doit donc être adaptée au sujet d'étude. Les groupes de discussion permettent de comprendre les sentiments des participants, leur façon de penser et d'agir, et comment ils perçoivent un problème, l'analysent, en discutent. Les méthodes quantitatives quant à elles fournissent un portrait statistiquement représentatif des « quantités » caractéristiques d'une population, mais non le « sens » qu'on pourrait leur donner.

Selon la nature et l'importance de l'information recherchée, il peut être essentiel de contre-vérifier et de quantifier les résultats de groupes de discussion par une étude quantitative. La coïncidence des résultats des deux études diminuera substantiellement la probabilité d'erreur.

1.4. Quand utiliser les groupes de discussion?

Les groupes de discussion se prêtent bien à certains genres d'études et moins bien à d'autres. En général, on utilisera les groupes de discussion dans les situations où il est important de comprendre le « pourquoi » des choses. Voyons quelques domaines où le groupe de discussion est susceptible de bien répondre aux exigences de la recherche.

Toute la gamme des *comportements sociaux* peut être soumise à l'analyse par groupe de discussion : les comportements économiques, les attitudes par rapport à la famille, au travail, à l'implantation de complexes industriels, à certaines mesures de contrôle de la consommation d'un produit, etc. L'analyse des attitudes et des comportements par rapport à des sujets délicats tels le racisme, les agressions sexuelles, l'alcoolisme, la violence au foyer, peuvent faire l'objet de groupes de discussion. L'exemple de certains participants plus loquaces incite les plus taciturnes à parler de leurs propres expériences et à émettre leurs points de vue. Il est plus difficile de créer ce climat de confiance dans des entrevues individuelles.

Les *prétests de publicité ou de campagnes de promotion* regroupent les prétests de messages imprimés, télévisés et radiodiffusés; les affiches, les feuillets et les prétests d'emballage et d'étiquetage. Le groupe de discussion est très souvent utilisé pour étudier la réaction des consommateurs face à des concepts de nouveaux messages publicitaires, particulièrement au début de l'élaboration d'une campagne lorsque l'on désire explorer diverses possibilités. Le groupe de discussion offre la possibilité d'observer les émotions des participants face aux messages présentés. Les groupes se prêtent bien à l'analyse détaillée de tous les aspects des messages, soit la présentation visuelle, le message compris par les participants, les slogans, les signatures, la typographie, de même que l'impact du message sur l'image de l'entreprise, etc.

Les méthodes quantitatives seraient recommandées au stade où, après avoir effectué une étude par groupe de discussion, on désire établir un choix précis entre plusieurs approches retenues. Le sondage peut alors permettre de déterminer, sur une base statistiquement fiable, l'approche qui servira le mieux la stratégie de marketing.

Les groupes se prêtent également bien à l'*analyse de documents techniques* tels les guides d'impôts ou des brochures décrivant des services financiers. On y évalue le niveau de compréhension du document, la facilité de lecture, l'à-propos des exemples, les lacunes ayant trait à l'information, la mise en page, etc. On peut même procéder à une analyse détaillée de chaque section de la brochure.

Le groupe de discussion peut être fort utile à diverses étapes dans l'*évaluation de produits*. Il est recommandé de prétester un concept de nouveau produit au stade initial afin d'en relever immédiatement certaines failles soit au niveau de caractéristiques particulières ou de l'appréciation générale. Les informations obtenues peuvent ainsi servir à réorienter les activités de développement ou carrément les stopper. Après le lancement d'un produit, on peut analyser le processus de décision ayant mené à l'achat, le degré de satisfaction des utilisateurs, les problèmes rencontrés, la façon d'utiliser le produit, les facteurs qui motiveraient des achats subséquents, etc. On peut aussi utiliser les groupes pour déceler les causes des écarts entre les prévisions de ventes et les ventes réelles. Il est à remarquer que les produits évalués par des groupes peuvent être intangibles, comme des programmes éducatifs, des services financiers, des soins médicaux, etc.

La gamme complète des *relations entre une organisation et sa clientèle* peut être étudiée par l'entremise du groupe de discussion. On pense ici aux entreprises commerciales, aux gouvernements, aux syndicats, aux entreprises à but non-lucratif, etc. Leur « clientèle » peut comprendre les acheteurs de leurs produits et services, leurs employés, leurs fournisseurs, leurs actionnaires, etc. Les groupes de discussion peuvent aider à mettre au jour des problèmes d'image, de qualité du service offert, de satisfaction par rapport aux politiques existantes ou potentielles, etc.

Le groupe de discussion est utile pour *approfondir une question avant une étude quantitative* et pour comprendre la façon de penser ou de parler par rapport à un sujet. On utilise souvent le groupe de discussion avant un sondage pour saisir la dynamique dans laquelle se place les sujets d'enquête et les principales hypothèses à vérifier. Le groupe permet de déterminer certaines questions importantes à poser de même que le langage à utiliser pour poser ces questions. On utilise parfois le groupe de discussion pour prétester des questionnaires. Le groupe peut servir à raffiner la définition d'une attitude et contribuer à améliorer une échelle de mesure d'attitude.

À la suite d'une étude quantitative, le groupe de discussion permet d'établir les causes ou les sentiments sous-jacents à certaines des réponses obtenues ou carrément d'expliquer certains résultats.

2. La planification des groupes de discussion

Il est important de planifier soigneusement tout projet de recherche. Le groupe de discussion n'échappe pas à cette règle. Une bonne planification aide le commanditaire et l'animateur à préciser et à harmoniser leur pensée sur les objectifs de la recherche, les sujets à étudier, le genre de résultats désirés et l'utilisation des résultats. Le tableau suivant présente les principaux éléments du plan de recherche.

Éléments du plan de recherche

La mise en situation	Un aperçu du contexte dans lequel se situe le projet de recherche.
Les objectifs	Les raisons qui motivent la réalisation du programme de recherche.
Le contenu de la recherche	Une liste préliminaire des sujets qui seront abordés au cours de la recherche de même que de la population étudiée.
La méthodologie	La technique de recherche recommandée, la population à recruter, la structure des groupes, la stratégie de recrutement, une liste préliminaire des sujets discutés, et possiblement un aperçu du genre de rapport qui sera élaboré.
L'équipe	La liste des personnes qui participeront à ce projet et les responsabilités de chacune d'entre elles.
L'échéancier	L'établissement de chacune des étapes du projet et la date prévue de leur réalisation.
Le budget	Les coûts du projet.

Dans la planification du groupe de discussion, quatre thèmes retiennent l'attention : 1) le nombre de groupes, 2) la structure des groupes, 3) le lieu physique et 4) le guide de discussion.

2.1. Le nombre de groupes de discussion

Théoriquement, il serait souhaitable de tenir des groupes de discussion tant que ceux-ci apportent de nouveaux renseignements. En pratique, le nombre de groupes de discussion sera déterminé par divers facteurs.

Plus l'*impact économique* de l'information recherchée est grand, plus on voudra minimiser le risque d'erreur. Conséquemment, on aura tendance à augmenter le nombre de groupes et à en vérifier les résultats par d'autres méthodes de recherche comme les sondages.

De la même façon, l'*impact social* d'une décision a un impact sur le niveau acceptable d'incertitude et le nombre de groupes requis. Un gouvernement qui instaure un programme devra s'assurer de le concevoir de façon à ce qu'il réponde bien aux besoins des citoyens.

Si le *niveau actuel de connaissances* est faible, davantage d'efforts devront être investis pour obtenir un résultat également sûr.

Il est habituellement problématique de regrouper des populations dont les caractéristiques ou les comportements sont très divergents. Ceci implique que le nombre de groupes requis augmentera en fonction du *nombre de sous-populations pertinentes à la recherche*. Parmi les facteurs qui devraient commander des groupes distincts, mentionnons 1) le profil socio-économique (des participants ayant un faible revenu ou peu d'instruction seront possiblement mal à l'aise dans un groupe de personnes plus instruites ou mieux nanties); 2) l'âge (les jeunes seront moins enclins à exprimer une opinion contraire à celles de leurs aînés sur certains sujets); 3) le sexe, parfois (certains sujets se prêtent mal aux groupes réunissant hommes et femmes tels la prévention de maladies transmises sexuellement, les besoins en services d'aide); 4) les liens d'autorité (il faut éviter de former des groupes comprenant des personnes de divers niveaux hiérarchiques lorsque, par exemple, on veut étudier le comportement des membres d'une organisation); 5) le territoire géographique (les mentalités peuvent varier d'une région à l'autre); 6) la langue.

Le *budget* est une contrainte incontournable. Aucun individu ni aucune organisation ne possède des budgets illimités. Il est important de se concentrer sur les segments qui sont susceptibles de fournir les renseignements les plus pertinents.

2.2. La structure du groupe

Trois questions retiennent l'attention en ce qui a trait à la structure du groupe de discussion : le recrutement des participants, le nombre de participants et le choix des participants.

Le *recrutement des participants* est une des tâches du processus de mise en place du groupe de discussion. Au cours de cette étape, le responsable du groupe s'assure du concours d'individus pertinents au thème de la recherche. L'animateur du groupe est responsable de bien établir avec le commanditaire les critères de sélection des participants. Il est bon de choisir les participants dans la plus vaste population possible pour assurer une grande diversité d'opinions et d'expériences, tout en maintenant une certaine homogénéité dans le groupe. De plus, il faut s'assurer que les participants aient la capacité de discuter du sujet visé à l'intérieur des paramètres désirés. Ils doivent donc avoir l'expérience, les connaissances ou tout simplement la capacité intellectuelle ou physique pour bien comprendre les questions, manipuler les produits et participer aux discussions.

La question du *nombre optimal de participants* est très importante. Un grand groupe requiert plus d'intervention de la part de l'animateur. Ces groupes offrent moins de latitude aux participants pour s'exprimer. Frustrés de ne pouvoir émettre leur opinion, ils auront tendance à discuter avec leur voisin. Ceci nuit évidemment à la synergie du groupe et fait perdre des renseignements importants. Par contre, avec peu de participants, les opinions sont moins diversifiées. Si quelques-uns des participants sont peu loquaces, la discussion sera lente et pénible. L'animateur risque d'être placé dans une situation où il doit continuellement poser de nouvelles questions afin de stimuler la discussion. L'équilibre entre ces facteurs semble être atteint dans les groupes composés de huit ou neuf participants. Pour s'assurer de ce nombre, on recrute habituellement de dix à douze personnes par groupe. On s'attend en effet à ce qu'environ 20 p. 100 des individus recrutés se désistent au dernier moment. Certaines situations militent en faveur de groupes plus petits : par exemple, lorsqu'on réunit des spécialistes pour étudier un document technique, un groupe de cinq ou six participants permet à chacun de s'exprimer sur toutes les sections du document.

Certains types d'*individus doivent être exclus*. Les *personnes qui se connaissent* causent des problèmes particuliers : leurs opinions sont plus homogènes; leurs liens peuvent les inciter à modifier leurs propos de façon à épater un ami ou à ne pas le contredire; un sujet délicat peut les indisposer davantage que s'il s'agissait de se confier devant des étrangers. Pour ces mêmes raisons, on évite également de recruter des personnes connues de l'animateur. Les *participants uniquement attirés par les cachets* offerts ont tendance à répondre en fonction de ce qu'ils croient que l'animateur désire entendre. Ils peuvent aussi vouloir jouer à l'animateur, ce qui cause des pertes de temps et crée des inconvénients. Le questionnaire de recrutement et les mesures de contrôle doivent voir à les exclure. Les *professionnels* travaillant dans des maisons de recherche, dans des agences de publicité ou dans un domaine connexe à celui étudié sont exclus du groupe de discussion, à moins que les besoins du projet nécessitent leur participation.

2.3. Le lieu physique

Les salles prévues pour la conduite des groupes de discussion offrent plusieurs avantages. Elles sont dotées d'un miroir à double sens qui permet au commanditaire de voir la discussion sans gêner les participants ou l'animateur. Ces salles sont équipées d'un bon système d'enregistrement qui facilite l'écoute des bandes durant la phase d'analyse, d'aires de réception et d'attente pour les participants, d'hôtesses, etc. Les bonnes salles de groupes présentent certaines caractéristiques supplémentaires. Le décor est sobre et offre peu d'éléments qui pourraient distraire les participants. La salle comporte des supports audiovisuels pour fins de présentation. Le système acoustique isole des bruits provenant de l'extérieur de la salle.

La plupart des animateurs préfèrent regrouper les participants autour d'une table de conférence, ce qui offre plusieurs avantages : 1) les participants sont tous à la même hauteur; 2) la table fournit une certaine protection psychologique; 3) du côté pratique, la table fournit un espace où déposer jus et café. Elle offre de plus une surface de travail lorsque les participants ont à manipuler des questionnaires individuels ou d'autres documents.

Lorsqu'une salle spécialisée n'est pas disponible, il est bon de limiter le nombre d'observateurs à deux ou trois. Ceux-ci seront assis à une petite table mise en retrait à l'arrière de la salle, à l'opposé de l'animateur. Les participants seront moins intimidés puisque la conversation sera plutôt dirigée du côté de l'animateur que de celui des observateurs. On peut aussi louer deux salles adjacentes. Les observateurs peuvent suivre la discussion au moyen d'une caméra vidéo et d'un écran de télévision.

2.4. Le guide de discussion

Le guide de discussion est très différent du questionnaire de sondage. Ce dernier comporte des questions précises et ordonnées à réponses brèves et catégorisées. Le guide de discussion résume les principaux thèmes de discussion — plutôt que de faire la liste complète de tous les sujets qui pourraient être abordés — et indique l'ordre provisoire et la durée approximative de la discussion sur chaque sujet. Le guide sert de repère général afin d'éviter que des sujets importants ne soient omis lors de la discussion, mais il ne doit pas inhiber la spontanéité des répondants ou limiter la flexibilité de l'animateur. Celui-ci doit être prêt à réagir à de nouvelles situations en posant des questions qui permettront, par exemple, d'explorer un sujet intéressant mais imprévu. Comme la durée d'un groupe de discussion est habituellement de une heure et demie à deux heures, il faut donc bien évaluer le nombre de sujets qui pourront être discutés au cours de cette période. Il n'est pas efficace d'écourter la discussion sur un sujet important à cause d'un plan trop chargé.

Le groupe de discussion est normalement structuré en trois temps. La *phase d'introduction* sert à briser la glace. L'animateur souhaite la bienvenue et explique aux participants le déroulement du groupe de discussion. Il explique aux participants la raison de l'enregistrement (audio ou vidéo) de même que la présence des observateurs. Il fait remarquer que dans un groupe de discussion, il n'y a pas de bonnes ou de mauvaise réponses et que toutes les opinions l'intéressent. Il est bon d'amorcer la discussion en demandant aux participants de fournir quelques renseignements sur eux-mêmes tels le genre de poste qu'ils occupent et le milieu familial où ils vivent.

Lors de la discussion, on interpellera les participants par leur prénoms. Une bonne technique à utiliser est de placer un carton de 5×8 pouces plié en forme de tente devant chaque participant. Ils y inscrivent leur prénom au crayon feutre des deux côtés. Ces cartons sont toujours visibles (contrairement aux épinglettes) et l'animateur n'a pas à consulter une liste (inévitablement égarée) pour inviter une personne à répondre. Les cartons facilitent les discussions des participants entre eux.

Le premier sujet abordé dans la *phase de discussion* vise à « réchauffer l'atmosphère » et à diminuer les tensions, normales entre des étrangers mais improductives. On choisira donc un sujet relativement facile qui pourra n'avoir qu'un lien très indirect avec les buts de la recherche. La période de « réchauffement » dure environ dix minutes. On passe ensuite des sujets généraux aux sujets plus précis ou plus délicats. Par exemple, lors d'une étude sur les chèques de voyage, on peut commencer la discussion par l'utilisation de ce produit, puis discuter des différentes marques de chèques pour en arriver à une discussion sur une marque précise. Dans la même veine, on discutera en premier des expériences et des comportements parce que les participants ont plus de facilité à s'exprimer sur ces sujets. On terminera par les attitudes, les sentiments et tout aspect de la discussion qui pourrait demander une plus grande réflexion.

En guise de *conclusion*, on réserve une période de dix minutes à la fin du groupe pour consulter le commanditaire et vérifier s'il a des questions supplémentaires. Il ne reste plus qu'à remercier les participants pour leur contribution au groupe.

Comme il a été mentionné plus tôt, le guide ne peut contenir toutes les questions qui pourraient être posées aux participants. Cependant, il est bon de préparer une liste de questions organisées en une séquence naturelle et logique. Ceci est particulièrement important lorsque le sujet est délicat ou lorsque l'animateur a moins d'expérience avec un sujet. L'animateur mémorisera ces questions et pourra les utiliser durant la discussion. Il mémorisera aussi les principales composantes de son guide de discussion. Cette approche lui donnera une plus grande aisance dans l'orchestration du groupe et le rendra plus apte à saisir les occasions offertes tout au long de la discussion.

3. L'animation

L'animateur du groupe de discussion a une tâche d'autant plus exigeante qu'il est le pivot du déroulement de la rencontre. Il est donc nécessaire de s'étendre sur l'animation du groupe de discussion, ses principes et ses techniques. Nous traiterons du rôle de l'animateur, des différents styles d'animation, des types de questions et des techniques d'animation.

3.1. Le rôle de l'animateur

Nous traiterons dans les prochaines pages du rôle central que joue l'animateur dans une discussion de groupe.

L'atmosphère la plus productive pour un groupe de discussion est caractérisée par l'ouverture, la participation, l'échange et la recherche de la réussite dans l'effort de groupe. Cependant, la société conditionne les individus à dissimuler leurs sentiments, surtout devant des inconnus. Une trop grande ouverture est vue comme une intrusion, particulièrement lorsque l'on s'attend à la réciprocité. Dans les relations interpersonnelles, une trop grande honnêteté risque d'offenser et a plus souvent des conséquences négatives que positives. L'animateur doit chercher à atténuer ces conditionnements pour permettre aux participants de dévoiler certaines de leurs émotions et attitudes. L'animateur doit créer un environnement permissif et confortable, où des interdépendances se créent et où chacun désire contribuer à la discussion.

Certaines approches favorisent l'atteinte de ce but. L'animateur doit faire preuve d'une *attention soutenue* et exprimer subtilement son *désir de comprendre*. Dans le cas contraire, les participants reconnaîtront rapidement une certaine nonchalance et conclueront à l'artifice du groupe. Les participants doivent sentir que leurs *propos sont appréciés*. L'animateur doit faire sentir aux participants qu'il a besoin de leur point de vue. Les participants seront alors plus enclins à exprimer leur propre opinion. Les participants doivent avoir pleinement confiance en la *neutralité de l'animateur*. Ils doivent sentir qu'ils peuvent exprimer leur opinion, même si elle est contraire à celle précédemment exprimée. Pour arriver à cette fin, l'animateur clarifiera sa position de stricte neutralité dès le début de la rencontre; il invitera les opinions contraires tout au long de la discussion; et il n'influencera pas la discussion en démontrant même subtilement ses préférences personnelles ou en émettant des signes d'approbation ou de désapprobation.

La relation entre l'animateur et les participants influence considérablement la productivité de l'atmosphère du groupe. De par sa position officielle dans le groupe, l'animateur est automatiquement placé dans une position d'autorité qui lui permet de décider du déroulement des discussions et même de contrôler certains des participants qui peuvent poser des problèmes. Un certain doigté est cependant nécessaire. L'exercice de cette autorité doit être souple, agréable et subtil. Il est préférable de guider doucement les participants plutôt que d'exercer une autorité imposante.

Le but de l'animateur n'est pas de développer des liens d'amitié avec les participants. Cette situation risquerait d'inciter les participants à n'exposer que les points de vue qu'ils perçoivent comme désirés de l'animateur. L'atmosphère du groupe risquerait de plus d'être trop joviale, nuisant ainsi au sérieux nécessaire à une discussion fructueuse.

3.2. Les styles d'animation

Comme Harpagon a été rendu de diverses façons par des acteurs différents, le rôle d'animateur peut être joué de bien des manières. Le style d'animation est un aspect très personnel du travail de l'animateur.

On catégorise les styles d'animation de groupe en deux catégories : le style directif et le style non directif. Un animateur de *style directif* aura tendance à intervenir de façon plus constante dans le processus de groupe. Il posera un grand nombre de questions et contrôlera la discussion pour qu'elle ne dévie pas du sujet. Les sujets sont présentés selon un ordre prédéterminé. Ce style favorise la discussion sur les questions importantes de la recherche. Un animateur de *style non directif* présente les sujets, s'assure que la conversation ne dévie pas trop des objectifs de la recherche et laisse le maximum de latitude aux participants dans l'orientation des discussions. Ce style favorise la discussion sur les questions importantes pour les participants.

Quel style adopter? Le meilleur style est celui qui correspond le mieux à la personnalité de l'animateur. Cependant, un bon animateur fera preuve de souplesse et saura modifier son approche selon les circonstances. Le style directif est plus efficace quand il y a un grand nombre de sujets à traiter ou lorsqu'on doit explorer plusieurs composantes d'un même sujet. Ce style devient nécessaire, par exemple, dans l'analyse d'un document assez élaboré ou lorsqu'on désire analyser de nombreux problèmes avec un programme. Le style non directif est plus approprié dans le cas d'une recherche exploratoire, lorsque l'on désire établir de nouvelles hypothèses, des idées ou des bases stratégiques. Il est aussi recommandé lorsqu'on traite de sujets émotifs. On peut même à l'intérieur du même groupe varier les styles. On peut commencer la discussion de façon non directive afin d'explorer les attitudes et les expériences passées par rapport au sujet, pour ensuite devenir directif dans l'analyse de problèmes particuliers.

L'animateur doit toujours garder en tête que la recherche a un but précis. Il doit contrôler les conversations, jusqu'à un certain point, pour s'assurer d'obtenir les renseignements nécessaires à la réalisation des objectifs de la recherche à l'intérieur de la courte période allouée à un groupe de discussion. Par contre, l'animateur doit exercer ce contrôle sans limiter l'expression d'idées productives par les participants.

3.3 Les questions

L'animateur cherche habituellement à comprendre ce qui motive les participants. Il doit déceler comment les émotions influencent le comportement. S'il ne s'agissait que de mesurer le comportement, il procéderait par sondage. Cependant, les gens analysent rarement leurs propres sentiments par rapport à un produit, un message ou une situation. Dans un groupe de discussion, ils auront donc tendance à répondre aux questions de façon logique plutôt qu'émotive. Inciter les gens à révéler leurs émotions exige beaucoup de doigté dans la façon de formuler les questions et de les poser.

La première règle à respecter dans la formulation des questions est la *simplicité* : il est crucial que les questions soient comprises des participants. L'animateur choisira donc son langage en fonction de son auditoire. Il faut aussi ne poser qu'une seule question à la fois et s'assurer que celle-ci ne couvre qu'un aspect du sujet. L'animateur doit être prêt à reformuler une question s'il réalise que les participants n'en comprennent pas le sens.

Les *questions ouvertes* laissent au participant la plus grande latitude possible pour répondre selon sa propre expérience. Les questions très larges permettent de révéler et d'explorer certains aspects inattendus d'un sujet. L'animateur n'utilisera pas de questions fermées ou précatégorisées, plus appropriées dans le cadre du sondage.

Pour éviter les réponses monosyllabiques (« oui » ou « non »), les questions doivent *inviter au développement*. Ceci évite d'avoir à relancer le participant pour obtenir les raisons motivant sa réponse et favorise la participation des autres membres du groupe.

Il faut éviter de créer des tensions dans le groupe en posant des *questions accusatrices* qui risquent de mettre les participants sur la défensive ou de les rendre agressifs. Les réponses pourraient en être faussées, ce que l'animateur ne sera pas toujours capable de déceler.

Il est souvent nécessaire d'inciter les participants à *aller au-delà de la réponse initiale*. On a avantage à relancer l'ensemble des participants plutôt que celui qui a émis l'énoncé. Explorer tous les aspects d'un sujet signifie inviter les participants qui pourraient avoir des opinions contraires à les exprimer sans créer de tensions ou de conflits entre les participants.

Les *questionnaires de type sondage* ne doivent pas être utilisés durant les groupes de discussion pour quantifier des résultats. Tel que nous l'avons mentionné dans la première partie de ce chapitre, on ne peut tirer d'inférence statistique à partir de groupes de discussion, peu importe le nombre de groupes. Par contre, le questionnaire peut servir au début de la rencontre pour obtenir l'opinion des participants avant qu'ils ne soient influencés par le groupe. Une fois leur position émise par écrit, les participants auront moins tendance à adopter une opinion contraire; l'animateur peut juger du degré de résistance de l'opinion et analyser les arguments qui contribuent à changer l'opinion initiale. Le questionnaire aide aussi les participants à se rappeler de leurs expériences passées, à se concentrer sur le sujet et à réfléchir aux différents aspects qui seront abordés. La discussion en sera enrichie et la période de réchauffement raccourcie.

L'utilisation de questionnaires dans un groupe comporte cependant des inconvénients. Utilisé en cours de rencontre, même si cette pause peut être utile pour réorienter la discussion, le questionnaire brise la synergie qui aurait pu s'installer dans le groupe. De nombreux questionnaires risquent d'ennuyer les participants. Il est bon dans certains cas d'expédier des documents aux participants avant la rencontre, tels que des documents assez volumineux ou un questionnaire à compléter avant la réunion.

La technique du *tour de table* est utile pour établir les caractéristiques de chaque participant de façon à diriger les questions vers les plus concernés. On l'emploie aussi lorsqu'il est nécessaire d'obtenir l'opinion de tous les participants sur un sujet important. Il faut cependant en limiter l'utilisation. La discussion de groupe ne doit pas se transformer en une série d'entrevues individuelles. Il n'est pas recommandé de prendre des votes par rapport à des options dans le but de compiler des indices de préférence, sauf dans les cas où l'on désire simplement obtenir la force relative de diverses options ou constater s'il y a changement d'opinion. Notons encore une fois que les résultats obtenus par ces votes ne sont pas indicatifs des résultats qui seraient obtenus de l'ensemble de la population.

3.4. Les techniques d'animation

Il existe un certain nombre de techniques d'animation qui sont utilisées dans le cadre des groupes de discussion. Elles concernent l'interaction avec les participants, la gestion de certains types de participants et la gestion du temps. Fondamentalement, l'animateur doit garder la plus stricte neutralité. Il doit constamment surveiller ses techniques d'animation pour ne pas enfreindre ce principe.

Un animateur peut respecter le principe de neutralité dans la formulation de ses questions, mais le trahir inconsciemment par son langage corporel. Il pourrait, par exemple, balancer la tête de haut en bas comme signe d'approbation, récompenser une certaine réponse d'un sourire ou présenter un regard perplexe ou indifférent devant des propos

---

Techniques inappropriées d'influence des réponses

Émettre des mots d'encouragement tels que « c'est bien », « excellente idée », etc. Il est préférable d'utiliser des mots à consonance neutre tels que : « uh huh », « oui ... oui », etc.

Démontrer une certaine impatience devant les points de vue qui déplaisent.

Étendre la discussion sur les points de vue concordant avec l'opinion de l'animateur et l'écourter sur les points de vue discordants.

Solliciter des opinions contraires lorsqu'un participant présente un point de vue discordant et éviter de le faire pour les opinions concordantes.

Demander aux participants les plus susceptibles d'avoir une opinion concordante de parler en premier afin de lancer le débat à partir d'un point de vue apprécié.

Reporter à plus tard les discussions sur les sujets qui plaisent moins à l'animateur ou couper la parole à un participant qui exprime de tels propos.

---

discordants, démontrer des signes d'impatience (en tambourinant des doigts, par exemple) devant des propos discordants, etc.

Le contrôle des participants

Certains types de personnes peuvent nuire au bon déroulement du groupe de discussion. Afin d'éviter de compromettre le processus de recherche, on doit maîtriser ces situations rapidement, mais avec tact.

Par exemple, un participant peut devenir un *expert* parce qu'il est plus instruit que les autres participants, en raison de sa situation sociale, de son expérience professionnelle ou d'un passe-temps relié au sujet discuté. La présence de cet expert aura tendance à inhiber les autres participants. On contrôle « l'expert » qui insiste pour démontrer ses connaissances en offrant la parole à quelqu'un d'autre, en demandant une opinion contraire après un énoncé de l'expert, en suggérant de discuter une opinion contraire, en indiquant aux participants qu'ils sont tous des experts et que l'opinion de chacun compte, etc.

Un *parleur* est une personne qui saute sur toutes les occasions pour prendre la parole et qui empêche les autres participants d'exprimer leur opinion. On le contrôle en évitant le contact avec ses yeux, en posant les questions aux autres participants, en répétant que l'opinion de chacun compte et que l'équité commande que tous aient le droit de parole.

Un bon recruteur devrait s'abstenir d'inviter à un groupe, des personnes susceptibles d'avoir de la difficulté à s'exprimer devant des étrangers, des *timides*. S'ils échappent à ce contrôle, on devra tenter d'accroître leur participation en leur demandant de répondre à l'occasion, en maximisant le contact visuel, en leur demandant gentiment d'expliquer certaines de leurs réponses ou en faisant quelques tours de table au début de la réunion lorsqu'on s'aperçoit que deux ou trois participants sont timides.

Il semble parfois impossible de provoquer une discussion dépassant les réponses monosyllabiques : on parle alors de *groupe léthargique*. On peut alors poser des questions dramatiques ou aborder des sujets très controversés, même s'ils n'ont pas de lien direct avec les buts de la recherche, prendre une pause et laisser les participants discuter entre eux quelques minutes, leur demander carrément pourquoi ils semblent ne pas vouloir émettre d'opinion sur le sujet, etc. Dans certains cas, on réalisera que les participants ne sont pas en mesure de discuter du sujet. Il faudra dans ce cas tout simplement annuler le groupe.

Certaines techniques

Il est souvent utile d'employer certaines techniques pour aider les participants à exprimer leur opinion sur des sujets abstraits. Les techniques de base sont décrites dans le prochain tableau. Certains animateurs aiment employer des techniques plus élaborées telles que les techniques projectives qui incluent l'interprétation de taches d'encre, des bandes dessinées dont le participant doit compléter les textes, les jeux de créativité, les jeux de rôles, etc. L'emploi de ces techniques demande une formation spécialisée. De plus, certaines d'entre elles sont controversées. L'interprétation des résultats en est complexe et sujette à erreur. Le commanditaire a habituellement plus de difficulté à suivre et à comprendre le processus. C'est pourquoi elles sont peu utilisées dans les groupes de discussions.

Techniques d'animation	
La personnification	On demande aux participants d'imaginer qu'une organisation ou un produit est un être humain ou un animal, puis de le décrire. Par exemple, pour une institution financière, on comprendra vite la différence entre un mouton et un lion.
Le regroupement de marques	On présente aux participants divers produits de catégories différentes et on leur demande de les regrouper. Par exemple, un parfum que l'on classe avec les Jaguar et les BMW a certainement une image différente qu'un parfum placé avec les Toyota et les Honda.
Les associations de portrait	On demande aux participants de choisir des photos qui représentent le mieux la clientèle d'un établissement.
Le *mapping*	Grâce à un bref questionnaire que l'on soumettra à un traitement informatique spécialisé, on peut établir et présenter visuellement le positionnement de certains produits ou services par rapport à des qualificatifs.

La gestion du temps

Les groupes de discussion durent en moyenne de une heure et demie à deux heures, pour des raisons pratiques. Au-delà de cette limite, la fatigue des participants rend plus difficile l'animation du groupe. De plus longues sessions rendent aussi le recrutement des participants plus difficile. Donc, l'animateur doit bien gérer le temps dont il dispose.

Il faut, dans la mesure du possible, éviter les coq-à-l'âne. Lorsqu'un sujet de grand intérêt est en discussion et qu'un des participants en aborde spontanément un nouveau, l'animateur doit intervenir. L'animateur doit juger quand un sujet est épuisé; il passe alors à un nouveau sujet. Quand le programme est chargé, il est utile d'indiquer le temps approximatif accordé pour chaque sujet sur le guide d'entrevue afin que l'animateur ait spontanément certains repères.

4. L'analyse

4.1. Les niveaux d'analyse

On peut faire l'analyse des résultats de groupes de discussion à quatre niveaux différents. Plus un animateur effectue son analyse de façon méthodique à chacun de ces niveaux, plus grands seront les bénéfices. On distingue : ce que les participants ont dit; ce que cela veut vraiment dire; l'impact sur le sujet d'analyse; et les options de stratégie.

Il n'y a que deux façons d'obtenir un exposé détaillé de tous les *propos tenus par les participants* durant les réunions : obtenir une transcription des bandes sonores ou réécouter les bandes. La transcription offre l'avantage d'économiser le temps de l'animateur. La réécoute des bandes permet à l'animateur de saisir les subtilités des discussions telles que l'enthousiasme dans la formulation des opinions et parfois, de mieux situer qui a pris quelle position. Malheureusement, certains animateurs en restent à ce premier niveau d'analyse. Le rapport qui en résulte n'est guère plus qu'une transcription organisée des conversations. C'est le niveau primaire.

Il peut y avoir des écarts considérables, ou du moins des nuances importantes, entre ce que les participants ont dit et la *signification réelle de leurs propos*. Un bon animateur va au-delà des paroles pour comprendre les réactions et leurs causes. Un foule de facteurs sont à considérer dans l'analyse des résultats.

- *Les causes des réactions.* Les participants fournissent de multiples réponses aux questions posées. Une bonne analyse explique pourquoi les participants répondent de cette façon; quelles émotions ils ressentent par rapport à la situation proposée; pourquoi ils ressentent ces émotions; et quelles expériences vécues peuvent expliquer ces réponses.

- *Les changements d'opinion.* Il arrive, au cours d'une discussion, que les participants changent d'opinion ou émettent une opinion différente de celle énoncée dans un questionnaire individuel. Un rapport complet établit les causes de ces revirements.

- *Les opinions minoritaires.* Comprendre les objections formulées par un ou deux participants peut permettre de réajuster une stratégie pour tenir compte de ces freins ou de clarifier les réactions de minorités actives.

- *La déduction.* Les intentions déclarées de comportement sont rarement des indicateurs fiables. Il est souvent préférable de vérifier le degré d'intérêt, l'enthousiasme et le degré de conviction.

- *L'émotif versus le rationnel.* Les décisions réelles se prennent souvent de façon impulsive. En conséquence, les réponses fournies spontanément ont une valeur différente de celles résultant d'une série de questions posées par l'animateur. L'intensité des émotions vécues par les participants est une donnée importante. Les participants discutent-ils d'un sujet aisément ou en sont-ils embarrassés? Une question provoque-t-elle des réactions d'anxiété, de colère, d'indifférence, d'excitation, d'ennui?

- *Le niveau d'expérience du participant.* Les opinions émises n'ont pas toutes la même valeur. L'analyste privilégiera les rapports d'expériences directes aux affirmations générales qui ne sont pas enracinées dans le vécu des participants.

- *Le degré d'importance.* Il est difficile de déterminer l'importance de divers facteurs dans une décision individuelle. À l'intérieur d'un groupe de discussion, cette évaluation n'est pas plus aisée. Plutôt que de se centrer sur les opinions directement émises, l'analyste peut parfois déceler l'importance d'un sujet en écoutant le genre de questions posées par les participants.

- *Le langage non verbal.* Les réactions physiques des participants sont indicatives de leur attitude envers les propos des autres participants. Sourire, balancement de tête, mouvement de chaise, bâillement, regards distraits, conversations parallèles : un bon animateur porte une attention constante à ces signes et sait les interpréter.

Faire le lien entre les propos tenus par les participants, les observations de l'animateur et les *objectifs de la recherche* demande un esprit analytique et logique, une évaluation systématique et objective de toutes les données, et beaucoup de réflexion. L'animateur se pose constamment la question suivante : « Quel est l'implication de cet énoncé en fonction des objectifs de la recherche? » Il doit donc établir les risques associés à certaines options, les forces et les faiblesses des possibilités étudiées, le degré de réceptivité des participants aux arguments présentés, etc.

La formulation de *recommandations stratégiques fermes* est une tâche délicate, car l'animateur possède rarement toutes les données nécessaires pour le faire. C'est pourquoi on parle plutôt d'options de stratégies qui pourront être étudiées en détail par le commanditaire. Mais le fait d'ouvrir la piste donne une valeur accrue au rapport. Évidemment, ces considérations sont moins importantes dans le cas d'une recherche théorique uniquement centrée sur l'acquisition de connaissances.

Habituellement, l'animateur devra se fier à deux sources pour établir des options de stratégie : les résultats des groupes et son expérience personnelle. Certaines idées nouvelles peuvent être émises. Il faut porter une attention constante durant les rencontres et durant l'écoute des bandes d'enregistrement pour repérer les bonnes idées. L'attention portée pendant plusieurs jours aux sujets des groupes de discussion permettra parfois à l'animateur, grâce à son imagination et à sa créativité, de concevoir des options de stratégie. L'expérience de l'analyste pourra lui suggérer des analogies, mais le sujet devra tout de même être traité en fonction de sa valeur propre.

4.2. Une technique exhaustive d'analyse

Une analyse complète et détaillée des groupes de discussion requiert cinq étapes. D'abord, on note rapidement après chaque groupe certaines *réactions initiales*, certains points clés de la discussion, particulièrement ceux qui ne pourront pas être repris en écoutant les bandes d'enregistrement tels, par exemple, les réactions non verbales à certains propos, le degré d'émotivité ressenti, l'aisance des participants, etc. L'animateur *écoute ensuite les bandes* d'enregistrement. Il regroupe par sujet les commentaires pertinents et ses observations. Il note aussi les énoncés représentatifs de l'opinion des participants afin de les présenter dans son rapport. L'analyste *compare et analyse*, pour chacun des sujets, les observations obtenues de chaque groupe de discussion, note les tendances principales, les différences entre les groupes, les opinions minoritaires, etc. Il est alors en mesure de rédiger son rapport sur ce sujet. Après la rédaction du premier jet de son rapport, l'animateur se donne une *période de recul* de trois ou quatre jours. Cette période lui permet souvent de découvrir de nouvelles tangentes relativement aux résultats présentés. Après quoi, l'analyste peut procéder à la *rédaction finale* de son rapport.

Conclusion

On a pu constater à la lecture de ce chapitre que l'animation et l'analyse des groupes de discussion est un processus complexe. Les bons animateurs ont une formation solide et possèdent plusieurs années d'expérience. Les bons animateurs possèdent *un bon jugement* pour aiguiller la discussion en cours de rencontre selon le déroulement des conversations, *une grande sensibilité* pour comprendre les émotions, saisir l'ambiance et interpréter les signes non verbaux, *une flexibilité hors de l'ordinaire* et une faculté d'adaptation instantanée aux circonstances, *une excellente capacité d'écoute* pour être en mesure de capter les messages des participants et de profiter des occasions offertes, *une connaissance infaillible du sujet* pour soupeser la valeur des arguments et mieux contrôler la situation, *un bon sens de l'humour* pour réduire les tensions et *une filiation avec le caméléon* pour nuancer langage et style selon les participants.

Bibliographie annotée

American marketing association, *Focus Group Interviews, A Reader*, Chicago, Illinois, 1979.

Ce document contient 24 articles provenant d'une équipe d'auteurs. Les articles sont regroupés par sujet selon quatre catégories : 1) qu'est-ce qu'un groupe de discussion, 2) la planification des groupes de discussion, 3) l'utilisation des groupes en marketing et 4) les avantages et désavantages des groupes.

Beauchamp A., R. Graveline et C. Quiviger, *Comment animer un groupe*, Montréal, Québec, Les Éditions de l'Homme, 1976.

Ce livre traite de l'animation des groupes en général plutôt que des groupes de discussion à proprement parler. Cette approche est intéressante parce qu'elle permet au recherchiste de découvrir des techniques qui pourraient être utilisées dans des situations de recherche spéciales.

Morgan D.L., *Focus Groups as Qualitative Research*, Newbury Park, California, Sage Publications, 1988.

Ce livre présente tous les aspects des groupes de discussion. Il constitue une bonne synthèse de la méthodologie des groupes de discussion.

Parasuraman A., *Marketing Research*, Reading, Mass., Addison-Wesley Publishing Company, 1986.

Ce volume très complet donne un excellent aperçu de toutes les techniques de recherche en marketing incluant les groupes de discussion. Il est un excellent outil de référence.

Patton M. Q., *Qualitative Evaluation and Research Methods*, Newbury Park, California, Sage Publications, 1990.

Ce volume, très fouillé, traite de nombreux aspects de la recherche qualitative. Son intérêt réside dans son analyse détaillée des diverses étapes de la recherche qualitative. Bien que l'auteur ne se concentre pas sur les groupes de discussion, bon nombre de ses propos s'appliquent aussi à cette technique.

Stewart D.W. et P.N. Shamdasani, *Focus Groups, Theory and Practice*, Newbury Park, California, Sage Publications, 1990.

Ce livre traite de tous les aspects des groupes de discussion. L'exposé est clair et détaillé. C'est un excellent outil d'apprentissage de cette technique de recherche.

Chapitre 14
L'analyse de contenu
Réjean LANDRY

Les mots peuvent ressembler aux rayons X.
Si l'on s'en sert convenablement, ils
transpercent n'importe quoi.

Aldous HUXLEY

Introduction

L'analyse de contenu constitue une méthode de collecte de données. Dans le domaine des sciences humaines, ces méthodes s'alimentent à trois sources :

– l'utilisation de documents;

– l'observation par le chercheur;

– l'information fournie par les sujets.

Le terme « *document* » renvoie ici à *toute source de renseignements déjà existante* à laquelle le chercheur peut avoir accès. Ces documents peuvent être sonores (p.ex., des disques), visuels (p.ex., des dessins), ou écrits (p.ex., des textes). Ce chapitre ne retient que les méthodes d'analyse de contenu qui portent sur les documents écrits, mais les préceptes s'appliquent généralement aux autres sources. Les écrits peuvent être distingués en un grand nombre de catégories. L'analyse de contenu porte principalement attention aux documents qui émergent de quatre sources de diffusion :

– les *documents d'organisations officielles* telles que les gouvernements, les entreprises, les partis, les syndicats, etc., qui décrivent leurs activités, leurs plans de travail de même que leurs positions sur certains enjeux;

- les *documents administratifs* comportant des données individualisées qui se présentent généralement sous la forme de dossiers concernant la consommation de services publics relatifs à la santé, à l'éducation, etc.;

- les *documents de presse* comprenant non seulement les journaux, mais aussi les périodiques et les publications scientifiques;

- les *documents personnels* comme les correspondances, les journaux intimes, les biographies.

Comme tout le monde lit ce genre de documents dans le cadre de ses activités courantes, on pourrait dire que tout le monde fait de l'analyse de contenu. Cette assertion n'est pas totalement fausse. Tout lecteur dispose d'un modèle intuitif qui utilise des règles implicites d'analyse et d'interprétation des textes. Par comparaison, la méthode de l'analyse de contenu concerne la *mise au point et l'utilisation de modèles systématiques de lecture* qui reposent sur le recours à des règles explicites d'analyse et d'interprétation des textes. L'objectif de ces procédures est d'arriver à faire des inférences valides. Celles-ci concernent les destinateurs des messages des textes, le contenu de ces messages ou les destinataires des messages.

Les procédures d'analyse et d'interprétation varient en fonction de la diversité des documents étudiés et des objectifs des chercheurs. À titre d'exemple et pour faire ressortir la grande diversité des applications possibles, l'analyse de contenu peut servir à :

- coder les réponses des questions ouvertes d'un sondage;

- coder les résultats d'entrevues non directives;

- révéler les postulats implicites des manuels scolaires;

- déterminer les stéréotypes du rôle de la femme véhiculés dans des magazines ou des romans;

- décrire les tendances des lois ou des programmes de partis politiques;

- repérer les destinataires des bénéfices contenus dans les lois ou dans les programmes officiels des partis politiques;

- révéler les attitudes positives et négatives de la presse à l'endroit de certains enjeux sociaux, économiques ou politiques.

Comme l'analyse de contenu varie selon le type de texte analysé et le type d'interprétation, il n'existe pas de méthode d'analyse facilement transposable à toutes les situations. Sauf pour des applications simples, comme pour la codification des thèmes de réponses à des questions ouvertes de questionnaires, le chercheur est toujours plus ou moins forcé de faire d'importantes adaptations aux procédures les plus appropriées pour l'étude du problème qu'il vise à résoudre. Il ne peut cependant être question de recommencer à zéro lors de la préparation du devis méthodologique de chaque analyse de contenu. Quatre-vingt-dix ans de travaux empiriques et d'interrogations méthodologiques fournissent un cadre d'opération dont il convient de s'inspirer.

À l'instar du livre de Bardin[1], ce chapitre se veut un guide méthodologique. Il poursuit un objectif didactique plutôt que dogmatique. Il vise à faire ressortir les dénominateurs communs qui sous-tendent la diversité apparente des nombreuses études fondées sur la méthode de l'analyse de contenu, afin de dégager un modèle général des grandes étapes de l'analyse de contenu. Cet objectif sera atteint en procédant en quatre temps :

- rappel de l'évolution historique de l'analyse de contenu;

- repérage des postulats de base qui sous-tendent les choix initiaux de l'analyse de contenu;

- établissement des principales étapes de l'analyse de contenu;

- examen des avantages et des inconvénients de l'analyse de contenu.

1. Historique

L'analyse de contenu prend son élan au tournant du siècle avec l'essor de la production de masse des quotidiens américains. Les écoles américaines de journalisme se lancèrent alors dans la réalisation d'enquêtes empiriques qui donnèrent naissance à l'analyse quantitative des journaux. Partant d'une notion un peu simpliste de ce qu'est l'objectivité scientifique, on débouche sur une sorte de tyrannie du comptage et de la mesure (surface des articles, taille des titres, etc.).

L'évolution de l'analyse de contenu entre dans une seconde phase autour des années 1930. Celle-ci se caractérise par trois séries de facteurs : 1) l'utilisation de meilleurs outils statistiques; 2) la mise au point de nouveaux concepts appropriés pour la collecte de données : attitudes, stéréotypes, valeurs, instruments de propagande; 3) la cristallisation des procédures de recherche dans les premiers ouvrages méthodologiques entièrement consacrés à l'analyse du contenu.

---

1. L. BARDIN, *L'analyse de contenu*, Paris, PUF, Collection de Le psychologue, 1989, p. 14.

Les départements de science politique des universités américaines jouent un rôle très important lors de cette seconde phase. On leur doit environ le quart de toutes les études empiriques qui traitent de l'analyse de contenu. Une grande partie de ces travaux concernent la propagande. Cette impulsion fit évoluer l'analyse de contenu de l'analyse quantitative des journaux à l'analyse de la propagande.

La codification des procédures de l'analyse de contenu dans les ouvrages méthodologiques de Berelson et Lazarsfeld[2] a stimulé, à partir des années 1950, la pénétration de l'analyse de contenu dans des disciplines aussi diversifiées que la sociologie, l'histoire, les sciences de l'éducation et la psychologie. Les débats méthodologiques de cette période font évoluer l'analyse de contenu de façon significative : d'une part, l'exigence d'objectivité scientifique cesse d'être associée de façon exclusive à l'idée de fréquence, comme on le faisait au cours des phases antérieures. Ainsi, commence-t-on à accepter l'idée de combiner la signification du matériel analysé avec l'analyse statistique. D'autre part, la visée de l'analyse de contenu cesse d'être strictement descriptive pour devenir inférentielle. Si bien que, de fil en aiguille, l'analyse de contenu en est venue à être conçue comme une méthode qui utilise un ensemble de procédures systématiques pour arriver à produire des inférences valides et reproductibles à partir de textes[3].

2. Les postulats de l'analyse de contenu

Le problème le plus fondamental que doit résoudre toute analyse de contenu concerne la réduction de la multitude des mots d'un texte à quelques catégories analytiques. Ce processus de réduction suscite des controverses qui se cristallisent autour de deux enjeux principaux :

- L'analyse doit-elle porter sur le contenu manifeste ou le contenu latent des textes?

- L'analyse doit-elle adopter une perspective quantitative ou qualitative?

2. B. BERELSON et P.F. LAZARSFELD, *The Analysis of Communication Content*, Chicago et New York, University of Chicago Press et Columbia University, 1949; B. BERELSON, *Content Analysis in Communications Research*, New York, Free Press, 1952.
3. R.P. WEBER, *Basic Content Analysis*, 2e éd., Newbury Park, Californie, Sage Publications, A Sage University Paper, Quantitative Applications in the Social Sciences, n° 49, 1990, p. 9 et K.H. KRIPPENDORFF, *Content Analysis : An Introduction to its Methodology*, Newbury Park, Californie, Sage Publications, 1980, p. 21.

Les enjeux que soulèvent ces questions sont à l'arrière-plan de toute analyse de contenu. Les réponses qu'on y apporte définissent en fin de compte les postulats de base de l'analyse de contenu.

L'analyse de la signification peut se rapporter à deux types de contenu : le contenu manifeste et le contenu latent. Le *contenu manifeste* renvoie à ce qui est dit ou écrit explicitement dans le texte alors que le *contenu latent* réfère à l'implicite, à l'inexprimé, au sens caché, bref, aux éléments symboliques du matériel analysé. Les tenants de l'analyse du contenu manifeste postulent que le matériel explicite véhicule la totalité de la signification et qu'il constitue donc la seule base d'observation du chercheur. À l'opposé, les tenants de l'analyse du contenu latent postulent que la signification du contenu réside au-delà de l'explicite et que l'interprétation de ce qui n'est pas dit constitue la seule façon de découvrir la signification réelle et profonde qui sous-tend tout contenu manifeste.

Cette opposition apparente tient en grande partie à la diversité des objectifs des chercheurs, à leur discipline d'appartenance, ainsi qu'aux problèmes qu'ils examinent. Un chercheur qui vise à repérer les intentions cachées, les valeurs ou les attitudes implicites, voire les mensonges du producteur d'un message ne peut éviter d'accorder une grande attention au contenu latent du matériel analysé. En même temps, on doit aussi faire l'hypothèse que si le producteur d'un message est suffisamment subtil pour réussir à voiler le contenu de son message explicite, il peut être suffisamment subtil pour arriver à en voiler le contenu latent. Nous estimons que toute analyse de contenu doit démarrer avec l'examen du contenu manifeste. À l'instar de L'Écuyer, nous pensons que :

> La signification du sens voilé (contenu latent) n'éliminera et ne remplacera jamais la signification du sens dévoilé (contenu manifeste) [...] L'analyse de contenu manifeste peut s'arrêter là, mais l'analyse de contenu latent, l'analyse de ce qui n'est pas dit ne peut avoir de valeur que si elle repose d'abord sur une excellente analyse de ce qui a été dit, c'est-à-dire une analyse complète et détaillée du contenu manifeste. En outre, l'analyse du contenu manifeste permet d'arriver à des résultats qui sont reproductibles par d'autres chercheurs[4].

Le second enjeu consiste à déterminer si l'objectivité de l'analyse de contenu est mieux servie par une analyse quantitative ou une analyse qualitative. L'*analyse quantitative* de contenu réduit le matériel étudié à

---

4. R. L'ÉCUYER, *Méthodologie de l'analyse développementale de contenu. Méthode GPS et concept de soi*, Sillery, Presses de l'Université du Québec, 1990, p. 28.

des catégories analytiques à partir desquelles on peut produire des distributions de fréquence, des études de corrélations, des analyses factorielles, etc. Par comparaison, l'*analyse qualitative* de contenu interprète le matériel étudié à l'aide de quelques catégories analytiques en faisant ressortir et en décrivant ses particularités. L'analyse quantitative compare les ressemblances et les différences quantitatives qui ressortent des catégories analytiques alors que l'analyse qualitative met l'accent sur les nuances qui existent dans les ressemblances et les différences qui ressortent des catégories analytiques.

Les tenants de l'analyse quantitative postulent que les ressemblances et les différences quantitatives qui émergent des catégories analytiques choisies pour analyser les messages constituent la seule façon de déterminer objectivement la signification des messages analysés. À l'opposé, les tenants de l'approche qualitative postulent que la signification réside dans la spécificité des messages analysés plutôt que dans leurs caractéristiques quantitatives. Ces positions s'appuient sur le fait que les quantitativistes cherchent à déterminer la signification du matériel analysé sans risquer de tomber dans les « égarements de la subjectivité » alors que les qualitativistes cherchent à déterminer la signification du matériel analysé en restant fidèles aux particularités des contenus.

La découverte de la signification des messages du matériel analysé requiert l'apport des perspectives quantitatives et qualitatives. Tout réside dans la façon d'y arriver : l'analyse quantitative permet d'éviter le piège de la subjectivité en s'éloignant des particularités des contenus alors que l'analyse qualitative permet de rester fidèle aux particularités des contenus au prix d'une certaine subjectivité.

L'examen de ces controverses permet finalement de distinguer quatre devis typiques d'analyse de contenu (tableau 1).

TABLEAU 1
Types de devis d'analyse de contenu

TYPE D'ANALYSE	ANALYSE DE CONTENU	
	Manifeste (M)	Latente (L)
Quantitative (N)	N,M	N,L
Qualitative (A)	A,M	A,L

Ce chapitre porte exclusivement sur les devis d'analyse du contenu manifeste de textes. La cellule [N,L] correspond aux devis d'analyse automatique du discours alors que la cellule [A,L] renvoie aux analyses qualitatives du discours. L'ouvrage de Bourque et Duchastel[5] constitue une des meilleures applications de l'analyse automatique du discours. La démarche méthodologique de l'analyse du contenu manifeste suit les étapes similaires tant du côté des analyses quantitatives que qualitatives. Abordons maintenant la question des étapes à suivre dans la préparation d'un devis d'analyse de contenu manifeste.

3. Les étapes de l'analyse de contenu

Le devis de recherche d'une analyse de contenu s'organise, à la manière de tout autre type de devis de recherche sociale, autour de cinq pôles séquentiels :

- la détermination des objectifs de l'analyse de contenu;

- la préanalyse;

- l'analyse du matériel étudié;

- l'évaluation de la fiabilité et de la validité des données;

- l'analyse et l'interprétation des résultats.

3.1. La détermination des objectifs de l'analyse de contenu

Le but ultime de toute analyse de contenu est d'arriver à produire des inférences valides et reproductibles à partir des textes analysés. Ce but peut être atteint de trois façons différentes :

- avec une grille d'analyse *ouverte* où il n'existe pas de catégories analytiques au départ; les catégories sont alors induites des textes analysés;

- avec une grille d'analyse *fermée* où les catégories sont déterminées dès le départ par une théorie dont on veut tester les prédictions (ou hypothèses);

---

5. G. BOURQUE et J. DUCHASTEL, *Restons traditionnels et progressifs. Pour une nouvelle analyse du discours politique. Le cas du régime Duplessis au Québec*, Montréal, Boréal, 1988.

– avec une grille d'analyse *mixte* où une partie des catégories analytiques dérive d'une théorie alors qu'une autre partie émerge du matériel analysé.

L'abondance des théories, de même que la nécessité d'inscrire toute activité de recherche dans un processus de développement cumulatif des connaissances, devrait dissuader les chercheurs à prendre comme point de départ une grille d'analyse totalement ouverte. La confrontation des prédictions dérivées logiquement d'une théorie avec les données résultant d'une analyse de contenu constitue non seulement un test pour la théorie, mais aussi un test quant à la cohérence de l'analyse de contenu elle-même[6]. En conséquence, il faut se fixer comme objectif de tester les objectifs d'une théorie. Cet objectif doit toutefois être poursuivi avec une certaine souplesse, ce qui signifie que le recours à une grille d'analyse mixte peut permettre l'ajout de catégories analytiques qui ne découlent pas de façon stricte de la théorie qu'on tente de tester.

3.2. La préanalyse

La préanalyse est l'étape de l'opérationnalisation des objectifs. Le déroulement des opérations successives du devis de recherche comprend obligatoirement les six étapes suivantes :

– la sélection d'une unité d'analyse;

– la définition des catégories analytiques;

– la détermination des règles d'énumération;

– la réalisation d'un prétest sur une échantillon de textes;

– la révision des règles de codification;

– le retour à la quatrième étape.

La sélection de l'unité d'analyse

Le choix d'une unité d'analyse est dicté tant par les objectifs du chercheur que par le matériel analysé. *L'unité d'analyse est définie comme la plus petite unité de signification*. Aussi appelée *unité d'enregistrement*, elle correspond

---

6. On s'en référera avec profit au chapitre sur le rôle de la théorie en recherche sociale.

à « l'identification des éléments du texte possédant un "sens complet" en eux-mêmes[7] ». L'unité d'analyse constitue cette portion du texte qui sera caractérisée par les catégories analytiques et les règles d'énumération. D'après Krippendorff[8] et Weber[9], les unités d'analyse les plus couramment employées sont : les unités physiques, les unités syntaxiques, les unités référentielles, les unités thématiques et les unités propositionnelles.

- Les *unités physiques* sont très faciles à repérer parce que les frontières du message coïncident avec les frontières du médium. C'est le cas pour des unités telles que des livres, des articles de magazines, des lettres ou des poèmes. Cette unité d'analyse est facile à manipuler dans le cas de textes très courts. Par contre, plus un texte est long, plus il devient difficile de coder son contenu de façon fiable.

- Les *unités syntaxiques* renvoient à des éléments de la grammaire tels que le mot ou la phrase. On peut considérer tous les mots d'un texte ou ne retenir que des mots clefs ou mots thèmes, effectuer une analyse sur les substantifs, les adjectifs, les verbes, les adverbes. On pourrait ainsi retenir les mots nationalisme, Québec et Canada. Un simple logiciel de traitement de textes peut être utilisé pour repérer des mots, mais ne peut cependant distinguer les différentes acceptions d'un même mot.

- Les unités d'analyse peuvent aussi renvoyer à des référents. Dans ce cas, l'unité d'analyse concerne des objets particuliers, des événements, des personnes, des pays ou des idées auxquels renvoie une expression. Ainsi, dans un texte on peut désigner le premier ministre Brian Mulroney par, le « petit gars de Baie Comeau », le « premier ministre le plus impopulaire de l'histoire du Canada », l'« homme du libre échange », un « Québécois », un « Canadien anglais », etc. Chaque expression renvoie à la même personne bien que de manières différentes.

- Les *unités thématiques* renvoient à des « noyaux de sens[10] » dont la présence ou la fréquence permettront de faire des inférences. Cette unité d'analyse est particulièrement utile pour les études

---

7. L'ÉCUYER, *op.cit.*, p. 61.
8. K.H. KRIPPENDORFF, *op. cit.*, pp. 60-61.
9. R.P. WEBER, *op. cit.*, pp. 21-22.
10. BARDIN, *op. cit.*, p. 137.

d'opinions, d'attitudes, de valeurs, de croyances, de tendances, etc.[11]. Les réponses d'entrevues non directives et les réponses aux questions ouvertes d'un questionnaire sont souvent codées par thèmes. Latouche[12] et Pelletier[13] analysent les programmes des partis politiques du Québec relativement aux thèmes. Budge, Robertson et Hearl[14] comparent les thèmes abordés dans les programmes des partis politiques de dix-neuf démocraties. Cette unité d'analyse produit des résultats très fiables lorsque les thèmes sont simples. Ainsi, il est assez facile de déterminer si une promesse d'action d'un parti concerne la fiscalité ou les services de santé. L'utilisation de thèmes plus complexes pose des problèmes de fiabilité. Par exemple, il peut être difficile de déterminer si une promesse d'action modifiant les règles régissant l'accès aux prestations d'assistance sociale appartient au thème du développement de l'État-providence ou à celui du démantèlement de l'État-providence. Le thème est probablement l'unité d'analyse la plus utilisée dans les sciences sociales.

– La *proposition* constitue une unité d'analyse plus complexe que le thème parce qu'elle renvoie à un noyau de sens qui correspond à une structure particulière comprenant un nombre donné d'éléments constitutifs. Holsti[15], Gerbner[16], Landry et Duchesneau[17] et Landry[18] ont proposé diverses façons de définir les éléments constitutifs d'une proposition. À son niveau le plus général, une

11. BARDIN, *op. cit.*, p. 137.
12. D. LATOUCHE, « Le traitement de l'information en période électorale : I, Le contenu de l'information », *Communication et information*, vol. II, n° 1, 1977, pp. 1-30.
13. R. PELLETIER, *Partis politiques et société québécoise. De Duplessis à Bourassa, 1944-1970,* Montréal, Québec/Amérique, 1989.
14. I. BUDGE, D. ROBERTSON et D. HEARL (dir), *Ideology, Strategy and Party Change. Spatial Analysis of Post-War Elections Programmes in 19 Democracies,* Cambridge, Cambridge University Press, 1987.
15. O.R. HOLSTI, « Computer Content Analysis » dans R.C. NORTH *et al.* (dir), *Content Analysis : A Handbook with Applications to the Study of International Crises,* Evanston, Nothwestern University Press, 1963
16. G. GERBNER, « Ideological Perspectives and Political Tendencies in News Reporting », *Journalism Quarterly*, vol. 41, 1964, pp. 495-508.
17. R. LANDRY et P. DUCHESNEAU, « L'offre d'interventions gouvernementales aux groupes : une théorie et une application », *Revue canadienne de science politique*, vol. II, n° 3, 1987, pp. 525-552.
18. R. LANDRY, « Biases in the Supply of Public Policies to Organized Interests : Some Empirical Evidence », pp. 292-311 dans W.D. COLEMAN et G. SKOGSTAD (dir.), *Policy Communities and Public Policy in Canada : A Structural Approach,* Toronto, Copp. Clarks Pittman, 1990.

proposition doit comprendre quatre éléments seulement et pas plus de quatre éléments :

L'émetteur du message	Le verbe connecteur	L'objet du message	Le récepteur du message

Une étude concernant les attitudes, les valeurs, les croyances ou les opinions pourrait adapter la proposition d'analyse de la façon suivante :

L'attitude de l'émetteur du message	Le verbe connecteur	L'objet de l'attitude du message	L'attitude du récepteur du message

Exemple :

La réaction négative des assistés sociaux	concernant	les modifications du programme d'assistance sociale	laisse le gouvernement totalement insensible

Une étude concernant des interventions psychologiques, sociales, politiques ou économiques pourrait redéfinir l'unité d'analyse comme une proposition d'intervention comprenant les éléments suivants :

Le producteur de l'intervention	Le verbe connecteur	L'objet de l'intervention	Le destinataire de l'intervention

Exemple :

Le Parti libéral du Québec	promet	la parité des prestations d'assistance sociale	pour les personnes de moins de 30 ans

Une proposition ne correspond pas nécessairement à une unité syntaxique. Une même phrase peut ne contenir aucune proposition, comme elle peut en compter plusieurs. Les phrases et les paragraphes qui ne contiennent pas de propositions fournissent des informations contextuelles qui permettent de déterminer de façon précise le contenu des éléments constitutifs des propositions. L'analyse de la proposition comme telle requiert beaucoup de temps mais, comme le note Weber[19], elle permet de comparer les attitudes, les valeurs, etc., et les interventions de façon plus détaillée et plus raffinée.

La définition de catégories analytiques

Les unités d'analyse ou, lorsqu'il y a lieu, certains éléments constitutifs des unités d'analyse, doivent être réparties dans des catégories selon des critères préalablement définis. Les catégories peuvent être définies comme des classes caractérisant d'une même manière la variété des unités d'analyse ou de leurs éléments. De façon plus concrète, on peut dire que les catégories correspondent à des questions qu'on poserait aux unités d'analyse ou à certains de leurs éléments constitutifs.

La définition des catégories peut s'effectuer de trois façons différentes[20] :

1) de façon *inductive* à partir des similitudes de sens du matériel repéré dans les unités d'analyse ou leurs éléments constitutifs;

2) de façon *déductive* en les dérivant d'une théorie existante;

3) finalement, suivant une formule *mixte* où une partie des catégories est dérivée d'une théorie alors qu'une autre partie est induite en cours d'analyse.

Supposons que nous désirions analyser des mémoires qui décrivent les demandes que différents types de groupes ont présentées en commission parlementaire de l'Assemblée nationale, relativement aux règles régissant le régime d'assistance sociale. En outre, supposons que l'unité d'analyse choisie soit le thème et que l'un de ces thèmes soit celui de la responsabilité. Une question qui pourrait être posée sur ce thème est la suivante :

---

19. WEBER, *op. cit.*, p. 22.
20. L'ÉCUYER, *op. cit.*, p. 65-66 et BARDIN, *op. cit.*, p. 152.

Comment l'émetteur du message perçoit-il le sens
de la responsabilité personnelle des assistés sociaux quant
à la nécessité d'assurer leur survie économique?

Le sens de la responsabilité personnelle est absent chez les assistés sociaux.	1	
Le sens de la responsabilité personnelle existe chez les assistés sociaux mais la récession économique en cours les empêche d'en faire la preuve concrète.	2	◯ Col. #34
Le sens de la responsabilité personnelle est miné par des prestations trop généreuses.	3	
Le thème de la responsabilité n'est pas abordé dans le mémoire du groupe (sans objet).	9	

Supposons maintenant que l'unité d'analyse soit la proposition d'intervention gouvernementale et que, parmi les propositions du mémoire, nous retenions la suivante pour fins d'illustration :

Le PLQ	promet	la parité des prestations d'assistance sociale	pour les moins de 30 ans

Voici quelques exemples de questions possibles portant sur les bénéfices de cette promesse :

1. Sur le contenu monétaire : Les bénéfices promis sont-ils

non monétaires	1	
monétaires	2	◯ Col. #35
impossible de déterminer le contenu monétaire à partir du texte	9	

2. Sur le degré de divisibilité : Les bénéfices promis sont-ils

divisibles entre les destinataires	1	
indivisibles entre les destinataires	2	◯ Col. #36
impossible de déterminer le contenu monétaire à partir du texte	9	

3. Sur le degré d'exclusion : Les bénéfices promis sont-ils

d'exclusion facile de type réglementé	1	
d'exclusion facile de type discrétionnaire	2	◯
d'exclusion difficile (personne ne peut être empêché de profiter des bénéfices)	9	Col. #37

Cette façon de définir les catégories par des questions permet d'obtenir des données similaires à ce qu'on obtient lorsqu'on interroge des personnes à partir d'un questionnaire. Cette technique correspond en fait à de la simulation d'entrevues. Au lieu d'utiliser la méthode bien connue de la collecte de données qui consiste à utiliser un interviewer qui pose des questions à une personne, cette technique consiste à poser des questions aux observations repérées avec l'unité d'analyse.

Les catégories, ou plus concrètement les questions, doivent posséder les trois qualités suivantes :

1) l'*exclusion mutuelle* : une même observation repérée avec l'unité d'analyse ne peut être affectée qu'à une seule réponse pour chaque question : les différentes possibilités de réponses aux questions doivent être mutuellement exclusives.

2) la *fidélité* : des personnes différentes doivent pouvoir comprendre de la même façon le questionnaire de manière à classer de la même façon les mêmes observations.

3) la *pertinence* : les questions représentant les catégories doivent être adaptées au matériel étudié ainsi qu'aux objectifs théoriques et empiriques du chercheur.

La détermination des règles d'énumération

Une variable est l'*ensemble des valeurs caractérisant toutes les unités d'analyse pour une même question* : le degré d'exclusion des bénéfices, le contenu monétaire des bénéfices, etc. La manière de mesurer les variables renvoie aux règles d'énumération, à la manière de compter. On distingue généralement trois types d'échelles de mesure[21]. Cette distinction est importante parce qu'elle conditionne l'utilisation des méthodes d'analyse

---

21. Voir la section 1.1. du chapitre sur la mesure pour d'autres détails.

statistique des données. Bien qu'on puisse retrouver des exemples d'utilisation de chacun des types d'échelles de mesure, il faut souligner que le matériel utilisé en analyse de contenu se prête généralement beaucoup mieux à l'utilisation des échelles nominales qu'aux autres types d'échelles.

La réalisation d'un prétest sur un échantillon de textes

Les trois premières étapes de l'analyse de contenu ont permis de développer des règles explicites de lecture du matériel étudié. Ces règles donnent naissance à un *guide de codification*. Ce document doit comprendre toutes les consignes requises pour :

- repérer de façon valide et fiable toutes les observations répondant à la définition de l'unité d'analyse choisie;

- répondre de façon valide et fiable aux questions posées à chacune des observations;

- repérer de façon valide et fiable les valeurs à attribuer aux réponses sur les échelles de mesure;

- enregistrer les renseignements concernant chacune des observations sur le questionnaire ou une feuille de saisie de données.

La réalisation d'un prétest sur un petit échantillon de textes permet d'atteindre plusieurs objectifs :

- La *vérification de la définition des règles de codification* : le prétest permet de s'assurer que les règles de codification sont définies de façon suffisamment claire et précise pour être comprises de la même manière par des personnes différentes.

- La *vérification de la pertinence de l'unité d'analyse, des catégories (questions) et des échelles de mesure* : le prétest permet de s'assurer que le matériel analysé fait référence suffisamment souvent à l'unité d'analyse, aux catégories et aux échelles de mesure pour justifier leur utilisation.

- La *vérification de l'exclusion mutuelle des catégories analytiques et des échelles de mesure* : le prétest permet de s'assurer que les catégories et les valeurs des échelles nominales et ordinales ne se chevauchent pas.

- La *vérification de la fidélité des règles de codification* : le prétest permet de s'assurer que l'utilisation des règles de codification par des personnes différentes permet de classer de la même façon les mêmes observations.

– La *vérification de l'exhaustivité des catégories analytiques* : le prétest permet de s'assurer que les choix de réponses à une question épuisent la totalité de l'unité d'analyse, c'est-à-dire qu'on doit être capable d'apporter une réponse à chaque question. Les questions non exhaustives peuvent être rendues exhaustives par l'ajout de nouveaux choix de réponses. Il est toujours tentant de n'ajouter que des choix de réponses tels « sans objet », « autres », « aucune de ces réponses ». Il importe de souligner que cela ne contribue généralement pas beaucoup à améliorer les résultats d'une recherche et, pis encore, ce genre de catégorie fourre-tout regroupe souvent des réponses qui renvoient à des dimensions analytiques différentes.

La révision des règles de codification

L'ampleur des révisions qu'il convient d'apporter aux règles de codification dépend des résultats du prétest. En pratique, il est presque toujours nécessaire de faire des révisions. Leur ampleur dépendra des résultats du prétest sur les critères de clarté, de pertinence, d'exclusion mutuelle, de fidélité et d'exhaustivité. Ces révisions débouchent sur la mise au point d'une version améliorée du guide définissant les règles de codification.

Le retour à la quatrième étape

La version améliorée du guide définissant les règles de codification du matériel analysé doit à nouveau être soumise à un prétest de façon à s'assurer que les règles de codification satisfont les critères de clarté, de pertinence, d'exclusion mutuelle, de fidélité et d'exhaustivité. Le cycle devrait se poursuivre aussi longtemps que les règles de codification ne sont pas satisfaisantes. Ces améliorations successives déboucheront sur la rédaction du guide définitif de codification.

3.3. L'analyse du matériel étudié

Une fois que le guide de codification est bien au point, les règles de codification peuvent être appliquées à tous les textes à analyser. L'analyse proprement dite renvoie donc à l'application systématique des règles de codification définies précédemment. Cette phase est longue et fastidieuse. Si la quantité de matériel à analyser est trop grande, il faut tirer un échantillon à partir de la population de l'ensemble des textes, dans le but de réduire l'ampleur du travail à effectuer. La sélection d'un échantillon doit alors satisfaire les critères des techniques usuelles d'échantillonnage[22].

3.4. L'évaluation de la fiabilité et de la validité des données

L'évaluation de la fiabilité et de la validité des données recueillies doit être effectuée une fois que tous les textes ont été analysés. Toutefois, avant d'entreprendre cette évaluation, il importe de « nettoyer » les données en vérifiant s'il existe des erreurs de transcription. Les erreurs typiques les plus courantes sont les suivantes :

- les *valeurs manquantes* : le codeur peut avoir oublié de répondre à certaines questions;

- les *codes inexistants* : le codeur peut s'être trompé en enregistrant une réponse impossible; ainsi, un code « 5 » est impossible dans le cas d'une question qui prévoit seulement des réponses possibles où « 1 » = bénéfices divisibles, et « 2 » = bénéfices indivisibles;

- les *incohérences logiques* : le codeur peut se tromper en inscrivant des réponses contradictoires; ainsi, les prestations d'assistance sociale devraient obligatoirement comporter des bénéfices monétaires plutôt que des bénéfices non monétaires.

Toutes ces erreurs peuvent être détectées à l'aide de programmes informatiques. Le codeur doit cependant vérifier un à un les problèmes repérés par l'ordinateur et vérifier s'il s'agit réellement d'erreurs de transcription ou non.

Une fois ces erreurs corrigées, on peut soumettre les données à des tests de fiabilité et de validité.

La fiabilité des données

Les tests de fiabilité ont pour but de s'assurer que les mêmes règles de codification engendrent les mêmes données à partir des mêmes textes.

---

22. Le chapitre sur les techniques d'échantillonnage fournit toutes les indications nécessaires. Même si ce chapitre est écrit en fonction de l'échantillonnage d'individus, les
mêmes principes s'appliquent dans l'échantillonnage de documents.

Tout effort de vérification de fiabilité implique un certain effort de duplication. C'est la raison pour laquelle les tests de fiabilité doivent être effectués sur des échantillons de données plutôt que sur la population des données recueillies. On peut distinguer au moins trois types de fiabilité[23] :

1) la *stabilité* : elle renvoie au degré auquel les résultats demeurent invariants dans le temps. Ce test implique qu'une même personne code un échantillon des mêmes textes à deux moments différents. Les différences dans la façon de coder à deux moments distincts reflètent des incohérences intracodeurs, des changements dans la compréhension des règles de codification par le codeur ou, finalement, la difficulté d'interprétation des règles de codification par le codeur.

2) la *reproductibilité* : elle renvoie au degré auquel les résultats demeurent invariants lorsque les règles de codification sont appliquées par des personnes différentes. Ce test suppose que deux ou plusieurs personnes codent le même échantillon de textes. Les différences dans la façon de coder les résultats reflètent des incohérences inter-observateurs dans la façon d'interpréter les règles de codification.

3) l'*exactitude* : elle renvoie au degré auquel les résultats satisfont un critère ou une norme. Ce test implique qu'on compare les résultats d'un codeur avec des résultats normalisés. Ce genre de tests est à peu près impossible à réaliser avec des données d'analyse de contenu.

En conséquence, toute analyse de contenu doit viser à atteindre un degré élevé de reproductibilité. Le seuil de 95 p. 100 constitue une norme dont on ne peut s'éloigner qu'au risque de dériver des conclusions erronnées.

Ces tests de fiabilité peuvent servir d'instrument pour diagnostiquer des problèmes potentiels spécifiques dans les règles de codification. Conséquemment, il conviendrait d'effectuer des tests sur la fiabilité des unités d'analyse, la fiabilité des catégories analytiques, la fiabilité des échelles de mesure et sur la fiabilité des personnes qui font le travail de codification. Les solutions à apporter varient grandement suivant que le degré de fiabilité est insatisfaisant en regard des personnes, des échelles, des catégories ou des unités d'analyse.

---

23. K.H. KRIPPENDORFF, *op. cit.*, p. 130; voir le chapitre sur la mesure pour d'autres détails.

La validité des données

La fiabilité des résultats d'une analyse de contenu ne garantit pas automatiquement leur validité. En analyse de contenu, la validité renvoie à la capacité de l'unité de mesure choisie et des catégories analytiques retenues à mesurer le phénomène étudié, c'est-à-dire l'adéquation entre les variables choisies et le concept à mesurer. Cette adéquation ne peut être évaluée avec une formule mathématique produisant un coefficient unique d'appréciation[24]. Krippendorff[25] propose de distinguer les tentatives de validation selon qu'elles concernent la nature des données, les résultats ou le processus qui relie les données aux résultats :

- La *validité concernant la nature des données* a pour objectif de déterminer dans quelle mesure l'information recueillie avec les règles de codification représente adéquatement toutes les dimensions importantes du concept qu'on tente de mesurer avec le matériel étudié. Krippendorff[26] distingue deux sortes de validité concernant les données : 1) la *validité de l'échantillon* qui vise à déterminer dans quelle mesure les textes analysés constituent un échantillon représentatif de la population des textes et 2) la *validité sémantique* qui vise à déterminer dans quelle mesure les règles de codification sont sensibles aux significations symboliques et aux connotations qu'on retrouve dans le matériel étudié. La validité sémantique existe lorsque des personnes familières avec le langage et les textes étudiés examinent des observations placées dans les unités d'analyse et les catégories, et conviennent qu'elles ont des significations similaires.

- La *validité concernant les résultats* : elle a pour but de déterminer dans quelle mesure il y a corrélation entre les données recueillies avec les règles de codification et un critère d'intérêt. À l'instar de plusieurs, Krippendorff[27] distingue deux sortes de validité concernant les résultats : 1) la *validité concomitante* qui met en corrélation les résultats obtenus grâce à l'analyse de contenu avec les résultats obtenus par l'intermédiaire d'une autre méthode et 2) la *validité prédictive* qui vise à déterminer le degré d'adéquation entre les prédictions déduites des résultats de l'analyse de contenu et les faits. Ces prédictions peuvent concerner l'avenir, le passé (postdiction) ou des événements concourants.

---

24. P.A. CONTANDRIOPOULOS et al., *Savoir préparer une recherche. La définir, la structurer, la financer*, Montréal, Les Presses de l'Université de Montréal, 1990, p. 78.
25. K.H. KRIPPENDORFF, *op. cit.*, pp. 155-168.
26. K.H. KRIPPENDORFF, *op. cit.*, pp. 164-165.
27. K.H. KRIPPENDORFF, *op. cit.*, pp. 164-165.

- La *validité concernant la relation entre les données et les résultats* renvoie à une validation théorique qualifiée de « validation des construits » (*construct validation*[28]). Dans ce cas, il s'agit de déterminer le degré d'adéquation qui existe entre les prédictions dérivées d'une théorie qui correspondent aux résultats qu'on devrait obtenir de l'analyse de contenu et les résultats effectivement obtenus.

En conclusion, il n'est jamais facile de déterminer si les règles de codification constituent un instrument de mesure parfaitement fiable. Cette difficulté n'est toutefois pas propre à l'analyse de contenu. Il convient donc de prendre appui sur des indicateurs se rapportant à plusieurs dimensions de validité.

3.5. L'analyse et l'interprétation des résultats

Ayant à sa disposition des données fiables et valides, le chercheur peut alors dériver des inférences et proposer des interprétations. Ces inférences et ces interprétations peuvent être obtenues en recourant à deux grandes familles d'analyse de données : les études quantitatives réalisées à partir de données numériques et les études qualitatives fondées sur l'utilisation de données verbales.

- Les *analyses quantitatives* : la technique d'analyse de contenu proposée plus tôt, qui repose sur l'idée de simulation d'entrevues sur des documents, engendre des données numériques qui peuvent être enregistrées sur ordinateur et se prêter à l'application des techniques usuelles d'analyse statistique. La présentation de ces techniques ne relève pas de ce manuel. Contentons-nous simplement de rappeler que la planification de ce type d'analyse comporte deux étapes : 1) la réalisation d'*analyses descriptives* utilisant des statistiques telles que la fréquence, la moyenne, la variance, etc. et 2) la réalisation d'*analyses liées à la vérification d'hypothèses* qui entraîne l'élaboration de modèles de régression, de modèles log-linéaires, de séries chronologiques, etc.

- Les *analyses qualitatives* : bien que moins codifiées que les techniques d'analyses quantitatives, les analyses qualitatives doivent être menées de façon rigoureuse et systématique. Yin[29] propose trois modèles d'analyse et d'interprétation de données quali-

28. K.H. KRIPPENDORFF, *op. cit.*; R.P. WEBER, *op. cit.*
29. R.K. YIN, *Case Study Research*, Beverly Hills, Californie, Sage Publications, 1984.

tatives : 1) le *modèle d'appariement* : partant d'une théorie, le chercheur prédit une configuration théorique qu'il compare à la configuration empirique observée; 2) le *modèle itératif* : en l'absence de théorie, le chercheur construit au fur et à mesure une explication du phénomène étudié; et 3) le *modèle historique* : le chercheur compare ses prédictions sur l'évolution d'un phénomène dans le temps avec les données empiriques qu'il a recueillies.

Plusieurs techniques d'analyse de données peuvent être utilisées conjointement dans un même projet d'analyse de données. L'analyse de données a pour objectif de contribuer à l'avancement des connaissances en fournissant de nouvelles inférences et de nouvelles interprétations qui contribuent à l'avancement des connaissances, tant au plan théorique qu'empirique. Ces contributions font émerger de nouvelles orientations qui suscitent des analyses toujours plus approfondies.

4. Les avantages et les inconvénients de l'analyse de contenu

Chaque technique d'analyse renvoie à un champ d'application où elle comporte des avantages et des inconvénients qui lui sont propres. À cet effet, il faut souligner que l'analyse de contenu offre plusieurs avantages[30] :

- contrairement à des instruments d'observation tels les entrevues, les questionnaires, les expériences et les tests, l'analyse de contenu constitue une technique *non réactive* de collecte de données;

- par rapport aux mêmes techniques, qui exigent des réponses prédéfinies des sujets, l'analyse de contenu est appropriée pour traiter du *matériel non structuré*. Cet avantage signifie qu'un chercheur peut entreprendre l'analyse de textes très longtemps après que ceux-ci aient été produits par un émetteur. Une autre conséquence de cette caractéristique est que l'émetteur peut avoir utilisé une logique et des catégories différentes de celles du chercheur;

- l'analyse de contenu peut être utilisée pour traiter de grandes quantités de données textuelles qui ne peuvent être analysées par une seule personne.

---

30. K.H. KRIPPENDORFF, *op. cit.*, pp.29-32.

Bien que ces avantages en fassent l'une des plus importantes techniques de recherche des sciences sociales, l'analyse de contenu n'est pas sans comporter quelques inconvénients. Les plus importants sont les suivants :

- la codification des données par des personnes prend du temps, particulièrement si l'unité d'analyse est complexe, comme c'est le cas avec des propositions;

- la fiabilité et la validité des données ne sont pas toujours faciles à établir;

- l'utilisation des techniques statistiques habituelles incite à attribuer la même importance à chaque observation, qu'il s'agisse d'un mot, d'un thème ou d'une proposition, alors que l'émetteur d'un message peut accorder un poids qui varie selon les mots, les thèmes ou les propositions.

Conclusion

L'analyse de contenu constitue une des plus importantes techniques de recherche des sciences sociales. Pourtant, ses rudiments de base sont encore mal maîtrisés et peu connus des chercheurs. Les applications de cette technique souffrent de trois lacunes principales :

- recours à des unités d'analyse trop rudimentaires;

- utilisation de méthodes inductives pour repérer les principales catégories analytiques;

- absence de tests de fiabilité et de validité.

Comme tout autre devis de recherche, un devis d'analyse de contenu qui vise à contribuer à l'avancement des connaissances doit prendre source dans les acquis théoriques et empiriques les plus récents. L'objectif de contribution à l'avancement des connaissances exige notamment :

- le recours à des unités d'analyse complexes comme la proposition (le thème représentant un minimum);

- l'utilisation de catégories analytiques dérivées de théories;

- la réalisation des tests de fiabilité et de validité.

Ces exigences définissent le seul genre de devis d'analyse de contenu qui permette de tester des hypothèses théoriques et d'arriver à produire des inférences reproductibles par d'autres chercheurs.

Bibliographie annotée

BARDIN, L., *L'analyse de contenu*, Paris, PUF, 1989 et L'ÉCUYER, R., *Méthodologie de l'analyse développementale de contenu, Méthode GPS et concept de soi*, Sillery, Presses de l'Université du Québec, 1990.

Rédigés par des psychologues, ces deux manuels d'introduction traitent de la plupart des questions pertinentes à l'analyse de contenu. La deuxième partie du livre de L'Écuyer intéressera davantage les psychologues que les autres spécialistes des sciences sociales.

KRIPPENDORFF, K.H., *Content Analysis : An Introduction to Its Methodology*, Newbury Park, Californie, Sage Publications, 1980.

C'est le meilleur guide méthodologique qui existe sur le marché. Il aborde de façon approfondie toutes les étapes de l'analyse de contenu.

WEBER, R.P., *Basic Content Analysis*, 2e éd., Newbury Park, Californie, Sage Publications, A Sage University Paper : Quantitative Applications in the Social Sciences, nº 49, 1990.

Voilà un court manuel d'introduction à l'analyse automatique de discours qui en présente de façon sommaire les étapes et les problèmes à résoudre.

Chapitre 15
Le sondage
André BLAIS

If you want an answer, ask a question.

Martin SHIPMAN

Introduction

Le terme « sondage » peut avoir plusieurs connotations. Il évoque d'abord l'idée d'exploration. On pense en particulier au forage du sol, dans le but de découvrir des nappes d'eau ou des gîtes minéraux. Le sondage est donc un instrument de mesure, ou dans nos termes, de mise en forme de l'information[1], destiné à fournir des renseignements concrets sur des intuitions de départ. L'idée de prélèvement d'un échantillon y est aussi associée. La sonde va extraire seulement une fraction du sol pour fins d'analyse.

Ces deux dimensions se retrouvent dans la conception usuelle du terme *sondage* en sciences sociales. La pratique a cependant ajouté un autre élément qui a pour effet de lui donner un sens encore plus étroit. On en est venu à réserver le terme de sondage aux enquêtes effectuées à l'aide d'un questionnaire. Nous respecterons cette tradition et définirons donc le *sondage comme étant un instrument de mise en forme de l'information, fondé sur l'observation de réponses à un ensemble de questions posées à un échantillon d'une population.*

Le début de la définition éclaire la fonction du sondage. Le sondage est un instrument de *mesure*. Il a pour mission d'opérationnaliser les concepts élaborés au niveau de l'hypothèse. L'ensemble des opérations

---

1. Voir le chapitre sur la mesure.

effectuées constitue les indicateurs des différents concepts, les signes concrets qui nous permettent de classer des objets dans des catégories.

Ce qui caractérise ensuite le sondage, c'est le recours à des *questions*. Contrairement à l'observation directe ou à l'analyse de contenu, ce ne sont pas des gestes ou des documents qui sont enregistrés, mais des réponses fournies par des informateurs à une série de questions posées.

Le dernier élément de la définition, qui fait référence à la présence d'un *échantillon*, sert à différencier le sondage du *recensement* qui, lui, porte sur l'ensemble d'une population[2]. Cette population est définie par le chercheur et est délimitée par l'univers des objets auxquels se rapporte son hypothèse. Cet *univers* ou *population* peut comprendre, par exemple, les résidents du Québec, ou ceux de Montréal, mais aussi les assistés sociaux de Laval, les parents d'enfants de 3 à 5 ans, ou bien encore les députés de l'Assemblée nationale. Dans tous les cas, on parlera d'un sondage si un questionnaire est administré auprès d'un échantillon d'une population donnée.

1. Portée et limites

On peut envisager le sondage à partir de deux perspectives différentes. On peut s'intéresser à la procédure d'échantillonnage, à ses possibilités et aussi à ses difficultés ou l'on peut se concentrer sur le questionnaire lui-même, sa portée et ses limites. C'est cette deuxième perspective qui sera retenue ici, l'échantillonnage étant traité dans un autre chapitre de ce livre.

> Réfléchissons d'abord quelques instants sur la nature même du sondage. Prenons un exemple bien connu, le sondage électoral. Pour mesurer le comportement électoral, on a recours à une question, telle celle-ci, posée par l'Institute for Social Research de l'University York tout de suite après l'élection fédérale de 1988 : « Pour quel parti avez-vous voté : le Parti conservateur, le Parti libéral, le Nouveau Parti démocratique ou un autre parti? » L'interviewer inscrit sur une feuille ou dans l'ordinateur (dans le cas d'entrevues assistées par ordinateur) la réponse qu'il obtient et le chercheur induit le comportement électoral à partir de la réponse qu'il observe. Cette réponse, obtenue à la suite d'un certain nombre d'opérations, constitue l'indicateur du concept « comportement électoral ». Dans ce cas, le chercheur a recours au questionnaire, faute de mieux. Le vote étant secret, il est impossible d'observer directement le comportement de l'électeur. Le chercheur utilise un substitut *et tente de reconstituer* le vote *à l'aide d'une réponse à une question*.

2. Voir le chapitre sur l'échantillonnage.

1.1. Les avantages

Cet exemple illustre bien le principal avantage du sondage : sa grande flexibilité. Le mécanisme est simple: il s'agit de formuler un certain nombre de questions et de consigner les réponses. On peut ainsi obtenir *rapidement* de l'information sur les concepts qu'on veut étudier. Supposons que nous voulions mesurer le niveau d'intérêt des étudiants dans un cours. Si nous procédons par observation directe de comportements que nous interprétons comme des signes d'intérêt (présence au cours, fréquence des questions, etc.), nous devrons assister à un certain nombre de cours et inscrire sur une grille d'analyse toute une série d'observations. Le processus est plus rapide si nous procédons par sondage puisque nous n'aurons qu'à administrer un questionnaire à un échantillon donné. Le questionnaire constitue en somme un raccourci commode permettant d'épargner des énergies, tout au moins si on le compare à l'observation directe.

La *flexibilité* du sondage détermine également sa grande polyvalence. On peut y recourir pour saisir toutes sortes de phénomènes. Dans plusieurs domaines, le sondage est à peu près le seul instrument dont dispose le chercheur. C'est le cas en particulier des comportements privés — le vote, l'emploi du temps, la consommation, la sexualité — qui ne peuvent généralement être appréhendés par observation directe. Qui plus est, un même sondage peut servir à mesurer un grand nombre de variables. Les sondages électoraux, par exemple, en plus de contenir des questions sur le vote, vont porter sur les images des partis et des leaders, sur le niveau d'intérêt pour la politique, le niveau d'information, certaines attitudes sociales et politiques, les opinions sur un certain nombre d'enjeux, ainsi que sur toute une série de variables socio-économiques.

Ces avantages expliquent la popularité du sondage dans la recherche sociale. Dans une majorité de disciplines des sciences humaines, il est actuellement l'instrument de mesure le plus utilisé. Cela représente un changement important. S'il est vrai que les recensements existent depuis des temps immémoriaux, et que les enquêtes par questionnaire, en particulier sur les conditions sanitaires des quartiers pauvres, apparaissent dès le milieu du XIXe siècle[3], il est clair que le perfectionnement des techniques d'échantillonnage dans la première moitié du XXe siècle a permis une multiplication prodigieuse d'études fondées sur le sondage.

---

3. Gérald LECLERC, *L'observation de l'homme : une histoire des enquêtes sociales*, Paris, Seuil, 1979.

Le sondage est ainsi devenu l'instrument privilégié de mise en forme de l'information. Cet état de fait découle directement de sa grande souplesse et de ses coûts d'opération relativement faibles (en argent et encore plus en temps), en comparaison avec l'observation directe.

1.2. Les limites : les préalables

Cette situation n'est pas sans susciter de débat. D'aucuns[4] estiment, en effet, qu'une trop grande importance a été accordée au critère de commodité et qu'on ne tient pas suffisamment compte des limites inhérentes au sondage. Ces auteurs concluent que le sondage, même s'il demeure un instrument valable de mise en forme de l'information, présente des inconvénients majeurs, qui sont trop souvent ignorés. Ils soutiennent que le sondage est surexploité en sciences sociales et qu'il importe que les chercheurs diversifient leur démarche, en ayant davantage recours, en particulier, à l'observation directe.

Il convient donc de dégager et d'évaluer la plausibilité des postulats sous-jacents à l'utilisation du sondage. Notre réflexion portera exclusivement sur les principes généraux du mécanisme « question-réponse » dans la mesure des phénomènes sociaux. Il nous apparaît important d'établir les bases épistémologiques sur lesquelles les chercheurs s'appuient pour justifier l'utilisation de réponses à des questions comme indicateurs de constructions conceptuelles.

Cinq conditions doivent être satisfaites pour que la procédure « question-réponse » soit vraiment adéquate :

1) il importe que l'échantillon cible *soit disponible*, c'est-à-dire qu'il puisse être rejoint et accepte de répondre au questionnaire;

2) il faut que les gens *soient en mesure de répondre au questionnaire*, c'est-à-dire qu'ils saisissent le sens des questions (la compréhension) et qu'ils possèdent l'information qui leur est demandée (la pertinence);

3) les gens doivent *communiquer l'information sans distorsion* ;

4) l'information doit être *enregistrée correctement* par le chercheur ou son équipe;

---

4. Voir en particulier L. PHILLIPS, *Knowledge from What? Theories and Methods in Social Research*, Chicago, Rand McNally, 1972.

5) le questionnaire est presque toujours administré à des *individus*. Cette situation doit nous amener à considérer la pertinence de l'unité individuelle dans l'analyse des phénomènes sociaux.

La disponibilité des informateurs

L'objectif visé lorsqu'on a recours à un questionnaire est d'obtenir des réponses. Il faut donc que les personnes faisant partie de l'échantillon cible soient contactées et collaborent. Dans les sociétés sédentaires, le contact pose relativement peu de problèmes. Les gens peuvent être rejoints à leur résidence (par une visite, par téléphone ou par courrier) ou dans des lieux de rassemblement (une classe, par exemple).

Une fois contactées, les personnes doivent accepter de répondre au questionnaire. Dans le sondage, la collaboration est en effet une condition absolue. S'il est possible d'observer le comportement des gens sans leur consentement, il est par contre impossible d'obtenir des réponses sans avoir préalablement obtenu, au moins implicitement, le consentement de l'informateur. D'où l'importance que les sondeurs attachent au taux de réponse, c'est-à-dire à la proportion d'un échantillon cible qui a été rejointe et a accepté de répondre au questionnaire. Ce taux varie considérablement selon les formats, les sujets et les populations.

En Amérique du Nord, le taux habituel se situait autour de 80 p. 100 dans les années soixante mais est tombé à environ 60 p. 100[5]. Les non-réponses comprennent les refus, mais aussi les personnes non contactées (habituellement entre 5 et 10 p. 100) ou incapables de répondre pour cause de maladie (2 à 3 p. 100). L'urbanisation, en particulier, accroît substantiellement le taux de refus (le seul qui est à la hausse), le taux des autres facteurs de non-réponse étant plutôt stable[6]. Les résultats semblent à peu près similaires en Europe occidentale. Dans les pays d'Europe de l'Est, les premiers sondages ont rencontré une certaine résistance, mais après une période d'acculturation, les taux de réponse sont maintenant très élevés[7].

---

5. AMERICAN STATISTICAL ASSOCIATION, « Is the Public Acceptability of Social Survey Research Declining? », dans Martin BULMER (dir.), *Censuses, Surveys and Privacy*, London, Macmillan, 1979.

6. Charlotte G. STEEH, « Trends in Nonresponse Rates, 1952-1979 », dans *Public Opinion Quarterly*, vol. 45, printemps 1981, pp. 40-58.

7. William A. WELSH, « Introduction : An Overview of the Status of Survey Research in Eastern Europe and the Soviet Union », dans William A. WELSH (dir.), *Survey Research and Public Attitudes in Eastern Europe and the Soviet Union*, New York, Pergamon Press, 1981.

En Afrique, l'accueil fluctue considérablement d'une population à l'autre[8].

En Amérique du Nord, donc, près de deux personnes sur trois sont rejointes et acceptent de répondre à un sondage type. La résistance au sondage n'est cependant pas négligeable. En Amérique du Nord, tout au moins, elle est particulièrement forte en milieu urbain, où les gens sont généralement plus méfiants. Certains s'y objectent par principe : environ un citoyen sur dix semble considérer les sondages comme étant une intrusion dans la vie privée[9]. L'opposition est encore plus marquée au sujet de thèmes comme la sexualité et le revenu. Mais la principale raison du refus de répondre semble plutôt être le manque d'intérêt, auquel s'ajoute un certain scepticisme quant à l'utilité des sondages : environ un Américain sur cinq estime qu'il s'agit d'un gaspillage de temps et d'argent[10].

Puisque les « non-répondants » représentent habituellement plus du tiers d'un échantillon cible, ils constituent un des problèmes les plus sérieux de tout sondage. Ils introduisent en effet un biais possible dans les résultats, pour autant qu'ils se distinguent des « répondants », puisque toute l'information dont dispose le chercheur provient de ces derniers. Les quelques études qui ont été consacrées à cette question ne permettent pas de tirer des conclusions fermes, le biais apparaissant tantôt important[11], tantôt minime[12]. Des procédures de pondération peuvent être utilisées pour corriger certains biais, mais ces procédures sont elles-mêmes fondées sur d'autres postulats. Il s'agit là, en somme, d'une des limites du sondage, à propos de laquelle nous n'avons que très peu de données sûres. Réduire le taux de refus devient ainsi l'une des grandes préoccupations des sondeurs.

Il s'ensuit que les possibilités qu'offre le sondage varient consi-dérablement dans le temps et dans l'espace. À certains moments et à certains endroits, les sondages ne posent à peu près aucune difficulté (par rapport à ce critère), alors qu'à d'autres moments et endroits, ils sont problématiques. Tout dépend, en effet, de l'image du sondage dans

8. William O'BARR (dir.), *Survey Research in Africa : Its Application and Limits*, Evanston, Northwestern University Press, 1973.
9. Martin BULMER, « The Impact of Privacy Upon Social Research », dans BULMER, *op. cit.*
10. National Research Council, *Privacy and Confidentiality as Factors in Survey Response*, Washington, National Academy of Science, 1979.
11. Arthur L. STINCHCOMBE *et al.*, « Nonresponse Bias for Attitude Question », dans *Public Opinion Quarterly*, vol. 45, août 1981, pp. 359-376.
12. Lloyd LUEPTOW *et al*, « Response Rate and Response Bias Among High School Students Under the Informed Consent Regulations », dans *Sociological Methods and Research*, vol. 6, novembre 1977, pp. 183-205.

le public. Or, cette image n'est pas une création spontanée. Il y a un risque, par exemple, que la publication de sondages de qualité douteuse jette le discrédit sur cet instrument de recherche. Les chercheurs ont donc intérêt à hausser la qualité des sondages en général, s'ils veulent maintenir la légitimité de cet outil indispensable en sciences sociales. C'est d'ailleurs ce qui a incité la Société canadienne de science politique (devenue depuis la Société québécoise de science politique) et l'Association canadienne des sociologues et anthropologues de langue française à créer, en 1977, un Comité des sondages ayant comme mandat, entre autres, d'élaborer des critères d'évaluation de la qualité des sondages et de commenter, si nécessaire, les sondages publiés, principalement du point de vue méthodologique[13].

La capacité de répondre

Non seulement faut-il que les informateurs soient disponibles, il importe également qu'ils soient en mesure de répondre aux questions qui leur sont posées. Cela suppose essentiellement deux choses. Premièrement, les gens doivent *comprendre les questions*, et deuxièmement, ils doivent *posséder l'information* qui leur est demandée. Le critère de compréhensibilité exige qu'on accorde un soin tout particulier à la formulation des questions. Nous reviendrons sur ce point dans la section 4.2. Mais on peut dire tout de suite que le recours au questionnaire n'est possible que si le chercheur et l'ensemble des informateurs partagent une langue commune, c'est-à-dire si les mots et leur agencement ont un sens uniforme. Cette exigence ne peut être parfaitement satisfaite, car même les mots les plus simples peuvent avoir des significations différentes selon les régions, les classes sociales et les générations. On peut toutefois compter que, dans la plupart des cas, les variations sont suffisamment minces pour ne pas entraîner de distorsion sérieuse. Le problème prend par contre une ampleur considérable dans les enquêtes comparatives, où un même questionnaire doit être soumis à des populations de langues différentes. Toute traduction étant nécessairement imparfaite, il devient très difficile de déterminer si les variations observées correspondent à des différences « réelles » ou si elles proviennent plutôt de la formulation même des questions[14].

---

13. Voir COMITÉ DES SONDAGES, *Sondages politiques et politique des sondages au Québec*, Montréal, Société canadienne de science politique, 1979.
14. Irwin DEUTSCHER, « Asking Questions Cross-Culturally : Some Problems of Linguistic Comparability », dans Donald P. WARWICK et Samuel OSKERSON (dir.), *Comparative Research Methods*, Englewood Cliffs, Prentice-Hall, 1973.

La capacité de répondre renvoie également à la possession de l'information demandée. On suppose, en d'autres mots, que les informateurs ont un certain niveau de conscience de ce qu'ils sont (variables d'état), de ce qu'ils font (variables de comportement) et de qu'ils pensent (variables de pensée). Le postulat apparaît plausible dans plusieurs cas, mais pas dans tous. Les variables d'état sont de ce point de vue les moins problématiques, les gens connaissent habituellement leur sexe, leur âge, leur occupation. Il en est à peu près de même pour les variables de comportement, même si la marge d'erreur est probablement plus grande. Les gens savent « assez bien » le nombre d'heures qu'ils dorment ou travaillent, ce qu'ils mangent, les sports qu'ils pratiquent, les émissions de télévision qu'ils regardent. La question est plus difficile à trancher en ce qui concerne les variables de pensée, qui sont les plus complexes à mesurer. Tout indique que le niveau de conscience est assez élevé sur les sujets qui touchent le vécu quotidien. La plupart des gens savent très bien qui ils aiment et qui ils détestent, ce qu'ils aiment faire et ce qu'ils n'aiment pas faire. Sur d'autres sujets, le niveau de conscience est plus aléatoire.

> Ce point a été démontré par LaPiere il y a cinquante ans[15]. Il a fait une petite expérience dans laquelle il a, d'une part, observé systématiquement l'accueil réservé à un couple chinois (avec qui il voyageait) dans 44 hôtels et 184 restaurants disséminés à travers les États-Unis et, d'autre part, il a envoyé (six mois plus tard) un questionnaire aux propriétaires de ces hôtels et restaurants, questionnaire comprenant, entre autres, une question demandant s'ils accepteraient des Chinois dans leur établissement. Les résultats furent, pour le moins, spectaculaires. Le couple fut accepté dans tous les établissements, sauf un. Pourtant, plus de 90 p. 100 des propriétaires répondirent qu'ils n'accepteraient pas de Chinois. Dans ce cas, le questionnaire ne s'est pas révélé un instrument de mesure approprié, en bonne partie, pouvons-nous penser, parce que le problème soulevé dans la question n'en était pas un qui rejoignait directement des expériences vécues couramment ou sur lequel les informateurs avaient déjà beaucoup réfléchi.

Cet exemple illustre une des limites du questionnaire. Il est beaucoup moins fiable lorsqu'il s'agit de saisir des opinions ou des attitudes sur des objets qui n'ont pas de répercussion concrète pour l'individu ou auxquels il n'a accordé que peu d'attention. Cette limite peut être corrigée (en partie) en situant les objets dans l'univers mental des répondants (« si une élection provinciale avait lieu aujourd'hui... »), en

---

15. Richard T. LAPIERE, « Attitudes Vs Actions », dans *Social Forces*, vol. 13, 1934, pp. 230-237.

mesurant le niveau d'information sur un sujet avant d'aborder les opinions, et en complétant par des questions sur des comportements qui peuvent être associés (« vous est-il déjà arrivé de... »).

On peut aussi s'interroger sur le niveau de conscience des gens à propos d'états, de comportements ou de pensées du passé. Quelles sont les possibilités et les limites de la mémoire? Là encore, la situation varie selon le type de variables. Les variables de pensée soulèvent les difficultés les plus grandes. Les risques de distorsion apparaissent tellement élevés que l'on conclut généralement à l'impossibilité d'une pareille tâche[16], sauf dans des cas particuliers et par le biais d'un cheminement assez complexe[17]. Dans le cas des comportements, les possibilités apparaissent plus intéressantes, mais les obstacles ne manquent pas[18]. Les mêmes considérations prévalent lorsqu'il s'agit de mesurer des variables d'état. Il semble, par exemple, que les gens ont tendance à surestimer leur revenu passé[19].

Dans la même veine, on peut se demander s'il est possible d'obtenir des renseignements à propos de personnes autres que l'informateur, sur les caractéristiques, comportements ou opinions du conjoint, par

---

16. Roy G. D'ANDRADE, « Memory and the Assessment of Behavior », dans H.M. BLALOCK Jr. (dir.), *Measurement in the Social Sciences: Theories and Strategies*, Chicago, Aldine, 1974.
17. Voir le chapitre sur les histoires de vie.
18. Prenons le comportement électoral. Plusieurs études ont mis en doute la pertinence des questions sur le vote à des élections éloignées dans le passé. La distorsion la plus importante est la sous-estimation du changement, les électeurs ayant changé de parti se rappelant moins bien leur comportement passé et ayant tendance à l'aligner sur leur comportement récent (H.T. HIMMELWEIT *et al.*, « Memory for Past Vote », dans *British Journal of Political Science*, vol. 8, juillet 1978, pp. 365-375). On observe la même tendance dans les études de marketing, la loyauté aux différentes marques étant surestimée (Peter MENNEER, « Retrospective Data in Survey Research », dans Louis MOSS et Harvey GOLDSTEIN (dir.), *The Recall Method in Social Surveys*, London, University of London Institute of Education, 1979). Les études sur la consommation ont aussi révélé que lorsqu'on voulait mesurer les dépenses des ménages au cours du mois précédant l'entrevue, on obtenait des résultats plus élevés pour la dernière semaine que pour les semaines précédentes, les informateurs oubliant certaines dépenses moins récentes (William KEMSLEY, « Collecting Data on Economic Flow Variables Using Interviews and Record Keeping », dans Louis MOSS et Harvey GOLDS-TEIN (dir.), *op. cit.*). Pour obvier à ce problème, on a souvent recours à la dernière semaine comme période de référence. Les résultats s'avèrent alors plus fiables, sauf pour une certaine sous-estimation des deux premiers jours. Ce dernier biais peut être corrigé en se limitant aux dépenses de la « veille » (dernière journée). C'est d'ailleurs la procédure généralement retenue dans les études sur l'emploi du temps. (Edwin K. SCHEUCH, « The Time-Budget Interview », dans Alexander SZALAI (dir.), *The Use of Time: Daily Activities of Urban and Suburban Populations in Twelve Countries*, La Haye, Mouton, 1972.)
19. Edward A. POWERS *et al.*, « Congruence between Panel and Recall Data in Longitudinal Research », dans *Public Opinion Quarterly*, vol. 42, automne 1978, pp. 380-390.

exemple. Différentes études ont démontré qu'il s'ensuit généralement une certaine perte d'information. Par contre, les distorsions apparaissent beaucoup moins sérieuses sur des sujets factuels que sur des questions d'évaluation[20].

La transmission fidèle de l'information

La troisième condition de validité d'un questionnaire est que les gens transmettent l'information qu'ils possèdent sans distorsion. Cette condition renvoie à la sincérité des réponses et aux effets possibles de contamination du questionnaire. Un certain nombre d'observations peuvent être faites à ce propos. D'abord, il semble bien que les tentatives délibérées et systématiques de distorsion soient extrêmement rares. Ceux qui acceptent de répondre à un questionnaire le font généralement dans un esprit de collaboration qui s'exprime par un effort de sincérité. La correspondance observée entre les intentions de vote exprimées dans les sondages et les résultats postérieurs du vote en fait foi.

Par contre, les informateurs ont aussi d'autres motivations lorsqu'ils répondent à un questionnaire. Ghiglione et Matalon[21] distinguent trois motivations principales : maintenir de bons rapports avec l'enquêteur, donner de soi une image favorable et donner de soi une image « conforme », « normale ». Dans un grand nombre de cas, ces motivations ne constituent pas des sources de distorsion; elles facilitent au contraire la sincérité. C'est le cas des sujets « neutres » pour lesquels il n'existe pas de norme sociale approuvée par à peu près tout le monde. Ce semble être le cas, entre autres, des intentions de vote. Il est par contre un certain nombre de faits, comportements ou opinions qui sont considérés comme répréhensibles par la société et qui sont beaucoup moins avoués dans les questionnaires. Ce problème peut être corrigé en partie en formulant des questions faisant apparaître tous les comportements ou opinions comme acceptables et en entraînant les interviewers de façon à ce qu'ils les présentent comme tels. Cependant, cela ne permet que de réduire le biais et non de l'éliminer complètement.

Cette difficulté se présente même pour la mesure des variables socio-économiques. Ainsi, il semblerait que des effets de plancher et de plafond se manifestent dans les réponses sur le revenu, les plus riches

---

20. Mavis MacLean et Hazel Genn, *Methodological Issues in Social Surveys*, London, Macmillan, 1979, chap. 4.
21. Rodolphe Ghiglione et Benjamin Matalon, *Les enquêtes sociologiques : théories et pratique*, Paris, Armand Colin, 1978, p. 149.

ayant tendance à minimiser leurs revenus et les plus pauvres à les exagérer[22]. Ces effets reflètent probablement la tendance à donner une image « normale ». De même, peu de gens sont enclins à admettre qu'ils n'ont pas d'opinion sur une question donnée. C'est ce qui a amené Converse à suggérer, dans un article classique[23] qui a fait l'objet de toute une controverse, qu'un certain nombre de répondants, qui n'ont aucune opinion sur un sujet, répondent tout simplement au hasard. S'il est à peu près impossible d'estimer la fréquence de ce type de réponse, son existence peut difficilement être niée. Dans nos sociétés, un individu respectable est supposé être informé et avoir une opinion. Là aussi il est possible d'apporter des correctifs, en posant des questions prélimi-naires sur le niveau d'information ou en présentant l'absence d'opinion comme légitime.

Globalement, la stratégie la plus efficace consiste à déterminer les risques de distorsion et à adopter des stratégies qui réduisent ces risques.

L'enregistrement fidèle de l'information

Les risques d'erreur ne proviennnent pas exclusivement de l'informa-teur. Dans les questionnaires qu'il administre, l'interviewer peut ne pas inscrire correctement la réponse qui lui est donnée. Il existe des méthodes qui permettent de détecter et de corriger de telles erreurs. On peut procéder à la vérification d'un certain nombre de questionnaires ainsi que de l'ensemble de la codification[24]. Les grandes maisons de sondage le font de façon systématique, de sorte que ce prérequis est satisfait à peu près complètement. Dans certaines enquêtes, cependant, cette étape est malheureusement escamotée.

La pertinence de l'unité d'analyse

Les questionnaires étant généralement administrés à des individus, le sondage est habituellement défini comme une « technique de rapports individuels[25] ». On peut alors s'interroger sur la pertinence de cette

---

22. Paul M. SIEGEL et Robert W. HODGE, « A Causal Approach to the Study of Measure-ment Error », dans Hubert M. BLALOCK et Ann B. BLALOCK (dir.), *Methodology in Social Research*, New York, McGraw-Hill, 1968, p. 36.
23. Philip CONVERSE, « The Nature of Belief Systems in Mass Publics », dans David APTER (dir.), *Ideology and Discontent*, New York, The Free Press, 1964.
24. Earl P. BABBIE, *Survey Research Methods*, Belmont, Wadsworth, 1990, chap. 10.
25. PINTO et GRAWITZ, *Méthodes des sciences sociales*, Paris, Dalloz, 1969, p. 596.

« technique individuelle » pour l'analyse des phénomènes sociaux qui sont essentiellement des phénomènes collectifs. La perspective n'est-elle pas faussée dès le départ ? L'information ne risque-t-elle pas d'être « plus ou moins superficielle[26] » ?

En fait la question doit être examinée sous plusieurs points de vue. Il faut d'abord reconnaître que l'orientation individualiste du sondage n'est pas absolue. On peut avoir recours à l'entrevue de groupe, en particulier dans les études de motivations. Le questionnaire peut également servir à l'analyse d'une organisation[27]. De telles applications sont toutefois rares. La tendance dominante demeure « individualiste ». Par ailleurs, même si les informations sont recueillies auprès d'individus, l'analyse peut procéder à d'autres niveaux. C'est ainsi qu'on peut comparer la mobilité professionnelle dans différentes zones résidentielles, à partir des résultats d'un sondage[28]. Il faut donc distinguer l'unité de mise en forme de l'information et l'unité d'analyse.

Mais on reproche surtout au sondage de considérer les individus comme des entités autonomes et indépendantes les unes des autres, ce qui donne une image déformée de la réalité.

> Drake[29], par exemple, soutient que dans un grand nombre de communautés africaines, l'individu n'est pas une unité appropriée, qu'il convient plutôt d'interviewer le chef du village, puisque les villages sont généralement homogènes et que, dans la plupart des cas, il suffit de connaître les convictions religieuses du chef pour déterminer, entre autres choses, comment l'ensemble du village votera à une élection ou réagira face à une nouvelle technologie agricole. Ce type d'argumentation ne s'applique pas exclusivement aux sociétés « primitives ». On peut se demander, par exemple, si dans les sociétés occidentales, le vote est une décision individuelle ou de couple[30].

Ce reproche nous semble en partie juste et en partie erroné. Il est vrai que, dans la pratique, plusieurs études fondées sur les données d'un sondage omettent de situer leurs résultats dans un contexte social plus large, quoique l'instrument puisse se prêter à un tel type de

---

26. *Ibid.*, p. 573.
27. J. Zvi Namenwirth *et al.* « Organizations Have Opinions : A Redefinition of Publics », dans *Public Opinion Quarterly*, vol. 45, hiver 1981, pp. 463-477.
28. Marie Lavigne et Jean Renaud, *Étude comparative de quatre zones résidentielles du bas de la ville de Montréal : tome 1 Caractéristiques sociales et mobilité professionnelle*, Montréal, Presses de l'Université du Québec, 1974.
29. H. Max Drake, « Research Method or Culture-Bound Technique? Pitfalls of Survey Research in Africa », dans O'Barr (dir.), *op. cit.*
30. André Blais et Jean Crête, « Le vote et les ménages », *Recherches Sociographiques*, vol. 18, 1987, pp. 393-405.

démarche. Il y a effectivement une tendance un peu mécanique chez plusieurs chercheurs à tout réduire à l'individu, de façon routinière. Il y aurait intérêt à remettre en question certaines pratiques établies et à réfléchir de façon plus critique sur l'unité d'analyse. Cette réflexion peut d'ailleurs s'appuyer sur des résultats de sondages. C'est à partir de données de sondages, par exemple, qu'on peut discuter de la pertinence de l'individu et du couple dans les choix électoraux.

En somme, l'orientation individualiste du sondage n'est pas un « vice » inhérent à l'instrument. Rien n'empêche, en effet, d'intégrer certains aspects de l'environnement social dans la conception même de l'enquête. Il est possible, à l'intérieur d'une même étude, de combiner des données de sondage et des données agrégées. On peut également situer les données individuelles dans leur contexte sociopolitique.

> Un bon exemple d'une telle démarche est l'analyse de Maurice Pinard sur le phénomène créditiste en 1962[31]. Pinard montre que le Crédit social a fait des gains chez les individus (données de sondage) dont la situation personnelle s'était détériorée, mais aussi dans les circonscriptions (données agrégées) qui connaissaient une forte émigration. Pinard s'intéresse également aux effets contextuels et note, entre autres, l'appui substantiel qu'obtient le Crédit social en 1962 chez les électeurs qui ont appuyé l'Union nationale en 1956 et en 1960 et qui demeurent dans une circonscription où le Parti conservateur était particulièrement faible.

En fait, on pourrait avancer que ce sont les sondages qui dépassent une vision strictement individualiste de la réalité qui sont les plus féconds.

Cette brève discussion a permis d'établir les principaux avantages et les limites du sondage comme instrument de recherche. Deux conclusions principales semblent se dégager.

1) Premièrement, le sondage doit être évalué en termes relatifs. Il présente le grand avantage d'être flexible, mais se fonde sur la verbalisation, avec les risques d'erreur qui s'ensuivent. Ces avantages et limites doivent être comparés à ceux des autres instruments.

2) Deuxièmement, lorsqu'un chercheur a recours au sondage, il doit, dès le début, prendre certaines précautions. Il doit se demander si l'analyse devrait porter sur les individus ou sur d'autres unités, se préoccuper de l'accueil qui sera réservé à son questionnaire, s'assurer que les répondants comprennent et

---

31. Maurice PINARD, *The Rise of a Third Party*, Englewood Cliffs, Prentice-Hall, 1971.

possèdent effectivement l'information qui leur est demandée, faciliter les réponses sincères et spontanées, et finalement vérifier l'enregistrement de ces réponses.

Ces considérations générales sont fondamentales. C'est à partir d'elles que l'on peut juger si le sondage est approprié ou non à la vérification de l'hypothèse de départ. Elles ne sont cependant pas suffisantes. Une fois la décision prise de faire un sondage, des choix concrets doivent être faits en regard du mode d'emploi. Ces choix concernent essentiellement le devis, le format, la construction et l'administration du questionnaire.

2. Le devis

Le premier choix qui se pose au chercheur concerne la quantité d'enquêtes qu'il doit mener. On distingue ainsi le sondage *ponctuel*, dit aussi « à coupe transversale », dans lequel le questionnaire n'est administré qu'une fois, du sondage *longitudinal*, dans lequel le questionnaire est administré à plusieurs reprises. Le sondage longitudinal peut être de *tendance*, si le questionnaire est administré à différents échantillons d'une même population à différents moments, ou de type *panel*, si le questionnaire est chaque fois administré au même échantillon.

2.1. Le sondage ponctuel

Le sondage ponctuel est le plus simple. Il sert à décrire certaines caractéristiques d'une population ou à examiner les relations entre certaines variables à un moment donné. Il a le désavantage d'être statique, de ne pas permettre l'analyse du changement. Il est cependant beaucoup moins coûteux. On n'aura donc recours au sondage longitudinal que si cela s'avère indispensable. Tout dépend en fait de l'hypothèse de départ. *Le devis ponctuel est approprié lorsque l'ordre de causalité des variables n'est pas problématique.* Si l'on s'intéresse à la relation entre la scolarité et le vote, par exemple, on peut supposer que la première variable influence la seconde, et non l'inverse. Un sondage ponctuel ne permettrait pas, par contre, de déterminer si ce sont les attitudes constitutionnelles qui influencent le vote ou si c'est l'inverse.

2.2. Le sondage de tendance

Lorsqu'on peut répéter la même enquête à plusieurs reprises, les possibilités sont beaucoup plus riches. On peut alors observer l'évolution de certaines caractéristiques de la population ou encore de relations entre variables, dans le temps. Les sondages Gallup en sont un bon exemple : on peut suivre, d'un mois à l'autre, la cote de popularité des partis politiques au Canada. On peut aussi s'intéresser aux changements dans les relations entre variables.

> Black et McGlen[32] ont pu démontrer, par exemple, que l'écart entre les hommes et les femmes quant à la participation politique a diminué au Canada entre 1965 et 1974. C'est aussi en comparant des sondages effectués à différents moments dans le temps et en suivant les réponses données par des cohortes d'individus nés pendant la même période qu'on peut mesurer les effets de génération, de période et de vieillissement[33]. Blais et Nadeau[34] ont ainsi relevé des générations politiques au Québec, dont le comportement électoral est distinct et stable dans le temps : les générations nées avant 1940, entre 1940 et 1944, entre 1945 et 1960 et après 1960. On peut finalement examiner l'impact de certains événements ou facteurs extérieurs : l'effet du chômage et de l'inflation sur la popularité du gouvernement[35] ou l'impact de l'introduction de l'assurance-maladie sur l'utilisation des services médicaux[36].

Le sondage de tendance peut s'intéresser aux changements à *court* ou à *long* terme. À court terme, on peut avoir recours à une enquête « roulante » (*rolling cross-section*) qui peut s'échelonner sur quelques semaines ou mois, des mini-échantillons étant tirés chaque jour ou chaque semaine.

> C'est ainsi que s'est déroulée l'enquête menée par l'Institute for Social Research de l'Université York au cours de la dernière élection fédérale; on a interviewé près de 80 personnes à chaque jour de la campagne électorale, ce qui a permis de suivre l'évolution des attitudes et des perceptions tout au long de la campagne et de mesurer l'effet de certains événements comme les débats télévisés[37].

Lorsqu'elles s'intéressent aux changements à long terme, les études de tendance se fondent sur une analyse secondaire de sondages effectués

---

32. Jerome H. BLACK et Nancy E. MCGLEN, « Male-Female Political Involvement Differentials in Canada, 1965-1974 », dans *Revue canadienne de science politique*, vol. 12, septembre 1979, pp. 471-499.
33. Norval A. GLENN, *Cohort Analysis*, Beverly Hills, Sage, 1977.
34. BLAIS et NADEAU, *op. cit.*
35. Richard NADEAU et Guy LACHAPELLE, « Facteurs explicatifs des fluctuations de la popularité du président Reagan », *Politique*, n° 16, automne 1989, pp. 35-59.
36. Alison D. MCDONALD *et al.*, « Études sur l'assurance-maladie du Québec », dans *Sociologie et Sociétés*, vol. 9, avril 1977, pp. 55-76.
37. Richard JOHNSTON, André BLAIS, Henry BRADY et Jean CRÊTE, « Free trade and the dynamics of the 1988 Canadian election », Congrès de l'*American Political Science Association*, Atlanta, septembre 1989.

par d'autres chercheurs ou des organisations comme la maison Gallup. De telles études sont possibles dans la mesure où des questions identiques sont posées dans les différents sondages. Elles permettent d'aller plus loin qu'un sondage ponctuel. On peut vérifier si certaines relations sont stables ou non dans le temps, ou encore mesurer l'effet de l'environnement extérieur sur l'évolution des résultats. Le sondage de tendance ne permet cependant pas d'observer directement les changements au niveau individuel. Un sondage panel est alors nécessaire.

2.3. Le sondage panel

Dans le sondage panel, non seulement l'enquête est-elle répétée à plusieurs reprises, mais les mêmes personnes sont contactées à chaque fois. Ce type de sondage doit être planifié dès le départ : on conserve les noms des informateurs qui seront interrogés de nouveau après un certain intervalle. La démarche est différente de l'étude de tendance, qui se fait souvent a posteriori, en comparant les données de sondages déjà effectués. Au point de vue théorique, le sondage panel ouvre également de nouveaux horizons : la dynamique du changement peut être examinée au niveau individuel.

Supposons qu'un chercheur s'intéresse au lien entre le revenu et le comportement électoral. Par un sondage ponctuel, il pourra vérifier l'existence d'un tel lien. En analysant des sondages effectués lors de différentes élections, il pourra déterminer si ce lien (ou l'absence de ce lien) change dans le temps, si la popularité d'un parti augmente (ou diminue) davantage chez les plus riches (ou les plus pauvres) et établir certaines associations entre ces changements et les politiques gouvernementales ou stratégies des partis. Par un sondage panel, non seulement pourra-t-il procéder à une telle analyse, mais il pourra déterminer si ce sont les individus dont le revenu a le plus augmenté (ou diminué) entre deux élections qui ont davantage modifié leur comportement électoral. La dynamique individuelle devient directement accessible, contrairement au sondage de tendance.

Le sondage panel présente donc un grand intérêt. Il comporte toutefois certains inconvénients. L'entreprise est beaucoup plus exigeante. Comme il faut répéter l'enquête, cela peut s'avérer très coûteux et la recherche doit s'étendre sur une plus longue période de temps. Il faudra par exemple attendre quatre ans (habituellement), si l'on veut analyser les changements entre deux élections.

Un deuxième problème concerne la mortalité de l'échantillon. Cette mortalité découle du fait qu'un certain nombre de personnes ayant répondu au premier questionnaire ne répondent pas aux suivants, parce qu'elles ont déménagé et qu'on ne réussit pas à les retrouver, par lassitude ou pour d'autres raisons. Le taux de mortalité varie selon le sujet et l'intervalle entre les enquêtes.

> Un des sondages panels les plus ambitieux effectué en quatre vagues (1963-1964-1966-1970) en Grande-Bretagne[38] a connu un taux de mortalité de près de 25 p. 100 entre les deux premières vagues (séparées par une année) et de près de 60 p. 100 entre la première et la dernière (séparées par sept ans). Mais il est possible d'obtenir de meilleurs résultats, en particulier en consacrant beaucoup d'énergie à retracer les personnes qui ont déménagé[39]. Une enquête panel importante sur les orientations politiques des adolescents et de leurs parents a donné lieu à une perte de seulement 20 p. 100 (pour un intervalle de huit ans)[40].

Une troisième difficulté a trait aux risques de contamination. Le seul fait de répondre à un questionnaire peut sensibiliser un individu à certaines questions et modifier ses comportements ou attitudes. On a ainsi remarqué que ceux qui répondent à des sondages électoraux ont par la suite tendance à s'intéresser davantage à la politique[41]. Par conséquent, les changements qu'on observe entre les différentes vagues d'un panel peuvent avoir été créés artificiellement par l'instrument de recherche. Les risques sont plus prononcés lorsque le questionnaire revient à de courts intervalles.

En somme, le sondage panel peut être mis à profit dans plusieurs cas, surtout lorsque les risques de contamination apparaissent faibles, que la population n'est pas trop mobile, que le thème de l'enquête suscite de l'intérêt et que les changements individuels sont au cœur de l'analyse. Le sondage de tendance suffit lorsqu'on veut se limiter aux changements collectifs. Le sondage ponctuel est tout à fait approprié lorsque la perspective est strictement statique, ou lorsqu'il semble possible de faire appel à la mémoire des informateurs pour mesurer des états, comportements ou points de vue passés.

---

38. David BUTLER et Donald STOKES, *Political Change in Britain: The Evolution of Electoral Choice*, New York, St. Martin's Press, 1974.
39. Donald M. CRIDER *et al.*, « Tracking Respondents in Longitudinal Surveys », dans *Public Opinion Quarterly*, hiver 1971-1972, pp. 613-620.
40. M. Kent JENNINGS et Richard G. NIEMI, « Continuity and Change in Political Orientations : A Longitudinal Study of Two Generations », dans *American Political Science Review*, vol. 69, décembre 1975, pp. 1316-1335.
41. Michael W. TRAUGOTT et John P. KATOSH, « Response Validity in Surveys of Voting Behavior », dans *Public Opinion Quarterly*, vol. 43, automne 1979, pp. 359-378.

3. Le mode

Une fois le devis établi, le chercheur doit déterminer de quelle façon les réponses à ses questions seront recueillies. On peut d'abord distinguer les questionnaires *auto-administrés*, où l'informateur inscrit lui-même ses réponses, de ceux qui sont *administrés par un interviewer*. On peut également tenir compte de la façon dont le répondant est contacté. Le questionnaire auto-administré peut être *envoyé par la poste* ou *remis en main propre*. L'entrevue peut se faire en *personne* ou par *téléphone*. Ces différents modes ne s'excluent pas nécessairement l'un l'autre.

> Lors d'une étude comparative sur l'emploi du temps dans treize pays différents on a, par exemple, eu recours à des questionnaires auto-administrés qui ont ensuite été vérifiés et complétés par un interviewer[42]. De même un questionnaire envoyé par la poste peut être complété par téléphone. Les combinaisons possibles sont nombreuses.

Chaque mode présente certains avantages et désavantages. Il revient au chercheur de déterminer lequel permet une utilisation optimale des ressources, pour une recherche donnée. Mais, dans toute recherche, deux aspects doivent être considérés. Le premier est *la qualité et la richesse de l'information* recueillie, qui dépendent de critères mentionnés plus haut (section 1.2.). Le mode optimal est celui qui permet de contacter l'ensemble de l'échantillon cible, d'obtenir sa collaboration et de faciliter sa compréhension, tout en minimisant les risques de contamination. On ne peut cependant se limiter à ces seules considérations. Il faut également tenir compte du *coût* (en argent, en temps) de mise en forme de l'information. Le mode optimal est celui qui fournit l'information la plus valable au coût le plus bas. C'est dans cette perspective que chacun des modes sera examiné.

3.1. Le questionnaire par la poste

Les principaux avantages du questionnaire par la poste concernent la *couverture* et le *coût*. À peu près tous les citoyens ont une adresse et peuvent être rejoints par le courrier. Les coûts sont relativement peu élevés. La situation varie considérablement d'une enquête à l'autre mais, en moyenne, le sondage par la poste coûte environ trois fois moins cher que le sondage par téléphone, et six fois moins cher que le sondage à la maison.

---

42. SCHEUCH, *op. cit.*

Son principal désavantage a trait au *taux de réponse*. Le mode est impersonnel. L'individu qui recoit un questionnaire par le courrier peut beaucoup plus facilement ne pas y répondre que lorsqu'il est directement sollicité par un interviewer. En fait, le taux de réponse est la bête noire des sondages par la poste. Il varie enormément d'une étude à l'autre, pouvant aussi bien atteindre 10 que 80 p. 100. Plusieurs moyens sont à la disposition du chercheur pour accroître le taux de réponse[43]. La lettre d'introduction, présentant l'étude et justifiant son intérêt, peut s'avérer cruciale puisqu'elle constitue le lien de communication privilégié entre le chercheur et les informateurs. Lorsque cela est possible, l'appui d'une organisation connue et appréciée par l'échantillon cible peut grandement aider, de même que le recours à des compensations financières. Finalement, les rappels sont essentiels, puisqu'ils peuvent facilement faire doubler le taux de réponse. Toutes ces « recettes » sont certes utiles. Il n'en demeure pas moins que le taux de réponse est souvent problématique. *Le sondage par la poste est surtout approprié pour l'étude de populations spécifiques et homogènes.* Des taux de réponse satisfaisants peuvent être obtenus dans les enquêtes auprès des membres d'une organisation, en particulier, si la direction de l'organisation donne son appui. De plus, ce sont généralement les personnes les plus scolarisées qui collaborent le plus à ce type de sondage. Il est donc tout indiqué pour des populations dont le niveau de scolarité est élevé.

Le sondage par la poste présente également des difficultés à l'étape de la construction du questionnaire. Celui-ci ne doit pas être trop long (pas plus d'une dizaine de pages) pour minimiser les non-réponses. Les questions doivent être particulierement claires, puisque l'informateur ne peut obtenir d'explication s'il ne comprend pas un élément de la question. L'absence d'interviewer oblige également à se limiter presque exclusivement à des questions fermées (voir section 4.2.). Finalement, le questionnaire étant auto-administré, chacun peut y répondre au moment où cela lui plaît et à sa façon. Pour certaines recherches, cette possibilité peut constituer un avantage. Les informateurs peuvent réfléchir davantage avant d'inscrire leurs réponses. La procédure est aussi utile lorsque les réponses ne peuvent toutes être données en même temps. C'est le cas des sondages BBM qui mesurent la cote d'écoute des émissions de radio et de télévision, et qui demandent aux gens d'inscrire, au fur et à mesure, les émissions qu'ils regardent ou écoutent pendant une semaine donnée. Pour d'autres recherches, par contre, cette possibilité est un inconvénient. Les informateurs peuvent consulter l'ensemble du

---

43. Cette section s'inspire de Don A. DILLMAN, *Mail and Telephone Surveys: The Total Design Method*, New York, Wiley, 1978.

questionnaire avant d'y répondre, chercher à rendre leurs réponses le plus cohérentes possible, les « sur-organiser », ce qui les rend moins spontanées.

En somme, la poste n'est pas un mode « idéal » de sondages auprès de populations hétérogènes, à cause du faible taux de réponse. On y a bien recours pour mesurer les cotes d'écoute mais, malgré la présence d'incitations financières, le taux de réponse est passablement bas. Par contre, le questionnaire par la poste est tout indiqué pour l'étude de populations homogènes ou plus scolarisées, en particulier les membres d'une organisation.

3.2. Le questionnaire distribué

Ce mode connaît plusieurs variantes. Le questionnaire peut être distribué à des groupes réunis en un endroit : l'exemple le plus connu est celui des étudiants répondant à un questionnaire au début ou à la fin d'un cours. Il peut l'être aussi à des individus partageant une même situation : ce serait le cas d'une étude faite auprès d'un échantillon de gens se présentant à la salle d'urgence d'un hôpital. Il peut même être distribué à la maison. Ce fut le cas de l'étude comparative sur l'emploi du temps, où un interviewer se rendait au domicile des répondants, expliquait comment utiliser les formulaires et revenait les chercher deux jours plus tard, procédant à certaines vérifications[44]. Chaque variante a ses particularités, de sorte qu'il est difficile de dégager des caractéristiques générales.

Les questionnaires distribués à la maison constituent une espèce rare. On a plutôt recours à l'entrevue en personne. La procédure de distribution est préférée à celle de l'entrevue lorsque le chercheur estime que l'informateur a besoin de réflexion (ou de temps) pour répondre au questionnaire, ce qui était le cas dans l'étude sur l'emploi du temps. On utilise alors la méthode du « carnet personnel ». Pour ce qui est du questionnaire distribué à des groupes réunis dans un lieu, il est évidemment d'utilisation restreinte : il ne peut s'appliquer qu'à des populations « spéciales ». Lorsqu'elle est possible, la formule est cependant fort intéressante. Les coûts sont minimes et les taux de réponse généralement élevés. Des explications peuvent être données si des ambiguïtés se présentent. Par contre, le questionnaire doit demeurer court et simple.

---

44. Scheuch, *op. cit.*

3.3. Le questionnaire présenté en personne

La plus grande qualité de l'entrevue personnelle est sa polyvalence. Le questionnaire peut être passablement long. La présence d'un interviewer fait en sorte que les gens acceptent généralement de prendre une heure ou même deux pour répondre au questionnaire. Les formes de question peuvent être variées. On peut faire une utilisation systématique des questions ouvertes et de support visuel (voir la section 4.2.). Ces considérations ont fait que l'entrevue personnelle est depuis longtemps considérée comme la « crème » des sondages. Cette perception commence cependant à être contestée depuis quelques années. L'entrevue personnelle n'est pas, en effet, sans désavantage. Le plus important est évidemment son coût. Ceci a amené plusieurs chercheurs à envisager d'autres modes et en particulier, le téléphone.

3.4. Le questionnaire par téléphone

Si le sondage par téléphone semble maintenant plus populaire que l'entrevue personnelle, c'est d'abord pour des considérations financières. En moyenne, le coût par entrevue complétée est environ deux fois moindre[45]. Le contrôle sur l'ensemble des opérations est aussi plus direct. Toutes les entrevues peuvent se dérouler dans la même salle, de sorte qu'il est plus facile de les superviser, de voir les difficultés et de réagir rapidement, alors que, dans les sondages en personne, les interviewers sont dispersés sur le territoire et les responsables ont un contact indirect (et avec des délais considérables) avec le processus concret de collecte des données. L'opération se fait aussi plus rapidement par téléphone.

Par rapport à d'autres critères, l'entrevue personnelle est probablement plus efficace, mais l'écart n'est généralement pas considérable. En Amérique du Nord, un peu plus de 5 p. 100 de la population — surtout des pauvres vivant en milieu rural — n'ont pas le téléphone et ne peuvent être rejoints. À cela, il faut aussi ajouter près de 20 p. 100 des abonnés qui ne sont pas inscrits dans les annuaires téléphoniques et qui ont aussi des caractéristiques marquées (locataires, séparés ou divorcés, etc.). Ces derniers peuvent cependant être contactés si l'on a recours à la génération aléatoire des numéros plutôt qu'à l'annuaire

---

45. Cette section s'inspire de Robert M. GROVES et Robert L. KAHN, *Surveys by Telephone : A National Comparison with Personal Interviews*, New York, Academic Press, 1979.

de téléphone pour établir l'échantillon[46]. Les réponses aux questions ouvertes ont aussi tendance à être un peu moins riches dans le cas des sondages par téléphone. Ces désavantages sont mineurs toutefois et moindres, dans la plupart des cas, que le coût prohibitif de l'entrevue personnelle. Dans l'ensemble, les sondages effectués en personne et par téléphone donnent des résultats à peu près identiques. En conséquence, le sondage par téléphone apparaît généralement plus valable, sauf lorsqu'on veut faire une utilisation systématique de questions ouvertes, de questions avec support visuel ou lorsque le questionnaire envisagé est particulièrement long. Le questionnaire administré par téléphone ne devrait pas dépasser 30 minutes normalement.

4. L'élaboration du questionnaire

4.1. La démarche

Le questionnaire est un instrument que le chercheur utilise pour confirmer ou infirmer une ou plusieurs *hypothèses*. Ces hypothèses contiennent des *concepts* qui seront mesurés à l'aide du questionnaire. Ces concepts constituent le point de départ de l'enquête. La toute première étape consiste donc à faire la liste des concepts à opérationnaliser. C'est à partir de ces concepts que le questionnaire est élaboré. Non seulement faut-il préciser ces concepts, mais également certaines de leurs caractéristiques. La procédure est différente selon qu'il s'agit de variables d'état (le sexe, l'âge), de variables de comportement (l'emploi du temps, le vote) ou de variables de pensée. À l'intérieur des variables de pensée, on peut distinguer celles de connaissance (ce qu'un individu sait ou ne sait pas à propos d'un phénomène), celles de perception (ce qu'un individu croit savoir à propos d'un phénomène) et celles d'opinion (comment un individu évalue un phénomène).

Une fois qu'il a déterminé exactement ce qu'il veut mesurer, le chercheur peut procéder à l'élaboration proprement dite du questionnaire. La stratégie d'ensemble est relativement simple. Le chercheur doit s'assurer que les sujets comprennent bien la question, qu'ils sont capables de donner une réponse, qu'ils acceptent de la donner et que cette

---

46. Victor Tremblay, « La sélection dans les annuaires téléphoniques : ampleur et conséquences de la non-inscription », Montréal, Centre de sondage, Université de Montréal, janvier 1981, miméo.

réponse est authentique. À ce stade, la préoccupation est de « se mettre dans la peau de l'interviewé », de prévoir comment il peut réagir à ces stimuli que sont les questions et de concevoir les stimuli qui semblent les plus susceptibles de produire l'information désirée. Cela exige d'imaginer plusieurs formulations différentes, de les comparer et de retenir celle qui apparaît la plus appropriée. Le chercheur est ainsi amené à consulter d'autres questionnaires portant sur des thèmes similaires ou connexes. Il pourra ainsi profiter de l'expérience des autres et prendre connaissance de certaines formulations. À moins de problèmes majeurs, il aura intérêt à utiliser ces formulations sans les modifier, de façon à pouvoir comparer les résultats de son enquête à ceux d'études antérieures. C'est ce qui a d'ailleurs amené le Conseil des arts, à proposer une standardisation des questions les plus courantes apparaissant dans un grand nombre de sondages[47].

Il importe finalement de vérifier empiriquement la qualité du questionnaire avant de procéder à l'enquête proprement dite. Une première version est ainsi soumise à un *prétest*. Le questionnaire est alors administré à un petit nombre de personnes. Les interviewers ont pour mission de noter des hésitations, des signes de non-compréhension de la part des informateurs, de façon à déceler certaines lacunes du questionnaire. Le prétest amène généralement à apporter des modifications au questionnaire initial. Dans certains cas, un second prétest s'avère nécessaire. Dans tous les cas, le prétest est une opération précieuse. C'est l'occasion ultime de perfectionner le questionnaire.

4.2. La formulation des questions

La validité d'un sondage dépend en dernière analyse de la qualité des questions qui sont posées. D'où l'importance qui doit être accordée à la formulation des questions. Trois principaux critères nous semblent devoir être respectés à ce niveau : la *clarté*, qui assure la compréhension; la *pertinence*, qui renvoie à la capacité des informateurs de répondre; la *neutralité*, qui favorise des réponses authentiques. Il importe également d'amener les informateurs à accepter de répondre et ainsi de minimiser les refus. Mais avant d'examiner chacun de ces critères, il convient de présenter les différents types de questions auxquels le chercheur peut avoir recours, leurs avantages et leurs limites.

---

47. CONSEIL DES ARTS DU CANADA, *Enquête-sondages : rapport du groupe consultatif sur les enquêtes-sondages*, Ottawa, Conseil des arts, 1976.

Les types de questions

Du point de vue de la forme, on oppose habituellement la *question fermée*, dont la formulation comprend une liste préétablie de réponses possibles et la *question ouverte*, à laquelle l'informateur répond comme il le désire, à partir de son propre vocabulaire. Ainsi l'on peut demander : « Au sujet du gouvernement actuel du Québec, diriez-vous que vous êtes très satisfait, assez satisfait, peu satisfait ou pas du tout satisfait ? » ou encore : « Que pensez-vous du gouvernement actuel du Québec? »

Le grand avantage de la question ouverte est de laisser plus de liberté à l'informateur. Celui-ci peut s'exprimer en ses propres mots, faire des nuances et structurer lui-même sa réponse. Elle comporte par contre plusieurs désavantages. Elle demande plus d'effort de la part de l'informateur. Les réponses obtenues sont souvent vagues et difficiles à interpréter. Elle exige aussi beaucoup de l'interviewer, qui doit inciter l'interviewé à donner le plus d'information possible et noter exactement les réponses. Les réponses doivent ensuite être regroupées dans un certain nombre de catégories, ce qui est un travail fastidieux. La question ouverte est donc plus onéreuse et plus compliquée. C'est pourquoi les sondages se fondent généralement sur des questions fermées qui, lorsqu'elles sont formulées avec soin, apparaissent tout aussi (et même parfois plus) valables. Les questions fermées risquent toutefois d'oublier certaines possibilités, de sorte qu'il peut être indiqué, dans une première enquête exploratoire (ou dans un prétest) d'utiliser davantage de questions ouvertes, dont les résultats peuvent servir à construire des questions fermées plus satisfaisantes. Finalement, l'insertion de quelques questions ouvertes dans un questionnaire peut aider à compléter l'information et enrichir l'interprétation. Une technique particulièrement intéressante à cet égard est la *question ouverte aléatoire* (*random probe*) : on demande à chaque interviewer d'expliciter les réponses données à certaines questions fermées sélectionnées à l'intérieur du questionnaire (ces questions variant d'un questionnaire à l'autre), en demandant à l'interviewé pourquoi il a répondu de telle façon[48].

On peut aussi distinguer les questions strictement littéraires des questions littéro-visuelles. Cette distinction vaut essentiellement pour l'entrevue personnelle. À certains moments de l'entrevue, l'interviewer peut remettre au répondant une feuille présentant les différentes

---

48. Howard SCHUMAN, « The Random Probe : A Technique for Evaluating the Validity of Closed Questions », dans Donald P. WARWICK et Samuel OSKERSON (dir.), *Comparative Analysis in the Social Sciences*, Englewood Cliffs, Prentice-Hall, 1973.

réponses possibles. Cela s'avère particulièrement utile lorsque le nombre de réponses possible est élevé et que l'informateur peut facilement en oublier.

> Dans une étude où l'on demandait aux gens de nommer les services municipaux qui leur apparaissaient les plus importants, on montrait aux interviewés une carte donnant une liste de ces services[49]. Un autre exemple est la question thermomètre dans laquelle on demande à l'informateur de faire part de ses sentiments par rapport à un certain nombre d'objets, selon une graduation du « très froid » au « très chaud » (voir la carte 1). Ces supports visuels rendent les questions plus concrètes et brisent la routine Elles contribuent à renouveler l'intérêt de l'informateur. Il faut cependant en faire un usage parcimonieux puisqu'elles sont plus longues à administrer.

CARTE 1
Échelle du thermomètre

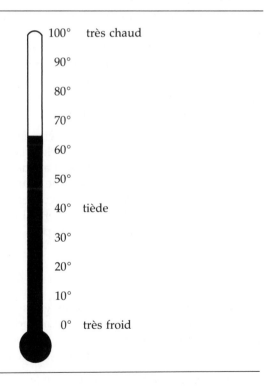

100°   très chaud

90°

80°

70°

60°

50°

40°   tiède

30°

20°

10°

0°   très froid

---

49. Caroline ANDREW, André BLAIS et Rachel DESROSIERS, *Les élites politiques, les bas-salariés et la politique du logement à Hull*, Ottawa, Presses de l'Université d'Ottawa, 1976.

La clarté

Le premier aspect à considérer dans la formulation du questionnaire concerne le vocabulaire; celui-ci doit être simple. Le chercheur est en général très familier avec le thème de l'enquête. Il possède un vocabulaire technique qui peut être fort différent de celui du reste de la population. Il est important qu'il prenne conscience de ce « biais » et qu'il se sensibilise au langage de la population qu'il veut étudier. Il doit également utiliser des termes qui ont le même sens dans les différents groupes sociaux. On a observé, à Hull, que le terme « comité de citoyens » pouvait avoir des sens très variés et englober, par exemple, des groupes de l'âge d'or[50].

Une question est également ambiguë si elle porte sur plus d'une dimension. Il convient donc de n'introduire qu'une seule idée à la fois. La question suivante serait de ce point de vue fautive : « Seriez-vous d'accord pour que le gouvernement dépense moins pour la défense et donne plus d'argent aux pauvres? » La question demande en effet un avis sur deux aspects, les dépenses militaires et les dépenses sociales. Une réponse négative dénote que le répondant est défavorable soit à une diminution des dépenses militaires, soit à une augmentation des dépenses sociales, soit aux deux, sans qu'on puisse savoir exactement ce qu'il en est. Il faut alors décomposer la question et poser des questions distinctes pour chacun des aspects.

Finalement, la question doit être la plus courte possible. Plus la question est longue, en effet, plus les risques sont élevés que certains éléments aient été mal compris. La question « idéale » ne comporte qu'une ou deux lignes. Cet idéal ne peut évidemment pas être atteint dans tous les cas. Il faut alors accorder encore plus d'attention à la formulation de la question et vérifier s'il n'y aurait pas possibilité de la décomposer en des sous-questions plus courtes.

La pertinence

Une question n'est utile que si les gens détiennent effectivement l'information qui leur est demandée. La portée générale de ce préalable a été considérée dans la section 1.2. Trois remarques supplémentaires peuvent être faites par rapport à la formulation des questions.

La première a trait au niveau de *précision*. Pour certaines variables, généralement celles qui sont au cœur de la problématique, le chercheur

---

50. *Ibid.*

vise un degré maximal de précision. Cela peut amener à poser plusieurs questions pour mesurer un phénomène. Pour connaître le revenu, par exemple, on pourra avoir recours à des questions sur le salaire, les prestations d'assurance-chômage, d'aide sociale, les allocations familiales, les rentes, les intérêts, les dividendes, les gains de capitaux, les dons et héritages reçus, etc. Il importe d'établir un ordre de priorité et d'accorder une plus grande attention aux variables les plus cruciales pour la vérification de l'hypothèse.

En deuxième lieu, le problème de la pertinence se pose avec une acuité particulière dans le cas des *questions d'opinion*. L'expérience démontre que peu de gens avouent spontanément ne pas avoir d'opinion sur un sujet. On estime qu'environ 30 p. 100 de la population donnera une opinion sur des législations qu'ils ne connaissent même pas[51]. Il y a donc tout intérêt à introduire une question d'opinion par une ou plusieurs questions préliminaires. Ces questions préliminaires peuvent être des questions d'information. On mesure d'abord le niveau de connaissance et la question d'opinion n'est posée qu'à ceux qui ont une connaissance minimale du sujet. Dans le sondage fait dans le centre-ville de Hull, par exemple, on demandait d'abord à l'informateur s'il avait déjà entendu parler des logements municipaux et s'il savait s'il y en avait à Hull. Ce n'est que si les deux premières réponses étaient positives que l'on demandait ce qu'il en pensait[52]. Une autre stratégie consiste à demander d'abord aux répondants s'ils ont une opinion sur la question : le pourcentage de « sans opinion » augmente alors de 20 p. 100[53]. Ces précautions élémentaires ne sont malheureusement pas prises dans un grand nombre de sondages d'opinion, ce qui rend leurs résultats aléatoires.

Le problème est encore plus complexe lorsqu'il s'agit de mesurer des *intentions* ou des *anticipations*, c'est-à-dire quand on cherche à prévoir les comportements des informateurs dans des situations non encore réalisées. Les gens achèteront-ils des maisons si les taux d'intérêt hypothécaire diminuent? Cela amène parfois à poser des questions du genre : « Que feriez vous si...? » Les résultats sont souvent décevants et leur valeur prédictive faible. Il est généralement préférable d'analyser de façon plus approfondie la situation présente, les informations obtenues étant plus réalistes que les réactions par rapport à des situations hypothétiques.

---

51. SCHUMAN et PRESSER, *op. cit.*, p. 158.
52. ANDREW *et al.*, *op. cit.*
53. SCHUMAN et PRESSER, *op. cit.*, chap. 4.

La neutralité

La question vise à mesurer ce que l'informateur est, fait ou pense et non ce que le chercheur aimerait qu'il soit, fasse ou pense. Le chercheur vise donc à contaminer le moins possible les réponses. La stratégie consiste à trouver une formulation qui n'oriente pas les réponses dans une direction donnée. Il s'agit de présenter toutes les options comme étant acceptables et « normales ». Une bonne façon, dans une question d'opinion, est de faire état de différentes positions et de demander à l'informateur de choisir celle qu'il préfère. La question suivante, tirée d'un sondage omnibus du Centre de sondage de l'Université de Montréal, en est un bon exemple :

> *Certaines personnes pensent qu'on ne devrait pas publier les résultats des sondages électoraux durant la campagne électorale; d'autres pensent qu'on devrait publier ces résultats. Croyez-vous qu'on devrait publier ou ne pas publier les résultats des sondages électoraux durant une campagne électorale?*

Le désavantage de telles questions est évidemment leur longueur. Pour abréger, on fait parfois référence à une seule affirmation et on demande à l'informateur s'il est d'accord ou pas. Cette pratique a cependant l'inconvénient d'orienter quelque peu les réponses dans le sens d'une opinion déjà exprimée.

La situation se présente de façon tout à fait différente lorsqu'on s'intéresse aux comportements déviants, par exemple à l'abstention électorale. Peu de gens admettent spontanément ne pas avoir voté à une élection. Il faut donc encourager explicitement un tel « aveu », en montrant qu'il peut y avoir de très bonnes raisons pour ne pas aller voter. On utilisera la formule suivante :

> *Nous avons constaté qu'à chaque élection plusieurs personnes ne peuvent aller voter parce qu'elles sont malades, qu'elles n'ont pas le temps ou pour d'autres raisons. Et vous, avez-vous voté à cette dernière élection ou quelque chose vous a-t-il empêché d'aller voter?*

Les refus

Si l'on pose une question à des individus, c'est dans l'intention d'obtenir une réponse. On doit donc chercher à minimiser les refus. Les formulations seront « polies » : on aura par exemple recours au vouvoiement plutôt qu'au tutoiement. On tentera aussi de rendre la question la plus attrayante possible. Les difficultés les plus grandes surviennent à propos de questions qui sont considérées comme personnelles et qui sont donc menaçantes pour l'informateur. Le problème est d'autant plus important que le refus de répondre à une question peut entraîner le refus de répondre au reste du questionnaire.

Diverses stratégies s'offrent alors au chercheur. Une première est de se contenter d'une information approximative. Le revenu est un cas patent. Plusieurs personnes s'objectent à révéler leur revenu personnel ou familial. L'expérience a cependant démontré qu'on peut minimiser le nombre de refus si l'on se limite à un ordre de grandeur. On demande à l'informateur de se situer dans une *catégorie* de revenu. On réduit ainsi le pourcentage de refus[54].

Une autre stratégie est celle du « contexte adoucissant ». La question « délicate » est précédée de certaines questions qui la font apparaître plus « normale ». Par exemple, avant de demander aux gens s'ils trichent dans leur déclaration d'impôt, on leur demandera s'ils ont l'impression que la fraude fiscale est fréquente, si elle est le fait de tous les groupes sociaux, s'ils connaissent des gens qui ne trichent jamais; puis on abordera leur propre comportement.

Les trucs du genre sont cependant limités. Les gens ne sont pas dupes et ne révèlent pas, sauf de rares exceptions, l'information qu'ils ne veulent pas dévoiler. Le prétest est à cet égard précieux, si les refus sont nombreux, il est parfois préférable de laisser tomber certaines questions.

4.3. La formulation des réponses

Lorsque la question est ouverte, c'est l'informateur qui choisit les mots qui exprimeront sa réponse. Dans la question fermée au contraire, c'est le chercheur qui établit au départ les réponses possibles. C'est ce dernier type de question qui nous intéresse ici. La formulation des réponses dépend donc étroitement de la formulation des questions. Cinq remarques supplémentaires s'imposent cependant :

1) Premièrement, sauf pour des cas évidents (lorsqu'il s'agit d'un « oui », ou d'un « non »), les réponses possibles doivent apparaître explicitement dans la question. Il ne peut en être autrement si l'on veut que l'informateur se situe par rapport à des catégories préétablies.

---

54. GROVES et KAHN, *op. cit.*, p. 132.

2) Deuxièmement, les catégories de réponse doivent être exhaustives et mutuellement exclusives[55]. Il faut donc s'assurer que toutes les possibilités logiques de réponse aient été prévues (voir ce qui a été dit à ce sujet pour les questions fermées, section 4.2.) et qu'elles ne se recoupent aucunement. Cela exige, entre autres, qu'on ajoute à la liste de réponses les catégories « ne sais pas » et « refus », qui ne sont cependant pas mentionnées explicitement dans la question.

3) Troisièmement, le choix le plus important a trait au nombre de catégories. Plus les catégories sont nombreuses, plus on peut obtenir de précision dans les réponses, mais plus, par contre, la question risque d'être ambiguë, certains termes pouvant être mal compris ou oubliés, en particulier dans les sondages par téléphone. Pour établir un compromis, la plupart des questions en arrivent à comporter trois, quatre ou cinq catégories de réponse (outre les « ne sais pas » et les « refus »).

> L'exemple le plus typique est peut-être le niveau de satisfaction (par rapport à un objet ou une situation), une variable courante dans les enquêtes sociales. On interroge les individus sur leur satisfaction générale dans la vie, par rapport à leur logement, leur travail, leur gouvernement, etc. L'expérience démontre qu'on obtient généralement des résultats très « satisfaisants » avec quatre catégories. Voici, par exemple, la formulation classique utilisée pour mesurer la satisfaction vis-à-vis le gouvernement provincial :
> *Au sujet du gouvernement actuel du Québec, diriez-vous que vous êtes très satisfait, assez satisfait, peu satisfait ou pas du tout satisfait?*

4) Quatrièmement, les catégories de réponse doivent être équilibrées. Dans le dernier exemple sur le niveau de satisfaction, deux catégories se situent du côté de la satisfaction et deux du côté de l'insatisfaction. Cet équilibre assure la neutralité de la question. Si l'on soumettait trois catégories « positives » et deux « négatives », par exemple, on pourrait orienter les réponses dans le sens de la satisfaction.

5) On peut finalement se demander si l'ordre dans lequel les réponses sont présentées peut influencer les résultats. Les expériences menées par Schuman et Presser[56] à ce sujet sont déconcertantes. Dans la plupart des cas, l'influence est apparue négligeable, mais ils ont observé certaines exceptions importantes, exceptions qui ont semblé avoir peu de caractéristiques

---

55. Voir le chapitre sur la mesure.
56. SCHUMAN et PRESSER, *op. cit.*, chap. 2

communes. Il y a donc peu d'enseignement à tirer pour ce qui est de la procédure optimale de formulation des réponses, sauf qu'il peut y avoir intérêt, pour des questions particulièrement importantes, à faire varier l'ordre des réponses (dans des sous-échantillons similaires) de façon à pouvoir détecter des effets de ce type.

4.4. La charpente

Le questionnaire est un ensemble de questions. Il importe donc de considérer les questions les unes par rapport aux autres et aussi par rapport au tout. Trois aspects particuliers méritent d'être considérés : la *longueur du questionnaire*, *l'ordre des questions* et leur *orientation*.

La longueur

La longueur du questionnaire peut varier sensiblement selon le mode. Les questionnaires auto-administrés doivent être le plus court possible, tandis que les entrevues en personne peuvent être passablement longues. Par ailleurs, et surtout dans le cas des entrevues personnelles, les coûts fixes sont déjà considérables, de sorte que le fait d'allonger un questionnaire n'entraîne généralement que des coûts supplémentaires minimes. C'est là une incitation à exploiter toutes les possibilités d'un mode et à prévoir un questionnaire « assez » long, d'au moins quinze minutes par téléphone et trente minutes en personne. Au-delà de ce seuil, il faut faire preuve de prudence et bien évaluer les risques de fatigue ou de lassitude chez les informateurs, surtout si le thème de l'enquête ne suscite pas beaucoup d'intérêt. On a remarqué en effet une tendance à donner davantage de réponses stéréotypées à la fin d'un long questionnaire, tendance qui affecte cependant peu les résultats d'ensemble[57].

L'ordre

Le questionnaire comporte généralement un certain nombre de sections correspondant chacune à une variable ou à un bloc de variables. L'ordre

57. A. Regula HERZOG et Gerald G. BACHMAN, « Effects of Questionnaire Length on Response Quality », dans *Public Opinion Quarterly*, vol. 45, hiver 1981, pp. 549-560.

des sections est établi de façon à favoriser la collaboration des informateurs. On commence par les sections les plus intéressantes et les plus faciles. Une attention toute particulière est accordée aux premières questions, qui doivent être plus simples et plus attrayantes. Les sections les plus délicates sont placées vers la fin : elles ne seront ainsi abordées qu'une fois qu'un climat de sympathie aura été créé entre l'interviewer et l'interviewé (dans les entrevues). Pour le reste, l'ordre se voudra le plus « naturel » possible, les sections voisines étant celles qui apparaissent les plus liées sur un plan logique ou psychologique. Les questions sur les caractéristiques socio-économiques de l'informateur sont généralement insérées à la toute fin. Les passages d'une section à une autre sont marqués par une petite phrase de transition qui permet à l'informateur de comprendre l'orientation du questionnaire.

Les mêmes préoccupations prévalent lorsqu'il s'agit de déterminer l'ordre des questions à l'intérieur de chaque section. Encore là, il faut choisir l'ordre qui facilitera la tâche de l'informateur. Lorsque cela est possible, il est conseillé de poser des questions générales d'abord, puis des questions plus spécifiques. L'on peut aussi recourir à des questions filtres, dont les réponses déterminent les questions suivantes qui seront posées. Voici un exemple, tiré de l'enquête faite au centre-ville de Hull :

5. Êtes-vous propriétaire ou locataire de votre logement?

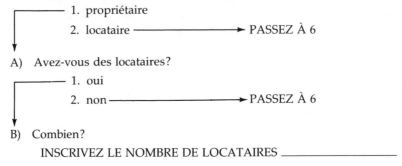

A) Avez-vous des locataires?

B) Combien?
   INSCRIVEZ LE NOMBRE DE LOCATAIRES _____

La séquence des questions n'est pas alors uniforme pour tous les informateurs, certaines questions n'étant posées qu'à un groupe particulier (les propriétaires, ou les propriétaires ayant des locataires). Les questions filtres sont fort utiles : elles permettent d'ajuster le questionnaire aux caractéristiques particulières de certains groupes. Lorsqu'on y a recours, il importe toutefois d'indiquer clairement la séquence, pour éviter toute erreur lors de l'administration du questionnaire.

L'orientation

On doit également se soucier de l'orientation des questions chaque fois qu'on en pose plusieurs sur un même thème, en particulier lorsqu'on veut construire une échelle d'attitude[58]. Le problème provient de l'existence potentielle d'un « biais de positivité » : toutes choses étant égales par ailleurs, les gens ont tendance à répondre « oui » plutôt que « non » et « d'accord », plutôt que « pas d'accord ». Deux stratégies permettent de minimiser les effets de ce biais :

1) la première consiste à éviter les catégories de réponse qui se prêtent à ce type de biais et à faire directement référence, dans la question, à différentes positions. Au lieu de demander : « Pensez-vous, oui ou non, que l'on devrait publier les résultats des sondages électoraux durant la campagne électorale? », on empruntera une formule (voir section 4.2.) qui présente explicitement les deux options;

2) la deuxième stratégie est d'équilibrer les énoncés favorables et défavorables, de façon à neutraliser le biais pour l'ensemble des questions. La série de questions ci-après, tirée du *Sondage sur la perception des problèmes constitutionnels Québec-Canada par la population du Québec* illustre bien le procédé. Un accord avec les énoncés « a », « d », « e » indique une orientation « canadienne » alors qu'un accord avec les énoncés « b », « c », « f », « g » indique une orientation « souverainiste ». L'équilibre entre les deux orientations est ainsi assuré.

35. Voici certaines opinions concernant l'avenir politique du Québec. Pourriez-vous me dire si vous êtes plutôt en accord ou plutôt en désaccord avec chacune de ces opinions?

	Plutôt en accord	Plutôt en désaccord	N.S.P.
a) Dans le monde, le fédéralisme est la formule de l'avenir	1	2	3
b) Si les Québécois n'avaient qu'*un seul* gouvernement, cela leur coûterait *beaucoup* moins cher	1	2	3
c) Il y a trop d'intérêts contradictoires au Canada; ça fait des chicanes à n'en plus finir	1	2	3

---

58. Voir le chapitre sur la mesure des attitudes.

d) Pour les Québécois, c'est mieux de pouvoir participer à un grand pays comme le Canada, même s'ils sont minoritaires, que d'être majoritaires dans un plus petit pays comme le Québec	1	2	3
e) Les Québécois sont un trop petit peuple pour décider eux-mêmes de leur avenir politique	1	2	3
f) Il est impossible de renouveler le fédéralisme canadien suffisamment pour satisfaire les aspirations du Québec	1	2	3
g) Il serait avantageux pour les Québécois d'être gouvernés *seulement* par le gouvernement du Québec	1	2	3

5. L'administration du questionnaire

5.1. Les principes

Le but du sondage est d'obtenir des réponses valides aux questions posées. La première condition est d'obtenir la collaboration de l'échantillon cible. Les facteurs qui facilitent cette collaboration varient selon les modes. La situation se présente de façon différente dans les entrevues et dans les questionnaires auto-administrés. Dans ce dernier cas, la présentation matérielle du questionnaire est cruciale : celui-ci doit apparaître important et intéressant, être relativement court, pas trop difficile et bien fait. Dans les entrevues, la collaboration dépend de la création d'un climat de sympathie et de coopération entre l'interviewer et l'interviewé.

En deuxième lieu, l'interviewé doit bien comprendre la question. Dans les questionnaires auto-administrés, les directives sur la façon de répondre doivent être très précises. Dans les entrevues, l'interviewer lit lentement et clairement chaque question, de façon à ce qu'elle soit parfaitement comprise. Ce principe peut paraître banal et évident. Il convient toutefois de le rappeler, une des fautes les plus souvent commises est précisément de procéder trop rapidement.

La troisième condition est la non-contamination des réponses. Le chercheur vise à obtenir des réponses authentiques, qui ne sont pas influencées par l'interviewer. En conséquence, l'interviewer adopte une position de neutralité. Il accueille toutes les réponses comme étant légitimes et n'exprime pas de surprise ou de désapprobation.

Une des grandes difficultés que soulève l'administration du questionnaire réside dans le fait qu'elle n'est généralement pas effectuée par ceux qui ont conçu la recherche. Il importe donc de mettre les interviewers au courant des objectifs de l'enquête, de la logique du questionnaire et même de certaines questions particulières. D'où la nécessité d'une session d'information au cours de laquelle les chercheurs présentent l'ensemble du questionnaire, précisent ce que chaque question est censée mesurer et relèvent les problèmes qui pourraient surgir. La session d'information permet d'anticiper la grande majorité des problèmes et de leur apporter une solution qui soit à la fois uniforme et conforme aux objectifs de l'enquête.

5.2. Le processus

Les principes généraux se concrétisent dans un certain nombre de pratiques. Comme il a été noté, dans les questionnaires, une grande attention est accordée à la présentation. Tout est mis en œuvre pour que le questionnaire apparaisse attrayant et facile à remplir. Pour ce qui est de l'entrevue, elle peut être décomposée dans la séquence suivante : le contact, la lecture de la question et l'inscription de la réponse. Nous nous limiterons à une ou deux remarques sur chacun de ces moments.

Les premiers moments d'une entrevue sont évidemment cruciaux : il s'agit d'obtenir la collaboration de l'informateur. La courtoisie est de rigueur, mais l'interviewer doit également faire preuve d'une certaine assurance, de façon à faire sentir à l'informateur que sa collaboration va plus ou moins de soi. L'interviewer présente brièvement l'enquête. Si nécessaire, il explique à l'informateur comment son nom a été tiré et précise que ses réponses demeureront confidentielles.

L'interviewer peut alors procéder à l'administration proprement dite du questionnaire. Comme on l'a déjà dit, l'interviewer doit maîtriser parfaitement le questionnaire, de façon à le manier avec aise et à donner à l'entrevue l'allure d'une conversation. Chaque question doit être lue lentement et intégralement, si nécessaire, elle peut être répétée. Les seules explications permises sont celles qui ont été explicitement prévues par les responsables de la recherche et qui ont été indiquées au cours de la session d'information. Si on permettait à chaque interviewer de varier les explications à son gré, on n'aurait aucune assurance que les réponses soient comparables. Les questions doivent aussi être posées dans l'ordre où elles apparaissent dans le questionnaire. Finalement, toutes les questions doivent être posées, même si l'interviewer a parfois l'impression que l'interviewé y a déjà répondu de façon indirecte.

La stratégie est quelque peu différente lorsqu'il s'agit d'une question ouverte. L'interviewer doit alors se faire un peu plus actif, de façon à faire parler le plus possible sur le thème. Pour encourager l'informateur à préciser sa pensée, l'interviewer peut répéter sa réponse ou même garder le silence. Cela permet souvent au répondant de faire le point et de développer davantage une idée. L'interviewer peut aussi avoir recours à certaines expressions (« autre chose? », « que voulez-vous dire exactement? », « pourquoi pensez-vous ainsi? ») qui indiquent d'abord qu'il s'intéresse à la réponse et aussi qu'il aimerait avoir des explications supplémentaires. Plus l'interviewer manifeste de l'intérêt, plus les réponses de l'informateur seront riches et détaillées.

Le rôle de l'interviewer ne se limite pas à poser des questions. Il doit aussi inscrire les réponses. Pour les questions fermées, il doit cocher ou encercler la réponse qui lui est donnée. La tâche peut paraître simple, mais l'interviewer a aussi d'autres préoccupations. Il cherche à se rappeler la question qui vient ensuite et veut maintenir le climat de l'entrevue, de sorte qu'il peut lui arriver d'oublier de noter une réponse. L'interviewer peut examiner son questionnaire une fois l'entrevue complétée. S'il manque un renseignement, il peut revenir en arrière et poser la question. Quant aux questions ouvertes, la consigne est d'inscrire la réponse au complet, idéalement au mot à mot. On doit utiliser le vocabulaire même du répondant, pour conserver toute l'originalité de la réponse.

Conclusion

Tant que les gens accepteront de répondre à des questions posées par des étrangers, le sondage demeurera un outil précieux de mise en forme de l'information dans la recherche sociale. Certes, le sondage est un instrument limité. Il se fonde exclusivement sur la verbalisation. Les risques de distorsion sont parfois considérables, mais l'expérience démontre que pour un grand nombre de sujets, l'information qu'on en tire est valide. Notre jugement se doit donc d'être nuancé. Autant ceux qui ne jurent que par les sondages que ceux qui les rejettent d'emblée semblent oublier un aspect important, soit le contexte qui seul détermine si un sondage est approprié ou non.

La plus grande qualité du sondage est sa flexibilité. Il y a un grand risque à l'utiliser comme raccourci commode dans une situation qui demanderait l'utilisation d'autres instruments de mise en forme de l'information. Autant reconnaître dès le départ que le questionnaire est un substitut imparfait, prendre conscience de ses imperfections, et s'efforcer de neutraliser ses principaux biais.

Finalement, les auteurs de sondages gagneraient à être plus imaginatifs. On se contente trop souvent de recettes toutes faites qui ne sont pas nécessairement les plus appropriées aux fins particulières d'une recherche. Il y aurait lieu de tenir davantage compte du contexte social, soit en introduisant directement des questions à ce sujet, soit en faisant appel à d'autres données pour compléter l'analyse. On pourrait aussi s'intéresser davantage à la dynamique sociale et privilégier les sondages longitudinaux, qui permettent d'analyser les changements dans le temps.

Bibliographie annotée

BABBIE, Earl R., *Survey Research Methods*, Belmont, Wadsworth, 1990.

Un manuel général qui présente toutes les facettes du sondage, de l'échantillonnage à l'analyse des données.

DILLMAN, Don A., *Mail and Telephone Surveys: A Total Design Method*, New York, Wiley, 1978.

Un livre qui expose en détail les procédures disponibles pour exploiter au maximum les possibilités des sondages par la poste et par téléphone.

GHIGLIONE, Rodolphe et Benjamin MATALON, *Les enquêtes sociologiques : théories et pratique*, Paris, Armand Colin, 1978.

Ce livre constitue l'exposé le plus complet, en français, sur les différentes étapes du sondage : échantillonnage, construction du questionnaire, administration, analyse des réponses.

HYMAN, Herbert H., *Secondary Analysis of Sample Surveys*, Middletown, Wesleyan University Press, 1987.

Le livre illustre, à l'aide de plusieurs exemples, les possibilités qu'offre l'analyse secondaire de sondages existants.

MILLER, William L., *The Survey Method in the Social and Political Sciences : Achievements, Failures, Prospects*, New York, St-Martin's Press, 1983.

Un livre qui montre l'utilisation qui est faite des sondages dans différents pays, en particulier les sondages politiques.

Public Opinion Quarterly

Un périodique qui présente de nombreux articles sur la méthodologie des sondages ainsi que des analyses fondées sur des enquêtes sondages.

Schuman, Howard et Stanley Presser, *Questions and Answers in Attitude Surveys : Experiments on Question Form, Wording and Context*, New York, Academic Press, 1981.

Ce livre présente les résultats de nombreuses expériences qui ont été faites pour mesurer l'effet de différentes formulations de questions sur les réponses obtenues.

Sudman, Seymour et Norman M. Bradburn, *Response Effects in Surveys : A Review and Synthesis*, Chicago, Aldine, 1974.

Ce livre fait le point sur les sources d'erreur possibles dans un sondage, en particulier les erreurs de mémoire et l'influence de l'interviewer.

Chapitre 16
La mesure des attitudes
François BÉLAND

La faculté de peser, de mesurer et de compter
permet à l'esprit humain de se dégager des
apparences sensorielles.

SOCRATE

Introduction

Quand, en 1934, LaPiere[1] s'est interrogé sur la validité du lien entre attitude et comportement, il remettait en cause une pratique méthodologique qui étudiait les comportements au moyen d'expressions verbales. Les attitudes semblaient moins exister en elles-mêmes qu'en fonction d'une démarche de mesure.

LaPiere n'a guère eu de disciples, de telle sorte qu'en 1966, Deutscher[2] rejetait la pratique dominante de la sociologie américaine des trente années précédentes. Il dénonçait l'étude méthodologiquement chiffrée de phénomènes insignifiants en vue de faire accepter le caractère scientifique de la sociologie. Il proposait de respecter les exigences du développement autonome de la connaissance sociologique.

Cette controverse autour de la mesure des attitudes et de leur légitimité comme concept sociologique a dominé le champ d'étude des attitudes. Dans un premier temps, il faut cependant distinguer le débat théorique autour du concept d'attitude des débats méthodologiques sur

---

1. R.T. LAPIERE, « Attitude vs Action », dans A.E. LISKA, *The Consistency Controversy*, New York, Wiley, 1975; le texte original date de 1934.
2. J. DEUTSCHER, « Words and Needs : Social Science and Social Policy », dans A.E. LISKA, *op. cit.*; texte original de 1966.

la capacité de les mesurer. Dans un second temps, il faut pouvoir proposer un modèle de mesure qui unisse les exigences théoriques imposées par la définition du concept d'attitude aux exigences méthodologiques de leur mesure.

1. Définition de l'attitude

Qu'est-ce qu'une attitude? Il n'y a probablement pas plus d'unanimité au sujet de la définition des attitudes qu'au sujet de celle des classes sociales, par exemple. Quatre caractéristiques controversées les définiraient[3] :

1) les attitudes sont des prédispositions à agir plutôt que des actions comme telles;

2) les attitudes ne changent pas spontanément, elles durent;

3) elles tendent à s'organiser selon une configuration régulière de manifestations individuelles envers un objet ou un sujet;

4) elles tendent à engager émotivement les individus envers des objets et des sujets sociaux.

La première caractéristique des attitudes fait référence à des conceptualisations différentes : les attitudes sont-elles des *prédispositions latentes* ou des *probabilités qu'une action précise soit posée* dans un contexte précis[4]? Le choix de l'une ou de l'autre conceptualisation implique que les trois autres caractéristiques ont plus ou moins de consistance. Ainsi, l'accent que mettent DeFleur et Westie[5] sur la spécificité des attitudes, du contexte et des objets auxquels elles s'adressent, indique qu'elles ne peuvent organiser les réponses d'un individu dans toutes les situations. Par ailleurs, dans le cadre de la conceptualisation des attitudes comme des prédispositions latentes, les inconsistances entre attitudes et comportements sont expliquées par la présence de variables intermédiaires qui régissent leurs rapports[6]. Par ailleurs, la consistance interne des attitudes varie en fonction de l'importance du domaine d'application de l'attitude et des conflits de valeurs auxquels renvoie l'attitude[7].

3. G.F. SUMMERS, « Introduction », dans *Attitude Measurement*, Chicago, Rand McNally, 1970.
4. M.L. DEFLEUR et F.R. WESTIE, « Attitude as a Scientific Concept », dans A.E. LISKA, *op. cit.*; le texte original date de 1963.
5. *Ibid.*
6. G. AJZEN et M. FISHBEIN, « The Prediction of Behavior from Attitudes and Normative Variables », dans *ibid.*; le texte original date de 1970.
7. R. TOURANGEAU et K. A. RASENSKI, « Cognitive Processes Underlying Context Effects in Attitude Measurement », *Psychological Bulletin*, 1988, 103, pp. 298-314.

La mesure des attitudes par questionnaire ou interview est une méthode plus conforme à la conception des attitudes comme prédispositions latentes plutôt que comme probabilités de comportement.

Les trois autres caractéristiques des attitudes impliquent qu'elles sont composées de plusieurs éléments. Certains auteurs ont inventorié des composantes *cognitives, émotionnelles* et de *tendances à l'action*.

- L'aspect cognitif concerne les *croyances* d'un individu à propos d'un objet ou d'un sujet. Ces croyances peuvent être basées sur des fondements empiriques, des préjugés, des stéréotypes, des révélations divines, etc.

- Le contenu émotif d'une attitude est l'aspect habituellement mesuré dans les recherches. Il s'agit du degré d'*affectivité* d'un individu envers un objet ou un sujet. Le degré d'accord ou de désaccord, le sentiment favorable ou défavorable, le jugement du bon et de l'inacceptable sont les termes mêmes employés pour mesurer les caractéristiques affectives d'une attitude.

- La dernière composante peut se définir comme la *prédisposition* que possède un individu à agir lorsque l'objet ou le sujet de l'attitude lui est présenté.

Ces trois composantes ont tendance à converger dans la même direction. Elles n'ont pas nécessairement un poids identique dans une situation particulière. Elles font partie intégrante d'une attitude et devraient toutes trois être mesurées[8]. Cependant, l'utilité de cette conception tridimensionnelle de l'attitude a été remise en question récemment[9]. Seule la dimension émotionnelle de l'attitude est retenue dans la plupart des études.

2. Les échelles d'attitudes

Les échelles d'attitudes sont des *instruments* conçus pour mesurer une manifestation de ce concept. Trois problèmes se posent : 1) le nombre de dimensions du concept, 2) l'unité de mesure employée et 3) la méthode de construction de l'échelle.

---

8. M.C. TRIANDIS, *Attitude and Attitude Change*, New York, Wiley, 1971 ; H.S. UPSHAW, « Attitude Measurement », dans H.M. BLALOCK, *Methodology in Social Research*, New York, McGraw-Hill, 1968.
9. A. TESSER et D.R. SHAFFER, « Attitude and Attitude Change », *Annual Review of Psychology*, 1990, 41, pp. 479-523.

2.1. Le nombre de dimensions

Ce thème a été brièvement évoqué dans la section précédente. Il suffit de mentionner ici que les concepts d'échelle et de dimension n'ont pas la même signification. Une *échelle* est un instrument qui peut mesurer plusieurs dimensions d'un même concept. Plusieurs échelles peuvent être employées pour mesurer les différentes dimensions d'une même attitude. Les dimensions d'une attitude saisissent des aspects généraux et universels présents dans toute attitude ou des aspects particuliers d'une attitude donnée. Elles peuvent être explicitement incluses dans l'échelle. Les dimensions doivent alors être l'objet d'un développement théorique qui vise à les définir assez précisément pour donner lieu à leur opérationnalisation à l'aide des énoncés d'une échelle. Les dimensions peuvent aussi être découvertes (après la mesure) par l'utilisation d'une technique d'analyse comme l'analyse factorielle.

La plupart des méthodes traditionnelles de construction d'échelles mesurent une seule dimension d'une même attitude[10]. Les échelles de Thurstone et de Guttman (voir plus loin) sont unidimensionnelles par définition. Les échelles de Likert ont été conçues comme un substitut aux échelles de Thurstone, difficiles à construire. Elles se prêtent de fait à une analyse des dimensions multiples qui peuvent être contenues dans une liste d'énoncés. Les échelles de différences sémantiques possèdent trois dimensions prédéfinies qui s'appliquent aux attitudes affectives.

2.2. Les unités de mesure

Il est inutile de s'engager dans la construction d'une échelle de mesure avant d'avoir choisi le type d'unité de mesure. L'unité de mesure dépend du cadre théorique adopté par le chercheur, du type de rapport entre l'attitude et les autres variables considérées par la recherche et des moyens dont le chercheur dispose.

Habituellement, on tient pour acquis que l'attitude peut être mesurée de façon *métrique*, c'est-à-dire selon le système des nombres. Des opérations d'addition et de soustraction, de multiplication et de division sont donc possibles à l'aide de ces mesures idéales d'attitudes. La base de construction des échelles métriques d'attitudes est contenue dans les travaux de la psychophysiologie[11]. Des raisons théoriques et

---

10. Voir G.F. SUMMERS, *op. cit.*
11. R.L. HAMBLIN, « Social Attitudes: Magnitude Measurement and Theory », dans H.M. BLALOCK, *Measurement in the Social Sciences*, Chicago, Aldine, 1974.

pratiques peuvent imposer une description purement nominale des attitudes, où l'on classe les individus dans des groupes sans leur attribuer une cote métrique.

Les mesures ordinales ou par intervalles sont des mesures dégénérées du cas général de l'échelle métrique. Les mesures *par intervalles* impliquent que des additions ou soustractions des nombres qui sont obtenus par l'observation empirique sont possibles. Ainsi, des différences entre individus sont mesurées, mais la position relative d'un individu ou d'un groupe d'individus par rapport à un autre ne peut être établie. Les mesures *ordinales* ne permettent que le classement des individus selon un ordre. Elles ne permettent donc de tirer des conclusions que sur la position absolue d'un individu par rapport à un autre : A est plus grand que B, et inversement.

Dans les faits, les méthodes de construction des échelles emploient surtout des unités de mesure ordinales par défaut, ne sachant utiliser des unités de mesure métriques. La position des individus sur chacun des énoncés est cependant traitée, par laxisme, comme mesure par intervalle puisqu'elle est additionnée dans un score global. L'apparition de nouvelles techniques d'analyse devrait permettre de bientôt raffiner ces pratiques[12].

2.3. Les méthodes de construction des échelles

Les méthodes utilisées pour construire des échelles d'attitudes visent à saisir la *direction de l'orientation* de l'acteur envers le contenu de l'attitude et l'*intensité* de son orientation. L'unidimensionnalité est aussi une qualité recherchée[13]. Trois méthodes de construction d'échelles (de Thurstone, de Likert et de Guttman) cherchent toutes à préserver l'unidimensionnalité de l'objet mesuré; elles prétendent également saisir la direction de l'attitude. Quant à l'intensité de l'implication de l'acteur, elle a souvent été assimilée à la position relative de l'individu par rapport à l'une ou l'autre des extrémités de l'échelle ou par rapport à son point

---

12. En particulier, des méthodes d'estimation des corrélations polychroniques existent maintenant, tandis que des procédures qui ne sont pas sensibles aux postulats de normalité des distributions peuvent être appliquées. Voir K.G. JÖRESKOG et D. SORBOM, *LISREL7, A Guide to the Program and Applications*, Chicago, SPSS Inc., 1988; M.W. BROWNE, « Asymptotically Distribution-Free Methods for the Analysis of Covariance Structures », *British Journal of Mathematical and Statistical Psychology*, 1984, 37, pp. 62-83; P.M. BENTLER, *EQS : Structural Equations Program Manual*, Los Angeles, BMDP, 1989.

13. C. OSGOOD, G. SUCI et P. TARMENBAUM, « Attitude Measurement », dans G.F. SUMMERS, *op. cit.*; le texte date de 1957.

milieu défini comme le point neutre. L'intensité et la direction sont deux dimensions d'une attitude qu'il faudrait peut-être mesurer séparément.

Concrètement, quelles sont les principales façons de construire une échelle? On ne le répètera jamais assez, *il est inutile de s'engager dans ce processus si ce travail a déjà été fait dans un contexte social suffisamment rapproché de celui de la recherche en cours*; on peut alors utiliser une échelle déjà existante à condition de prendre certaines précautions. Il existe des recueils qui regroupent des dizaines d'échelles testées et retestées permettant de mesurer un large éventail d'attitudes.

Il est rarissime que le but d'une étude puisse se résumer à la mesure d'une seule attitude; plusieurs attitudes sont mesurées et mises en relation habituellement. Plus ce contexte est favorable à une étude de la validité et de la fiabilité dans un cas précis (celui de la recherche en cours), plus l'utilisation d'échelles déjà existantes est justifiable. Cela est vrai pour trois raisons :

1) quelles que soient les circonstances, la fiabilité et la validité d'une échelle doivent être établies préalablement à son utilisation auprès de la population cible; le risque que l'instrument ne soit ni valable ni fiable ne vaut pas la peine d'être pris;

2) les résultats d'une préenquête se prêtent d'eux-mêmes à une étude de la validité et de la fiabilité des instruments de mesure; la préenquête est nécessaire à toute recherche qui utilise l'interview ou le questionnaire;

3) les chances de succès sont plus grandes si l'instrument a démontré ses qualités dans d'autres contextes et si des études sérieuses ont été effectuées lors de sa construction, même si les contextes social, culturel et économique sont légèrement différents.

Donc, malgré l'importance de l'outillage présenté ci-après, *il est plus important de connaître la littérature théorique et empirique consacrée aux objets de la recherche et à leur mesure que de maîtriser les techniques précises de construction d'échelles.*

L'échelle de Thurstone

L'échelle de Thurstone est construite à partir de l'opinion de juges qui classent en neuf ou onze catégories ordonnées des énoncés à propos d'une attitude. Leur jugement porte sur le niveau de faveur que l'énoncé représente par rapport à l'attitude. La procédure prévoit qu'un grand nombre d'énoncés soient jugés par un nombre assez élevé de juges. Chaque énoncé est ensuite caractérisé par la médiane des jugements qui le concernent. Le chercheur sélectionne des énoncés selon les critères d'ambiguïté et de pertinence. Enfin, il est souvent possible de construire plusieurs échelles d'une dizaine d'énoncés en sélectionnant plusieurs séries d'énoncés valides et fiables. Chacun des énoncés d'une échelle de Thurstone donne lieu à une réponse dichotomique (oui/non). Les réponses sont par la suite pondérées selon le poids des énoncés tel qu'il est déterminé dans le processus de construction de l'échelle[14].

L'élimination des énoncés se fait en vertu de trois critères :

1) l'*ambiguïté* se mesure par le degré de consensus auquel les juges sont arrivés. Un énoncé est ambigu quand il est classé dans différentes catégories par les juges. La variance des scores est donc un indice d'ambiguïté;

2) la *pertinence* d'un énoncé est son aptitude à mesurer l'attitude choisie. Elle est examinée à l'aide d'une préenquête sur un échantillon de personnes auxquelles est soumise une version de l'échelle. La pertinence est évaluée par la corrélation d'un énoncé avec les autres. Plus les corrélations sont élevées, plus il est probable que l'énoncé mesure la même attitude que les autres énoncés;

3) le *choix au hasard* d'énoncés appartenant à la même classe ou ayant approximativement la même pondération.

Les biais introduits par les juges dans une classification des énoncés ont un impact direct sur la validité de l'échelle. Ces biais systématiques ont fait l'objet de nombreux travaux qui ont abouti à des résultats incertains. Il semble que les juges qui ont des opinions extrêmes à propos de l'attitude mesurée biaisent de façon systématique le classement des énoncés. De façon générale, cependant, les biais sont linéairement reliés au classement des énoncés. La méthode de Thurstone peut donc être considérée valide et fiable.

L'échelle de Likert

L'échelle de Likert est couramment utilisée dans les questionnaires et les interviews. En apparence plus facile à construire que l'échelle de

---

14. L.H. KIDDER, *Research Methods in Social Relations*, New York, Holt, Rinehart and Winston, 1981.

Thurstone parce qu'elle ne recourt pas à une procédure de classement des énoncés par des juges, elle est constituée d'énoncés reliés au concept mesuré d'une façon systématique (directe ou indirecte). Les tests de validité et de fiabilité s'appliquent sur un prééchantillon de sujets. Cette phase de préenquête étant courante dans les études par interview ou questionnaire, les échelles de Likert s'insèrent naturellement dans ce processus habituel de recherche.

Une échelle de Likert est construite en cinq étapes[15] :

1) le chercheur réunit un grand nombre d'énoncés au sujet d'une attitude;

2) les énoncés sont soumis à un échantillon de personnes représentant celles qui seront étudiées dans l'enquête principale (phase de préenquête);

3) les énoncés donnent lieu à une répartition des opinions favorables ou défavorables en cinq classes : tout à fait d'accord, d'accord, incertain, en désaccord et tout à fait en désaccord;

4) les scores des individus sont additionnés;

5) l'échelle est examinée pour en déterminer la consistance interne. La consistance interne peut être établie au moyen de l'examen de l'association entre chaque indicateur et le score de l'échelle elle-même.

L'emploi des échelles de Likert repose sur au moins trois postulats[16] :

1) les énoncés choisis représentent l'univers des énoncés possibles; cependant, des juges ne sont pas appelés à sélectionner les énoncés valides, ni à les pondérer;

2) les échelles de Likert ne sont valides que par rapport à la population échantillonnée; l'utilisation de l'échelle de Likert dans une autre population ou à un autre moment dans le temps auprès de la même population doit être soumise à la vérification par préenquête;

3) la valeur de chacun des énoncés est assignée de façon arbitraire; en effet, chacun des énoncés jugés valides et fiables à la suite de la préenquête a un poids égal, contrairement aux énoncés de l'échelle de Thurstone.

---

15. *Ibid.*, p. 215.
16. Voir H.S. UPSHAW, *loc. cit.*, pp. 95-96.

L'échelle de Guttman

L'échelle de Guttman comporte quatre postulats :

1) l'échelle mesure une seule dimension. Il s'agit de la tradition classique de la construction d'échelles. L'unidimensionnalité de l'échelle a souvent été confondue avec l'unidimensionnalité de l'attitude mesurée, mais la technique même du scalogramme (voir plus loin), qui suppose que les énoncés sont hiérarchisés, implique l'unidimensionnalité;

2) les énoncés choisis représentent l'ensemble des énoncés possibles de la dimension. Il est difficile d'estimer le degré de représentativité des énoncés. Une échelle de Guttman peut être construite en utilisant les techniques précédentes de Thurstone et de Likert pour choisir des énoncés pertinents et hiérarchisés[17]. Cette procédure est plus systématique que l'élaboration d'énoncés sortis de l'imagination du chercheur;

3) les répondants sont représentatifs de la population. Tout comme les échelles de Thurstone et de Likert, et contrairement aux échelles de différences sémantiques qui prétendent à l'universalité[18], l'échelle de Guttman est liée à la population où elle a été validée. Son application est donc historiquement et culturellement déterminée. L'utilisation d'une échelle de Guttman doit donc passer par l'étape de la vérification préenquête;

4) les énoncés forment une hiérarchie où les répondants sont classés selon un système ordinal[19], c'est-à-dire que les énoncés peuvent être classés du plus « facile » au plus « difficile » en regard de l'attitude mesurée.

> Le scalogramme (traduction de *scalogram*) est un tableau constitué d'énoncés et d'une distribution de réponses qui forme une configuration particulière. La configuration idéale de l'échelle de Guttman suppose que les énoncés d'attitudes peuvent être ordonnés selon le degré d'adhésion qu'ils impliquent. L'adhésion d'un sujet ou d'un interviewé à un énoncé d'un niveau quelconque suppose l'adhésion aux énoncés d'un niveau inférieur. Les réponses d'un individu aux énoncés d'une échelle de Guttman peuvent être prédites par la connaissance du niveau de l'énoncé supérieur où il a enregistré une

---

17. L.H. KIDDER, *op. cit.*, p. 221.
18. C. OSGOOD *et al.*, *loc. cit.* ; D.R. HEISE, « Separating Reliability and Stability in Test-Retest Correlations », dans *American Sociological Review*, vol. 34. pp. 93-101.
19. *Ibid.*

réponse positive. Tous les énoncés inférieurs à ce niveau limite suscitent une réponse positive; tous les énoncés supérieurs suscitent
une réponse négative. En supposant qu'une échelle de Guttman est
composée de cinq énoncés, les individus ayant répondu positivement au niveau supérieur trois auront une configuration de réponses
1,1,1,0,0 lorsque 1 signifie une réponse positive et 0 une réponse
négative. Dans le tableau ci-bas, les configurations de réponses possibles à une échelle de Guttman sont décrites selon ce système de
notation.

**Configuration de réponses compatibles avec une échelle
de Guttman**

RÉPONSES	ÉNONCÉS				
	E1	E2	E3	E4	E5
R1	1	1	1	1	1
R2	1	1	1	1	0
R3	1	1	1	0	0
R4	1	1	0	0	0
R5	1	0	0	0	0
R6	0	0	0	0	0

L'analyse des variables latentes

Tout comme il ne faut pas confondre l'unidimensionnalité d'une mesure
avec l'unidimensionnalité d'un concept, il ne faut pas attribuer un caractère théorique de latence à une variable mesurée indirectement. La
variable acquiert un caractère de latence dans le modèle de mesure, pas
nécessairement dans le modèle théorique. Jusqu'à un certain point, chacune des méthodes de construction des échelles d'attitudes inventoriées
jusqu'ici suppose une mesure indirecte des attitudes : les énoncés des
échelles sont des manifestations verbales de l'attitude. Les multiples
énoncés d'une échelle peuvent être conçus comme des aspects organisés
ou hiérarchisés d'un même concept. L'attitude influence les réponses
aux énoncés, mais les énoncés ne sont pas l'attitude.

L'analyse factorielle, exploratoire ou confirmatoire, est une méthode qui permet d'étudier le rapport des énoncés à l'attitude. La vérification de l'unidimensionnalité ou de la multidimensionnalité et des
biais systématiques est possible en utilisant l'analyse factorielle. Les considérations sur la fiabilité et la validité des échelles développées dans la
partie suivante illustreront quelques-unes des possibilités de l'analyse
factorielle exploratoire.

L'analyse factorielle confirmatoire est une technique peu utilisée. Elle permet d'imposer des contraintes aux relations entre les énoncés et les dimensions de l'analyse factorielle. Ainsi, des hypothèses précises sur l'unidimensionnalité des échelles, sur les biais systématiques et les pondérations des énoncés peuvent être vérifiées. Enfin, notons que l'analyse des structures de covariance permet d'étudier les rapports entre plusieurs attitudes et entre variables dans le contexte d'une analyse de variables latentes. Par exemple, en supposant que trois attitudes soient mesurées chacune par quatre énoncés, les poids de chacun des énoncés dans la mesure de chacune des attitudes et les rapports entre les attitudes sont déterminés en résolvant un système d'équation (voir figure 1). Les variables A, B et C ne sont pas directement mesurées ici. Seuls les énoncés al, a2, a3, a4, bl, b2, b3, b4 et cl, c2, c3, c4 sont observés par questionnaire ou interview. Les paramètres symbolisés par les lettres u, v et w décrivent l'importance de chacun des énoncés dans la mesure des attitudes A, B et C, tandis que les lettres r, s et t décrivent leurs relations.

FIGURE 1
Quelques-uns des paramètres décrivant la structure de covariance de trois attitudes et de leurs mesures.*

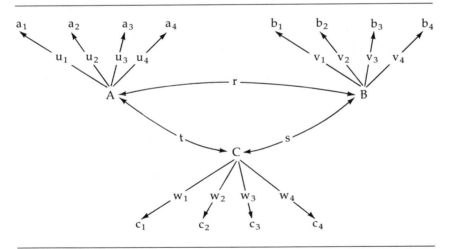

* Les erreurs de chacun des éléments ont été omises pour simplifier le schéma.

Ces méthodes d'analyse de variables latentes sont très complexes. L'exposé de la technique dépasse les objectifs de ce chapitre. Aussi, le lecteur intéressé pourra-t-il consulter successivement et dans l'ordre, les textes de Smith-Lovin et Wilson, Kenny et Jöreskog[20] s'il est déjà familiarisé avec l'analyse de régression et celle des cheminements de causalité (*path analysis*).

3. Fiabilité et validité

Les méthodes de construction d'instruments de mesure des attitudes exigent que des juges assignent des valeurs numériques à des énoncés, que des individus soient soumis à un test ou que des interviewés échantillonnés au hasard aient répondu à une série de questions. Dans chaque cas, les questions de fiabilité et de validité se posent (le chapitre sur les indicateurs approfondit ces questions). La *fiabilité* est la capacité d'un instrument de mesure de reproduire les mêmes résultats lorsque les circonstances sont les mêmes, quel que soit celui qui effectue la mesure et quel que soit le nombre de mesures prises auprès d'un même individu, étant donné une certaine marge d'erreur aléatoire. La *validité* est la capacité d'un instrument de mesurer le concept à l'étude. Les tests de fiabilité sont disponibles, connus et simples, tandis qu'il n'existe pas de test de validité[21]. Elle est évaluée au fur et à mesure de l'accumulation de travaux empiriques. La validité est souvent prise, à tort, pour évidente dans les études : elle est alors dite de contenu, puisqu'il apparaît évident que l'instrument, par son contenu même, est lié à son concept.

Les techniques de construction des instruments de mesure des attitudes cherchent à concevoir et à fabriquer des instruments valides et fiables. Conçus dans un univers expérimental, ils doivent fournir au chercheur la définition opérationnelle des concepts dans le contexte d'une étude particulière. Le but de la recherche est d'étudier les liens qui se tissent entre les concepts, représentés par des instruments. S'assurer qu'ils mesurent bien ce qu'ils doivent mesurer avec fiabilité est essentiel. Toute recherche qui vise à conceptualiser des attitudes et à les relier à d'autres concepts devrait inclure les variables nécessaires à l'étude de la validité et de la fiabilité des instruments.

---

20. L. SMITH-LOVIN et K.L. WILSON, « On the Practical Value of Causal Modeling. II. Educational Attainment and the Measurement of Conceptual Variables », dans *Journal of Applied Behavioral Science*, vol. 16, pp. 547-565; D.L. KENNY, *Correlation and Causality*, New York, Wiley, 1979; K. G. JÖRESKOG, *Advances in Factor Analysis and Structural Equation Models*, Cambridge, Abt Books, 1979.
21. L.J. CRONBACH, « Test Validation », dans R.L. THORNDIKE, *Educational Measurement*, Washington, American Council on Education, 1971; J.C. STANLEY, « Reliability », dans R.L. THORNDIKE, *op. cit.*

Dans cette section, les différentes méthodes d'estimation de la fiabilité et d'étude de la validité sont revues en évitant les détails trop techniques.

3.1. La théorie classique de la mesure

La théorie classique de la mesure a été amplement développée par Nunally[22]. Elle énonce qu'une mesure est affectée par deux variables : (a) le concept mesuré par l'instrument et (b) les erreurs aléatoires de mesure, qui n'ont pas d'effet systématique.

Une valeur numérique, résultat d'un processus de mesure, peut être représentée de la façon suivante :

$$X = T + E \tag{1}$$

où X est la valeur mesurée, T, la vraie valeur et E, l'erreur aléatoire. Habituellement, un concept est mesuré par plusieurs indicateurs. Les rapports entre le concept T et les indicateurs X_i, chacun étant affecté par une erreur e_i, sont illustrés à la figure 2. Le concept T influence la valeur obtenue par la lecture de l'instrument X_i. De même, la valeur lue est influencée par l'erreur de lecture e_i. Les B_i sont des poids qui indiquent l'influence de T sur les X_i tandis que les t_i sont des poids qui marquent l'influence des erreurs e_i sur les X_i.

FIGURE 2
**Rapport entre le concept, ses mesures et les erreurs aléatoires dans
la théorie classique de la mesure**

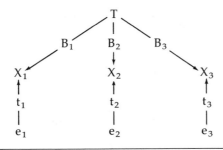

22. J.C. NUNALLY, *Introduction to Psychological Measurement*, New York, McGraw-Hill, 1977.

La fiabilité et la validité dépendent dans une certaine mesure des caractéristiques des B_i, des t_i et de la moyenne u_i des instruments X_i. Puisque le chercheur dispose habituellement d'un échantillon, ces paramètres sont estimés par des méthodes statistiques appropriées au modèle de mesure employé.

Il existe quatre modèles de mesure résumés au tableau qui suit. Le premier modèle est *strictement parallèle*, en ce sens que tous les paramètres sont égaux dans la population; le second est dit *parallèle*, les B_i et les t_i sont égaux, tandis que les moyennes sont différentes; le modèle dit *tau-équivalent* ne requiert que l'égalité des B_i, tandis que le modèle *congénérique* n'a aucune exigence de cette sorte. Les paramètres des trois premiers modèles peuvent être estimés à l'aide du programme RELIABILITY de SPSS, tandis que le dernier renvoie habituellement aux méthodes multivariées telles que l'analyse factorielle exploratoire ou confirmatoire.

Les quatre modèles de mesure de la théorie classique

Modèles	Moyenne des instruments	Relation entre les instruments et les erreurs	Relation entre le concept et les instruments
Strictement parallèle	$w_i = w_j$	$t_i = t_j$	$B_i = B_j$
Parallèle	$w_i \neq w_j$	$t_i = t_j$	$B_i = B_j$
Tau-équivalent	$w_i \neq w_j$	$t_i \neq t_j$	$B_i = B_j$
Congénérique	$w_i \neq w_j$	$t_i \neq t_j$	$B_i \neq B_j$

La théorie classique impose aux modèles de mesure quatre hypothèses implicites :

- les moyennes des erreurs sont nulles : $E(e_i) = 0$;
- les corrélations entre la valeur vraie T et les erreurs sont nulles : $p(t,e) = 0$
- les corrélations entre les erreurs sont nulles : $p(e_i, e_i) = 0$
- la corrélation entre l'erreur sur un instrument de mesure et la valeur sur un autre instrument de mesure est nulle : $p(e_i, X_i) = 0$

En conséquence, la moyenne de la vraie valeur et la moyenne obtenue par l'utilisation des instruments de mesure sont égales.

La fiabilité de chacun des instruments est égale au rapport de la vraie variance d'une mesure sur la variance de la mesure prise par l'instrument en question. La fiabilité totale de l'ensemble des instruments pour la mesure d'un concept est fonction des poids que prennent chacune des mesures dans l'observation résultante.

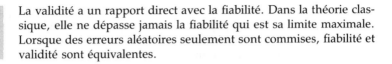

La validité a un rapport direct avec la fiabilité. Dans la théorie classique, elle ne dépasse jamais la fiabilité qui est sa limite maximale. Lorsque des erreurs aléatoires seulement sont commises, fiabilité et validité sont équivalentes.

3.2. Les erreurs systématiques

La formule fondamentale de la théorie classique de la mesure (formule l) exclut les erreurs systématiques de mesure. Ces erreurs sont des effets dus au contexte de mesure, à la formulation des questions dans un questionnaire, etc. qui influencent de façon systématique les sujets de l'expérience ou les répondants aux questionnaires. Elles font dévier l'instrument du concept mesuré de telle sorte qu'il peut mesurer de façon très fiable un autre concept que celui qui est visé. L'instrument est fiable, mais il n'a aucune validité.

La formule fondamentale devient[23] :

$$X = T + S + E \tag{2}$$

où X est la valeur mesurée, T, la valeur vraie, S, l'erreur systématique et E, l'erreur aléatoire. Il est possible de prouver que la fiabilité n'est pas affectée par les erreurs systématiques. La validité l'est, par contre, de façon radicale. En présence d'erreurs systématiques de mesure, la différence entre validité et fiabilité dépend entièrement de ces erreurs.

Il existe des méthodes d'analyse qui intègrent à la fois les concepts de fiabilité et de validité. Un exposé rapide de ces méthodes est impossible à cause de leur complexité. Il suffira d'énumérer ici trois modalités d'analyse multivariée plus ou moins complexes.

La première est l'analyse des structures de covariance de Jöreskog. Elle est, sur le plan statistique, la plus sûre, et sur le plan des possibilités de vérification des erreurs systématiques et aléatoires, la plus simple, mais la plus complexe. Des textes d'introduction sont disponibles; en particulier, l'ouvrage de Kenny est recommandé aux personnes familiarisées avec l'analyse de régression.

La deuxième utilise de façon originale les caractéristiques de l'analyse factorielle traditionnelle. Elle est donc à la portée de tout utilisateur des logiciels connus tels SPSS, BMDP ou SAS. Zeller et Carmines en donnent un exposé à la fois simple et complet.

Enfin, l'analyse des cheminements de causalité peut être utilisée pour estimer de façon approximative les paramètres d'une étude

---

23. R.A. ZELLER et E.G. CARMINES, *Measurements in the Social Sciences*, Cambridge, Cambridge University Press, 1980.

intégrée de la validité et de la fiabilité. Facile en apparence puisqu'elle utilise une technique relativement répandue, elle inclut un nombre de calculs qui dépend exponentiellement du nombre d'indicateurs employés pour mesurer chacun des concepts.

Les méthodes d'analyse de variables latentes par les modèles log-linéaires n'emploient pas les expressions « fiabilité » et « validité ». Elles exigent plutôt la mise au point d'un modèle de mesure qui fasse l'objet de la vérification empirique.

Il ne nous est pas possible d'exposer de façon systématique ces techniques d'analyse, mais l'importance d'intégrer dans un même modèle la validité et la fiabilité peut être comprise à l'aide de graphiques tels celui de la figure suivante, qui contient les paramètres essentiels à leur estimation. L'erreur systématique s'introduit par au moins deux sources : 1) des phénomènes qui produisent une configuration de réponses étrangères au contenu du concept, telle la tendance à répondre d'une certaine façon aux questions positives et d'une autre, aux questions négatives (figure a) et 2) l'incapacité d'indicateurs particuliers à mesurer un seul concept (figure b).

Deux exemples d'erreur systématique secondaire

a) Effets positifs ou négatifs de l'erreur systématique sur les indicateurs X_i

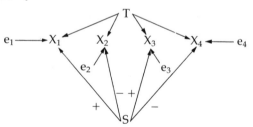

b) Les indicateurs mesurent les concepts T_1 et T_2

Les trois plans de la figure suivante décrivent trois exemples de rapports : premièrement entre concepts, deuxièmement entre les concepts et leurs mesures, et troisièmement entre les mesures et les erreurs systématiques. Pour éclairer la présentation, les erreurs aléatoires ont été omises des figures a et b. La stratégie d'analyse intégrée de la fiabilité et de la validité exige que plusieurs concepts soient considérés et que les instruments de mesure aient été conçus pour saisir les biais systématiques. L'élaboration d'instruments de mesure est basée sur des théories qui précisent les rapports entre concepts, et des théories qui indiquent les biais systématiques importants liés à des concepts et à des instruments de mesure. À la figure a, les biais systématiques des deux échelles d'attitudes sont indépendants l'un de l'autre; ils ont un effet sur la validité des mesures des concepts T_1 et T_2. Les énoncés des échelles X et X' sont des indicateurs d'un seul des deux concepts, tandis que les rapports entre les attitudes sont mesurés par le paramètre r. La figure b montre qu'un des instruments originellement dédié à la mesure du concept T_1 saisit une partie du concept T_2. Enfin, la figure 4c est une illustration des corrélations possibles qui existent entre des erreurs aléatoires. Une des hypothèses implicites du modèle de mesure classique n'est donc pas vérifiée dans ce cas.

Trois schémas relationnels incluant les concepts, leurs instruments de mesure et les erreurs systématiques ou aléatoires

a)　Deux concepts mesurés avec des erreurs systématiques indépendantes l'une de l'autre.

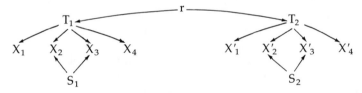

b)　Un indicateur mesure deux concepts de façon indifférenciée

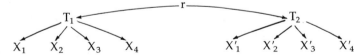

c)　Les erreurs aléatoires sont corrélées.

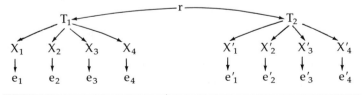

Les biais systématiques, les erreurs de conceptualisation et les hypothèses implicites explorées dans la figure 4 sont des exemples de cas qui peuvent se présenter dans la pratique. Il existe des méthodes pour estimer les paramètres, comme nous l'avons vu brièvement. Mais, quelle que soit la technique d'estimation des paramètres, les influences dont il faut tenir compte dans les schémas relationnels, tels ceux de la figure précédente, doivent être inclues dans le plan d'enquête. La mesure des attitudes est aussi une mesure théorique, en ce sens qu'elle doit considérer les facteurs systématiques qui en affectent les résultats et qu'elle est située dans un processus particulier de recherche; fiabilité et validité dépendent donc du contexte d'une recherche. Un instrument de mesure, par ailleurs réputé fiable et valide, devrait faire l'objet de vérifications supplémentaires dans le cadre même de l'enquête qui l'utilise.

4. Les biais systématiques

Parallèlement aux difficultés théoriques que pose le concept d'échelle d'attitude, un nombre important de chercheurs ont relevé des difficultés qu'on peut résumer sous le vocable de « biais systématiques ». Comme nous l'avons vu, les biais systématiques modifient le degré de validité d'une échelle de mesure. Ils sont la manifestation d'interférences de phénomènes étrangers à la mesure elle-même. Ces phénomènes sont conceptualisables et mesurables. Leur influence sur les réponses à une échelle d'attitude doit être déterminée, de même que les biais qu'ils introduisent dans l'étude du rapport entre l'attitude susceptible d'en subir les effets et les variables qui y sont corrélées. L'effet des biais systématiques provient de variables intermédiaires entre les variables prédictrices d'une attitude et l'attitude à mesurer.

Les biais systématiques ont été classés[24] en trois catégories :

1) ceux qui sont liés à la tâche même de remplir un questionnaire ou de répondre à un interviewer; trois catégories de variables influencent alors les réponses : 1) le type de questions posées (ouvertes ou fermées) et le mode d'administration du questionnaire, 2) la tendance d'un sujet à vouloir présenter une certaine image de lui-même et 3) la pertinence des questions;

2) ceux qui sont liés au rôle de l'interviewer soit : 1) les normes imposées par l'interviewer, 2) le comportement de l'interviewer et 3) les caractéristiques de l'interviewer (sa race, son sexe, son âge, son statut socio-économique, etc.);

---

24. S. SUDMAN et N. BRADBURN, *Response Effects in Surveys*, Chicago, Aldine, 1974.

3) ceux qui sont liés aux comportements de l'interviewé dans une situation d'interview ou de réponse à un questionnaire.

Les deux derniers types de biais sont peu importants, sauf lorsque le sujet de l'interview concerne les caractéristiques de l'interviewer telles, par exemple, la race lorsqu'on mesure les attitudes ou les comportements racistes.

Les biais systématiques les plus fréquemment observés sont liés à la tâche même que représente l'interview ou le questionnaire. Certains biais sont pertinents dans un seul de ces contextes, mais l'avantage du questionnaire sur l'interview, lorsque des sujets délicats sont abordés ou lorsque des effets de projection d'une image de soi sont prévisibles, est réduit par des taux de réponse variables selon les groupes sociaux. Les biais les plus importants dans la mesure des attitudes sont causés par l'importance des sujets traités pour le répondant ou l'interviewé : plus le sujet est important, moins les biais sont notables; mais, plus le sujet d'enquête intéresse le répondant ou l'interviewé, plus il est probable qu'il soit délicat et qu'il pose des problèmes de projection d'images de soi[25].

Pour illustrer concrètement les problèmes soulevés par les biais systématiques, nous développerons cinq exemples et nous évaluerons brièvement leur influence sur l'analyse des attitudes.

4.1. Trois biais systématiques classiques

En psychologie et en sociologie, la tendance à répondre positivement ou négativement, à chercher l'approbation sociale et à répondre positivement à des énoncés socialement privilégiés a fait l'objet de recherches spécialisées, de plus ou moins grande qualité. Les conclusions des enquêtes sont divergentes. Elles ont souvent été basées sur des échantillons petits et spécifiques[26].

Gove et Geerben[27], utilisant un échantillon d'environ deux mille Américains représentatifs des États continentaux des États-Unis, ont

---

25. *Ibid.*
26. A. COUCH et K. KENISTAN, « Yeasayers and Naysayers : Agreeing Response Set as a Personnality Variable », dans *Journal of Abnormal and Social Psychology*, vol. 60, 1960, pp. 151-174; L. RORER, « The Great Response Bias Myth », dans *Psychological Bulletin*, vol. 63, 1965, pp. 129-156.
27. W.R. GOVE et M.R. GEERBEN, « Response Bias in Surveys of Mental Health : An Empirical Investigation », dans *American Journal of Sociology*, vol. 82, 1971, pp. 1289-1317.

démontré que les trois biais systématiques classiques ont peu d'influence sur des mesures de santé mentale. Étudiant les rapports entre les variables sociodémographiques (âge, race, sexe, éducation, revenu, occupation et état civil) et les indicateurs de santé mentale, ils ont démontré que seul l'âge a un effet systématique sur les trois biais et que ceux-ci modifient de façon peu signifiante le rapport entre l'âge et la santé mentale. De façon générale, l'hypothèse de ces chercheurs, à savoir que les effets des biais systématiques sont minces ou s'annulent, s'est avérée fondée.

4.2. Le traitement équitable des protagonistes

Des situations conflictuelles impliquent que des opinions s'expriment à l'égard de chacun des protagonistes. Mesurer le complexe attitudinal dans de tels cas suppose que les orientations normatives des acteurs envers l'un et l'autre des protagonistes soient considérées. Schuman et Ludwig[28] ont revu les résultats de quatre enquêtes où des attitudes envers des protagonistes ont été mesurées de façon explicite. Il est apparu qu'une attitude favorable à l'un des protagonistes n'entraîne pas une attitude défavorable envers l'autre. Cette situation s'explique sans recourir à la notion de biais systématique.

> Dans une enquête spéciale menée aux États-Unis sur le degré d'accord ou de désaccord sur le protectionnisme commercial japonais et américain, les deux chercheurs ont tenté de vérifier quatre hypothèses dont trois sont d'intérêt pour nous : a) les attitudes envers le protectionnisme japonais seront plus favorables lorsque la question sur le protectionnisme américain envers le Japon est posée en premier lieu; b) quand la question sur l'accord ou le désaccord avec le protectionnisme japonais apparaît avant la question sur l'accord ou le désaccord avec le protectionnisme américain, la fréquence d'appui au protectionnisme américain diminuera; et c) le protectionnisme japonais suscitant moins d'appuis dans l'échantillon, la distribution des appuis et des désaccords au protectionnisme japonais variera plus que la distribution des appuis et des désaccords au protectionnisme américain.
>
> La question fondamentale posée par ces hypothèses ne concerne pas la distribution des attitudes favorables ou défavorables envers l'un ou l'autre des protagonistes, mais plutôt l'influence de la séquence des questions mesurant ces attitudes sur l'expression des appuis et des désaccords. Le contexte même de l'étude modifierait donc la configuration des réponses.

---

28. H. SCHUMAN et J. LUDWIG, « Even-Hand In Surveys as in Lite », dans *American Sociological Review*, vol. 48, 1983, pp. 112-120.

De façon générale, les hypothèses de Schuman et Ludwig ont été vérifiées. La séquence des questions construit un contexte : les attitudes envers l'un des protagonistes dépendent de la réponse donnée à la question préalable concernant l'autre protagoniste. Les réponses sont donc conditionnelles à la séquence des questions. Cette condition peut être rendue explicite par la formulation de deux questions : « Si les Japonais ont le droit d'imposer des restrictions au commerce international, est-ce que les Américains possèdent le même droit envers le Japon? », et vice versa. Malheureusement, quoique les deux auteurs aient formulé de façon explicite ces questions conditionnelles dans leur article, ils ne les ont pas utilisées dans leur enquête.

L'effet d'égalité dans le traitement de protagonistes est un effet spécifique. Il nous permet de souligner que les biais systématiques sont particuliers et que leur inventaire devrait faire partie d'une théorie de la mesure concernant l'attitude en question.

4.3. Le mensonge

Certains domaines de recherche sont particulièrement délicats. Ils révèlent des aspects vulnérables de la personnalité, mettent en jeu l'intégrité de la personne ou la placent dans une situation épineuse, par exemple, dans le contexte du face-à-face qu'amène une interview. Ces circonstances, et d'autres plus ou moins dramatiques, présentent des difficultés parce que l'interviewé peut camoufler ses véritables attitudes et parce que les bornes de l'éthique de la recherche en sciences sociales peuvent être dépassées.

Le problème de la validité des réponses des interviewés est l'une des limites inhérentes à la technique de l'interview. Mais comme l'ensemble des difficultés que soulève cette technique, cette limite n'est pas incommensurable et des solutions existent, qui ne règlent malheureusement le problème qu'en partie. Pour illustrer comment la recherche sur les instruments de mesure permet d'améliorer leur performance et comment le rejet d'une tradition entière de collecte de données basé sur des problèmes historiquement *ad hoc* ne peut être légitime, nous mentionnons rapidement une solution imaginative aux problèmes des questions délicates. Bradburn et Sudman[29] traitent de divers aspects de la question et proposent des solutions, jamais absolues cependant.

---

29. N. BRADBURN et S. SUDMAN, *Improving Interview Method and Questionnaire Design*, San Francisco, Jossey-Bass, 1981.

Lorsqu'une question délicate doit être abordée par interview, il est possible de faire choisir au hasard à l'interviewé la question à laquelle il doit répondre parmi deux questions : (a) la question délicate et (b) une question anodine, dont préférablement le chercheur connaît la distribution dans la population d'où est tiré l'échantillon. À partir du nombre total de réponses d'un certain type à ces deux questions (les « oui » ou les « non », par exemple) et de la distribution connue des réponses à la question anodine dans la population, il est possible d'estimer la réponse de l'interviewé à la question délicate. L'unité de mesure des questions traitées (de nominale jusqu'à métrique) importe peu.

Les interviewés doivent être convaincus au départ que le mécanisme de sélection des questions est honnête. L'interviewer ne doit pas pouvoir déceler la question à laquelle l'interviewé répond. Mais il y a un coût à ce procédé : l'erreur type de la moyenne est beaucoup plus grande que lorsqu'une question directe est posée. Pour un échantillon d'au moins quatre-vingts individus, les problèmes potentiels causés par le gonflement de l'erreur type équilibrent ceux qui sont causés par la perte d'information due aux biais systématiques introduits par les interviewés. Au fur et à mesure qu'augmente le nombre d'interviews, diminue l'accroissement de l'erreur type.

Les tests empiriques ont démontré que les erreurs d'estimation de la distribution des comportements inavouables dans la population sont plus faibles par la méthode des questions aléatoires que par la méthode des questions directes. La correction n'est cependant pas parfaite. Reste que le sujet abordé par l'intermédiaire des questions aléatoires doit apparaître délicat à l'interviewé. Les erreurs sont moins importantes lorsque les questions directes sont utilisées pour des sujets courants et acceptés par l'interviewé que lorsque des questions aléatoires sont employées. Cette dernière méthode doit être employée avec parcimonie, lorsque l'erreur type est faible et l'échantillon, assez important[30]. Enfin, les tests de cette technique effectués jusqu'ici ont mesuré des comportements plutôt que des attitudes.

Conclusion

Si les attitudes sont des objets sociologiques, la question n'est pas de savoir s'il faut ou non les mesurer, mais comment le faire? Et si le

---

30. P.E. TRACY et J.O. FOX, « Validity of Randomized Response », dans *American Sociological Review*, vol. 46, 1981, pp. 187-200.

questionnaire ou l'interview sont des instruments appropriés de recherche, quels sont les procédés à suivre pour éviter les biais systématiques qui risquent de se produire dans le contexte particulier de la
collecte de données? Jusqu'à un certain point, il s'agit de déterminer les
biais systématiques qui modifieraient les résultats de la recherche et
d'utiliser des moyens pour les minimiser, en supposant que les erreurs
aléatoires sont contrôlées par l'utilisation de procédures d'échantillonnage appropriées et de l'inférence statistique.

Dans quelle direction les recherches sur les attitudes peuvent-elles
s'orienter? Trois types de recherche devraient être entreprises :

1) des recherches méthodologiques qui explorent les biais systématiques susceptibles d'apparaître dans tout effort de mesure
des attitudes par questionnaire ou interview et des études spécialisées qui prennent pour objet de recherche une attitude particulière et ses biais systématiques;

2) des études d'une seule attitude; les aspects théoriques et méthodologiques de l'attitude mesurée sont alors l'objet de la
démarche de recherche;

3) d'autres études devraient prendre pour objet la structuration
d'un ensemble de différentes attitudes; les recherches sur les
attitudes ont tenté d'établir soit les causes d'une attitude, ou
bien la façon dont une attitude, le racisme par exemple, se manifeste par certains comportements; les travaux qui considèrent
plusieurs attitudes les expliquent par un ensemble de facteurs
en les prenant une à une.

Notre présentation de trois voies de recherche n'est probablement
pas exhaustive; il ne s'agit pas non plus de privilégier l'une d'elles.
Toutes doivent être explorées, car elles répondent à des préoccupations
théoriques et méthodologiques qui ont plus de chances de recevoir une
solution si elles sont l'objet de multiples stratégies.

Bibliographie annotée

BRADBURN, N. et S. SUDMAN, *Improving Interview Method and Questionnaire
Design*, San Francisco, Jossey-Bass, 1981.

Un traitement des principaux problèmes de la collecte des données
par interview et questionnaire sur des questions délicates. Les effets
de la structure des questionnaires, de la formulation des questions,

du rôle de l'interviewer et de la situation d'interview sont analysés à l'aide de données recueillies à cette fin.

DEBATY, P., *La mesure des attitudes*, Paris, Presses universitaires de France, 1967.

Un petit livre qui présente les principales méthodes de construction des échelles de mesure des attitudes : celles de Thurstone, Likert, Guttman et l'analyse des variables latentes. La facture est classique; il permet de s'initier rapidement aux méthodes encore utilisées aujourd'hui.

KENNY, D.L., *Correlation and Causality*, New York, Wiley, 1979.

Quoique le sujet de ce livre ne soit pas à proprement parler la mesure des attitudes, la présentation claire des possibilités des modèles structuraux comme instruments permettant de considérer à la fois les modèles théoriques et les modèles de mesure en commande la lecture. De plus, il offre une bonne introduction au modèle de Jöreskog.

LISKA, A.E., *The Consistency Controversy*, New York, Wiley, 1975.

Les principaux textes, de 1930 au début des années 1970, sur la controverse à propos du rapport entre attitudes et comportements. Le problème est envisagé sous l'angle théorique aussi bien que du point de vue de ses conséquences empiriques.

SCHUESSLER, K.F., *Measuring Social Life Feelings*, San Francisco, Jossey-Bass, 1982.

Une étude méthodologique des sentiments des membres d'une formation sociale à propos de leur société. Un développement théorique de ce concept engendre une démarche de mesure qui vise à étudier la validité et la fiabilité des instruments proposés. Cette étude mérite d'être lue puisqu'elle a valeur d'exemple de la tradition méthodologique dans laquelle elle s'inscrit.

SUDMAN, S. et N. BRADBURN, *Response Effects in Surveys*, Chicago, Aldine, 1974.

Une revue systématique de la littérature sur les biais dans les enquêtes par entrevue. Une typologie des biais est construite et les biais les plus importants sont présentés. Ce livre pourrait constituer la première étape d'une recherche méthodologique sur les biais systématiques.

SUMMERS, G.F., *Attitude Measurement*, Chicago, Rand McNally, 1970.

Les textes classiques de Thurstone, Likert et Guttman sont inclus dans ce volume. Les méthodes de mesure présentées ne se limitent pas au seul questionnaire ou à l'entrevue dirigée. Les méthodes dites projectives et qualitatives y sont présentées.

TRIANDIS, H.C., *Attitude and Attitude Change*, New York, Wiley, 1971.

Une introduction au concept d'attitude, à ses multiples dimensions et à l'étude des changements d'attitudes.

UPSHAW, H.S., « Attitude Measurement », dans H.M. BLALOCK, *Methodology in Social Research*, New York, McGraw-Hill, 1968.

Une présentation élaborée des principales échelles de mesure des attitudes précédée d'un exposé sur les lois du classement comparatif et du jugement catégorique. Ces lois sont les fondements mêmes sur lesquels repose la construction des échelles.

ZELLER, R.A. et E.G. CARMINES, *Measurement in the Social Sciences*, Cambridge, Cambridge University Press, 1980.

Un exposé clair des principaux problèmes de mesure et une utilisation intéressante du modèle commun de l'analyse factorielle comme instrument pour les résoudre. Les biais systématiques et leur lien avec la validité de la mesure y sont judicieusement traités. Certains paradoxes de la théorie de la mesure, diminution de la fiabilité et augmentation simultanée de la validité, sont abordés dans le contexte de l'étude des biais systématiques.

Chapitre 17
L'évaluation de programme
Jean BEAUDRY
Benoît GAUTHIER

To be sure of hitting the target, shoot first and call whatever you hit the target.
Pour être sûr de toucher la cible, tirez d'abord puis appelez ce que vous avez touché, la cible.

Ashleigh BRILLANT

Introduction

L'évaluation de programme existe depuis quelques années seulement comme branche formelle de recherche[1]. Le développement de ce domaine de recherche, amorcé principalement aux États-Unis durant les années 60, a progressé, depuis la dernière décennie, à un rythme toujours accéléré. Comme tout nouveau champ d'activité qui connaît une expansion rapide, l'évaluation de programme se retrouve aujourd'hui dans un état relativement chaotique, diffus, voire précaire. La prolifération de modèles et d'approches à laquelle on a assisté jusqu'à maintenant a donné lieu à des conceptions très diversifiées du rôle et de la nature même de l'évaluation. Cette confusion est en partie imputable au fait que l'évaluation réunit des chercheurs de formations différentes. En effet, économistes, psychologues, médecins, éducateurs ont, à un moment ou à un autre, contribué à son développement et à son avancement. L'incohérence apparente qu'on retrouve dans ce secteur d'activité ne saurait toutefois être entièrement attribuable à cette contribution multidisciplinaire.

---

1. Marc-André NADEAU en fait un historique intéressant dans son livre *L'évaluation de programme, théorie et pratique*, Québec, Presses de l'Université Laval, 1988, chapitre 1. L'accent de la présentation porte sur l'évaluation des programmes de formation scolaire.

Même en sciences sociales, où l'expression « évaluation de programme » est couramment utilisée, on n'en retrouve pas de définition formelle susceptible de faire l'unanimité des chercheurs évaluateurs. Cette mésentente va au-delà de simples considérations sémantiques. Elle reflète des divergences profondes tant sur le contenu et l'objet de l'évaluation que sur les méthodes et principes devant guider sa réalisation. Cette situation pour le moins ambiguë risque de déconcerter le néophyte désirant s'initier à ce champ d'activité.

Toutefois, comme le soulignent Glass et Ellett[2], il peut être néfaste dans un domaine nouveau de tenter d'en arriver hâtivement à une définition trop rigide. On risque alors d'inhiber son développement et de refroidir l'enthousiasme des chercheurs qui désirent y contribuer. Les évaluateurs, tout comme les non-initiés, auraient plutôt avantage à se familiariser avec les multiples approches proposées jusqu'à maintenant. En déterminant les fins poursuivies par ces dernières et en examinant leurs forces et faiblesses respectives, le chercheur sera en mesure de retenir les aspects qui correspondent davantage à ses intérêts et besoins particuliers.

1. Une conception de l'évaluation

L'*évaluation*, telle qu'envisagée dans le présent chapitre, renvoie à un *ensemble d'activités reliées à une collecte systématique de données permettant d'améliorer le processus de prise de décision des gestionnaires et des intervenants lors de la planification et du développement des services à la communauté.* L'évaluation se veut donc, avant tout, une démarche de recherche; démarche qui sera plus ou moins rigoureuse suivant son objet d'étude. Elle vise essentiellement à être objective et à éliminer de son processus tout jugement fondé exclusivement sur une perception plus ou moins intuitive de la réalité ou sur une collecte informelle et anecdotique de renseignements.

Les informations issues de la recherche évaluative constituent une source privilégiée à partir de laquelle il est possible de prendre des décisions éclairées quant aux changements à apporter pour améliorer une intervention. Initialement, l'évaluation visait essentiellement à rendre un jugement objectif sur l'efficacité globale de programmes déjà implantés et, conséquemment, à soutenir les administrateurs dans leurs

---

2. Gene GLASS et Frederick ELLETT, « Evaluation Research », *Annual Review of Psychology*, vol. 31, 1980, p. 213.

décisions sur le maintien ou l'interruption de ces programmes. On s'est toutefois rapidement rendu compte que l'évaluation ne pouvait que très rarement être utilisée à de telles fins. Les programmes étudiés sont généralement trop complexes pour qu'il soit possible, ou même utile, d'y apposer un jugement aussi définitif. L'évaluation de programme doit donc avoir des visées plus modestes. Telle que conçue ici, elle est avant tout une démarche qui permet de renseigner périodiquement et ponctuellement les gestionnaires et les intervenants sur les retombées des actions qu'ils mènent. Son intérêt ne réside pas uniquement dans le fait qu'elle conduit ces derniers à vérifier la pertinence de leurs actions, elle permet également de préciser les aspects de l'intervention qu'il faudrait corriger.

L'élaboration et l'évaluation de programme, bien qu'étant des opérations distinctes, font toutes deux partie du plus grand cycle de la planification et du développement des services (voir tableau 1). Dans le modèle classique d'évaluation, il existe une tendance marquée à opposer l'évaluation à la planification et au développement : d'un côté, on retrouve les gestionnaires et praticiens dont les principales fonctions consistent à développer et à implanter des devis d'intervention; de l'autre, les évaluateurs, dont le rôle se limite à repérer les éléments déficients et inappropriés de ces mêmes devis. Il va sans dire que cette façon de concevoir le rôle de chacun n'aide en rien les relations entre ces diverses parties et nuit considérablement à leur travail respectif. Par contre, en intégrant ces deux champs d'activité dans un modèle dynamique, il devient possible de leur assigner des objectifs communs. L'évaluation, dans ce contexte, devrait rejoindre directement les intérêts de chacun des acteurs susceptibles d'utiliser les informations propres à améliorer un programme d'intervention. Idéalement, le développement d'un programme devrait être un processus dynamique et continu auquel contribuent aussi bien l'évaluateur que les gestionnaires et les praticiens.

2. La démarche intégrée de planification

La plupart des définitions concernant l'évaluation de programme mettent l'accent sur la mesure des effets engendrés par l'intervention[3]. Bien que l'évaluation doive parfois en tenir compte, cette dimension ne constitue pas pour autant la seule problématique susceptible de l'intéresser.

---

3. Leonard RUTMAN, *Evaluation Research Methods : A Basic Guide*, Beverly Hills, Sage Publications, 1977, p. 16.

TABLEAU 1
Modèle classique et modèle dynamique de l'évaluation

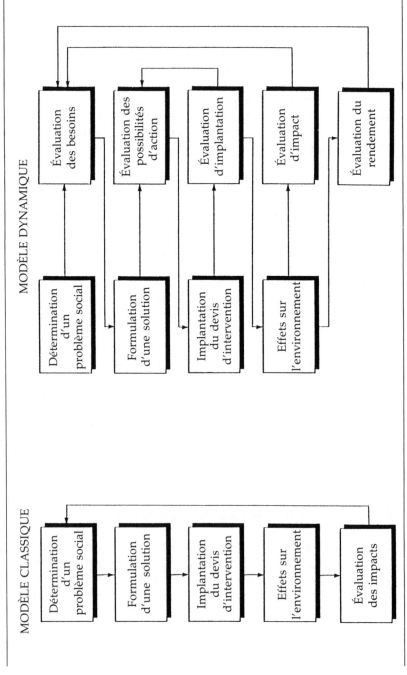

D'ailleurs, la détermination des effets de l'intervention est inutile dans certaines circonstances. Il existe, essentiellement, cinq grandes catégories de questions pouvant faire l'objet d'une recherche évaluative. Chacune de ces catégories correspond à un type particulier d'évaluation soit : 1) l'évaluation des besoins, 2) l'évaluation des possibilités d'action, 3) l'évaluation d'implantation, 4) l'évaluation des effets et 5) l'évaluation du rendement. Bien que la recherche évaluative ne se limite pas nécessairement à ces cinq types d'évaluation, la plupart des informations requises par les gestionnaires et les intervenants pour améliorer leurs interventions dépendent très souvent de l'un ou l'autre de ces niveaux d'analyse.

2.1. La nature d'un programme

On comprendra mieux l'articulation des cinq étapes de l'évaluation intégrée à partir d'une explication de la nature d'un programme de services et des objets qui composent ce programme et son environnement. La figure 1 propose une telle conceptualisation. Le besoin d'une intervention sous forme de programme naît de la perception d'un problème social jugé prioritaire. Pour résoudre ce problème, on fixe des objectifs vers lesquels tendra l'intervention. À partir d'une certaine compréhension de la situation problématique, de ses causes et des moyens d'action possibles, on sélectionnera un type d'intervention à privilégier. Grâce à des ressources déterminées et à des processus d'opérations normalisés, le programme produit des extrants repérables. Ces extrants devraient avoir des impacts dans l'environnement du programme; certains impacts seraient recherchés (objet 7), parce qu'ils correspondent aux objectifs du programme alors que d'autres ne le sont pas et peuvent même être indésirables (objet 8). Par les changements qu'il opère dans l'environnement, ce programme peut exercer une influence positive ou négative sur d'autres problèmes existants (objet 9).

> À titre d'exemple, on peut considérer que l'écart entre les habiletés de la main-d'œuvre et les nécessités reliées aux conditions changeantes du marché de l'emploi constitue un problème social important (objet 1, dans la figure 1). Devant une telle situation, le gouvernement peut se fixer comme cible d'action les habiletés de la main-d'œuvre et comme objectif d'ajuster les habiletés aux conditions du marché de l'emploi (objet 2). Convaincu des bienfaits de la formation de la main-d'œuvre existante, le gouvernement pourrait planifier des programmes de formation; s'appuyant sur sa philosophie, le gouvernement pourrait solliciter la collaboration étroite du secteur privé dans la sélection des formations requises et dans

Figure 1
Objets de programme

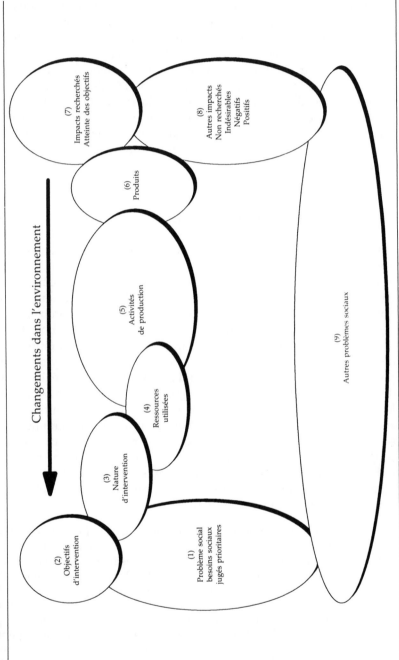

le choix des individus à former (objet 3). Un budget serait affecté à ce programme de formation (objet 4) alors que le mode d'opération du programme serait consigné dans un guide administratif et publicisé auprès des clients potentiels (objet 5). Ultimement, le programme produirait des cours et des séances de formation, ou offrirait peut-être des subventions pour en faire l'acquisition (objet 6). Ces activités de formation devraient réduire l'écart entre les habiletés existantes et les habiletés requises (objet 7), mais pourrait aussi avoir des effets pervers et inciter des firmes à former leur main-d'œuvre à leurs propres fins (objet 8). Finalement, la valeur de ce programme doit être envisagée en regard des autres problèmes de main-d'œuvre et des autres problèmes sociaux (objet 9).

2.2. Les questions d'évaluation

On peut catégoriser les questions d'évaluation sous deux grands entêtes : les questions préévaluatives et les questions évaluatives. Les premières ne nécessitent pas de porter un jugement sur la situation analysée; elles sont purement factuelles. Les secondes mettent en relation deux ou plusieurs objets de programme et requièrent des jugements de valeur.

Les *questions préévaluatives* sont regroupées en trois sous-groupes[4] (figure 2) :

– les *questions sur les intentions et le rationnel* s'adressent à la raison d'être du programme, à ses cibles et objectifs et à sa logique interne;

– les *questions sur le programme et ses effets* se rapportent à l'aspect de la dynamique interne du programme (la transformation des ressources en produits) et aux impacts de l'intervention sur l'environnement;

– la *question sur l'environnement* propose de réfléchir sur les autres problèmes sociaux pressants auxquels la société doit faire face.

Ce qui caractérise ces questions, c'est qu'elles portent sur un seul objet de programme et qu'elles requièrent une *description* plutôt qu'un

---

4. Certains développements et certains regroupements utilisés dans cette section sont le fruit de discussions avec les professeurs Richard Marceau, Jean Turgeon et Pierre Simard de l'École nationale d'administration publique. Deux d'entre eux préparent un texte qui approfondira davantage cette typologie.

Figure 2
Questions préévaluatives

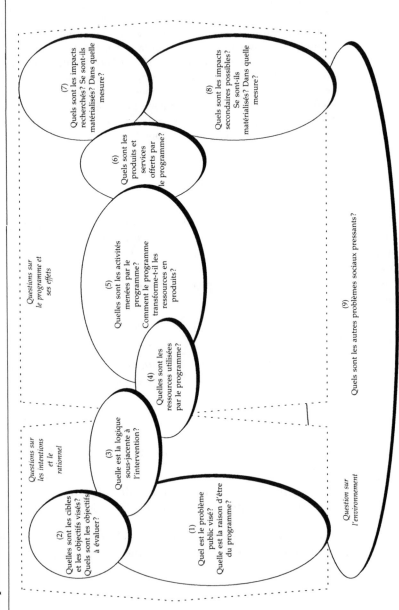

jugement. Même si certaines de ces descriptions peuvent être très difficiles à établir (comme l'existence des effets), il reste qu'elles sont foncièrement différentes des *questions évaluatives* (voir figure 3). Parmi celles-ci, on retrouve deux sous-groupes :

- les questions ayant trait aux *choix initiaux* effectués lors de la planification du programme : la correspondance entre l'implantation et les plans initiaux, la pertinence des programmes en regard des conditions sociales présentes ou passées, la logique de l'intervention en regard du problème, le niveau d'atteinte des objectifs et les ressources dont on dispose pour s'attaquer au problème social;

- les *questions sur le rendement* qui sont plus exigeantes, mais combien plus fondamentales : le rendement interne des activités du programme (Est-ce que certaines activités du programme sont plus socialement productives que d'autres?), le rendement du programme face à l'investissement effectué (Est-ce que les bénéfices sociaux du programme dépassent ses coûts sociaux?), le rendement comparatif du programme (Y a-t-il d'autres modes d'intervention qui pourraient régler ce problème à moindre coût social?) et le rendement social du programme (D'autres interventions dans d'autres sphères d'activités sociales seraient-elles plus productives?).

En utilisant ce modèle de programme et cette typologie des questions d'évaluation, on comprendra mieux la situation et le contenu des cinq étapes de l'évaluation intégrée présentées ci-après.

2.3. Étape 1 : L'évaluation des besoins de la population

L'objectif premier de l'évaluation des besoins est de fournir aux intervenants et aux gestionnaires des informations valides sur les principaux problèmes vécus dans la communauté et sur les besoins de la population en matière de services. Normalement, tout organisme social désireux d'implanter un nouveau programme devrait avoir procédé à cette première étape[5], qui permet de s'assurer que l'intervention proposée répond à un problème réel et que les solutions préconisées sont conformes aux attentes de la population. Cette étape correspond aux objets 1 et 9 de la figure 1, aux questions correspondantes de la figure 2 et à la question 11 de la figure 3.

---

5. Keith NEUBER *et al.*, *Needs Assessment : A Model for Community Planning*, Berverly Hills, Sage Publications, 1980, pp. 13-21.

Figure 3
Questions évaluatives

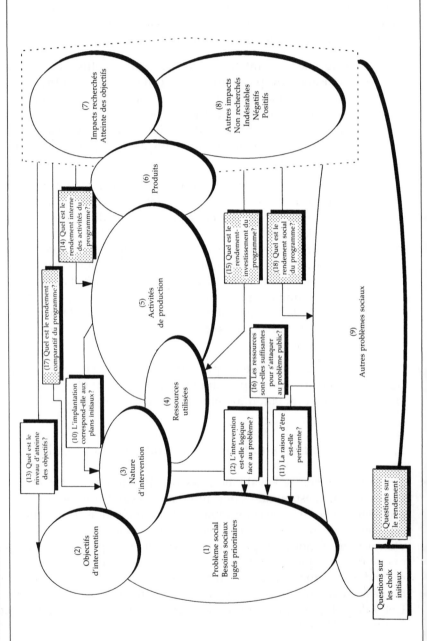

Il n'existe pas de définition rigoureuse de l'évaluation des besoins qui puisse satisfaire la majorité des chercheurs. Ce type d'évaluation devrait, selon certains, s'intéresser prioritairement aux problèmes de la population tandis que, pour d'autres, elle devrait s'attarder avant tout à ses besoins. Ce désaccord tient, entre autres, au fait qu'il semble y avoir confusion entre la notion de problème et celle de besoin. Par *problème*, on entend, ici, l'existence dans la communauté d'un état ou d'un phénomène jugé indésirable (voir chapitre 3). La notion de *besoin* réfère, par ailleurs, à l'absence plus ou moins grande d'éléments ou de solutions propres à contrecarrer ou à prévenir un quelconque problème. L'organisme qui en vient à cerner les problèmes les plus saillants d'une communauté ne peut pour autant prétendre connaître les besoins qu'il lui faudra combler. Ces besoins dépendent dans une large mesure des conditions qui prévalent dans la communauté au moment où elle est étudiée. L'organisme qui s'apprête à réaliser une évaluation des besoins aura donc intérêt à préconiser une approche qui lui permettra de tenir compte de ces deux concepts.

Tout organisme social devrait périodiquement évaluer les besoins de la communauté. Cette stratégie lui permettrait de devenir un agent proactif dans son milieu puisqu'il serait en mesure de réajuster ponctuellement ses services et ainsi de minimiser l'impact problématique anticipé de certains changements. Si cette pratique ne peut être envisagée, la nécessité de réaliser une analyse de besoins s'impose avec encore plus d'acuité lors du développement d'un nouveau service ou de la modification des programmes déjà implantés[6].

L'organisme qui s'apprête à réaliser une analyse de besoins auprès de la population a déjà une certaine idée des principaux problèmes qui y sont vécus. Son étude vise essentiellement à vérifier leur étendue et à cerner les besoins qu'il lui faudra combler afin d'en minimiser l'impact. Sélectionner les individus qu'il faudra inclure dans le processus de consultation constitue alors une des principales difficultés à laquelle est confronté le chercheur qui doit, à ce stade, circonscrire le groupe cible de son étude. Cette opération s'effectue habituellement en se référant soit à la population présentant déjà un problème ou à la population à risque[7]. Une fois cette population déterminée, le chercheur doit alors

---

6. Larry SIEGEL *et al.*, « Need Identification and Program Planning in the Community Context » dans Clifford ATTKISSON *et al.* (dir.), *Evaluation of Human Service Programs*, New York, Academic Press, 1978, p. 225.
7. Peter ROSSI *et al.*, *Evaluation, a Systematic Approach*, Beverly Hills, Sage Publications, 1979, pp. 97-98

établir un certain nombre de critères à partir desquels il pourra sélectionner quelques sous-groupes particuliers. Si ces critères sont trop peu discriminants, son étude sera compliquée par une collecte excessive d'information. Par contre, l'élaboration de critères trop restrictifs aboutit à l'exclusion d'individus dont la contribution pourrait se révéler opportune.

La notion de besoins, il va sans dire, est un concept très relatif. L'étude des besoins d'une communauté est fortement influencée par les valeurs, normes, connaissances et idéologies de ses auteurs. Par ailleurs, la communauté à l'étude ne saurait être la seule source d'information dont un organisme doit tenir compte lors de la planification de nouveaux services. Il se peut même que, confrontée à un problème particulier, la population concernée ne soit pas en mesure de cerner les besoins susceptibles d'en minimiser l'impact. Les praticiens et autres professionnels ont aussi un rôle à jouer dans la détermination et la sélection de ces besoins prioritaires auxquels ils doivent répondre. L'évaluateur ne saurait minimiser la contribution de ces derniers. Son rôle consiste cependant à empêcher que seules l'expertise et l'opinion de quelques praticiens et gestionnaires prévalent lors de la planification des services à la population.

2.4. Étape 2 : L'évaluation des alternatives

Une fois les problèmes prioritaires de la communauté cernés et les attentes de la population connues, on peut procéder à la sélection du mode d'intervention. La consultation réalisée à l'étape de l'évaluation des besoins fournit aux intervenants et aux gestionnaires des indices précis sur l'orientation générale des services à mettre sur pied. Cependant, cette évaluation permet rarement de déterminer de façon précise les mesures à prendre pour satisfaire les attentes de la population. Cette tâche de préciser les moyens d'action et les moyens techniques appropriés revient en dernier lieu aux responsables du programme ainsi qu'aux praticiens chargés de distribuer les services. L'élaboration qu'ils en feront se compose essentiellement des sept étapes suivantes (qui correspondent aux objets 2 et 3 de la figure 1, aux questions correspondantes de la figure 2 et à la question 12 de la figure 3) : a) formulation des buts du programme, b) présentation d'objectifs précis, c) esquisse de leur séquence d'atteinte, d) présentation des opérations qui conduiront à la réalisation des objectifs retenus, e) définition des fonctions et des responsabilités de chaque membre de l'équipe d'intervention, f) élaboration de la séquence d'implantation du programme et, g) estimation des ressources humaines, matérielles et financières requises pour l'exécution du projet[8]. Cette démarche et chacune de ces étapes fournissent aux gestionnaires et intervenants un premier plan détaillé du programme, qui ne représente, cependant, qu'un devis provisoire. Des changements, concernant aussi bien la population que l'organisme de services, et une articulation de certaines composantes du programme trouvée inappropriée à l'usage, commanderont des corrections.

On remarquera que les nombreux choix qui doivent être faits à cette étape déterminent la nature de l'intervention mise en place. Plusieurs modes globaux d'intervention peuvent se faire concurrence à ce stade et, fort probablement, un seul sera sélectionné. La logique ainsi imposée à l'intervention est ouverte à l'évaluation.

Après avoir complété cette démarche d'élaboration, les planificateurs et chercheurs peuvent alors convenir d'une stratégie d'évaluation, stratégie qui devrait être conçue avant même que ne s'amorce l'implantation du programme. L'évaluation ne pourra en effet se dérouler sans accroc majeur que si elle s'intègre initialement au plan d'intervention et respecte la séquence d'exécution du programme. L'évaluation d'un programme, tout comme l'implantation d'une intervention, devrait respecter une séquence logique de déroulement qui soit cohérente avec ses objectifs à court et à long terme.

2.5. Étape 3 : L'évaluation d'implantation

L'évaluation d'implantation vise essentiellement à décrire le déroulement réel du programme et à déterminer la population à laquelle effectivement il s'adresse. Elle correspond aux objets 4, 5 et 6 de la figure 1 et aux questions 4, 5, et 6 de la figure 1 et 10 et 16 de la figure 3.

L'analyse d'implantation constitue une étape cruciale de la séquence de développement d'un programme. Elle peut, en effet, contribuer aussi bien à la restructuration du plan provisoire qu'à l'évaluation des résultats de l'intervention. Malgré son utilité, on constate que cette évaluation d'implantation est très rarement effectuée. Ceci s'explique, entre autres, par le fait que les planificateurs de services tiennent généralement pour acquis que leur plan d'intervention sera en tout point respecté au moment de son implantation. Pourtant, toute intervention

---

8. L'article de Clermont BÉGIN, « La planification d'un programme de santé » dans *Administration Hospitalière et Sociale*, vol. XXV, n° 1, 1979, pp. 19-26, discute plus à fond chacune de ces étapes. La définition du terme *programme* que l'on retrouve au lexique provient d'ailleurs de cet article.

est susceptible d'être modifiée en cours d'opération étant donné que les ressources fluctuent d'une période à l'autre, que des changements se produisent périodiquement dans l'environnement, que les priorités et les politiques de services se transforment de façon imprévisible, que les actions entreprises n'ont pas toujours les effets escomptés, etc.

Le désintérêt observé jusqu'à maintenant à l'égard de l'évaluation d'implantation peut aussi s'expliquer par l'intérêt parfois démesuré que l'on accorde à l'évaluation des résultats. Les évaluateurs, dans leur empressement à vérifier l'efficacité des programmes implantés, ont systématiquement omis, à certaines occasions, l'examen de leur implantation. Cet empressement porte à faux : si le programme étudié ne rejoint pas la population cible pour laquelle il est conçu ou si les opérations prévues ne sont pas appliquées de façon conséquente avec les objectifs de l'intervention, on ne peut s'attendre à ce que ses résultats, mesurés par une évaluation préliminaire, soient pertinents ou mêmes sensés[9]. Pire encore, certains programmes potentiellement bénéfiques risquent d'être abandonnés à la suite d'une évaluation négative, alors même que certains de leurs éléments essentiels n'auront jamais été mis en place. L'évaluation d'implantation devrait, si possible, faire partie des tâches routinières de tout organisme de services. Cette stratégie contribuerait à un dépistage précoce des changements introduits et favoriserait ainsi leur correction presque immédiate[10].

L'évaluation d'implantation conduit, nous l'avons mentionné, à la détermination de la population qui fait effectivement usage des services mis en place. La participation de la population cible constitue une mesure critique de la validité d'un programme. Dans l'éventualité où un organisme constate un écart entre la population cible et les usagers, il aura intérêt à remédier à cette situation dans les plus brefs délais. Même si un organisme a réussi à rejoindre la population cible lors de la mise en place des services, il n'est pas à l'abri d'une défection prématurée de certains membres manifestant ainsi leur désintérêt. Afin de vérifier si le programme opère une sélection de la clientèle, l'évaluateur aura à effectuer une collecte de données à divers stades de son déroulement. Cette stratégie lui permettra de repérer les moments où l'abandon est le plus fréquent et de formuler des hypothèses susceptibles d'expliquer ce phénomène.

---

9. Carol WEISS, *Evaluation Research: Methods of Assessing Program Effectiveness*, Englewood Cliffs, Prentice-Hall, 1972, pp. 43-45.
10. Kenneth LEITHWOOD et Deborah MONTGOMERY, « Evaluating Program Implementation » dans *Evaluation Review*, vol. IV, n° 2, avril 1980, pp. 193-214.

Un second volet de l'évaluation d'implantation porte sur la distribution des services. Cette analyse documente cinq aspects dominants de l'intervention : a) l'accessibilité des services, b) la durée des actions, c) la réalisation des opérations, d) le contenu abordé et le matériel utilisé et e) les dépenses encourues[11].

Mentionnons, enfin, que l'évaluation d'implantation ne se veut pas une analyse de rendement du personnel. Afin d'éviter que l'étude ne devienne une menace à l'autonomie des praticiens, l'évaluation d'implantation devrait surtout être centrée sur les éléments explicites du plan d'intervention.

2.6. Étape 4 : L'évaluation des effets

L'évaluation des effets porte sur l'importance des impacts du programme sur l'environnement et sur le degré de réalisation des objectifs de changements. Elle correspond aux objets 7 et 8 de la figure 1 et vise les questions 7 et 8 de la figure 2 ainsi que la question 13 de la figure 3. Des cinq types d'évaluation abordés jusqu'à maintenant, l'évaluation des effets est certes celle qui, tant sur le plan théorique que pratique, retient le plus l'attention. Le chercheur qui s'apprête à réaliser ce type d'évaluation doit choisir entre deux approches très distinctes : l'approche molaire ou l'approche moléculaire.

L'approche molaire

Il peut tenter de tracer un portrait global de l'efficacité du programme en regard de ses objectifs initiaux. La recherche évaluative vise alors à déterminer les principaux effets engendrés par l'intervention. Cette *évaluation molaire* des effets peut être de nature formative ou sommative. L'objectif premier d'une évaluation dite *sommative* est d'aider le gestionnaire à décider du maintien, de l'expansion ou de l'interruption du programme[12]. Par contre, l'évaluation dite *formative* fournit des informations qui éclaireront un organisme sur les changements qu'il pourrait apporter à son intervention afin d'en accroître l'efficacité.

L'évaluateur qui désire obtenir une vue d'ensemble de l'efficacité d'un programme devra adopter une approche plutôt molaire. Lors de

11. Peter ROSSI *et al.*, *op. cit.*, pp. 135-143.
12. Emil POSOVAC et Raymond CAREY, *Program Evaluation : Methods and Case Studies*, Englewood Cliffs, Prentice-Hall, 1980, p. 15.

cette évaluation, le chercheur aura généralement intérêt à s'attarder à quatre types d'effets distincts :

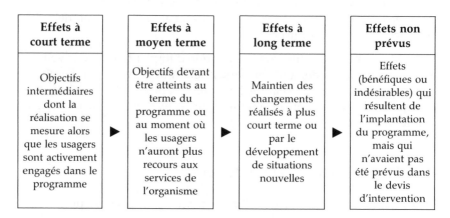

Effets à court terme	Effets à moyen terme	Effets à long terme	Effets non prévus
Objectifs intermédiaires dont la réalisation se mesure alors que les usagers sont activement engagés dans le programme	Objectifs devant être atteints au terme du programme ou au moment où les usagers n'auront plus recours aux services de l'organisme	Maintien des changements réalisés à plus court terme ou par le développement de situations nouvelles	Effets (bénéfiques ou indésirables) qui résultent de l'implantation du programme, mais qui n'avaient pas été prévus dans le devis d'intervention

On a parfois tendance, dans la pratique, à négliger aussi bien les effets à long terme que les effets non prévus, malgré leur grande importance dans le jugement à porter sur le programme.

L'évaluation globale des effets est un processus complexe, qui demande très souvent un investissement considérable de ressources, d'énergie, de temps et d'efforts, tout en étant sujet à de nombreuses embûches. Avant d'entreprendre l'évaluation globale des effets, l'évaluateur doit donc soupeser minutieusement ses chances de succès.

L'approche moléculaire

L'évaluateur peut aussi aborder la question des effets à partir d'une toute autre perspective. Au lieu de chercher à dresser un profil global de l'efficacité du programme, son interrogation portera alors sur quelques-uns de ses éléments seulement. En faisant appel à une approche plus *moléculaire*, le chercheur limitera son étude d'efficacité à quelques objectifs du programme et, de ce fait, à certaines stratégies ou actions précises. Il s'agit donc d'une approche où l'évaluateur éprouve un programme en testant systématiquement certaines de ses composantes afin de découvrir dans quelle mesure elles remplissent leurs fonctions selon les attentes[13].

---

13. Certains auteurs emploient l'expression l'« évaluation des processus » pour décrire ce type d'évaluation. Cette expression revêt tellement de sens différents que nous avons cru préférable de ne pas l'utiliser ici.

Théoriquement, l'évaluation des effets empruntant une approche moléculaire s'intéresse principalement à quatre aspects de l'intervention.

– *Les opérations du programme* : Un même objectif peut, très souvent, être atteint à partir d'une diversité de moyens d'action et de moyens techniques. Devant une telle situation, un évaluateur devrait s'attarder à comparer systématiquement la valeur de deux ou trois stratégies d'intervention. En expérimentant chacune d'entre elles, il sera alors en mesure d'établir celle qui atteint le mieux l'objectif visé.

– *La séquence des opérations* : Plusieurs des changements engendrés par un programme sont dus à l'effet interactif et/ou cumulatif de multiples opérations. L'évaluation des effets, dans de tels cas, aura avantage à déterminer la séquence optimale de leur réalisation. L'évaluateur pourra, par la même occasion, tenter d'isoler les actions qui n'améliorent pas la performance du programme et qui, par le fait même, alourdissent son déroulement.

– *Les critères d'atteinte* : Il est fréquent que les concepteurs mêmes d'un programme ne puissent prévoir une mesure satisfaisante d'atteinte de certains objectifs. L'évaluateur a alors intérêt à effectuer des mesures répétitives, tant qualitatives que quantitatives, chacune d'elles abordant une dimension particulière du phénomène étudié.

– *La durée et le moment de l'intervention* : Le succès d'une intervention dépend parfois du moment où elle a lieu et du temps qui y est consacré. L'évaluation des effets peut, à cet égard, servir à déterminer le temps à investir dans une intervention pour en optimiser l'impact. L'évaluateur peut, par la même occasion, vérifier si des variations dans le moment choisi pour une action influencent le degré d'atteinte de l'objectif visé.

2.7. Étape 5 : L'évaluation du rendement

La dernière étape du processus intégré de planification est la plus difficile. Elle vise des questions qui requièrent ultimement un jugement de la part de l'évaluateur. Celui-ci ne peut plus se camoufler derrière un rideau d'objectivité et de pureté comme dans les quatre étapes précédentes : il doit se jeter à l'eau ! L'évaluation du rendement pose quatre questions de rendement comparatif qui sont étiquetées 14, 15, 17 et 18 à la figure 3. Il y a donc quatre « niveaux » d'évaluation du rendement.

La première question de rendement s'intéresse au *rendement interne* des différentes activités du programme. Il s'agit de déterminer quelles composantes du programme sont plus efficaces que les autres. L'analyste est appelé à porter un jugement sur les composantes de l'intervention et à proposer des voies de changement pour le programme. Ce premier niveau d'évaluation du rendement se situe donc dans une approche évaluative formative puisqu'on cherche à améliorer le programme plutôt qu'à le remettre en question dans son entier.

La question du *rendement-investissement* est le deuxième niveau d'évaluation du rendement. Ici, on se demande si les bénéfices du programme ou de l'intervention, soit les impacts nets sur l'environnement, dépassent les coûts totaux du programme. C'est le champ de l'étude coûts-avantages ou coûts-bénéfices. Remarquons que cette question de rendement présuppose que les impacts positifs et négatifs ont déjà été établis et pose le problème de la définition de la valeur monétaire des bénéfices. En effet, si les coûts sont souvent quantifiables en termes monétaires, cette transcription est plus délicate pour les bénéfices : par exemple, quelle est la valeur monétaire d'une vie humaine[14]?

On se pose la question du *rendement comparatif* du programme lorsque l'on s'intéresse à l'efficacité comparative de diverses approches d'intervention vis-à-vis un même problème. On comparera alors les taux de rendement-investissement de différentes formes d'intervention. Par exemple, on pourra se demander si l'objectif d'ajuster les habiletés des travailleurs aux conditions du marché de l'emploi est mieux servi par des programmes de formation gérés par les employeurs ou par des changements dans les programmes d'étude ou par un meilleur dialogue collège-industrie-université. Cette question de rendement comparatif pourra être abordée à la suite de l'évaluation de chacune de ces interventions.

Finalement, on posera un jugement sur le *rendement social* d'une intervention en comparant les résultats de l'intervention publique dans un secteur d'activité aux résultats qu'on pourrait atteindre avec des ressources équivalentes dans d'autres secteurs de problématique sociale.

---

14. S'il semble inhumain de poser une telle question, le lecteur sera peut-être intéressé à réfléchir sur les différentes valeurs implicites que l'on attache à la vie humaine dans les domaines de la sécurité aérienne (très coûteux) ou dans la promotion des bonnes habitudes alimentaires chez la femme enceinte (très peu coûteux). En effet, les comportements sociaux sont tels que l'on semble prêt à investir beaucoup plus dans certaines circonstances que dans d'autres pour sauver des vies humaines.

C'est la question du coût d'opportunité de choisir une intervention plutôt qu'une autre.

On comprendra que ces questions d'évaluation du rendement sont extrêmement exigeantes pour l'analyste et sont effectivement rarement posées en termes scientifiques. Des groupes de pression ou des politiciens remettront en question l'à-propos de telle ou telle intervention gouvernementale en se basant sur des jugements de ce type, mais le feront rarement à partir d'évaluations structurées de la situation. L'évaluation du rendement est une activité rare et typiquement laissée aux universitaires qui n'y ont probablement trouvé que peu de bénéfices puisqu'ils n'ont pas jugé bon de s'y attarder significativement.

3. Le contexte de l'évaluation

La majorité des écrits traitant de l'évaluation de programme s'intéresse à deux aspects principaux : les méthodes de la recherche évaluative et le contexte de l'évaluation. De façon générale, c'est le premier aspect qui est le plus important. Le rôle négligeable que joue présentement l'évaluation dans la planification des programmes sociaux ne saurait cependant être entièrement attribuable à des facteurs d'ordre méthodologique. Une multitude de variables contextuelles peuvent aussi nuire à l'actualisation de l'évaluation. L'environnement dans lequel s'inscrit la démarche évaluative risque d'affecter les chances de succès de l'étude quel que soit son degré de sophistication méthodologique.

Empruntant au modèle écologique, l'analyse de l'environnement du travail de l'évaluateur se situe à trois niveaux : le macrosystème, l'exosystème et le microsystème. Il va de soi que chacun de ces niveaux n'affecte pas de façon uniforme toute démarche évaluative. L'évaluateur aura cependant intérêt à s'attarder à chacun de ces niveaux avant même d'entreprendre sa recherche.

3.1. Le macrosystème : contexte politique

Plusieurs programmes sociaux découlent directement des grandes orientations sociales façonnées et dictées par les législateurs et les politiciens. La crédibilité et la réputation d'hommes politiques, d'administrateurs et de hauts fonctionnaires risquent parfois d'être sérieusement compromises si jamais ces programmes se révélaient inefficaces. Dans de tels cas, la sensibilité politique de l'administrateur du programme aura généralement des conséquences directes sur le type d'évaluation qu'il sera possible d'entreprendre, sur son déroulement, sur la sélection des indicateurs de succès et sur la diffusion des résultats[15]. D'autres programmes, par ailleurs, proposent des solutions pour certains problèmes sociaux considérés comme quasi insolubles par les promoteurs mêmes de ces programmes. Il s'agit souvent de programmes placebos dont l'objectif premier est de rassurer la population. Dans un tel cas, il est généralement impossible pour l'évaluateur d'arriver à préciser les effets qu'entend produire ce type de programme. Très souvent, il lui est même impossible de circonscrire les opérations qui permettraient de croire à un impact quelconque sur le problème cible de l'intervention. L'avenir et le maintien de ces programmes reposent généralement sur des impératifs politiques qui ont peu de chose à voir avec la recherche évaluative.

Quelle que soit la raison d'être du programme à l'étude, toute évaluation comporte une dimension politique plus ou moins importante. Le chercheur qui néglige cet aspect de l'évaluation accepte très souvent de contribuer à l'amélioration d'une intervention sans même en avoir préalablement examiné le bien-fondé. Sa contribution implique pourtant qu'il endosse les solutions préconisées par ce programme et qu'il manifeste son accord avec le diagnostic social qui a été fait du problème visé par l'intervention.

3.2. L'exosystème : contexte social

Les évaluateurs conçoivent généralement le contexte social comme une source d'inconvénients plutôt que d'influences susceptibles d'avoir un impact véritable sur leur travail. L'évaluateur n'est toutefois qu'un des acteurs de la recherche et il n'y tient pas nécessairement le rôle principal. Politiciens, fonctionnaires, gestionnaires, praticiens, groupes de pression et usagers peuvent, à un moment ou l'autre, avoir droit de regard sur un projet d'évaluation. Ces derniers, ayant des intérêts particuliers à défendre et des besoins précis à combler, pourraient être tentés d'influencer à leur avantage le cours de la démarche évaluative. L'évaluateur ne peut pas se permettre d'ignorer ces pressions. Il risquerait alors de s'aliéner certains groupes d'individus qui pourraient éventuellement faire obstacle à l'application des recommandations contenues dans son rapport.

---

15. L'article de Carol WEISS, « Evaluation Research in the Political Context » dans Elmer STRUENING et Marcia GUTTENTAG (dir.), *Handbook of Evaluation Research*, vol. 1, Beverly Hills, Sage Publications, 1975, pp. 13-26, est intéressant à cet égard.

Les normes et valeurs de la communauté dans laquelle s'effectue la recherche évaluative peuvent, à leur tour, exercer une influence directe sur la sélection des critères de réussite de l'intervention. Ainsi, dans un programme visant à réduire la consommation de drogue chez les jeunes adolescents, la communauté pourrait n'accepter rien de moins que l'abstinence totale comme critère du succès de l'intervention. Bien que l'évaluateur ne soit pas contraint de se conformer entièrement à ces normes, il devra tout de même en tenir compte dans son étude.

3.3. Le microsystème : l'organisme de services

La responsabilité d'adapter des programmes cadres, ou d'en développer de nouveaux, revient en dernier lieu à l'organisme responsable de la distribution des services. Le succès de l'évaluation dépend dans une large mesure de l'aptitude de l'évaluateur à cerner et à analyser les réalités du milieu proximal d'intervention. L'évaluateur, transigeant le plus souvent avec cet environnement, risque d'y trouver de nombreux facteurs susceptibles d'influencer le cours de son étude. Parmi ces sources d'influence, deux semblent dominer : l'attitude des membres à l'égard de l'évaluation et l'état du programme à évaluer.

L'évaluateur qui espère mener sa recherche à terme doit pouvoir compter sur la collaboration des intervenants activement engagés dans le programme. Il doit tenir compte des *attitudes des intervenants à l'égard de l'évaluation*. Sans la participation des intervenants, les chances de réussite de l'évaluation sont quasi inexistantes. L'évaluateur ne peut donc pas ignorer ou mettre en veilleuse les appréhensions qu'ils manifestent à l'égard de son étude. La nature des réticences peut être fort variée[16]. Elles peuvent avoir leur origine dans a) le refus des intervenants de transférer à la recherche des ressources normalement allouées à l'intervention; b) la crainte que l'évaluation ne remette en cause leur compétence et même leur poste; c) l'expression du pessimisme des praticiens vis-à-vis l'utilité ou la pertinence de l'évaluation; d) leur inconfort face à l'évaluateur qui s'immisce dans leur travail et e) leur refus de modifier les rôles et fonctions pour lesquels ils ont été engagés. L'évaluateur a intérêt à considérer sérieusement les appréhensions des intervenants à l'égard de l'évaluation, à en discuter avec eux et à chercher des solutions qui conviennent aux deux parties.

---

16. Homer HAGEDORN *et al.*, *A Working Manual of Simple Program Evaluation Techniques for Community Mental Health Centers*, 2ᵉ éd., Rockville, Maryland, National Institute of Mental Health, 1979, p. 8.

De façon générale, lorsque les gestionnaires et les intervenants planifient une recherche évaluative, ils s'intéressent presque exclusivement à une évaluation des effets d'un programme. Cependant, si la majorité des programmes se prête à une évaluation, ce ne sont pas tous les programmes qui peuvent profiter de ce type particulier de recherche : tout dépend de l'*état du programme*. La première étape du processus de planification de l'étude évaluative devrait amener le chercheur à mieux comprendre le programme sur lequel il est appelé à se pencher et le milieu dans lequel ce programme évolue[17]. Cette étape nécessite une description exhaustive tant du développement antérieur du programme que de ses éléments et de sa structure. Cette démarche devrait, entre autres, amener l'évaluateur : a) à reconnaître le modèle théorique qui sous-tend l'intervention, b) à préciser le degré de cohérence entre les buts et les objectifs poursuivis, c) à établir le niveau de congruence entre les actions du programme et les résultats qu'il entend produire, et enfin d) à indiquer dans quelle mesure la nature et l'ampleur des efforts déployés sont susceptibles d'engendrer les effets attendus. Cette analyse permettra alors de juger de la pertinence d'une évaluation, de sa faisabilité et de ses éléments.

4. La contribution des résultats de l'évaluation

La littérature traitant de l'évaluation de programme accorde peu d'intérêt à l'emploi que fera l'évaluateur des résultats de son étude. Cette dimension est cependant cruciale. Le chercheur, s'il souhaite contribuer au processus de prise de décision, ne peut se payer le luxe d'escamoter cette dernière étape de sa recherche. Il doit donc planifier adéquatement la phase de diffusion des résultats et y consacrer le temps et les efforts nécessaires. Une large diffusion des informations émanant d'une recherche évaluative ne garantit pas toutefois leur utilisation éventuelle[18]. Les facteurs susceptibles d'influencer l'application des résultats sont, dans une certaine mesure, étrangers à ceux qui ont un impact sur leur diffusion. L'évaluateur doit donc, pour chacune de ces opérations, déterminer les stratégies propres à assurer leur réalisation optimale. Les

---

17. CONSEIL DU TRÉSOR DU CANADA, Contrôleur général, *Principes pour l'évaluation des programmes par les ministères et organismes fédéraux*, ministère des Approvisionnements et Services, Canada, Division de l'évaluation de programme, Ottawa, septembre 1981, pp. 10-26.
18. Judith BLANTON et Sam ALLEY, « How Evaluation Findings Can Be Integrated into Program Decision Making » dans *Community Mental Health Journal*, vol. IV, n° 3, 1978, pp. 239-247.

prochains points traitent succinctement des principaux facteurs que l'évaluateur doit considérer.

4.1. Les facteurs à considérer lors de la diffusion des résultats

Une diffusion efficace repose sur la détermination des besoins et des intérêts des *auditoires visés*. Ainsi, les gestionnaires d'un programme seront fort probablement intéressés par des informations traitant de l'allocation et de la distribution des ressources d'un programme ou de la planification du budget annuel. Par contre, pour les praticiens, ces questions sont mortellement ennuyeuses. Ils s'intéressent davantage à des informations portant sur l'atteinte des objectifs du programme ou sur certains aspects du déroulement de l'intervention. Stratégiquement, il est souvent plus profitable à l'évaluateur de préparer deux ou trois rapports répondant succinctement aux besoins particuliers des divers intervenants ou responsables d'un programme.

Les évaluateurs ont parfois tendance à mettre l'accent sur les aspects négatifs d'un programme et à faire un survol rapide de ses éléments positifs : c'est un choix inapproprié de *valence de l'information*. Une telle stratégie donne l'impression que le programme étudié est peu valable, ce qui n'est pas nécessairement le cas. Par ailleurs, ce type de rapport déclenche aussi chez les intervenants des réticences qui risquent de se traduire par une contestation systématique de l'évaluation. Il vaudra donc mieux que l'évaluateur présente d'abord les aspects positifs de l'intervention et aborde ensuite les éléments qu'il faudra améliorer à court et à long terme. L'évaluateur n'a pas à « dorer la pilule » mais, par contre, il doit éviter de la rendre plus indigeste qu'il ne le faut.

Lorsqu'il n'existe pas de *canaux* officiels *de communication* à l'intérieur d'un organisme, l'évaluateur devrait s'adresser directement à chacune des instances auxquelles il désire transmettre ses résultats. Une diffusion réalisée par l'entremise d'intermédiaires provoque parfois des effets secondaires indésirés. Le chercheur risque, entre autres, qu'une sélection et une distorsion des informations viennent fausser le sens de son rapport[19]. La transmission des informations s'effectue habituellement par écrit. Les intervenants et gestionnaires ont cependant peu de

---

19. Pour une bonne synthèse sur l'utilisation de l'évaluation, voir Laura LEVITON et Edward HUGHES, « Research on the Utilization of Evaluations : A Review and Synthesis » dans *Evaluation Review*, vol. V, n° 4, août 1981, pp. 525-548.

temps à consacrer à la lecture de documents. Afin de contrer ce problème, l'évaluateur devrait accompagner son rapport d'un document synthèse ou d'une présentation orale.

Dans la *présentation*, on suggère parfois aux évaluateurs d'éviter l'utilisation d'un jargon technique qui risque de confondre l'auditeur. Toutefois, les études effectuées sur ce sujet n'ont pu, jusqu'à maintenant, produire de résultats concluants. Ainsi, l'emploi de termes « ésotériques » et la présentation de données factuelles semblent avoir un impact sur la crédibilité que l'auditeur accordera au rapport et sur l'accueil qu'il réservera aux recommandations formulées. Ces influences sont cependant complexes et interagissent avec les caractéristiques de l'auditoire auquel s'adresse l'évaluateur[20].

Sur le plan du *contenu de la communication*, en règle générale, le rapport d'évaluation ne devrait jamais contenir de surprises désagréables majeures. L'évaluateur n'a pas intérêt à prendre les praticiens et gestionnaires au dépourvu. Si ces derniers se sentent menacés, il y a de fortes chances qu'ils réagissent négativement tant à l'évaluateur qu'à son rapport. Lorsque l'évaluateur obtient des résultats inattendus susceptibles d'entraîner des changements considérables dans le déroulement du programme, il est préférable qu'il en informe progressivement les personnes concernées, ce qui amoindrit l'impact négatif que pourrait avoir son rapport au moment du dépôt final.

4.2. Les facteurs à considérer dans l'utilisation des résultats

L'évaluateur qui souhaite voir sa recherche déboucher sur une action concrète ne peut limiter son compte rendu à une présentation de données factuelles. Il doit faire des *recommandations,* proposer des *solutions,* suggérer les *changements* susceptibles d'améliorer le programme étudié. Les recommandations formulées devront être réalistes et tenir compte des contraintes de l'organisme lui-même.

Les résultats et les recommandations d'une recherche évaluative n'auront de portée pratique que dans la mesure où ils correspondent aux intérêts des utilisateurs éventuels. Cet objectif ne peut être atteint sans une *participation du personnel* d'un organisme à chacune des étapes

---

20. Pat THOMPSON *et al.,* « Jargon and Data Do Make a Difference : The Impact of Report Styles on Lay and Professional Evaluation Audiences » dans *Evaluation Review,* vol. V, n° 2, avril 1981, pp. 269-279.

de la recherche; cette collaboration permet à l'évaluateur de respecter les attentes de ce personnel et encourage intervenants et gestionnaires à donner suite à l'étude.

L'établissement du *moment de la sortie du rapport* d'évaluation est crucial. Il va de soi que l'évaluation doit être conclue avant que des décisions concernant les changements du programme ne soient prises. L'évaluateur devrait donc, avant toute chose, savoir à quel moment ces décisions doivent être prises afin d'ajuster la sortie de son rapport en conséquence. Par contre, si le temps qui lui est alloué pour réaliser une recherche est nettement insuffisant, il est préférable qu'il négocie un changement à l'échéancier ou qu'il refuse même d'entreprendre la recherche. Compte tenu du type d'évaluation qu'il effectue, le chercheur aura parfois avantage à diffuser ses résultats au fur et à mesure qu'il les détient. Cette démarche, tout en contribuant périodiquement à l'amélioration d'un programme, épargne aux intervenants et aux gestionnaires la corvée de prendre de multiples décisions dans un laps de temps relativement court.

On convient souvent que les recherches évaluatives qui sont méthodologiquement les plus appropriées trouvent plus facilement preneurs. Il ne semble toutefois pas y avoir de corrélation significative entre la *validité de l'étude* et le degré d'utilisation des informations recueillies[21]. Certains facteurs tels l'intervalle de temps entre le début et la fin de l'étude, l'accord des intéressés sur les objectifs de la recherche et le moment choisi pour la diffusion des résultats semblent avoir davantage d'impact sur l'application des recommandations issues d'une évaluation. Ceci ne signifie pas pour autant que l'évaluateur opte pour le laxisme; il doit cependant être conscient que la pureté méthodologique ne constitue pas en soi une condition suffisante pour assurer l'utilisation de ses résultats.

Malgré tous les efforts de l'évaluateur, il se peut fort bien que l'organisme décide de ne pas modifier son programme. Après tout, les recommandations que formule le chercheur ne sont accompagnées d'aucune garantie de succès. Il est parfois nécessaire que quelques intervenants servent de *catalyseurs* afin d'accélérer le processus de changement. Lorsque l'évaluateur est membre de l'organisme, il peut remplir lui-même cette fonction. Par contre, s'il agit de quelqu'un de l'extérieur, il lui sera difficile de maintenir l'intérêt du personnel pour sa recherche à moins que ce dernier ne se soit formellement engagé à y donner suite.

---

21. William BERG et Richard THEADO, « The Utilization of Evaluative Research in Social Welfare Programs » dans *Social Service Review*, juin 1981, pp. 183-192.

Il est donc préférable pour l'évaluateur de se trouver, dans l'organisme même, des alliés qui verront à l'application éventuelle des recommandations de son rapport.

Conclusion

L'évaluation de programme, dans sa pratique, manque encore d'unité et d'uniformité. La panoplie imposante de modèles et d'approches développés fait que ce type de recherche est sujet à diverses utilisations plus ou moins compatibles. Ainsi, l'évaluation peut être essentiellement orientée vers le contrôle bureaucratique. Elle s'intéresse alors à des questions de performance et de rendement du personnel ainsi qu'à des études d'efficacité. L'évaluation peut également être mise au service de professionnels intransigeants qui préfèrent décréter unilatéralement les services que recevront la population : en ce cas, elle leur sert principalement à superviser étroitement le déroulement du programme afin de s'assurer que les intervenants ne dérogent pas du plan d'intervention. Enfin, l'évaluation peut aussi, et surtout, contribuer substantiellement à l'amélioration des services offerts à la population. Effectuée à cette fin, une évaluation vise à fournir aux intervenants et aux gestionnaires des renseignements qui les aideront à déterminer les changements à apporter pour corriger certains aspects de leur programme. L'atteinte de cet objectif sera facilitée par l'intégration des étapes de l'évaluation à une démarche plus globale de développement de services.

La dichotomie que l'on retrouve présentement entre l'évaluation et l'intervention aurait aussi avantage à s'estomper progressivement. L'évaluateur, en tant qu'agent de changement social, devrait participer à l'élaboration des politiques et des pratiques d'intervention. En contrepartie, les praticiens ont intérêt à s'associer au processus évaluatif, étant les mieux placés pour relever les questions auxquelles devrait répondre ce type de recherche. L'organisme doit donc viser à jumeler les compétences propres à ces deux disciplines complémentaires. Comme dans de nombreux domaines, praticiens et chercheurs déplorent leur manque de communication, l'évaluation de programme semble fournir l'occasion rêvée de combler cette lacune.

Bibliographie annotée

CONSEIL DU TRÉSOR DU CANADA, Contrôleur général, *Principes pour l'évaluation des programmes par les ministères et organismes fédéraux*, Conseil du Trésor du Canada, Contrôleur général du Canada, Division de l'évaluation de programme, Ottawa, septembre 1981, 48 pages.

Ce volume délaisse les méthodes et les techniques développées en évaluation et se penche sur le processus même de cette action. L'établissement des principales étapes à travers lesquelles tout projet d'évaluation devrait normalement passer donne une bonne idée de la démarche que l'évaluateur aura à suivre et des facteurs dont il devra tenir compte. Bien qu'important, il s'agit d'un thème peu souvent abordé dans la littérature.

CONSEIL DU TRÉSOR DU CANADA, Contrôleur général, *Méthodes d'évaluation des programmes : Mesure et attribution des résultats des programmes*, Conseil du Trésor du Canada, Contrôleur général du Canada, Division de l'évaluation de programme, Ottawa, janvier 1991, 206 pages.

Après avoir situé les grands principes de l'approche fédérale à l'évaluation des programmes, ce manuel traite des stratégies d'évaluation, des modèles d'évaluation, des principales méthodes de collecte de données utiles en évaluation et des modèles d'analyse. Il constitue une compilation relativement complète et d'un abord facile. Les références secondaires sont nombreuses.

LECOMTE, Roland et Leonard RUTMAN, *Introduction aux méthodes de recherche évaluative*, Québec, Presses de l'Université Laval, 1982, 187 pages.

Ce volume est l'une des rares publications non gouvernementales sur le sujet à être rédigée en français. Outre cette qualité non négligeable, cet ouvrage constitue un outil fort utile aux praticiens de l'évaluation puisque les auteurs s'attardent à la planification et à la préparation de l'étude sans pour autant négliger les aspects méthodologiques et pratiques de l'évaluation.

NADEAU, Marc-André, *L'évaluation de programme : Théorie et pratique*, Québec, Presses de l'Université Laval, 1988, 430 pages.

Brillant davantage par son traitement des aspects théoriques de l'évaluation que par sa présentation des dimensions pratiques, cet ouvrage trouvera une place de choix dans la bibliographie de toute personne intéressée par l'évaluation. Son seul défaut (du point de vue du généraliste) est d'être centré sur l'évaluation des programmes d'étude.

PATTON, Michael, *Qualitative evaluation methods*, Beverly Hills, Sage Publications, 1980, 379 pages.

Le mérite de ce volume vient essentiellement du fait qu'il est un des seuls à être entièrement consacré à l'utilisation de méthodes qualitatives en recherche évaluative. Il intéressera surtout ceux qui prévoient éventuellement réaliser une étude évaluative et qui désirent en savoir davantage sur le « quand » et le « comment » utiliser certaines méthodes qualitatives.

Revue canadienne d'évaluation de programme, depuis 1986.

La Société canadienne d'évaluation publie cette revue depuis 1986. Publiée environ deux fois par année, cette revue est organisée autour de thèmes particuliers tout en incluant des articles généraux dans chaque parution. De façon générale, les articles sont intéressants et instructifs. On y trouve parfois des exemples particulièrement bien documentés. Le français laisse beaucoup à désirer cependant.

ROSSI, Peter et Howard FREEMAN, *Evaluation, a systematic approach*, 2ᵉ éd., Beverly Hills, Sage Publications, 1982, 351 pages.

Ce volume constitue une excellente introduction à l'évaluation de programme. L'approche préconisée par les auteurs reflète un souci constant d'intégrer les divers types d'évaluation retenus dans un processus de planification, d'élaboration et d'implantation de programme. Chacun des chapitres est précédé d'un glossaire et les thèmes abordés sont illustrés de nombreux exemples.

WEISS, Carol, *Evaluation Research : Methods of Assessing Program Effectiveness*, Englewood Cliffs, Prentice-Hall, 1972, 160 pages.

Malgré le fait que ce volume soit centré sur l'évaluation des effets d'un programme, il constitue tout de même une introduction fort valable au domaine de l'évaluation. L'auteur insiste tout au long du livre sur les obstacles auxquels l'évaluateur doit faire face, sur les réalités du milieu d'intervention et sur les divers types de réticences que l'on retrouve à l'égard de la recherche évaluative.

Chapitre 18
Les données secondaires

Benoît GAUTHIER
Jean TURGEON

Recyclage : action de traiter une matière
en vue de sa réutilisation.

Grand Larousse de la langue française

Introduction

Jusqu'à maintenant, toute cette troisième section du manuel, intitulée
« La formation de l'information », s'est intéressée à l'information nouvelle recueillie expressément pour servir les fins de l'étude en cours. Le
présent chapitre renverse la vapeur et propose une alternative moins
coûteuse, moins exigeante, plus rapide et parfois plus rigoureuse :
l'utilisation de données existantes.

On nomme *données secondaires* les *éléments informatifs rassemblés pour*
des fins autres que celles pour lesquelles les données avaient été recueillies ini-
tialement. Ces données peuvent servir de substrat à d'autres recherches. Ce
chapitre limite le concept de données secondaires aux ensembles qui ont
constitué des données primaires pour d'autres fins — les fins pour lesquelles on a recueilli les données à l'origine. Il peut s'agir, par exemple,
de sondages passés, de données sur le vote par circonscription, de rapports de dépense d'organismes gouvernementaux, de listes de compagnies et de leur revenu annuel, d'entrevues conservées dans des banques
archivées, etc. Le trait commun de ces données, c'est qu'elles n'ont pas
été recueillies spécifiquement pour la recherche que vous entreprenez.
Nous excluons donc de cette définition, dans le cadre de ce chapitre,
les données existantes n'ayant pas servi de données primaires tels les
rapports de recherche eux-mêmes et la littérature existante[1].

---

1. Certains auteurs considèrent que la littérature fait partie des données secondaires et
   discutent, en conséquence, des techniques de méta-analyse dans le cadre de leur
   présentation de l'analyse secondaire. Il s'agit d'un segment complètement différent
   de l'analyse secondaire, tant du point de vue des considérations techniques que de
   celui des problèmes éthiques. Nous préférons exclure ce champ de notre présentation.

Dans le même ordre d'idées, l'*analyse secondaire* utilise les données secondaires alors que l'analyse primaire est basée sur des données recueillies précisément en vue de cette analyse. La recherche fondée sur l'analyse secondaire se distingue de celle axée sur l'analyse primaire par le fait que l'analyste est entièrement dégagé de la responsabilité de la collecte des données (mais non de celle de s'assurer de sa validité et de sa fiabilité) pour se concentrer sur la conceptualisation et l'analyse.

Dans un esprit très écologique, on peut « *récupérer* » *des données* dont on n'a pas extrait toute la valeur scientifique. Il est très rare que l'agent chargé de la collecte des données primaires (université, ministère, compagnie) effectue une analyse vraiment exhaustive des données qu'il a en main. Le plus souvent, les données sont recueillies dans un but précis et l'analyse s'en tient à cet objectif. Les mêmes données peuvent cependant livrer bien d'autres messages. C'est là tout l'intérêt de l'analyse secondaire. La récupération de données existantes, si elle était systématisée, pourrait aussi réduire le fardeau imposé au public, aux organismes gouvernementaux et aux compagnies privées au plan de la production d'information. Prenons, par exemple, le cas des compagnies de sondage sérieuses qui ont observé, au cours des dernières années, des baisses significatives des taux de réponse moyens aux sondages menés auprès du grand public. L'explication de ce phénomène tient en partie au très grand nombre de sondages effectués aujourd'hui. L'utilisation des données secondaires pourrait contribuer à réduire ce problème.

UN BEL EXEMPLE DE RECYCLAGE
LES STATISTIQUES ANNUELLES DE
LA RÉGIE DE L'ASSURANCE-MALADIE DU QUÉBEC (RAMQ)[2]

Les *Statistiques annuelles* de la RAMQ en sont à leur 20e édition en 1991 (données de 1990). C'est la plus importante source de données publiques et de renseignements sur les principaux programmes administrés par la Régie. Le document se veut un outil permettant la compréhension de ces programmes et des coûts qu'ils engendrent. Six grandes sections s'y retrouvent :

1. Les services sociaux
2. Les services dentaires
3. Les services optométriques
4. Les médicaments et les services pharmaceutiques

---

2. Les auteurs tiennent à remercier monsieur Pascal Bossé, analyste à la Régie de l'assurance-maladie du Québec, pour son empressement à fournir des informations relatives à la RAMQ. Toutefois, l'utilisation que nous faisons de cette information n'engage que notre responsabilité.

5. Les prothèses

6. Les bourses, les autres mesures incitatives et l'assurance-responsabilité professionnelle.

On retrouve dans chacune des sections une description de ses programmes, des notes explicatives, un texte analytique, des tableaux couvrant une période de cinq (5) ans et enfin des tableaux plus détaillés pour l'année 1990. Les informations apparaissent sous forme de tableaux (plus d'une centaine dont près de la moitié pour les services médicaux) et la plupart font l'objet de textes analytiques.

1. Avantages et inconvénients de l'utilisation des données secondaires

Les données secondaires présentent des avantages considérables par rapport à la collecte de données primaires. Cette section fera état des principaux avantages, mais signalera également les inconvénients majeurs découlant de l'utilisation de ces données.

1.1. Avantages

Pour le chercheur qui aborde l'analyse d'un nouveau champ d'intérêt, il y a plusieurs avantages reliés à l'exploitation de données secondaires. En premier lieu, cela permet de se *familiariser avec ce nouveau champ* sans trop investir de ressources en collecte d'informations neuves. Deuxièmement, l'analyse secondaire permet aussi de *préciser certaines caractéristiques* importantes d'une éventuelle collecte de données primaires comme les enjeux à analyser, les questionnaires à utiliser, les populations à étudier, etc.[3].

Troisièmement, l'un des principaux intérêts relié à l'utilisation des données secondaires concerne *la logique même de l'accumulation du savoir scientifique* : la science se construit en remettant en question les théories reçues et en proposant de nouvelles explications, plus englobantes, de phénomènes connus. Dans ce cadre, une nouvelle théorie trouvera un terrain de démonstration fertile dans les données existantes qui auront été utilisées pour soutenir une théorie concurrente. Si la nouvelle théorie explique mieux ou plus complètement le comportement des données que l'ancienne, elle devra être considérée comme supérieure sur le plan

---

3. David W. STEWART, *Secondary Research, Information Sources and Methods*, Newbury Park, Sage Publications, 1984, p. 13.

scientifique. En fait, une démonstration de ce type effectue sur les mêmes données que la preuve initiale de la théorie antécédente serait plus solide qu'une démonstration à partir de nouvelles données puisque, dans ce dernier cas, les variantes inévitables dans le processus de collecte des informations pourraient être utilisées comme justification de l'amélioration de l'explication par la nouvelle théorie. La réutilisation des données initiales élimine ce type de remise en question.

Par ailleurs, les données secondaires ont l'avantage de permettre la *vérification des conclusions d'autres chercheurs*. Cette vérification peut prendre plusieurs formes : respécification des modèles explicatifs légèrement différents; reproduction des résultats; retour sur ces résultats surprenants en évaluant la validité des données pour s'assurer que les conclusions ne sont pas un artefact de quelque erreur dans l'analyse; vérification de la crédibilité des données utilisées, etc. Ces procédures contribuent à limiter la fraude dans les milieux scientifiques.

Également, les données secondaires présentent l'immense avantage d'être accessibles à peu (ou pas) de *frais pour l'analyste*. Elles peuvent être fournies sous forme imprimée; alors la majeure partie des frais seront engendrés par la saisie de cette information sur support informatique, coût généralement sans commune mesure avec la collecte initiale des données. Si elles sont conservées sur support informatique, leur accès en sera d'autant simplifié. Le chercheur peut alors se départir de tout le personnel clérical et, du même coup, de tous les coûts de gestion afférents. Pour entreprendre des collectes de données primaires d'envergure, le chercheur devra probablement faire partie d'une organisation de grande taille; cette situation entraîne d'autres types de coûts qui sont évités par l'utilisation de données secondaires. Il peut arriver que l'analyste ait à défrayer certains coûts pour l'acquisition de données secondaire[4]; encore une fois, ces coûts sont minimes en comparaison des coûts engendrés par les collectes primaires. Dans toute période de rareté de ressources, ces considérations rendent l'utilisation des données secondaires très intéressante.

En plus des ressources monétaires, l'utilisation des données secondaires minimisent aussi l'*investissement en temps* pour le chercheur. Les données secondaires sont souvent accessibles immédiatement ou presque, du moins si on peut en faire soi-même l'exploitation, ce qui n'est pas toujours possible dans le cas des données primaires où le processus de collecte de données engendre souvent de longs délais.

---

4. À titre d'exemple, Statistique Canada impose des coûts à l'utilisateur de ses données pour compenser les services rendus.

Pour le chercheur plus préoccupé des problèmes de recherche que des problèmes d'administration de la recherche, les données secondaires présentent l'avantage vital d'*éliminer les problèmes opérationnels* de collecte des données primaires. Le chercheur peut, après s'être assuré du degré de fiabilité et de validité de ces données, se concentrer sur les aspects les plus productifs de sa tâche : la conceptualisation et l'analyse.

En ce qui a trait aux *structures de preuve* (voir chapitre 6), les données secondaires présentent certains avantages très intéressants :

- les données secondaires permettent de retourner dans le passé et d'analyser le changement à partir d'indicateurs prélevés en temps réel; en comparaison, les données primaires sont restreintes à des retours en arrière qui font appel à la mémoire ou à des collectes de données qui s'étendent sur des périodes beaucoup trop longues pour la plupart des projets de recherche;

- en fusionnant plusieurs sources de données secondaires, on peut constituer des banques de données de taille suffisante pour analyser de petits groupes rares; Keicolt et Nathan discutent des problèmes méthodologiques reliés à ce type d'utilisation des données secondaires[5];

- en utilisant plusieurs sources ou plusieurs publications d'une source, le chercheur peut reconstituer une série chronologique qui produira des éléments de preuve plus solides que des démonstrations isolées et synchroniques.

En préparation à une éventuelle collecte de données primaires, l'exploration de données secondaires permettra au chercheur de *préciser le problème de recherche et les options de recherches ouvertes*. Cette exploration pourra tenir compte des distributions obtenues lors de collectes primaires antérieures, de la qualité des mesures utilisées, des relations découvertes entre les variables critiques, des hypothèses soulevées par les résultats antérieurs, etc.

Sur le plan des disciplines, l'utilisation de données secondaires reconnues présente l'avantage de permettre d'*effectuer une certaine normalisation de la discipline* : en utilisant la même source de données, les chercheurs en viennent à développer une compréhension commune d'un problème de recherche. Cette communauté facilite aussi la communication des résultats puisque les postulats de base de la source d'information sont connus des experts. Cette utilisation de données

---

5. K. Jill KIECOLT et Laura E. NATHAN, *Secondary Analysis of Survey Data*, Newbury Park, Sage Publications, 1985, pp. 72-75.

existantes pourrait aussi éventuellement améliorer la qualité moyenne des données utilisées dans une discipline en réduisant le nombre de petites collectes de données primaires plus ou moins bien contrôlées.

1.2. Inconvénients

Ce dernier avantage, sur le plan des disciplines, peut cependant être contrebalancé par un inconvénient majeur : ce recours à des sources de données normalisées risque d'*inhiber la créativité* des chercheurs et de faire régresser la qualité des recherches en général vers une moyenne inférieure à ce que l'on observe actuellement. En se référant toujours aux mêmes indicateurs et aux mêmes populations, la recherche pourrait s'appauvrir. Par ailleurs, toute source de données peut être marquée de certains biais délibérés ou non; ces biais peuvent s'exercer à plusieurs niveaux du processus de recherche. Limiter le nombre de sources de données utilisées pourrait *engendrer une certaine hégémonie idéologique* des responsables de ces sources.

On a aussi observé que la disponibilité de données secondaires avait tendance à *faire augmenter le nombre de recherches athéoriques* qui sont davantage des exercices de traitement de données que de création de nouvelles connaissances. Les données étant déjà disponibles, le chercheur peut être tenté d'utiliser sa méthode d'analyse préférée sans se préoccuper des considérations conceptuelles plus profondes nécessaires à la vraie recherche sociale.

Cette critique tient évidemment pour acquis que les données sont effectivement disponibles. Pourtant, le *manque de disponibilité de l'information* est un autre inconvénient de l'analyse secondaire. Avant de pouvoir entamer l'anlyse secondaire, il faudra en effet localiser une source de données fiable et accessible. Dans les faits, des données n'existent pas nécessairement sur tous les sujets imaginables.

Ces inconvénients ne sont peut-être pas aussi évidents que ceux reliés à *l'écart entre les objectifs de la collecte primaire et les objectifs de l'analyse secondaire.* En effet, les données primaires n'ont pas été mises en forme en tenant compte des objectifs de l'analyse secondaire (par définition). Il peut donc arriver que certaines manipulations de données soient impossibles; que certains indicateurs importants ne soient pas accessibles pour tous les concepts des modèles théoriques; que des identificateurs uniques des individus sujets d'observation n'aient pas été conservés pour fins de mariage des bases de données; que les catégories de mesure utilisées ne se conforment pas aux hypothèses à tester; etc.

L'objectif de la collecte de données (primaires) par la Régie de l'assurance-maladie du Québec est de rémunérer les dispensateurs puisqu'elle agit comme un tiers-payant au nom du gouvernement du Québec.

Les objectifs de l'analyse secondaire que l'on trouve dans les *Statistiques annuelles* sont différents : permettre la compréhension des programmes de la RAMQ et des coûts qu'ils engendrent (voir encadré précédent); établir des portraits régionaux de la consommation de services médicaux; montrer l'importance de la consommation de services médicaux par groupes d'âge; etc.

Mentionnons quelques inconvénients reliés au fait qu'initialement, les données ne sont recueillies que pour rémunérer les dispensateurs.

1. La définition des services est soumise aux aléas du processus de négociations entre le ministre de la Santé et des Services sociaux et les associations professionnelles. Les ententes survenues entre le gouvernement et les professionnels peuvent modifier certaines variables des *Statistiques annuelles*, comme la catégorisation des services médicaux.

   Exemple : Un même service peut être inclus dans la définition d'un autre, ou au contraire scindé en plusieurs pour des fins de paiement, suite à un renouvellement d'entente entre le gouvernement et un groupe de professionnels. Il faut donc être attentif aux définitions des services dans les études longitudinales.

   Exemple : Une demande de paiement pour un service rémunéré à salaire ne renseigne en aucune façon sur la nature du service rendu ou l'identité du bénéficiaire. Les données de la Régie ne permettent donc pas de connaître précisément les services rendus par les médecins salariés des centres locaux de services communautaires ni même les caractéristiques des clientèles desservies.

   Exemple : Les services médicaux rémunérés à l'acte et à l'unité dans le cadre de l'assurance-hospitalisation n'identifient pas les bénéficiaires. Corollairement, une étude par bénéficiaire du nombre total de radiographies reçues et de leur type est impossible à réaliser.

   Exemple : Le code d'établissement n'est validé par le personnel de la Régie que dans le cas où le service est spécifique à un milieu de dispensation. Il sera validé dans le cas d'une intervention chirurgicale majeure mais non dans le cas d'une visite médicale en hôpital.

2. Les dispensateurs ne remplissent tout simplement pas certaines cases de la demande de paiement, sachant que cela ne nuira pas… à leur paiement.

Exemple : Le code de diagnostic (motif de la consultation) n'est pas systématiquement validé, les professionnels ne prenant pas toujours la peine de codifier cette section de la demande.

Le *facteur temps* est aussi un inconvénient des données secondaires, à au moins deux égards :

– même s'il est souvent plus rapide d'avoir accès à des données secondaires que de compiler des données primaires, il peut arriver que le temps de recevoir les données du détenteur, le temps de se familiariser avec les détails des données et le temps de mettre les données en forme pour l'analyse dépasse le temps alloué à la recherche;

– par définition, les données secondaires sont des données plus vieilles que les données primaires; en effet, avant d'être rendues publiques, les données secondaires doivent être utilisées (dans le contexte de leur analyse primaire) par leur premier détenteur, puis distribuées; ces délais peuvent réduire l'utilité des données.

VOTRE DEMANDE EST-ELLE PRIORITAIRE?

Tout d'abord, votre demande d'exploitation des données de la RAMQ doit être recevable : les lois concernant la confidentialité des données sont appliquées à la lettre. Si elle correspond à une exploitation standard, vous obtiendrez une réponse en quelques jours. Si votre demande ne correspond pas à une exploitation déjà effectuée, elle devient un cas d'espèce. La Régie a toujours une liste d'attente de… plusieurs mois. Vous avez nettement avantage à planifier à l'avance votre demande de données.

DÉLAIS DE PRODUCTION D'UNE ANALYSE SECONDAIRE

Les délais nécessires pour la production des *Statistiques annuelles* de la Régie donnent une idée du temps requis pour s'assurer à la fois d'une validation adéquate et d'une intégralité satisfaisantes des données dans le cas du traitement de banques contenant plusieurs dizaines de millions de données.

Statistiques annuelles 1990 fait référence à l'année civile 1990 (1er janvier au 31 décembre 1990). Dès janvier 1991, une maquette de ce que contiendra le rapport est produite. Elle indique les différentes variables retenues et la manière dont elles doivent être agencées pour produire les différents tableaux qui se retrouveront dans la publication.

Les données sont saisies le 31 mars 1991. Ce délai de trois mois permet d'améliorer grandement l'intégralité des données. Dans les semaines qui suivent, les différents tableaux sont produits et analysés. Compte tenu des délais d'impression, les *Statistiques annuelles 1990* sont disponibles au grand public à l'automne 91.

Comme l'analyste n'a probablement pas participé à la collecte initiale des données, il ne sera pas au fait des détails des opérations de terrain, des décisions prises au moment de la mise en forme des données, des erreurs cléricales possibles, etc. Essentiellement, il sera difficile à l'analyste de *porter un jugement sur la fiabilité des données*. Cette difficulté s'ajoute à la constatation que la plupart des sources secondaires souffrent d'un manque chronique de documentation suffisante pour faire une utilisation intelligente des données. Ces observations nous amènent à développer un cadre d'évaluation des sources de données secondaires.

2. Sources de données secondaires

Les données secondaires se trouvent partout. L'observateur attentif découvrira que son milieu regorge souvent de données déjà compilées dont il peut tirer profit dans ses recherches. Une recherche organisée de données secondaires n'est pas très différente d'une recherche documentaire. Il existe des index de données existantes et des fichiers sur les bases de données publiques. Cependant, pour simplifier, nous mentionnerons les sources les plus productives.

À noter que dans la sphère internationale, l'Organisation des nations unies (ONU) et l'Organisation de coopération et de développement économique (OCDE) constituent les sources principales de données secondaires comparatives. Dans le cas d'un pays en particulier, l'utilisateur de données secondaires doit connaître l'environnement national qui l'intéresse, puisque l'archivage des données diffère grandement d'un pays à l'autre. À cet égard, le lecteur prendra garde de ne pas appliquer sans discernement la littérature américaine sur ce sujet aux situations canadienne et québécoise.

2.1. Les gouvernements

Sans contredit, les gouvernements (nationaux et étrangers) sont les plus grands producteurs de données secondaires. En fait, il s'agit là d'un des rôles importants de l'État : produire pour la collectivité des informations qui autrement n'auraient pas été rassemblées à cause des coûts prohibitifs pour un utilisateur unique. Le recensement canadien en est un exemple : la possibilité d'avoir accès à des informations sur la population canadienne profite à un grand nombre d'individus et de corporations (et constitue un bien socialement utile) et pourtant, personne ne disposerait des ressources nécessaires pour mettre sur pied une telle base de données si le gouvernement canadien ne s'en chargeait.

En règle générale, les données produites par les gouvernements sont neutres idéologiquement[6] (comme elles sont factuelles) et de bonne qualité, ayant été recueillies à l'aide de moyens supérieurs à la moyenne. Les gouvernements disposent également d'outils légaux en vertu desquels les individus et les corporations sont tenus de fournir certaines informations, ce qui n'est pas le cas des autres sources de données secondaires.

Les informations réunies par les gouvernements sont souvent accessibles sous forme de micro-données (par opposition à une forme agrégée où l'unité de mesure n'est plus l'individu, mais le groupe d'individus) et sur support informatique. Les frais d'acquisition de ces données sont la plupart du temps minimes.

Il existe deux problèmes avec les données recueillies par les gouvernements. Le premier c'est d'*en connaître l'existence*. Les administrations publiques sont de très grandes organisations et il n'existe pas de dépôt centralisé des bases de données secondaires constituées. Là où des répertoires existent, ils regroupent souvent seulement les bases de données administratives, à l'exclusion des données recueillies pour des fins d'analyse de politiques, comme les sondages de clients de programme. La stratégie la plus efficace pour le chercheur intéressé à un thème particulier est probablement de déterminer quels groupes à l'intérieur des fonctions publiques pourraient avoir eu intérêt à recueillir des informations pertinentes et de les contacter directement. Par une approche en boule de neige, le chercheur devrait pouvoir établir une liste des données gouvernementales sur le sujet qui l'intéresse. Les organismes statistiques — Bureau de la statistique du Québec, Statistique Canada — sont de bons points de départ. Le second problème a trait à la *confidentialité* entourant la diffusion d'une foule de données. Pensons ici aux données nominatives relatives à l'état de santé ou au revenu.

LA CONFIDENTIALITÉ

La *Loi sur l'assurance-maladie* stipule que tous les renseignements colligés dans le cadre du régime d'assurance-maladie sont confidentiels. La loi indique explicitement la nature des renseignements qui peuvent être diffusés et à qui ils peuvent l'être (bénéficiaire, professionnel, corporation, ordre professionnel, etc.).

---

6. Il existe suffisamment d'exceptions à cette règle pour que le chercheur conserve un scepticisme de bon aloi.

2.2. Les universités

Les universités et les universitaires constituent une autre bonne source de données secondaires. Certaines universités ont établi des dépôts de données — des lieux d'archivage — où les professeurs et les chercheurs peuvent entreposer leurs bases de données : cette approche favorise à la fois l'utilisateur éventuel qui n'a qu'un endroit à visiter pour connaître les données disponibles et le propriétaire des données initiales qui n'a plus à se préoccuper de distribuer ses données après leur dépôt.

Les bases de données universitaires n'ont souvent pas l'envergure des bases de données gouvernementales, par manque de ressources et de support légal. Par contre, comme elles ont été créées pour des fins de recherche et de publication, il est possible que les indicateurs utilisés soient plus sensibles aux problèmes de mesure. Leur raison d'être initiale fait aussi en sorte que l'on peut se baser sur la littérature existante pour déterminer ce que la discipline a déjà fait subir à ces données et quels types de questions n'ont pas encore été abordées.

Les données universitaires sont peu coûteuses et généralement accessibles sur support informatique. Elles constituent une source privilégiée pour le chercheur débutant.

2.3. Les services professionnels

Comme il y a une demande pour des données secondaires et qu'en économie de marché, à toute demande suffisante correspond une offre (peut-être imparfaite, mais existante), il existe un marché commercial des données secondaires. Le chercheur peut faire appel à des services professionnels — ni plus ni moins que des courtiers en information — de collecte et de mise en forme d'informations secondaires.

On peut relever deux types de fournisseurs. D'abord, il existe des compagnies qui reprennent des données déjà secondaires et qui les mettent en forme pour une utilisation particulière ou pour un accès plus facile. Par exemple, une firme de Vancouver reprend les données du recensement canadien, construit une base de donnée particulière et hautement performante, y ajoute un logiciel d'interrogation de base de données et il est destiné à quiconque veut produire un profil socio-démographique de zones géographiques ou chercher des zones qui correspondent à un profil particulier.

Un autre type de service professionnel de courtage de données secondaires utilise plutôt des données primaires (dans le sens qu'elles ont été recuellies par la firme elle-même) qu'elle rend accessibles à ses clients. Par exemple, on peut faire appel à des services d'analyse des médias pour connaître la réponse à une annonce particulière. Le service d'analyse effectue, de façon routinière, une lecture de l'environnement-média et peut extraire de sa base de données corporative les informations qui concernent l'événement qui intéresse ce client.

2.4. Les compagnies

Les compagnies privées produisent annuellement des masses de données pour informer leurs actionnaires. La compilation de ces données peut permettre des analyses secondaires intéressantes. Le prix de ces informations est plus élevé, cependant, puisqu'il revient à l'analyste d'établir la base de données, à moins qu'il ne passe par l'intermédiaire d'une maison de courtage d'information qui fait déjà peut-être cette compilation.

2.5. Les revues spécialisées

Les revues spécialisées (professionnelles ou industrielles) offrent des analyses documentées comportant des données qui peuvent être reprises par d'autres chercheurs. Les références contenues dans ces revues peuvent aussi servir de point de départ pour une recherche de données secondaires pertinentes.

3. L'évaluation des données secondaires

Stewart[7] propose un cadre d'évaluation des sources de données secondaires en six points. Nous le reprenons ici. Notez qu'il est parfois difficile d'apporter des réponses aux six questions posées; cette difficulté est un indicateur de la qualité de la source de données qui est considérée.

3.1. Quel était le but de la collecte primaire?

Il faut d'abord déterminer quels étaient les buts et objectifs poursuivis par la collecte de données primaires. Deux raisons expliquent cette nécessité. D'abord, les intentions originales veulent colorer les résultats

---

7. David W. Stewart, *op. cit.*, pp. 23-33.

obtenus lors de la collecte de données elle-même. Il vaut donc mieux connaître dès le départ les biais que peut renfermer une source de données particulière. En outre, une détermination précise des objectifs de la collecte primaire permettra une évaluation plus juste de la pertinence des données pour les fins poursuivies par l'analyse secondaire : plus rapprochées seront les finalités originales et secondaires, meilleures seront les chances que la seconde recherche utilise fructueusement les données existantes.

3.2. Qui était responsable de la collecte?

Le second critère d'évaluation des sources de données est l'identité du responsable (individuel ou institutionnel) de la collecte des informations. Cette préoccupation vise évidemment en partie les biais possibles des sources de données très directement engagées dans l'action et ayant un parti pris par rapport à l'objet de recherche. Mais d'autres dimensions de l'identité de la source de l'information sont également importantes : la compétence technique du responsable de la collecte des données peut être prise en considération dans l'analyse de la crédibilité des informations; les ressources ordinairement mises à la disposition de l'équipe de recherche ou de l'organisme de collecte de données constituent un autre critère significatif; la qualité reconnue du travail des responsables, ou leur réputation, est un autre aspect relié à l'identité de la source des données secondaires et qui peut jouer un rôle dans l'évaluation de ces données.

LA RÉGIE DE L'ASSURANCE-MALADIE DU QUÉBEC :
UN TIERS-PAYANT

Comme indiqué précédemment, la Régie de l'assurance-maladie du Québec a été créée en 1969. Elle est une corporation au sens du Code civil. En plus des pouvoirs que lui confère ce statut, la *Loi sur la Régie de l'assurance-maladie du Québec* lui en attribue d'autres plus spécifiques.

La Régie a pour fonction principale l'administration du régime d'assurance-maladie mis en place le 1er novembre 1970 par la *Loi sur l'assurance-maladie*. La Régie agit comme un tiers-payant : l'essentiel de sa tâche consiste à payer, sur réception d'une demande de paiement généralement, différents groupes de dispensateurs du domaine de la santé avec lesquels elle est liée dans le cadre des ententes ou des accords intervenus entre le gouvernement du Québec et ces groupes de professionnels. Les ententes fixent les dispositions relatives à la rémunération des professionnels et plus généralement le cadre normatif de l'exercice des professions de santé au regard du régime.

3.3. Quelle information a été recueillie?

Avant de s'attarder aux conclusions ultimes tirées par la source des données, sur quelles informations initiales les données secondaires sont-elles basées? En fait, quelles données primaires a-t-on effectivement réunies? Déterminer la nature des informations initiales, factuelles sur lesquelles sont basées les données secondaires est fondamental. On voudra ausi s'assurer de connaître les types de mesure utilisées et les indicateurs retenus par les agents chargés de la collecte des informations secondaires. Toutes ces informations sont nécessaires au jugement à porter sur la validité des données.

> Lorsque vous faites une demande de carte d'assurance-maladie à la Régie pour votre nouveau-né, les renseignements sur votre poupon sont inscrits par la Régie au *Fichier d'inscription des bénéficiaires*. La Régie possède également un Fichier d'inscription *pour les dispensateurs* (professionnels ou établissements). Lorsqu'une demande de paiement a été reçue et traitée à la Régie, l'information qu'elle contient est versée dans un fichier de type historique, le *fichier historique des bénéficiaires* (F.H.B.). Plusieurs autres fichiers sont formés en allant puiser une partie ou l'autre de l'information du FHB. C'est le cas pour : la *Banque des données des professionnels rémunérés à l'acte*, la *Mini-banque* (agrégation de la précédente), la *Banque de données — médicaments*, par pharmacie et le *Fichier historique orthèse-prothèse*. Il existe également des modes de rémunération autres que l'acte; ils sont traités différemment et, en bout de ligne, contribuent à d'autres réservoirs de données, tels que le *Fichier des professionnels à salaire et à la vacation* et le *Fichier des services de laboratoire*.

3.4. Quand l'information a-t-elle été recueillie?

Le temps a encore une fois ici un rôle central à jouer dans l'analyse. D'abord, le chercheur voudra préciser quand les données réelles ont été recueillies et à quelle période historique elles se rapportent. Pour certaines recherches, il sera essentiel de décrire le plus complètement possible le contexte socio-économique et politique au moment de la collecte pour bien fixer le contexte de l'interprétation des données. L'analyste aura également soin d'acquérir des données suffisamment récentes pour que les indicateurs retenus soient représentatifs de la période visée : il est inutile d'utiliser les taux de chômage de 1985 pour décrire la situation de l'économie aujourd'hui. Ce jugement s'applique à rebours : si l'analyste veut discuter de la situation économique de 1985, il s'assurera d'ajuster ses données secondaires en conséquence. Finalement, le passage du temps est aussi relié à l'évolution des normes sociales; si l'on suit l'état d'un concept — comme la disponibilité des équipements minima dans les logements — en utilisant les critères historiques — comme la présence d'eau courante, dans les années 50 — sans s'ajuster aux normes sociales, on risque l'anachronisme; aujourd'hui, l'absence d'eau courante est l'extrême exception, donc le critère ne signifie plus grand chose.

3.5. Comment a-t-on obtenu l'information?

Tous les aspects techniques de la collecte des données primaires seront aussi passés en revue. L'évaluation de la source passera par l'analyse des paramètres reliés à l'utilisation d'échantillons : la population (effective) à l'étude, la base échantillonnale, le mode de tirage, la taille de l'échantillon, les biais d'échantillonnage possibles, le taux de réponse, etc. On s'intéressera aussi aux procédures de terrain : la formation des assistants de recherche, les modes de validation et d'analyse de la fiabilité intercodeur, la période de collecte, le caractère obligatoire ou facultatif de la participation, etc. Les instruments de mesure retiendront ensuite l'attention : les questionnaires, les formulaires, les guides d'entrevue, etc. Finalement, le chercheur voudra documenter les traitements que les données ont déjà subis : les analyses d'erreurs cléricales, le traitement des valeurs manquantes, les procédures d'imputation de valeurs, les vérifications par posttests, etc. Tous ces éléments permettent de fixer le portrait réel de la collecte de données et de juger en conséquence de la valeur des informations.

> L'ASSISE DU SYSTÈME D'INFORMATION DE LA RÉGIE :
> LA DEMANDE DE PAIEMENT
>
> Pour la Régie, l'unité de base du système est le « service ». Par exemple, un service médical est défini par les quatre grandes composantes : l'ensemble des codes décrivant l'acte, le médecin, la personne ayant reçu le soin ou le service et les coordonnées spatio-temporelles (lieu, date).
>
> Lorsqu'un dispensateur (professionnel, établissement ou laboratoire) fournit à une personne admissible des biens ou services assurés, il fait parvenir sa réclamation à la Régie à l'aide de la demande de paiement. Cette demande représente le véhicule de transmission de l'information du dispensateur vers la Régie. La demande fournit généralement de l'information datée sur trois éléments fondamentaux : le dispensateur, l'acte posé et la personne admissible.
>
> Les demandes de paiement sont traitées par le système d'information de façon à créer un *enregistrement* unique pour chacun des services

payés. C'est donc dire que si plus d'un service apparaît sur une demande de paiement, il y aura pour cette demande autant d'enregistrements qu'il y a de services dispensés.

Certaines données sont alors ajoutées à l'enregistrement à partir d'informations contenues dans d'autres fichiers. Par exemple, en puisant l'information au Fichier d'inscription des dispensateurs, l'âge, le sexe, la spécialité et la région du professionnel viennent s'ajouter à son code d'identification. Les données sont ensuite mises en séquence.

QUELQUES VÉRIFICATIONS ESSENTIELLES EFFECTUÉES SUR LES DEMANDES DE PAIEMENT

Au moment du traitement de la demande de paiement, certaines vérifications sont effectuées en vue de s'assurer de la conformité du service avec la loi, les règlements ou les ententes desquelles relève le professionnel ayant dispensé le service. Ces vérifications portent sur plusieurs aspects.

1. L'*identité du bénéficiaire* : nom, adresse, date de naissance, sexe.

   Les informations sur le bénéficiaire apparaissant sur la demande de paiement sont comparées pour validation avec celles contenues dans le fichier d'inscription des bénéficiaires. (FIB). L'identité du bénéficiaire n'est validée de façon adéquate que depuis le début des années 80, soit près de dix ans après la mise en place de la Régie. Avant le 1er novembre 1979, la présentation de la carte d'assurance-maladie n'était pas obligatoire lors d'une consultation. Évidemment, la création et la mise à jour d'un fichier des personnes admissibles a été un défi de taille à une époque où l'informatique n'en était qu'à ses débuts.

2. L'*identité du professionnel* : nom, adresse, date de naissance, sexe, spécialité, mode de rémunération.

   Le numéro du professionnel qui apparaît sur la demande de paiement est validé grâce au fichier d'inscription des professionnels (FIP). Le FIP, tout comme le FIB, sert de valideur à la Régie et peut être également utilisé à des fins de recherche.

3. La *conformité du service fourni*.

   Par exemple, la population en général n'a droit qu'à une visite remboursée par la Régie par année chez l'optométriste. Cette vérification s'effectue au moyen du fichier historique des bénéficiaires (FHB).

4. *Dépassement des plafonds tarifaires* déterminés par entente.

   Certaines catégories de professionnels sont limitées dans les montants qu'ils peuvent recevoir de la Régie annuellement ou trimestriellement. Un montant maximum est ainsi fixé par les parties négociantes, montant qui varie selon le statut du professionnel (omnipraticien, radiologiste, etc.).

Toutes ces vérifications sont effectuées afin de valider les données primaires : le but de l'exercice est ici de déterminer le bien-fondé de la demande de paiement.

3.6. L'information est-elle corroborée par d'autres sources?

En dernier lieu, l'analyste cherchera à établir si d'autres sources d'informations traitant de la même question sont disponibles. Si tel est le cas, il pourra vérifier si les résultats obtenus grâce à sa source de données secondaires privilégiée sont corroborés par d'autres sources. Dans toute recherche sociale, l'utilisation de plusieurs sources de démonstration ou de preuve est plus convaincante que l'apport d'une seule. La découverte de résultats radicalement divergents devrait inciter le chercheur à approfondir son analyse des cinq premières questions d'évaluation posées dessus.

Une large part de ces questions peut trouver réponse dans une bonne documentation de la source de données secondaires. Malheureusement, cette documentation est le plus souvent très insuffisante, sinon inexistante. David[8] propose un cadre très complet de documentation des bases de données. Il suggère que tout analyste secondaire devrait pouvoir répondre aisément à six questions à partir de la documentation existante, les voici :

- L'utilisateur peut-il reproduire tous les résultats produits initialement par le propriétaire des données secondaires?

- L'utilisateur peut-il calculer les mêmes estimés que ceux publiés initialement?

- L'utilisateur peut-il comprendre le plan de recherche et le déroulement des travaux?

- L'utilisateur peut-il déterminer quelles vérifications ont été menées sur la consistance des données et quelles inconsistances

---

8. Martin DAVID, « The Science of Data Sharing : Documentation », dans Joan SIEBER, *Sharing Social Science Data*, Newbury Park, Beverly Hills, 1991, pp. 91-115, en particulier les pages 94 et 95. David propose en fait sept questions, mais deux d'entre elles peuvent être regroupées.

ont été détectées? L'utilisateur peut-il connaître les évaluations de la validité des données?

– L'utilisateur peut-il interpréter les données sans ambiguïté?

– L'utilisateur peut-il utiliser les données dans son environnement informatique?

Donc, six questions à poser pour déterminer la valeur d'une source de données secondaires. Qu'en est-il maintenant de l'utilisation de ces données?

4. Problèmes et sources d'erreur dans l'utilisation des données secondaires

À la section 1, nous avons mentionné quelques inconvénients de l'analyse secondaire. Revenons ici sur quelques problèmes et sources d'erreur dans l'utilisation des données secondaires. Comme l'analyse secondaire diffère à plusieurs égard de l'analyse primaire, nous nous concentrerons sur les problèmes qui n'ont pas été soulevés dans les autres chapitres de cet ouvrage. Plusieurs aspects relevés ici vise la comparabilité des données provenant de plusieurs sources ou d'une même source à travers le temps. Cette insistance met en évidence l'importance de l'utilisation de sources nombreuses en analyse secondaire : le fait de pouvoir accumuler des données à travers le temps et l'espace est l'un des grands avantages de l'analyse secondaire, mais c'est aussi une des grandes sources de problèmes.

4.1. L'opérationnalisation difficile des variables

Le problème, peut-être le plus pernicieux de l'utilisation des données existantes, est que le chercheur n'a pas de contrôle sur les indicateurs disponibles. Il doit se contenter des questions posées au questionnaire ou des champs utilisés dans les formulaires. Dans ce contexte, le chercheur sera tenté de relâcher ses normes de traduction des concepts en variables et en indicateurs (voir le chapitre 7 sur la mesure) et d'accepter des opérationnalisations de moindre qualité.

Il existe pourtant d'autres stratégies. Dans tous les cas, cependant, le chercheur devra faire montre de plus de *créativité* que lorsqu'il établit lui-même ses propres données primaires. La combinaison de plusieurs variables peuvent permettre de définir des typologies, par exemple. Il sera parfois nécessaire de faire une conversion double du langage conceptuel au langage des indicateurs, c'est-à-dire de développer un indicateur d'un second concept relié empiriquement au concept principal (qui intéresse l'analyse) plutôt que de mettre au point un indicateur direct du concept principal.

Souvent, *plusieurs éléments ou plusieurs variables* réunis dans une échelle additive (ou multiplicative) permettent de mieux représenter un concept en limitant les faiblesses individuelles de chacun des indicateurs. On emploiera alors des techniques numériques comme l'analyse factorielle, l'analyse alpha ou l'analyse des structures latentes pour construire un indicateur unique qui reflétera l'existence d'une dimension sous-jacente (voir chapitre 16 sur la mesure des attitudes). Quoique peut-être intimidantes au départ, ces techniques deviennent rapidement les meilleurs outils de l'analyste secondaire.

Dans tous les cas, cependant, l'analyste doit conserver un *sens critique* aiguisé par rapport à sa propre recherche. Il importe que l'analyste clarifie les indicateurs employés pour représenter chacun des concepts utilisés dans l'étude et qu'il effectue lui-même une autocritique des forces et faiblesses des indicateurs proposés. C'est à ce prix qu'il conservera sa crédibilité.

4.2. La comparabilité des données

De nombreux écueils attendent l'analyste qui utilise les données secondaires lorsqu'il s'aventurera dans le domaine de la comparaison de diverses sources et, dans une moindre mesure, dans l'analyse temporelle d'une même source. Le tableau 1 en relève quelques-uns.

La stratégie classique pour faire face à ces difficultés consiste à avoir recours au *plus petit dénominateur commun* des différentes sources utilisées. Le défaut de cette approche est évidemment de réduire la richesse des informations, mais le compromis vaut la peine d'être fait dans la mesure où les gains de la comparaison excèdent les pertes en richesse des données.

4.3. La comparabilité des échantillons

La plupart des sources secondaires sont basées sur des échantillons. Certaines constituent des décomptes des populations entières, comme le recensement du Canada ou les statistiques sur les actes médicaux au Québec, mais elles sont l'exception. Qui dit échantillon dit problèmes

TABLEAU 1
Problèmes de comparabilité des données

NOMBRE DE CATÉGORIES	D'une source de données à l'autre, le nombre de catégories de classification d'une variable peut varier. Par exemple, on utilise couramment des échelles à 4, 5, 7 ou 11 positions pour quantifier les attitudes; le niveau d'instruction peut être mesuré en années ou en diplôme reçu, etc.
ÉTIQUETAGE DES CATÉGORIES	L'étiquetage des catégories peut différer d'une source à l'autre. Pour décrire les types de partis politiques, on peut parler de partis de droite ou de gauche, conservateurs ou progressistes, socialistes ou libéraux, mais toutes ces étiquettes ne visent pas la même réalité.
CHEMINEMENTS	Les questionnaires, les formulaires, les entrevues ne suivent pas nécessairement des cheminements linéaires. Parfois, une réponse servira à déterminer les prochaines questions. Ces cheminements affectent les réponses fournies et peuvent différer d'une source à l'autre.
OPÉRA-TIONNALISATIONS	Pour mesurer le même concept, deux sources peuvent utiliser deux mesures différentes. Les compagnies de sondage ont chacune leur question d'intention de vote préférée et, en conséquence, leurs résultats ne sont pas tous comparables.
CONTEXTE ET SÉQUENCE	Le contexte et la séquence des questions dans une entrevue affectent les réponses. Ces différences de contexte doivent être analysées d'une source à l'autre.
VARIATION DES SIGNIFICATIONS	Des questions, des phrases ou des catégories peuvent être interprétés différemment à divers moments ou par des cultures différentes. Le concept de souveraineté ne représente pas la même réalité en 1980 et en 1991 au Québec.
FACTEURS CYCLIQUES	Dans la comparaison de sources de données, il faut prendre garde de confondre changement permanent et facteurs cycliques. Le taux de chômage présente des variations saisonnières très marquées. C'est pourquoi on a développé des facteurs de calcul qui éliminent la composante saisonnière de la série chronologique.

de définition des paramètres de conception du sous-ensemble de la population. On devra donc porter une attention particulière

- aux *définitions des populations* parce que les exclusions retenues peuvent varier d'une source à l'autre;

- aux *limites géographiques* des zones retenues pour fins d'échantillonnage puisque ces zones ont tendance à être redessinées avec le passage du temps (les circonscriptions électorales sont un cas patent);

- aux *bases échantillonnales* qui sont les listes utilisées pour effectuer le tirage, et qui peuvent varier des listes officielles aux opinions d'experts;

- aux *types d'échantillons* puisque certaines études utiliseront des échantillons stratifiés, d'autres des échantillons en grappes, certaines s'en tiendront à un échantillon simple, d'autres à des échantillons multi-phasiques, etc.;

- aux *procédures d'échantillonnage*, c'est-à-dire aux opérations pratiques de tirage de l'échantillon comme le sort réservé aux cas échantillonnés mais non rejoints, le type de randomisation des numéros de téléphone, etc.;

- aux *filtres utilisés* dans la confection de l'échantillon, comme l'exclusion de certains sujets pour les fins d'un sondage.

Pour résoudre les problèmes de comparabilité des échantillons, il existe de nombreuses solutions qui doivent être adaptées à chaque situation particulière. L'analyste peut introduire des *pondérations* dans la base de données pour rétablir (artificiellement) la comparabilité des sources[9]. Il peut aussi introduire les variables présentant des biais significatifs comme *contrôles statistiques* dans ses modèles prédictifs. Il peut comparer les différentes sources de données après les avoir ramenées au *plus petit dénominateur commun* qui caractérise toutes les bases de données (en éliminant, par exemple, les cas qui ne sont pas retenus dans une autre source[10]. L'analyste peut aussi ajuster le *traitement des erreurs-types*, qui sont toujours traitées de façon très optimistes par les logiciels statistiques existants, en réduisant, par pondération, le nombre de cas disponibles

---

9. L'analyste devra toutefois se rappeler que ces pondérations ne corrigent pas les différences au plan des erreurs-types d'une base de données à l'autre. Les pondérations ne rajustent que les distributions marginales des variables utilisées pour le calcul des poids; l'analyste émet ensuite l'*hypothèse* que ces rajustements améliorent la valeur descriptive des autres variables de la base de données.

10. Cette stratégie a le désavantage de diminuer le nombre de cas disponibles à l'analyse et de créer un groupe analytique possiblement artificiel.

pour l'analyse dans les bases de données utilisant les devis d'échantillonnage les plus faibles au plan de l'inférence statistique[11].

4.4. La comparabilité des contextes

Le contexte des études peut affecter grandement les résultats de l'analyse. Le défi de l'analyse secondaire comparative est de distinguer ce qui, parmi les différences de résultats, correspond à des différences réelles de dynamique sociale d'un contexte à l'autre et ce qui est relié aux études, à la mesure et aux méthodes.

Par exemple, des *changements dans la composition* sociodémographique d'une population peuvent faire croire que des modifications importantes au plan des attitudes dans ce groupe ont eu lieu. Il est possible que ces modifications ne soient en fait que des reflets du poids accru d'un sous-groupe. Cette situation peut être corrigée en contrôlant statistiquement les variations démographiques à travers le temps.

Les *périodes de mesure* peuvent différer d'une source à l'autre, l'une fournissant, par exemple, une mesure sur douze mois alors que l'autre porte sur une période de deux ans. Ce problème est classique dans la comparaison des données nationales de plusieurs pays. L'analyste peut tenter d'interpoler les changements à l'intérieur de la période la plus longue pour créer artificiellement des périodes de mesure comparables. Il peut aussi reporter les mesures sur des graphes et simplifier l'analyse puisque ses données ne lui fournissent pas d'assises solides pour une analyse plus sophistiquée. L'analyse graphique présente l'avantage de ne pas donner trop de signification à de petites différences.

Comme les contextes évoluent indépendamment des méthodes de mesure et des études, *les concepts changent* aussi au rythme des sociétés. Le concept de « coût de la vie » est communément représenté par l'indice des prix à la consommation; on utilise cette mesure comme base de calcul de l'évolution du coût de la vie dans le temps. Cependant, les habitudes de consommation changent avec le temps; le consommateur type évolue lui aussi : la famille de deux parents et deux enfants n'est peut-être pas le meilleur indicateur du coût réel de la vie dans la société actuelle[12]. Comme le concept évolue, la mesure doit suivre, avec des impacts importants sur la comparabilité de l'indice dans le temps.

---

11. Les échantillons présentant les effets de plan d'échantillonnage les plus significatifs sont les échantillons par grappe et les échantillons par quota (voir le chapitre sur l'échantillonnage).

12. Herbert JACOB, *Using Published Data : Errors and Remedies*, Beverly Hills, Sage Publications, 1984, page 24.

Les contextes de *collecte des données* peuvent aussi différer d'une source à l'autre. Les collectes par téléphone induisent des biais différents des collectes par entrevue en personne ou par auto-administration; les collectes volontaires diffèrent des collectes réglementaires; etc. À ces variations correspondent des biais variables de non-réponse, de sélection, de rappel des événements passés, etc. Malheureusement, il est difficile de contrôler systématiquement ces biais au niveau de l'analyse et de les isoler des effets dus aux tendances de temps ou aux différences dans l'espace.

Finalement, la *composition des équipes de recherche et des équipes d'interviewers* compte aussi parmi les éléments du contexte. Les habitudes ou les pratiques des équipes ou des compagnies de recherche varient et peuvent influer sur les résultats des collectes de données. De même, on a démontré depuis longtemps que les caractéristiques des interviewers influencent les réponses des sujets d'un sondage : les relations de pouvoir et les préjugés jouent un rôle important dans ces relations humaines, comme ailleurs. Or, les compositions des équipes d'interviewers ont changé au cours des années : on recrute aujourd'hui plus de femmes et plus de personnes d'âge mûr. Ces changements pourraient avoir un impact sur la comparabilité des études dans le temps. Ici encore, l'analyste est impuissant devant cet élan de choses, étant donné que les caractéristiques des interviewers ne sont pratiquement jamais consignées au dossier d'une entrevue. Dans la comparaison des données de différentes équipes de recherche, l'analyste pourrait toujours tenir compte des réputations et des différences systématiques rencontrées au cours d'une longue période.

4.5. L'insuffisance de la documentation

La dernière source de problèmes (mais non la moindre) dans l'utilisation des données secondaires est l'insuffisance de la documentation. Nous avons déjà mentionné que, lorsque le chercheur prend connaissance d'une base de données sans avoir participé à sa création, la documentation est tout ce qu'il a pour s'assurer qu'il interprète les informations correctement. Or, souvent, la documentation est inappropriée.

Plusieurs erreurs, parmi les plus courantes dans l'utilisation des données secondaires, sont reliées à ce problème. Les erreurs d'*identification des variables* sont probablement les plus évidentes : devant une série chiffrée, l'analyste peut faire une erreur sur l'identité des données (s'agit-il de données annuelles, *per capita*, etc.). Les *traitements subis par les variables* sont aussi sources de confusion; par exemple, les valeurs aberrantes ont-elles été exclues des distributions? Souvent, les analystes ne sauront que penser des manipulations effectuées sur les *valeurs manquantes* : lorsqu'une information n'était pas disponible pour un dossier, a-t-on laissé le champ en blanc, a-t-on attribué un code particulier, a-t-on imputé une valeur valide? Dans le cas de documentations vraiment lacunaires, il est possible que certaines *catégorisations* soient inconnues : on pourrait trouver un champ contenant des données, mais pour lequel la signification des codes n'a pas été documentée. Finalement, on a déjà rencontré des cas où les données étaient simplement *mal étiquetées* : la documentation pouvait signaler que tel groupe était représenté par un certain code alors que la réalité était autre.

Nous n'avons pas fait une liste exhaustive des difficultés et écueils rencontrés en analyse secondaire. Le lecteur aurait pu croire que les limites de ce type d'analyse en amenuisent l'intérêt. Il n'en est rien. L'analyse de données primaires n'est pas sans difficulté non plus; les faiblesses de l'analyse secondaire sont simplement différentes, sans être plus insurmontables.

5. Questions éthiques

L'utilisation de données secondaires soulève des questions éthiques particulières qui valent la peine d'être traitées en marge du chapitre 9 qui traite plus précisément des questions morales. Weil et Hollander[13] proposent de catégoriser les questions éthiques sous les sept en-têtes reprises ici. Pour sa part, Seiber[14] lance plusieurs questions très pertinentes que nous avons placées dans cette classification tout en en ajoutant de notre cru.

Les questions éthiques, dans le contexte de l'analyse secondaire, se posent tant du point de vue du propriétaire des données (qui, lui, les a recueillies en tant que données primaires) que de celui de l'utilisateur potentiel. Le tableau 2 résume les grandes questions qui se posent à ce type d'analyse.

Même si une certaine systématisation et une certaine codification de la pratique commence à se faire jour[15], il reste encore beaucoup à

---

13. Vivian WEIL et Rachelle HOLLANDER, « Normative Issues in Data Sharing » dans Joan E. Seiber, *op. cit.*, pp. 151-156.
14. Joan E. SEIBER, « Social Scientists' Concerns About Sharing Data » dans *op. cit.*, pp. 141-150.
15. Voir par exemple S. E. FIENBERG, M. E. MARTIN et M. L. STRAF, *Sharing Research Data*, Washington, District of Columbia, National Academy Press, 1985.

TABLEAU 2

Questions éthiques soulevées par l'utilisation des données secondaires

Dimension	Point de vue du propriétaire	Point de vue de l'utilisateur potentiel
Qualité	Comment soupeser les critères de qualité et de disponibilité lorsque les données ne sont pas sans faute?	Que faire lorsque des données publiques, couramment utilisées et obtenues en confiance se révèlent de piètre qualité?
Accès	Comment équilibrer l'accès public aux données avec le juste retour sur investissement pour le premier collecteur?	L'utilisateur peut-il donner accès aux données à son tour?
Droits de propriété	Le collecteur peut-il refuser la publication de ses données en clamant sa propriété dans un contexte où la transparence des démonstrations est la base de l'accumulation des connaissances?	Quelle forme de reconnaissance publique doit-on au collecteur des informations?
Entretien/ support	Quelles responsabilités le propriétaire a-t-il de documenter, entretenir et supporter sa base de données?	Doit-on utiliser des données insuffisamment documentées au risque d'utiliser des données erronées ou de ne pas vérifier des théories valables?
Confidentialité	Combien d'information peut-on transmettre en confiance sans briser le lien de confidentialité?	Quelles normes de confidentialité doit-on utiliser lorsqu'on traite plusieurs sources d'information parallèlement?
Consentement éclairé	Comment peut-on obtenir le consentement éclairé des sujets si on ne connaît pas les utilisations futures des données?	Où se trouve la limite des utilisations secondaires acceptables des données?
Utilisation	Peut-on refuser l'accès aux données parce qu'elles n'ont pas été recueillies dans le but poursuivi par l'analyse secondaire?	Y a-t-il une limite à la variété des utilisations permises?

faire avant que ces questions ne trouvent une réponse satisfaisante. En attendant, les chercheurs concernés par le don ou l'utilisation de données secondaires devront tenir compte de ces questions morales.

Conclusion

Les données secondaires présentent, à plusieurs points de vue, un très grand intérêt pour les chercheurs en sciences sociales. Elles sont « écologiques » puisqu'elles réutilisent les ressources informationnelles existantes tout en minimisant l'apport requis de nouvelles ressources pour produire une nouvelle connaissance; elles sont dans le droit fil de l'accumulation de la connaissance par la remise en question des démonstrations passées; elles facilitent l'analyse de plusieurs situations comparables et la prise en considération du passage du temps dans les dynamiques analysées; etc.

Par contre, comme nous l'avons vu tout au cours de ce chapitre, l'utilisation de données secondaires soulève plusieurs problèmes sérieux d'analyse. Nous voudrions clore cette discussion en présentant quatre pistes de réflexion face à l'avenir réservé aux données secondaires.

D'abord, nous croyons que, compte tenu des restrictions financières de plus en plus contraignantes imposées aux collectes de données, les chercheurs qui recueilleront les données primaires (qui deviendront éventuellement des données secondaires) seront tenus de *considérer*, dans leur planification de collecte de données, *les besoins futurs des analyses secondaires* les plus prévisibles. Il n'est évidemment pas facile de prévoir les analyses qui seront menées et les besoins qu'elles présenteront; néanmoins, plus on publiera sur les besoins des analyses secondaires et sur les écueils rencontrés, plus les analystes primaires seront à même d'agir en conséquence.

Avec le temps, par ailleurs, il deviendra de plus en plus rare que des données secondaires ne soient pas disponibles *sur support informatique*. Le support papier est encore populaire aujourd'hui (qu'on pense aux dossiers des participants aux programmes gouvernementaux, par exemple) et pose de graves problèmes à l'analyste secondaire. Mais si la tendance se poursuit, cela devrait relever de l'histoire ancienne sous peu. Le prochain problème à régler deviendra la conversion des données informatiques d'un format à un autre pour s'adapter aux besoins de l'analyse, mais il s'agit d'un problème mineur en comparaison de la conversion entre le papier et le format électronique.

Les modèles contextuels deviendront de plus en plus populaires, tant pour l'analyse primaire que pour l'analyse secondaire. Les *modèles contextuels* retiennent comme explications des variables soumises à l'analyse, en plus des caractéristiques des individus et de leur situation particulière, certains états de l'environnement dans lequel ces individus baignent[16]. Souvent, ces variables contextuelles proviennent de sources secondaires, d'où le lien avec la préoccupation de ce chapitre. L'utilisation accrue des modèles contextuels augmentera le nombre de chercheurs redevables de sources secondaires et amènera donc les problèmes d'utilisation de ces données au premier plan des préoccupations des chercheurs.

Finalement, les données secondaires prendront peut-être un extraordinaire essor lorsque les *techniques de fusion des données* seront davantage au point. La fusion des données est une technique informatique qui permet le mariage des micro-données provenant de deux ou plusieurs bases de données, sans que les banques d'information ne contiennent d'identificateur commun des dossiers. Les Allemands et les Français sont plus avancés que les Nord-Américains dans ce domaine, mais la fusion des données commence à intéresser les chercheurs canadiens[17]. Les résultats obtenus récemment sont des plus prometteurs; lorsque la technique sera au point, il sera possible à un chercheur de combiner deux ou plusieurs bases de données traitant de sujets différents et d'analyser les dynamiques reliant ces deux ensembles de concepts sans avoir à engager des frais dans une nouvelle collecte de données. On pourra alors vérifier des théories plus complexes que celles utilisées actuellement et profiter pleinement des données existantes par leur judicieux recyclage.

Bibliographie annotée

JACOB, Herbert, *Using Published Data: Errors and Remedies*, Beverly Hills, Sage Publications, 1984, 63 pages.

Ce livre traite principalement des problèmes rencontrés en analyse secondaire : les problèmes d'échantillonnage, les erreurs de mesure et les questions de fiabilité des informations. Dans chaque cas, il présente une série de problèmes pratiques et, pour chacun, il explique clairement la nature du problème et les solutions possibles. La lecture de ce petit livre fournira au chercheur un outillage essentiel pour mener ses analyses secondaires de façon critique.

---

16. Hubert M. BLALOCK, « Contextual-Effects Models: Theoretical and Methodological Issues », dans *Annual Review of Sociology*, vol. 10, 1984, pp. 353-372.
17. Hugh F. DOW, « Data Fusion : The Canadian Experiment », dans *Canadian Journal of Marketing Research*, vol. 8, 1989, pp. 57-63.

KIECOLT, K. Jill et Laura E. NATHAN, *Secondary Analysis of Survey Data*, Newbury Park, Sage Publications, 1985, 87 pages.

Après une brève discussion des avantages et inconvénients de l'utilisation des données secondaires, cet ouvrage traite longuement (si on considère la taille du livre) des sources de telles données. Malheureusement, la présentation est essentiellement axée sur la situation américaine et n'est donc que partiellement transposable à notre contexte. Malgré tout, certaines suggestions d'avenues de recherche pourraient être fructueuses au Québec. Dans la dernière section, les auteurs s'attardent à différentes stratégies de recherche qui s'offrent à l'analyste secondaire.

SIEBER, Joan E., *Sharing Social Science Data: Advantages and Challenges*, Newbury Park, Sage Publications, 1991, 168 pages.

Ce volume est une collection d'articles extrêmement intéressants sur l'échange de données et donc sur l'utilisation des données secondaires. Une introduction générale établit les enjeux principaux reliés à l'analyse secondaire et à l'obtention de données secondaires. Des huit autres chapitres, trois présentent des expériences pratiques de partage de données dans les domaines de la démographie, de l'anthropologie et de la criminologie. Deux autres chapitres traitent de la question complexe de la documentation des données secondaires, condition *sine qua non* de l'utilisation intelligente de ces bases de données. Un autre chapitre décrit l'utilité des données secondaires dans l'enseignement de la méthodologie de la recherche et de la statistique alors que les deux derniers chapitres s'arrêtent aux questions éthiques reliées à l'utilisation des données secondaires. Bien qu'un peu décousu, ce volume comprend une série d'articles des plus utiles pour la compréhension des conditions pratiques d'utilisation des données secondaires.

STEWART, David W., *Secondary Research: Information Sources and Methods*, Newbury Park, Sage Publications, 1984, 133 pages.

Conçu comme un traité sur l'utilisation des données secondaires, cet ouvrage n'atteint pas cet objectif. Il fournit cependant quantité d'informations utiles à l'analyste secondaire. Après un survol des avantages et inconvénients des données secondaires par rapport aux données primaires, l'auteur propose un cadre d'analyse des sources de données secondaires qui permet de porter un jugement sur l'utilité, la validité et la fiabilité de ces données. Suit une présentation des sources américaines de données existantes; comme mentionné ci-dessus, ce type de présentation est de peu d'utilité hors des frontières nationales. Par contre, deux chapitres, portant respectivement sur les données commerciales et les données disponibles par réseau informatique, innovent et éclairent un domaine généralement laissé dans l'ombre. Un bref chapitre de clôture introduit le thème de l'intégration des résultats de l'analyse secondaire de plusieurs sources et l'adjonction de données primaires.

Chapitre 19

La simulation sur ordinateur

Réjean LANDRY

*Les langages formels fournissent une carte qui
est utile de la même façon que ces cartes
routières qui me permirent de me retrouver en
Indiana. Ce n'est pas peu si les langages
formels sont utilisés à bon escient.*

Judith A. GILLESPIE

Introduction

*La simulation est une technique numérique conçue pour réaliser des expériences
sur ordinateur à l'aide de modèles décrivant de façon séquentielle le comportement
de systèmes réels.* La simulation d'un modèle sur ordinateur met en jeu
trois éléments — un système réel, un modèle et un ordinateur — reliés
deux à deux dans des relations de modélisation et de simulation[1]. La
relation de modélisation concerne les relations entre les systèmes réels
et les modèles tandis que la simulation traite des relations entre les
modèles et l'ordinateur (figure 1).

FIGURE 1
Éléments et relations du travail de modélisation et de simulation

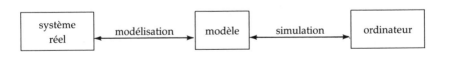

---

1. L'idée de ces deux relations est empruntée de B.P. ZEIGLER, *Theory of Modelling and
Simulation*, New York, Wiley-Interscience Publications, 1976, p. 3.

1. Les éléments de modélisation

1.1. Le système réel

Un système réel est cette partie de la réalité qu'on désire étudier. Il peut s'agir du transport en commun dans une ville, de l'état de santé d'une population, du niveau de délinquance d'une sous-population, de l'état de l'économie ou bien encore du pourcentage de vote recueilli par divers partis politiques.

La première tâche du chercheur consiste à établir la portion de la réalité à étudier et à l'isoler de façon à pouvoir faire des observations et prendre des mesures. La façon la plus simple de concevoir un système réel est de l'assimiler à une boîte dans laquelle entre de l'énergie et des informations, qui y sont transformées et en ressortent sous un état différent. Les entrées correspondent à des *variables d'entrée* (ou *variables d'input*), les sorties à des *variables de sortie* (ou *variables d'output*) et la boîte aux *activités de transformation* des variables d'entrée en variables de sortie (figure 2).

FIGURE 2
Éléments fondamentaux d'un système réel

variables d'entrée

activités de transformation

variables de sortie

Les variables peuvent être observables ou non observables. Elles sont dites *observables* lorsqu'il est possible de prendre une lecture quantitative (avec un instrument de mesure tel que le mètre, par exemple) ou qualitative (avec un instrument d'observation tel que le microscope, par exemple, qui ne permet pas nécessairement de faire des observations de type numérique). D'un autre côté, les variables *non observables* correspondent à ces variables qui ne peuvent pas être mesurées directement parce qu'on ne dispose pas d'instruments de mesure (figure 3). Les variables non observables ne doivent pas être passées sous silence pour la seule raison qu'elles ne sont pas mesurables, car elles peuvent jouer un rôle essentiel dans l'évolution d'un système réel.

FIGURE 3
Représentation des variables observables et des variables
non observables d'un système réel

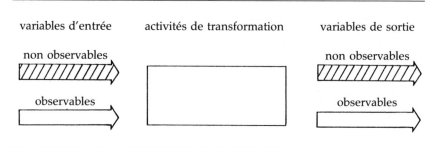

L'évolution d'un système réel peut être représentée sur un graphique en plaçant les variables d'entrée ou les variables de sortie sur
l'ordonnée et le temps sur l'abcisse. À titre d'exemple, la variable de
sortie peut représenter le nombre de délinquants d'une sous-population
mesuré chaque année, ou bien encore le taux de chômage mesuré chaque
mois (figure 4).

FIGURE 4
Graphique représentant l'évolution d'un système réel

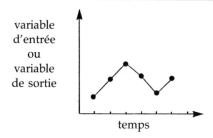

1.2. Le modèle

Les systèmes réels auxquels s'intéressent les spécialistes des sciences
sociales comportent tellement d'éléments, des interactions et des combinaisons si complexes qu'ils ne peuvent être simulés directement sur
ordinateur. Aussi, est-on amené à leur substituer des *répliques simplifiées*
qu'on appelle des *modèles*. Le recours à des modèles ne constitue pas

une perspective propre à la science en général ou aux sciences sociales en particulier puisque chacune de nos décisions s'appuie sur l'utilisation de « modèles » en ce sens que l'image mentale qu'on a du monde environnant, que ce soit du gouvernement, des problèmes sociaux ou du hockey, correspond à un modèle. Selon Forrester,

> L'image mentale que chacun se fait du monde est un modèle. Personne ne porte une famille, une compagnie, une ville, un gouvernement ou un pays dans sa tête. On conserve plutôt quelques concepts ou relations qui servent à représenter le système réel. Une image mentale est un modèle. Toutes nos décisions sont basées sur des modèles. Toutes nos lois sont votées sur la base de modèles. Toutes les décisions de gestion sont prises grâce à des modèles. La question n'est pas de choisir entre utiliser ou non des modèles. C'est plutôt de choisir entre différents modèles.[2].

Mais alors quelle signification faut-il attribuer au terme de modèle? Une recension de ces définitions du terme « modèle » permet de dégager trois principaux points de convergence :

1) la *représentation* : un modèle est une représentation;

2) la *ressemblance* : un modèle doit ressembler à la réalité représentée;

3) la *simplification* : un modèle constitue une simplification de la réalité représentée.

Aussi dira-t-on qu'*un modèle est une représentation simplifiée d'un système réel*.

1.3. Les types de modèles

Il existe plusieurs formes de représentation des systèmes réels. Nous connaissons bien les modèles physiques qui représentent des objets. Les trains électriques miniatures, les autos miniatures et les poupées qui rient, pleurent ou font autre chose correspondent à des modèles de systèmes réels. Une carte routière constitue une représentation schématique de la localisation des routes sur un territoire. Une équation mathématique peut servir à représenter le comportement d'un électeur, d'un fonctionnaire, d'un délinquant, etc. Les modèles formels sont caractérisés par leur mode d'expression. Greenberger *et alii* distinguent quatre

---

2. J.W. FORRESTER, *World Dynamics*, Cambridge (Mass.), Wright Allen Press, 1971, p. 14.

formes d'expression : schématique, physique, symbolique et de *role-playing*[3].

FIGURE 5
Formes d'expression des modèles

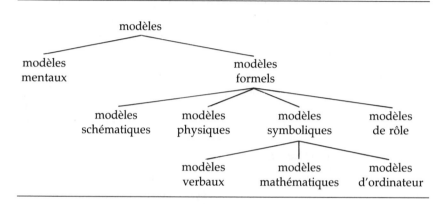

Les *modèles mentaux* sont des représentations informelles du système réel. Ils ne sont pas exprimés sous la forme d'un langage formel. Les modèles mentaux sont mal définis, leurs hypothèses sont implicites et ils sont difficiles à communiquer parce que « la nature mal définie et nébuleuse du processus mental intuitif est difficilement transcriptible sous forme de mots[4] ». De plus, les modèles mentaux ne peuvent pas être manipulés de façon efficace parce que l'esprit humain est incapable de considérer simultanément tous les aspects d'un système réel comprenant un grand nombre d'éléments. Les déficiences des modèles mentaux peuvent être atténuées en recourant à des modèles formels.

Les *modèles schématiques* représentent le système réel à l'aide de dessins, de points, de lignes, de courbes ou de graphiques[5]. L'enfant qui revient de l'école avec un dessin de sa mère a produit un modèle schématique. Un plan de maison et une carte routière constituent d'autres exemples de modèles schématiques. Ces schémas se trouvent bien souvent à la source de l'inspiration d'autres formes de modèles.

3. La figure 5 est une adaptation des figures 3.1 et 3.3 de M. GREENBERGER, M.A. CRENSON et B.L. CRISSEY, *Models in the Policy Process, Public Decision Making in the Computer Era*, New York, Russel Sage Foundation, 1976, pp. 50 et 52.
4. J.W. FORRESTER, *Principes des systèmes*, Lyon, Presses universitaires de Lyon, 1980, p. 3-3.
5. Voir GREENBERGER *et al.*, *op. cit.*, pp. 49-50.

Les *modèles physiques* représentent certains aspects des systèmes réels au moyen d'analogies physiques. Les modèles physiques sont construits en utilisant des matériaux tangibles. La maquette de l'architecte Duberger représentant le centre-ville de Québec vers 1820 correspond à un modèle physique. Les modèles physiques ne sont généralement pas trop compliqués en plus d'être faciles à manipuler. Par contre, comme le soulignent Kornbluh et Little[6], ils sont inappropriés pour représenter les processus d'information. En outre, ces modèles tendent à être relativement peu flexibles parce qu'ils sont généralement conçus pour accomplir une étude particulière.

Les lacunes des modèles mentaux et des modèles physiques sont moins susceptibles de se reproduire dans les *modèles symboliques*. Ceux-ci recourent à des symboles pour représenter les éléments constitutifs du système réel. Suivant le type de symbole utilisé, les modèles peuvent être classés comme étant des modèles verbaux, des modèles mathématiques ou des modèles informatiques.

Les *modèles verbaux* représentent les systèmes réels au moyen de narrations écrites ou orales utilisant les symboles du français, de l'anglais ou d'une autre langue. La plus grande partie des ouvrages et des articles de sciences sociales correspond à des modèles verbaux. Par ailleurs, les modèles verbaux constituent une arme efficace pour qui veut influencer les modèles mentaux des citoyens et des gouvernants.

Les *modèles mathématiques* représentent les systèmes réels en s'appuyant sur des équations mathématiques. Ils sont plus *précis* que les modèles verbaux parce qu'il y a peu de place à l'ambiguïté dans la signification de leurs symboles. Ils sont également plus *concis* car ils requièrent moins de symboles pour représenter les éléments des systèmes réels. Enfin, ils sont plus *faciles à manipuler*, une fois comprise la logique des procédures mathématiques. En dépit de ces avantages, le recours aux représentations mathématiques est limité par le degré trop restreint de maîtrise de la symbolique mathématique et par le pouvoir évocateur supérieur des modèles verbaux.

Les *modèles informatiques* représentent les systèmes réels en recourant aux symboles des langages informatiques. Un modèle informatique décrit un ensemble d'instructions données à l'ordinateur et représentant une séquence d'opération typique du système réel. Les modèles de simulation dont on fera état plus loin correspondent à des

---

6. M. KORNBLUH et D. LITTLE, « The Nature of a Computer Simulation Model », dans *Technological Forecasting and Social Change*, vol. IX, 1976, p. 9.

modèles informatiques plutôt qu'à des modèles verbaux ou à des modèles mathématiques.

Comme leur nom l'indique, les *modèles de rôles* (*role playing* ou *gaming*) représentent les systèmes réels en attribuant des rôles à des personnes. Les modèles de rôles sont surtout utilisés pour des fins d'enseignement et d'entraînement[7]. Comme ils comportent les mêmes inconvénients que les modèles verbaux, on a tenté de leur adjoindre des modèles informatiques tant du côté des jeux d'entreprises que des jeux militaires. Un enfant qui joue au père ou à la mère en imitant un vrai père ou une véritable mère construit un modèle de rôle.

1.4. Les étapes de la construction d'un modèle

La boîte à outils du constructeur de modèles comprend de la *théorie*, des *données* et de la *méthodologie*[8]. La nécessité de valider un modèle suppose la recherche d'un équilibre dans l'utilisation de ces trois types de matériaux. Par définition, un modèle constitue une médiation entre chacun de ces trois éléments pris deux à deux : une médiation entre un champ théorique et un champ empirique; entre un champ empirique et un champ méthodologique; et entre un champ théorique et un champ méthodologique (figure 6). Certains types de théories exigent moins de données empiriques que d'autres; l'absence de données empiriques peut empêcher l'utilisation de certaines méthodologies; et certaines méthodologies peuvent rendre difficile ou impossible l'expression de certaines théories. Un modèle sans champ théorique ne proposerait donc pas de principe explicatif tandis qu'un modèle sans champ empirique ne peut être validé par des expériences concrètes. Un modèle sans champ méthodologique serait un modèle qui ne présenterait pas explicitement ses modes d'appréhension du système réel et les stratégies de vérification qu'il utilise.

---

7. Pour un exposé théorique sur les modèles de « gaming », consulter M. SHULIK, *Games for Society, Business and War, Towards a Theory of Gaming*, New York, Elsevier, 1975. On peut aussi consulter avec intérêt la revue *Simulation and Games*, publiée par Sage Publications, Beverly Hills, Californie.
8. Pour un exposé plus détaillé sur cette question, consulter GREENBERGER *et al.*, *op. cit.*, pp. 63-76; B. WALLISER, *Systèmes et modèles. Introduction critique à l'analyse des systèmes*, Paris, Seuil, 1977, pp. 153-161; R.A. HANNEMAN, *Computer Assisted Theory Building. Modeling Dynamic Social Systems*, Newbury Park (Ca), 1988, pp. 35-51 et J.A.M. VENNIX *et al.*, « A Structured Approach to Knowledge Elicitation in Conceptual Model Building », *System Dynamics Review*, vol. 6, n° 2, 1990, pp. 194-208.

FIGURE 6
Structure des modèles

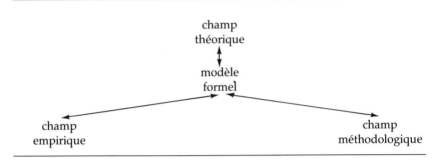

Il existe peu d'écrits sur la théorie et la méthode d'élaboration des modèles. Les articles et les livres scientifiques nous livrent habituellement une science toute faite, un produit fini. Les travaux des scientifiques insistent sur les règles formelles et sur la façon de parler des observations plutôt que sur la façon de créer les modèles qui ont permis de faire les observations. En ce sens la modélisation demeure un art dont seuls les artistes maîtrisent bien les règles. Néanmoins, nous proposons ici d'utiliser une démarche en cinq étapes[9].

Première étape : définir le problème

La première étape consiste à relever un problème et à le définir de façon claire en le situant dans son contexte, tout en indiquant ses principaux symptômes. Une façon simple de définir un problème est de le représenter sur un graphique comme celui de la figure 4.

> Une étude des problèmes urbains, par exemple, peut couvrir un très large répertoire d'aspects différents; mais, si nous décidons d'étudier le développement industriel et commercial, une représentation graphique comme celle de la figure 7 nous incite à concentrer nos efforts sur certains de ces aspects. Nous sommes alors amenés à déterminer

---

9. Concernant les étapes de la démarche de modélisation, on peut lire avec intérêt C.A. LAVE et J.G. MARCH, *An Introduction to Models in the Social Science*, New York, Harper and Row, 1975; H.M. BLALOCK Jr., « The Formalization of a Sociological Theory » dans J.C. MCKINNEY et E.A. TIRIAKIAN, *Theoretical Sociology; Perspectives and Developments*, New York, Appleton Century Crafts, 1970, p. 272-300; B. WALLISER, *op. cit.*, pp. 156-157; L. FREESE et J. SELL, « Constructing Axiomatic Theories in Sociology » dans L. FREESE (dir.), *Theoretical Methods in Sociology : Seven Essays*, Pittsburgh (Pa.), The University of Pittsburgh Press, 1980, pp. 263-368.

les variables qui influencent la croissance du nombre des établissements industriels et commerciaux. Le processus de définition du problème nous conduit à représenter sur d'autres graphiques l'évolution dynamique de variables telles que le taux d'occupation du sol et la croissance de la population.

L'horizon temporel, c'est-à-dire la période de temps pour laquelle le problème est décrit, joue un rôle important parce qu'il sert à caractériser le problème étudié. Dans cet exemple du nombre d'établissements industriels et commerciaux, un horizon temporel trop court permet d'observer, soit une période de croissance rapide (1800 à 1950), soit une période de ralentissement de la croissance (1950-1980), soit une période de décroissance (1980-2000), tandis qu'un horizon temporel plus long permet d'observer le cycle complet des phénomènes de croissance (figure suivante).

Croissance des établissements d'affaires d'une ville fictive

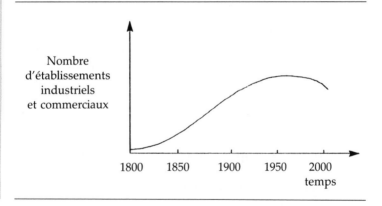

Le dernier élément de cette première étape de modélisation concerne la détermination du but du modèle. Celui-ci peut varier entre deux extrêmes dont l'un renvoie à l'amélioration de la compréhension d'un problème et l'autre à la formulation de recommandations de politiques visant à modifier le fonctionnement du système réel.

Deuxième étape : théoriser

La deuxième étape de la construction d'un modèle consiste à lire les textes théoriques qui portent sur les problèmes du système réel en dressant un inventaire des variables les plus importantes et des hypothèses qui les associent. Cette étape serait rapidement achevée si les théories des sciences sociales correspondaient à des ensembles de propositions reliées déductivement. Elle est rendue plus ardue parce qu'en pratique les théories constituent des ensembles de propositions qui ne sont pas déductivement reliées et que ces propositions ne constituent pas des lois ou généralisations. Les théories des sciences sociales correspondent habituellement à des hypothèses présentées de façon diffuse et souvent implicite.

> Ainsi, dans le cas du problème du développement des établissements industriels et commerciaux des centres urbains, la lecture des textes théoriques pourrait nous apprendre ceci :
>
>> Les compagnies prolifèrent parce qu'elles stimulent la création de nouvelles compagnies si les deux ressources nécessaires — les ressources et les marchés — coexistent. [...] Toute compagnie constitue un marché pour plusieurs autres types de compagnies. De plus, les salaires versés élargissent les marchés du logement, de l'ameublement, de l'épicerie, des automobiles, de l'immeuble, des restaurants, et de tout autre domaine de dépense privée.
>>
>> Les compagnies s'installeront près des sources de fournitures, ce qui fait que les compagnies attirent d'autres compagnies... Donc les entreprises existantes tendent à situer leurs sites de production près des autres entreprises[10].

Troisième étape : élaborer un diagramme causal

La troisième étape du processus de modélisation consiste à utiliser les informations recueillies lors des étapes précédentes pour élaborer un diagramme causal représentant les variables importantes et les relations qu'elles entretiennent.

> Dans l'exemple d'un système urbain, l'analyste doit prendre une décision concernant la façon de mesurer et d'exprimer la quantité de l'activité industrielle et commerciale. Le nombre d'établissements ne représente pas très bien le volume de cette activité puisque certains établissements sont gigantesques alors que d'autres sont minuscules. D'autre part, le volume du chiffre d'affaires est difficile à relier à des variables, telles que l'emploi, l'utilisation du sol et les

---

10. L.E. ALFELD et A.K. GRAHAM, *Introduction to Urban Dynamics*, Cambridge (Mass.), Wright Allen Press, 1976, p. 9. À noter que l'exemple des problèmes urbains est tiré de ce livre.

taxes municipales, qui jouent un rôle important dans la gestion municipale. Considérée sous l'angle de la planification urbaine, la quantité d'espace occupé par les établissements industriels et commerciaux offre de meilleures possibilités pour établir des relations avec d'autres variables propres au système urbain.

La croissance d'une économie urbaine pourrait donc être décrite en référence à la construction d'établissements industriels et commerciaux. Selon la description des étapes précédentes, on a supposé que le taux de construction de nouveaux établissements est proportionnel au nombre d'établissements déjà existants. Une augmentation du nombre des établissements industriels et commerciaux (l'espace occupé) engendre une augmentation du taux de construction et, en retour, une augmentation du taux de construction produit une nouvelle augmentation du nombre d'établissements.

Les relations entre ces deux variables correspondent à une *boucle de rétroaction* (figure 7) : une flèche indique la direction d'une cause vers un effet alors que le signe indique la polarité de l'effet. Le signe « + » indique qu'un changement dans une cause produit un changement dans la même direction du côté de l'effet. Par contre, la relation entre une cause et un effet est négative si un changement du côté de la cause produit un changement dans la direction opposée du côté de l'effet[11].

FIGURE 7
**Diagramme causal de la croissance des établissements
industriels et commerciaux**

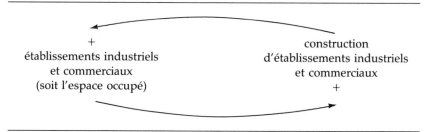

+
établissements industriels
et commerciaux
(soit l'espace occupé)

construction
d'établissements industriels
et commerciaux
+

11. Les trois premiers chapitres de l'ouvrage de M.R. GOODMAN, *Study Notes in System Dynamics*, (Cambridge, Mass., Wright Allen Press, 1974) sont consacrés à la façon de représenter des diagrammes en forme de boucles de rétroaction. R.G. COYLE présente un autre point de vue sur cette question au chapitre 3 de son ouvrage intitulé *Management System Dynamics* (New York, John Wiley and Sons, 1977). R. KELOHARJU (*Relativity Dynamics*, Helsinki, Helsinki School of Economics, Working Paper F-33, juin 1983) est entièrement organisé en fonction de la représentation de boucles de rétroaction.

Quatrième étape : choisir la méthodologie

La quatrième étape porte sur le choix d'une méthodologie de modélisation. Les méthodologies fournissent des outils et proposent des procédures pour transformer le modèle causal de la troisième étape en un modèle mathématique ou un modèle informatique. Le choix d'une méthodologie influence grandement la façon de représenter le système réel. Une méthodologie qui tient difficilement compte de phénomènes non linéaires peut inciter ses utilisateurs à exclure les aspects non linéaires du système réel. De même, une méthodologie qui s'appuie sur des flux déterministes peut amener à laisser de côté les aspects probabilistes d'un système réel.

Les disciplines tendent à forger leurs méthodologies spécifiques à force de répétition et de spécialisation. C'est le cas de l'économique qui a développé la méthodologie de l'économétrie et des langages informatiques particuliers tels que TROLL. Les spécialistes des sciences de l'administration ont développé la méthodologie de la recherche opérationnelle et ont créé des langages informatiques tels que GPSS. La dynamique des systèmes, qui constitue une méthodologie développée à partir de la théorie des mécanismes asservis et de l'administration, fournit un ensemble de procédures de modélisation et un langage informatique, le langage DYNAMO, qui sont maintenant utilisés pour modéliser et simuler un très large répertoire de problèmes.

Cinquième étape : confronter le modèle à la réalité

La cinquième étape du processus de modélisation concerne le champ empirique. Les données servent à établir une relation tangible entre un modèle et son système réel. Comme le souligne Walliser, « une variable d'un modèle peut elle-même être considérée comme un intermédiaire entre un concept qu'elle représente et des grandeurs observables sur lesquelles elle s'appuie[12] » (figure 8[13]). La confrontation d'un modèle au champ empirique pose alors une question de *signification* (les variables du modèle représentent-elles adéquatement les concepts de la théorie relative au système réel?) et une question de *validation* (les indicateurs observables sont-ils reliés de façon adéquate aux variables du modèle?).

12. Walliser, *op. cit.*, p. 154.
13. Figure empruntée à Walliser, *op.cit.*, p. 155.

FIGURE 8
Représentation d'une variable

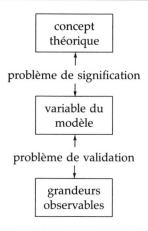

2. Les éléments de simulation

2.1. Pourquoi simuler un modèle?

Si valide et si fiable soit-il, un modèle d'un système réel ne présente d'intérêt que s'il est expérimenté. *Un modèle représente un système réel* tandis que *la simulation imite le système réel* en reproduisant pas à pas son comportement. La simulation applique des règles logiques séquentielles pour reproduire les états successifs d'un système réel dont les règles d'évolution sont définies dans un modèle. Comme le note Maître, « les simulations sont séquentielles en ce sens qu'elles calculent les états du système de proche en proche, à partir de l'état initial et en passant de chaque état à celui qui suit immédiatement dans la chronologie[14] ».

La simulation est donc un processus de résolution pas à pas dont les équations disent comment calculer le pas temporel suivant mais non comment aller directement vers n'importe quel instant futur. On appelle *modèle de simulation l'ensemble des équations ou instructions qui déterminent comment calculer le pas temporel suivant.* Ce processus de résolution *numérique* se distingue des solutions *analytiques* qui décrivent l'état du système

---

14. J. MAÎTRE, « Réflexions d'un néophyte devant la simulation », dans Centre d'études sociologiques, *La simulation*, Paris, Centre d'études sociologiques, C.N.R.S., Travaux et documents I, 1969, p. 38.

réel pour n'importe quel instant futur plutôt que de façon séquentielle[15]. La simulation d'un modèle d'un système réel ne donne pas une solution générale mais plutôt l'*évolution séquentielle des variables d'état* du système en fonction des conditions initiales et des coefficients qu'on lui a assignés. La simulation donne une autre solution numérique si le modèle est expérimenté avec des conditions différentes. Cet usage de la simulation correspond à ce qu'on pourrait appeler de la quasi-expérimentation. Si nous parlons de quasi-expérimentation plutôt que d'expérimentation, c'est qu'une expérience de simulation porte sur un modèle du système réel plutôt que sur le système réel lui-même, comme dans le cas d'une véritable expérience[16].

2.2. Les critères de choix d'une méthodologie

Le choix d'une méthodologie de simulation dépend des caractéristiques du système réel étudié et de la perception qu'en a l'analyste (sans compter que chaque analyste a une tendance naturelle à utiliser sa méthodologie préférée). Les caractéristiques et les perceptions des systèmes réels peuvent être décrites en répondant à deux questions cruciales :

– Les valeurs des variables d'état du système réel changent-elles de façon continue ou de façon discrète?

Dans un système réel continu, une variable v change suivant une quantité Δv au cours d'une période de temps Δt (figure 9). Dans un système réel discret, les valeurs des variables d'état changent suivant des quantités arbitraires à des moments donnés dans le temps. Ainsi, dans la figure 10, la variable v change d'une quantité d au moment t_1.

– Dans quelle mesure les valeurs des variables d'état du système réel dépendent-elles de la chance?

Dans un système réel *déterministe*, les mêmes variables initiales (ou d'entrée) donnent toujours les mêmes variables de sortie

---

15. Les différences entre les solutions numériques et les solutions analytiques sont traitées plus longuement dans J.W. FORRESTER, *Principes des systèmes*, pp. 3-5 à 3-11; W. FRANTA, *The Process View of Simulation*, New York, North Holland Pub. I., 1977, chap. 1; J.P. GRÉMY, « Les techniques de simulation », dans R. BOUDON, *Les mathématiques en sociologie*, Paris, P.U.F., Collection SUP, 1971.

16. Pour plus de détails, voir le chapitre sur la logique de la preuve.

FIGURE 9
Système réel continu

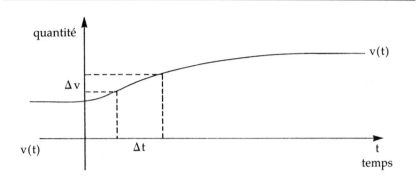

FIGURE 10
Système réel discret

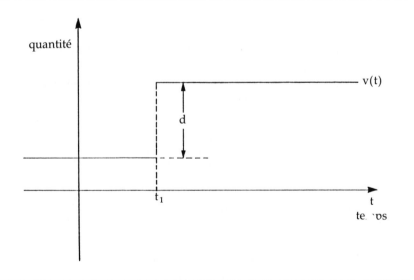

parce que les variables et les relations entre les variables se situent dans un contexte de certitude. Par ailleurs, on parle de système *aléatoire* ou stochastique lorsque les valeurs des variables d'état dépendent de la chance, c'est-à-dire, de tirages au sort qui respectent les lois de distribution des variables aléatoires.

La perception qu'a l'analyste des caractéristiques d'un système réel l'amène à choisir l'une des quatre possibilités suivantes de la figure 11.

FIGURE 11
Types de simulation

VARIABLES D'ENTRÉE	SYSTÈME	
	Déterministe (d)	Stochastique (s)
Continues (c)	c,d	c,s
Discrètes (d)	d,d	d,s

Ces distinctions établissent des cas typiques bien que dans la pratique on puisse retrouver des situations mixtes comportant des aspects continus et discrets[17] ou des aspects déterministes et stochastiques[18]. Faute d'espace, nous décrirons brièvement une seule méthodologie, la dynamique des systèmes (cellule c,d) parce qu'elle encadre davantage le débutant que les autres options[19].

2.3. La méthodologie de la dynamique des systèmes

La dynamique des systèmes est une méthode générale conçue pour analyser certains types de problèmes complexes. Cette méthode a été créée

---

17. Pour plus de détails sur la simulation de modèles de systèmes discrets, on peut consulter W. FRANTA, *The Process View of Simulation*, New York, North Holland Publishing, 1977, chap. 1, 2 et 3; A.A.B. PRITSHER et C.D. PEGDEN, *Introduction to Simulation and SLAM*, New York, Wiley, 1979, chap. 3; T.I. OREN *et al.*, *Simulation With Discrete Models; A State of the Art*, New York, The Institute of Electrical and Electronic Engineers Inc., 1980; B. SCHMIDT, « The Way Ahead in Discrete Simulation », dans *Proceedings of the 1980 Summer Computer Simulation Conference*, San Diego (Ca.), The Society for Computer Simulation, 1980, pp. 46-49.

18. Une fraction importante des travaux portant sur la simulation de modèles de systèmes discrets adopte une perspective probabiliste. On peut donc consulter les écrits de la note 25 pour obtenir plus de détails sur la simulation de modèles de systèmes probabilistes. On peut aussi lire avec intérêt, B.P. ZEIGLER, *op. cit.*, chap. 5, 6 et 7; J. FONTANEL, « Conceptualisation de la simulation dans l'analyse macroéconomique », dans *Revue économique*, vol. 28, n° 3, 1977, pp. 419-448. La revue *Simulation*, éditée par The Society for Computer Simulation (P.O. Box 2228, La Jolla, California 92038, USA) publie des articles portant principalement sur la simulation de modèles de systèmes discrets et probabilistes.

19. Pour un exemple d'application sur le Québec de simulation d'un modèle de système discret-stochastique voir R. LANDRY, « La simulation de la rationalité économique du comportement électoral des Québécois: 1970-1981 », dans J. CRÊTE (dir.), *Le comportement électoral au Québec*, Chicoutimi, Gaëtan Morin Éditeur, 1984.

à la fin des années 1950 par Jay W. Forrester, un ingénieur spécialisé dans l'étude des mécanismes asservis qui enseignait à la Sloan School of Management du Massachusetts Institute of Technology (M.I.T.). À cette époque, la méthode développée par Forrester s'appelait la dynamique industrielle[20] parce qu'elle avait été appliquée à l'étude de problèmes industriels complexes concernant la gestion des inventaires, du personnel, du marché et de la croissance des entreprises. En moins de dix ans, la méthode de la dynamique industrielle fut l'objet d'applications à un éventail beaucoup plus vaste de problèmes allant de la gestion de la recherche-développement aux problèmes urbains et des problèmes du diabète à ceux de la croissance exponentielle dans un monde fini. Aussi le nom « dynamique industrielle » fut-il remplacé par l'expression plus générale de *dynamique des systèmes*[21].

Les problèmes auxquels s'adresse la dynamique des systèmes ont au moins deux traits communs. D'abord, ils sont *dynamiques*, c'est-à-dire qu'ils mettent en cause des variables qui changent dans le temps (voir le graphique de la figure 4). Ensuite, ils s'insèrent dans des *boucles de rétroaction*. Aussi la méthode de la dynamique des systèmes postule-t-elle que les boucles de rétroaction sont responsables des changements qui se produisent dans la séquence temporelle et doivent en conséquence être incluses dans le modèle simulé. La première question à laquelle il faut répondre est donc la suivante : « Par où passe la frontière qui entoure le plus petit nombre de composantes et à l'intérieur de laquelle le comportement dynamique à étudier est généré[22]? ». Un texte classique de Forrester répond à cette question :

> La définition d'un système adopte d'abord la perspective de la frontière fermée. La frontière renferme le système à l'étude. Elle implique que tous les comportements sont créés par les composantes du système à l'intérieur de la frontière. Aucune influence extérieure n'est nécessaire pour expliquer les comportements à l'intérieur de la frontière fermée. Donc, le comportement à l'étude doit être défini avant de déterminer les frontières. D'où il découle aussi que la détermination du problème, de ses symptômes et du comportement d'intérêt précède la construction du modèle. Sans connaître le but du système, on ne peut déterminer les éléments à inclure dans ce système. Sans but, on ne peut définir la frontière du système[23].

---

20. Le premier livre de Forrester qui décrivait la méthode portait le titre de *Industrial Dynamics* (Cambridge, Mass., M.I.T. Press, 1961).
21. Le second ouvrage de méthode de Forrester s'intitulait *Principles of Systems* (Cambridge, M.I.T. Press, 1968). Cet ouvrage a été traduit en français en 1980 par Les Presses universitaires de Lyon sous le titre *Principes des systèmes*.
22. J.W. Forrester, *Principes des systèmes, op. cit.*, p. 4-2.
23. J.W. Forrester, « Market Growth as Influenced by Capital Investment », dans *Industrial Management Review*, vol. 9, n° 2, 1968, p. 84.

Les observations et les hypothèses servant à construire un modèle de simulation ne sont pas assemblées n'importe comment. Suivant la méthode de la dynamique des systèmes, les éléments des systèmes sont reliés dans une structure à plusieurs étages composée de sous-structures imbriquées (figure 12).

FIGURE 12
Structure des éléments d'un système

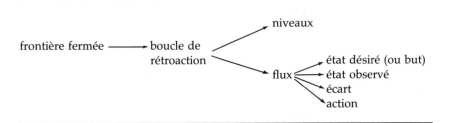

La *boucle de rétroaction* correspond à un circuit fermé couplant une décision à un niveau par l'intermédiaire d'une action et un niveau, à une décision par l'intermédiaire d'une information (figure 13). La dynamique d'une boucle de rétroaction opère comme suit : la décision régit l'action qui altère le niveau dont la modification influence la décision. Contrairement à la représentation de la figure 13, un système complexe comprendrait plusieurs niveaux, l'interaction de plusieurs boucles et la présence de délais et de déformations (biais de perceptions) à l'intérieur des boucles.

FIGURE 13
Boucle de rétroaction

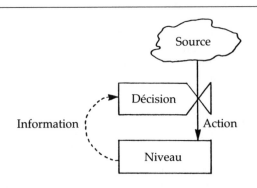

Les accumulations engendrées par les systèmes à rétroaction renvoient aux variables de niveaux ou, plus brièvement, aux niveaux[24]. Le mot *niveau* évoque l'image d'un liquide s'accumulant dans un réservoir. Les flux augmentant ou diminuant un niveau correspondent à des *variables de flux*. Les diagrammes représentant les niveaux par des réservoirs et les flux par des valves (voir la figure 13) renforcent l'analogie entre les processus d'accumulation et le flux d'un liquide. Dans la symbolique de la dynamique des systèmes, les lignes pleines représentent des flux d'énergie alors que les lignes pointillées illustrent des flux d'information.

Revenons à l'exemple de la construction d'établissements industriels et commerciaux. On peut convertir le diagramme causal de la figure 8 en un diagramme de flux (figure suivante). On peut alors obtenir le nombre actuel d'établissements industriels et commerciaux NEIC en additionnant le nombre d'établissements construits depuis un an FCEIC au nombre d'établissements existant il y a un an. Si DT (différence de temps) symbolise l'intervalle de temps entre deux moments de calcul et l'astérisque dénote l'opération de multiplication, l'équation de niveau s'énonce comme suit :
NEIC présent = NEIC passé + DT*FCEIC

Diagramme de flux

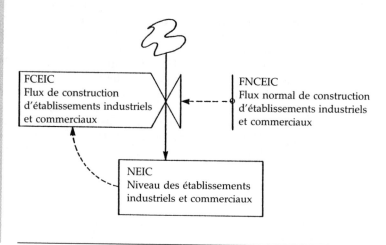

FCEIC
Flux de construction
d'établissements industriels
et commerciaux

FNCEIC
Flux normal de construction
d'établissements industriels
et commerciaux

NEIC
Niveau des établissements
industriels et commerciaux

---

24. Noter que les accumulations qui se produisent dans les systèmes à rétroaction sont aussi appelées variables de stock et variables d'état.

Une équation de niveau représente un réservoir accumulant des flux. La valeur d'un niveau au moment présent dépend seulement de sa valeur précédente et de la variation survenue durant l'intervalle de calcul.

> Conformément à la description que nous en avons faite à la troisième étape de modélisation (section 1.4.), nous dirons que le flux de construction d'établissements industriels et commerciaux FCEIC est proportionnel au nombre d'établissements actuels NEIC. Le flux de construction FCEIC égale donc NEIC multiplié par un nombre quelconque que nous appellerons le flux normal de construction d'établissements industriels et commerciaux FNCEIC, dans le but de représenter le taux annuel de construction. Le mot « normal » de l'expression flux normal représente les conditions dans lesquelles la construction survient. Ce taux augmentera si les conditions sont très favorables mais diminuera dans le cas contraire. L'équation du flux normal de construction peut donc s'énoncer comme suit :
> FCEIC = NEIC*FNCEIC

Une équation de flux indique à quelle vitesse la valeur du niveau change, c'est-à-dire la variation de la valeur du niveau par unité de temps. La valeur d'un flux dépend seulement de constantes et de la valeur présente des niveaux. Une équation de flux énonce les politiques des centres de décision, c'est-à-dire de quelle façon l'information pertinente est convertie en une décision.

> En supposant que le nombre initial d'établissements industriels et commerciaux soit 1 000 et que le flux normal de construction soit 0,05, les équations du modèle peuvent être résolues pas à pas à l'aide d'une calculatrice. Cette tâche devient toutefois de plus en plus fastidieuse à mesure que le modèle simulé comporte un plus grand nombre d'éléments. Ce type de tâche peut être confié à un ordinateur. Les équations que nous venons de formuler pourraient être programmées en utilisant des langages informatiques tels que APL, FORTRAN, BASIC ou PASCAL. Nous proposons ici d'utiliser le langage DYNAMO[25] parce qu'il a été développé spécialement pour simuler des équations représentant des systèmes à rétroaction.

---

25. Le nom DYNAMO provient de la fusion des mots « dynamic models ». Les opérateurs et la syntaxe de DYNAMO sont présentés en détail dans : A.L. PUGH III, *DYNAMO User's Manuel*, 5ᵉ éd., Cambridge (Mass.), M.I.T. Press, 1976; DYNAMO peut être utilisé par l'intermédiaire d'éditeurs tels que MUSIC (McGill University System of Interacting Computing) ou VM/CMS. Plusieurs versions de DYNAMO sont disponibles pour les micro-ordinateurs IBM et compatibles IBM. La version la plus utile pour les spécialistes des sciences sociales est « Professional DYNAMO plus » vendue 495 $ (US) par Pugh-Roberts Associates, Cambridge, États-Unis.

En langage DYNAMO, les énoncés qui représentent ce problème simple s'écrivent comme suit :

```
*       MODÈLE SIMPLE
L       NEIC.K = NEIC.J + DT*FCEIC.JK
N       NEIC = 1000
R       FCEIC. KL = NEIC. K*FNCEIC
C       FNCEIC = . 5
SPEC    DT = .5/LENGTH = 50/PLTPER = 1
PLOT    NEIC = N, FCEIC = F
RUN     MODELE SIMPLE
```

NEIC	niveau des établissements industriels et commerciaux (unités)
FCEIC	flux de construction d'établissements industriels et commerciaux (unités/année)
FNCEIC	flux normal de construction d'établissements industriels et commerciaux (fraction/année)
SPEC	spécification des paramètres de simulation
DT	l'intervalle de TEMPS entre TEMPS.J et TEMPS.K
LENGTH	la valeur de TEMPS lorsque l'exécution du programme sera complétée
PLTPER	l'intervalle de TEMPS entre chaque point du graphique des résultats
PLOT	commande à l'ordinateur de produire un graphique
RUN	commande à l'ordinateur d'entreprendre l'exécution du programme

La figure suivante indique les résultats d'une simulation de ce MODÈLE SIMPLE. L'ordinateur imprime au haut le symbole représentant chaque variable du graphique, soit N pour NEIC et F pour FCEIC. De plus, l'ordinateur indique l'échelle du graphique de chaque variable : de $-5\,000$ à $15\,000$ pour N et de 0 à 800 pour F. Enfin, les nombres du côté gauche du graphique indiquent que le graphique donne les résultats d'une simulation allant de l'année 0 à l'année 50.

Les courbes représentant le nombre d'établissements et la construction d'établissements décrivent le comportement du modèle. Le niveau d'établissements accroît le flux de construction qui contribue en retour à élever davantage le niveau d'établissements. Aussi, les deux courbes illustrant le niveau d'établissements et le flux de construction indiquent-elles une situation où le taux de croissance augmente à un rythme de plus en plus rapide, le niveau d'établissements passant de 1 000 à environ 12 000 en 50 ans et le flux de construction s'élevant de 50 à près de 600 unités par année au cours de la même période.

Résultats du modèle simple

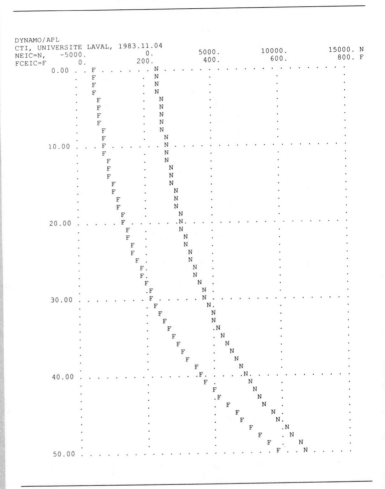

L'exemple de la croissance des établissements industriels et commerciaux d'une ville peut être raffiné en examinant de plus près le processus de croissance lui-même. Qu'est-ce qui cause la croissance? Qu'est-ce qui arrête la croissance? Dans un système réel, la croissance ne se produit pas comme dans le modèle simple présenté plus haut. Le flux de construction est influencé par l'existence d'une multitude de ressources telles que le capital, la main-d'œuvre, la dimension du territoire, la connaissance, les matières premières, l'énergie, qui ont pour effet de stimuler ou de ralentir le processus de croissance.

3. La validation d'un modèle de simulation

On ne simule jamais la réalité dans toute sa complexité et tout son raffinement. On ne peut que simuler un modèle, c'est-à-dire une réplique simplifiée de la réalité. Se pose alors le problème de la *validation* qui consiste à *déterminer le degré de correspondance existant entre le comportement du modèle simulé et le comportement du système réel*. La validation d'un modèle renvoie au processus suivant par lequel on établit le degré de confiance qu'on peut accorder au modèle si on l'utilise dans certaines conditions pour certains buts particuliers. Greenberger *et alii* le notent avec justesse :

> Il n'y a pas de procédure unique de validation. Aucun modèle n'a été ou ne sera jamais complètement validé... « Utile », « éclairant », « convaincant » ou « inspirant la confiance » sont de meilleurs descripteurs pour les modèles que « valide ». On peut augmenter sa confiance dans un modèle en s'assurant qu'il reproduise les comportements passés d'un système de référence, en analysant sa réponse aux perturbations, en réexaminant les postulats et théories de base et, finalement, en l'utilisant. En fait, ces tests visent davantage à invalider qu'à valider le modèle. Ils ne peuvent que révéler la présence (et non l'absence totale) d'erreurs[26].

En conséquence, le modèle de simulation doit être soumis à un plan d'expériences et à des manipulations servant à établir son degré de sensibilité aux perturbations exogènes, son champ de validité théorique et son champ de validité empirique[27].

3.1. Le degré de sensibilité du modèle

La confiance qu'on peut accorder aux résultats d'un modèle de simulation dépend de son *degré de sensibilité* à des changements apportés aux

26. GREENBERGER *et al.*, *op. cit.*, p. 71.
27. On trouvera deux exposés excellents sur la validation dans J.W. FORRESTER et P.M. SENGE, « Tests for Building Confidence in System Dynamics Models », dans A.A. LEGASTO, J.W. FORRESTER et J.M. LYNEIS, *System Dynamics*, vol. 14., *Studies in the Management science*, New York, North Holland Publishing Company, 1980, pp. 209-228 et dans Y. BARLAS et S. CARPENTER, « Philosophical Roots of Model Validation », *System Dynamics Review*, vol. 6, n° 2, 1990, pp. 148-166. Certains spécialistes considèrent que la validité apparente (face validity) constitue un autre type de validation. Pour plus de détails sur ce type de validation, voir C.S. GREENBLAT et M. URETSKY, « Simulation in Social Science », dans *American Behavioral Scientist*, vol. 20, n° 3, 1977, p. 415.

valeurs des paramètres. Richardson et Pugh[28] proposent de distinguer trois types de sensibilité : la sensibilité numérique, la sensibilité des comportements et la sensibilité aux politiques. Un modèle est considéré comme *numériquement sensible* si un changement dans les valeurs d'un paramètre entraîne des changements dans les valeurs numériques calculées par l'ordinateur lors des expériences de simulation. Un modèle quantitatif démontre toujours de la sensibilité numérique. La sensibilité des *comportements* d'un modèle concerne le degré de changement observé dans le comportement d'un modèle par suite de changements apportés aux valeurs d'un paramètre. Le terme « comportement » renvoie ici à la trajectoire d'une courbe ou aux formes d'une courbe décrivant l'évolution d'un système réel (à titre d'exemple, voir le graphique de la figure 4). Enfin, la sensibilité d'un modèle aux *politiques* consiste à déterminer dans quelle mesure les résultats des politiques sont sensibles ou non aux changements des valeurs de certains paramètres. Comme le disent Richardson et Pugh :

> Aucun paramètre d'un modèle n'aura de valeur unique qui s'ajustera au système réel; toute une série de valeurs serait possible. Si le comportement d'un modèle est si sensible, à l'intérieur de variations raisonnables de ses paramètres, que le modèle ne permet pas de juger des mérites de politiques alternatives, alors le modèle est inutile en tant qu'outil de prise de décision[29].

Un modèle qui fait preuve d'une grande sensibilité doit être examiné plus à fond afin de déterminer si cette grande sensibilité dépend de la formulation du modèle ou du système réel. Si la grande sensibilité d'un modèle tient à sa formulation, il faut alors le reformuler pour faire disparaître cette sensibilité artificielle. En outre, si la structure d'un modèle représente le système réel de façon convenable, il convient alors de tenter de contrôler le degré de sensibilité du modèle en estimant le plus précisément possible la valeur des paramètres. Si un modèle demeure très sensible, l'analyste peut conclure que le modèle ne fait que refléter la sensibilité du système réel et cela permet de repérer l'endroit où une intervention sur le système réel pourrait exercer un impact significatif.

Les modèles de dynamique des systèmes sont sensibles du point de vue numérique mais tendent à être assez insensibles du côté des

---

28. G.P. Richardson et A.L. Pugh III, *Introduction to System Dynamics Modeling with Dynamo*, Cambridge, Mass., M.I.T. Press, 1981, p. 278. La question des tests de sensibilité est aussi abordée dans C. Tank-Neilsen, « Sensitivity Analysis in System Dynamics », dans J. Randers, *Elements of the System Dynamics Method*, Cambridge, MIT Press, 1980, pp. 189-202.

29. G.P. Richardson et A.L. Pugh III, *op. cit.*, p. 278.

comportements. Cette dernière caractéristique découle en grande partie de la structure des modèles à contrôle par rétroaction dont les boucles de rétroaction négative compensent en partie l'effet des changements apportés aux valeurs des paramètres.

3.2. La validation théorique

La validation d'un modèle de simulation est indissociable des objectifs assignés au modèle. Un modèle tente généralement de répondre à un problème ou à un ensemble de questions. Le champ de validité d'un modèle se limite donc à ce problème et à ces questions et n'inclut pas d'autres problèmes, d'autres questions, ou un système réel d'une façon exhaustive. Les objectifs assignés initialement à une étude de simulation servent à limiter le champ d'investigation mais aussi, ultérieurement, à évaluer la validité des résultats.

Ainsi une étude de simulation dont l'objectif principal est d'analyser un problème théorique pour lequel il n'existe pas de données empiriques peut être évaluée en relation à un mode de référence théorique décrivant la trajectoire hypothétique des variables importantes sur un graphique comme celui des figures 4 et 7. Le mode de référence théorique décrit au moment de la définition du problème (figure 4) est comparé aux modes de comportement simulés par l'ordinateur (voir figure 16). Cette comparaison doit être effectuée en répondant aux questions suivantes[30] :

- Le modèle contient-il, à l'intérieur de sa frontière close, les variables et les boucles de rétroaction nécessaires pour étudier le problème retenu pour les fins de l'étude de simulation?

- Est-ce que toutes les équations produisent des résultats vraisemblables même lorsqu'elles sont soumises à des valeurs extrêmes mais possibles de leurs variables?

- Le comportement du modèle est-il sensible à des formulations alternatives vraisemblables?

---

30. Les questions à considérer à l'étape de la validation sont abordées avec plus de détails dans G.P. RICHARDSON et A.L. PUGH III, *op. cit.*, pp. 310-320 et dans R.G. COYLE, *Management System Dynamics, op. cit.*, pp. 181-204. Pour connaître un point de vue très différent, voir S.H. SCHWARTSKOPT, « An Elementary Method for the Diagnostic Validation of Simulation Models » dans *Proceedings of the Summer Computer Simulation Conference*, La Jolla, (Cal.), Society for Computer Simulation, 1980, pp. 236-239.

- Le comportement du modèle est-il sensible à des variations raisonnables des valeurs des paramètres?

- Les valeurs des paramètres sont-elles évaluées de façon précise en utilisant les unités de mesure du système réel?

- Le modèle apporte-t-il une contribution originale à la compréhension du problème étudié?

3.3. La validation empirique

Contrairement à la validation théorique qui tente de rendre compte du mode de référence théorique d'un modèle sans champ empirique, la validation empirique cherche à rendre compte empiriquement d'un modèle sans tenir compte de son champ théorique. La validation empirique consiste à comparer le mode de référence observé (figure 4) au moment de la définition de l'étude de simulation aux modes de comportement simulés à l'aide de l'ordinateur. Cette comparaison doit être effectuée en répondant aux mêmes questions que dans le cas de la validation théorique. De plus, il convient aussi de tenir compte des réponses aux deux questions suivantes :

- Le modèle produit-il des résultats inattendus non observés dans le système réel?

- Les modes de comportement du modèle restent-ils vraisemblables lorsque soumis à des conditions extrêmes ou à des politiques radicales?

La validation d'un modèle de simulation exige qu'on apporte des réponses plus ou moins parfaites aux questions qu'on vient de poser. Landry et Malouin[31] proposent de considérer la validation à l'aide du concept de « zone de validité satisfaisante ». La figure 14 montre que la courbe de la zone de validité satisfaisante (courbe C) résulte de la somme de la courbe des coûts de développement d'un modèle et de la courbe des coûts d'utilisation d'un modèle imparfait. La courbe des coûts de développement d'un modèle est fonction du niveau de validité requis (courbe A), alors que la courbe des coûts dus à l'utilisation d'un modèle imparfait (courbe B) dépend des coûts imputables à la correction ultérieure et aux erreurs multiplicatives. Landry et Malouin soulignent avec

---

31. M. LANDRY et J.L. MALOIN, « Réflexions sur le problème de la validation des modèles » dans AFCET, *Modélisation et maîtrise des systèmes*, Compte rendu du colloque de l'AFCET de 1977, Paris, 1977, pp. 151-160.

beaucoup de justesse que les coûts ne se présentent pas de la même façon pour l'homme d'action que pour l'homme de réflexion :

> Augmenter la validité initiale de ses modèles entraîne donc généralement des coûts élevés, coûts auxquels l'homme d'action et son organisation sont d'ailleurs très sensibles puisqu'ils doivent les supporter. Par contre, ils possèdent généralement un pouvoir de correction important de telle sorte que la courbe B aura tendance à décroître rapidement pour atteindre ensuite un plateau relativement bas et stable. Il n'est donc pas surprenant que pour l'homme d'action, le niveau de validité de ses modèles soit relativement bas.

> Pour l'homme de réflexion, si les coûts se rapportant à la courbe A croissent aussi rapidement, les coûts de correction et de l'erreur multiplicative (courbe B) décroissent beaucoup plus lentement. Il est donc compréhensible que le niveau de validité des modèles employés par l'homme d'action ne soit pas le même que celui de l'homme de réflexion. L'importance relative des coûts est, consciemment ou non, considérée dans le processus de décision du modélisateur[32].

Schématisation du concept de zone de validité satisfaisante

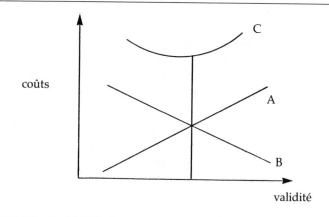

Enfin, l'examen du niveau de validité est indissociable de la compréhension du fonctionnement du modèle simulé. Étant donné que le modèle constitue une réplique simplifiée du monde réel, il importe au plus haut point de savoir pourquoi le modèle se comporte comme il le

---

32. *Ibid.*, p. 159.

fait et de connaître les raisons qui expliquent les changements de comportements entraînés par des changements des valeurs des paramètres. En définitive, la confiance qu'on accorde à un modèle dépend de la taille de l'écart résultant de la comparaison entre les raisons expliquant le comportement du modèle et les raisons expliquant le comportement du système réel.

4. Les avantages et les inconvénients de la simulation

Au terme de cet exposé de méthode, il convient de s'interroger sur les avantages et les inconvénients de la simulation sur ordinateur.

4.1. Les avantages de la simulation

Le premier avantage est sans aucun doute le plus remarquable des avantages de la simulation sur ordinateur : permettre la *réalisation d'expériences*. La simulation de modèles sur ordinateur permet à l'expérimentateur de créer des conditions d'expérimentation très semblables à celles des expériences de laboratoire, sauf que les manipulations sont appliquées à des symboles mathématiques plutôt qu'à des composantes végétales, animales ou minérales de systèmes réels. La simulation de modèles sur ordinateur permet d'étudier des problèmes qu'il ne serait pas possible d'observer directement en raison de contraintes juridiques, morales ou financières interdisant l'expérimentation directe sur les systèmes réels.

Ensuite, la simulation de modèles sur ordinateur permet d'étudier des problèmes dont le *niveau de complexité* est si grand qu'ils ne peuvent être décrits à l'aide d'ensembles d'équations qui permettraient d'obtenir des solutions analytiques indiquant l'état futur ou l'état optimal d'un système réel. La capacité de manipuler la complexité, c'est-à-dire un grand nombre de variables liées de façon si inextricable que les causes et les effets sont indissociables, permet aux modèles de simulation d'aborder les problèmes d'un point de vue plus holistique que les méthodes qui ne peuvent pas traiter aisément plusieurs variables.

Le troisième avantage de la simulation de modèles sur ordinateur réside dans sa prise en charge du *temps*. La simulation d'un problème à l'aide d'un modèle permet de tenir compte de l'échelle du temps du problème réel en étudiant le comportement transitoire du système réel et sa réponse dynamique aux manipulations expérimentales qu'on lui impose — et pas seulement son état optimal.

Enfin, la simulation d'un modèle sur ordinateur permet de découvrir les *implications des prémisses* d'un modèle de facon beaucoup plus systématique que ne le permet la critique littéraire. À cela s'ajoute la multiplication d'ordinateurs de toutes dimensions — et, particulièrement la multiplication très rapide de micro-ordinateurs de plus en plus puissants — qui facilite le recours à la simulation sur ordinateur tout en abaissant considérablement ses coûts.

4.2. Les inconvénients de la simulation

Les inconvénients de la simulation découlent d'une surestimation des avantages. L'accès de plus en plus facile aux gros et aux petits ordinateurs fait qu'il devient plus tentant de *multiplier les manipulations* sur ordinateur *plutôt que de réfléchir*, sans compter que le recours à des langages informatiques aussi simples que DYNAMO signifie qu'une personne qui n'a rien compris aux principes de la dynamique des systèmes peut tout de même réussir à faire fonctionner des programmes de simulation sur l'ordinateur.

En second lieu, plus un modèle de simulation représente parfaitement un problème, plus le caractère général de ses résultats est *limité*. Aussi, toute tentative de généralisation des résultats exige-t-elle du travail additionnel de modélisation.

Enfin, plus un modèle de simulation représente bien la complexité d'un problème, plus il devient dangereux d'oublier que l'expérimentation porte sur une *représentation de la réalité* plutôt que sur la réalité elle-même.

La simulation sur ordinateur est sans aucun doute appelée à jouer un rôle très important dans les sciences sociales : l'expérimentation de modèles de simulation sur ordinateur est au chercheur des sciences sociales ce que l'expérimentation en laboratoire est au chercheur des sciences physiques. La micro-informatique contribuera à réduire d'une façon telle les coûts d'expérimentation des modèles de simulation que les sciences physiques pourraient bien se voir forcées de prendre elles aussi l'exemple des sciences sociales.

Bibliographie annotée

BRAUNSCHWEIG, B., *La simulation sur microordinateur. Les modèles de dynamique des systèmes*, Paris, Eyrolles, 1984.

Ouvrage d'introduction comportant des exemples de modèles de simulation pertinents pour plusieurs disciplines.

HANNEMAN, R.A., *Computer Assisted Theory Building. Modeling Dynamic Social Systems*, Newbury Park (Ca.), Sage Publications, 1988.

Rédigé par un sociologue, cet ouvrage présente de nombreux exemples de modèles de simulation concernant le changement culturel, politique et économique.

MEADOW, D.L. *et al.*, *Dynamique de la croissance*, Paris, Economica, 1979.

Traduction française des travaux qui ont inspiré le fameux rapport du Club de Rome sur les limites de la croissance. L'ouvrage décrit des modèles de simulation relatifs à la population, au capital industriel, à l'agriculture et aux ressources non renouvelables

PUGH III, A.L., *DYNAMO User's Manual*, 5e éd., Cambridge (Mass.), M.I.T. Press, 1976.

Cet ouvrage décrit les opérateurs et la syntaxe du langage DYNAMO, y compris les versions DYNAMO II, DYNAMO III et Gaming DYNAMO. Noter que DYNAMO est maintenant disponible sur les micro-ordinateurs.

RICHARDSON, G.P. et A.L. PUGH III, *Introduction to System Dynamics with DYNAMO*, Cambridge (Mass.), M.I.T. Press, 1981.

ROBERTS, N. *et al.*, *Introduction to Computer Simulation. The System Dynamics Approach*, Reading (Mass.), Addison-Wesley Publishing Company, 1982.

Ces deux ouvrages constituent d'excellentes introductions à la dynamique des systèmes. Ils sont d'un niveau facilement accessible aux étudiants en sciences sociales. Les anciens élèves de Forrester qui ont rédigé ces deux ouvrages présentent la dynamique des systèmes et DYNAMO en utilisant des exemples familiers aux étudiants des sciences sociales.

WHICKER, M.L. et L. SIGELMAN, *Computer Simulation Applications. An Introduction*, Newbury Part (Ca.), Sage Publications, 1991.

Les auteurs montrent de quelle façon les méthodes de simulation sur ordinateur peuvent être utilisées pour développer des théories et réaliser des analyses de décision concernant des systèmes sociaux.

WOLSTENHOLME, E.F., *System Enquiry. A System Dynamics Approach*, Chichester, England, John Wiley & Sons Ltd., 1990.

Ouvrage d'un niveau intermédiaire comprenant de nombreux exemples dans le domaine de la gestion, des ressources naturelles et des problèmes de défense militaire.

System Dynamics Review, revue spécialisée publiant des articles concernant la simulation de modèles de systèmes dynamiques, volume 1 en 1985.

ANNEXE

Ce chapitre a présenté une méthode de simulation qui illustre un des quatre types possibles de simulation (voir figure 12). Bien qu'il ne soit pas possible de présenter les rudiments d'autres types de méthodes de simulation, d'autres outils de simulation sont utilisables pour des fins de recherche et d'enseignement. Les outils répertoriés plus bas fonctionnent sur des micro-ordinateurs IBM ou IBM compatibles ainsi que sur les micro-ordinateurs MacIntosh et Apple. On peut se procurer ces produits en s'adressant à National Collegiate Software of Duke University, 6697 College Station, Durham, North Carolina, USA, 27708. Ces produits ont été développés par des professeurs et des chercheurs. Ils ne sont pas aussi sophistiqués que les programmes commerciaux mais leur prix est abordable.

Anthropologie et archéologie

Modelling Systems of Kinship and Marriage, développé par Martin Ottenheimer de Kansas State University, 37,50 $ (US).

Économique et administration

Making Charlie's Chocolates, par Jeffrey L. Rummel, Duke University, 49,95 $ (US).

Simulating the Great Depression, William P. Yoke, Duke University, 39,95 $ (US).

Policy Simulations with a New St.Louis Model, par William P. Yoke, Duke University, 37,50 $ (US).

D = S : An Introduction to Microeconomic Modelling, par Frank Vorkies, University of Witwatersrand, 37,50 $ (US).

C + I + G : Introduction to Macroeconomic Modelling, par Frank Vorkies, University of Withwatersrand, 49,95 $ (US).

Histoire

Famsim par Stephanie Bower, Indiana University Southeast, 42,50 $ (US).

Science politique

Inter-Nation Simulation IV, par Bahram Farzanegan, Kevin Fitzpatrick et Friend Skinner, University of North Carolina et Asheville, 49,50 $ (US)

Presidential Campaign, par David Garson, North Carolina State University, 59,95 $ (US).

Prisoner's Dilemma par Philip Schrodt, Northwestern University, 30 $ (US).

Tragedy of the Commons, par David Ramsey, Jeffrey Hart et Dave Garson, 30 $ (US).

Two Person Prisoner's Dilemma, par Jim Tankard, Austin, Texas, 30 $ (US).

Voting Power Indices, par Jeffrey Hart et Marc Simon, Indiana University, 30 $ (US).

Richardson Arms Race Model, par Philip Schrodt, Northwestern University 30 $ (US).

Sociologie et service social

Community Mental Health Model, par David Garson, North Carolina State University, 32,50 $ (US).

The Poverty Game, par Suzan Grey, N.Y. Institute of Technology, 39,95 $ (US).

Forecasting : Sociology of the Family, par Kenneth E. Hinze, Louisiana State University at Shreveport, 39,95 $ (US).

Neighborhood Segregation Model, par Carl Moody, Edwin Detlefson, Jeffrey Hart et Wayne Aiken, 30 $ (US).

Quatrième
partie

**La critique
de la méthodologie**

Chapitre 20

La recherche-action
Benoît GAUTHIER

Tout professeur Tournesol est un Tintin
qui sommeille.

Jacques SÉGUÉLA

Introduction

Recherche-action, voilà une expression galvaudée actuellement. C'est aussi la dénomination d'une nouvelle méthode de recherche et d'un nouveau mode d'action. Ce chapitre vise à faire le point sur la situation actuelle de la recherche-action; il établira ce diagnostic en présentant les origines de la méthode et de son approche, en lui cherchant une définition, en analysant les polarités qui la caractérisent et en reproduisant certains ensembles de critiques qu'elle suscite.

Notre analyse permettra de constater à la fois la richesse épistémologique de ce concept et de ce mode d'action, et la pauvreté, à ce jour, de la réflexion tant à l'égard de sa définition que de ses classifications. L'ensemble reproduira, non seulement les courants actuels en recherche-action, mais aussi le climat d'incertitude et de questionnement qui caractérise son développement contemporain.

1. Les antécédents de la recherche-action

Nous ne savons pas encore ce qu'est exactement la recherche-action; nous analyserons plus loin dans ce chapitre les définitions qu'on peut en donner. Quelle que soit cette définition, cependant, nous sommes certains de deux choses : son développement suit chronologiquement celui de l'*enquête informative* de la *tradition positiviste* et il s'oppose aux postulats de base de cette dernière approche. Donc, avant de chercher à définir la recherche-action, de lui appliquer des classifications et de la critiquer, il semble normal et constructif de décrire les modèles qui présidèrent à son apparition, de définir les bases de l'approche concurrente, le positivisme, et les modalités concrètes de cet autre type d'enquête, la technique informative. Nous entrerons donc dans le sujet en suivant un ordre chronologique et logique allant du positivisme (approche générale) à l'enquête informative (actualisation de cette approche), jusqu'à la recherche-action, dont on ne sait pas encore si elle est une réaction à l'approche ou à la méthode qui l'ont précédée; cette question devra être débattue dans la recherche d'une définition à la recherche-action.

Le *positivisme* est une approche, une philosophie, une idéologie. Il apparaît au XIX siècle en même temps que naissent et s'épanouissent les sciences sociales, d'où son impact fondamental et durable sur ces sciences. Bien que l'on ne le désigne pas habituellement comme l'auteur de cette approche, Saint-Simon a quand même eu une influence très importante sur le développement qui l'a ensuite marquée[1]; c'est lui qui le premier préconisa l'étude des sociétés humaines, non comme science de l'homme étudié comme individu raisonnable (logique), mais comme science de l'homme envisagé dans l'espace, dans ses rapports avec les autres hommes.

On présente habituellement Auguste Comte comme le père du positivisme. Il est celui qui proposa de faire évoluer la science sociale (sociologie) dans le sens du cheminement des sciences de la nature qui, elles, se sont transformées selon trois aspects dits naturels : théologique, métaphysique et positif. Les principes de cette science positive peuvent se ramener aux préceptes suivants[2] :

- l'observation des faits est la seule base solide des connaissances humaines;

- toute observation doit provenir et conduire à une théorie;

- les faits sociaux sont spécifiques, divers, non monistes, mais forment une unité humaine et sociale sur laquelle agit le déterminisme sociologique naturel qui conditionne son évolution.

On peut opposer plusieurs approches au positivisme. Bachelard le situe dans un continuum liant réalisme, empirisme, positivisme, ratio-

---

1. Albert BRIMO, *Les Méthodes des sciences sociales*, Paris, Montchrétien, 1972, p. 57.
2. P. ARNAUD, *Sociologie de Comte*, Paris, PUF, 1969, p. 14.

nalisme appliqué, formalisme, conventionnalisme et idéalisme[3]. Popper a plutôt tendance à lui opposer le réalisme, l'idéalisme, le phénoménalisme et la phénoménologie, même s'il croit que, somme toute, ces approches sont toutes relativement peu éloignées de ce qu'il appelle la « common sense theory of knowledge[4] ». Mais n'est-ce pas ce même auteur qui a poussé le déterminisme à son extrême limite en proposant les bases du premier jeu à somme nulle de la théorie des jeux?

Le *positivisme* s'inspire donc d'une approche qui implique que la recherche sociale fasse de l'observation systématique, se raccroche à une théorie, considère les faits sociaux comme entièrement déterminés par des forces autres que Dieu et qui, en conséquence, établit que la seule bonne recherche sociale sera celle qui inhibe toute présence idéologique du chercheur au profit de l'objectivité par rapport à l'objet de recherche.

On peut lier à cette approche philosophique une méthode de recherche sociale qui en emprunte les prémisses et en développe une application pratique : il s'agit de l'*enquête informative*[5]. Le chercheur qui utilise cette méthode prend pour objet d'étude des hommes, des groupes ou des institutions. Il repère et définit lui-même les problèmes à investiguer et dont il se fera l'observateur objectif. Le chercheur aura le choix entre deux types d'articulation de sa recherche :

– la vérification statistique ou qualitative d'hypothèses issues de modèles existants en vue de l'atteinte de propositions généralisables à l'ensemble de l'univers d'enquête;

– l'exploration a-théorique de la réalité appréhendée à travers des variables sociales, organisationnelles et psychologiques dans le but de construire un modèle inductif.

Dans un cas comme dans l'autre, les sujets de l'enquête ne participent qu'en fournissant des informations; ils n'ont qu'un faible écho des résultats. Le changement social n'est pas exclu de cette perspective, mais il est extérieur à ce processus qui, lui, relève d'experts.

---

3. Gaston BACHELARD, « Le rationalisme appliqué » dans Pierre BOURDIEU, Jean-Claude CHAMBOREDON et Jean-Claude PASSERON, *Le métier de sociologue*, 3e éd., Paris-LaHaye, Mouton, 1980, p. 292.
4. Karl R. POPPER, *Objective Knowledge : An Evolutionary Approach*, 2e éd., Oxford, Clarendon Press, 1979, p. 63.
5. La discussion qui suit est tirée de P. GRELL et A. WERY, « Problématiques de la recherche-action » dans *Revue internationale d'action communautaire*, n° 5, printemps 1981, pp. 123-124.

On a critiqué le positivisme et l'enquête informative de bien des façons et sous plusieurs angles, mais il existe un nombre limité d'éléments qui ressortent de cette critique. « La critique du positivisme machinal [sert] à affirmer le caractère subjectif des faits sociaux et leur irréductibilité aux méthodes rigoureuses de la science[6] »; l'affirmation de l'inexistence de l'objectivité dans l'observation des faits sociaux et dans les faits sociaux eux-mêmes, dans la génération d'hypothèses et dans leur caractère a-historique, est le leitmotiv principal des critiques du positivisme (voir le chapitre remettant en question l'objectivité de la science). Weber soutient donc que

> [...] la critique de l'illusion selon laquelle le savant pourrait déterminer, indépendamment de tout présupposé théorique, ce qui est "essentiel" et ce qui est "accidentel" dans un phénomène, fait ressortir avec vigueur les contradictions méthodologiques de l'image positiviste de l'objet scientifique : outre que la connaissance des régularités, instrument irremplaçable, ne procure pas par elle-même l'explication des configurations historiques considérées dans leur spécificité, la saisie des régularités s'opère en fonction d'une problématique qui détermine l'"accidentel" et l'"essentiel" relativement aux problèmes posés, sans que l'on puisse jamais donner une définition réaliste de ces deux termes[7].

C'est en réaction contre ce positivisme et l'enquête informative, nous l'avons déjà dit, que la recherche-action s'est épanouie. Elle a voulu rallier recherche et action, chercheur et acteur, recherche et acteur, chercheur et action. Voyons maintenant comment on peut envisager cette critique constructive.

2. Les définitions de la recherche-action

Notre seconde tâche est maintenant, après avoir présenté les antécédents de la recherche-action, de définir cette méthode. Il est un fait surprenant mais non moins réel : la grande majorité des auteurs ne fournissent pas de définition précise du sujet qu'ils abordent, la recherche-action. Tous évidemment appuient implicitement une certaine version définitionnelle de cette méthode, mais aucun ne s'avance sur le terrain dangereux de la définition explicite. Ce n'est qu'en faisant l'effort d'interpréter leurs écrits qu'on peut faire ressortir quatre tendances importantes chez différents auteurs, tendances que nous appellerons, en les caractérisant :

- définitions mettant l'accent sur de « nouveaux buts »;

---

6. Pierre BOURDIEU *et al.*, *op. cit.*, p. 19.
7. *Ibid.*, p. 196.

- définitions s'articulant autour de la recherche d'une « nouvelle méthode »;

- définitions « axées vers l'action »;

- définitions centrées sur la « communauté de l'action ».

Ces quatre tendances se recoupent évidemment jusqu'à un certain point, mais, tout en étant complémentaires, s'affrontent sur d'autres terrains. Nous les présenterons ici dans l'ordre qui correspond à l'importance relative décroissante de l'adhésion des auteurs à l'approche qui les sous-tend.

2.1. Les définitions selon de « nouveaux buts »

La position la plus fréquente chez les auteurs favorise une définition de la recherche-action la décrivant comme conventionnelle dans ses techniques, mais évolutive quant à ses buts; elle emploierait des méthodes de recherche déjà utilisées, mais le ferait dans la poursuite de nouvelles finalités.

La recherche-action, dans cet esprit, serait donc *l'articulation des théories et des pratiques dans une perspective de changement social* et une approche analytique scientifique permettant à un groupe d'acquérir une conscience critique et constructive de son action.

D'autres auteurs fixent un but plus général à la recherche-action en soutenant qu'elle prend sa valeur quand elle analyse les dialectiques sociétales, et qu'elle est novatrice sur le plan scientifique, seulement quand elle l'est sur le plan socio-politique[8].

Une définition plus complète et centrée sur ce « nouveau but » pourrait se lire comme suit : un processus qui met en relation chercheurs et acteurs et aboutit à l'instauration d'un va-et-vient entre l'analyse et l'action dans la recherche de la production (par les acteurs), d'un travail de connaissance de la structure de leurs problèmes et des virtualités de leur action. Généralement, on pourrait dire que ce nouveau but serait d'apporter une solution à un problème posé par les intéressés eux-mêmes et non issu de l'expertise de chercheurs extérieurs au problème. La recherche-action vise principalement à adapter un des pôles d'une problématique sociétale à l'autre pôle : soit l'homme à son environnement, soit le milieu à l'homme. Cette dichotomie sera à la base de la

---

8. François DUBET et Michel WEIVIORKA, « L'intervention sociologique » dans *Revue internationale d'action communautaire*, n° 5, printemps 1981, pp. 115-116.

première de nos classifications présentées dans la troisième partie de ce chapitre.

En bref, ce ou ces nouveaux buts peuvent être :

– la transformation de la société,

– la transformation de l'homme,

– donc, l'action pour le changement;

– la prise de conscience,

– la dialectisation sociopolitique,

– donc la connaissance d'une situation problématique.

Et ce serait dans le lien de ces deux « donc » que se situerait toute l'originalité de la finalité de la recherche-action. La connaissance d'une problématique, la recherche conventionnelle la permet; l'action pour le changement, elle existe depuis longtemps; mais le lien de la recherche du savoir et de l'action transformatrice génère le premier effort de définition de la recherche-action.

Selon Veuille, la recherche-action innove par ce nouvel ensemble de buts fixés à l'opération :

> [...] dans la recherche-action, comme dans la recherche scientifique traditionnelle, les activités du groupe consistent à recueillir des données, à les traiter, à les mettre en forme et à les diffuser, mais tandis que la recherche traditionnelle vise à une accumulation de connaissances sur un domaine particulier, la recherche-action vise, rappelons-le, à transformer la situation initiale des acteurs[9].

2.2. Les définitions selon une « nouvelle méthode »

Le deuxième ensemble de définitions a comme dénominateur commun que la recherche-action serait une toute nouvelle méthode. Dans cette optique, elle pourrait ressortir comme une *contestation méthodologique* au nom de l'action, au nom d'une réalité nationale autre que celles de la France et des États-Unis (référence aux pays latino-américains ou du Tiers monde) ou au nom de la critique historique, politique, idéologique ou conflictuelle de l'idéologie positiviste.

---

9. Michel VEUILLE, « La recherche-action » dans *Revue internationale d'action communautaire*, n° 5, printemps 1981, p. 72.

Elle peut être vue aussi comme une réaction à la conception classique de la recherche scientifique concernant ses propres critères et la détermination de l'origine et des finalités de la recherche, ce qui revient encore une fois à formuler une critique à l'égard du positivisme classique.

Par ailleurs, puisque la recherche-action se fait avec les gens sur le terrain, elle nécessite la création d'un espace d'autonomie entre l'organisme qui fournit les sujets et celui d'où proviennent les chercheurs, afin que ces acteurs puissent se retrouver sur un terrain d'autogestion collective pratique, permettant l'aplatissement des relations hiérarchiques conventionnelles (organisationnelles et de savoir).

Grell et Wery, par ailleurs, la classifient comme une nouvelle modalité de production de connaissance et lui attribuent six principes méthodologiques de base qui permettent de préciser son caractère de « nouvelle méthodologie[10] » :

- le procédé de recherche doit susciter l'engagement de toutes les personnes touchées par la problématique et établir entre elles une communication symétrique;

- la recherche doit faire coopérer les activités d'analyse et d'action;

- la problématique doit être déterminée par ceux qui la vivent et en fonction de leurs besoins sociaux réels;

- la finalité du processus n'est pas de s'entendre *sur* une problématique, mais d'obtenir des résultats *avec* ceux qui y sont engagés;

- la participation du chercheur doit durer assez longtemps pour assurer la continuité du processus social qu'il contribue à activer;

- il faut garantir l'adéquation entre méthodes de recherche et objectifs découlant du problème posé.

2.3. Les définitions selon l'« axe action »

La troisième facette de la recherche-action met en évidence le fait qu'elle est tournée vers l'action. En plus de soutenir que cette association à l'action n'est pas suffisante, Zuniga maintient que la recherche-action doit traiter les participants comme des sujets actifs, qu'elle préconise la nécessité d'une connaissance simultanée et complète des produits de la

---

10. P. Grell et A. Wery, *loc. cit.*, p. 129.

recherche et qu'elle doit défendre le critère d'utilité du processus pour la communauté[11].

La recherche-action doit donc être ancrée dans le réel et faire face, non à des abstractions théoriques (qu'elle peut par ailleurs utiliser dans son appréhension de la réalité), mais aux comportements et aux dynamiques vécues, tout en ayant pour but ultime de les modifier, de susciter un changement.

2.4. Les définitions selon la « communauté de l'action »

La dernière approche définitionnelle à la recherche-action nous est dictée par son caractère communautaire dans l'action : « la recherche-action doit partager le pouvoir dans et par l'action commune[12] ». La recherche-action permet d'amenuiser cette domination par le savoir qui existe lorsque le chercheur parle au nom des sujets de l'enquête; comme en recherche-action les sujets sont à la fois acteurs et sujets de la recherche, il n'y a pas, par définition, de domination par contrôle de l'information et du savoir. Le caractère communautaire de l'action, de la recherche, du savoir, du pouvoir et des finalités est une autre caractéristique démarquant la recherche-action de l'enquête informative.

2.5. La définition formelle

Il semble donc qu'à la fois par les buts, par les présupposés, par le caractère communautaire et par la négation de l'objectivité, la recherche-action s'oppose à son antécédent méthodologique, l'enquête informative. Mais, en même temps, par les méthodes, les finalités, l'axe procédural et l'idéologie implicite, elle se met en contradiction avec son approche mère : le positivisme. La recherche-action est donc bien une évolution en réaction à ses antécédents.

En définitive, la recherche-action ne constitue pas tant une nouvelle technique de collecte d'informations qu'une nouvelle approche de la recherche : c'est *une modalité de recherche qui rend l'acteur chercheur et qui fait du chercheur un acteur, qui oriente la recherche vers l'action et qui ramène*

---

11. R. Zuniga, « La recherche-action et le contrôle du savoir » dans *Revue internationale d'action communautaire*, n° 5, printemps 1981, p. 35.

12. Alain Sauvin, « Quelques doutes préalables sur la compatibilité de la recherche-action et du travail social » dans *Revue internationale d'action communautaire*, n° 5, printemps 1981, p. 61.

l'action vers des considérations de recherche. Elle est différente de la recherche fondamentale qui ne fonde pas sa dynamique sur l'action et de la recherche appliquée qui ne considère encore les acteurs que comme des objets de recherche et non comme des sujets participants.

Comme Alary *et alii* le mentionnent[13], la recherche-action se caractérise par un cheminement en spirale plutôt que par un cheminement linéaire traditionnel. Cette spirale est enclenchée par les échanges entre acteurs et chercheurs et entre acquisition de connaissances et action, qui favorisent l'émergence de nouvelles voies de recherche. En parallèle, les résultats de recherche et les conclusions d'analyse ouvrent de nouvelles portes à l'action.

Maintenant que nous savons mieux ce qu'elle est, nous préciserons quelques-unes des classifications qu'on peut lui appliquer, puis nous résumerons les grandes critiques qui lui ont été servies.

3. Les classifications de la recherche-action

Dans cette troisième section, nous chercherons à opérer des découpages dialectiques, contradictoires, bipolaires, dans le champ de la recherche-action, ce qui nous permettra de mieux comprendre l'essence de la méthode et ses différentes modalités d'application. En nous inspirant de Henri Desroche[14], nous retenons trois dimensions pertinentes : nous établissons des différenciations selon les *fins,* les *sources* et les *formes* de la recherche-action.

3.1. Le découpage selon les finalités

Dans le premier cas, la classification selon les fins permet de distinguer la recherche-action adaptatrice et la recherche-action transformatrice; c'est la polarisation la plus importante et le plus conséquente des trois fournies ici.

La recherche-action *adaptatrice* trouve sa source chez Kurt Lewin et dans ses travaux sur les modifications des habitudes alimentaires des

---

13. Jacques ALARY *et al., Solidarités : pratiques de recherche-action et de prise en charge par le milieu,* Montréal, Éditions du Boréal Express, 1988.
14. Henri DESROCHE, « La recherche coopérative comme recherche-action » dans *Actes du colloque Recherche-action,* Chicoutimi, Université du Québec à Chicoutimi, 1981, pp. 9-48.

ménagères américaines durant la Seconde Guerre mondiale; il y découvrit que la participation à une réflexion de changement introduit chez les acteurs de cette conscientisation une transformation d'envergure extraordinairement supérieure à celle du simple message publicitaire[15]. L'accent est mis ici sur la recherche qui agit sur l'action; il n'y a pas partage de l'action, il y a action sur elle.

Cette première forme de recherche-action a ceci de caractéristique qu'elle est en accord avec le pouvoir politique, qu'elle agit en sa faveur. C'est en fait la forme décrivant le mieux la recherche gouvernementale qui, on le sait, est directement axée sur l'action et a pour finalité d'adapter l'homme à son milieu.

On a parfois qualifié cette forme de recherche-action de « manipulation ». Qu'en est-il exactement? À moins de donner une connotation nettement péjorative à l'opération de manipulation, on ne peut la rejeter en s'appuyant sur une base morale quelconque. Par ailleurs, toute présence de qui que ce soit dans un groupe en change la dynamique; or, qualifier de « manipulation » l'influence adaptatrice du chercheur quand on accepte ou valorise son influence transformatrice, relève du procès d'intention. En dernière analyse, comme le dit Frank, « si toute intervention d'un chercheur est suspecte, faut-il le renvoyer définitivement à sa tour d'ivoire [...] et faire la guerre à la recherche-action[16]? »

La recherche *transformatrice*, de son côté, est reliée à un projet politique critique, revendicateur ou marginal du type de l'alphabétisation de conscientisation de Freire[17]. Ce type de recherche-action a pour essence de mettre au jour l'enjeu de contrôle du savoir; il permet de contester, par exemple, la cooptation idéologique qui oriente, contrôle, limite et subordonne la production, la diffusion et l'utilisation des connaissances et des pratiques scientifiques à un projet politique érigé en dominance.

Son caractère novateur lui vient de la remise en question des présupposés idéologiques de la recherche sociale et non pas de l'aspect technique de la méthode.

Cette dimension sera étiquetée « finalités » et, dans le tableau 1, prendra les valeurs « A » pour le cas de l'adaptation et « T » pour la transformation.

---

15. Kurt LEWIN, « Group Decision and Social Change » dans E. MACCOBY *et al.*, *Readings in Social Psychology*, pp. 197-211.
16. Robert FRANK, « Recherche-action ou connaissance de l'action » dans *Revue internationale d'action communautaire*, n° 5, printemps 1981, p. 163.
17. Paulo FREIRE, *Pédagogie des opprimés*, Paris, Maspéro, 1980, 202 pages.

3.2. Le découpage selon l'initiateur

La seconde dichotomie est reliée aux sources du processus de recherche-action : elles peuvent se situer soit chez le *chercheur*, soit chez les *acteurs* de la problématique étudiée.

Si elle est le produit du groupe dont la prise de conscience collective nécessite une recherche formelle, elle sera beaucoup plus axée sur le pôle « action » que sur le pôle « recherche ». Dans cette optique, le groupe doit acquérir une conscience critique de sa situation, déterminer une stratégie de changement et produire une connaissance nouvelle en ce qui a trait à la problématique et à la stratégie (confrontation entre savoir populaire, savoir académique et savoir politique); l'initiateur doit être préexistant au chercheur et demander son intervention au moment opportun.

À l'opposé, d'autres chercheurs se montrent quelque peu sceptiques à l'égard de la recherche-action et se demandent si elle n'est pas simplement une appropriation par le champ universitaire du couple « avant-garde–masse » où la primauté est donnée à la recherche et où l'action y est subordonnée. Dans ce second cas, le résultat ne saurait être aussi dynamique, ni aussi transformant; on est plutôt du côté du pôle adaptatif.

Cette dimension s'appellera l'« initiative » et, au tableau 1, vaudra « C » quand la recherche aura été entreprise par le chercheur et « A », quand les acteurs auront été les initiateurs.

3.3. Le découpage selon la forme

Troisièmement, la recherche-action peut chercher à comprendre l'action sans être l'action elle-même ou faire corps avec le mode d'action sur lequel elle effectue une recherche. Cette polarisation se nommera « forme » et prendra, au tableau 1, la valeur « A » quand la recherche sera l'action, et la valeur « P » quand la recherche portera sur l'action.

Les recherches de conscientisation du type de l'enquête sociologique ou de l'enquête conscientisante relèvent du premier type; le but premier est alors de chercher collectivement une explication à une situation.

Les recherches actives, par contre, qui induisent l'action dans le corps de la recherche, relèvent du second type — les essais d'inclusion des réseaux sociaux dans les traitements psychiatriques trouvent ici leur place, tout comme les recherches en animation de groupes populaires où la recherche de la compréhension mène à une action collective qui est réinterprétée par le groupe de recherche.

3.4. La typologie des recherches-actions

La combinaison de ces trois dimensions à deux valeurs nous permet de développer une classification des modalités d'existence de la recherche-action, en huit types (voir tableau 1). Dans chacun des cas, les acteurs font partie de la dynamique « recherche », autant que de la dynamique « action ».

TABLEAU 1
Typologie des recherches-actions

Types	Finalités	Initiative	Forme
	(A) adaptation (T) transformation	(C) chercheur (A) acteurs	(A) est l'action (P) porte sur l'action
Récupérative	A	A	P
Intégrative	A	A	A
Évaluative	A	C	P
Appliquée	A	C	A
Conscientisante	T	A	P
Intégrale	T	A	A
Distante	T	C	P
Militante	T	C	A

- La *recherche-action récupérative* est de celles qui s'orientent vers l'adaptation, l'initiative revient aux acteurs et cette recherche porte sur l'action; les stratégies de recherche-action d'Hydro-Québec pourraient se classer dans ce type[18].

---

18. Voir Réjean LANDRY, « La décision de construire le tracé hydro-électrique Chénier-Châteauguay : une analyse cybernétique » dans *Revue canadienne de science politique*, vol. 14, n° 2, juin 1981, pp. 259-307.

– La *recherche-action intégrative* vise également l'adaptation à travers l'action et le processus est engagé par les acteurs; dans une certaine mesure, on pourrait assimiler ce mode de recherche-action aux interventions des Centres de services sociaux dans le cadre des dynamiques familiales[19].

– La *recherche-action évaluative*, à travers l'adaptation, valorise un cadre de compréhension dans une recherche entreprise par le chercheur; c'est le cas de l'approche individuelle dans une intervention utilisant la modification de comportement[20].

– La *recherche-action appliquée* recourt à l'adaptation en mettant l'accent sur l'action dont le chercheur est l'initiateur; les recherches sur les réseaux des malades psychiatriques en constituent de bons exemples[21].

– La *recherche-action conscientisante*, entreprise par les acteurs, est transformatrice et étudie l'action; le travail des groupes féministes va dans ce sens : recherche sur la situation de l'opprimée menant à une action anti-oppressive[22].

– La *recherche-action intégrale*, mise en train par les acteurs, est transformatrice et fusionne la recherche et l'action; les mouvements de comités de citoyens sont un parfait exemple de ce type de démarche[23].

– La *recherche-action distante*, entreprise par le chercheur, se classe comme transformatrice également, mais elle met l'accent sur la recherche et sur la compréhension; les efforts de recherche-action auprès des jeunes du niveau secondaire concernant la problématique de l'inceste pourraient illustrer ce type de recherche[24].

---

19. Voir, malgré le caractère boiteux de la comparaison, Jacques SOUCY, « Critères et processus de sélection des familles d'accueil : proposition d'un instrument de travail » dans *Service social*, vol. 24, n° 3, juillet-décembre 1975, pp. 6-33.
20. Mathilde DU RANQUET, *L'approche en service social*, Montréal, Edisem, 1981, pp. 141-169.
21. Robert MAYER et Danielle DESMARAIS, « Réflexions sur la recherche-action : l'expérience de l'équipe de réseaux de l'Hôpital Douglas de Montréal » dans *Service social*, vol. 29, n° 3, juillet-décembre 1980, pp. 380-403.
22. Danielle LAFONTAINE, « La recherche scientifique et la cause des femmes » dans Yolande COHEN (dir.), *Femmes et politique*, Montréal, Le Jour, 1981, pp. 119-137.
23. Manuel CASTELLS, *La question urbaine*, Paris, Maspéro, 1972, pp. 404-471.
24. Chantalle TREMBLAY, *Description d'une intervention par rapport à l'inceste dans un groupe d'étudiants(es) en secondaire V de l'Outaouais*, Hull, Comité de protection de la jeunesse, 1981.

– La *recherche-action militante* cherche à transformer à travers une action réfléchie initiée par des chercheurs; l'action menée à bien par Gilles Comtois en Ouganda après une recherche-action sur le développement au Tiers monde en est un exemple[25].

4. Les critiques de la recherche-action

Cette présentation de la recherche-action, de son tronc à ses branches, nous amène à présenter un certain nombre de critiques et de questions qu'on adresse souvent à cette méthode. Nous pouvons les réunir en cinq groupes qui seront abordés dans les cinq paragraphes suivants.

Nous avons déjà dit plus haut que la recherche-action pouvait faire office d'assouplissement de la méthodologie scientifique classique ou de pont idéologique entre le chercheur universitaire et l'acteur social; la mention de ces deux fonctions n'exclut pas d'autres considérations. Certains soutiennent que, dans le premier cas, elle fait le jeu de la structure sociopolitique de domination parce qu'elle camoufle l'enjeu fondamental de la remise en question de la dynamique sociétale (en se situant dans le pôle transformatif) et que, dans le second cas, elle peut contribuer à obscurcir les enjeux en confrontant deux rationalités (chercheur universitaire-acteur social). Dans un cas comme dans l'autre, le résultat est la récupération de l'effort transformatif alors que le but initial était tout à fait contraire.

D'autres mettent l'accent sur l'incompatibilité entre tout emploi institutionnel et la recherche-action. Ils soutiennent que des contraintes telles que celles du contrôle sur la gestion du temps de travail, des réticences à l'utilisation de l'écrit dans la communication, du poids de la structure institutionnelle et de la spécialisation du travail, de la compétition, sont contraires aux préalables (tels le bris de la neutralité, l'engagement, l'approche communautaire et collective), nécessaires à la participation d'un salarié à un processus de recherche-action.

D'autres encore relèvent une contradiction très intéressante, inhérente à la recherche-action, se rapportant à la production du savoir. Partant des besoins d'accumulation du « connu », on admet qu'il ne faut pas atomiser la connaissance au point de rendre la recherche (le savoir) non généralisable, non reproductible, non falsifiable, donc orienté vers

---

25. Gilles COMTOIS, « Un cas de recherche-action en pays Tiers-monde » dans *Actes du colloque Recherche-action*, Chicoutimi, Université du Québec à Chicoutimi, 1981, pp. 115-125.

l'action spécifique; mais élever l'abstraction du savoir de façon à ce qu'il s'autoreproduise et puisse se transposer à des situations différentes (se généraliser) permet l'appropriation de ce savoir par une minorité d'initiés. C'est donc le dilemme entre le savoir proche de l'individu et de l'action, et la connaissance généralisable (donc à plus grande portée), mais moins compréhensible et moins proche des acteurs sociaux.

Un quatrième problème soulevé porte sur des questions méthodologiques particulières. La recherche-action est censée se dérouler dans la situation de recherche la plus ouverte et la moins dissimulée possible; cependant, la divulgation des buts et méthodes de la recherche est-elle toujours souhaitable? Certaines situations incitent à la réflexion sur cette question. Un autre préalable de la recherche-action est l'établissement continu du consensus sur chaque action à poser et chaque orientation à prendre; le consensus conscient est-il possible si l'on a recours à des méthodes d'investigation quelque peu compliquées? À l'inverse, si l'on utilise des méthodes simples, pourquoi ne pas se passer de chercheur? Peut-être doit-on soulever toutes ces questions parce que la recherche-action n'a pas réussi à s'affranchir complètement de ses origines positivo-scientifiques.

La dernière réflexion que nous voulons faire par rapport à la recherche-action est une mise en garde : il ne faut pas idéaliser la recherche-action, car ainsi on se fermerait à la recherche théorique génératrice de nouvelles approches et, en même temps, on légitimerait la tendance de l'État à ancrer les recherches faites sous ses auspices dans la seule action adaptatrice à l'exclusion de toute recherche se situant dans l'optique du changement (théorique ou actif).

Nous n'avons pas l'intention d'apporter des réponses à ces questions, ni de chercher à clore le débat entourant ces critiques et réflexions. Nous croyons que nous devons d'abord laisser évoluer la recherche-action à l'intérieur des courants actuels, quitte à établir une évaluation d'ensemble plus tard. Le développement de la recherche-action n'est en effet pas terminé et les voies contemporaines de recherche et d'action laissent présager d'intéressants développements dans l'avenir.

Bibliographie annotée

Actes du colloque Recherche-action, Chicoutimi, Université du Québec à Chicoutimi, 1981, 254 pages.

Compte rendu d'un colloque ayant eu lieu à Chicoutimi. Il présente plusieurs expériences intéressantes et variées. Bien que la réflexion théorique n'y est pas très approfondie, ce recueil constitue encore une des seules compilations d'expériences québécoises en recherche-action.

ALARY, Jacques *et al.*, *Solidarités : pratiques de recherche-action et de prise en charge par le milieu*, Montréal, Éditions du Boréal Express, 1988, 245 pages.

Cet ouvrage est une excellente introduction à la recherche-action. Il place la recherche-action dans un cadre de réalité axé sur le changement par la prise en charge par le milieu. Sa valeur pédagogique est remarquable. Entre autres, il a su éviter l'écueil des trop nombreuses citations.

CAILLOT, Robert, *L'enquête-participation*, Paris, Éditions Ouvrières, 1972, 236 pages.

Ce guide, quoique fort centré sur la problématique de l'aménagement du territoire, peut être utile à celui qui s'intéresse à la maîtrise populaire de la société, à la participation démocratique au contrôle de l'environnement.

GOYETTE, Gabriel et Michelle LESSARD-HÉBERT, *La recherche-action : ses fonctions, ses fondements et son instrumentation*, Sillery, Presses de l'Université du Québec, 1987, 204 pages.

Le livre de Goyette et Lessard-Hébert constitue la plus impressionnante compilation d'écrits sur la recherche-action préparée jusqu'à maintenant. Le propos est cependant largement axé sur la définition de la recherche-action et l'explication de la nature de cette recherche. Étant basé essentiellement sur une recension d'écrits, ce livre pèche par un manque de références à des expériences pratiques sur le terrain.

LAFONTAINE, Danielle, « La recherche scientifique et la cause des femmes » dans Yolande COHEN (dir.), *Femmes et politique*, Montréal, Le Jour, 1981, pages 119-137.

Réflexion sur la place de la connaissance dans la problématique révolutionnaire de la place des femmes dans la structure du pouvoir.

RAPOPORT, Robert N., *New Interventions for Children and Youth : Action-Research Approaches*, Cambridge, Cambridge University Press, 1987, 275 pages.

Cet ouvrage est un recueil très détaillé de dix recherches-actions menées dans le domaine de l'intervention auprès des jeunes. Son intérêt provient de l'abondance d'information sur chacun des dix cas. Les descriptions et analyses portent tant sur les aspects contextuels et méthodologiques que politiques et scientifiques.

Revue internationale d'action communautaire, n° 5, printemps 1981, numéro spécial sur la recherche-action.

Collection très variée d'articles discutant de plusieurs dimensions de la problématique de la recherche-action : faisabilité, potentialités, expériences, etc. Très ancrée dans le quotidien toutefois.

Chapitre 21
Une science objective?
Koula MELLOS

Je ne vois que ce que je crois!

Philosophe de mai 1968

Introduction

La philosophie empirico-analytique de la science est à la base de la conception du savoir scientifique qui prévaut dans le monde anglo-américain. Cette conception est aussi largement acceptée en Europe de l'Ouest. La philosophie de base n'est pas une nouveauté dans l'histoire de la pensée occidentale, mais on peut situer son développement le plus significatif à l'époque de la révolution industrielle, qu'elle a du reste marquée.

Au cours des quatre derniers siècles, et particulièrement depuis le début du siècle, l'approche empirico-analytique a subi plusieurs modifications importantes à divers niveaux de son épistémologie, modifications qui ont engendré un grand nombre d'écoles de pensée distinctes, telles que le positivisme logique et le rationalisme critique, à tel point que le terme de « philosophie empirico-analytique » peut créer de la confusion parce qu'il fait référence à des factions intellectuelles disparates.

Les différents chapitres de ce livre présentent une série de méthodologies diversifiées, aujourd'hui utilisées dans la recherche d'explications valables de la réalité. Quoiqu'une certaine hétérogénéité théorique et pratique puisse y être observée, ces méthodologies peuvent quand même être regroupées par leur compatibilité épistémologique prenant racine dans des prémisses communes issues de la même approche empirico-analytique. Cette compatibilité provient de plusieurs postulats concernant la nature de la science et, en particulier, d'une proposition que nous aimerions faire ressortir à cause de ses profondes implications dans la théorie et dans la pratique : il s'agit de la *neutralité de la science*. Selon cette proposition, la science a pour objectif la connaissance du monde tel qu'il est, et non tel qu'il devrait être; *les valeurs n'auraient donc pas de place dans le processus scientifique puisqu'elles ne peuvent produire qu'une vision contrefaite de l'état du monde.*

La thèse de la neutralité de la science est donc basée sur la prémisse selon laquelle il n'y a pas de continuité entre faits et valeurs, que les faits concernent le monde tel qu'il est et que les valeurs concernent ce qu'il devrait être. Cette dichotomie faits-valeurs remonte à David Hume qui soutint qu'un fait ne peut pas être dérivé logiquement d'une valeur, ni une valeur d'un fait; donc, si la science cherche à découvrir et à expliquer l'état et les processus du monde réel, c'est-à-dire les faits, elle doit éviter de lier faits et valeurs au niveau de la logique de l'enquête. Les valeurs, puisqu'elles existent sous forme de préférences et de désirs chez les individus, peuvent aussi devenir des faits, par leur seule existence et évidemment à cause de leur place centrale dans l'orientation du comportement. Ceci ne viole pas la prémisse de la discontinuité logique : en effet, une valeur n'est pas une valeur par son existence factuelle, pas plus qu'un fait n'est un fait parce qu'on lui accorde une valeur.

Le principal objectif de ce chapitre est d'analyser la thèse de la neutralité de la science pour préciser 1) si, oui ou non, on peut soutenir logiquement que la science peut exister indépendamment des valeurs, 2) les implications sociales d'une pratique scientifique supposée neutre, au moins au niveau de sa logique, mais aussi, par voie de conséquence, au niveau du type de résultats qu'elle produit.

1. La logique de la neutralité de la science

Le terme générique « science » est très significatif dans ce qui s'appelle la « philosophie » de la science puisqu'il renvoie à l'idée d'un mode commun d'enquête choisi à l'intérieur d'un large éventail d'objets possibles d'analyse. Ce mode d'enquête est constitué d'une méthodologie particulière et d'un ensemble de règles précises du discours scientifique. Cette méthode et ces règles[1] définissent la science en général; une

---

1. Pour une discussion générale des diverses étapes de la méthode scientifique, voir Arnold BRECHT, *Political Theory: The Foundations of Twentieth Century Political Thought*, Princeton, University Press, 1959, pp. 27-113.

science en particulier diffère d'une autre science seulement par son objet d'analyse, et non par la méthode ou les règles de son discours. Ainsi la physiologie s'intéresse aux cellules vivantes; la sociologie, aux relations sociales; la science politique, aux relations de pouvoir; chacune se distingue des autres par ses objets d'analyse, mais la méthodologie et les règles de leur discours sont les mêmes.

On peut parler de « la science » dans un sens général puisque toutes les sciences particulières se regroupent dans cette unité de la méthode et de la structure des règles du discours. Évidemment, on ne peut nier que la structure ou le comportement spécifique de certains objets d'analyse peut provoquer, et a effectivement amené, le développement de techniques particulières d'enquête. En effet, plusieurs chapitres de ce livre mettent l'accent sur des techniques précises et démontrent la variabilité et la diversité des techniques scientifiques; mais cette affirmation de l'unité de la méthode ne touche pas les techniques d'enquête : elle signifie plutôt que la même logique et les mêmes règles de syntaxe scientifique sont appliquées dans toute la science.

Toute la structure de la méthode et des règles du discours scientifique est entachée par l'axiome de la dichotomie faits-valeurs. Au moins trois aspects de cette structure mettent en évidence l'impact de la prémisse de neutralité : il s'agit de l'*observabilité*, de l'*intersubjectivité* et de la *reproductibilité*, chacune constituant une condition nécessaire à la solidité de la méthode scientifique.

1.1. L'observabilité

L'observabilité renvoie aux caractéristiques d'un objet d'analyse. Un objet particulier ne peut être retenu pour traitement scientifique que s'il peut s'adapter à la *vérification empirique*. Bien sûr, ceci ne signifie pas que les propriétés de cet objet soient obligatoirement accessibles à l'observation des sens physiques; l'observation indirecte par inférence peut suffire et, effectivement, est employée quand l'observation directe est impossible. On ne peut pas *voir* un atome, et encore moins ses composantes : les électrons, les protons et les neutrons; mais, on peut utiliser différents tests indirects et des inférences pour arriver à considérer l'atome comme objet d'enquête scientifique. Par contre, l'omnipotence de Dieu ne peut pas faire l'objet de tests empiriques directs ou indirects et ne peut donc être retenue comme objet d'analyse scientifique.

Les tests empiriques que nous mentionnons peuvent regrouper toute technique permettant de mesurer certaines caractéristiques d'un objet d'analyse. L'observabilité a donc trait aux propriétés du monde réel et concret qui peut être étudié empiriquement. Cette condition implique que l'objet d'observation soit public et observable par plus d'un observateur. Un objet d'analyse scientifique ne peut pas être l'apanage de la seule expérience d'un individu isolé; il doit être ouvert à l'observation publique, même s'il s'agit d'un événement unique dans l'histoire de la nature ou de la société.

1.2. La reproductibilité

Le caractère public de l'observabilité se pose comme condition à l'intérieur des deux autres dimensions de la méthode, la reproductibilité et l'intersubjectivité. La reproductibilité concerne la méthode d'observation : la phase d'observation de l'objet doit pouvoir être répétée par d'autres analystes sur des objets comparables. Tout scientifique devrait, en principe, être en mesure de reprendre les tests empiriques pertinents sur le même objet ou sur des objets similaires appartenant à la même classe. La technique d'observation utilisée doit permettre cette reproduction de la vérification empirique.

Cette condition permet de distinguer une activité d'analyse publique de, par exemple, l'introspection individuelle qui est privée et particulière à un seul individu et qui ne rencontre donc pas le critère de reproductibilité publique. L'introspection peut devenir reproductible comme objet d'analyse, mais elle doit pour cela s'ouvrir à l'examen public de sorte que l'analyse puisse être reprise par tout membre de la communauté scientifique. Cette dimension de reproductibilité définit donc ce qu'est un objet connaissable scientifiquement.

1.3. L'intersubjectivité

L'intersubjectivité a trait à l'ensemble de la structure et de la syntaxe de la méthode, à partir des règles premières précisant la structure jusqu'au statut des résultats que cette structure engendre. L'intersubjectivité renvoie au mode de communication et de formation du consensus chez les scientifiques en ce qui concerne la méthode et les théories de la science.

Il ne serait pas exagéré de dire qu'en un sens la science est elle-même une *convention*. Et si la science est basée sur une convention et que chaque aspect de la science comporte des conventions, il est évident qu'on ne peut s'attendre à ce que la science produise des vérités ou des connaissances absolues et irréfutables. Les résultats dits « scientifiques » ne sont vrais que temporairement, jusqu'à ce qu'une autre recherche ne les démontre suffisamment faux pour que la communauté scientifique les rejette et les remplace par des résultats plus fiables.

La logique profonde de la science présuppose non seulement que sa vérité est une tentative plutôt qu'un absolu, mais aussi qu'elle produit des résultats qui ne peuvent avoir d'autre statut que celui d'essai. *On ne peut jamais démontrer la vérité absolue d'un résultat.* En effet, le caractère empirique (plutôt que logique) de la preuve requiert la vérification de tous les objets ou événements passés, présents et futurs relatifs à une certaine classe d'objets ou d'événements; cette condition, qui ne peut évidemment jamais être remplie, ni logiquement, ni pratiquement, circonscrit cette impasse qu'on ne peut éviter que par la convention[2]. L'intersubjectivité s'insinue donc dans toute la structure de la méthode et du discours de la science. De la forme d'une hypothèse à son mode de vérification, du niveau d'acceptabilité de la preuve à la question du statut de la vérité, la science peut être vue comme un ensemble de conventions.

L'intersubjectivité peut prendre un autre sens qui est beaucoup plus proche de la signification de l'observabilité et de la reproductibilité. L'intersubjectivité suppose que toutes les étapes de la méthode puissent être traduites en termes publics de sorte que tous les tests puissent potentiellement être menés par au moins deux scientifiques. Le traitement intersubjectif des hypothèses exige donc que les critères d'observabilité et de reproductibilité soient satisfaits. L'intersubjectivité présuppose les deux autres dimensions; en fait, c'est la notion d'intersubjectivité qui autorise diverses nuances quant à la signification de l'expérience contrôlée.

1.4. Ces trois aspects et la neutralité

Voyons maintenant comment l'observabilité, la reproductibilité et l'intersubjectivité de la méthode et du discours scientifiques sont reliées à la thèse de la neutralité de la science. Ces trois aspects de la méthode et du discours font référence à la conception traditionnelle de l'objectivité qui, à son tour, se raccroche à celle de la neutralité par rapport aux valeurs. La méthode scientifique (l'expérimentation contrôlée) et les

---

2. Dans le cheminement de la « falsification déductive » proposé par Karl Popper comme moyen de résoudre l'impasse logique de l'induction, la convention prend une place logique encore plus importante. Voir Karl POPPER, *La logique de la découverte scientifique*, Paris, Payot, 1973.

règles de la syntaxe (liens entre le discours et la vérification empirique en environnement contrôlé) constituent, d'après les philosophes de la science, les moyens de parvenir à l'objectivité. Dans ce contexte, l'objectivité est définie comme la qualité d'un mode d'analyse qui permet de préciser le caractère réel (ou objectif) d'un objet donné d'analyse. C'est une caractéristique essentielle d'une méthode qui se targue de déterminer ce qu'est réellement un objet. *L'objectivité de la méthode est la suppression de toute influence fallacieuse qui puisse altérer la validité de notre perception des caractéristiques réelles de l'objet d'analyse au cours de l'enquête.* L'objectivité caractérise une méthode et un discours qui éliminent l'effet des lubies, des préférences et des préjugés de l'analyste.

Seule cette logique peut permettre de préciser la structure réelle de comportement du monde tel qu'il existe, à compter du système solaire où le soleil se lève inexorablement tous les matins jusqu'au système social où l'éducation des enfants relève du système scolaire. Seuls cette méthode et ce discours peuvent nous amener à déterminer le caractère objectif de la réalité, ce qu'ils réussissent en éliminant le plus d'interférences possible par rapport à l'observation du monde réel.

Dans cet ordre d'idées, les sources les plus évidentes de distorsions des perceptions du monde réel seraient sans doute les valeurs. Ces valeurs dénatureraient nos observations et nous empêcheraient de produire des lois générales sur le comportement du monde. Selon cette philosophie, le chercheur scientifique *peut* connaître le vrai visage du monde environnant en réduisant l'influence de ses caractères socio-psychologiques à leur plus simple expression. On peut même dire que la méthode et le discours eux-mêmes sont rendus objectifs, comme moyens d'acquisition du savoir. L'objectivation de la méthode et du discours est parfois poussée assez loin pour que, par exemple, Karl Popper ait pu dire que l'objectivité et la connaissance objective peuvent exister sans sujet connaissant[3].

Cependant, c'est la notion d'objectivité par rapport à l'objet d'analyse et par rapport aux moyens de sa connaissance qui est la dimension la plus touchée par la thèse de la neutralité de la science. Quelle que soit la nature, la constitution ou le comportement de l'objet d'analyse, la science cherche à l'enregistrer, à le décortiquer ou à l'expliquer, mais non à le condamner, à l'applaudir ou à le changer dans le cours de l'enquête. La science veut reconstruire fidèlement l'*état de l'objet d'analyse* et sa situation dans la réalité globale, et non pas l'altérer dans le sens

---

3. Karl POPPER, « Epistemology Without a Knowing Subject », dans *Objective Knowledge*, Oxford, Oxford University Press, 1972, pp. 106-152.

de quelque valeur explicite ou implicite qui déterminerait *ce que la réalité doit être*. Dans le processus d'enquête, d'après cette logique, les valeurs ne sont que des éléments falsifiant la réalité. Elles ne peuvent que créer des distorsions dans la perception de l'objet et fournir des explications de son comportement qui seraient plus en accord avec les désirs de l'analyste qu'avec la réalité.

La méthode scientifique et les règles de syntaxe existent donc pour atteindre l'objectivité, c'est-à-dire pour la construction d'un corpus de connaissances qui reflète le monde réel. En même temps, elles permettent de créer et de maintenir une séparation entre objectivité et subjectivité, cette dernière représentant la fragilité morale des praticiens de la méthode. Tenir la subjectivité à distance, ou l'éliminer de l'enquête scientifique, purifie l'objectivité; c'est un exploit que la méthode scientifique et les règles de sa syntaxe, dans leur logique même, assurent pouvoir réaliser.

2. La thèse de la neutralité de la science

La section précédente n'est qu'une brève synthèse de la thèse de la neutralité de la science, mais elle marque quand même les points saillants que nous devons analyser pour vérifier s'il est possible de soutenir qu'on peut éliminer l'influence des valeurs. Voici la question précise que nous devons nous poser : peut-on réellement soutenir que ni la méthode scientifique ni le discours scientifique ne sont basés sur certaines valeurs et que ces valeurs ne s'immiscent pas dans la conduite de la recherche ou les règles du discours?

2.1. La vérité et la foi

Au niveau des prémisses de l'ensemble de l'entreprise scientifique, il existe une valeur dont peu de philosophes nieraient la présence : la *vérité*. En effet, la raison d'être première de la science est la recherche de la vérité; dans ce contexte, la vérité est définie comme la *connaissance objective des lois naturelles qui gouvernent les processus naturels et sociaux systématiques*. Quelques philosophes admettent l'existence d'une autre valeur sur le plan des prémisses préscientifiques : la *foi dans la validité de la méthode* et du discours de la science, à tout le moins comme moyens d'écarter les erreurs, sinon comme outils de démonstration directe de la vérité.

Pour Karl Popper, la science ne peut fonctionner que sur la foi de sa capacité à produire des propositions non falsifiées. L'acte de foi ne fait pas lui-même partie de la rationalité de la science; c'est plutôt un acte préscientifique nécessaire, se situant au niveau des valeurs mais néanmoins indispensable au déroulement du projet scientifique. En d'autres mots,

> [...] on doit adopter une attitude rationnelle pour rendre tout argument ou toute expérience efficace; ce choix ne peut donc pas être basé sur un argument ou une expérience (et cette considération est tout à fait indépendante de la question de l'existence d'un argument rationnel militant en faveur d'une approche rationnelle). Il faut donc conclure qu'aucun argument rationnel n'aura d'effet rationnel sur une personne qui ne veut pas adopter une attitude rationnelle [...]. Mais ceci signifie aussi que quiconque adopte une attitude rationnelle le fait à partir d'une décision, d'une proposition, d'une croyance, d'un comportement; une telle décision peut être traitée d'« irrationnelle ». Que cette décision soit temporaire ou qu'elle mène à une habitude ancrée, nous la décrivons comme une *foi irrationnelle dans la raison*[4].

Cependant, la présence de ces valeurs au niveau des prémisses préscientifiques n'affecte pas nécessairement la thèse de la neutralité de la science en elle-même, c'est-à-dire qu'elle n'a pas de conséquence épistémologique réelle puisqu'elle n'entache pas la logique interne de la méthode ou du discours scientifiques. Donc, pour vérifier si la thèse elle-même peut être soutenue, nous devons rechercher toute relation possible entre la logique de la science et les valeurs.

2.2. La démonstration de la validité

Lors de la discussion de l'intersubjectivité à la section 1.3., nous avons signalé que les règles de la méthode et du discours scientifiques sont basées sur des ententes au sein de la communauté des chercheurs. Un des points fondamentaux dans ce consensus intersubjectif est la relation entre les valeurs et la démonstration de la validité d'une hypothèse donnée.

De quelle « preuve de validité d'une hypothèse » parle-t-on ici, alors qu'on a montré plus haut l'impossibilité logique de la preuve absolue? De quoi a-t-on besoin pour démontrer qu'une certaine hypothèse est vraie ou fausse? Il est assez facile de démontrer qu'une hypo-

---

4. Karl POPPER, *The Open Society and Its Enemies*, vol. 2, London, Routledge and Kegan Paul, 1959, pp. 230-231 (traduction libre). L'ouvrage a été traduit depuis sous le titre *La société ouverte et ses ennemis*, Paris, Éditions du Seuil, 1979.

thèse est fausse : seul suffit un test où les résultats observés ne correspondent pas aux résultats attendus. Mais, si on applique la même notion empirique de vérité (une correspondance entre résultats réels et prédits) pour déterminer non seulement la fausseté, mais aussi le caractère véridique d'une hypothèse, on se heurte au problème de la méthode scientifique qui est incapable, à cause de sa logique et de sa pratique, de démontrer la véracité absolue de ses résultats. Ceci est dû, comme nous l'avons dit, à la structure logique de l'induction qui requerrait l'analyse de tous les événements passés, présents et futurs, ce qui est impraticable.

On se contentera donc de divers *degrés de preuve*, à défaut de démonstration totale, pour soutenir la confirmation temporaire d'une hypothèse. La communauté scientifique fixe donc des critères statistiques pour définir l'acceptabilité des hypothèses. Dans ce sens, on n'a pas accepté qu'un niveau de probabilité juste supérieur à 50 p. 100 soit suffisant comme démonstration de la fiabilité d'un résultat; la communauté scientifique a rejeté la proposition de Carnap[5] voulant que la probabilité majoritaire simple (50 p. 100) constitue un seuil de démonstration suffisant. On justifie donc la détermination de niveaux statistiques de la preuve temporaire des hypothèses par l'utilisation d'une certaine valeur. C'est Rudner[6] qui a fait remarquer la relation déterminante existant entre une certaine valeur et le niveau d'acceptabilité de la preuve : il a signalé que les conséquences reliées à une hypothèse, donc un jeu de valeurs, affectent le niveau de probabilité minimal d'acceptabilité des hypothèses que le chercheur voudra atteindre. Par exemple, la science médicale exige des niveaux de démonstration de la preuve supérieurs à ceux que d'autres sciences acceptent, parce que les conséquences de ses découvertes peuvent affecter des vies humaines. On voit clairement ici qu'une certaine valeur joue un rôle dans la présentation de la preuve, ce qui signifie que toutes les hypothèses sont sujettes à des tests requérant une certaine correspondance entre résultats observés et résultats prévus. Dans ce cas-ci, la valeur de préservation de la vie entraîne qu'on utilise un niveau de probabilité plus élevé pour démontrer la validité d'une hypothèse.

La vérification des hypothèses suppose une autre valeur : la valeur de l'efficacité dans la prévision. La vérification empirique des hypothèses est construite de telle façon que c'est la correspondance entre résultats

---

5. Rudolf CARNAP, *Logical Foundations of Probability*, Chicago, Chicago University Press, 1950.
6. Richard RUDNER, « The Scientist Qua Scientist Makes Value Judgements », dans *Philosophy of Science*, vol. 20, n° 1, 1953.

observés et résultats prévus qui constitue la base de validation. La preuve de la véracité d'une hypothèse tient donc à son aptitude à prévoir des résultats. L'efficacité des tests d'une hypothèse dans la démonstration de cette correspondance, sans compromettre rigueur et objectivité, est une mesure de sa validité et constitue la base sur laquelle la communauté scientifique en reconnaît la validité.

Dans ce cas, la valeur d'efficacité dans la prévision sous-tend la notion de vérité. Roberto Miguelez a signalé que la science ne trouve peut-être pas son compte dans cette équation « efficacité dans la prévision = vérité ». Il soutient que, dans la logique de la preuve, l'efficacité dans la prévision peut tout au plus être vue comme un indice de véracité, mais pas comme une preuve de vérité. Si l'efficacité est reliée à la vérité, une erreur peut être retenue comme vérité. Un des exemples qu'il suggère à cet effet est la confirmation de la véracité d'une hypothèse effectivement fausse :

> Un phénomène bien connu en sciences sociales peut offrir une raison supplémentaire de cette impossibilité : c'est celui qu'on appelle la « prédiction créatrice ». Il s'agit d'un phénomène caractérisé par le fait qu'une hypothèse fausse assumée comme vraie provoque, par cette assomption même, un comportement qui la confirme, c'est-à-dire qui rend vraie l'hypothèse fausse au départ. Un exemple typique d'un tel phénomène est la névrose de l'examen : convaincu qu'il échouera, l'étudiant inquiet passe plus de temps à se faire du mauvais sang qu'à travailler et, effectivement, il finit par échouer (ce qu'on appelle « prédiction destructrice » consiste, à l'inverse, dans une hypothèse dont la vérité initiale déclenche un comportement qui a pour effet la création d'une situation qui infirme l'hypothèse)[7].

Ceci illustre très bien la difficulté qu'il y a à se baser sur l'efficacité dans la prévision pour passer à la revendication de la vérité.

2.3. La construction des hypothèses

Cependant, la question de l'existence de valeurs au sein même de la logique de la science ne peut trouver une réponse complète en s'en tenant à la seule logique de la démonstration des hypothèses, même si ce point est d'importance fondamentale. La question doit aussi se poser à l'étape de la construction même des hypothèses.

---

7. Roberto MIGUELEZ, *Essais sur la science, les valeurs et la rationalité*, Ottawa, Presses de l'Université d'Ottawa, 1984, p. 31.

Avant de subir le test de l'empirie, les hypothèses doivent être formulées, articulées comme telles. Il est évident, pour quiconque a réfléchi à cette question, que les hypothèses ne surgissent pas fortuitement du néant : des hypothèses particulières découlent d'une certaine théorie suivant des règles précises de dérivation. Les valeurs ne semblent pas intervenir, à tout le moins immédiatement, dans ce lien entre théorie et hypothèses; elles sont cependant présentes par le fait qu'elles font partie d'une théorie donnée. Pour bien comprendre ce point, nous devons remonter brièvement jusqu'au niveau de l'élaboration de la théorie.

Les théories, sources d'hypothèses spécifiques, prennent forme au cœur d'un paradigme conceptuel; celui-ci est le produit de toute une détermination historique. Qu'est-ce donc qu'un paradigme et qu'est-ce qui cause son émergence? C'est en cherchant réponse à cette double question que Kuhn a écrit *The Structure of Scientific Revolution*[8]. Dans ce texte, l'auteur propose une certaine approche de ce paradigme qui, malgré les critiques de nébulosité et d'inexactitude qui lui ont été servies, a réussi à capter un élément crucial de la sélectivité de l'approche théorique et de la pratique de la recherche, élément qui caractérise, selon lui, toute entreprise intellectuelle : ce qui semble servir de mécanisme sélectif, c'est une cohérence théorique qui permet de solutionner plusieurs problèmes divers, et de développer suffisamment de méthodes de recherche originales pour gagner l'adhésion d'une certaine communauté de scientifiques.

Les deux éléments importants sont les problèmes théoriques et les méthodes de recherche qui sont déterminés, même de façon imprécise et vague, par ce paradigme.

Plusieurs écrits subséquents ont tenté d'élucider davantage cette notion[9] et, en empruntant à ces sources, nous pouvons définir un *paradigme* comme *une conception générale de la réalité qui détermine quelles questions sont à étudier, comment les approcher, comment les analyser et quelles significations les conséquences de l'analyse peuvent avoir pour la connaissance scientifique et son application*. Cette définition du paradigme se rapproche beaucoup de celle qu'Althusser[10] propose pour la « problématique théorique », soit une orientation théorique caractérisée par une structure

---

8. Thomas KUHN, *The Structure of Scientific Revolution*, Chicago, University of Chicago Press, 1962, particulièrement les chap. 2 à 5, pp. 10-51.
9. George RITZER, *Sociology : A Multiple Paradigm Science*, Boston, Allyn and Bacon, 1975; Roberto MIGUELEZ, *op. cit.*
10. Louis ALTHUSSER, « Du Capital à la philosophie de Marx », dans *Lire le Capital*, vol. 1, Paris, Maspero, pp. 9-85.

interne qui précise les objets d'analyse, les règles de l'analyse et celles de l'interprétation.

Un paradigme, ou une problématique théorique, donne forme à la réalité à l'intérieur d'un cercle d'attention et détermine les questions intéressantes, ou les problèmes requérant une solution, à l'intérieur de ce cercle d'attention et à l'intérieur du cadre interprétatif des résultats.

Dans cette notion de paradigme, certains éléments de l'enquête sont associés les uns aux autres. Ils sont liés de sorte que la détermination de l'objet d'analyse, la formulation des questions et les solutions possibles sont interreliées et ne sont pas neutres face à certaines valeurs. Les valeurs jouent le rôle de présupposés dans chaque aspect de la problématique théorique : elles permettent de décider de l'inclusion ou de l'exclusion de tel ou tel problème ou objet de recherche à l'intérieur du cercle théorique d'attention, et en même temps d'exclure certaines questions de ce cercle d'attention en les oubliant carrément ou en les traitant comme évidentes ou insignifiantes.

Par ailleurs, la relation entre la solution d'un problème et la science est peut-être la question la plus importante au sujet de la logique de la science et de ses relations avec certaines valeurs : en effet, toute solution à un problème présuppose un choix de valeurs. Mais, comme Roberto Miguelez le fait remarquer, le concept de structure interne articulée est à la base de la notion de paradigme et c'est ce fait même qui ébranle le plus la thèse neutraliste :

> Le postulat général de la compatibilité nécessaire entre processus et résultats scientifiques, entre activités et discours scientifiques, que la notion de paradigme permet de penser, s'avère donc être une condition absolue du traitement du problème du rapport entre science et valeur[11].

2.4. L'unité de la méthode

L'unité de la méthode scientifique est un autre principe de la tradition empirico-analytique qui a des implications immédiates dans le champ des valeurs. Selon ce principe, une seule méthode et un seul ensemble de règles du discours prévalent dans toutes les sciences, de la physique à la sociologie, quel que soit l'objet d'analyse. Ceci ne signifie pas que les mêmes techniques d'investigation sont appliquées à tous les sujets, mais qu'une même logique de méthode et de discours domine. Le but

---

11. Roberto MIGUELEZ, *op cit.*, p 41.

ultime est de découvrir les lois générales du comportement de la nature et de la société. Le principe de l'unité de la méthode ne pose pas comme condition une unité ou une continuité des lois naturelles et sociales; il suggère simplement que ces lois soient saisissables par une même logique de méthode et de discours.

Cet axiome a été contesté par plusieurs philosophes critiques de l'approche empirico-analytique[12]. Un des nœuds du débat tient justement aux différences intrinsèques entre nature et société[13]. Le comportement des objets physiques est contrôlé par des relations de cause à effet de sorte que, dans des conditions données, des objets appartenant à une même classe se comportent de façon similaire; les conditions constituent la cause, le comportement des objets, l'effet.

Cette proposition s'applique aussi aux processus de changement des objets de la nature : un comportement similaire provient de conditions équivalentes. Les lois de la nature sont donc immuables et le comportement de la nature est suffisamment systématique pour qu'on puisse établir des règles de prévision utilisables. Ceci étant, disent les critiques, la méthode de l'expérimentation contrôlée basée sur une notion pragmatique de la vérité (vue comme la correspondance entre les résultats et la prévision) peut être considérée comme étant appropriée à l'analyse de la nature.

Les comportements sociaux, cependant, ne sont pas constitués de la même manière et sont contrôlés différemment; ils ne devraient donc pas être étudiés de la même façon que les phénomènes naturels. Les membres d'une société adoptent certains comportements en fonction de normes sociales uniformes qui définissent la bienséance et sont soumis à la menace de sanctions s'ils ne s'y plient pas. Ces normes sont les dépositaires de ce qui doit et ne doit pas être fait, de ce que l'on permet et encourage et de ce qui est obligatoire et impensable. Leur action est à la fois explicite et implicite; elles réduisent l'éventail des possibilités

---

12. La plupart des écrits des membres de l'École de Francfort prennent la forme de critiques de la philosophie empirico-analytique en général et du principe de l'unité de la science en particulier. Voir par exemple, Theodor ADORNO, « Sociology and Empirical Research », dans Theodor ADORNO et al., *The Positivist Dispute in German Sociology*, London, Heinemann, pp. 68-86; voir aussi Jurgen HABERMAS, « The Analytical Theory of Science and Dialectics », dans *ibid.*, pp. 131-162; Max Horkheimer, « Traditional and Critical Theory », dans *Critical Theory*, New York, Seabury Press, 1972, pp. 188-243; voir aussi sa *Critique of Instrumental Reason*, New York, Seabury Press, 1974.
13. C'est la position de Jurgen Habermas; elle n'est pas nécessairement partagée par les autres théoriciens critiques, particulièrement au niveau de ses implications pour une théorie générale de la connaissance. Voir Jurgen HABERMAS, *Knowledge and Human Interests*, Boston, Beacon Press, 1968.

matérielles, tant sur le plan de la conscience des membres de la société, que sur celui des ressources nécessaires à la sélection de certains choix.

Les membres de la société se plient à ces normes dans la mesure où ils les trouvent légitimes; ne plus reconnaître de légitimité à une règle, c'est aussi refuser de s'y soumettre. Les normes, donc, contrôlent le comportement manifeste des membres de la société à travers leur conscience. Si les normes donnent forme au comportement social, on peut dire que ce comportement a une base normative.

Pour la philosophie empirico-analytique de la science, affirmer que le comportement social a une base normative n'entraîne pas le rejet du principe de l'unité de la méthode, ni une dérivation de sa position de neutralité, puisqu'elle accorde simplement à ces normes le statut de faits. En fait, on peut dire la même chose des valeurs dans la mesure où elles sont une composante importante des normes. Elles sont considérées comme des parties objectives de la réalité pour lesquelles on peut, grâce à la méthode scientifique, à un niveau scientifiquement acceptable de probabilité, inférer qu'elles sont les déterminants du comportement dans une relation causale. Donc, le principe de l'unité de la méthode ne viole pas le principe de cette dualité faits-valeurs puisque l'application de la méthode scientifique permet de distinguer les valeurs comme valeurs, des valeurs comme faits.

Cette défense du principe de l'unité de la méthode, en regard de la thèse de neutralité, peut être détruite par un examen plus approfondi de la nature et de la constitution de ces normes sociales.

3. La recherche et l'idéologie

Si les normes sont essentiellement des moyens de sélectionner ce qui est admissible dans le possible et de rejeter ce qui n'y a pas place, elles ne sont que l'effet d'une structure sous-jacente qui les conditionne. Par exemple, dans le mode de production capitaliste, la structure des relations sociales de production dans laquelle la plus-value est appropriée privément par les détenteurs des moyens de production est essentiellement une structure de pouvoir de classe, c'est-à-dire que c'est une structure faisant la promotion de la réalisation des intérêts de la classe capitaliste; la classe capitaliste domine, grâce à la propriété des moyens de production, non seulement sur le plan des relations économiques, mais aussi sur celui des relations politiques et idéologiques. Les normes ne sont que des effets idéologiques particuliers d'une structure de relations économiques de production.

Dans une formation sociale à dominance capitaliste, les normes favorisent les intérêts de la classe capitaliste; les comportements qu'elles préconisent ou inhibent sont consistants avec la domination de la classe capitaliste. Le pouvoir de la classe capitaliste s'exerce donc sur tous les plans des relations sociales et, quoique cette structure soit objective, elle n'est pas neutre vis-à-vis les relations de classes.

L'analyse des objets sociaux qui accorde un statut de neutralité à ces objets n'est pas neutre non plus. En examinant ce qui existe et en éliminant ce qui devrait exister, cette analyse s'aligne sur les valeurs de la classe dominante et sa vision théorique se trouve déterminée par les structures de la classe dominante[14]. L'analyse de ce qui devrait être est rejetée puisque ce qui devrait être fait partie de ce qui est dans la perspective des structures de la classe dominante. Mais cet axiome idéologique n'élimine pas ce qui devrait être objet de l'analyse. Cette portion de la réalité est dissimulée derrière la correspondance idéologique entre ce qui est et ce qui devrait être.

Une analyse qui ignore cette unité de ce qui est et de ce qui devrait être oublie aussi la relation conflictuelle que ces possibles créent avec d'autres possibles, avec d'autres formes potentielles de relations sociales. Dans sa logique intrinsèque, elle appuie le statu quo et s'oppose au changement social structurel.

Ce rapide survol de la prétention de la philosophie empirico-analytique de la science à la neutralité a permis de signaler plusieurs niveaux où on peut concevoir la présence de certaines valeurs. On en a fait le constat au niveau des prémisses préscientifique, à divers niveaux de la logique interne de la méthode scientifique, y compris au niveau du paradigme ou de la problématique théorique, et au niveau de la preuve. Nous avons aussi démontré que les valeurs particulières d'une époque interviennent dans l'analyse sociale à travers le principe de l'unité de la méthode.

Que la science elle-même ne puisse être neutre dans sa logique nous ramène au fait que la réalité (et sa structure) ne peut pas être conçue comme neutre. Elle est déterminée par les rapports sociaux, par les contradictions et la lutte, et mue par les intérêts de classe où faits et valeurs forment une seule entité.

---

14. Voir George LUKACS, *History and Class Consciousness*, London, Merlin Press, 1968, pp. 110-148.

Bibliographie annotée

BRECHT, Arnold, *Political Theory: The Foundations of Twentieth Century Political Thought*, Princeton, Princeton University Press, 1959.

Ce livre traite de la notion empirico-analytique de science. Il s'arrête à une description de la méthode associée à la science empirico-analytique et examine où se situent plusieurs écoles contemporaines à l'intérieur de cette tradition par rapport à un certain nombre d'enjeux, incluant celui du relativisme scientifique.

FEYERABEND, Paul, *Against Method*, London, Atlantic Highlands Humanities Press, 1975.

Développant une critique de diverses écoles de méthodologie incluant le rationalisme critique, Feyerabend développe une argumentation contre la prééminence actuelle de la méthode scientifique en tant que mode d'acquisition de connaissances. Il soutient que, bien que les éléments irrationnels de la méthode scientifique soient indispensables au progrès scientifique, ils ne sont pas inclus dans les règles méthodologiques scientifiques telles que celles prescrites par Popper. Pour Feyerabend, seul un « anarchisme théorique » dont la seule assertion normative est son désir de ne pas être conventionnel peut proclamer avoir une quelconque fonction heuristique. Malgré l'attitude extrêmement critique de l'auteur envers le rationalisme critique, il se contient à l'intérieur de sa rationalité en ne s'arrêtant pas aux termes et aux implications de la rationalité technique.

FOUCAULT, Michel, *Surveiller et punir*, Paris, Gallimard, 1975.

Avec la thèse selon laquelle le savoir est intégralement lié au pouvoir et le pouvoir au savoir, Foucault rejette le postulat de neutralité de la science. Dans son analyse des rapports sociaux du pouvoir, l'auteur cherche à démontrer comment, d'un côté, le savoir provenant des sciences sociales et de la psychanalyse est destiné à servir un appareil social du pouvoir ayant comme effet la discipline et comment, de l'autre côté, le comportement discipliné s'offre à la science comme standard sur lequel la science construit ses énoncés généraux. Ce sont ces mêmes énoncés, constate Foucault, qui réclament un statut de vérité neutre mais qui ne sont qu'imprégnés du pouvoir.

HABERMAS, Jurgen, *Connaissance et intérêt* (Traduction de Gérard Clemençon), Paris, Gallimard, 1976.

Par la critique et la synthèse reconstitutive de plusieurs traditions épistémologiques parmi les plus importantes (Kant, Hegel, Marx, les positivistes, les pragmatistes, Freud), Habermas développe sa théorie des trois types d'intérêts cognitifs ou de « constitution de la connaissance » : technique, pratique et émancipatoire; chacun est développé comme un médium de rationalités distinctes : instrumentale, pratique et critique, respectivement.

HORKHEIMER, Max, « Théorie traditionnelle et théorie critique », dans *Théorie critique*, Paris, Payot, 1978, pp. 15-90.

Cet auteur fait un lien entre l'émergence de la « théorie traditionnelle », inspirée de la manipulation technique de la nature, et le mode de production capitaliste. Il soutient que les découvertes technologiques de cette période sont inséparablement liées à cette fonction de la poursuite de la science. Cependant, réclamant une validité absolue et cherchant une justification a-historique, cette conception de la connaissance devient une idéologie. Horkheimer propose une théorie critique ou une critique de l'idéologie qui serait capable de s'autosuffire dans la justification de sa pertinence historique.

KUHN, T. S., *The Structure of Scientific Revolutions*, Chicago, University of Chicago Press, 1962.

Fondant sa thèse sur un exposé historique des découvertes scientifiques, Kuhn élabore une théorie de la croissance du savoir en termes de cycles récurrents d'émergence et de destruction de paradigmes. Ces changements de paradigmes illustrent la nature révolutionnaire du progrès scientifique et correspondent aux changements de visions dominantes du monde. Le processus de renversement d'un paradigme est mis en branle par l'accumulation de problèmes que les limites du paradigme dominant ne permettent pas de résoudre. Des essais répétés pour surmonter ces difficultés finissent par produire des découvertes scientifiques et, en conséquence, par proposer un nouveau paradigme. Contrairement à Popper, Kuhn n'interprète pas ce processus en termes de logique de la découverte, mais dans une optique de compréhension psychologique de la recherche scientifique.

NICHOLSON, Linda J. (éd.), *Feminist-Postmodernism*, New York, Routledge, 1990.

Quelques articles dans ce recueil constatent que le postulat de la neutralité de la science est faux. Ce postulat retranche de l'analyse scientifique les rapports de forces dans la société et, par le fait même, contribue à la perpétuation des rapports sociaux de subordination de la femme.

POPPER, Karl, *La logique de la découverte scientifique*, Paris, Payot, 1973.

Popper développe une critique de l'induction et de la vérification en démontrant l'impossibilité logique de généraliser une théorie construite par induction et aussi en démontrant la probabilité nulle de découvrir une théorie pouvant réclamer une « valeur de vérité » par vérification. Il propose un rationalisme critique comme solution aux problèmes inhérents à l'enquête scientifique. Il explore les avantages de la déduction, de la falsification et de la corroboration par consensus, qui caractérisent le rationalisme critique.

POPPER, Karl, *La société ouverte et ses ennemis, Tome 1 et 2* (Traduction de J. Bernard et P. Monod), Paris, Éditions du Seuil, 1979.

Popper utilise son rationalisme critique pour juger les plus importantes théories de l'histoire et de la société : celles de Platon, Hegel et Marx. Il découvre que toutes ces théories sont remplies de dogmes et ne peuvent donc être sujettes à la falsification utilisée par la méthode scientifique. En conséquence, il conclut que ces théories appartiennent à un champ d'enquête autre que celui de la science.

RADNITZKY, Gerard, *Contemporary Schools of Metascience 1: Anglo-Saxon Schools of Metascience*, Göteborg (Suède), Akademiförlaget, 1968.

Il s'agit ici d'une présentation des enjeux existant au sein de plusieurs écoles de philosophie de la science, par exemple, le positivisme logique et le rationalisme critique.

RUDNER, Richard, *Philosophy of Social Sciences*, Englewood Cliffs, PrenticeHall, 1966.

On trouvera dans ce texte une récapitulation de la signification de plusieurs concepts importants de la science empirico-analytique.

RYAN, Alan, *The Philosophy of the Social Sciences*, New York, MacMillan Press, 1970.

Cet auteur analyse la logique du principe de l'unité de la méthode dans les sciences naturelles et sociales pour déterminer si ce principe peut être défendu. Une comparaison de la logique de l'explication dans les sciences naturelles et dans les sciences sociales le porte à en rejeter la validité.

Collaborateurs

Jean-Pierre BEAUD est professeur agrégé au département de science politique de l'Université du Québec à Montréal. Il détient un Ph.D. en
science politique de l'Université Laval (1980). Ses domaines de
spécialisation sont les forces politiques, l'histoire des institutions
statistiques et la méthodologie. Il a collaboré à plusieurs ouvrages
collectifs dont *Personnel et partis politiques au Québec, Party Politics in
Canada, Le comportement électoral au Québec*. Ses travaux les plus récents portent sur les sondages politiques et sur l'expérience statistique canadienne, et ont été publiés, notamment, dans *Politique,
Interventions économiques* et la *Revue canadienne de science politique*.

Jean BEAUDRY a fait ses études de psychologie à l'Université du Québec
à Montréal. Depuis plus de dix ans, il agit comme agent de recherche
spécialisé en méthodes quantitatives auprès de divers groupes de
recherche tant de l'Université du Québec à Montréal que de l'Université de Montréal. Jusqu'à maintenant, ses travaux se sont attardés
plus particulièrement à l'épidémiologie sociale, à la santé des travailleurs et des travailleuses et à l'écologie familiale. Il est présentement agent de recherche sociosanitaire au Département de santé
communautaire du Centre hospitalier de Valleyfield où il agit, entre
autres, comme consultant méthodologique dans diverses études
évaluatives entreprises au DSC.

François BÉLAND est diplômé en sociologie de l'Université Laval et
de l'Université de Montréal. Il est présentement professeur au

département d'administration de la santé de l'Université de Montréal et chercheur national au Programme national de recherche et de développement en santé. Ses intérêts de recherche portent sur le support social aux personnes âgées et sur l'utilisation des services de santé. Il est membre du Centre d'excellence de recherche CARNET. Ses travaux de recherche ont été publiés dans *Medical Care, Canadian Journal on Aging, The Gerontologist*, etc.

André BLAIS a étudié la science politique à l'Université Laval et à l'Université York. Il est professeur au département de science politique et chercheur associé au Centre de recherche et développement en économique, à l'Université de Montréal. Il est également directeur adjoint de la revue *Canadian Public Policy/Analyse de Politiques*. Ses principaux champs de recherche sont la sociologie électorale et l'analyse des politiques. Il a publié dans de nombreuses revues, dont *Recherches sociographiques, Revue canadienne de science politique, Public Choice, Comparative Political Studies* et *British Journal of Political Science*. Il a collaboré aux collectifs *Comportement électoral au Québec* (Jean Crête), *Québec, un pays incertain* et *Sondages politiques et politique des sondages au Québec*.

Danielle BOISVERT a étudié l'histoire et la bibliothéconomie à l'Université de Sherbrooke et à l'Université de Montréal. Elle est actuellement spécialiste en moyens techniques d'enseignement à la bibliothèque de l'Université du Québec à Hull.

Jean-Jacques CHALIFOUX a étudié la biologie et l'anthropologie à l'Université de Montréal. Il enseigne aujourd'hui l'anthropologie à l'Université Laval. Il se spécialise sur les questions des minorités ethniques, les études africaines et la Guyane française où il a étudié l'immigration haïtienne et indonésienne ainsi que les relations entre amérindiens et créoles. Il a publié divers articles sur les Abisi du Nigéria dans les revues suivantes : *Revue canadienne d'études africaines, Journal of Comparative Family Studies, Anthropologie et Sociétés, Culture, Pluriel* et le collectif de Collard et Abeles intitulé *Aînesse et Générations en Afrique*. Il contribue également aux travaux de la Société Internationale d'Études Créoles.

Jacques CHEVRIER a complété des études universitaires en psychologie à l'Université de Montréal. Il enseigne aujourd'hui la psychologie et l'éducation à l'Université du Québec à Hull. Il s'intéresse aux applications pédagogiques de l'ordinateur, aux stratégies et styles d'apprentissage chez l'adulte et à l'apprentissage expérientiel. Il a contribué à deux publications sur les applications pédagogiques de l'ordinateur : *L'ordinateur, outil d'apprentissage* et *L'ordinateur, outil de gestion pédagogique d'une classe*. Il a publié dans les revues *Perceptual and Motor Skill*, *Perception*, *Psychologie française*, *L'orientation scolaire et professionnelle* et *Pédagogiques*.

Jean CRÊTE a étudié la science politique à l'Université Laval, à la Fondation nationale des sciences politiques de Paris et à l'Université d'Oxford. Ses intérêts professionnels vont des comportements politiques aux médias, des politiques gouvernementales aux affaires urbaines. Il a dirigé la publication de *Comportement électoral au Québec* et, avec P. Favre, de *Générations et politique*. Ses écrits ont été publiés dans des revues et des collectifs au Canada, aux États-Unis et en France. Il a également exercé des fonctions administratives en tant que directeur du département de science politique de l'Université Laval, codirecteur de la *Canadian Journal of Political Science/Revue canadienne de science politique* et vice-président de la Fédération canadienne des sciences sociales.

Jean-Paul DAUNAIS était psychologue clinicien et enseignait la psychologie à l'Université de Montréal. Il travaillait surtout sur le deuil et sur l'adaptation psychosociale des personnes âgées. Il avait écrit dans la revue *Psychologie française*.

Benoît GAUTHIER a étudié la science politique à l'Université Laval et à l'Université Carleton, ainsi que l'administration publique à l'École nationale d'administration publique. Après avoir travaillé en évaluation de programmes à la Société canadienne d'hypothèques et de logement et à Communications Canada, il agit maintenant à titre de vice-président principal des Associés de recherche Ekos, un cabinet d'experts-conseil en recherche sociale appliquée. Il s'intéresse surtout à la recherche sociale visant l'amélioration de la qualité de la prise de décision publique et privée. Il est coauteur de *SAS, manuel d'introduction*, et de *Quatre modèles simulés de la Gouverne politique*. Il a écrit une *Méta-évaluation en affaires sociales : analyse de cent cas de recherches évaluatives* pour le Conseil québécois de la recherche sociale. Il a aussi contribué aux revues *Politique* et *Revue canadienne de science politique*. Ses recherches l'ont amené à compléter plus de cinquante mandats de recherche sociale et d'évaluation de programmes.

Paul GEOFFRION a étudié l'administration à l'Université d'Ottawa et l'administration des affaires à l'Université York. Il a dirigé les services de marketing de grandes entreprises où il était, entre autres, responsable des activités de recherche. Il travaille maintenant à titre de conseiller en marketing et de recherchiste.

François-Pierre GINGRAS a étudié la sociologie au Collège Sainte-Marie, à l'Université McGill et à l'Université René-Descartes (Paris). Il enseigne actuellement la science politique à l'Université d'Ottawa. Ses principaux intérêts portent sur la sociologie du nationalisme, la religion, la jeunesse et les groupes de pression. Il a écrit dans les collectifs suivants : *Quebec State and Society* de Gagnon, *Political Support in Canada The Crisis Years* de Kornberg et Clarke, *Socialisation et idéologie : approches nouvelles et recherches récentes* de Courtis, Pelletier et Zylberberg, *Le système politique québécois* de Cloutier et Latouche, *The Future of North America : Canada, the United States and Quebec Nationalism* de Feldman et Nevitte. Il a contribué à *Cultures du Canada français, Social Compass, Revue internationale de sociologie de la religion, Revue canadienne de science politique*.

Réjean LANDRY a étudié en économique et en science politique à l'Université de Sherbrooke, à l'Université Laval et à l'Université York. Il enseigne actuellement la science politique à l'Université Laval. Ses intérêts d'enseignement et de recherche concernent les politiques publiques, les théories des choix publics, les méthodes de simulation et les méthodes d'analyse comparative. Ses travaux ont été publiés dans plusieurs revues notamment, la *Revue canadienne de science politique, Politique, Cybernetica, Science and Public Policy, Journal of Applied System Analysis, Revue interdisciplinaire de philosophie morale et politique, Service social, Anthropologie et Sociétés*. Il est également l'auteur de plusieurs chapitres faisant partie d'ouvrages collectifs sur l'analyse des politiques publiques.

Anne LAPERRIÈRE s'est spécialisée en sociologie et en théorie de l'éducation à l'Université de Montréal et à l'Ontario Institute for Studies in Education. Elle est professeure au département de sociologie de l'Université du Québec à Montréal. Elle y enseigne dans les champs des méthodologies qualitatives, des relations interethniques et de l'éducation. Elle a publié un article sur la construction empirique de la théorie (*grounded theory*), dans *Sociologie et sociétés*, puis a coordonné la publication d'un numéro des *Cahiers de recherche sociologique* sur *L'autre sociologie : approches qualitatives de la réalité sociale*. Enfin, elle a écrit de nombreux rapports de recherche sur les relations entre l'école, les milieux populaires et les minorités ethniques, d'où ont été tirés des articles publiés dans la *Revue internationale d'action com-*

munautaire, les *Cahiers de recherche sociologique* et dans deux recueils publiés à l'Harmattan *Les étrangers dans la ville* et *Identité, cultures et changement social.*

Koula MELLOS a étudié la science politique à l'Université McGill et à Queen's University. Elle enseigne maintenant cette discipline à l'Université d'Ottawa. Elle s'est d'abord intéressée à l'analyse quantitative avancée, ce qui l'a amenée à publier, entre autres, dans *American Political Science Review.* Elle s'est ensuite tournée vers l'analyse des idéologies au sujet desquelles elle a écrit dans *Canadian Journal of Political Science, Journal of Canadian Studies, Revue de l'Université de Moncton, Social Praxis, Our Generation, Carrefour* et *Class, State, Ideology and Change* de J. Paul Grayson. Elle a publié *L'idéologie et la reproduction du capital* aux Presses de l'Université d'Ottawa en 1986, *Perspectives on Ecology* chez Macmillan Press en 1988 et *Rationalité, communication et modernité* aux Presses de l'Université d'Ottawa, en 1991.

Jean TURGEON a étudié la biologie, l'analyse des politiques et la science politique à l'Université Laval. Il a travaillé pendant près de dix ans comme agent de recherche à la Direction de l'évaluation du ministère de la Santé et des Services sociaux du Québec. Il a publié de nombreux articles et rapports de recherche relativement au phénomène de la décentralisation et de la planification des ressources médicales et hospitalières. Ses principaux champs d'intérêt sont l'analyse de politique et l'évaluation de programme. Il est membre du Réseau de recherche sociopolitique et organisationnelle en santé de l'Université Laval et, depuis juin 1991, il enseigne à l'École nationale d'administration publique (ÉNAP).

Lexique

Les définitions présentées dans ce lexique proviennent de plusieurs sources et ont été réunies par tous les collaborateurs de ce livre. En raison du format de présentation d'un lexique, nous n'avons pas jugé bon de mentionner les multiples sources utilisées.

Algorithme : ensemble de règles qui définissent une séquence d'opérations représentant un système réel (voir SYSTÈME RÉEL).

Analyse coût-efficacité : analyse qui désigne le rapport existant entre l'effet obtenu et le coût de la stratégie utilisée afin de le produire.

Analyse de contenu : toute technique servant à faire des généralisations en relevant systématiquement et objectivement des caractéristiques de messages.

Analytique : caractéristique d'un ouvrage contenant des références commentées (critiques ou non); employé en bibliothéconomie.

Annuaire : ouvrage faisant le bilan des événements et des faits survenus durant une période donnée. Certains annuaires présentent des données de nature statistique sous forme de tableaux ou de graphiques.

Anthropologie cognitive : étude des catégories mentales, c'est-à-dire de l'ensemble des critères et des règles utilisées pour classer, ordonner et interpréter la réalité perçue et les relations entre les éléments du milieu humain et naturel.

Attitude : prédisposition durable à agir d'une certaine façon dans une situation donnée; elles sont organisées selon des configurations articulées qui définissent l'univers de réaction aux objets sociaux.

Axiome : proposition primitive et de portée universelle que l'on renonce à démontrer (souvent parce qu'on l'estime évidente) sur laquelle on fonde une réflexion théorique.

Bibliographie : ouvrage compilant, pour une période déterminée, de façon exhaustive ou sélective, des références bibliographiques qui peuvent faire l'objet d'annotations quant à leur contenu ou leur valeur.

But d'un programme : énoncé vague et général d'un résultat que le programme devrait engendrer.

Catalogue : ouvrage contenant des informations bibliographiques sur les volumes que possède une bibliothèque, habituellement classées par ordre alphabétique d'auteurs, de titres, de cotes ou de sujets.

Catégories : possibilités logiques où peut se situer un objet par rapport à une caractéristique donnée.

Catégories de contenu : rubriques significatives en fonction desquelles le contenu est classé et éventuellement quantifié au cours d'une analyse de contenu.

Catégories exhaustives : classification dans laquelle toutes les possibilités sont incluses.

Catégories mutuellement exclusives : classification dans laquelle chaque objet ne peut entrer que dans une seule catégorie.

Catégories nominales : catégories où il n'y a aucun ordonnancement.

Catégories numériques : catégories possédant une unité standardisée de mesure.

Catégories ordinales : catégories hiérarchisées les unes par rapport aux autres.

Cohorte : groupe d'individus nés pendant la même période.

Compréhension sélective : voir EMPATHIE.

Concept : abstraction recouvrant une variété de faits; structure mentale réunissant les attributs d'une réalité permettant aussi de la reconnaître et de la distinguer des autres; catégorie classificatoire première d'une systématisation théorique; nomination d'un phénomène complexe, mais non réductible au cœur de la réalité à expliquer.

Concept opératoire : voir CONCEPT PARTICULIER et OPÉRATIONNALISATION.

Concept particulier : représentation d'un objet révélé par la sensation (ou qui est de même nature que les objets révélés par la sensation) et dont la définition inclut une appartenance précise (exemple : le chien de W.L. MacKenzie King); une variante du concept particulier est le concept opératoire, c'est-à-dire la correspondance empirique d'un concept universel dans le cadre d'une recherche (exemple : appui reçu par le candidat libéral A dans la circonscription électorale B aux élections fédérales de 1981); voir aussi OPÉRATIONNALISATION.

Concept universel : concept possédant des caractéristiques partagées par de nombreux concepts particuliers; on distingue parfois les concepts purs (des fictions idéalisantes qui transcendent les cas particuliers), les concepts analytiques (qui renvoient à des abstractions sans référence empirique immédiate, comme la stabilité politique, l'oppression), les concepts génériques (qui se rapportent à des ensembles de cas particuliers ayant certains points en commun — comme les pacifistes, les contestataires).

Concomitance : voir CORRÉLATION.

Contamination : modification de l'objet provoquée par l'instrument de mesure.

Contre-transfert : les diverses réactions affectives de l'analyste, du psychothérapeute ou de l'interviewer à l'endroit de son interlocuteur, réactions suscitées autant par sa propre histoire personnelle que par la conduite de cet interlocuteur à un moment donné.

Corrélation : association systématique entre différents aspects de deux phénomènes : Durkheim emploie le mot concomitance; on dit encore *covariation* lorsque les phénomènes sont quantifiables. La corrélation est directe ou positive quand les valeurs correspondantes augmentent ou diminuent dans le même sens et elle est inverse ou négative quand ces valeurs évoluent en sens contraire; la corrélation n'implique pas qu'un phénomène soit la cause de l'autre.

Covariation : voir CORRÉLATION.

Critique : se dit d'une démarche qui remet sans cesse en cause la connaissance qu'on a des choses et qui amène à se demander comment des connaissances différentes sont possibles. Emmanuel Kant fut le promoteur de cette orientation appelée criticisme.

Décision : variable décrivant la vitesse suivant laquelle change un niveau.

Déduction : voir RAISONNEMENT DÉDUCTIF.

Définition opératoire : voir OPÉRATIONNALISATION.

Déterminisme : principe scientifique selon lequel tout phénomène a des causes antécédentes, les mêmes causes produisant les mêmes effets. Ce principe peut être évoqué de façon absolue (ne tolérant aucune exception) ou probabiliste*.

Dialectique : méthode qui consiste à saisir les faits dans leur totalité, leurs multiples facettes et leurs contradictions, leurs changements, tout en rendant compte de la dépendance des connaissances ainsi acquises à l'égard de la méthode elle-même.

Dictionnaire : recueil de mots ou d'une catégorie de mots d'une langue, généralement classés par ordre alphabétique (mais parfois par ordre de matière ou par analogie) et expliqués dans la même langue ou traduits dans une autre langue.

Dynamique des systèmes : méthode développée par Jay W. Forrester à la fin des années 1950 pour étudier les systèmes à contrôle par rétroaction.

DYNAMO : abréviation de *Dynamic Modelling;* langage informatique développé pour simuler des modèles de dynamique des systèmes.

Échantillon : sous-ensemble d'une population.

Échantillon accidentel : échantillon de type non probabiliste où les éléments composant un sous-ensemble sont choisis en raison de leur présence à un endroit à un moment donné : interviewer les cent premiers passants dans une rue, c'est utiliser un échantillon accidentel.

Échantillon à choix raisonné : échantillon de type non probabiliste où les éléments d'un ensemble de la population sont choisis à cause de la correspondance entre leurs caractéristiques et un but recherché par l'enquêteur.

Échantillon aléatoire simple : échantillon probabiliste où l'on choisit les éléments d'un ensemble suivant des techniques permettant à chaque élément d'avoir une chance égale de faire partie de l'échantillon final.

Échantillon aréolaire : échantillon probabiliste où les sujets sont choisis à l'intérieur d'une zone géographique qui a elle-même été choisie grâce à diverses techniques d'échantillonnage géographique aléatoire.

Échantillon de volontaires : échantillon de type non probabiliste où les éléments sont choisis en considérant leur volonté à participer à cet échantillon.

Échantillon en grappes : échantillon de type probabiliste où les sujets sont choisis à l'intérieur de regroupements de sujets eux-mêmes sélectionnés soit à partir d'un ensemble de regroupements, soit dans un échantillon de regroupements de regroupements.

Échantillon non probabiliste : échantillon cherchant à reproduire le plus fidèlement possible les caractéristiques d'un ensemble grâce à des manipulations intentionnelles provenant du chercheur.

Échantillon par quotas : échantillon de type non probabiliste où les sujets sont choisis parce qu'ils présentent certaines caractéristiques recherchées et permettent de reproduire un modèle d'un ensemble donné selon ces caractéristiques.

Échantillon probabiliste : échantillon recherchant la reproduction d'un ensemble en se basant purement sur le hasard pour choisir les éléments de cet ensemble qui feront partie de l'échantillon.

Échantillon stratifié : échantillon de type probabiliste où les sujets sont choisis par une méthode utilisant le hasard, à l'intérieur de strates déterminées.

Échantillon systématique : échantillon de type probabiliste ou non probabiliste, selon les cas, où les sujets sont choisis suivant un intervalle fixe à partir d'un point de départ aléatoire ou non aléatoire.

Effet non prévu : conséquence non anticipée (bénéfique ou indésirable) qui résulte de la mise en place d'un programme.

Élaboration de programme : processus qui consiste à déterminer les buts d'un programme, à établir pour chacun de ces derniers un ensemble d'objectifs précis et à sélectionner les opérations qu'il faudra mettre en place afin de favoriser la poursuite de ces buts.

Élément : un membre isolé d'une population.

Empathie : forme de la connaissance d'autrui ou de la société résultant de l'internalisation par le chercheur des attitudes, représentations et comportements d'autrui; faire preuve d'empathie, c'est chercher à mieux comprendre autrui en « se mettant dans sa peau »; on emploie aussi les termes de compréhension subjective et *Verstehen* dans un sens semblable.

Empirisme : en sciences sociales, orientation selon laquelle les connaissances s'acquièrent par la pratique, l'expérience et l'observation des phénomènes sociaux.

Encyclopédie : bilan plus ou moins large des différentes théories ou écoles de pensée pour l'ensemble des connaissances humaines (générale) ou pour une discipline particulière (spécialisée).

Enquête informative : méthode de recherche liée au positivisme.

Erreur d'échantillonnage : erreur provenant du fait que l'on n'analyse qu'une partie d'une population.

Erreur de mesure : influence de facteurs parasitaires sur l'exactitude d'une mesure.

Éthique : ensemble des règles régissant le caractère moral du processus de recherche.

Ethnographie : collecte descriptive de données d'observations et d'entrevues.

Étude de besoins : enquête cherchant à cerner les aspects jugés insatisfaisants dans la situation d'une population et à dégager les moyens de répondre à ces insatisfactions.

Étude de cas : stratégie descriptive basée sur l'analyse d'un cas unique.

Évaluation de programme : voir RECHERCHE ÉVALUATIVE.

Évaluation de besoins : étude qui permet d'estimer le type, l'intensité et l'étendue des problèmes d'une communauté et de déterminer les besoins de la population en matière de services.

Évaluation des possibilités d'action : étude évaluative qui s'attarde à porter un jugement sur la valeur relative des différentes façons d'aborder un problème social.

Évaluation des effets : évaluation qui s'intéresse au degré d'atteinte d'un objectif de changement. Ce type d'évaluation peut servir : a) à tracer un portrait global de l'efficacité d'un programme à produire les résultats attendus ou b) à éprouver certains éléments d'un programme afin de repérer ceux qui méritent d'être retenus.

Évaluation d'implantation : étude qui conduit à l'établissement des utilisateurs d'un service ainsi qu'à une description détaillée du déroulement d'un programme.

Évaluation du rendement : étude visant à établir la valeur d'un programme en portant des jugements sur son rendement-investissement (le rapport entre les résultats et les ressources investies), son rendement interne (le rapport entre résultat et activités du programme), son rendement comparatif (la comparaison des résultats pour diverses formes d'intervention) et son rendement social (l'efficacité de l'investissement pour différentes causes sociales).

Éxosystème : renvoie aux lieux que l'évaluateur ne fréquente pas en tant que participant actif mais dont les activités s'y déroulant exercent une influence sur son étude.

Fiabilité : en sciences sociales, caractéristique d'une technique qui assure de recueillir les mêmes données chaque fois que les mêmes phénomènes se produisent.

Fidélité : voir FIABILITÉ.

Fonctionnalisme : méthode qui consiste à analyser la société comme système complexe où s'imbriquent, dans une action réciproque, sources d'équilibre (fonctions) et sources de tensions (dysfonctions).

Généralisation empirique : proposition ou ensemble de propositions de portée générale et fondé sur l'expérience de cas particulier (voir RAISONNEMENT INDUCTIF).

Groupe stratégique : ensemble des sujets affectés aux mêmes conditions expérimentales.

Groupe contrôle : ensemble témoin de sujets ne subissant pas l'effet de la variable indépendante* contrôlée par l'expérimentateur (voir VARIABLE INDÉPENDANTE).

Groupe expérimental : ensemble des sujets subissant l'effet de la variable indépendante contrôlée par l'expérimentateur.

Guide bibliographique : ouvrage qui oriente le chercheur en lui traçant un historique de la recherche dans un domaine.

Guide documentaire : voir GUIDE BIBLIOGRAPHIQUE.

Herméneutique : méthode de connaissance fondée sur l'interprétation des signes sensibles ou manifestations des éléments fondamentaux d'une culture.

Histoire de vie : récit autobiographique stimulé par un chercheur de façon à ce que le contenu exprime le point de vue de l'auteur qui se remémore les différentes situations qu'il a vécues.

Hypothèse : proposition portant sur un rapport entre des concepts particuliers ou un ensemble de concepts particuliers, dont on ne sait pas encore si elle est vraie ou fausse, mais au sujet de laquelle on croit que les faits pourront établir soit la vraisemblance ou la fausseté.

Hypothèse causale : hypothèse* portant sur la relation de cause à effet liant deux ou plusieurs variables.

Hypothèse exploratoire : hypothèse* portant sur l'état d'une seule variable.

Hypothèse vraisemblable : hypothèse que les faits ne permettent pas d'infirmer; on dit aussi hypothèse tenable ou confirmée.

Incorporation : action d'absorber quelque chose; le terme est utilisé, soit littéralement, soit symboliquement. En psychanalyse, ce concept est relié au stade oral. Son contraire : la « décorporation ».

Idéologie : ensemble d'attitudes formant un cadre à une vision du monde et permettant de l'interpréter.

Index : publication fréquente signalant (par ordre de sujets, d'auteurs, de titres, etc.) à la fois des articles de périodiques, des rapports gouvernementaux ou de recherche, des livres, des critiques de films ou de livres, etc.

Indicateur : ensemble des opérations empiriques, effectuées à l'aide d'un ou de plusieurs instruments de mise en forme de l'information, qui permet de classer un objet dans une catégorie selon une caractéristique donnée.

Indice : mesure quantitative d'un trait social constuite à partir de la combinaison de plusieurs indicateurs de ce trait.

Induction : voir RAISONNEMENT INDUCTIF.

Intersubjectivité : technique destinée à assurer le plus de vérité possible dans l'observation et l'interprétation des phénomènes sociaux, en offrant, une représentation de la réalité conforme aux perceptions ou opinions de plusieurs personnes.

Intervention : le fait de prendre part à une activité orientée.

Loi générale : au sens strict, il s'agit d'une connaissance a priori de portée universelle et admise comme point de départ d'un raisonnement déductif; en ce sens, voir aussi AXIOME. Au sens large, il s'agit d'une proposition de portée générale dont on ne peut déduire que des hypothèses vraisemblables.

Macrosystème : ensemble de conduites, croyances, valeurs et idéologies qu'entretient une société (par exemple, dans le contexte de l'évaluation d'un programme).

Matérialisme : en sciences sociales, orientation selon laquelle les seules connaissances possibles reposent sur une interprétation par la raison des phénomènes de la nature situés dans le temps et l'espace (y compris les phénomènes sociaux et les sensations) et non de l'idée qu'on se ferait de ces phénomènes, non plus de réalités qui échapperaient à l'expérience humaine.

Méthodologie : mode de confrontation des idées, issues à la fois de l'expérience et de l'imagination, aux données concrètes de l'observation, en vue de confirmer, de nuancer ou de rejeter ces idées de départ.

Microsystème : renvoie aux activités et aux conditions qui prévalent dans l'organisme où s'effectue une recherche évaluative.

Modalités : voir CATÉGORIES.

Mode de référence : énoncé verbal ou graphique décrivant l'évolution d'un système réel dans le temps.

Modèle : représentation simplifiée d'un système réel (dans le contexte de la modélisation); en sciences sociales, il s'agit d'une représentation abstraite, idéale, mathématique ou symbolique de la réalité qui fournit une vision simplifiée mais caractéristique d'un phénomène.

Modélisation : processus de préparation d'un modèle.

Monographie : ensemble de feuilles imprimées et réunies en un volume ne présentant aucune caractéristique d'une publication en série, et dont le contenu se propose d'épuiser un sujet précis, relativement restreint.

Niveau : variable décrivant l'état d'un système.

Objectif : description claire, précise et opérationnelle des effets qu'entend produire le programme; un même but peut regrouper plusieurs objectifs.

Objectivité : attitude d'appréhension du réel basée sur une acceptation intégrale des faits (ou l'absence de filtrage des observations autre que celui qui est basé sur la pertinence), sur le refus de l'absolu préalable (ou l'obligation du doute au sujet de toute conception préexistante) et la conscience de ses propres limites.

Objet perçu : voir RUPTURE ÉPISTÉMOLOGIQUE.

Objet réel : voir RUPTURE ÉPISTÉMOLOGIQUE.

Observation directe : la sélection, la provocation, l'enregistrement et le codage de l'ensemble des comportements et des environnements qui s'appliquent aux organismes *in situ* et qui conviennent à des objectifs empiriques.

Observation directe objective : méthode de recherche permettant la description exhaustive des composantes factuelles d'une situation sociale.

Observation directe participante : méthode de recherche visant à repérer le sens, l'orientation et la dynamique d'une situation sociale par la collecte de faits, d'échanges, d'entrevues, etc., et permettant de révéler le sens d'une situation plutôt que d'en décrire le contexte.

Opérationnalisation : processus méthodologique par lequel on définit un concept d'après les observations empiriques qu'on peut faire à son sujet; on dit aussi *définition opératoire*; les observations empiriques nécessaires à l'opérationnalisation s'appellent *indicateurs* et la correspondance empirique obtenue est appelée *concept opératoire*; opération par laquelle on passe du langage abstrait au langage concret, du concept à l'indicateur.

Opinion : réponse de type langagier donnée par un individu à un stimulus particulier et spécifique.

Opinion vraisemblable : connaissance reposant sur une généralisation empirique et que les faits ne contredisent pas; quasi-certitude jusqu'à preuve du contraire.

Paradigme : ensemble de règles implicites ou explicites orientant la recherche scientifique, pour un certain temps, en fournissant, à partir de connaissances universellement reconnues, des façons de poser les problèmes, d'effectuer les recherches et de trouver des solutions.

Pertinence : fait qu'une mesure représente quelque chose de significatif pour l'unité d'observation.

Population : ensemble des unités élémentaires sur lesquelles porte l'analyse; chez les statisticiens, la population est l'ensemble des *mesures* faites sur l'ensemble de départ.

Population cible : individus, familles, groupes ou organismes auxquels s'adressent prioritairement les services d'un organisme (dans le cadre de la recherche évaluative).

Positivisme : approche à la recherche qui nécessite l'observation systématique, la théorisation, la détermination des faits et l'objectivité du chercheur; en sciences sociales, orientation selon laquelle les connaissances reposent sur la mesure des phénomènes observables.

Pragmatisme : en sciences sociales, orientation selon laquelle la valeur des connaissances se mesure par leur aptitude à maintenir ou restaurer l'équilibre social.

Probabiliste : se dit du principe scientifique selon lequel il n'y a aucune certitude absolue, en particulier dans les relations de cause à effet établies entre des phénomènes.

Problématique : ensemble d'informations dont la mise en relation crée certaines difficultés.

Problème de recherche : manque qui doit être comblé dans le domaine des connaissances concernant le réel observable.

Programme : système d'activités qui regroupe, pour leur réalisation, des ressources humaines, matérielles et financières en vue de produire des services particuliers à une population prédéterminée dans le but d'en changer l'état.

Question : interrogation

Question fermée : question qui comprend une liste préalable de réponses possibles.

Question filtre : question dont la réponse détermine la question suivante.

Question ouverte : question à laquelle l'informateur répond comme il le désire, à partir de son propre vocabulaire.

Questionnaire auto-administré : questionnaire où le sujet inscrit lui-même sa réponse.

Raisonnement déductif : opération mentale qui consiste à prendre comme point de départ une proposition ou un ensemble de propositions de portée universelle (ou du moins générale) dont on tire une hypothèse ou un ensemble d'hypothèses portant sur des cas particuliers (voir HYPOTHÈSE).

Raisonnement inductif : opération mentale qui consiste à prendre comme point de départ un certain nombre de choses ou de faits particuliers associés entre eux et à tirer de ces associations une proposition générale ou un ensemble de propositions générales énonçant la probabilité que de telles associations se manifesteront en d'autres occasions. Les propositions de portée générale ainsi formulées s'appellent GÉNÉRALISATION EMPIRIQUE.

Rationalisme : en sciences sociales, orientation selon laquelle les connaissances s'acquièrent par le raisonnement.

Recensement : énumération de certaines caractéristiques de tous les membres d'une population donnée.

Recherche : activité de quête objective de connaissances sur des questions factuelles; activité de résolution de problème ayant pour but l'avancement des connaissances concernant le réel observable directement ou indirectement.

Recherche-action : modalité de recherche qui rend l'acteur chercheur et qui fait du chercheur un acteur, qui oriente la recherche vers l'action et qui ramène l'action vers des considérations de recherche, tout en refusant le postulat d'objectivité du positivisme.

Recherche appliquée : recherche ayant pour but premier de trouver une application pratique à de nouvelles connaissances; recherche dont le but final est l'avancement des connaissances relatives à l'intervention sur le réel.

Recherche évaluative : recherche ayant pour but de fournir les informations nécessaires à l'énoncé de jugements de valeur.

Recherche fondamentale : recherche ayant pour but premier la compréhension profonde d'un phénomène sans que cela ait des applications immédiates; recherche dont le but final est l'avancement des connaissances relatives à la compréhension du réel sans égard aux applications pratiques.

Recherche sociale : activité de quête objective de connaissances sur des questions factuelles liées à l'homme dans ses rapports avec d'autres hommes.

Reconstitution intuitive : forme de connaissance intuitive par laquelle une personne pressent la présence des caractéristiques non observées d'une autre personne, d'une chose, d'une structure sociale, d'un ensemble, etc.

Relation d'aide : situation de rencontres plus ou moins fréquentes et dans laquelle une personne s'adresse à une autre, reconnue pour sa compétence, afin d'obtenir une aide destinée à la solution d'un problème d'ordre psychologique. Cette expression est fréquemment utilisée par les psychothérapeutes d'orientation phénoménologique existentielle.

Répertoire : ouvrage de référence qui ne peut pas être classé dans une catégorie spéciale à cause de la nature des informations qu'il contient.

Rétroaction : un système à contrôle par rétroaction est un système où une décision est couplée à un niveau par l'intermédiaire d'une action, et un niveau, à une décision par une information.

Rite de passage : cérémonie entourant les changements de statut social.

Rupture épistémologique : prise de recul, par une personne, à l'égard d'un objet de connaissance, de façon à éviter de prendre ce qu'elle perçoit (l'objet perçu) pour la réalité toute entière d'un phénomène (l'objet réel).

Sensibilité : se dit d'une mesure apte à différencier des comportements variés.

Signalétique : caractéristique d'un ouvrage contenant des références qui ne font l'objet d'aucune annotation.

Simulation : opération pas à pas d'un modèle.

Sondage : instrument de mise en forme d'une information fondé, en recherche sociale, sur l'observation de réponses à un ensemble de questions posées à un échantillon d'une population.

Sondage de tendance : sondage longitudinal dans lequel le questionnaire est administré à différents échantillons d'une même population.

Sondage longitudinal : sondage dans lequel le questionnaire est administré à plusieurs reprises.

Sondage panel : sondage longitudinal dans lequel le questionnaire est administré chaque fois au même échantillon.

Sondage ponctuel : sondage dans lequel le questionnaire n'est administré qu'une seule fois.

Spécification : démarche intellectuelle ayant pour but d'expliciter et de préciser.

Strate : sous-ensemble d'une population défini selon un critère à classes exclusives et exhaustives; regroupement d'éléments d'une population selon un critère qui permet une classification exhaustive et des catégories mutuellement exclusives.

Structuralisme : méthode qui consiste à dégager les règles d'association qui structurent les relations sociales en un système cohérent.

Structure de la preuve : arrangement des modes de comparaison adopté pour vérifier des hypothèses, assurer les liens entre les variables et éliminer les influences parasitaires.

Structure comparative : toute stratégie dont le fondement est la comparaison (synchronique ou polychronique) de deux ou plusieurs sujets ou situations.

Structure descriptive : toute stratégie basée sur la description et ne faisant pas de comparaison (synchronique ou polychronique) ou d'étude de causalité.

Structure descriptive à cas multiples : stratégie basée sur l'observation de plusieurs cas où l'objectif est la description.

Sujet de recherche : partie plus spécifique ou facette du thème de recherche.

Système : ensemble d'éléments reliés par des interrelations de telle façon qu'à l'intérieur de ses frontières un changement dans l'état d'un élément entraîne un changement dans d'autres éléments.

Système réel : partie de la réalité sous observation.

Thème de recherche : partie de la réalité (objet, phénomène ou situation) qui peut être soumise à une observation directe ou indirecte.

Théorie : ensemble ou système d'énoncés logiquement reliés de façons différentes et complexes; réseau déductif de généralisations à partir duquel on peut dériver des explications ou des déductions sur certains types d'éléments connus; système inductif et rétroductif d'énoncés à portée plus ou moins large cherchant à expliquer et à encadrer l'état et la dynamique d'un plus ou moins grand nombre de faits en les reliant logiquement.

Transfert : en psychologie, déplacement d'un affect; processus par lequel un individu projette sur une personne à qui elle s'adresse des sentiments déjà éprouvés à l'endroit d'une personne significative de son existence.

Type idéal : concept construit par le chercheur en vue de rassembler les traits caractéristiques d'un phénomène au-delà des variations observables dans ses manifestations particulières.

Unité contextuelle : la plus grande unité de contenu qui sera examinée pour caractériser cette unité d'analyse au cours d'une analyse de contenu.

Unité d'analyse : la plus petite unité de contenu sur laquelle on compte des apparitions au cours d'une analyse de contenu.

Valeur : une croyance durable à l'effet qu'un mode de conduite donné ou une fin d'existence est personnellement ou socialement préférable à son opposé ou à sa contrepartie.

Validation : opération visant à réduire l'écart entre le mode de référence observé et le mode de référence simulé.

Validité : représentation adéquate d'un concept par un indicateur; se dit de la correspondance entre un indicateur et un concept; on parle de *validité interne* quand on s'intéresse à la mesure d'un concept selon son contenu essentiel à global; la *validité externe* concerne la possibilité de généraliser des résultats à partir de la correspondance entre indicateur et concept dans la réalité.

Validité interne : qualité d'une stratégie de recherche qui permet de minimiser les risques d'erreur dans l'attribution des causes et des effets et dans les conclusions de la recherche.

Validité externe : qualité d'une stratégie de recherche qui permet de minimiser les risques d'erreur dans l'extrapolation des résultats au-delà de l'échantillon analysé.

Variable : chacun des concepts retenus au niveau des hypothèses et qui fera ensuite l'objet d'une opérationnalisation.

Variable dépendante : dans une relation causale, variable qui subit l'influence d'une autre variable.

Variable indépendante : dans une relation causale, variable qui influence les valeurs d'une autre variable.

Variable parasitaire : dans une relation causale, variable qui influence la variable dépendante mais qui n'a pas été retenue dans le modèle à vérifier comme étant indépendante.

Verstehen : voir EMPATHIE.

Table des matières détaillée

CHAPITRE 5.   La théorie et le sens de la recherche
François-Pierre Gingras

DEUXIÈME PARTIE • La structuration de la recherche 139

CHAPITRE 6.   La structure de la preuve
Benoît Gauthier

CHAPITRE 7. La mesure
André Blais

CHAPITRE 8. L'échantillonnage
Jean-Pierre Beaud

CHAPITRE 19.   La simulation sur ordinateur
Réjean Landry

QUATRIÈME PARTIE • La critique de la méthodologie 515

CHAPITRE 20.   La recherche-action
Benoît Gauthier

CHAPITRE 21.   Une science objective?

Koula Mellos